Berufsbildungsgesetz
Basiskommentar

Thomas Lakies

# Berufsbildungsgesetz

Basiskommentar zum BBiG

5., vollständig neu bearbeitete Auflage

BUND
VERLAG

**Bibliografische Information der Deutschen Nationalbibliothek**
Die Deutsche Nationalbibliothek verzeichnet diese Publikation in der
Deutschen Nationalbibliografie, detaillierte bibliografische Daten sind
im Internet über http://dnb.d-nb.de abrufbar.

**5., vollständig neu bearbeitete Auflage 2020**
© 2007 by Bund-Verlag GmbH, Frankfurt am Main
Herstellung: Birgit Fieber
Satz: Dörlemann Satz, Lemförde
Druck: CPI books GmbH, Leck
Printed in Germany 2020
ISBN 978-3-7663-6962-8

Alle Rechte vorbehalten,
insbesondere die des öffentlichen Vortrags,
der Rundfunksendung
und der Fernsehausstrahlung,
der fotomechanischen Wiedergabe,
auch einzelner Teile.

www.bund-verlag.de

# Vorwort

Das Berufsbildungsrecht wurde erstmals durch das Berufsbildungsgesetz (BBiG) im Jahr 1969 bundeseinheitlich und umfassend geregelt. Am 1.4.2005 trat durch das Berufsbildungsreformgesetz vom 23.3.2005 ein neues BBiG in Kraft. Wiederum eine umfassende Reform erfolgte zum 1.1.2020 durch das Gesetz zur Modernisierung und Stärkung der beruflichen Bildung vom 12.12.2019 (Bundesgesetzblatt I S. 2522). Die Änderungen durch das **Berufsbildungsmodernisierungsgesetz** werden hier ausführlich dargestellt und kommentiert. Auch alle anderen Teile des Kommentars wurden auf den neuesten Stand der Rechtsentwicklung und Rechtsprechung gebracht.

Der Basiskommentar richtet sich an die Fachkräfte und Fachberater, die in der Berufsbildung tätig sind, vor allem an die Ausbildungsberater der Kammern, die Mitglieder der Prüfungsausschüsse und der Schlichtungsausschüsse, die Mitglieder der Landesausschüsse für Berufsbildung und der Berufsbildungsausschüsse der Kammern, darüber hinaus an die Personalverantwortlichen in den Betrieben und an Betriebs- und Personalräte. Auch Studierende und die beratenden Berufe, seien sie als Rechtsanwälte oder in Verbänden, Gewerkschaften und Kammern tätig, sowie Richterinnen und Richter können das Buch zu Rate ziehen. Der Kommentar ist so konzipiert, dass er auch durch nicht juristisch vorgebildet Ausbildende, Ausbilder und Auszubildende als Ratgeber genutzt werden kann.

Berlin, im Januar 2020
Thomas Lakies

# Inhaltsverzeichnis

Vorwort. . . . . . . . . . . . . . . . . . . . . . . . . . . . . . . . 5
Abkürzungsverzeichnis. . . . . . . . . . . . . . . . . . . . . . . . 13
Literaturverzeichnis . . . . . . . . . . . . . . . . . . . . . . . . . 17

**Teil 1**
**Allgemeine Vorschriften**
§ 1   Ziele und Begriffe der Berufsbildung. . . . . . . . . . . . . . . 19
§ 2   Lernorte der Berufsbildung. . . . . . . . . . . . . . . . . . . . 24
§ 3   Anwendungsbereich . . . . . . . . . . . . . . . . . . . . . . . 26

**Teil 2**
**Berufsbildung**

**Kapitel 1**
**Berufsausbildung**

**Abschnitt 1**
**Ordnung der Berufsausbildung; Anerkennung von Ausbildungsberufen**
§ 4   Anerkennung von Ausbildungsberufen. . . . . . . . . . . . . 30
§ 5   Ausbildungsordnung . . . . . . . . . . . . . . . . . . . . . . 33
§ 6   Erprobung neuer Ausbildungs- und Prüfungsformen . . . . . 41
§ 7   Anrechnung beruflicher Vorbildung auf die Ausbildungsdauer . 42
§ 7a  Teilzeitberufsausbildung . . . . . . . . . . . . . . . . . . . . 46
§ 8   Verkürzung oder Verlängerung der Ausbildungsdauer. . . . . 49
§ 9   Regelungsbefugnis . . . . . . . . . . . . . . . . . . . . . . . 58

**Abschnitt 2**
**Berufsausbildungsverhältnis**

**Unterabschnitt 1**
**Begründung des Ausbildungsverhältnisses**
§ 10  Vertrag. . . . . . . . . . . . . . . . . . . . . . . . . . . . . . 61
§ 11  Vertragsniederschrift . . . . . . . . . . . . . . . . . . . . . . 107
§ 12  Nichtige Vereinbarungen . . . . . . . . . . . . . . . . . . . . 119

# Inhaltsverzeichnis

**Unterabschnitt 2**
**Pflichten der Auszubildenden**
§ 13  Verhalten während der Berufsausbildung . . . . . . . . . . . . 128

**Unterabschnitt 3**
**Pflichten der Ausbildenden**
§ 14  Berufsausbildung. . . . . . . . . . . . . . . . . . . . . . . . . 141
§ 15  Freistellung, Anrechnung . . . . . . . . . . . . . . . . . . . . 152
§ 16  Zeugnis. . . . . . . . . . . . . . . . . . . . . . . . . . . . . . 160

**Unterabschnitt 4**
**Vergütung**
§ 17  Vergütungsanspruch und Mindestvergütung . . . . . . . . . . 174
§ 18  Bemessung und Fälligkeit der Vergütung . . . . . . . . . . . . 207
§ 19  Fortzahlung der Vergütung . . . . . . . . . . . . . . . . . . . 210

**Unterabschnitt 5**
**Beginn und Beendigung des Ausbildungsverhältnisses**
§ 20  Probezeit. . . . . . . . . . . . . . . . . . . . . . . . . . . . . 219
§ 21  Beendigung. . . . . . . . . . . . . . . . . . . . . . . . . . . . 225
§ 22  Kündigung. . . . . . . . . . . . . . . . . . . . . . . . . . . . 235
§ 23  Schadensersatz bei vorzeitiger Beendigung . . . . . . . . . . . 261

**Unterabschnitt 6**
**Sonstige Vorschriften**
§ 24  Weiterarbeit . . . . . . . . . . . . . . . . . . . . . . . . . . . 270
§ 25  Unabdingbarkeit. . . . . . . . . . . . . . . . . . . . . . . . . 280
§ 26  Andere Vertragsverhältnisse . . . . . . . . . . . . . . . . . . . 281

**Abschnitt 3**
**Eignung von Ausbildungsstätte und Ausbildungspersonal**
§ 27  Eignung der Ausbildungsstätte. . . . . . . . . . . . . . . . . . 292
§ 28  Eignung von Ausbildenden und Ausbildern oder
      Ausbilderinnen. . . . . . . . . . . . . . . . . . . . . . . . . . 297
§ 29  Persönliche Eignung . . . . . . . . . . . . . . . . . . . . . . . 298
§ 30  Fachliche Eignung . . . . . . . . . . . . . . . . . . . . . . . . 299
§ 31  Europaklausel . . . . . . . . . . . . . . . . . . . . . . . . . . 305
§ 31a Sonstige ausländische Vorqualifikationen . . . . . . . . . . . . 306
§ 32  Überwachung der Eignung . . . . . . . . . . . . . . . . . . . 306
§ 33  Untersagung des Einstellens und Ausbildens . . . . . . . . . . 308

## Abschnitt 4
### Verzeichnis der Berufsausbildungsverhältnisse
- § 34 Einrichten, Führen .......... 311
- § 35 Eintragen, Ändern, Löschen .......... 313
- § 36 Antrag und Mitteilungspflichten .......... 316

## Abschnitt 5
### Prüfungswesen
- § 37 Abschlussprüfung .......... 317
- § 38 Prüfungsgegenstand .......... 321
- § 39 Prüfungsausschüsse, Prüferdelegationen .......... 322
- § 40 Zusammensetzung, Berufung .......... 324
- § 41 Vorsitz, Beschlussfähigkeit, Abstimmung .......... 329
- § 42 Beschlussfassung, Bewertung der Abschlussprüfung .......... 330
- § 43 Zulassung zur Abschlussprüfung .......... 332
- § 44 Zulassung zur Abschlussprüfung bei zeitlich auseinanderfallenden Teilen .......... 335
- § 45 Zulassung in besonderen Fällen .......... 336
- § 46 Entscheidung über die Zulassung .......... 338
- § 47 Prüfungsordnung .......... 340
- § 48 Zwischenprüfungen .......... 342
- § 49 Zusatzqualifikationen .......... 343
- § 50 Gleichstellung von Prüfungszeugnissen .......... 344
- § 50a Gleichwertigkeit ausländischer Berufsqualifikationen .......... 345

## Abschnitt 6
### Interessenvertretung
- § 51 Interessenvertretung .......... 345
- § 52 Verordnungsermächtigung .......... 347

## Kapitel 2
### Berufliche Fortbildung

## Abschnitt 1
### Fortbildungsordnungen des Bundes
- § 53 Fortbildungsordnungen der höherqualifizierenden Berufsbildung .......... 347
- § 53a Fortbildungsstufen .......... 357
- § 53b Geprüfter Berufsspezialist und Geprüfte Berufsspezialistin .......... 358
- § 53c Bachelor Professional .......... 360
- § 53d Master Professional .......... 361
- § 53e Anpassungsfortbildungsordnungen .......... 363

## Inhaltsverzeichnis

**Abschnitt 2**
**Fortbildungsprüfungsregelugen der zuständigen Stellen**
§ 54   Fortbildungsprüfungsregelungen der zuständigen Stellen ... 364

**Abschnitt 3**
**Ausländische Vorqualifikationen, Prüfungen**
§ 55   Berücksichtigung ausländischer Vorqualifikationen. . . . . . . 366
§ 56   Fortbildungsprüfungen . . . . . . . . . . . . . . . . . . . . . 366
§ 57   Gleichstellung von Prüfungszeugnissen . . . . . . . . . . . . . 367

**Kapitel 3**
**Berufliche Umschulung**
§ 58   Umschulungsordnung . . . . . . . . . . . . . . . . . . . . . . 367
§ 59   Umschulungsprüfungsregelungen der zuständigen Stellen ... 370
§ 60   Umschulung für einen anerkannten Ausbildungsberuf . . . . . 370
§ 61   Berücksichtigung ausländischer Vorqualifikationen. . . . . . . 371
§ 62   Umschulungsmaßnahmen; Umschulungsprüfungen . . . . . . 371
§ 63   Gleichstellung von Prüfungszeugnissen . . . . . . . . . . . . . 373

**Kapitel 4**
**Berufsbildung für besondere Personengruppen**

**Abschnitt 1**
**Berufsbildung behinderter Menschen**
§ 64   Berufsausbildung. . . . . . . . . . . . . . . . . . . . . . . . . 374
§ 65   Berufsausbildung in anerkannten Ausbildungsberufen . . . . . 375
§ 66   Ausbildungsregelungen der zuständigen Stellen. . . . . . . . . 376
§ 67   Berufliche Fortbildung, berufliche Umschulung . . . . . . . . 377

**Abschnitt 2**
**Berufsausbildungsvorbereitung**
§ 68   Personenkreis und Anforderungen . . . . . . . . . . . . . . . 378
§ 69   Qualifizierungsbausteine, Bescheinigung . . . . . . . . . . . . 382
§ 70   Überwachung, Beratung. . . . . . . . . . . . . . . . . . . . . 390

**Teil 3**
**Organisation der Berufsbildung**

**Kapitel 1**
**Zuständige Stellen; zuständige Behörden**

**Abschnitt 1**
**Bestimmung der zuständigen Stelle**
§ 71   Zuständige Stellen . . . . . . . . . . . . . . . . . . . . . . . . 392
§ 72   Bestimmung durch Rechtsverordnung . . . . . . . . . . . . . 395

# Inhaltsverzeichnis

§ 73 Zuständige Stellen im Bereich des öffentlichen Dienstes ..... 395
§ 74 Erweiterte Zuständigkeit ..... 395
§ 75 Zuständige Stellen im Bereich der Kirchen und sonstigen Religionsgemeinschaften des öffentlichen Rechts ..... 396

## Abschnitt 2
### Überwachung der Berufsbildung
§ 76 Überwachung, Beratung ..... 396

## Abschnitt 3
### Berufsbildungsausschuss der zuständigen Stelle
§ 77 Errichtung ..... 402
§ 78 Beschlussfähigkeit, Abstimmung ..... 408
§ 79 Aufgaben ..... 411
§ 80 Geschäftsordnung ..... 419

## Abschnitt 4
### Zuständige Behörden
§ 81 Zuständige Behörden ..... 420

## Kapitel 2
### Landesausschüsse für Berufsbildung
§ 82 Errichtung, Geschäftsordnung, Abstimmung ..... 421
§ 83 Aufgaben ..... 427

## Teil 4
### Berufsbildungsforschung, Planung und Statistik
§ 84 Ziele der Berufsbildungsforschung ..... 429
§ 85 Ziele der Berufsbildungsplanung ..... 429
§ 86 Berufsbildungsbericht ..... 429
§ 87 Zweck und Durchführung der Berufsbildungsstatistik ..... 430
§ 88 Erhebungen ..... 430

## Teil 5
### Bundesinstitut für Berufsbildung
§ 89 Bundesinstitut für Berufsbildung ..... 433
§ 90 Aufgaben ..... 433
§ 91 Organe ..... 434
§ 92 Hauptausschuss ..... 434
§ 93 Präsident oder Präsidentin ..... 436
§ 94 Wissenschaftlicher Beirat ..... 436
§ 95 Ausschuss für Fragen behinderter Menschen ..... 437
§ 96 Finanzierung des Bundesinstituts für Berufsbildung ..... 437

## Inhaltsverzeichnis

§ 97 Haushalt .................................. 438
§ 98 Satzung ................................... 438
§ 99 Personal .................................. 438
§ 100 Aufsicht über das Bundesinstitut für Berufsbildung. ....... 439

**Teil 6**
**Bußgeldvorschriften**
§ 101 Bußgeldvorschriften ......................... 440

**Teil 7**
**Übergangs- und Schlussvorschriften**
§ 102 Gleichstellung von Abschlusszeugnissen im Rahmen der
       deutschen Einheit ........................... 441
§ 103 Fortgeltung bestehender Regelungen ............. 441
§ 104 Übertragung von Zuständigkeiten ............... 441
§ 105 Evaluation ................................ 441
§ 106 Übergangsregelung .......................... 442

Stichwortverzeichnis ............................. 443

# Abkürzungsverzeichnis

| | |
|---|---|
| a. A. | anderer Ansicht |
| ABl. EG | Amtsblatt der Europäischen Gemeinschaft Ausgabe L |
| ABM | Arbeitsbeschaffungsmaßnahme |
| Abs. | Absatz |
| ÄArbVtrG | Gesetz über befristete Arbeitsverträge mit Ärzten in der Weiterbildung |
| AEVO | Ausbildereignungsverordnung |
| a. F. | alte Fassung |
| AGB | Allgemeine Geschäftsbedingungen |
| AGG | Allgemeines Gleichbehandlungsgesetz |
| AiB | Arbeitsrecht im Betrieb (AiB) (Zeitschrift) |
| ÄndG | Änderungsgesetz |
| AP | Arbeitsrechtliche Praxis (Entscheidungssammlung) |
| APS | Ascheid/Preis/Schmidt (siehe Literaturverzeichnis) |
| ArbGG | Arbeitsgerichtsgesetz |
| ArbPlSchG | Gesetz über den Schutz des Arbeitsplatzes bei Einberufung zum Wehrdienst (Arbeitsplatzschutzgesetz) |
| Art. | Artikel |
| ATG | Altersteilzeitgesetz |
| AÜG | Arbeitnehmerüberlassungsgesetz |
| AufenthG | Gesetz über den Aufenthalt, die Erwerbstätigkeit und die Integration von Ausländern im Bundesgebiet (Aufenthaltsgesetz) |
| Aufl. | Auflage |
| AuR | Arbeit und Recht (Zeitschrift) |
| Az. | Aktenzeichen |
| BAG | Bundesarbeitsgericht |
| BAT | Bundesangestelltentarifvertrag |
| BB | Betriebs-Berater (Zeitschrift) |
| BBiG | Berufsbildungsgesetz |
| BDSG | Bundesdatenschutzgesetz |
| BEEG | Bundeselterngeld- und Elternzeitgesetz |

## Abkürzungsverzeichnis

| | |
|---|---|
| BerBiRefG | Berufsbildungsreformgesetz vom 23.3.2005 |
| BetrVG | Betriebsverfassungsgesetz |
| BGB | Bürgerliches Gesetzbuch |
| BGBl. | Bundesgesetzblatt |
| BiBB | Bundesinstitut für Berufsbildung |
| BMBF | Bundesministerium für Bildung und Forschung |
| BPersVG | Bundespersonalvertretungsgesetz |
| BT-Drs. | Bundestags-Drucksache |
| BTHG | Bundesteilhabegesetz |
| BUrlG | Bundesurlaubsgesetz |
| BVerfG | Bundesverfassungsgericht |
| BVerfGE | Entscheidungssammlung des Bundesverfassungsgerichts |
| BWP | Berufsbildung in Wissenschaft und Praxis (Zeitschrift) |
| bzw. | beziehungsweise |
| DB | Der Betrieb (Zeitschrift) |
| DDZ | Däubler/Deinert/Zwanziger (siehe Literaturverzeichnis) |
| DKKW | Däubler/Kittner/Klebe/Wedde (siehe Literaturverzeichnis) |
| EG | Europäische Gemeinschaft(en) |
| ErfK | Erfurter Kommentar (siehe Literaturverzeichnis) |
| EStG | Einkommensteuergesetz |
| EU | Europäische Union |
| EuGH | Gerichtshof der Europäischen Gemeinschaften (Europäischer Gerichtshof) |
| EzA | Entscheidungssammlung zum Arbeitsrecht |
| EzB | Entscheidungssammlung zum Berufsbildungsrecht |
| f. | folgend(e) |
| GewArch | Gewerbearchiv (Zeitschrift) |
| GewO | Gewerbeordnung |
| GG | Grundgesetz für die Bundesrepublik Deutschland |
| ggf. | Gegebenenfalls |
| HAG | Heimarbeitsgesetz |
| HWK | Henssler/Willemsen/Kalb (siehe Literaturverzeichnis) |
| IAB | Institut für Arbeitsmarkt- und Berufsforschung (Institut der Bundesagentur für Arbeit) |
| InsO | Insolvenzordnung |

# Abkürzungsverzeichnis

| | |
|---|---|
| i. S. d. | im Sinne des/der |
| i. S. v. | im Sinne von |
| i. V. m | in Verbindung mit |
| | |
| JArbSchG | Jugendarbeitsschutzgesetz |
| | |
| KJ | Kritische Justiz (Zeitschrift) |
| KR | siehe Etzel/Bader im Literaturverzeichnis |
| KSchG | Kündigungsschutzgesetz |
| | |
| LAG | Landesarbeitsgericht |
| LAGE | Entscheidungssammlung der Landesarbeitsgerichte |
| LPVG | Landespersonalvertretungsgesetz |
| | |
| m. a. W. | mit anderen Worten |
| MiLoG | Mindestlohngesetz |
| MTV | Manteltarifvertrag |
| MuSchG | Mutterschutzgesetz |
| m. w. N. | mit weiteren Nachweisen |
| | |
| NachwG | Nachweisgesetz |
| n. F. | neue Fassung |
| NJ | Neue Justiz (Zeitschrift) |
| NJW | Neue Juristische Wochenschrift (Zeitschrift) |
| Nr. | Nummer |
| NV | Normalvertrag |
| NW | Nordrhein-Westfalen |
| NZA | Neue Zeitschrift für Arbeitsrecht (Zeitschrift) |
| NZA-RR | NZA Rechtsprechungs-Report Arbeitsrecht (Zeitschrift) |
| | |
| o. Ä. | oder Ähnliche/Ähnliches |
| | |
| PersR | Der Personalrat (Zeitschrift) |
| PersVG | Personalvertretungsgesetz |
| | |
| Rn. | Randnummer |
| | |
| s. | siehe |
| S. | Seite |
| SGB I | Sozialgesetzbuch Erstes Buch (Allgemeiner Teil) |
| SGB II | Sozialgesetzbuch Zweites Buch (Grundsicherung für Arbeitsuchende) |

## Abkürzungsverzeichnis

| | |
|---|---|
| SGB III | Sozialgesetzbuch Drittes Buch (Arbeitsförderung) |
| SGB IV | Sozialgesetzbuch Viertes Buch (Gemeinsame Vorschriften für die Sozialversicherung) |
| SGB V | Sozialgesetzbuch Fünftes Buch (Krankenversicherung) |
| SGB VI | Sozialgesetzbuch Sechstes Buch (Rentenversicherung) |
| SGB VII | Sozialgesetzbuch Siebtes Buch (Unfallversicherung) |
| SGB VIII | Sozialgesetzbuch Achtes Buch (Kinder- und Jugendhilfe) |
| SGB IX | Sozialgesetzbuch Neuntes Buch (Rehabilitation und Teilhabe von Menschen mit Behinderungen) |
| SGB X | Sozialgesetzbuch Zehntes Buch (Sozialverwaltungsverfahren und Sozialdatenschutz) |
| SGB XI | Sozialgesetzbuch Elftes Buch (Soziale Pflegeversicherung) |
| SGB XII | Sozialgesetzbuch Zwölftes Buch (Sozialhilfe) |
| TV | Tarifvertrag |
| TVG | Tarifvertragsgesetz |
| TzBfG | Teilzeit- und Befristungsgesetz |
| UmwG | Umwandlungsgesetz |
| u. U. | unter Umständen |
| vgl. | vergleiche |
| VwGO | Verwaltungsgerichtsordnung |
| VwVfG | Verwaltungsverfahrensgesetz |
| WSI | Wirtschafts- und Sozialwissenschaftliches Institut in der Hans-Böckler-Stiftung |
| WSI-Mitteilungen | Zeitschrift des WSI |
| z. B. | zum Beispiel |
| ZESAR | Zeitschrift für Europäisches Sozial- und Arbeitsrecht |
| ZfA | Zeitschrift für Arbeitsrecht |
| Ziff. | Ziffer |
| ZIP | Zeitschrift für Wirtschaftsrecht |
| ZPO | Zivilprozessordnung |
| ZTR | Zeitschrift für Tarifrecht |

# Literaturverzeichnis

*Ascheid/Preis/Schmidt (Hrsg.)*, Kündigungsrecht, 5. Auflage 2017 (zitiert: APS-Bearbeiter).
*Benecke/Hergenröder*, Berufsbildungsgesetz, Kommentar, 2009.
*Braun/Mühlhausen/Munk/Stück*, Berufsbildungsgesetz, Kommentar, 2004.
*Däubler/Deinert/Zwanziger (Hrsg.)*, Kündigungsschutzrecht, Kommentar für die Praxis, 10. Auflage 2017 (zitiert: DDZ-Bearbeiter).
*Däubler/Hjort/Schubert/Wolmerath (Hrsg.)*, Arbeitsrecht, Handkommentar, 4. Auflage 2017 (zitiert: HK-ArbR-Bearbeiter).
*Däubler/Kittner/Klebe/Wedde (Hrsg.)*, Betriebsverfassungsgesetz, Kommentar, 16. Auflage 2018 (zitiert: DKKW-Bearbeiter).
*Deinert/Heuschmid/Zwanziger (Hrsg.)*, Arbeitsrecht, Handbuch für die Praxis, 10. Auflage 2019.
*Etzel/Bader/Fischermeier u. A.*, KR, Gemeinschaftskommentar zum Kündigungsschutzgesetz und zu sonstigen kündigungsschutzrechtlichen Vorschriften, 12. Auflage 2019 (zitiert: KR-Bearbeiter).
*Eule/Klubertz*, Rechtsfragen der Verbundausbildung, 2001.
*Fitting/Engels/Schmidt/Trebinger/Linsenmaier*, Betriebsverfassungsgesetz, Kommentar, 29. Auflage 2018.
*Germelmann/Matthes/Prütting*, Arbeitsgerichtsgesetz, Kommentar, 9. Auflage, 2017.
*Greinert*, Das deutsche System der Berufsausbildung, 3. Auflage 1998.
*Henssler/Willemsen/Kalb (Hrsg.)*, Arbeitsrecht Kommentar, 8. Auflage 2018 (zitiert: HWK-Bearbeiter).
*Jarass/Pieroth*, Grundgesetz, Kommentar, 15. Auflage 2018.
*Lakies*, Jugendarbeitsschutzgesetz, Basiskommentar, 8. Auflage 2018.
*Lakies*, Mindestlohngesetz, Basiskommentar, 4. Auflage 2019.
*Lakies/Malottke*, Berufsbildungsgesetz, Kommentar für die Praxis, 6. Auflage 2018.
*Leinemann/Taubert*, Berufsbildungsgesetz, Kommentar, 2. Auflage 2008.
*Müller-Glöge/Preis/Schmidt (Hrsg.)*, Erfurter Kommentar zum Arbeitsrecht, 20. Auflage 2020 (zitiert: ErfK-Bearbeiter).
*Richardi (Hrsg.)*, Betriebsverfassungsgesetz, Kommentar, 16. Auflage 2018.

**Literaturverzeichnis**

*Schaub (Hrsg.)*, Arbeitsrechts-Handbuch, 18. Auflage 2019 (zitiert: Schaub-Bearbeiter).

# Berufsbildungsgesetz (BBiG)

vom 23.3.2005 (Bundesgesetzblatt I S. 931), zuletzt geändert durch das Gesetz zur Modernisierung und Stärkung der beruflichen Bildung vom 12.12.2019 (Bundesgesetzblatt I S. 2522)

# Teil 1
# Allgemeine Vorschriften

### § 1 Ziele und Begriffe der Berufsbildung

(1) Berufsbildung im Sinne dieses Gesetzes sind die Berufsausbildungsvorbereitung, die Berufsausbildung, die berufliche Fortbildung und die berufliche Umschulung.

(2) Die Berufsausbildungsvorbereitung dient dem Ziel, durch die Vermittlung von Grundlagen für den Erwerb beruflicher Handlungsfähigkeit an eine Berufsausbildung in einem anerkannten Ausbildungsberuf heranzuführen.

(3) Die Berufsausbildung hat die für die Ausübung einer qualifizierten beruflichen Tätigkeit in einer sich wandelnden Arbeitswelt notwendigen beruflichen Fertigkeiten, Kenntnisse und Fähigkeiten (berufliche Handlungsfähigkeit) in einem geordneten Ausbildungsgang zu vermitteln. Sie hat ferner den Erwerb der erforderlichen Berufserfahrungen zu ermöglichen.

(4) Die berufliche Fortbildung soll es ermöglichen,
1. die berufliche Handlungsfähigkeit durch eine Anpassungsfortbildung zu erhalten und anzupassen oder
2. die berufliche Handlungsfähigkeit durch eine Fortbildung der höherqualifizierenden Berufsbildung zu erweitern und beruflich aufzusteigen.

(5) Die berufliche Umschulung soll zu einer anderen beruflichen Tätigkeit befähigen.

| Inhaltsübersicht | Rn |
|---|---|
| 1. Normkontext | 1– 3 |
| 2. Berufsbildung als Oberbegriff | 4–15 |
|    a. Berufsausbildungsvorbereitung | 6, 7 |
|    b. Berufsausbildung | 8–13 |
|    c. Berufliche Fortbildung | 14 |
|    d. Berufliche Umschulung | 15 |

# § 1 Ziele und Begriffe der Berufsbildung

## 1. Normkontext

**1** Das Berufsbildungsrecht wurde erstmals durch das **Berufsbildungsgesetz (BBiG) vom 14.8.1969** (BGBl. I S. 1112) bundeseinheitlich und umfassend geregelt. Überlegungen zu einer **Reform des Berufsbildungsrechts** gab es in der Vergangenheit häufiger, sie wurden aber erst in der 15. Legislaturperiode durch die »rot-grüne« Bundestagsmehrheit verwirklicht. Grundlage für die Beratung im Bundestag war ein Gesetzentwurf der Bundesregierung vom 20.10.2004.[1] Das Gesetz wurde aufgrund der Beschlussempfehlung und des Berichts des Ausschusses für Bildung, Forschung und Technikfolgenabschätzung[2] mit einigen Änderungen – auch mit den Stimmen der CDU/CSU – am 27.1.2005 vom Bundestag beschlossen. Der Bundesrat stimmte dem Gesetz am 18.2.2005 zu. Es ist am **1.4.2005** in Kraft getreten. Da viele Vorschriften des neuen BBiG, wenn auch in geänderter Paragraphenbezeichnung, mit den Normen des alten BBiG inhaltlich, wenn nicht gar wörtlich übereinstimmen, kann vielfach auf die Rechtsprechung und Literatur zum alten BBiG zurückgegriffen werden. Änderungen des neuen BBiG hat es nach der Verabschiedung im Jahre 2005 nur vereinzelt gegeben. Wiederum eine umfassende Reform erfolgte zum **1.1.2020** durch das Gesetz zur Modernisierung und Stärkung der beruflichen Bildung vom 12.12.2019 (Bundesgesetzblatt I S. 2522), im Folgenden bezeichnet als **Berufsbildungsmodernisierungsgesetz**.

**2** Die **Gesetzgebungskompetenz** des Bundes für das Berufsbildungsrecht ergibt sich aus Art. 74 Nr. 11 GG (**Recht der Wirtschaft**) und, soweit es um den arbeitsrechtlichen Teil des BBiG (§§ 10–26) geht, aus Art. 74 Nr. 12 GG (**Arbeitsrecht**). Nach der Rechtsprechung des BVerfG ist der in Art. 74 Nr. 11 GG verwendete Begriff »Recht der Wirtschaft« in einem weiten Sinne zu verstehen.[3] Die Bundesregierung hatte in ihrem Gesetzentwurf für die BBiG-Reform 2005 die Gesetzgebungskompetenz des Bundes und das Erfordernis einer bundesgesetzlichen Regelung (Art. 72 Abs. 2 GG) ausführlich begründet.[4] Ebenfalls hat die Bundesregierung in dem Gesetzentwurf für das **Berufsbildungsmodernisierungsgesetz**, das zum 1.1.2020 in Kraft trat, die Gesetzgebungskompetenz ausführlich begründet.[5] Soweit es um den **schuli-**

---

1 Entwurf eines Gesetzes zur Reform der beruflichen Bildung (Berufsbildungsreformgesetz – BerBiRefG), BT-Drs. 15/3980.
2 BT-Drs. 15/4752.
3 *BVerfG* 10.12.1980 – 2 BvF 3/77, BVerfGE 55, 274 = NJW 1981, 329.
4 BT-Drs. 15/3980, S. 40.
5 BT-Drs. 19/10815, S. 48f. Soweit es um die Ordnungswidrigkeiten geht (§ 101 BBiG), ergibt sich die Gesetzgebungszuständigkeit aus Art. 74 Abs. 1 Nr. 1 GG (Strafrecht), darunter fällt auch das Recht der Ordnungswidrigkeiten; vgl. BT-Drs. 19/10815, S. 49.

## Ziele und Begriffe der Berufsbildung § 1

schen Teil der Berufsausbildung geht, sind ausschließlich die Bundesländer zuständig.

§ 1 BBiG (**Ziele und Begriffe der Berufsbildung**) definiert zentrale und mehrfach im BBiG wiederkehrende Begriffe, die den Anwendungsbereich des Gesetzes bestimmen (vgl. § 3 BBiG). Weitere Begriffsbestimmungen, zum Beispiel die des Ausbildenden, sind an anderer Stelle des Gesetzes enthalten (§ 10 Abs. 1 BBiG). § 1 BBiG gilt unmittelbar auch für das **Handwerk**.

### 2. Berufsbildung als Oberbegriff

§ 1 Abs. 1 BBiG definiert die Berufsbildung im Sinne des BBiG. Sie wird unterteilt in die Berufsausbildungsvorbereitung, Berufsausbildung, berufliche Fortbildung und die berufliche Umschulung. § 3 BBiG knüpft hieran an und umschreibt den Anwendungsbereich des BBiG.

§ 1 Abs. 1 BBiG definiert den Begriff der Berufsbildung »im Sinne dieses Gesetzes«, also des BBiG, und ist deshalb nicht zwingend begriffsbildend für andere Gesetze. So ist der Begriff der Berufsbildung in § 98 BetrVG (vgl. § 10 Rn. 40ff.) weiter gefasst als der in § 1 BBiG, weil dort auch Maßnahmen mit einbezogen sind, die nicht unter § 1 Abs. 1 BBiG fallen, wie solche im Sinne des § 26 BBiG.

### a. Berufsausbildungsvorbereitung

Die Berufsausbildungsvorbereitung wurde erstmals durch Artikel 9 des Zweiten Gesetzes für moderne Dienstleistungen am Arbeitsmarkt vom 23.2.2002 (BGBl. I, S. 4621) mit Wirkung vom 1.1.2003 neu in das BBiG eingefügt. Die Regelung wurde in geänderter Fassung in § 1 Abs. 2 BBiG übernommen.

Die **Berufsausbildungsvorbereitung** dient dem Ziel, durch die Vermittlung von Grundlagen für den Erwerb beruflicher Handlungsfähigkeit an eine Berufsausbildung in einem anerkannten Ausbildungsberuf heranzuführen. Sie soll einen wichtigen Teil der beruflichen Qualifizierung von Zielgruppen mit **besonderem Förderbedarf** darstellen und **eine reguläre Berufsausbildung** in einem anerkannten Ausbildungsberuf nach dem BBiG ermöglichen. Die Berufsausbildungsvorbereitung soll die **Persönlichkeitsentwicklung fördern** und vorhandene, der unmittelbaren Aufnahme einer regulären Berufsausbildung entgegenstehende **Defizite ausgleichen**. In erster Linie wird dies in der Weise praktiziert, dass auf der Grundlage bestehender Ausbildungsordnungen **Qualifizierungsbausteine** entwickelt werden. Jugendliche und junge Erwachsene, die auf der Grundlage der Berufsausbildungsvorbereitung den Übergang in eine reguläre Berufsausbildung nicht oder noch nicht bewältigen, sollen hierdurch bessere Chancen auf dem Arbeitsmarkt be-

## § 1                                Ziele und Begriffe der Berufsbildung

kommen.[6] Die näheren Einzelheiten sind in den §§ 68 bis 70 BBiG geregelt (siehe die Kommentierung dort).

### b. Berufsausbildung

**8**  § 1 Abs. 3 BBiG definiert den Begriff der Berufsausbildung. Dabei geht das Gesetz von der Erstausbildung aus, die sich in der Regel an die Vollzeitschulpflicht anschließt. In der Praxis nicht ausgeschlossen ist, dass sich an eine erste Berufsausbildung eine zweite anschließt. Auch eine solche zweite Ausbildung ist Berufsausbildung (im Sinne des § 1 Abs. 3 BBiG) und keine Umschulung.

**9**  § 1 Abs. 3 BBiG fasst die Vermittlung der beruflichen Fertigkeiten, Kenntnisse und Fähigkeiten zu dem Oberbegriff der »beruflichen Handlungsfähigkeit« zusammen. Zudem dient die Berufsausbildung dem Erwerb der erforderlichen Berufserfahrungen (§ 1 Abs. 3 Satz 2 BBiG). In der berufsbildungspolitischen Debatte wird der Begriff der Kompetenzvermittlung verwandt, die im Fall der Berufsbildung mit ihren Inhalten, Strukturen und Organisationsformen mit dem Beschäftigungssystem verknüpft ist. Die Berufsausbildung verbindet Arbeiten und Lernen nach dem Berufsprinzip, das heißt Berufsbildung soll einen vollständigen Berufsabschluss ermöglichen.

**10**  Die zu vermittelnde **berufliche Grundbildung** muss nach dem Wortlaut der Vorschrift – und zwar aus Gründen der Mobilität – breit angelegt sein. Diese Grundbildung dient dem Erwerb von Fertigkeiten und Kenntnissen bzw. Kompetenzen, die einem möglichst großen Bereich von Tätigkeiten zuzurechnen sind. Zum Teil kann diese erste Phase der Berufsausbildung auch in Form der Absolvierung eines **Berufsgrundbildungsjahres** durchlaufen werden. Die in der zweiten Phase erfolgende Vermittlung der für die Ausübung einer qualifizierten beruflichen Tätigkeit notwendigen **fachlichen Fertigkeiten und Kenntnisse** baut auf der Grundbildung auf und stellt eine Spezialisierung auf den angestrebten Ausbildungsberuf dar.

**11**  Die Berufsausbildung muss in einem **geordneten Ausbildungsgang** erfolgen (§ 1 Abs. 3 Satz 1 BBiG). Die in § 1 Abs. 3 Satz 2 BBiG geforderte Möglichkeit des Erwerbs der erforderlichen **Berufserfahrungen** setzt eine ausreichende Praxisnähe der Berufsausbildung voraus.

**12**  Prägend für das bundesdeutsche System der Berufsausbildung ist das sogenannte **duale System**. Die Berufsausbildung teilt sich auf in den schulischen Teil vor allem für die fach-theoretische Ausbildung und in den betrieblichen Teil zur Vermittlung der nötigen Fertigkeiten, Kenntnisse und Fähigkeiten, kurz der beruflichen Handlungsfähigkeit. Der Dualismus zeigt sich auch in

---

6  Vgl. die Gesetzesbegründung BT-Drs. 15/26, S. 29.

## Ziele und Begriffe der Berufsbildung § 1

der Zusammensetzung der Prüfungsausschüsse und darin, dass der Berufsschulstoff Prüfungsgegenstand der Abschlussprüfung ist.

Der betriebliche Teil der Berufsausbildung hat seine Grundlage in einer privat-rechtlichen Vertragsbeziehung zwischen Auszubildenden und Ausbildenden (§ 10 bis § 25 BBiG), während der schulische Teil öffentlich-rechtlich in den Schulgesetzen der Länder geregelt ist. Auch Fragen der Ordnung der Berufsbildung sind öffentlich-rechtlich geregelt, weil sie mit einem staatlich anerkannten Berufsabschluss enden. Das BBiG enthält Regelungen sowohl zur Gestaltung der privat-rechtlichen Beziehung zwischen Auszubildenden und Ausbildenden als auch zu den öffentlich-rechtlichen Fragen der Ordnung der Berufsbildung. **13**

### c. Berufliche Fortbildung

Die berufliche Fortbildung soll es (nach dem durch das **Berufsbildungsmodernisierungsgesetz** zum 1.1.2020 neu formulierten § 1 Abs. 4 BBiG) ermöglichen, die berufliche Handlungsfähigkeit durch eine **Anpassungsfortbildung** zu erhalten und anzupassen oder durch eine Fortbildung der **höherqualifizierenden Berufsbildung** zu erweitern und beruflich aufzusteigen. Neu ist die Einfügung von differenzierenden Bezeichnungen für die bisherigen Aufstiegsfortbildungen und Fortbildungen, die nicht auf ein höheres formales Bildungsniveau führen, den sogenannten Anpassungsfortbildungen. Für die bisherigen **Aufstiegsfortbildungen** wird dabei der Begriff der »höherqualifizierenden Berufsbildung« eingeführt.[7] **14**

Dabei geht der Gesetzgeber davon aus, dass die berufliche Erstausbildung Grundlage für die spätere berufliche Fortbildung ist. Die in der Berufsausbildung gemäß § 1 Abs. 3 BBiG erworbene »berufliche Handlungsfähigkeit« soll erhalten, angepasst oder erweitert werden (zu den Einzelheiten vgl. § 53 ff.).

### d. Berufliche Umschulung

Die in § 1 Abs. 5 BBiG definierte berufliche Umschulung soll zu einer anderen beruflichen Tätigkeit befähigen. Der Begriff der »Umschulung« setzt nicht zwingend eine vorherige Ausbildung des Umzuschulenden im Sinne des § 1 Abs. 3 BBiG voraus. **15**

---

7 Vgl. die Gesetzesbegründung BT-Drs. 19/10815, S. 52 f.

## § 2 Lernorte der Berufsbildung

(1) Berufsbildung wird durchgeführt
1. in Betrieben der Wirtschaft, in vergleichbaren Einrichtungen außerhalb der Wirtschaft, insbesondere des öffentlichen Dienstes, der Angehörigen freier Berufe und in Haushalten (betriebliche Berufsbildung),
2. in berufsbildenden Schulen (schulische Berufsbildung) und
3. in sonstigen Berufsbildungseinrichtungen außerhalb der schulischen und betrieblichen Berufsbildung (außerbetriebliche Berufsbildung).

(2) Die Lernorte nach Absatz 1 wirken bei der Durchführung der Berufsbildung zusammen (Lernortkooperation).

(3) Teile der Berufsausbildung können im Ausland durchgeführt werden, wenn dies dem Ausbildungsziel dient. Ihre Gesamtdauer soll ein Viertel der in der Ausbildungsordnung festgelegten Ausbildungsdauer nicht überschreiten.

**Inhaltsübersicht** Rn
1. Überblick .................................... 1
2. Verhältnis der Lernorte ........................ 2
3. Teilausbildung im Ausland ..................... 3–8

### 1. Überblick

**1** Die Gesetzesbestimmung beschreibt die Lernorte der Berufsbildung. Unterschieden wird zwischen **betrieblicher, schulischer und außerbetrieblicher Berufsbildung**. Diese Lernorte sollen bei der Durchführung der Berufsbildung zusammenwirken, das Gesetz spricht von Lernortkooperation. Teile der Berufsausbildung können im **Ausland** durchgeführt werden (§ 2 Abs. 3 BBiG, Rn. 3 ff.).

### 2. Verhältnis der Lernorte

**2** § 2 Abs. 2 BBiG betont die besondere Bedeutung der **Lernortkooperation**. Die durch die Ausbildungsordnung im Rahmenlehrplan für den jeweiligen Ausbildungsberuf beschriebenen Ausbildungsinhalte sollen zwischen den Lernorten aufeinander abgestimmt werden. In der Begründung zum Gesetz wird darauf hingewiesen, dass die Länder aufgefordert sind, die durch das neue Gesetz verbesserten Möglichkeiten zu nutzen, um die Verknüpfung der Lernorte weiter zu optimieren.[1] Es gibt eine Empfehlung des Hauptaus-

---

[1] Vgl. BT-Drs. 15/4752, S. 34.

schusses des Bundesinstituts für Berufsbildung zur Kooperation der Lernorte vom 27.11.1997.[2]

## 3. Teilausbildung im Ausland

Teile der Berufsausbildung können im Ausland durchgeführt werden, wenn dies dem Ausbildungsziel dient (§ 2 Abs. 3 Satz 1 BBiG). Dies ist ein sinnvolles Instrument, um die Mobilität und die interkulturelle Kompetenz der Auszubildenden zu fördern. Bisher haben vor allem größere Betriebe, die Niederlassungen im Ausland haben, von der Möglichkeit der Ausbildung im Ausland Gebrauch gemacht. Die Durchführung von Auslandsaufenthalten haben die zuständigen Stellen in geeigneter Weise zu überwachen und zu fördern (§ 76 Abs. 3 Satz 1 BBiG). Beträgt die Dauer eines Ausbildungsabschnitts im Ausland mehr als acht Wochen, ist hierfür ein mit der zuständigen Stelle abgestimmter Plan erforderlich (§ 76 Abs. 3 Satz 2 BBiG).

Unter der Voraussetzung, dass die Tätigkeit im Ausland dem Ausbildungsziel dient, wird diese als **Teil der Berufsausbildung** angesehen. Da der Auslandsabschnitt das Ausbildungsverhältnis (mit den damit verbundenen Rechten und Pflichten) nicht unterbricht, bestehen die Pflichten aus dem Ausbildungsvertrag für den Ausbildenden, wie etwa die Vergütungspflicht, fort. Es bedarf auch keiner Anrechnungsregelung, weil die Ausbildung im Ausland kraft Gesetzes »Teil« der Berufsausbildung (im Inland) ist. Die Teile, die im Ausland absolviert werden, sind integraler Bestandteil der Berufsausbildung, genauso wie wenn die gesamte Ausbildungszeit im Inland absolviert wird.

Da das Berufsausbildungsverhältnis unverändert fortbesteht, kann die Ausbildung im Ausland nur **im Einverständnis mit den Ausbildenden** erfolgen. Ein Auslandsaufenthalt muss gemäß § 11 Abs. 1 Nr. 3 BBiG zwischen Auszubildendem und Ausbildendem vereinbart und im Ausbildungsvertrag niedergeschrieben werden. Bei nachträglicher Entscheidung bedarf es gemäß § 11 Abs. 4 BBiG einer Vertragsänderung. Da das Berufsausbildungsverhältnis durch die Teilausbildung im Ausland nicht unterbrochen wird, bleibt der **Vergütungsanspruch** (§ 17 BBiG) bestehen, so dass dieser nicht einzelvertraglich ausgeschlossen werden darf (§ 25 BBiG).

Nicht gesetzlich geregelt ist die Frage, wer die zusätzlichen Kosten des Auslandsaufenthalts (Unterbringungs- und Lebenshaltungskosten) zu tragen hat. Mangels einer ausdrücklichen Regelung besteht kein Anspruch der Auszubildenden darauf, dass der Ausbildende die Kosten zu übernehmen hat. Es empfiehlt sich, die Frage vor Aufnahme der Tätigkeit im Ausland durch Vereinbarung zwischen den Vertragspartnern zu regeln. Treffen die Vertrags-

---

2 Abgedruckt bei *Lakies/Malottke* BBiG, § 2 Rn. 14.

parteien keine näheren Regelungen über die Kosten, die durch den Auslandsaufenthalt entstehen, kann ein Anspruch des Auszubildenden auf Ersatz der erforderlichen Aufwendungen gemäß den §§ 670, 675 BGB bestehen.

**7** Die Gesamtdauer des Auslandsaufenthalts soll ein Viertel der in der Ausbildungsordnung festgelegten Ausbildungsdauer nicht überschreiten (§ 2 Abs. 3 Satz 2 BBiG). Bei einer dreijährigen Berufsausbildung ist dementsprechend ein **Auslandsaufenthalt bis zur Dauer von neun Monaten** möglich. Denkbar sind auch mehrere kürzere Auslandsaufenthalte, deren Gesamtdauer neun Monate nicht überschreiten soll. Da diese Gesamtdauer nicht überschritten werden »soll«, sind geringfügige Abweichungen nach oben zulässig.

**8** § 2 Abs. 3 BBiG bietet die Option, Auslandsaufenthalte als integralen Bestandteil der Berufsausbildung zu gestalten. Unabhängig davon ist es auch möglich, **Auslandsaufenthalte** Auszubildender **im Rahmen von Beurlaubungen oder Freistellungen** durchzuführen. In solchen Fällen ruhen die Rechte und Pflichten aus dem Berufsausbildungsverhältnis. Da solche Auslandsaufenthalte nicht »Teil« der Berufsausbildung sind, kommt eine Kürzung der Ausbildungsdauer durch die Anrechnung der im Ausland erworbenen Kenntnisse nur durch eine Entscheidung der zuständigen Stelle im Einzelfall gemäß § 8 Abs. 1 BBiG in Betracht (vgl. § 8 Rn. 3 ff.).

## § 3 Anwendungsbereich

(1) Dieses Gesetz gilt für die Berufsbildung, soweit sie nicht in berufsbildenden Schulen durchgeführt wird, die den Schulgesetzen der Länder unterstehen.

(2) Dieses Gesetz gilt nicht für
1. die Berufsbildung, die in berufsqualifizierenden oder vergleichbaren Studiengängen an Hochschulen auf der Grundlage des Hochschulrahmengesetzes und der Hochschulgesetze der Länder durchgeführt wird,
2. die Berufsbildung in einem öffentlich-rechtlichen Dienstverhältnis,
3. die Berufsbildung auf Kauffahrteischiffen, die nach dem Flaggenrechtsgesetz die Bundesflagge führen, soweit es sich nicht um Schiffe der kleinen Hochseefischerei oder der Küstenfischerei handelt.

(3) Für die Berufsbildung in Berufen der Handwerksordnung gelten die §§ 4 bis 9, 27 bis 49, 53 bis 70, 76 bis 80 sowie 101 Absatz 1 Nummer 1 bis 4 sowie Nummer 6 bis 10 nicht; insoweit gilt die Handwerksordnung.

| Inhaltsübersicht | Rn |
|---|---|
| 1. Anwendungsbereich des BBiG und Ausnahmen | 1– 8 |
| 2. Berufsbildung in Berufen der Handwerksordnung | 9–11 |

**Anwendungsbereich** § 3

## 1. Anwendungsbereich des BBiG und Ausnahmen

§ 3 BBiG grenzt den Anwendungsbereich des BBiG negativ ab, indem es in Abs. 1 und Abs. 2 bestimmt, für welche Bereiche das BBiG *nicht* gilt. § 3 Abs. 3 BBiG regelt die Anwendung auf Berufe der Handwerksordnung (vgl. Rn. 9 ff.). 1

Das BBiG findet Anwendung auf **die Berufsbildung, soweit sie nicht in berufsbildenden Schulen durchgeführt wird,** die den Schulgesetzen der Länder unterstehen (§ 3 Abs. 1 BBiG). Die Einschränkung des Anwendungsbereichs folgt zwingend daraus, dass für Schulen, auch soweit es sich um berufsbildende handelt, die Gesetzgebungskompetenz bei den Ländern liegt. Diese Einschränkung gilt für Berufsschulen, die die betriebliche Ausbildung ergänzen, aber auch für rein schulische Berufsausbildungen (zum Beispiel an Berufsfachschulen). Trotz eingeschränktem Anwendungsbereich kann sich der **Gegenstand der Abschlussprüfung** gemäß § 38 BBiG auch auf den in der Berufsschule vermittelten Stoff beziehen. 2

Das BBiG gilt nicht für die Berufsbildung, die in berufsqualifizierenden oder vergleichbaren **Studiengängen an Hochschulen** auf der Grundlage des Hochschulrahmengesetzes und der Hochschulgesetze der Länder durchgeführt wird (§ 3 Abs. 2 Nr. 1 BBiG). 3

Das BBiG gilt nicht für die **Berufsbildung in einem öffentlich-rechtlichen Dienstverhältnis** (§ 3 Abs. 2 Nr. 2 BBiG). Damit sind solche Berufsbildungsverhältnisse gemeint, die in einem besonderen Rechtsverhältnis zum Staat stehen und durch zwingendes staatliches Recht gestaltet werden, namentlich handelt es sich um **Beamte** (auch Beamte zur Anstellung oder auf Probe), **Richter** und **Soldaten**. 4

Nicht vom Anwendungsbereich des BBiG ausgenommen sind die Auszubildenden, die **im öffentlichen Dienst in einem privatrechtlichen Ausbildungsverhältnis** mit dem Ziel ausgebildet werden, als Arbeiter oder Angestellte bei Bund, Ländern, Gemeinden oder Körperschaften, Anstalten und Stiftungen des öffentlichen Rechts beschäftigt zu werden. Für solche Personen gilt uneingeschränkt das BBiG, da sie nicht in einem »öffentlich-rechtlichen Dienstverhältnis«, sondern auf der Grundlage eines privat-rechtlichen Vertragsverhältnisses ausgebildet werden. 5

Das BBiG gilt nicht für die Berufsbildung auf **Kauffahrteischiffen,** die nach dem Flaggenrechtsgesetz die Bundesflagge führen, soweit es sich nicht um Schiffe der kleinen Hochseefischerei oder der Küstenfischerei handelt (§ 3 Abs. 2 Nr. 3 BBiG). Insoweit gelten die einschlägigen Bestimmungen im Seemannsrecht. Soweit die Berufsbildung auf Schiffen der kleinen Hochseefischerei oder der Küstenfischerei durchgeführt wird, findet indes das BBiG Anwendung. 6

Das BBiG findet auch keine Anwendung, soweit die Berufsausbildung in speziellen Gesetzen geregelt ist. Dies gilt vor allem für **Berufe im Gesund-** 7

## § 3 Anwendungsbereich

heits- und Sozialwesen. Durch Bundesgesetze geregelt ist zum Beispiel die Ausbildung zu den Berufen Gesundheits- und Krankenpfleger/in, Altenpfleger/Altenpflegerin, Physiotherapeut/in, Ergotherapeut/in, Diätassistent/Diätassistentin, Entbindungspfleger/Hebamme. Durch Landesgesetze geregelt ist unter anderem die Ausbildung zu den Berufen Erzieher/Erzieherin, Familienpfleger/Familienpflegerin, Heilpädagoge/Heilpädagogin, Kinderpfleger/Kinderpflegerin, Altenpflegehelfer/in.

8 Die entsprechenden spezialgesetzlichen Regelungen gelten nur dann vorrangig anstelle des BBiG, wenn die Ausbildung tatsächlich entsprechend der Sonderregelungen ausgestaltet ist und diese im Widerspruch zum BBiG stehen.[1] Soweit es sich um staatlich anerkannte Ausbildungsberufe handelt, gilt uneingeschränkt das BBiG.

### 2. Berufsbildung in Berufen der Handwerksordnung

9 Für die Berufsbildung in Berufen der **Handwerksordnung** (HwO) gelten die in § 3 Abs. 3 BBiG aufgezählten Normen des BBiG nicht. Insoweit gelten die – im Wesentlichen – gleich lautenden Normen der Handwerksordnung:

|  | statt BBiG | gilt HwO |
| --- | --- | --- |
| Ordnung der Berufsbildung | §§ 4–8 | §§ 25–27c |
| Regelungsbefugnis | § 9 | § 41 |
| Eignung von Ausbildungsstätte und Ausbildungspersonal | §§ 27–33 | §§ 21–24 |
| Verzeichnis der Berufsausbildungsverhältnisse (Lehrlingsrolle) | §§ 34–36 | §§ 28–30 |
| Prüfungswesen (Gesellenprüfung) | §§ 37–50a | §§ 31–40a |
| Berufliche Fortbildung und Umschulung | §§ 53–63 | §§ 42–42j |
| Berufsbildung behinderter Menschen | §§ 64–67 | §§ 42k–42n |
| Berufsausbildungsvorbereitung | §§ 68–70 | §§ 42o–42q |
| Überwachung der Berufsausbildung | § 76 | §§ 41a, 111 |
| Berufsbildungsausschuss | §§ 77–80 | §§ 43–44b |
| Bußgeldvorschriften | § 101 | § 118 |

10 Wichtig ist, dass auch für die Berufsausbildung in Handwerksberufen die privat-rechtlichen Vorschriften des BBiG auf das Berufsausbildungsverhältnis Anwendung finden. Die folgenden Vorschriften des BBiG gelten auch für die Berufsausbildung in Handwerksberufen:

---

1 Vgl. *BAG* 7.3.1990 – 5 AZR 217/89, AP BGB § 611 Ausbildungsverhältnis Nr. 28.

## Anwendungsbereich § 3

- Begründung des Ausbildungsverhältnisses (§§ 10 bis 12 BBiG),
- Pflichten der Auszubildenden (§ 13 BBiG),
- Pflichten der Ausbildenden (§§ 14 bis 16 BBiG),
- Vergütung (§§ 17 bis 19 BBiG),
- Beginn und Beendigung des Ausbildungsverhältnisses (§§ 20 bis 23 BBiG) und die
- sonstigen Vorschriften (§§ 24 bis 26 BBiG).

Für die Berufsausbildung im Handwerk gelten auch **11**
- die allgemeinen Vorschriften (§§ 1 bis 3 BBiG)

sowie die Normen über
- die Gleichstellung von Prüfungszeugnissen (§ 50 BBiG),
- die besondere Interessenvertretung (§§ 51, 52 BBiG),
- die Bestimmung der zuständigen Stelle (§§ 71 bis 75 BBiG),
- die zuständigen Behörden im Bereich des Bundes (§ 81 BBiG),
- die Landesausschüsse für Berufsbildung (§§ 82, 83 BBiG),
- die Berufsbildungsforschung, Planung und Statistik (§§ 84 bis 88 BBiG),
- das Bundesinstitut für Berufsbildung (§§ 89 bis 101 BBiG) sowie die
- Übergangs- und Schlussvorschriften (§§ 103 bis 105 BBiG).

# Teil 2
# Berufsbildung

## Kapitel 1
## Berufsausbildung

### Abschnitt 1
### Ordnung der Berufsausbildung; Anerkennung von Ausbildungsberufen

### § 4 Anerkennung von Ausbildungsberufen

(1) Als Grundlage für eine geordnete und einheitliche Berufsausbildung kann das Bundesministerium für Wirtschaft und Energie oder das sonst zuständige Fachministerium im Einvernehmen mit dem Bundesministerium für Bildung und Forschung durch Rechtsverordnung, die nicht der Zustimmung des Bundesrates bedarf, Ausbildungsberufe staatlich anerkennen und hierfür Ausbildungsordnungen nach § 5 erlassen.
(2) Für einen anerkannten Ausbildungsberuf darf nur nach der Ausbildungsordnung ausgebildet werden.
(3) In anderen als anerkannten Ausbildungsberufen dürfen Jugendliche unter 18 Jahren nicht ausgebildet werden, soweit die Berufsausbildung nicht auf den Besuch weiterführender Bildungsgänge vorbereitet.
(4) Wird die Ausbildungsordnung eines Ausbildungsberufes aufgehoben oder geändert, so sind für bestehende Berufsausbildungsverhältnisse weiterhin die Vorschriften, die bis zum Zeitpunkt der Aufhebung oder Änderung gelten, anzuwenden, es sei denn, die ändernde Verordnung sieht eine abweichende Regelung vor.
(5) Das zuständige Fachministerium informiert die Länder frühzeitig über Neuordnungskonzepte und bezieht sie in die Abstimmung ein.

| Inhaltsübersicht | Rn |
|---|---|
| 1. Rechtsverordnungsermächtigung | 1, 2 |
| 2. Anerkannte Ausbildungsberufe, Ausschließlichkeitsgrundsatz | 3, 4 |
| 3. Aufhebung oder Änderung der Ausbildungsordnung | 5 |
| 4. Einbeziehung der Länder | 6 |

### 1. Rechtsverordnungsermächtigung

1 Das Bundesministerium für Wirtschaft und Energie oder das sonst zuständige Fachministerium kann im Einvernehmen mit dem Bundesministerium

## Anerkennung von Ausbildungsberufen § 4

für Bildung und Forschung Ausbildungsordnungen erlassen. Dies geschieht durch Rechtsverordnungen, die nicht der Zustimmung des Bundesrates bedürfen. Für das **Handwerk** findet sich die entsprechende Vorschrift in § 25 HwO.

Die Einzelheiten für den Inhalt der Ausbildungsordnungen ergeben sich aus § 5 BBiG. Eine Einbeziehung der Arbeitgeber und der Gewerkschaften in das Ordnungsverfahren ist gesetzlich nur über den Hauptausschuss des BiBB vorgesehen (§ 92 Abs. 1 Nr. 5 BBiG). Die Arbeitgeber und die Gewerkschaften sichern die Transparenz der Ausbildungsberufe und die allgemeine Akzeptanz der erarbeiteten Ausbildungsordnungen.[2]

2

### 2. Anerkannte Ausbildungsberufe, Ausschließlichkeitsgrundsatz

§ 4 Abs. 2 BBiG regelt den Ausschließlichkeitsgrundsatz. Für einen **anerkannten Ausbildungsberuf** darf nur nach der Ausbildungsordnung ausgebildet werden. Ein Ausbildungsberuf gilt als anerkannt, wenn eine wirksame Rechtsverordnung vorliegt. Gemäß § 103 Abs. 1 BBiG gelten auch vor dem 1.9.1969 (dem erstmaligen Inkrafttreten des BBiG) anerkannte Lehr- oder Ausbildungsberufe weiterhin als staatlich anerkannte Ausbildungsberufe. Die anerkannten Ausbildungsberufe werden gemäß § 90 Abs. 3 Nr. 3 BBiG jährlich veröffentlicht.[3] Von der Ausbildungsordnung darf nicht abgewichen werden. Sie ist für die Ausbildung von Jugendlichen und Erwachsenen verbindlich. Derzeit gibt es 326 anerkannte oder als anerkannt geltende **Ausbildungsberufe**. Die vorgeschriebene Ausbildungsdauer beträgt bei 248 Berufen drei Jahre, bei 52 Berufen 3,5 Jahre und bei 26 Berufen zwei Jahre. Die Ausbildungsberufe werden den neuen Entwicklungen in der Arbeitswelt und Geschäftswelt angepasst. In dem Zeitraum 2007 bis 2016 wurden insgesamt 137 Ausbildungsberufe neu geordnet, darunter waren 122 modernisierte und 15 neue Ausbildungsberufe. Umfangreiche Informationen zu den Ausbildungsberufen finden sich im Internet unter *www.bibb.de* oder *www.arbeitsagentur.de* (BERUFEnet).

3

In der Praxis werden **mehr als ein Drittel der Ausbildungsverträge in nur zehn Berufen** abgeschlossen. Spitzenreiter in der Rangliste der Ausbildungsberufe ist der Beruf Kaufmann/-frau für Büromanagement.[4] Ansonsten gibt es deutliche Unterschiede bei der Ausbildungswahl von Frauen und Männern.

---

2 Vgl. hierzu: Wie entstehen Ausbildungsberufe? Leitfaden zur Erarbeitung von Ausbildungsordnungen mit Glossar, Bonn 2003.
3 Bundesinstitut für Berufsbildung: *http://www.bibb.de/de/774.htm*.
4 Alle Zahlenangaben beziehen sich auf das Jahr 2016. Nähere Angaben hierzu unter *www.bibb.de*.

Bei den **Frauen** werden die meisten Ausbildungsverträge in den kaufmännischen Berufen (Kauffrau für Büromanagement, im Einzelhandel, im Groß- und Außenhandel sowie Industriekauffrau), als Medizinische und Zahnmedizinische Fachangestellte, Verkäuferin und Fachverkäuferin im Lebensmittelhandwerk sowie als Hotelfachfrau und Friseurin abgeschlossen.

Bei den **Männern** hat der Kfz-Mechatroniker mit großem Vorsprung die Spitzenposition. Es folgen Elektroniker, der Kaufmann im Einzelhandel, der Industriemechaniker, der Anlagenmechaniker Sanitär-, Heizungs- und Klimatechnik, der Fachinformatiker, der Verkäufer, die Fachkraft für Lagerlogistik sowie der Kaufmann im Groß- und Außenhandel beziehungsweise der Kaufmann für Büromanagement auf den weiteren Plätzen.

Die seit 2012 kontinuierlich gestiegene Zahl der Neuabschlüsse bei den **Fachinformatikerinnen und -informatikern** (mittlerweile Platz 11 bei den neu abgeschlossenen Verträgen) zeigt den zunehmenden Bedarf an gut ausgebildeten IT-Fachleuten. Der Beruf Fachinformatiker/-in hat sich dabei zu einer »Kernmarke« der IT-Berufe entwickelt. Für eine Ausbildung in diesem Beruf haben sich auch 2016 weit überwiegend Männer entschieden, der Anteil der Frauen lag bei nur rund acht Prozent.

Die Ranglisten der abgeschlossenen Ausbildungsverträge lassen nicht zwingend einen Rückschluss auf die »beliebtesten« Ausbildungsberufe zu, da die Wahl des Ausbildungsberufs auch vom vorhandenen Ausbildungsplatzangebot abhängig ist.

**4** Minderjährige dürfen gemäß § 4 Abs. 3 BBiG nur in anerkannten Ausbildungsberufen ausgebildet werden (**Ausschließlichkeitsgrundsatz**). Verstößt ein Ausbildender gegen diesen Grundsatz, ist von einer mangelnden persönlichen und fachlichen Eignung auszugehen. Die zuständige Stelle kann bei einem Verstoß das Einstellen und Ausbilden gemäß § 33 BBiG untersagen. Minderjährige dürfen in anderen (nicht anerkannten) Ausbildungsberufen nur ausgebildet werden, wenn diese Ausbildung auf den Besuch weiterführender Bildungsgänge vorbereitet (z.B. Praktika vor Besuch der Hochschule).

## 3. Aufhebung oder Änderung der Ausbildungsordnung

**5** Wird die Ausbildungsordnung eines Ausbildungsberufes aufgehoben oder geändert, so sind für bestehende Berufsausbildungsverhältnisse weiterhin die Vorschriften, die bis zum Zeitpunkt der Aufhebung oder Änderung gelten, anzuwenden, es sei denn, die ändernde Verordnung sieht eine abweichende Regelung vor (§ 4 Abs. 4 BBiG).

# Ausbildungsordnung § 5

## 4. Einbeziehung der Länder

§ 4 Abs. 5 BBiG fordert die frühzeitige Einbeziehung der Länder bei der Neuordnung von Ausbildungsberufen. Diese gesetzliche Regelung soll die Mitgestaltungsmöglichkeit der Länder nach Abschaffung des Länderausschusses beim Bundesinstitut für Berufsbildung sichern.

## § 5 Ausbildungsordnung

(1) Die Ausbildungsordnung hat festzulegen
1. die Bezeichnung des Ausbildungsberufes, der anerkannt wird,
2. die Ausbildungsdauer; sie soll nicht mehr als drei und nicht weniger als zwei Jahre betragen,
3. die beruflichen Fertigkeiten, Kenntnisse und Fähigkeiten, die mindestens Gegenstand der Berufsausbildung sind (Ausbildungsberufsbild),
4. eine Anleitung zur sachlichen und zeitlichen Gliederung der Vermittlung der beruflichen Fertigkeiten, Kenntnisse und Fähigkeiten (Ausbildungsrahmenplan),
5. die Prüfungsanforderungen.

Bei der Festlegung der Fertigkeiten, Kenntnisse und Fähigkeiten nach Satz 1 Nummer 3 ist insbesondere die technologische und digitale Entwicklung zu beachten.

(2) Die Ausbildungsordnung kann vorsehen,
1. dass die Berufsausbildung in sachlich und zeitlich besonders gegliederten, aufeinander aufbauenden Stufen erfolgt; nach den einzelnen Stufen soll ein Ausbildungsabschluss vorgesehen werden, der sowohl zu einer qualifizierten beruflichen Tätigkeit im Sinne des § 1 Abs. 3 befähigt als auch die Fortsetzung der Berufsausbildung in weiteren Stufen ermöglicht (Stufenausbildung),
2. dass die Abschlussprüfung in zwei zeitlich auseinander fallenden Teilen durchgeführt wird,
2a. dass im Fall einer Regelung nach Nummer 2 bei nicht bestandener Abschlussprüfung in einem drei- oder dreieinhalbjährigen Ausbildungsberuf, der auf einem zweijährigen Ausbildungsberuf aufbaut, der Abschluss des zweijährigen Ausbildungsberufs erworben wird, sofern im ersten Teil der Abschlussprüfung mindestens ausreichende Prüfungsleistungen erbracht worden sind,
2b. dass Auszubildende bei erfolgreichem Abschluss eines zweijährigen Ausbildungsberufs vom ersten Teil der Abschlussprüfung oder einer Zwischenprüfung eines darauf aufbauenden drei- oder dreieinhalbjährigen Ausbildungsberufs befreit sind,

## § 5 Ausbildungsordnung

3. dass abweichend von § 4 Abs. 4 die Berufsausbildung in diesem Ausbildungsberuf unter Anrechnung der bereits zurückgelegten Ausbildungszeit fortgesetzt werden kann, wenn die Vertragsparteien dies vereinbaren,
4. dass auf die Dauer der durch die Ausbildungsordnung geregelten Berufsausbildung die Dauer einer anderen abgeschlossenen Berufsausbildung ganz oder teilweise anzurechnen ist,
5. dass über das in Absatz 1 Nr. 3 beschriebene Ausbildungsberufsbild hinaus zusätzliche berufliche Fertigkeiten, Kenntnisse und Fähigkeiten vermittelt werden können, die die berufliche Handlungsfähigkeit ergänzen oder erweitern,
6. dass Teile der Berufsausbildung in geeigneten Einrichtungen außerhalb der Ausbildungsstätte durchgeführt werden, wenn und soweit es die Berufsausbildung erfordert (überbetriebliche Berufsausbildung).

Im Fall des Satzes 1 Nummer 2a bedarf es eines Antrags der Auszubildenden. Im Fall des Satzes 1 Nummer 4 bedarf es der Vereinbarung der Vertragsparteien. Im Rahmen der Ordnungsverfahren soll stets geprüft werden, ob Regelungen nach Nummer 1, 2, 2a, 2b und 4 sinnvoll und möglich sind.

| Inhaltsübersicht | Rn |
|---|---|
| 1. Allgemeines | 1 |
| 2. Zwingender Inhalt einer Ausbildungsordnung | 2– 6 |
|    a. Bezeichnung des Ausbildungsberufs | 2 |
|    b. Ausbildungsdauer | 3 |
|    c. Ausbildungsberufsbild | 4 |
|    d. Ausbildungsrahmenplan | 5 |
|    e. Prüfungsanforderungen | 6 |
| 3. Fakultative Inhalte einer Ausbildungsordnung | 7–15 |
|    a. Stufenausbildung | 8 |
|    b. Gestaltungsmöglichkeiten bei der gestreckten Abschlussprüfung | 9–11 |
|    c. Weiterführung einer Ausbildung nach neuer Ausbildungsordnung | 12 |
|    d. Anrechnung einer anderen einschlägigen Ausbildung | 13 |
|    e. Zusatzqualifikationen | 14 |
|    f. Überbetriebliche Berufsausbildung | 15 |

### 1. Allgemeines

1 Während § 4 BBiG die Ermächtigung zum Erlass von Ausbildungsordnungen durch Rechtsverordnung des zuständigen Bundesministeriums enthält, regelt § 5 BBiG den zwingenden Inhalt einer Ausbildungsordnung in Abs. 1 (»Die Ausbildungsordnung hat festzulegen ...«) sowie den fakultativen Inhalt in Abs. 2 (»Die Ausbildungsordnung kann vorsehen ...«). Für das **Handwerk** gilt die entsprechende Vorschrift in § 26 HwO.

## 2. Zwingender Inhalt einer Ausbildungsordnung

### a. Bezeichnung des Ausbildungsberufs

Die Bezeichnung des Ausbildungsberufs (§ 5 Satz 1 Abs. 1 Nr. 1 BBiG) soll den Zusammenhang mit einer bestimmten erworbenen Qualifikation sicherstellen.[1] Damit wird ausdrücklich auch bei bereits anerkannten Berufen die staatliche Anerkennung verknüpft. Wird ein Ausbildungsberuf in Form einer Stufenausbildung erlernt, ist keine gesonderte Abschlussbezeichnung jeder einzelnen Stufe notwendig. Der Ausbildungsberuf gilt erst als erlernt, wenn die letzte Stufe erfolgreich absolviert ist. Die Bezeichnungen für in Stufen erworbene Kompetenzen sind von der Bezeichnung des Ausbildungsberufes zu unterscheiden.

### b. Ausbildungsdauer

Die übliche Ausbildungsdauer (§ 5 Abs. 1 Satz 1 Nr. 2 BBiG) liegt bei drei Jahren. Der Gesetzgeber hat aber keine zwingende Höchstgrenze für die Ausbildungsdauer vorgegeben. Der im Gesetz angelegte Zeitkorridor von zwei bis drei Jahren ist eine Soll- und keine Muss-Vorschrift. Es kann auch eine Ausbildungsdauer von dreieinhalb oder vier Jahren sinnvoll und notwendig sein, um die geforderten Kompetenzen zu erwerben. Kürzere als dreijährige Ausbildungszeiten lässt das Gesetz zu (mindestens zwei Jahre). Derzeit gibt es rund 330 anerkannte oder als anerkannt geltende Ausbildungsberufe. Die vorgeschriebene Ausbildungsdauer beträgt bei über 75 Prozent drei Jahre, bei rund 15 Prozent 3,5 Jahre und bei weniger als 10 Prozent zwei Jahre.

### c. Ausbildungsberufsbild

Das Ausbildungsberufsbild beschreibt die beruflichen Fertigkeiten, Kenntnisse und Fähigkeiten, die mindestens Gegenstand der Berufsausbildung sind (§ 5 Abs. 1 Satz 1 Nr. 3 BBiG). Es wird in der Ausbildungsordnung mit dem Ausbildungsrahmenplan festgelegt (Rn. 5). Das knüpft an die Legaldefinition der beruflichen Handlungsfähigkeit in § 1 Abs. 3 BBiG an. Der Begriff Ausbildungsberufsbild ist vom Berufsbild zu unterscheiden, das auf die Ausübung einer Erwachsenentätigkeit ausgerichtet ist.

Die Ausbildungsordnungen der anerkannten Ausbildungsberufe nach dem BBiG sind grundsätzlich **technologieoffen** formuliert, so dass Modernisierungen oder Weiterentwicklungen der Berufspraxis häufig keine Anpassung der jeweiligen Verordnung erfordern. Es ist möglich, spezielle Bedarfe und

---

[1] Vgl. *Krewerth/Tschöpe/Ulrich/Witzki*, Berufsbezeichnungen und ihr Einfluss auf die Berufswahl von Jugendlichen, 2004.

Inhalte in den Ausbildungsordnungen nachträglich durch Neuordnung oder Änderung einzufügen. Für das in einer Ausbildungsordnung festzulegende Ausbildungsberufsbild wurde in § 5 Abs. 1 BBiG (durch das Berufsbildungsmodernisierungsgesetz zum 1.1.2020) in einem neuen Satz 2 eingefügt, dass die erforderlichen Fertigkeiten, Kenntnisse und Fähigkeiten vor dem Hintergrund der technologischen und digitalen Entwicklung geprüft werden müssen. Das soll sicherstellen, dass aktuelle Anforderungen in den jeweiligen Berufsbildern Berücksichtigung finden.[2]

#### d. Ausbildungsrahmenplan

5   Die Ausbildungsordnung umfasst auch den Ausbildungsrahmenplan (§ 5 Abs. 1 Satz 1 Nr. 4 BBiG). Der Ausbildungsrahmenplan ist eine Anleitung zur sachlichen und zeitlichen Gliederung der Vermittlung der beruflichen Fertigkeiten, Kenntnisse und Fähigkeiten (Ausbildungsinhalte). Der Ausbildungsrahmenplan zeigt auf, in welchem Ausbildungsjahr welche Ausbildungsinhalte vermittelt werden sollen. Nach dem Beschluss des BiBB-Hauptausschusses[3] soll die zeitliche Gestaltung des Ausbildungsrahmenplans nach Ausbildungsjahren mit Zeitrahmen oder nach Ausbildungsjahren nach Zeitrichtwerten in Wochen erfolgen. Die sachliche Gliederung beschreibt die zu vermittelnden Inhalte nach Tiefe und Breite. Der Ausbildungsrahmenplan dient der Ausbildungsstätte auch zur Erstellung eines individuellen betrieblichen Ausbildungsplans. Der betriebliche Ausbildungsplan ist zwingend zu erstellen. Er dient als Grundlage für die Gliederung der Ausbildung im Betrieb (§ 11 Abs. 1 Satz 2 Nr. 1 BBiG).

#### e. Prüfungsanforderungen

6   Die Ausbildungsordnung muss auch die Prüfungsanforderungen festlegen (§ 5 Abs. 1 Satz 1 Nr. 5 BBiG). Sie richten sich nach dem Inhalt des Ausbildungsberufsbildes und nach dem Ausbildungsrahmenplan. Die Prüfungsanforderungen beschreiben die Qualifikationen, die der Prüfungsteilnehmer in der Prüfung nachzuweisen hat. Das Prüfungsverfahren selbst wird in der Ausbildungsordnung nicht geregelt (vgl. hierzu § 47 BBiG).

### 3. Fakultative Inhalte einer Ausbildungsordnung

7   Die weiteren möglichen Inhalte einer Ausbildungsordnung (§ 5 Abs. 2 BBiG) wurden durch das Berufsbildungsmodernisierungsgesetz zum 1.1.2020 teilweise neu geregelt. Hintergrund für die Neuregelung ist vor al-

---

2 Gesetzesbegründung BT-Drs. 19/10815, S. 53.
3 BiBB 16.5.1990, BWP 4/1990, S. 30.

## Ausbildungsordnung § 5

lem das Verhältnis von zweijährigen Ausbildungen zu längeren Ausbildungen, die in einem Zusammenhang mit solchen kürzeren Ausbildungen stehen. Mit der BBiG-Novelle 2005 wurde die Möglichkeit eröffnet, in der Ausbildungsordnung zu regeln, dass und inwieweit eine erfolgreich abgeschlossene Berufsausbildung in einem anderen Ausbildungsberuf derselben oder einer ähnlichen Fachrichtung auf die in der Ausbildungsordnung geregelte Ausbildung angerechnet werden kann (§ 5 Abs. 2 Satz 1 Nr. 4 BBiG; sogenanntes Anrechnungsmodell). Es geht dabei um zweijährige Ausbildungsberufe, die in einem Ausbildungsberuf, der drei oder dreieinhalb Jahre dauert, fortgesetzt werden kann. Bei diesen Berufen geht es um aufeinander aufbauende, eigenständige anerkannte Ausbildungsberufe mit unterschiedlicher Ausbildungsdauer, wobei die erfolgreich abgeschlossene Berufsausbildung in einem von der Ausbildungsdauer her kürzeren Beruf in dem längeren Beruf fortgesetzt (angerechnet) werden kann. Es kann also zum einen ein Berufsausbildungsvertrag zunächst über den zweijährigen Ausbildungsberuf abgeschlossen und die Ausbildung nach erfolgreicher Abschlussprüfung und Abschluss eines weiteren Berufsausbildungsvertrages in dem drei- oder dreieinhalbjährigen Beruf nach den Vorschriften für das dritte Ausbildungsjahr fortgesetzt werden. Ebenso besteht die Möglichkeit, direkt einen Berufsausbildungsvertrag über die drei- oder dreieinhalbjährige Ausbildung abzuschließen.[4]

Wurde zuerst ein Ausbildungsvertrag in dem zweijährigen Ausbildungsberuf geschlossen, hat dies zur Folge, dass Auszubildende zunächst eine Zwischen- und eine Abschlussprüfung im Rahmen der zweijährigen Ausbildung ablegen mussten und dann in dem drei- oder dreieinhalbjährigen Ausbildungsberuf eine weitere Zwischenprüfung (beziehungsweise Teil 1 der Abschlussprüfung) sowie eine Abschlussprüfung (beziehungsweise Teil 2 der Abschlussprüfung) für den drei- oder dreieinhalbjährigen Ausbildungsberuf, also vier (komplette) Prüfungen absolvieren mussten.[5]

Zwar wurden die rechtlichen Möglichkeiten des BBiG von den Verordnungsgebern extensiv ausgelegt, um zu praxisgerechten Formaten zu gelangen und um Durchlässigkeit und Flexibilität zu steigern. Beispiele dafür sind die Ausbildungsberufe in den Bereichen Holz- und Bautenschutz sowie Schutz und Sicherheit oder Textil- und Modenäher/in, Textil- und Modeschneider/in. Die zwei- und dreijährigen Berufe in diesen Bereichen sind so konzipiert, dass bei Fortsetzung der Berufsausbildung in dem dreijährigen Beruf fingiert wird, dass der Auszubildende von Anfang an die dreijährige Ausbildung absolviert hat. Der Gesetzgeber des Berufsbildungsmodernisierungsgesetzes meinte, dass solche extensiven Regelungen in Ausbildungsordnungen aus verfassungsrechtlichen Gründen (Fehlen einer ausdrückli-

---

4 Vgl. die Gesetzesbegründung BT-Drs. 19/10815, S. 53 f.
5 Vgl. die Gesetzesbegründung BT-Drs. 19/10815, S. 54.

## § 5 Ausbildungsordnung

chen Ermächtigungsgrundlage) nicht mehr möglich seien, es vielmehr einer ausdrücklichen Regelung in § 5 Abs. 2 BBiG bedürfe.[6]
Durch das Berufsbildungsmodernisierungsgesetz wurden deshalb die Möglichkeiten zur Regelung in den Ausbildungsordnungen durch § 5 Abs. 2 Satz 1 Nr. 2a) und 2b) BBiG erweitert und § 5 Abs. 2 Satz 1 Nr. 4 BBiG neu gefasst.

### a. Stufenausbildung

8   Die Möglichkeit, in der Ausbildungsordnung eine Stufenausbildung vorzusehen, ergibt sich aus § 5 Abs. 2 Satz 1 Nr. 1 BBiG. In den Verfahren zur Entwicklung von neuen Ausbildungsordnungen soll stets geprüft werden, ob die Gestaltung der Ausbildung in (sachlich und zeitlich besonders gegliederten, aufeinander aufbauenden) Stufen sinnvoll und möglich ist. Die Vereinbarung einer Stufenausbildung unterliegt aber nicht der freien Vereinbarung der Vertragspartner (Ausbildende und Auszubildende), sondern muss sich aus der Ausbildungsordnung für den jeweiligen Ausbildungsberuf ergeben. Nur wenn in der einschlägigen Ausbildungsordnung eine Stufenausbildung vorgesehen ist, können die Vertragspartner eine solche vereinbaren.

Ist in der Ausbildungsordnung eine Stufenausbildung vorgesehen, stellt sich die Frage der privat-rechtlichen Folgen einer zugelassenen Stufenausbildung für den Abschluss eines Berufsausbildungsvertrags. § 21 Abs. 1 Satz 2 BBiG regelt ausdrücklich, dass bei der Stufenausbildung das Berufsausbildungsverhältnis (erst) mit Ablauf der »letzten Stufe« endet. Da gemäß § 25 BBiG eine Vereinbarung nichtig ist, die zuungunsten Auszubildender von den Vorschriften der §§ 10 ff. BBiG abweicht, darf damit zulässigerweise im Falle der Stufenausbildung nur ein Ausbildungsvertrag für die gesamte Ausbildungszeit (also für alle Stufen) vereinbart werden (Langvertrag). Damit ist für die Auszubildenden gesichert, dass sie nach dem erfolgreichen Abschluss der ersten Stufe die Ausbildung fortsetzen können. Ihre Berufsfreiheit (Art. 12 Abs. 1 GG) wird dadurch gewahrt, dass sie gemäß § 22 Abs. 2 Nr. 2 BBiG von sich aus das Berufsausbildungsverhältnis kündigen können, wenn sie die (weitere) Berufsausbildung aufgeben oder sich für eine andere Berufstätigkeit ausbilden lassen wollen. Diese Kündigungsmöglichkeit steht den Ausbildenden nicht zu.

---

6 Vgl. die Gesetzesbegründung BT-Drs. 19/10815, S. 54.

**Ausbildungsordnung** § 5

b. **Gestaltungsmöglichkeiten bei der gestreckten Abschlussprüfung**

Die Ausbildungsordnung kann vorsehen, dass die Abschlussprüfung in zwei 9
Teilen durchgeführt wird, die zeitlich auseinander fallen (§ 5 Abs. 2 Satz 1 Nr. 2 BBiG; vgl. § 44 Rn. 1ff.). Die gestreckte Prüfung, die in zwei zeitlich auseinanderfallenden Teilen durchgeführt wird, stellt rechtlich eine einheitliche Abschlussprüfung dar. Einzelne Teile sind nicht eigenständig wiederholbar. Da der erste Teil keine eigenständige Prüfung ist, erhält der Prüfungskandidat eine Bescheinigung für die erbrachten Prüfungsleistungen schriftlich ausgehändigt. Die erbrachten Leistungen werden je nach Beruf zwischen 20 und 40 Prozent auf die Gesamtleistung angerechnet. Eine nicht bestandene Prüfung kann bei der gestreckten Prüfung nur im Ganzen wiederholt werden. Der Inhalt der Wiederholungsprüfung kann sich aber durchaus auf den ersten Teil der Abschlussprüfung beschränken.

Durch das Berufsbildungsmodernisierungsgesetz wurden (zum 1.1.2020) 10
in § 5 Abs. 2 Satz 1 BBiG die Nummern 2a) und 2b) neu eingefügt. Diese regeln die Gestaltungsmöglichkeiten des Verordnungsgebers bei der Ausgestaltung des Verhältnisses von verwandten zweijährigen und dreijährigen Ausbildungsberufen.

§ 5 Abs. 2 Satz 1 Nr. 2a) BBiG ermöglicht dem Verordnungsgeber, in der Ausbildungsordnung zu regeln, dass bei nicht bestandener Abschlussprüfung in einem drei- oder dreieinhalbjährigen Ausbildungsberuf, der auf einem zweijährigen Ausbildungsberuf aufbaut, der Abschluss des zweijährigen Ausbildungsberufs erworben wird, sofern im ersten Teil der Abschlussprüfung mindestens ausreichende Prüfungsleistungen erbracht worden sind. Der Erwerb des Abschlusses des zweijährigen Ausbildungsberufs geschieht nicht automatisch, vielmehr müssen die Auszubildenden einen Antrag stellen (§ 5 Abs. 2 Satz 2 BBiG). Stellen sie den Antrag, sollen sie jedoch einen Anspruch auf Erwerb des Abschlusses des zweijährigen Ausbildungsberufs haben.[7] Das gilt jedoch nur dann, wenn die Ausbildungsordnung eine entsprechende Regelung enthält.

§ 5 Abs. 2 Satz 1 Nr. 2b) BBiG ermöglicht dem Verordnungsgeber, in der 11
Ausbildungsordnung zu regeln, dass Auszubildende bei erfolgreichem Abschluss eines zweijährigen Ausbildungsberufs vom ersten Teil der Abschlussprüfung oder einer Zwischenprüfung eines darauf aufbauenden drei- oder dreieinhalbjährigen Ausbildungsberufs befreit sind. Die Befreiung erfolgt (wenn es eine entsprechende Regelung in der Ausbildungsordnung gibt) automatisch und bedarf keines Antrages. Hierdurch sollen die Auszubildenden

---

7 So die Gesetzesbegründung BT-Drs. 19/10815, S. 54.

und die zuständigen Stellen von unnötigem Bürokratieaufwand entlastet werden.[8]

### c. Weiterführung einer Ausbildung nach neuer Ausbildungsordnung

**12** Wird eine Ausbildungsordnung aufgehoben oder geändert, kann das Ausbildungsverhältnis nach der alten Ausbildungsordnung fortgesetzt werden (§ 4 Abs. 4 BBiG). § 5 Abs. 2 Satz 1 Nr. 3 BBiG öffnet eine weitere Variante: Danach kann ein Ausbildungsverhältnis, für das die Ausbildungsordnung aufgehoben wurde, unter Anrechnung der bereits zurückgelegten Ausbildungszeit auf der Basis der neuen Ausbildungsordnung fortgesetzt werden. Dies gilt allerdings nur, wenn die Vertragsparteien (Auszubildende und Ausbildende) dies ausdrücklich vereinbaren.

### d. Anrechnung einer anderen einschlägigen Ausbildung

**13** Die Ausbildungsordnung kann regeln, dass auf die Dauer der Berufsausbildung die Dauer einer anderen abgeschlossenen Berufsausbildung ganz oder teilweise anzurechnen ist (§ 5 Abs. 2 Satz 1 Nr. 4 BBiG). Die Regelung ist durch das Berufsbildungsmodernisierungsgesetz zum 1.1.2020 neu formuliert worden. Zusätzliche Voraussetzung für die Anrechnung ist neben der Regelung in der Ausbildungsordnung eine Vereinbarung der Vertragsparteien (§ 5 Abs. 2 Satz 3 BBiG). Gibt es eine Regelung in der Ausbildungsordnung und liegt die Vereinbarung der Vertragsparteien vor, besteht für die zuständige Stelle die Pflicht zur Anrechnung.[9]

Zu beachten ist der Unterschied zur Stufenausbildung (§ 5 Abs. 2 Satz 1 Nr. 1 BBiG). Bei der Stufenausbildung wird vornherein ein Ausbildungsvertrag über die gesamte Ausbildungsdauer geschlossen, also bis zum Erreichen des vollständigen Berufsabschlusses am Ende der letzten Stufe. Im Fall der Anrechnung müssen zwei voneinander unabhängige Ausbildungsverträge zeitlich nacheinander vereinbart werden. Es gibt keine Verpflichtung für den Ausbildenden, ein nachfolgendes Ausbildungsverhältnis zu vereinbaren. Zudem muss der Ausbildende, wenn er einen neuen Vertrag abschließt, der Anrechnung zustimmen (Vereinbarung der Vertragsparteien).

### e. Zusatzqualifikationen

**14** Die Ausbildungsordnung kann vorsehen, dass über das in § 5 Abs. 1 Nr. 3 BBiG beschriebene Ausbildungsberufsbild (vgl. Rn. 4) hinaus zusätzliche

---

8 So die Gesetzesbegründung BT-Drs. 19/10815, S. 54.
9 Vgl. die Gesetzesbegründung BT-Drs. 19/10815, S. 54.

Fertigkeiten, Kenntnisse und Fähigkeiten vermittelt werden können, die die berufliche Handlungsfähigkeit ergänzen oder erweitern (§ 5 Abs. 2 Satz 1 Nr. 5 BBiG). Die Zusatzqualifikationen müssen gesondert geprüft und bescheinigt werden (§ 49 Abs. 1 Nr. 2 BBiG).

### f. Überbetriebliche Berufsausbildung

Die Ausbildungsordnung kann auch vorsehen, dass Teile der Berufsausbildung in geeigneten Einrichtungen außerhalb der Ausbildungsstätte durchgeführt werden, wenn und soweit es die Berufsausbildung erfordert (§ 5 Abs. 2 Satz 1 Nr. 6 BBiG). Diese überbetriebliche Ausbildung ist systematisch und begrifflich von der außerbetrieblichen Ausbildung sowie vom Ausbildungsverbund zu trennen. In der überbetrieblichen Ausbildung finanziert der Ausbildende die tarifliche bzw. vertraglich vereinbarte Ausbildungsvergütung selbst. Der Auszubildende wird auch im laufenden Produktions- bzw. Dienstleistungsprozess ausgebildet. Der Ausbildungsort wird ergänzt, um Ausbildungsinhalte zu vermitteln, die im Ausbildungsbetrieb nur schwer oder gar nicht erlernbar sind. Ein wichtiges Beispiel für die überbetriebliche Ausbildung ist die Bauindustrie. Hier werden seit Jahrzehnten Teile der Berufsausbildung überbetrieblich vermittelt. Finanziert wird die überbetriebliche Berufsausbildung aus einem von den Tarifvertragspartnern vereinbarten Umlagefond. Werden Teile der Berufsausbildung außerhalb der Ausbildungsstätte vermittelt, muss dies in der Vertragsniederschrift nach § 11 Abs. 1 Satz 2 Nr. 3 vereinbart sein.

15

## § 6 Erprobung neuer Ausbildungs- und Prüfungsformen

**Zur Entwicklung und Erprobung neuer Ausbildungs- und Prüfungsformen kann das Bundesministerium für Wirtschaft und Energie oder das sonst zuständige Fachministerium im Einvernehmen mit dem Bundesministerium für Bildung und Forschung nach Anhörung des Hauptausschusses des Bundesinstituts für Berufsbildung durch Rechtsverordnung, die nicht der Zustimmung des Bundesrates bedarf, Ausnahmen von § 4 Abs. 2 und 3 sowie den §§ 5, 37 und 48 zulassen, die auch auf eine bestimmte Art und Zahl von Ausbildungsstätten beschränkt werden können.**

**Inhaltsübersicht** Rn
1. Experimentierklausel . . . . . . . . . . . . . . . . . . . . . . . . . . . . 1
2. Ausnahmeregelungen . . . . . . . . . . . . . . . . . . . . . . . . . . . 2

## § 7 Anrechnung beruflicher Vorbildung auf die Ausbildungsdauer

### 1. Experimentierklausel

**1** Das zuständige Fachministerium kann im Einvernehmen mit dem BMBF die Entwicklung und Erprobung neuer Ausbildungs- und Prüfungsformen durch Rechtsverordnung regeln. »Einvernehmen« verlangt eine Willensübereinstimmung der Ministerien. Das Gesetz verlangt eine »Anhörung« des Hauptausschusses des BiBB. Die Rechtsverordnung bedarf *nicht* der Zustimmung des Bundesrates. Für das **Handwerk** gilt die Parallelvorschrift in § 27 HwO.

### 2. Ausnahmeregelungen

**2** Die Rechtsverordnung kann Ausnahmen von folgenden Bestimmungen des BBiG vorsehen:
- § 4 Abs. 2 (für einen anerkannten Ausbildungsberuf darf nur nach der Ausbildungsordnung ausgebildet werden),
- § 4 Abs. 3 (in anderen als anerkannten Ausbildungsberufen dürfen Minderjährige nicht ausgebildet werden, soweit die Berufsausbildung nicht auf den Besuch weiterführender Bildungsgänge vorbereitet),
- Abweichungen von der gesamten Ausbildungsordnung gemäß § 5,
- § 37 (Abschlussprüfung),
- § 48 (Zwischenprüfung).

Die anderen Bestimmungen des BBiG müssen indes beachtet werden.

### § 7 Anrechnung beruflicher Vorbildung auf die Ausbildungsdauer

**(1)** Die Landesregierungen können nach Anhörung des Landesausschusses für Berufsbildung durch Rechtsverordnung bestimmen, dass der Besuch eines Bildungsganges berufsbildender Schulen oder die Berufsausbildung in einer sonstigen Einrichtung ganz oder teilweise auf die Ausbildungsdauer angerechnet wird. Die Ermächtigung kann durch Rechtsverordnung auf oberste Landesbehörden weiter übertragen werden.

**(2)** Ist keine Rechtsverordnung nach Absatz 1 erlassen, kann eine Anrechnung durch die zuständige Stelle im Einzelfall erfolgen. Für die Entscheidung über die Anrechnung auf die Ausbildungsdauer kann der Hauptausschuss des Bundesinstituts für Berufsbildung Empfehlungen beschließen.

**(3)** Die Anrechnung bedarf des gemeinsamen Antrags der Auszubildenden und der Ausbildenden. Der Antrag ist an die zuständige Stelle zu richten. Er kann sich auf Teile des höchstzulässigen Anrechnungszeitraums beschränken.

**(4)** Ein Anrechnungszeitraum muss in ganzen Monaten durch sechs teilbar sein.

## Anrechnung beruflicher Vorbildung auf die Ausbildungsdauer § 7

**Inhaltsübersicht** Rn
1. Normkontext .................................................. 1
2. Anrechnung durch Rechtsverordnung ...................... 2– 6
3. Anrechnung durch die zuständige Stelle .................. 7–11
4. Begriff der Anrechnung .................................... 12

### 1. Normkontext

Zu einer **Kürzung der Ausbildungsdauer** kann es kommen  1
- durch eine Anrechnung beruflicher Vorbildung (§ 7 BBiG),
- eine Kürzung im Einzelfall (vgl. § 8 Rn. 3 ff.),
- durch vorzeitige Zulassung zur Abschlussprüfung (§ 45 Abs. 1 BBiG) und Bestehen der Abschlussprüfung (vgl. § 21 Rn. 18 ff.).

### 2. Anrechnung durch Rechtsverordnung

Die Anrechnung beruflicher Vorbildung ist in § 7 BBiG durch die BBiG-No- 2
velle 2005 neu geregelt worden, für Handwerksberufe in dem gleichlautenden § 27a HwO. Gemäß § 29 Abs. 1 des alten BBiG konnte durch Rechtsverordnung des Bundes bestimmt werden, dass der Besuch einer berufsbildenden Schule oder die Berufsausbildung in einer sonstigen Einrichtung ganz oder teilweise auf die Ausbildungszeit anzurechnen war. Seit der Neuregelung durch die BBiG-Novelle 2005 sind die Bundesländer an Stelle des Bundes für den Erlass solcher Rechtsverordnungen zuständig. Die Vorschrift wurde durch das Berufsbildungsmodernisierungsgesetz zum 1.1.2020 teilweise geändert, Abs. 1 blieb jedoch unverändert.

Die **Landesregierungen** können nach Anhörung des Landesausschusses für 3
Berufsbildung durch Rechtsverordnung bestimmen, dass der Besuch eines Bildungsganges berufsbildender Schulen oder die Berufsausbildung in einer sonstigen Einrichtung ganz oder teilweise auf die Ausbildungszeit angerechnet wird (§ 7 Abs. 1 Satz 1 BBiG). Die Ermächtigung zum Erlass der Rechtsverordnungen kann (wiederum aber nur durch Rechtsverordnung) auf **oberste Landesbehörden** weiter übertragen werden (§ 7 Abs. 1 Satz 2 BBiG).

Eine Anrechnung nach § 7 Abs. 1 BBiG ist nur zulässig, wenn in dem betref- 4
fenden Bundesland, in dem die Berufsausbildung absolviert wird, eine entsprechende Rechtsverordnung erlassen worden ist und die in der Rechtsverordnung geregelten Voraussetzungen vorliegen. Hinzukommen muss ein **gemeinsamer Antrag der Auszubildenden und Ausbildenden** (§ 7 Abs. 3 Satz 1 BBiG). Der Antrag ist an die zuständige Stelle zu richten (§ 7 Abs. 3 Satz 2 BBiG). Der Antrag kann sich auf Teile des höchstzulässigen Anrechnungszeitraums beschränken (§ 7 Abs. 3 Satz 3 BBiG). Ein Anrechnungszeitraum muss in ganzen Monaten durch sechs teilbar sein (§ 7 Abs. 4 BBiG).

**§ 7    Anrechnung beruflicher Vorbildung auf die Ausbildungsdauer**

5   Liegen die in den Rechtsverordnungen zu regelnden Voraussetzungen vor, führt dies an sich automatisch zu einer Verkürzung der Ausbildungszeit. Da die Anrechnung allerdings eines gemeinsamen Antrags der Auszubildenden und Ausbildenden bedarf und sich zudem der Antrag auf Teile des höchstzulässigen Anrechnungszeitraums beschränken kann, ist eine **Entscheidung der zuständigen Stelle** (§ 71 BBiG) über die Anrechnung erforderlich, also darüber, ob eine Anrechnung erfolgt und gegebenenfalls in welchem Umfang. Allerdings ist die zuständige Stelle an den Antrag gebunden, sofern dieser sich im Rahmen der Vorgaben der jeweiligen Rechtsverordnung hält. Eine Kürzung des beantragten Anrechnungszeitraums durch die zuständige Stelle ist nicht zulässig. Die Anrechnung ist sodann im Ausbildungsvertrag zu berücksichtigen. Wird die Verkürzung im Ausbildungsvertrag nicht berücksichtigt, darf das Berufsausbildungsverhältnis nicht in das Verzeichnis der Berufsausbildungsverhältnisse eingetragen werden.[1]

6   Gibt es keine Rechtsverordnung oder liegen die in der Rechtsverordnung geregelten Voraussetzungen nicht vor, kann eine Anrechnung durch die zuständige Stelle im Einzelfall erfolgen (vgl. Rn. 7). Zudem ist eine Verkürzung der Ausbildungszeit gemäß § 8 BBiG und/oder eine vorzeitige Zulassung zur Abschlussprüfung (§ 45 Abs. 1 BBiG) möglich.

### 3.    Anrechnung durch die zuständige Stelle

7   Durch das Berufsbildungsmodernisierungsgesetz wurde in § 7 Abs. 2 BBiG zum 1.1.2020 neu der Fall geregelt, wenn keine Rechtsverordnung (§ 7 Abs. 1 BBiG) erlassen ist. In dem Fall kann eine Anrechnung durch die zuständige Stelle (§ 71 BBiG) im Einzelfall erfolgen (§ 7 Abs. 2 Satz 1 BBiG). Für die Entscheidung über die Anrechnung auf die Ausbildungsdauer kann der Hauptausschuss des Bundesinstituts für Berufsbildung Empfehlungen beschließen (§ 7 Abs. 2 Satz 2 BBiG).

8   Erforderlich ist (wie in dem Fall, dass es eine Rechtsverordnung gibt) ein **gemeinsamer Antrag von Auszubildenden und Ausbildenden** (§ 7 Abs. 3 Satz 1 BBiG). Der Antrag ist an die zuständige Stelle zu richten (§ 7 Abs. 3 Satz 2 BBiG). Der Antrag kann sich auf Teile des höchstzulässigen Anrechnungszeitraums beschränken (§ 7 Abs. 3 Satz 3 BBiG). Ein Anrechnungszeitraum muss in ganzen Monaten durch sechs teilbar sein (§ 7 Abs. 4 BBiG).

9   Eine individuelle Prognose zum Erreichen des Ausbildungsziels durch die Antragsteller ist, anders als bei § 8 Abs. 1 BBiG, für die Anrechnung *nicht* erforderlich.[2] Es geht vielmehr um eine **Anrechnung beruflicher Vorbildung,** also (wie bei § 7 Abs. 1 BBiG)darum, ob der Besuch eines Bildungsganges

---

1  Vgl. *BVerwG* 12.4.1984 – 5 C 72/82, EzB § 32 BBiG Nr. 25.
2  Gesetzesbegründung BT-Drs. 19/10815, S. 55.

## Anrechnung beruflicher Vorbildung auf die Ausbildungsdauer § 7

berufsbildender Schulen oder die Berufsausbildung in einer sonstigen Einrichtung ganz oder teilweise auf die Ausbildungsdauer angerechnet wird. Die Entscheidung der zuständigen Stelle darüber, ob eine berufliche Vorbildung angerechnet wird oder nicht, ist ein **Verwaltungsakt** (§ 35 VwVfG). Die Entscheidung steht im pflichtgemäßen **Ermessen** (»kann«) der zuständigen Stelle. Bei (teilweiser) Versagung der beantragten Anrechnung ist der Widerspruch möglich und gegebenenfalls die Klage vor dem Verwaltungsgericht.

10

Die Entscheidung über die Anrechnung beruflicher Vorbildung durch die zuständige Stelle ist ein **privatrechtsgestaltender Verwaltungsakt**. Die Entscheidung der zuständigen Stelle führt ohne weitere vertragliche Vereinbarung zwischen Auszubildenden und Ausbildenden unmittelbar zur Anrechnung der beruflichen Vorbildung auf die Ausbildungsdauer. Es bedarf nicht noch zusätzlich einer privat-rechtlichen Vereinbarung zwischen Auszubildenden und Ausbildenden.

11

### 4. Begriff der Anrechnung

Anrechnung bedeutet, dass die Ausbildungsdauer im Betrieb durch die schulischen Zeiten bereits als zurückgelegt gilt.[3] Das führt dazu, dass die betriebliche Ausbildungszeit zu Beginn des Berufsausbildungsverhältnisses bereits als absolviert gilt. Der erfolgreiche Besuch (beispielsweise) eines schulischen Berufsgrundbildungsjahres oder einer Berufsfachschule wird als erstes Jahr der Berufsausbildung angerechnet. Bei einer Anrechnung eines ganzen Jahres befinden sich die Auszubildenden folglich bei Beginn der betrieblichen Ausbildung bereits im 2. Ausbildungsjahr. Damit ändert sich zum einen der Ausbildungsinhalt und zum anderen hat dies auch vergütungsrechtliche Konsequenzen (Zahlung der Vergütung für das zweite Ausbildungsjahr). Entsprechendes gilt, wenn durch Rechtsverordnung oder durch die zuständige Stelle bestimmt wird, dass sechs Monate auf die betriebliche Ausbildungszeit angerechnet werden. Jeweils zeitanteilig verkürzt sich die betriebliche Ausbildung. Die anzurechnende Vorbildung wird auf die reguläre Ausbildungsdauer in der Weise angerechnet, dass die Ausbildungsdauer im Betrieb durch die schulischen Zeiten bereits als zurückgelegt gilt, so dass die Auszubildenden entsprechend früher Anspruch auf die Vergütung für das zweite Ausbildungsjahr haben.[4] Abweichende vertragliche Vereinbarungen sind unwirksam (§ 25 BBiG).

12

---

3 So nun auch ausdrücklich die Gesetzesbegründung zum Berufsbildungsmodernisierungsgesetz BT-Drs. 19/10815, S. 55.
4 Vgl. bereits zur alten Rechtslage *BAG* 22.9.1982 – 4 AZR 719/79, DB 1983, 51.

## § 7a Teilzeitberufsausbildung

(1) Die Berufsausbildung kann in Teilzeit durchgeführt werden. Im Berufsausbildungsvertrag ist für die gesamte Ausbildungszeit oder für einen bestimmten Zeitraum der Berufsausbildung die Verkürzung der täglichen oder der wöchentlichen Ausbildungszeit zu vereinbaren. Die Kürzung der täglichen oder der wöchentlichen Ausbildungszeit darf nicht mehr als 50 Prozent betragen.

(2) Die Dauer der Teilzeitberufsausbildung verlängert sich entsprechend, höchstens jedoch bis zum Eineinhalbfachen der Dauer, die in der Ausbildungsordnung für die betreffende Berufsausbildung in Vollzeit festgelegt ist. Die Dauer der Teilzeitberufsausbildung ist auf ganze Monate abzurunden. § 8 Absatz 2 bleibt unberührt.

(3) Auf Verlangen der Auszubildenden verlängert sich die Ausbildungsdauer auch über die Höchstdauer nach Absatz 2 Satz 1 hinaus bis zur nächsten möglichen Abschlussprüfung.

(4) Der Antrag auf Eintragung des Berufsausbildungsvertrages nach § 36 Absatz 1 in das Verzeichnis der Berufsausbildungsverhältnisse für eine Teilzeitberufsausbildung kann mit einem Antrag auf Verkürzung der Ausbildungsdauer nach § 8 Absatz 1 verbunden werden.

**Inhaltsübersicht**     Rn
1. Überblick . . . . . . . . . . . . . . . . . . . . . . . . . . . . . . . .    1
2. Teilzeitberufsausbildung als Option . . . . . . . . . . . . . . . . . . . . .    2–10
3. Anteilige Kürzung der Ausbildungsvergütung . . . . . . . . . . . . .    11

### 1. Überblick

**1** Die Teilzeitberufsausbildung war bislang eher versteckt in § 8 Abs. 1 Satz 2 BBiG geregelt. Durch das **Berufsbildungsmodernisierungsgesetz** wurde diese zum 1.1.2020 eigenständig in § 7a BBiG verankert. Ziel ist eine Stärkung der Teilzeitberufsausbildung. Die bisherige Notwendigkeit eines »berechtigten Interesses« für eine Teilzeitberufsausbildung entfällt. »Die Teilzeitberufsausbildung wird damit von einer Ausnahmelösung für besondere Lebenslagen zu einer Gestaltungsoption für die Durchführung von Berufsausbildungen.«[1] Für das **Handwerk** gilt der gleichlautende § 27b HwO.

Die **praktische Bedeutung** der Teilzeitberufsausbildung war in der Vergangenheit gering. In den letzten Jahren wurden lediglich 0,4 Prozent aller neuen Ausbildungsverträge als Teilzeitverträge abgeschlossen.[2] Ob sich das in der Zukunft ändern wird, wird sich zeigen.

---
1 So ausdrücklich die Gesetzesbegründung BT-Drs. 19/10815, S. 55.
2 Vgl. zuletzt BMBF, Berufsbildungsbericht 2019, S. 49.

**Teilzeitberufsausbildung** § 7a

## 2. Teilzeitberufsausbildung als Option

Die Berufsausbildung »kann« in Teilzeit durchgeführt werden (§ 7a Abs. 1 Satz 1 BBiG). Eine besonderes »berechtigtes Interesse« für eine Teilzeitberufsausbildung ist nicht erforderlich. Eine qualitativ mit der Vollzeitausbildung vergleichbare Ausbildung soll dadurch erreicht werden, dass sich die Ausbildungsdauer entsprechend verlängert (§ 7a Abs. 2 BBiG). Nach wie vor gibt es **keinen Rechtsanspruch** auf eine Teilzeitberufsausbildung (anders als im Arbeitsverhältnis gemäß § 8, § 9aTzBfG). Es ist nämlich ein **Einvernehmen mit dem Ausbildenden** erforderlich, weil die Teilzeitberufsausbildung im Berufsausbildungsvertrag zu vereinbaren ist.

Wenn eine Berufsausbildung in Teilzeit durchgeführt werden soll, ist im **Berufsausbildungsvertrag** die Verkürzung der täglichen oder wöchentlichen Ausbildungszeit zu vereinbaren (§ 7a Abs. 1 Satz 2 BBiG). Die Teilzeit kann sich auf die gesamte Ausbildungsdauer beziehen oder auf einen bestimmten Zeitraum. Die Teilzeit kann auch nach Ausbildungsbeginn durch Vertragsänderung vereinbart werden.

Die Kürzung der täglichen oder wöchentlichen Ausbildungszeit darf **nicht mehr als 50 Prozent** betragen (§ 7a Abs. 1 Satz 3 BBiG). Damit soll nach der Gesetzesbegründung sichergestellt werden, dass die Auszubildenden auch bei der täglichen oder wöchentlichen Reduzierung der betrieblichen Ausbildungszeiten noch wirklichkeitsnah mit den wesentlichen Betriebsabläufen vertraut gemacht werden können und in dem für die Ausbildung erforderlichen Maß in die betriebliche Praxis eingebunden werden können. Die 50-Prozent-Grenze sei auch mit Blick auf die von der Teilzeit nicht automatisch berührte Schulpflicht erforderlich, um das notwendige Maß an betrieblicher Einbindung gerade in den ersten Ausbildungsjahren zu gewährleisten.[3]

Nach § 7a Abs. 2 Satz 1 BBiG ist die Ausbildungsdauer bei Teilzeit- und bei Vollzeitberufsausbildungen grundsätzlich gleich. Sie entspricht in beiden Fällen der in der Ausbildungsordnung nach § 5 Abs. 1 Nr. 2 BBiG für den jeweiligen Ausbildungsberuf festgelegten Ausbildungsdauer und verlängert sich durch die Teilzeit proportional. Bei der Teilzeitberufsausbildung haben die Vertragsparteien deshalb eine zeitliche Streckung der Ausbildungsdauer zu vereinbaren: die **Dauer der Ausbildung verlängert sich entsprechend des Umfangs der Teilzeit.** Das Ende der Ausbildung verschiebt sich zeitlich nach hinten. Vereinbaren Betriebe und Auszubildende zum Beispiel bei einer nach der Ausbildungsordnung an sich dreijährigen Ausbildung für die gesamte Ausbildungsdauer eine Verringerung der (täglichen oder wöchentlichen) Ausbildungszeit um 25 Prozent, verschiebt sich das Ende der Ausbil-

---

3 So die Gesetzesbegründung BT-Drs. 19/10815, S. 56.

dung kalendarisch um ein Jahr.[4] Die Dauer der Teilzeitberufsausbildung ist auf ganze Monate abzurunden (§ 7a Abs. 2 Satz 2 BBiG).

6 Jedoch begrenzt § 7a Abs. 2 Satz 1 BBiG die Dauer der Teilzeitberufsausbildung auf **höchstens das Eineinhalbfache** der in der Ausbildungsordnung für eine Berufsausbildung in Vollzeit festgelegten Ausbildungsdauer (§ 5 Abs. 1 Nr. 2 BBiG). Eine nach der Ausbildungsordnung dreijährige Berufsausbildung wird danach in Teilzeit in höchstens viereinhalb Jahren absolviert. So verlängert sich zum Beispiel die Ausbildungsdauer bei einer dreijährigen Ausbildung, bei der die Parteien eine Kürzung der täglichen Ausbildungszeit um 50 Prozent vereinbart haben, bei gleichbleibender Teilzeitregelung nicht um 100 Prozent auf sechs Jahre, sondern auf maximal viereinhalb Jahre.[5]

7 Die Dauer der Teilzeitberufsausbildung ist **auf ganze Monate abzurunden** (§ 7a Abs. 2 Satz 2 BBiG). Wird bei einer dreijährigen Berufsausbildung für sechs Monate eine Kürzung der täglichen Ausbildungszeit auf 70 Prozent vereinbart, sind 30 Prozent von sechs Monaten an die Ausbildungsdauer anzuschließen. Dies entspricht einem Monat durch die Abrundungsregel.[6]

8 Gemäß § 7a Abs. 2 Satz 3 BBiG bleibt § 8 Abs. 2 BBiG unberührt. In **Ausnahmefällen** ist also unter den in § 8 Abs. 2 BBiG geregelten Voraussetzungen eine Verlängerung der Ausbildungsdauer möglich.

9 Mit den individuellen Teilzeitmodellen steht zum Ende der Ausbildung nicht immer ein Prüfungstermin zur Verfügung. § 7a Abs. 3 BBiG sieht deshalb vor, dass sich »auf Verlangen der Auszubildenden« die Ausbildungsdauer über die Höchstdauer (nach § 7a Abs. 2 Satz 1 BBiG) hinaus **bis zur nächsten möglichen Abschlussprüfung verlängert**. Die Auszubildenden werden damit geschützt, haben aber die Wahl. Alternativ kommt für diesen Fall auch ein gemeinsamer Antrag von Ausbildenden und Auszubildenden auf Verkürzung der Ausbildungsdauer nach § 8 Abs. 1 BBiG zum Erreichen eines früheren Prüfungstermins in Betracht.[7]

10 Nach § 7a Abs. 4 BBiG kann der Antrag auf Eintragung des Berufsausbildungsvertrages in das Verzeichnis der Berufsausbildungsverhältnisse nach § 36 Abs. 1 BBiG für die **Teilzeitberufsausbildung mit einem Antrag auf Verkürzung der Ausbildungsdauer nach § 8 Abs. 1 BBiG verbunden werden**. Der Verkürzungsantrag kann sich durch die automatische Verlängerung auch auf Zeiträume jenseits der in der Ausbildungsordnung vorgesehenen Vollzeitausbildungsdauer richten. Auszubildende, die das Ausbildungsziel voraussichtlich in der verkürzten Zeit erreichen können (zum Beispiel auf Grund schulischer Vorbildung), können dieses Interesse durch einen ge-

---

4 So die Gesetzesbegründung BT-Drs. 19/10815, S. 56.
5 So das Beispiel in der Gesetzesbegründung BT-Drs. 19/10815, S. 56.
6 So das Beispiel in der Gesetzesbegründung BT-Drs. 19/10815, S. 56.
7 So die Gesetzesbegründung BT-Drs. 19/10815, S. 56.

meinsamen Antrag mit dem Ausbildenden verfolgen. Ein Antrag auf Kürzung der Ausbildungsdauer kann unabhängig von der Regelung in § 7a Abs. 4 BBiG nach § 8 Abs. 1 BBiG auch später, im Verlauf der Ausbildung, gestellt werden.[8]

### 3. Anteilige Kürzung der Ausbildungsvergütung

Die bislang streitige Frage, ob im Falle der Teilzeitberufsausbildung die Ausbildungsvergütung anteilig gekürzt werden darf (vgl. in der Vorauflage die Kommentierung bei § 8 Rn. 16), ist nunmehr durch den neuen § 17 Abs. 5 BBiG geregelt worden. Eine anteilige Kürzung der Ausbildungsvergütung ist danach zulässig (vgl. die Kommentierung bei § 17 BBiG).   11

### § 8  Verkürzung oder Verlängerung der Ausbildungsdauer

**(1) Auf gemeinsamen Antrag der Auszubildenden und Ausbildenden hat die zuständige Stelle die Ausbildungsdauer zu kürzen, wenn zu erwarten ist, dass das Ausbildungsziel in der gekürzten Dauer erreicht wird.**
**(2) In Ausnahmefällen kann die zuständige Stelle auf Antrag Auszubildender die Ausbildungsdauer verlängern, wenn die Verlängerung erforderlich ist, um das Ausbildungsziel zu erreichen. Vor der Entscheidung über die Verlängerung sind die Ausbildenden zu hören.**
**(3) Für die Entscheidung über die Verkürzung oder Verlängerung der Ausbildungsdauer kann der Hauptausschuss des Bundesinstituts für Berufsbildung Empfehlungen beschließen.**

| Inhaltsübersicht | Rn |
|---|---|
| 1. Überblick | 1, 2 |
| 2. Kürzung im Einzelfall | 3–12 |
| a. Verfahren | 4–10 |
| b. Rechtsfolge | 11, 12 |
| 3. Teilzeitberufsausbildung | 13 |
| 4. Verlängerung auf Antrag der Auszubildenden | 14–21 |
| a. Voraussetzungen | 14–18 |
| b. Rechtsfolge | 19–21 |
| 5. Verlängerung durch Elternzeit | 22 |
| 6. Empfehlungen des BIBB | 23 |

---

[8] So die Gesetzesbegründung BT-Drs. 19/10815, S. 56f.

# § 8  Verkürzung oder Verlängerung der Ausbildungsdauer

## 1. Überblick

**1** Zu einer **Kürzung der Ausbildungsdauer** kann es kommen
- durch eine Anrechnung beruflicher Vorbildung (§ 7 BBiG),
- eine Kürzung im Einzelfall (vgl. Rn. 3 ff.),
- durch vorzeitige Zulassung zur Abschlussprüfung (§ 45 Abs. 1 BBiG) und Bestehen der Abschlussprüfung (§ 21 Rn. 18 ff.).

**2** Eine **Verlängerung der Ausbildungsdauer** ist möglich
- im Einzelfall auf Antrag der Auszubildenden (vgl. Rn. 14 ff.),
- bei Nichtbestehen der Abschlussprüfung (vgl. § 21 Rn. 25 ff.),
- wenn Elternzeit in Anspruch genommen wird (vgl. Rn. 22).

## 2. Kürzung im Einzelfall

**3** § 8 Abs. 1 BBiG regelt die Kürzung (das Gesetz spricht von »Verkürzung«) der Ausbildungsdauer im Einzelfall. Sie kann zusätzlich zu einer Anrechnung beruflicher Vorbildung (§ 7 BBiG) treten und zu einer weiteren Kürzung der Berufsausbildung führen. Für das **Handwerk** gilt der gleichlautende § 27b Abs. 1 HwO.

### a. Verfahren

**4** Die Kürzung der Ausbildungsdauer ist nur zulässig auf **gemeinsamen Antrag des Auszubildenden und Ausbildenden** (§ 8 Abs. 1 BBiG). Der Antrag kann eine nähere Angabe über den gewünschten Umfang der Kürzung enthalten. Erforderlich ist das aber nicht, es kann auch allgemein eine Kürzung beantragt werden.

**5** Die zuständige Stelle (§ 71 BBiG) hat die Ausbildungsdauer zu kürzen, wenn zu erwarten ist, dass das Ausbildungsziel in der gekürzten Zeit erreicht wird. Das hängt von den Leistungen und dem Qualifikationsniveau der Auszubildenden ab. Dabei sind die allgemeine oder berufliche Vorbildung, Erfahrungen aus beruflicher Tätigkeit, das Ergebnis der Zwischenprüfung und auch Auslandspraktika zu berücksichtigen.

**6** Die zuständige Stelle hat den Sachverhalt – wie stets im Verwaltungsverfahren – von Amts wegen zu ermitteln. Es ist aber sinnvoll, wenn der Auszubildende von sich aus Unterlagen und sonstige Beweismittel vorlegt, die seine Vorkenntnisse und Leistungen belegen. Der Antrag auf Kürzung der Ausbildungsdauer kann, da das Gesetz keine Einschränkungen enthält, zu jeder Zeit gestellt werden, also sowohl vor als auch nach Beginn der Ausbildung oder im Laufe der Ausbildung, zum Beispiel nach der Zwischenprüfung.

**7** Fristen oder sonstige Beschränkungen des Antragsrechts sieht das Gesetz nicht vor. Aus Sinn und Zweck der Norm ergibt sich aber, dass nach Antragstellung noch ein gewisser Zeitraum verbleiben muss, um einen planmäßi-

## Verkürzung oder Verlängerung der Ausbildungsdauer § 8

gen Fortgang der weiteren Ausbildung zu gewährleisten. Bei einer kurzfristig bevorstehenden Abschlussprüfung kommt alternativ zur Kürzung der Ausbildungsdauer die vorzeitige Zulassung zur Abschlussprüfung in Betracht (§ 45 Rn. 2, 3).

Bei Ablehnung des Antrags auf Kürzung der Ausbildungsdauer kann gleichwohl ein Antrag auf vorzeitige Zulassung zur Abschlussprüfung begründet sein. Möglich ist es auch, im Laufe der Ausbildung mehrere Anträge zu stellen und die Ausbildungsdauer mehrmals zu kürzen. Üblich ist eine Kürzung der Ausbildungsdauer vor allem für Realschulabsolventen und Abiturienten (etwa von drei Jahren auf zweieinhalb oder zwei Jahre). Zum Teil bieten Betriebe auch nur noch solche verkürzten Ausbildungsgänge an. 8

Wenn der Arbeitgeber *generell* nur noch eine verkürzte Ausbildung vorsehen will, soll ein Mitbestimmungsrecht des Betriebsrats gemäß § 98 Abs. 1 BetrVG (vgl. § 10 Rn. 44) bestehen. Bei einer Kürzung nur im Einzelfall, wie es der Regelfall ist, besteht indes kein Mitbestimmungsrecht des Betriebsrats.[1] 9

Die Entscheidung über die Kürzung ist ein Verwaltungsakt (§ 35 VwVfG), gegen den, bei (teilweiser) Versagung der beantragten Kürzung, der Widerspruch und gegebenenfalls die Klage vor dem Verwaltungsgericht möglich ist. Auf die Kürzung besteht ein **Rechtsanspruch** (»hat ... zu kürzen«), wenn die im Gesetz genannten Voraussetzungen vorliegen. Das unterliegt im vollen Umfang der verwaltungsgerichtlichen Kontrolle. 10

### b. Rechtsfolge

Die Entscheidung über die Kürzung ist ein **privatrechtsgestaltender Verwaltungsakt**. Die Entscheidung der zuständigen Stelle führt ohne weitere vertragliche Vereinbarung zwischen Auszubildenden und Ausbildenden unmittelbar zur Kürzung der Ausbildungsdauer. 11

Wird die Ausbildungsdauer gemäß § 8 Abs. 1 BBiG verkürzt, so ändert sich nicht der Ausbildungsinhalt – anders als bei einer Anrechnung beruflicher Vorbildung gemäß § 7 BBiG (vgl. § 7 Rn. 12). Die Kürzung führt deshalb *nicht* zu einer Vorverlegung des Ausbildungsbeginns mit der Folge eines früheren Anspruchs auf eine für spätere Zeitabschnitte vorgesehene höhere Ausbildungsvergütung.[2] Einzelvertraglich können Auszubildende und Ausbildende allerdings aufgrund einer Kürzung der Ausbildungsdauer eine höhere Ausbildungsvergütung oder die Vorverlegung der Ausbildungsvergütung für das zweite oder dritte Ausbildungsjahr vereinbaren. Auch eine entsprechende tarifvertragliche Regelung wäre denkbar. 12

---

1 Vgl. *BAG* 24. 8. 2004 – 1 ABR 28/03, NZA 2005, 371.
2 Vgl. *BAG* 8. 12. 1982 – 5 AZR 474/80, DB 1983, 1208.

## § 8 Verkürzung oder Verlängerung der Ausbildungsdauer

### 3. Teilzeitberufsausbildung

**13** Aufgrund der Änderungen durch Berufsbildungsmodernisierungsgesetz zum 1.1.2020 ist die Teilzeitberufsausbildung nicht mehr (wie vorher) in § 8, sondern neu in § 7a BBiG geregelt.

### 4. Verlängerung auf Antrag der Auszubildenden

#### a. Voraussetzungen

**14** Eine Verlängerung der Ausbildungsdauer ist gemäß § 8 Abs. 2 Satz 1 BBiG in Ausnahmefällen und nur auf **Antrag der Auszubildenden** möglich. Für das **Handwerk** gilt der gleichlautende § 27b Abs. 2 HwO. Bei Minderjährigen bedarf der Antrag der Zustimmung der gesetzlichen Vertreter. Die Ausbildenden haben kein Antragsrecht. Die Ausbildenden sind allerdings, wenn der Auszubildende einen entsprechenden Antrag gestellt hat, von der zuständigen Stelle anzuhören (§ 8 Abs. 2 Satz 2 BBiG).

**15** Die zuständige Stelle kann die Ausbildungsdauer verlängern, **wenn die Verlängerung erforderlich ist, um das Ausbildungsziel zu erreichen**. Eine Verlängerung ist auch dann möglich, wenn die Ausbildungsdauer zunächst wegen der Anrechnung einer beruflichen Vorbildung (vgl. § 7 BBiG) oder gar im Einzelfall gemäß § 8 Abs. 1 BBiG (vgl. Rn. 3 ff.) verkürzt war. Das ist zum Beispiel denkbar, wenn beim Auszubildenden zunächst die Voraussetzungen für eine Kürzung vorlagen, er dann aber aufgrund eines unvorhersehbaren Umstandes (etwa schwere Erkrankung) tatsächlich an der Ausbildung gehindert war. Die Verlängerungsmöglichkeit gemäß § 8 Abs. 2 BBiG besteht unabhängig von der Möglichkeit der Verlängerung der Ausbildung wegen Nichtbestehens der Abschlussprüfung (vgl. § 21 Rn. 25 ff.).

**16** Es besteht kein Anspruch auf Verlängerung. Die Verlängerung ist nach dem ausdrücklichen Wortlaut des Gesetzes nur möglich »**in Ausnahmefällen**«.[3] Nicht jede tatsächliche Unterbrechung der Ausbildung rechtfertigt eine Verlängerung, vielmehr sind **hohe Anforderungen** zu stellen. Verlängerungsgründe sind nur außergewöhnliche, nicht alltägliche Fallgestaltungen, die die Ausbildung planwidrig erschwert haben. Eine Verlängerung der Ausbildungsdauer auf Antrag kommt auch **mehrmals** in Betracht, vor allem dann, wenn ein neuer Verlängerungsgrund vorliegt.

**17** Daraus, dass nur die Auszubildenden ein Antragsrecht haben, ergibt sich, dass **maßgeblich** für die Verlängerung der Ausbildung die **Interessen der Auszubildenden**, nicht der Ausbildenden, sind. Ob die Verlängerung erforderlich ist, um das Ausbildungsziel zu erreichen, hängt (wie die Kürzung) von den Leistungen der Auszubildenden ab. Die Verlängerung kann bei lern-

---

[3] *VG Gießen* 27.5.2009 – 8 K 1726/08.

## Verkürzung oder Verlängerung der Ausbildungsdauer § 8

schwächeren Auszubildenden ein sinnvolles Instrument zur Erreichung des Ausbildungsziels sein. Eine Verlängerung kann auch dann erforderlich sein, wenn das Berufsausbildungsverhältnis zwar rechtlich bestanden hat, die Ausbildung aber aufgrund persönlicher Umstände tatsächlich nicht durchgeführt werden konnte, zum Beispiel aufgrund einer längeren **Erkrankung** des Auszubildenden.[4] Auch ein längerer **Auslandsaufenthalt** oder ein **Auslandspraktikum** können Grund für eine Verlängerung der Ausbildungsdauer sein, allerdings – wie stets – nur auf Antrag der Auszubildenden.[5]

Auch betriebliche, technische, persönliche oder organisatorische Gegebenheiten aus der Sphäre des Ausbildenden, die zu einer **mangelhaften Berufsausbildung** führen, können einen Antrag des Auszubildenden auf Verlängerung der Ausbildungsdauer rechtfertigen. Gegebenenfalls kommen dann aber Schadensersatzansprüche des Auszubildenden gegen den Ausbildenden in Betracht.  18

Auch die **Mutterschutzfristen** bei einer Schwangerschaft und Entbindung nach dem MuSchG sind Unterbrechungszeiten, die (aber nur auf Antrag der Auszubildenden) zur Verlängerung der Ausbildungsdauer führen können (zur Elternzeit vgl. Rn. 22).

### b. Rechtsfolge

Die Entscheidung der zuständigen Stelle darüber, ob die Ausbildungsdauer verlängert wird oder nicht, ist ein Verwaltungsakt. Die Entscheidung steht im pflichtgemäßen **Ermessen** (»kann«) der zuständigen Stelle.  19

Die Entscheidung der zuständigen Stelle, dass die Ausbildungsdauer verlängert wird, ist ein **privatrechtsgestaltender** Verwaltungsakt (vgl. Rn. 11). Sie führt zu einer unmittelbaren Vertragsverlängerung, ohne dass die Vertragsparteien, auch nicht die Auszubildenden, zustimmen müssten. Es bedarf auch nicht zusätzlich einer privat-rechtlichen Vereinbarung zwischen den Auszubildenden und den Ausbildenden.[6]  20

Die Höhe der Ausbildungsvergütung ändert sich *nicht* durch die Verlängerung der Ausbildungsdauer. Die höhere Ausbildungsvergütung für ein weiteres Ausbildungsjahr (z. B. 4. Ausbildungsjahr) ist nur für die Ausbildungsberufe vorgesehen, die von vornherein länger als drei Jahre dauern.[7] Die Verlängerung darf aber auch nicht zum Anlass genommen werden für eine Kürzung der Ausbildungsvergütung. Entsprechende vertragliche Vereinbarungen wären gemäß § 25 BBiG unwirksam.  21

---

4 VG Oldenburg 1.9.2011 – 7 B 1928/11.
5 Vgl. zur Bedeutung eines längeren Auslandspraktikums *Eule* BB 1992, S. 986, 990.
6 Vgl. *LAG Rheinland-Pfalz* 20.6.1997 – 10 Sa 981/96, LAGE BBiG § 29 Nr. 1.
7 Vgl. *BAG* 8.2.1978 – 4 AZR 552/76, AP BBiG § 10 Nr. 1.

### § 8 Verkürzung oder Verlängerung der Ausbildungsdauer

#### 5. Verlängerung durch Elternzeit

22 Zu einer Verlängerung des Berufsausbildungsverhältnisses kann es auch kommen, wenn der oder die Auszubildende **Elternzeit** in Anspruch nimmt. § 20 Abs. 1 Satz 2 BEEG bestimmt, dass die Elternzeit nicht auf Berufsbildungszeiten angerechnet wird. Während der Elternzeit ruht das Berufsausbildungsverhältnis. Durch die Nichtanrechnung der Elternzeit auf die Zeit des Berufsausbildungsverhältnisses verlängert sich das Berufsausbildungsverhältnis automatisch ohne weiteres Zutun der Vertragsparteien um die Zeit der Elternzeit. Es bedarf keiner Verlängerungserklärung oder Vereinbarung der Vertragspartner oder der zuständigen Stelle.

#### 6. Empfehlungen des BiBB

23 Für die Entscheidung über die Verkürzung oder Verlängerung der Ausbildungsdauer kann gemäß § 8 Abs. 3 bzw. § 27b Abs. 3 HwO der Hauptausschuss des BiBB Empfehlungen beschließen. Damit sollen einheitliche Entscheidungsleitlinien für die zuständigen Stellen bei ihren Einzelfallentscheidungen vorgegeben werden. Dem Hauptausschuss ist die Befugnis zum Erlass solcher Empfehlungen kraft Gesetzes zugewiesen (§ 92 Abs. 1 BBiG). Der Hauptausschuss des BiBB hat am 27.6.2008 eine Empfehlung zur Abkürzung und Verlängerung der Ausbildungszeit, zur Teilzeitberufsausbildung sowie zur vorzeitigen Zulassung zur Abschlussprüfung beschlossen.

**Empfehlung des Hauptausschusses des Bundesinstituts für Berufsbildung vom 27.6.2008 zur Abkürzung und Verlängerung der Ausbildungszeit/zur Teilzeitberufsausbildung (§ 8 BBiG/§ 27 HwO) sowie zur vorzeitigen Zulassung zur Abschlussprüfung (§ 45 Abs. 1 BBiG/§ 37 Abs. 1 HwO)**

Übersicht
1. Grundsätze
2. Abkürzung der Ausbildungszeit und Teilzeitausbildung gem. § 8 Abs. 1 BBiG/§ 27b Abs. 1 HwO
3. Vorzeitige Zulassung zur Abschluss-/Gesellenprüfung gem. § 45 Abs. 1 BBiG/§ 37 Abs. 1 HwO
4. Mindestdauer der Ausbildung
5. Verlängerung der Ausbildungszeit gem. § 8 Abs. 2 BBiG/§ 27b Abs. 2 HwO

**A. Grundsätze**
(1) Die nachstehende Empfehlung soll die Auslegung der gesetzlichen Vorschriften über die Abkürzung der Ausbildungszeit gem. § 8 Abs. 1 S. 1 und 2 Berufsbildungsgesetz (BBiG)/§ 27b Abs. 1 S. 1 und 2 Handwerksordnung (HwO) konkretisieren. Die Abkürzung beinhaltet auch die Teilzeitberufsausbildung, die insbesondere Alleinerziehenden und jungen Eltern durch die Verkürzung der täglichen oder wöchentlichen Ausbildungszeit die Möglichkeit gibt, Berufsausbildung und Familie zu vereinbaren. Darüber hinaus werden Empfehlungen über die vorzeitige Zulassung zur Abschluss-/

## Verkürzung oder Verlängerung der Ausbildungsdauer § 8

Gesellenprüfung gem. § 45 Abs. 1 BBiG i.V.m. § 21 Abs. 2 BBiG/§ 37 Abs. 1 HwO i.V.m. § 21 Abs. 2 BBiG und über die Verlängerung der Ausbildungszeit gem. § 8 Abs. 2 BBiG/§ 27b Abs. 2 HwO formuliert.

(2) Die Empfehlungen enthalten Maßstäbe für die Entscheidungen der zuständigen Stellen.

(3) Im Einzelfall können besondere Gesichtspunkte eine abweichende Beurteilung erfordern.

### B. Abkürzung der Ausbildungszeit und Teilzeitausbildung gem. § 8 Abs. 1 BBiG/§ 27b Abs. 1 HwO

#### B.1 Grundsatz und allgemeine Voraussetzungen der Antragstellung

(1) Auf gemeinsamen Antrag des Ausbildenden (Betrieb) und des Auszubildenden[8] hat die zuständige Stelle die Ausbildungszeit gem. § 8 Abs. 1 BBiG/§ 27b Abs. 1 HwO zu kürzen, wenn zu erwarten ist, dass das Ausbildungsziel in der gekürzten Zeit erreicht wird.

(2) Die Kürzung der Ausbildungszeit soll möglichst bei Vertragsschluss, spätestens jedoch so rechtzeitig beantragt werden, dass noch mindestens ein Jahr Ausbildungszeit verbleibt.

(3) Der Antrag muss gemeinsam von beiden Vertragsparteien (Ausbildender und Auszubildender) schriftlich bei der zuständigen Stelle gestellt werden. Bei Minderjährigen ist die entsprechende Zustimmung der gesetzlichen Vertreter erforderlich.

(4) Die Antragsteller müssen glaubhaft machen, dass das Ausbildungsziel in der gekürzten Zeit erreicht werden kann, z.B. durch Vorlage von (Berufs-) Schul- und Prüfungszeugnissen, Leistungsbeurteilungen, Berufsausbildungsverträgen und betrieblichen Ausbildungsplänen.

#### B.2 Abkürzungsgründe bei Vertragsabschluss gem. § 8 Abs. 1 S. 1 BBiG/§ 27b Abs. 1 S. 1 HwO

(1) Nachfolgende Gründe können zu einer Verkürzung in dem angegebenen Zeitrahmen führen:
* Fachoberschulreife oder gleichwertiger Abschluss bis zu 6 Monate
* Nachweis der Fachhochschulreife oder
* allgemeine Hochschulreife oder
* abgeschlossene Berufsausbildung bis zu 12 Monate

(2) Im Einzelfall kann die Ausbildungszeit auch wegen eines Lebensalters von mehr als 21 Jahren um bis zu 12 Monaten verkürzt werden.

(3) Darüber hinaus kann bei Nachweis einer einschlägigen beruflichen Grundbildung oder einschlägigen Berufstätigkeit oder Arbeitserfahrung im Berufsfeld diese angemessen berücksichtigt werden.

(4) Bei Fortsetzung der Berufsausbildung in demselben Beruf kann die zurückgelegte Ausbildungszeit ganz oder teilweise für eine Kürzung berücksichtigt werden.

(5) Soweit festgestellt wird, dass nach Abschluss des ersten Ausbildungsjahres bei einem Berufswechsel die Grundausbildung des Erstberufes im Wesentlichen identisch ist mit der Grundausbildung des neuen Ausbildungsberufes, so kann diese in vollem Umfang (12 Monate) berücksichtigt werden.

---

8 Zur besseren Lesbarkeit wird generell auf weibliche Bezeichnungen verzichtet; mit männlichen Wortformen sind männliche und weibliche Personen in gleicher Weise gemeint.

# § 8 Verkürzung oder Verlängerung der Ausbildungsdauer

**B.3 Abkürzung während der Berufsausbildung gem. § 8 Abs. 1 S. 1 BBiG/§ 27b Abs. 1 S. 1 HwO**

(1) Die Kürzung der Ausbildungszeit während der laufenden Berufsausbildung ist möglich, wenn Verkürzungsgründe nach B. 1 vorliegen, das Ausbildungsziel in der verkürzten Zeit erreicht werden kann und die Ausbildungsinhalte vermittelt werden können.

(2) Wird der Antrag erst im Laufe der letzten 12 Monate der Ausbildungszeit gestellt, so soll dieser vorrangig als Antrag auf vorzeitige Zulassung zur Abschluss-/Gesellenprüfung behandelt werden (siehe C. Vorzeitige Zulassung zur Abschluss-/Gesellenprüfung).

**B.4 Zusammentreffen mehrerer Verkürzungsgründe**

Mehrere Verkürzungsgründe können nebeneinander berücksichtigt werden. Eine vorzeitige Zulassung zur Prüfung (siehe unter C.) ist auch bei verkürzter Ausbildungsdauer gem. § 45 Abs. 1 BBiG/§ 37 Abs. 1 HwO möglich, wenn dadurch die unter D. vorgegebene Mindestausbildungsdauer nicht unterschritten wird.

**B.5 Abkürzung der täglichen oder wöchentlichen Ausbildungszeit gem. § 8 Abs. 1 S. 2 BBiG/§ 27b Abs. 1 S. 2 HwO (Teilzeitberufsausbildung)**

(1) Bei berechtigtem Interesse ist auf gemeinsamen Antrag des Auszubildenden und Ausbildenden die Ausbildungszeit auch in Form einer täglichen oder wöchentlichen Reduzierung der Arbeitszeit zu kürzen (§ 8 Abs. 1 S. 2 BBiG/§ 27b Abs. 1 S. 2 HwO). Ein berechtigtes Interesse ist z. B. dann gegeben, wenn der Auszubildende ein eigenes Kind oder einen pflegebedürftigen Angehörigen zu betreuen hat oder vergleichbar schwerwiegende Gründe vorliegen.

(2) Das berechtigte Interesse ist durch Vorlage geeigneter Belege nachzuweisen.

(3) Da das Berufsbildungsgesetz für die Abkürzung der Ausbildungszeit keine anteilige Untergrenze festlegt, ist jeweils im Einzelfall zu prüfen, ob die Auszubildenden auch bei einer täglichen oder wöchentlichen Reduzierung der betrieblichen Ausbildungszeiten noch wirklichkeitsnah mit den wesentlichen Betriebsabläufen vertraut gemacht werden können und in dem für die Ausbildung erforderlichen Maß in die betriebliche Praxis eingebunden werden können. Als Richtschnur soll eine wöchentliche Mindestausbildungszeit von 25 Stunden nicht unterschritten werden.

(4) Die Teilzeitberufsausbildung führt grundsätzlich nicht zu einer Verlängerung der kalendarischen Gesamtausbildungsdauer.

(5) Im Einzelfall kann eine verkürzte tägliche oder wöchentliche Arbeitszeit aber mit einer Verlängerung der kalendarischen Ausbildungsdauer verbunden werden (§ 8 Abs. 2 BBiG, siehe unter E.), wenn die Verlängerung erforderlich ist, um das Ausbildungsziel zu erreichen.

(6) Die Entscheidung über die Verlängerung kann bei noch unsicherer Prognose oder bei veränderten Rahmenbedingungen auch später getroffen werden.

**C. Vorzeitige Zulassung zur Abschluss-/Gesellenprüfung gem. § 45 Abs. 1 BBiG/§ 37 Abs. 1 HwO**

**C.1 Grundsatz und allgemeine Voraussetzungen der Antragstellung**

(1) Der Auszubildende kann nach Anhörung des Ausbildenden (Betrieb) und der Berufsschule vor Ablauf seiner Ausbildungszeit zur Abschluss-/Gesellenprüfung zugelassen werden, wenn seine Leistungen dies rechtfertigen (§ 45 Abs. 1 BBiG/§ 37 Abs. 1 HwO).

## Verkürzung oder Verlängerung der Ausbildungsdauer § 8

(2) Der Antrag ist schriftlich bei der zuständigen Stelle zu stellen, im Falle der vorzeitigen Zulassung zur Gesellenprüfung bei der Geschäftsstelle des Prüfungsausschusses.

(3) Dem Antrag sind die nach der geltenden Prüfungsordnung erforderlichen Anmeldeunterlagen beizufügen.

### C.2 Zulassungsvoraussetzungen

(1) Eine vorzeitige Zulassung ist gerechtfertigt, wenn der Auszubildende sowohl in der Praxis (Betrieb) als auch in der Berufsschule (Durchschnittsnote aller prüfungsrelevanten Fächer oder Lernfelder) überdurchschnittliche Leistungen nachweist.

(2) Überdurchschnittliche Leistungen liegen in der Regel vor, wenn das letzte Zeugnis der Berufsschule in den prüfungsrelevanten Fächern oder Lernfeldern einen Notendurchschnitt besser als 2,49 enthält und die praktischen Ausbildungsleistungen als überdurchschnittlich bzw. besser als 2,49 bewertet werden.

(3) Neben dem Zeugnis der Berufsschule sind für den Nachweis das Leistungszeugnis oder eine entsprechende Bescheinigung des ausbildenden Betriebs und die Vorlage der Zwischenprüfungsbescheinigung erforderlich. Der ordnungsgemäß geführte Ausbildungsnachweis ist vorzulegen oder das ordnungsgemäße Führen des Ausbildungsnachweises vom Betrieb und vom Auszubildenden schriftlich zu bestätigen.

### C.3 Zulassungsentscheidung

(1) Bei Abschlussprüfungen trifft die zuständige Stelle die Zulassungsentscheidung. Hält sie die Zulassungsvoraussetzungen für nicht gegeben, entscheidet der Prüfungsausschuss (§ 46 Abs. 1 BBiG).

(2) Bei Gesellenprüfungen trifft der Vorsitzende des Prüfungsausschusses die Zulassungsentscheidung. Hält er die Zulassungsvoraussetzungen für nicht gegeben, entscheidet der gesamte Prüfungsausschuss (§ 37a Abs. 1 HwO).

(3) Die vorgezogene Prüfung soll nicht mehr als 6 Monate vor dem ursprünglichen Prüfungstermin stattfinden. Darüber hinausgehende Anträge sollen von den zuständigen Stellen als Antrag auf Abkürzung der Ausbildungszeit nach §§ 8 Abs. 1 BBiG/27b Abs. 1 HwO behandelt werden (siehe unter B.).

### D. Mindestdauer der Ausbildung

Die Ausbildungsvertragsdauer soll in der Regel folgende Mindestzeiten, insbesondere beim Zusammentreffen mehrerer Verkürzungsgründe bzw. bei vorzeitiger Zulassung, nicht unterschreiten:

| Regelausbildungszeit | Mindestzeit der Ausbildung |
|---|---|
| 3 Jahre | 24 Monate |
| 3 Jahre | 18 Monate |
| 2 Jahre | 12 Monate |

### E. Verlängerung der Ausbildungszeit gem. § 8 Abs. 2 BBiG und § 27b Abs. 2 HwO

#### E.1 Grundsatz

(1) In Ausnahmefällen kann die zuständige Stelle auf Antrag des Auszubildenden die Ausbildungszeit verlängern, wenn die Verlängerung erforderlich ist, um das Ausbildungsziel zu erreichen (§ 8 Abs. 2 BBiG/§ 27b Abs. 2 HwO). § 21 Abs. 3 BBiG bleibt unberührt.

(2) Inhaltlich verknüpfte Anträge auf Verkürzung der täglichen oder wöchentlichen Ausbildungszeit und auf Verlängerung der kalendarischen Gesamtausbildungsdauer sollen im Sinne förderlicher Bedingungen für die Vereinbarkeit von Berufsausbildung und Familie entschieden werden.

### E.2 Allgemeine Voraussetzungen der Antragstellung

(1) Der Antrag ist vom Auszubildenden schriftlich bei der zuständigen Stelle zu stellen. Bei Minderjährigen ist die entsprechende Zustimmung der gesetzlichen Vertreter erforderlich.

(2) Der Antrag soll rechtzeitig vor Ablauf des Berufsausbildungsverhältnisses gestellt werden.

(3) Vor der Entscheidung über den Antrag ist der Ausbildende (Betrieb) zu hören (§ 8 Abs. 2 BBiG/§ 27b Abs. 2 HwO). Die Berufsschule kann gehört werden.

(4) Der Auszubildende muss glaubhaft machen, dass die Verlängerung erforderlich ist, um das Ausbildungsziel zu erreichen. Eine Verlängerung nach § 8 Abs. 2 BBiG/§ 27a Abs. 2 HwO soll nur ausnahmsweise bei Vorliegen besonderer Gründe gewährt werden.

### E.3 Verlängerungsgründe

(1) Nachfolgende Gründe können eine Verlängerung erforderlich machen:
– erkennbare schwere Mängel in der Ausbildung,
– Nichterreichen des Leistungszieles der Berufsschulklasse,
– längere, vom Auszubildenden nicht zu vertretende Ausfallzeiten (z.B. infolge Krankheit),
– körperliche, geistige und seelische Behinderung des Auszubildenden, die dazu führen, dass das Ausbildungsziel nicht in der vereinbarten Ausbildungszeit erreicht werden kann,
– Betreuung des eigenen Kindes oder von pflegebedürftigen Angehörigen,
– verkürzte tägliche oder wöchentliche Ausbildungszeit (§ 8 Abs. 1 S. 2 BBiG/§ 27b Abs. 1 S. 2 HwO).

(2) Bei Festlegung der Verlängerungszeit sind die Prüfungstermine zu berücksichtigen.

## § 9 Regelungsbefugnis

**Soweit Vorschriften nicht bestehen, regelt die zuständige Stelle die Durchführung der Berufsausbildung im Rahmen dieses Gesetzes.**

| Inhaltsübersicht | Rn |
|---|---|
| 1. Regelungsbefugnis der zuständigen Stellen | 1–5 |
|    a. Zuständige Stellen | 2, 3 |
|    b. Reichweite der Regelungsbefugnis | 4, 5 |
| 2. Regelungsformen | 6–8 |

**Regelungsbefugnis** **§ 9**

## 1. Regelungsbefugnis der zuständigen Stellen

§ 9 BBiG begründet im Zusammenhang mit § 76 BBiG eine umfassende  1
Regelungskompetenz der zuständigen Stellen (§ 71 BBiG). Die Parallelvorschrift für das **Handwerk** findet sich in § 41 HwO.

### a. Zuständige Stellen

Von zentraler Bedeutung für die Ordnung und Überwachung der Berufsbildung sind die »zuständigen Stellen«. Bei diesen handelt es sich um **öffentlich-rechtliche Körperschaften**. Wer die »zuständige Stelle« ist, wird für die einzelnen Branchen in den §§ 71 bis 75 BBiG geregelt. Es handelt sich um die  2

- Handwerkskammern für Berufe der Handwerksordnung,
- Industrie- und Handelskammern (IHK) für nichthandwerkliche Gewerbeberufe,
- Landwirtschaftskammern für Berufe der Landwirtschaft, einschließlich der ländlichen Hauswirtschaft,
- Rechtsanwalts-, Patentanwalts- und Notarkammern für Fachangestellte im Bereich der Rechtspflege,
- Wirtschaftsprüfer- und Steuerberaterkammern für Fachangestellte im Bereich der Wirtschaftsprüfung und Steuerberatung,
- Ärzte-, Zahnärzte-, Tierärzte- und Apothekerkammern für Gesundheitsdienstberufe.

§ 9 BBiG weist die Regelungskompetenz der zuständigen Stelle zu. Innerhalb  3
der zuständigen Stelle liegt die Kompetenz zum Erlass allgemeiner Rechtsvorschriften grundsätzlich beim **Berufsbildungsausschuss** (vgl. § 79 Rn. 14 ff.).

### b. Reichweite der Regelungsbefugnis

Die Regelungskompetenz bezieht sich auf die »**Durchführung der Berufs-**  4
**ausbildung**« und damit grundsätzlich auf sämtliche Angelegenheiten der Berufsausbildung (§ 1 Abs. 3 BBiG) vom Abschluss des Ausbildungsvertrages bis zur Abschlussprüfung. Die Regelungsbefugnis ist in doppelter Hinsicht beschränkt: Sie besteht nur, »soweit« Vorschriften *nicht* bestehen, und nur im Rahmen »dieses Gesetzes«, also des BBiG.

Die Regelungsbefugnis ist ausgeschlossen, **soweit Vorschriften bestehen**.  5
Vorrangig sind gesetzliche Vorschriften und Rechtsverordnungen. Eine Regelungsbefugnis besteht nicht, wenn das BBiG selbst eine andere Zuständigkeitszuweisung vornimmt (z. B. in § 7 BBiG oder in § 43 Abs. 2 Satz 3 BBiG) oder wenn andere Vorschriften außerhalb des BBiG eine insoweit abschließende Regelung treffen. Die Regelungen der zuständigen Stellen müssen

sich zudem im Rahmen des BBiG halten. Die zuständige Stelle darf also mit ihren Regelungen den gesetzlich gezogenen Rahmen nur ausfüllen, nicht erweitern oder einengen. Die Regelungsbefugnis der zuständigen Stelle ist *nicht* auf berufsordnungsrechtliche Regelungen beschränkt, wie sich im Umkehrschluss aus § 79 Abs. 2 Nr. 3 BBiG ergibt. Danach ist der Berufsbildungsausschuss anzuhören bei wesentlichen Änderungen des Ausbildungsvertragsmusters. Das berechtigt aber die zuständige Stelle nicht dazu, den Vertragspartner des Ausbildungsvertrages zwingend vorzuschreiben, dass diese ein bestimmtes Vertragsmuster verwenden müssen oder dass die Eintragung in das Verzeichnis der Berufsausbildungsverhältnisse hiervon abhängig gemacht werden darf, und auch nicht dazu, Mindestsätze für die Ausbildungsvergütung verbindlich festzusetzen.[1] Aus dem Umstand, dass die zuständige Stelle Ausbildungsvertragsmuster anbieten darf, folgt kein Zwang zur Verwendung. Entsprechende Vorgaben müssten sich in den §§ 10 bis 26 BBiG finden, dort fehlen sie aber. Die Voraussetzungen für die Eintragung in das Verzeichnis der Berufsausbildungsverhältnisse ist überdies abschließend geregelt in § 35 BBiG (vgl. § 35 Rn. 2 ff.).

## 2. Regelungsformen

**6** Die zuständige Stelle kann in unterschiedlichen Formen von ihrer Regelungsbefugnis Gebrauch machen. In Betracht kommen zunächst abstrakt-generelle, also nicht nur einen Einzelfall betreffende Regelungen durch **Satzungsrecht** (Beispiel: Prüfungsordnung). Die Ermächtigung beruht auf § 9 BBiG bzw. entsprechenden Einzelvorschriften. Für die Beschlussfassung ist der Berufsbildungsausschuss der zuständigen Stelle zuständig (§ 79 Abs. 4 Satz 1 BBiG). Die Satzung ist zu verkünden. Ggf. bedarf es zudem noch einer besonderen behördlichen Genehmigung (vgl. § 47 Abs. 1 Satz 2 BBiG).

**7** Generelle Regelungen können auch als **Verwaltungsvorschriften** oder Verwaltungsrichtlinien erlassen werden. Dies kann, soweit der Berufsbildungsausschuss keine Rechtsvorschrift erlassen will, grundsätzlich durch die Geschäftsführung der zuständigen Stelle geschehen. Insoweit handelt es sich aber immer um eine wichtige Angelegenheit im Sinne des § 79 Abs. 2 Nr. 1 BBiG. Der Berufsbildungsausschuss ist hier anzuhören. Dem Berufsbildungsausschuss bleibt unabhängig davon die Kompetenz zum Erlass von Rechtsvorschriften gemäß § 79 Abs. 4 Satz 1 BBiG.

**8** Eine Regelung ist auch eine **Einzelfallregelung** durch Erlass eines Verwaltungsaktes im Sinne des § 35 VwVfG. Einzelfallregelungen werden im Bereich des Prüfungswesens durch den Prüfungsausschuss, sonst durch die

---

[1] Vgl. *Leinemann/Taubert* BBiG § 9 Rn. 8, 9. Vgl. zum Kontrollrecht der Kammer bei der Ausbildungsvergütung einerseits *Lakies*, BWP 4/2011, S. 57 f.; andererseits *Vogt*, BWP 6/2011, S. 52 f.

Geschäftsführung getroffen. Der Berufsbildungsausschuss ist hierzu grundsätzlich nicht befugt. Die Geschäftsführung hat sich bei dem Erlass von Einzelfallentscheidungen an sämtlichen Rechtsvorschriften, auch am Satzungsrecht der zuständigen Stellen und an allgemeinen Verwaltungsvorschriften, zu orientieren.

## Abschnitt 2
## Berufsausbildungsverhältnis

## Unterabschnitt 1
## Begründung des Ausbildungsverhältnisses

### § 10 Vertrag

**(1) Wer andere Personen zur Berufsausbildung einstellt (Ausbildende), hat mit den Auszubildenden einen Berufsausbildungsvertrag zu schließen.**

**(2) Auf den Berufsausbildungsvertrag sind, soweit sich aus seinem Wesen und Zweck und aus diesem Gesetz nichts anderes ergibt, die für den Arbeitsvertrag geltenden Rechtsvorschriften und Rechtsgrundsätze anzuwenden.**

**(3) Schließen die gesetzlichen Vertreter oder Vertreterinnen mit ihrem Kind einen Berufsausbildungsvertrag, so sind sie von dem Verbot des § 181 des Bürgerlichen Gesetzbuchs befreit.**

**(4) Ein Mangel in der Berechtigung, Auszubildende einzustellen oder auszubilden, berührt die Wirksamkeit des Berufsausbildungsvertrages nicht.**

**(5) Zur Erfüllung der vertraglichen Verpflichtungen der Ausbildenden können mehrere natürliche oder juristische Personen in einem Ausbildungsverbund zusammenwirken, soweit die Verantwortlichkeit für die einzelnen Ausbildungsabschnitte sowie für die Ausbildungszeit insgesamt sichergestellt ist (Verbundausbildung).**

| Inhaltsübersicht | Rn |
|---|---|
| 1. Übersicht . . . . . . . . . . . . . . . . . . . . . . . . . . . . . . . . | 1 |
| 2. Merkmale des Berufsausbildungsverhältnisses. . . . . . . . . . . . . . | 2– 4 |
| 3. Abschluss des Berufsausbildungsvertrags . . . . . . . . . . . . . . . . | 5–24 |
|    a. Vertragspartner. . . . . . . . . . . . . . . . . . . . . . . . . . . | 5– 8 |
|    b. Zustandekommen des Ausbildungsvertrags . . . . . . . . . . . . | 9 |
|    c. Ausbildungsvertrag mit Minderjährigen. . . . . . . . . . . . . . | 10–14 |
|    d. Form des Ausbildungsvertrags . . . . . . . . . . . . . . . . . . . | 15 |

|   |   | | |
|---|---|---|---|
| | e. | Bewerberauswahl (Fragerecht der Ausbildenden, Datenerhebung im Internet) | 16–23 |
| | f. | Aufklärungspflichten der Ausbildenden. | 24 |
| 4. | Anzuwendende arbeitsrechtliche Vorschriften | | 25–33 |
| | a. | Arbeitsrechtliche Schutzvorschriften | 26 |
| | b. | AGB-Kontrolle. | 27 |
| | c. | Betriebsübergang | 28 |
| | d. | Geltung von Tarifverträgen | 29–31 |
| | e. | Geltung von Betriebsvereinbarungen | 32 |
| | f. | Sozialversicherung. | 33 |
| 5. | Betriebsverfassungsrechtliche Fragen | | 34–53 |
| | a. | Rechte des Betriebsrats in Fragen der Berufsbildung | 35–48 |
| | | aa. Förderung der Berufsbildung, Ermittlung des Berufsbildungsbedarfs. | 36, 37 |
| | | bb. Einrichtungen und Maßnahmen der Berufsbildung | 38, 39 |
| | | cc. Durchführung betrieblicher Bildungsmaßnahmen. | 40–44 |
| | | dd. Teilnahme von Arbeitnehmern an Berufsbildungsmaßnahmen | 45 |
| | | ee. Entscheidung der Einigungsstelle. | 46 |
| | | ff. Sonstige Bildungsmaßnahmen | 47 |
| | | gg. Bestellung und Abberufung der Ausbilder und ähnlicher Personen. | 48 |
| | b. | Rechte des Betriebsrats bei personellen Einzelmaßnahmen | 49–53 |
| | | aa. Einstellung. | 50, 51 |
| | | bb. Versetzung. | 52 |
| | | cc. Kündigung. | 53 |
| 6. | Streitigkeiten aus dem Berufsausbildungsverhältnis | | 54–77 |
| | a. | Verfahren vor dem Schlichtungsausschuss | 55–70 |
| | | aa. Zusammensetzung | 56 |
| | | bb. Zuständigkeit | 57–59 |
| | | cc. Verfahrensablauf. | 60–62 |
| | | dd. Zwangsvollstreckung | 63 |
| | | ee. Spruch des Schlichtungsausschusses und Klage vor dem Arbeitsgericht | 64–66 |
| | | ff. Verhältnis von Schlichtungs- und gerichtlichem Verfahren | 67–70 |
| | b. | Verfahren vor dem Arbeitsgericht. | 71 |
| | c. | Zuständigkeit der Arbeitsgerichte. | 72–77 |

## 1. Übersicht

**1** § 10 BBiG regelt die vertragliche Begründung des Berufsausbildungsverhältnisses. Die Regelung ist nicht abschließend, sie wird durch andere Normen des Bürgerlichen Rechts (BGB) und des Arbeitsrechts ergänzt. § 10 BBiG gilt (wie der gesamte Abschnitt 2) uneingeschränkt auch für Berufsausbildungsverhältnisse im **Handwerk** (vgl. § 3 Rn. 10).

**Vertrag** § 10

## 2. Merkmale des Berufsausbildungsverhältnisses

Das Berufsausbildungsverhältnis ist eine **privat-rechtliche Vertragsbeziehung** zwischen Ausbildenden und Auszubildenden. Es ist kein Arbeitsverhältnis, weil nicht Vergütung und Arbeitsleistung im Leistungs-Gegenleistungs-Verhältnis stehen, sondern der **Ausbildungszweck** im Vordergrund steht. Die für den Arbeitsvertrag geltenden Rechtsvorschriften und Rechtsgrundsätze finden indes grundsätzlich gemäß § 10 Abs. 2 Anwendung (vgl. Rn. 25 ff.). 2

Gesonderter Betrachtung bedarf die **Assistierte Ausbildung**.[1] Gemäß § 130 Abs. 1 Satz 1 SGB III kann die Agentur für Arbeit förderungsbedürftige junge Menschen und deren Ausbildungsbetriebe während einer betrieblichen Berufsausbildung (ausbildungsbegleitende Phase) durch Maßnahmen der Assistierten Ausbildung mit dem Ziel des erfolgreichen Abschlusses der Berufsausbildung unterstützen. Voraussetzung ist in dem Fall das Bestehen eines »normalen« Berufsausbildungsverhältnisses. Allerdings kann diese Maßnahme gemäß § 130 Abs. 1 Satz 2 SGB III auch eine **vorgeschaltete ausbildungsvorbereitende Phase** enthalten. Im Rahmen der ausbildungsvorbereitenden Phase können betriebliche Praktika vorgesehen werden (§ 130 Abs. 5 Satz 5 SGB III). Nach dem ausdrücklichen Willen des Gesetzgebers soll in dem Fall kein Anspruch auf eine Ausbildungsvergütung bestehen.[2]

Die **Ausbildung für einen anerkannten Ausbildungsberuf** darf gemäß § 4 Abs. 2 BBiG nur nach der Ausbildungsordnung durchgeführt werden. Das hat zur Folge, dass für einen anerkannten Ausbildungsberuf die Ausbildung zwingend in einem **Berufsausbildungsverhältnis** stattzufinden hat, es dürfen nicht etwa andere Vertragsverhältnisse, ein »Anlernvertrag« oder ähnliches vereinbart werden. Gleichwohl vereinbarte **»Anlernverträge«** für einen anerkannten Ausbildungsberuf sind entsprechend den Regeln über das Arbeitsverhältnis auf fehlerhafter Vertragsgrundlage (sog. faktisches Arbeitsverhältnis) wie ein Arbeitsverhältnis zu behandeln, mit den entsprechenden vergütungsrechtlichen Konsequenzen (ortsübliche Vergütung wie im Arbeitsverhältnis, § 612 Abs. 2 BGB).[3]

Mit einem Volljährigen kann auch für einen **staatlich nicht anerkannten Ausbildungsberuf** ein »Ausbildungsvertrag« abgeschlossen werden, wie sich aus § 4 Abs. 3 BBiG ergibt. Wirksam ist der Ausbildungsvertrag jedoch nur, wenn ein ordnungsgemäßer Ausbildungsgang gesichert ist. Vorausset-

---

1 Die Assistierte Ausbildung gemäß § 130 SGB III ist mit Wirkung vom 1.5.2015 durch Artikel 1b des Fünften Gesetzes zur Änderung des Vierten Buches Sozialgesetzbuch und anderer Gesetze vom 15.4.2015 (BGBl. I S. 583) neu in das SGB III eingefügt worden.
2 So ausdrücklich die Gesetzesbegründung des Ausschusses für Arbeit und Soziales, BT-Drs. 18/4114, S. 29.
3 *BAG* 27.7.2010 – 3 AZR 317/08, DB 2011, S. 943.

zung hierfür ist die Erstellung eines betrieblichen Ausbildungsplanes, der Gegenstand des Ausbildungsvertrages wird und an dem sich die Ausbildungsleistungen zu orientieren haben.[4] Findet dagegen eine »Ausbildung« (in einem staatlich nicht anerkannten Ausbildungsberuf) in einem solchen geordneten Ausbildungsgang tatsächlich nicht statt, ist der Ausbildungsvertrag als solcher nichtig. Für den Zeitraum der Durchführung des nichtigen Vertrages liegt ein sog. faktisches Arbeitsverhältnis vor mit dem Anspruch auf die ortsübliche Vergütung wie im Arbeitsverhältnis (§ 612 Abs. 2 BGB). Für die Zukunft können die Parteien eines faktischen Arbeitsverhältnisses sich ohne Weiteres und ohne Ausspruch einer Kündigung voneinander lösen.[5]

3 Wegen des Ausbildungszwecks darf zulässigerweise **keine Kurzarbeit** für Auszubildende angeordnet werden.[6] Als Folge davon sind die Regelungen über **Kurzarbeit auch für Ausbilder nicht anwendbar**, sofern sie einen Auszubildenden zu betreuen haben.

4 Trotz des Ausbildungszwecks steht indes auch Auszubildenden im Rahmen eines Arbeitskampfes um einen Tarifvertrag, der auch ihre Arbeitsbedingungen regeln soll, ein **Streikrecht** zu.[7] Soweit Auszubildende berechtigt sind, an einem Streik teilzunehmen, werden sie im Rahmen eines Arbeitskampfes auch ausgesperrt werden dürfen, soweit man die **Aussperrung** als Arbeitskampfmittel als rechtmäßig ansieht.

## 3. Abschluss des Berufsausbildungsvertrags

### a. Vertragspartner

5 Das Berufsausbildungsverhältnis kommt durch den Abschluss eines privatrechtlichen Vertrags, dem Berufsausbildungsvertrag, zustande. Vertragsparteien sind die Ausbildenden und die Auszubildenden. Der **Ausbildende** ist derjenige, der einen anderen zur Berufsausbildung einstellt (§ 10 Abs. 1 BBiG), also die Privatperson oder bei einer Einzelfirma der Betriebsinhaber oder die juristische Person (GmbH, AG, Verein, Genossenschaft), die mit dem Auszubildenden den Vertrag schließt. Auch eine BGB-Gesellschaft kann als solche Vertragspartner sein, wie auch eine OHG oder KG. Der Ausbildende muss nicht zugleich selbst in eigener Person ausbilden. Bildet der Ausbildende nicht selbst aus, muss dieser allerdings einen **Ausbilder** oder eine Ausbilderin ausdrücklich mit der tatsächlichen Ausbildung beauftragen

---

4 *ArbG Osnabrück* 11.3.2015 – 2 Ca 431/14.
5 *ArbG Osnabrück* 11.3.2015 – 2 Ca 431/14.
6 Vgl. *Leinemann/Taubert* BBiG § 10 Rn. 54.
7 Vgl. *BAG* 12.9.1984 – 1 AZR 342/83, NZA 1984, 393; *Lakies/Malottke* BBiG § 10 Rn. 6 m.w.N.

**Vertrag** § 10

(vgl. § 14 Abs. 1 Nr. 2 BBiG). Auszubildende darf er nur einstellen, wenn er persönlich und fachlich geeignete Ausbilder oder Ausbilderinnen bestellt (vgl. § 28 Abs. 2 BBiG). Die tatsächliche Ausbildung soll also immer gewährleistet sein. Vertragspartner und rechtlich verantwortlich für die ordnungsgemäße Ausbildung ist aber stets der Ausbildende, auch wenn er mit der tatsächlichen Ausbildung einen Dritten beauftragt hat; dieser handelt für den Ausbildenden. Für die Qualität der Ausbildung bürgt der Ausbildende.

Die Ausbildungspflichten können auch ganz oder teilweise auf andere (natürliche oder juristische) Personen in einem **Ausbildungsverbund** übertragen werden. Das war bereits nach früherem Recht anerkannt[8] und wird durch § 10 Abs. 5 BBiG klargestellt. Zur Erfüllung der vertraglichen Verpflichtungen der Ausbildenden können danach mehrere natürliche oder juristische Personen in einem Ausbildungsverbund zusammenwirken, soweit die Verantwortlichkeit für die einzelnen Ausbildungsabschnitte sowie für die Ausbildungszeit insgesamt sichergestellt ist (**Verbundausbildung**).[9] Ausbildender im Rechtssinne kann sowohl das einzelne Mitglied des Ausbildungsverbundes sein oder der Ausbildungsverbund selbst, allerdings nur wenn dieser sich als selbständige juristische Person konstituiert hat (zum Beispiel als GmbH, Verein oder als rechtsfähige BGB-Gesellschaft). Aus dem **Ausbildungsvertrag** muss sich eindeutig ergeben, **wer der Vertragspartner des Auszubildenden ist**, denn nur diesen treffen, auch bei Zusammenarbeit mit anderen Partnern im Ausbildungsverbund, die Rechte und Pflichten aus dem Ausbildungsvertrag. Soweit ein Ausbildungsverbund über keinen gemeinsamen Betrieb verfügt, muss sichergestellt sein, dass er einen geordneten Ausbildungsgang in einer überbetrieblichen Ausbildungsstätte gewährleisten kann.[10] Eine dem Ausbilder eines ausbildenden Unternehmens teilweise fehlende fachliche Eignung kann durch eine Verbundausbildung nicht kompensiert werden, wenn nicht geregelt ist, für welchen Ausbildungsabschnitt das andere Verbundunternehmen statt des ausbildenden Unternehmens die Verantwortlichkeit trägt, und wenn nicht in dem anderen Verbundunternehmen ein fachlich geeigneter weiterer Ausbilder für das Ausbildungsverhältnis bestellt ist.[11]

Auch die **Eltern** oder ein Elternteil eines minderjährigen Kindes können Ausbildende sein. Schließen die Eltern mit ihrem minderjährigen Kind einen Ausbildungsvertrag, sind sie von dem Verbot des § 181 BGB befreit (§ 10 Abs. 3 BBiG). Dies gilt auch für alle anderen gesetzlichen Vertreter des Kindes. Wenn ein Vormund oder Pfleger mit dem minderjährigen Auszubilden-

---

8 Vgl. ausführlich *Eule/Klubertz*, Rechtsfragen der Verbundausbildung, 2001.
9 Zur Frage, wer bei der Verbundausbildung zur Zahlung der Ausbildungsvergütung verpflichtet ist: *LAG Köln* 3.4.2014 – 7 Sa 764/12, NZA-RR 2014, 598.
10 Vgl. *Benecke/Hergenröder* BBiG § 10 Rn. 36; *Leinemann/Taubert* BBiG § 10 Rn. 90.
11 *LAG Baden-Württemberg* 20.10.2017 – 15 TaBV 2/17.

den einen Ausbildungsvertrag abschließen will, bedürfen diese der Genehmigung des Familiengerichts (§§ 1822 Nr. 6, 1915 Abs. 1 BGB). Wollen die Eltern mit ihrem volljährigen Kind einen Berufsausbildungsvertrag schließen, ist der Volljährige ohnedies selbst Vertragspartner, ohne dass er durch die Eltern vertreten werden müsste.

8 Vertragspartner des Ausbildenden ist der oder die Auszubildende, und zwar auch dann, wenn dieser minderjährig ist (vgl. Rn. 10). Der oder die **Auszubildende** (zur Abgrenzung zu Praktikanten usw. vgl. § 26 Rn. 2ff.) ist diejenige Person, die nach der konkreten Ausgestaltung des zugrunde liegenden privat-rechtlichen Vertragsverhältnisses in einer Berufsausbildungseinrichtung eingestellt wird, um ihr im Rahmen einer geregelten Berufsausbildung die Fertigkeiten und Kenntnisse zu vermitteln, die zur Erreichung des Ausbildungsziels erforderlich sind.[12]

Auszubildender kann unabhängig von der Staatsangehörigkeit jede natürliche Person sein, also auch ein **Ausländer**.[13] Für Ausbildungsverträge mit Angehörigen aus Staaten der **Europäischen Union** gelten im Grundsatz keine Besonderheiten. Aus dem Gebot der Freizügigkeit innerhalb der EU folgt, dass Ausländer aus EU-Staaten, wie auch deutsche Staatsangehörige, keiner Erlaubnis zur Ausübung einer Beschäftigung oder Ausbildung in Deutschland bedürfen. Sie sind wie Deutsche zu behandeln (Verbot der Ausländerdiskriminierung innerhalb der EU).

**Ausländer aus Staaten, die nicht zur EU** gehören, brauchen keine gesonderte Arbeitserlaubnis, jedoch eine Aufenthaltserlaubnis oder einen anderen Aufenthaltstitel. Die **Aufenthaltserlaubnis** ist im Unterschied zur Niederlassungserlaubnis und zur Erlaubnis zum Daueraufenthalt-EU **befristet**. Die Aufenthaltserlaubnis umfasst das Recht, eine Beschäftigung aufzunehmen. Liegt die Aufenthaltserlaubnis (oder ein anderer Aufenthaltstitel) nicht vor, ist die Beschäftigung verboten. Ausländer dürfen eine Erwerbstätigkeit nur ausüben, wenn der Aufenthaltstitel sie dazu berechtigt (§ 4 Abs. 3 Satz 1 AufenthG). Ausländer dürfen nur beschäftigt werden, wenn sie einen solchen Aufenthaltstitel besitzen (§ 4 Abs. 3 Satz 2 AufenthG). Der Ausbildungsvertrag ist wegen Verstoßes gegen ein gesetzliches Verbot nichtig (§ 134 BGB). Geht man davon aus, dass »nur« die tatsächliche Beschäftigung verboten ist, der Vertrag selbst aber durchaus wirksam ist, kann der Ausbildende diesen gemäß § 22 Abs. 2 Nr. 1 BBiG aus einem wichtigen Grund (Nichtvorliegen der ausländerrechtlich erforderlichen Erlaubnis) kündigen.[14] Das gilt entsprechend, wenn zwar bei Aufnahme der Ausbildung die Aufenthaltserlaubnis vorliegt, diese aber später endet und nicht verlängert wird. Allerdings ist der Arbeitgeber (hier der Ausbildende) verpflichtet, dem

---

12 Vgl. *Benecke/Hergenröder* BBiG § 10 Rn. 6.
13 Vgl. ausführlich *Lakies/Malottke* BBiG § 10 Rn. 14ff.
14 Vgl. *Lakies/Malottke* BBiG § 10 Rn. 15 m.w.N.

Ausländer, den er gleichwohl tatsächlich beschäftigt hat, die vereinbarte Vergütung zu zahlen (§ 98a Abs. 1 Satz 1 AufenthG).
Bei Ausländern, die keinen Aufenthaltstitel haben und an sich zur Ausreise verpflichtet sind, kann von der Ausländerbehörde zwangsweise die Abschiebung angeordnet werden. Für bestimmte Personen kann vor allem aus humanitären Gründen die Aussetzung der Abschiebung angeordnet werden, diese nennt sich **Duldung**. Für Asylbewerber gibt es seit 1.1.2020 eine besondere Form der Duldung, um eine Berufsausbildung zu beenden, die sog. Ausbildungsduldung (§ 60c AufenthG).

### b. Zustandekommen des Ausbildungsvertrags

Der Berufsausbildungsvertrag kommt, wie jeder andere Vertrag, durch Angebot und Annahme zustande (§§ 145 ff. BGB). Ein **Mangel in der Berechtigung, Auszubildende einzustellen oder auszubilden**, berührt die Wirksamkeit des Berufsausbildungsvertrags nicht (§ 10 Abs. 4 BBiG). Selbst wenn der Ausbildende öffentlich-rechtlich nicht geeignet ist, Auszubildende einzustellen, bleibt der gleichwohl abgeschlossene privat-rechtliche Ausbildungsvertrag wirksam. Wer jedoch entgegen § 28 Abs. 1 oder § 28 Abs. 2 BBiG Auszubildende einstellt oder ausbildet, begeht eine Ordnungswidrigkeit, die mit einer **Geldbuße** bis zu 5000 Euro geahndet werden kann (§ 101 Abs. 1 Nr. 5, Abs. 2 BBiG). Der wirksam zustande gekommene Vertrag bedarf zur Beendigung eines Aufhebungsvertrags oder einer Kündigung. Verliert der Ausbildende nach Abschluss des Berufsausbildungsvertrags die Ausbildungsbefugnis, so kann dies für beide Seiten eine Kündigung gemäß § 22 BBiG rechtfertigen. Im Regelfall macht sich der Ausbildende in einer solchen Fallkonstellation gemäß § 23 BBiG schadensersatzpflichtig.
Die **Löschung eines Ausbildungsvertrags aus dem Verzeichnis der Berufsausbildungsverhältnisse** (§ 35 Abs. 2 BBiG) führt ebenfalls nicht automatisch zur Beendigung eines Ausbildungsverhältnisses oder kann als solche eine Kündigung rechtfertigen. Die Löschung wirkt sich auf die Wirksamkeit des Ausbildungsvertrags nicht aus.[15] Vielmehr ist gesondert zu prüfen, ob ein hinreichender Kündigungsgrund vorliegt.

### c. Ausbildungsvertrag mit Minderjährigen

Vertragspartner des Ausbildenden ist der Auszubildende. Ist der Auszubildende **minderjährig** (noch nicht 18 Jahre alt), so ist er zwar auch dann selbst der Vertragspartner, kann aber, da nur beschränkt geschäftsfähig (§ 106 BGB), den Vertrag nicht allein schließen. Vielmehr muss er sich beim Ver-

---

15 *BAG* 22.2.2018 – 6 AZR 50/17, Rn. 28, NZA 2018, 575.

tragsabschluss durch den oder die gesetzlichen Vertreter vertreten lassen. Es bedarf der vorherigen Einwilligung des gesetzlichen Vertreters in den Vertragsabschluss (§ 107 BGB). Fehlt die erforderliche Einwilligung, ist der Vertrag schwebend unwirksam. Der gesetzliche Vertreter kann ihn nachträglich genehmigen (§ 108 BGB). Wird er nicht genehmigt, bleibt der Vertrag unwirksam.

11 Gesetzliche Vertreter sind im Regelfall die **Eltern** (§§ 1626, 1629 BGB), und zwar bei gemeinsamer Sorge Vater und Mutter gemeinschaftlich, bei Alleinsorge der allein sorgeberechtigte Elternteil. Sind die Eltern miteinander verheiratet, besteht ein gemeinsames Sorgerecht. Sind sie nicht miteinander verheiratet, steht ihnen die elterliche Sorge gemeinsam zu, wenn sie eine gemeinsame Sorgeerklärung abgegeben haben oder (später) einander heiraten, sonst allein der Mutter (§ 1626a BGB). Im Falle der Scheidung besteht die gemeinsame Sorge fort, es sei denn, das Familiengericht entscheidet etwas anderes (§ 1671 BGB). Besteht keine elterliche Sorge, wird der Minderjährige durch einen **Pfleger** oder **Vormund** vertreten (§§ 1773 Abs. 1, 1915 Abs. 1 BGB). Der Abschluss eines Ausbildungsvertrags unterliegt dann der Genehmigungspflicht durch das Familiengericht (§ 1822 Nr. 6 BGB).

12 Gemäß § 113 BGB kann der gesetzliche Vertreter den Minderjährigen auch ermächtigen, ein Dienst- oder Arbeitsverhältnis einzugehen, ohne dass der konkrete Vertragsabschluss der Zustimmung bedarf. Diese Norm findet aber auf den Abschluss von Ausbildungsverträgen keine Anwendung, da beim Berufsausbildungsverhältnis der Ausbildungszweck und nicht die Leistung von Arbeit im Vordergrund steht und dieses deshalb kein Dienst- oder Arbeitsverhältnis im Sinne des § 113 BGB ist.[16] Es bedarf also immer einer Einzelzustimmung des gesetzlichen Vertreters, also zumeist der Eltern, zu dem Abschluss eines Berufsausbildungsvertrags, solange der Betroffene minderjährig ist.

13 Daraus folgt aber nicht, dass Minderjährige der Zustimmung der Eltern bedürfen, wenn sie einer **Gewerkschaft** beitreten wollen. Das Grundrecht der Koalitionsfreiheit gemäß Art. 9 Abs. 3 ist höchstpersönlich und steht auch Minderjährigen zu.[17]

14 Minderjährige dürfen die Ausbildung tatsächlich nur aufnehmen, das heißt beschäftigt werden, wenn die Bescheinigung über die so genannte **Erstuntersuchung** gemäß § 32 Abs. 1 JArbSchG vorliegt. Ein Jugendlicher darf nur beschäftigt werden, wenn er innerhalb der letzten vierzehn Monate vor Aufnahme der Beschäftigung von einem Arzt untersucht worden ist und dem Arbeitgeber/Ausbildenden eine von diesem Arzt ausgestellte Bescheinigung vorliegt. Das Fehlen der Bescheinigung ändert indes nichts an der Wirksamkeit des Berufsausbildungsverhältnisses.

---

16 Vgl. *Lakies/Malottke* BBiG § 10 Rn. 21 m.w.N.
17 Vgl. *Jarass/Pieroth* GG, Art. 9 Rn. 30.

# Vertrag § 10

## d. Form des Ausbildungsvertrags

Für den Abschluss des Ausbildungsvertrags besteht **keine Formvorschrift**. 15
Er kann deshalb auch mündlich oder durch schlüssiges Handeln (konkludent) geschlossen werden.[18] Davon zu unterscheiden ist die in § 11 Abs. 1 Satz 1 BBiG geregelte Pflicht des Ausbildenden, den wesentlichen Inhalt des Vertrags schriftlich niederzulegen (vgl. § 11 Rn. 2 ff.) – gegebenenfalls nach Vertragsabschluss – und dem Auszubildenden oder dessen gesetzlichem Vertreter die unterzeichnete Niederschrift auszuhändigen (§ 11 Abs. 3 BBiG).

## e. Bewerberauswahl (Fragerecht der Ausbildenden, Datenerhebung im Internet)

Der Ausbildende ist bei der Entscheidung, wen er einstellt, grundsätzlich 16
frei. Verboten ist es allerdings, einen Bewerber wegen eines der in § 1 AGG genannten Diskriminierungsmerkmale nicht einzustellen. Das AGG verbietet eine **Benachteiligung aus Gründen der Rasse oder wegen der ethnischen Herkunft, des Geschlechts, der Religion oder Weltanschauung, einer Behinderung, des Alters oder der sexuellen Identität**. Auch die Nichteinstellung ist eine Benachteiligung im Sinne des AGG, deswegen fallen auch Bewerberinnen und Bewerber für eine Ausbildungsstelle in den Anwendungsbereich des Gesetzes (§ 6 Abs. 1 AGG). Auch eine **Ausschreibung** von Ausbildungsstellen darf nicht gegen das Verbot der Benachteiligung wegen eines der genannten Merkmale verstoßen (§ 11 AGG). Dementsprechend sind dem Ausbildenden alle Fragen verboten, die wegen eines der im AGG genannten Merkmale zu einer Benachteiligung von Bewerbern bei der Entscheidung über die Einstellung führen könnten. Deswegen wird mittlerweile sogar die Frage nach dem **Lebensalter** als unzulässig angesehen. Die Frage sei nicht zur Beurteilung von Persönlichkeit und beruflicher Entwicklung eines Stellenbewerbers erforderlich – beides sei vom Alter unabhängig.[19] Allerdings ergibt sich das Alter in der Regel aus den vorgelegten Unterlagen, z. B. aus Zeugnissen.

Ein Verstoß gegen das Benachteiligungsverbot begründet allerdings **keinen Anspruch auf Begründung eines Berufsausbildungsverhältnisses** (§ 15 Abs. 6 AGG). Rechtsfolge einer Verletzung des Benachteiligungsverbotes ist vielmehr die Verpflichtung des Ausbildenden, den durch die Benachteiligung entstandenen Schaden zu ersetzen (§ 15 Abs. 1 AGG). Zudem kann der Bewerber wegen eines Schadens, der nicht Vermögensschaden ist, also wegen der Verletzung des Persönlichkeitsrechts, eine angemessene **Entschädigung in Geld** verlangen (§ 15 Abs. 2 Satz 1 AGG). Die Entschädigung darf

---

18 Vgl. *BAG* 21.8.1997 – 5 AZR 713/96, NZA 1998, 37.
19 Vgl. ErfK-*Preis* § 611a BGB Rn. 274.

drei Monatsgehälter nicht übersteigen, wenn der Bewerber auch bei benachteiligungsfreier Auswahl nicht eingestellt worden wäre (§ 15 Abs. 2 Satz 2 AGG).

17 Bei der Auswahl, wer eine Ausbildungsstelle erhalten soll, entscheidet sich der Ausbildende in der Regel nach den Zeugnissen und sonstigen Qualifikationen der Bewerber. In der Regel finden persönliche Vorstellungsgespräche statt, bisweilen gibt es auch Eignungstests. Hier sind die **Vorgaben des Datenschutzrechts** zu beachten. Bei jedem Bewerbungsvorgang werden nämlich persönliche Daten erhoben. Das klassische Instrument der Bewerberauswahl ist die Datenerhebung beim Bewerber selbst, durch Eignungstests, Fragebogen und Fragen im Vorstellungsgespräch. Schriftlich ausgearbeitete **Personalfragebögen** bedürfen der Zustimmung des Betriebsrats (§ 94 BetrVG).

Ein eigenständiges Arbeitnehmer-Datenschutzgesetz existiert bislang nicht und wurde auch durch die umfassende Reform durch das »Gesetz zur Anpassung des Datenschutzrechts an die Verordnung (EU) 2016/679 und zur Umsetzung der Richtlinie (EU) 2016/680« vom 30.6.2017 (BGBl. I S. 2097), das mit dem 25.5.2018 in Kraft trat, nicht eingeführt. Allerdings gilt das allgemeine **Bundesdatenschutzgesetz** (BDSG), das für Beschäftigungsverhältnisse neben den allgemeinen Regeln eine Spezialvorschrift in § 26 BDSG enthält.

Zweck des Datenschutzrechts ist es, den Einzelnen davor zu schützen, dass er durch den Umgang mit seinen personenbezogenen Daten in seinem **Persönlichkeitsrecht** beeinträchtigt wird. Das BDSG gilt für die Erhebung, Verarbeitung und Nutzung personenbezogener Daten auch durch nicht öffentliche Stellen (zum Beispiel Arbeitgeber oder Ausbildende). Gleichgültig ist, ob die Daten automatisiert unter Einsatz von Datenverarbeitungsanlagen oder nicht automatisiert verarbeitet, genutzt oder erhoben werden. Beschäftigte im Sinne des BDSG sind neben den Arbeitnehmern auch die zu ihrer Berufsbildung Beschäftigten (§ 26 Abs. 8 Nr. 2 BDSG), also vor allem Auszubildende.

**Personenbezogene Daten** sind Einzelangaben über persönliche oder sachliche Verhältnisse einer bestimmten oder bestimmbaren natürlichen Person (Betroffener). Übersendet zum Beispiel ein Bewerber Unterlagen (Lebenslauf, Zeugnisse usw.) für eine Bewerbung für eine Ausbildungsstelle und liest der potentielle Ausbildende diese oder macht sich Notizen bei einem Vorstellungsgespräch, geht es um die Erhebung und Verarbeitung personenbezogener Daten, die nur in den Grenzen des BDSG zulässig ist.

Wichtig ist der **Grundsatz der Datenvermeidung und Datensparsamkeit**: Die Erhebung, Verarbeitung und Nutzung personenbezogener Daten und die Auswahl und Gestaltung von Datenverarbeitungssystemen sind an dem Ziel auszurichten, so wenig personenbezogene Daten wie möglich zu erheben, zu verarbeiten oder zu nutzen. Weitgehend verboten ist die Erhebung,

**Vertrag** § 10

Verarbeitung und Nutzung **besonders sensibler Daten** (§ 22 BDSG). Das Gesetz bezeichnet sie als »besondere Kategorien personenbezogener« Daten, das sind Angaben über die »rassische« und ethnische Herkunft, politische Meinungen, religiöse oder philosophische Überzeugungen, Gewerkschaftszugehörigkeit, Gesundheit oder Sexualleben.

Die Erhebung, Verarbeitung und Nutzung personenbezogener Daten ist **nur zulässig**, soweit das BDSG oder eine andere Rechtsvorschrift dies erlaubt oder anordnet oder wenn eine ausdrückliche Einwilligung des Betroffenen vorliegt. Es wird zwar immer noch vom »**Fragerecht**« der Arbeitgeber oder Ausbildenden gesprochen. Streng genommen ist rechtlich allerdings der Zusammenhang ein anderer. Grundsätzlich ergibt sich nämlich aus dem Datenschutzrecht ein **Informationserhebungsverbot**. Erforderlich ist eine ausdrückliche Rechtsvorschrift, die die Datenerhebung erlaubt (Verbot mit Erlaubnisvorbehalt).[20]

Diese Erlaubnisnorm ergibt sich aus § 26 BDSG, einer **Spezialvorschrift** für die Datenerhebung, Datenverarbeitung und Datennutzung für Zwecke des Beschäftigungsverhältnisses. Die Vorschrift ist auch auf **Bewerber** anzuwenden (§ 26 Abs. 8 Satz 2 BDSG). Personenbezogene Daten eines Beschäftigten dürfen danach für Zwecke des Beschäftigungsverhältnisses nur erhoben, verarbeitet oder genutzt werden, wenn dies

- für die **Entscheidung über die Begründung eines Beschäftigungsverhältnisses** oder
- nach Begründung des Beschäftigungsverhältnisses für dessen Durchführung oder Beendigung oder
- zur Ausübung oder Erfüllung der sich aus einem Gesetz oder einem Tarifvertrag, einer Betriebs- oder Dienstvereinbarung (Kollektivvereinbarung) ergebenden Rechte und Pflichten der Interessenvertretung der Beschäftigten

**erforderlich ist** (§ 26 Abs. 1 Satz 1 BDSG).

Das Datenschutzrecht ist auch anzuwenden, wenn personenbezogene Daten erhoben, verarbeitet oder genutzt werden, ohne dass sie in einem Datensystem gespeichert sind oder gespeichert werden sollen (vgl. § 26 Abs. 7 BDSG).

Es gilt der **Grundsatz der Direkterhebung der Daten beim Bewerber.** Personenbezogene Daten sind beim Betroffenen zu erheben. Ohne seine Mitwirkung dürfen sie nur erhoben werden, wenn eine Rechtsvorschrift dies vorsieht oder zwingend voraussetzt oder die Erhebung beim Betroffenen einen unverhältnismäßigen Aufwand erfordern würde und keine Anhaltspunkte dafür bestehen, dass überwiegende schutzwürdige Interessen des Betroffenen beeinträchtigt werden.

---

20 Vgl. *Riesenhuber*, NZA 2012, 771 ff.

Die Verarbeitung personenbezogener Daten von Beschäftigten ist zulässig, wenn der Betroffene eingewilligt hat. Die **Einwilligung** ist allerdings nur wirksam, wenn sie **auf der freien Entscheidung des Betroffenen beruht.** Für die Beurteilung der Freiwilligkeit der Einwilligung sind vor allem die im Beschäftigungsverhältnis bestehende Abhängigkeit der beschäftigten Person sowie die Umstände, unter denen die Einwilligung erteilt worden ist, zu berücksichtigen (§ 26 Abs. 2 Satz 1 BDSG). Freiwilligkeit kann vorliegen, wenn für die beschäftigte Person ein rechtlicher oder wirtschaftlicher Vorteil erreicht wird oder Arbeitgeber und beschäftigte Person gleichgelagerte Interessen verfolgen (§ 26 Abs. 2 Satz 2 BDSG). Die Einwilligung hat **schriftlich oder elektronisch** zu erfolgen, soweit nicht wegen besonderer Umstände eine andere Form angemessen ist (§ 26 Abs. 2 Satz 3 BDSG). Der Arbeitgeber hat die beschäftigte Person über den Zweck der Datenverarbeitung und über ihr Widerrufsrecht in Textform aufzuklären (§ 26 Abs. 2 Satz 4 BDSG). Die Einwilligung muss als **vorherige Zustimmung** (vgl. § 183 BGB) *vor* der Datenerhebung ausdrücklich erklärt worden sein.

Zum Schutz des Persönlichkeitsrechts der Bewerber gilt der Grundsatz, dass personenbezogene Daten beim Betroffenen zu erheben sind. Da personenbezogene Daten von Bewerbern nur erhoben werden dürfen, wenn dies für die Entscheidung über die Begründung eines Beschäftigungsverhältnisses »erforderlich ist« (§ 26 Abs. 1 Satz 1 BDSG), wird durch diesen **Grundsatz der Erforderlichkeit das Fragerecht des Ausbildenden** eingeschränkt. Danach sind nur solche Fragen zulässig, an deren wahrheitsgemäßer Beantwortung der Ausbildende ein »**berechtigtes, billigenswertes und schutzwürdiges Interesse**« hat, auf Grund dessen die Belange der Bewerber zurücktreten müssen. Ein solches schutzwürdiges Interesse des Ausbildenden setzt voraus, dass die Beantwortung der Frage für den angestrebten Ausbildungsplatz von Bedeutung ist. Unzulässig sind Fragen, die mit der zu besetzenden Ausbildungsstelle nicht in sachlichem Zusammenhang stehen, vor allem Fragen, die in das **Persönlichkeitsrecht** eines Bewerbers eingreifen.

**18** Auf unzulässige Fragen brauchen die Bewerber nicht – wahrheitsgemäß – zu antworten. Es besteht, wenn man so will, ein »**Recht zur Lüge**«. Fehlt es an einem berechtigten, billigenswerten und schutzwürdigen Interesse an der (wahrheitsgemäßen) Beantwortung der Frage, ist die wahrheitswidrige Beantwortung nicht rechtswidrig.[21] Die wahrheitswidrige Beantwortung von zulässigen Fragen kann die Anfechtung des Ausbildungsvertrags wegen arglistiger Täuschung rechtfertigen (§ 123 BGB). Das ist nur ausnahmsweise der Fall.

**19** **Zulässig** sind allgemeine Fragen nach dem beruflichen Werdegang, dem **Bildungs- und Ausbildungsweg** sowie den sonstigen Qualifikationen des Be-

---

21 Vgl. *BAG* 6.2.2003 – 2 AZR 621/01, NZA 2003, 848; *BAG* 28.5.1998 – 2 AZR 549/97, NZA 1998, 1052.

werbers und der Art und Dauer etwaiger vorheriger Beschäftigungsverhältnisse. Die Frage nach **Sprachkenntnissen** der Bewerber ist zulässig, wenn diese für die angestrebte Tätigkeit von Bedeutung sind. Zulässig sind auch Fragen nach dem **Aufenthaltsstatus** bei Nicht-EU-Ausländern, weil diese ohne Aufenthaltstitel nicht beschäftigt werden dürfen (vgl. Rn. 8).

**Unzulässig** sind Fragen, die direkt oder indirekt eine Benachteiligung von 20 Frauen oder Männern zum Ziel haben können oder in die **Privatsphäre** der Bewerber eingreifen, wie die Frage nach dem Bestehen einer **Schwangerschaft**[22], nach Heiratsabsichten oder der Familienplanung, nach dem Familienstand, der sexuellen Orientierung oder dem Sexualleben. Unzulässig sind auch Fragen nach **Freizeitbeschäftigungen** (einschließlich danach, ob gefährliche Sportarten ausgeübt werden) und ehrenamtlichen Tätigkeiten, wie politischen oder gesellschaftlichen Aktivitäten. Nicht erlaubt ist auch die Aufforderung, dem Ausbildenden die Zugangsdaten zu sozialen Netzwerken mitzuteilen; das liefe auf die Zulassung einer unzulässigen »Durchleuchtung« des **Privatlebens** hinaus. Auch die Frage, ob Bewerber Raucher oder Nichtraucher sind, ist unzulässig.

Unzulässig sind grundsätzlich auch Fragen zur **Religionszugehörigkeit** 21 oder zur Mitgliedschaft in einer **Partei** oder **Gewerkschaft**. Ausnahmen können bei so genannten Tendenzträgern gelten, also bei solchen Arbeitgebern/Ausbildenden, die eine bestimmte Tendenz oder weltanschauliche Ausrichtung vertreten und deshalb nur Arbeitnehmer/Auszubildende beschäftigen möchten, die dieser Tendenz nicht entgegen stehen. Wer sich zum Beispiel bei einem kirchlichen Arbeitgeber bewirbt, muss sich die Frage nach der Religionszugehörigkeit gefallen lassen.

Fragen, die dazu dienen, die **Verfassungstreue** von Bewerbern zu klären, können allenfalls im öffentlichen Dienst zulässig sein. Jedenfalls für Arbeitnehmer ist entschieden, dass zur Eignung eines Bewerbers für eine Stelle im öffentlichen Dienst die Fähigkeit und innere Bereitschaft gehört, die dienstlichen Aufgaben nach den Grundsätzen der Verfassung wahrzunehmen, die Freiheitsrechte der Bürger zu wahren und rechtsstaatliche Regeln einzuhalten.[23] Eine ordnungsgemäße Befragung zwecks Feststellung der Verfassungstreue setzt allerdings voraus, dass ein Bewerber nach konkreten Umständen befragt wird, die gemäß den Anforderungen der ins Auge gefassten Tätigkeit einstellungsrelevant sind. Die allgemeine Frage, ob der Bewerber einer »verfassungsfeindlichen Organisation« angehört (ohne diese zu benennen), ist unzulässig. Mit ihr würde vom Bewerber eine Wertung verlangt, die die ein-

---

22 *EuGH* 3.2.2000 – C-207/98, NZA 2000, 255; *EuGH* 4.10.2001 – C-109/00, NZA 2001, 1241; *BAG* 6.2.2003 – 2 AZR 621/01, NZA 2003, 848.
23 *BAG* 20.3.2014 – 2 AZR 1071/12, Rn. 40, NZA 2014, 1131; *BAG* 15.11.2012 – 6 AZR 339/11, Rn. 22, NZA 2013, 429.

stellende Behörde vorzunehmen hat.[24] Bei Bewerbungen für ein Arbeitsverhältnis dürfte unter bestimmten Umständen die Frage nach der Mitgliedschaft in bestimmten Organisationen zulässig sein, die vom öffentlichen Arbeitgeber als verfassungsfeindlich eingestuft werden dürfen (z. B. NPD). Allerdings ist auch bei Arbeitsverhältnissen nach der vertraglich geschuldeten Tätigkeit und der Aufgabenstellung des öffentlichen Arbeitgebers zu differenzieren.[25] Wird bei der Frage nach der Mitgliedschaft in bestimmten Organisationen nicht nach der Art der Tätigkeit differenziert, dürfte die allgemein und undifferenziert gestellte Frage unzulässig sein. Ob man bei **Bewerbern für eine Ausbildungsstelle** im öffentlichen Dienst überhaupt ein aktives Bekenntnis zur Verfassung verlangen darf, ist höchst zweifelhaft. Jedenfalls nimmt die Rechtsprechung selbst für Arbeitnehmer im öffentlichen Dienst an, dass nicht jeder dazu verpflichtet ist, jederzeit und auch außerdienstlich aktiv für den Bestand der politischen Ordnung des Grundgesetzes einzutreten. »Je nach Stellung und Aufgabenkreis kann er die Verfassung schon dadurch »wahren«, dass er die freiheitliche demokratische Grundordnung jedenfalls nicht aktiv bekämpft.«[26] Fragen, die die »Verfassungstreue« eines Bewerbers klären sollen, sind nur zulässig, soweit die vorgesehene Funktion dies erfordert und rechtfertigt.[27]

22 Die Vorlage eines **polizeilichen Führungszeugnisses** darf der Arbeitgeber/Ausbildende im Allgemeinen nicht verlangen. Besonderheiten gelten bei Tätigkeiten im Bereich der Kinder- und Jugendhilfe; hier ist in der Regel von den Bewerbern ein erweitertes Führungszeugnis zur Prüfung der persönlichen Eignung nach § 72a SGB VIII vorzulegen, das von den Bewerbern nach § 30a BZRG beantragt werden kann.[28] Von dieser Sonderkonstellation abgesehen darf der Ausbildende nach Vorstrafen des Auszubildenden (nur) fragen, wenn und soweit die Art des zu besetzenden Ausbildungsplatzes dies »erfordert«, das heißt bei objektiver Betrachtung berechtigt erscheinen lässt.[29] Zulässig ist es, nach **einschlägigen**, das heißt nach solchen **Vorstrafen** zu fragen, die für die Ausübung der angestrebten Tätigkeit von Bedeutung sind. So kann zum Beispiel ein Bewerber um einen Ausbildungsplatz als Bankkaufmann nach Vorstrafen gefragt werden, die die Zuverlässigkeit des Bewerbers in finanziellen Dingen betreffen (Vorstrafen wegen Betrugs, Unterschlagung usw.). Fragen nach Vorstrafen jeder Art ohne Beschränkung sind bei Bewerbern, die nicht in besonders »sensiblen« Bereichen tätig wer-

---

24 *BAG* 12.5.2011 – 2 AZR 479/09, Rn. 46, NZA-RR 2012, 43.
25 Vgl. zu Tätigkeiten für die NPD als Grund für die Kündigung eines Arbeitsverhältnisses *BAG* 6.9.2012 – 2 AZR 372/11, NZA-RR 2013, 441.
26 *BAG* 12.5.2011 – 2 AZR 479/09, Rn. 30, NZA-RR 2012, 43.
27 *BAG* 12.5.2011 – 2 AZR 479/09, Rn. 34, NZA-RR 2012, 43.
28 Vgl. *Joussen*, NZA 2012, 776 ff.
29 Vgl. *BAG* 20.3.2014 – 2 AZR 1071/12, Rn. 29, NZA 2014, 1131.

**Vertrag** § 10

den sollen, unzulässig, weil sie über das schutzwürdige Informationsinteresse der Ausbildenden hinausgehen. Solche allgemeinen Fragen nach Vorstrafen müssen nicht wahrheitsgemäß beantwortet werden.[30] Zulässig ist die Frage, ob ein Bewerber demnächst eine Haftstrafe antreten muss, weil der Bewerber durch den Haftantritt gehindert ist, die angestrebte Tätigkeit tatsächlich auszuüben.

Soweit sich Bewerber zu Recht als nicht vorbestraft bezeichnen dürfen, weil die **Strafe** nur **geringfügig** war oder **aus dem Bundeszentralregister gelöscht** ist, müssen sie solche Strafen auch nicht mitteilen, selbst wenn sie als einschlägige Vorstrafen angesehen werden könnten.[31]

Fragen nach **anhängigen Ermittlungs- oder Strafverfahren** sind unzulässig, weil bis zu einer rechtskräftigen Verurteilung die Unschuldsvermutung gilt. Das BAG meint, solche Fragen könnten zulässig sein, wenn die Verfahren Zweifel an der persönlichen Eignung von Arbeitnehmern begründen könnten.[32] Für Auszubildende gibt es keine Rechtsprechung hierzu. Fragen nach **eingestellten Ermittlungsverfahren** sind in jedem Fall unzulässig.[33]

Strenge Maßstäbe sind bei **Fragen nach Krankheiten** anzulegen, da diese zu einem erheblichen Eingriff in die Intimsphäre der Bewerber führen. Die Frage ist zulässig, wenn die Krankheit die Eignung der Bewerber für die angestrebte Tätigkeit auf Dauer oder in periodisch wiederkehrenden Abständen erheblich beeinträchtigt oder aufhebt. Allgemeine tätigkeitsneutrale Fragen nach dem Gesundheitszustand oder nach früheren (ausgeheilten) Erkrankungen sind unzulässig.[34] Nach dem Bestehen einer Suchterkrankung (Alkoholkrankheit oder Drogenabhängigkeit) darf gefragt werden, nicht dagegen allgemein danach, ob Alkohol oder sonstige Suchtmittel konsumiert werden. Zulässig ist es, nach ansteckenden Krankheiten zu fragen, die andere Mitarbeiter oder Kunden gefährden könnten. Fragen dürfen die Ausbildenden auch nach Erkrankungen, die einer tatsächlichen Beschäftigungsaufnahme zum vorgesehenen Zeitpunkt entgegenstehen, auch nach einer geplanten Operation, einem Krankenhausaufenthalt oder einer Kur. Die Bewerber müssen hier nur den Grund der Verhinderung (z. B. Kur) und dessen Dauer, nicht aber die Krankheitsursache angeben.

Die Frage danach, ob ein Bewerber als **schwerbehinderter Mensch** anerkannt ist, war vom BAG in der Vergangenheit als zulässig erachtet worden.[35] Das ist im Hinblick auf das nunmehr positiv-rechtlich verankerte Diskriminierungsverbot zugunsten schwer behinderter Menschen in § 164 Abs. 2

---

30 Vgl. BAG 6.9.2012 – 2 AZR 270/11, NZA 2013, 1087.
31 Vgl. BAG 20.3.2014 – 2 AZR 1071/12, NZA 2014, 1131.
32 Vgl. BAG 6.9.2012 – 2 AZR 270/11, NZA 2013, 1087.
33 Vgl. BAG 15.11.2012 – 6 AZR 339/11, NZA 2013, 429.
34 Vgl. ErfK-*Preis* § 611a BGB Rn. 282.
35 Vgl. BAG 3.12.1998 – 2 AZR 754/97, NZA 1999, 584.

SGB IX und § 7 AGG zweifelhaft.[36] Das gilt für entsprechende Fragen *vor* der Einstellung. Im bestehenden Arbeitsverhältnis soll die Frage jedenfalls nach sechs Monaten zulässig sein.[37] Das dürfte auch für Auszubildende nach Ende der Probezeit gelten. Ein schwerbehinderter Mensch, der bei seiner Bewerbung um eine Stelle den besonderen Schutz und die Förderung nach dem SGB IX in Anspruch nehmen will, muss allerdings die Eigenschaft, schwerbehindert zu sein, grundsätzlich im Bewerbungsschreiben mitteilen.[38]

23 Auf Grund möglicher Unzulänglichkeiten der Datenerhebung bei den Bewerbern sind viele Arbeitgeber und Ausbildende daran interessiert, Informationen über die Bewerber nicht nur von diesen, sondern auch aus weiteren Quellen zu erlangen, etwa durch **Recherchen im Internet**. Das wird auch als »Pre-Employment-Screening« oder »Background Check« bezeichnet. Es geht um die Überprüfung des Hintergrunds potenzieller Mitarbeiter vor deren Einstellung.[39] Bei der Entscheidung über Bewerbungen für einen Ausbildungsplatz sind solche »Background Checks« eher selten, rechtlich überdies in der Regel **unzulässig**, weil diese in das Persönlichkeitsrecht der Bewerber eingreifen.

Ausgangspunkt für die rechtliche Bewertung von »Background Checks« ist der **Grundsatz der Direkterhebung der Daten beim Bewerber**. Dieser Grundsatz dient dem Schutz des Persönlichkeitsrechts der Bewerber. Nur ausnahmsweise dürfen personenbezogene Daten ohne Mitwirkung der Bewerber erhoben werden, wenn eine Rechtsvorschrift dies vorsieht oder zwingend voraussetzt oder die Erhebung beim Betroffenen einen unverhältnismäßigen Aufwand erfordern würde *und* keine Anhaltspunkte dafür bestehen, dass **überwiegende schutzwürdige Interessen der Betroffenen** beeinträchtigt werden. Da das Persönlichkeitsrecht der Bewerber nicht umgangen werden darf, sind auch bei der Datenerhebung im Internet die Grenzen des Fragerechts der Arbeitgeber zu beachten (vgl. Rn. 16f.). Darüber hinaus wären die Bewerber *vor* Durchführung einer Internet-Recherche, wäre diese überhaupt zulässig, zu informieren.[40]

Da eine Internetrecherche dem potenziellen Arbeitgeber oder Ausbildenden unter Umständen weitreichende Einblicke in eine Vielzahl von Daten gewährt, die für die Einstellungsentscheidung keine Rolle spielen, ist **eine solche Datenerhebung in der Regel nicht erforderlich** im Sinne des § 26 Abs. 1 BDSG und damit unzulässig.[41] Es wird allerdings auch die Auffassung vertreten, dass Daten, die allgemein zugänglich sind, erhoben werden dürften.

---

36 Vgl. *Benecke/Hergenröder* BBiG § 10 Rn. 10.
37 *BAG* 16.2.2012 – 6 AZR 553/10, NZA 2012, 555.
38 *BAG* 18.9.2014 – 8 AZR 759/13.
39 Vgl. *Kania/Sansone*, NZA 2012, 360ff.
40 Vgl. *Kania/Sansone*, NZA 2012, 360, 363.
41 Vgl. *Kania/Sansone*, NZA 2012, 360, 363f.

In diesem Sinne allgemein zugänglich sind solche Informationen, die mittels **Suchmaschinen** (Google, Yahoo usw.) erlangt werden können. Dies umfasst auch die in sozialen Netzwerken (Facebook) enthaltenen Daten, die ohne Anmeldung im Netzwerk über eine Suchmaschinenanfrage erhoben werden können. Daten, die der Bewerber selbst ins Internet eingestellt und damit für die Recherche in Suchmaschinen freigegeben hat, dürften vom Arbeitgeber oder Ausbildenden erhoben werden. Etwas anderes gilt aber, wenn für den Arbeitgeber oder Ausbildenden aus dem Suchergebnis heraus eine Verletzung des Persönlichkeitsrechts offensichtlich ist.[42]

Bei der **Recherche in sozialen Netzwerken** wird nach der der Art des Netzwerks differenziert. Bei freizeitorientierten Netzwerken wie **facebook** geht es für jeden erkennbar um die ausschließliche Nutzung für private Zwecke. Der Arbeitgeber oder Ausbildende müsste für die Datenerhebung ein eigenes User-Profil erstellen. Der Datenerhebung für Zwecke der Bewerberauswahl stehen deshalb überwiegende Interessen der Bewerber entgegen.[43] Eine andere Bewertung mag man bei berufsorientierten Netzwerken wie Xing oder LinkedIn vornehmen, weil deren Nutzung auch zu geschäftlichen Zwecken erfolgt, das dürfte jedoch in der Regel für Auszubildende nicht von Bedeutung sein. **Eine Recherche in freizeitorientierten sozialen Netzwerken wie »facebook« ist generell unzulässig.**

**Unzulässig** ist es, den Umfang der Überprüfung von Bewerbern dadurch zu erweitern, dass der Ausbildende vor der Internet-Recherche eine dahingehende **Einwilligung der Bewerber** einholt. Eine solche Einwilligung in die Datenerhebung ist nämlich nur wirksam, wenn sie auf der freien Entscheidung des Betroffenen beruht. Von einer Freiwilligkeit der Einwilligung kann in einem laufenden Bewerbungsverfahren keine Rede sein. Davon abgesehen könnte eine datenschutzrechtliche Einwilligung die durch die Grundsätze des Fragerechts begrenzten Befugnisse des Ausbildenden ohnehin nicht erweitern.[44]

Bewerber, die auf Grund einer unzulässigen Datenerhebung abgelehnt werden, haben keinen Anspruch auf Einstellung bzw. Begründung eines Ausbildungsverhältnisses. Verstöße können allerdings zu einer Schadensersatzpflicht des Ausbildenden führen (§ 280 Abs. 1, § 311 Abs. 2, § 823 BGB) und im Fall einer diskriminierenden Datenerhebung zu Ansprüchen nach § 15 AGG führen. Zudem kann die unbefugte Erhebung oder Verarbeitung personenbezogener Daten, die nicht allgemein zugänglich sind, zur Verhängung eines Bußgeldes führen oder gar strafbar sein (§ 42, § 43, BDSG).

---

42 Vgl. *Kania/Sansone*, NZA 2012, 360, 363.
43 Vgl. *Kania/Sansone*, NZA 2012, 360, 363.
44 Vgl. *Kania/Sansone*, NZA 2012, 360, 364.

## f. Aufklärungspflichten der Ausbildenden

**24** Die Ausbildenden sind weitergehend als im Arbeitsverhältnis in Hinblick auf den besonderen Stellenwert der Berufsausbildung für den Lebensweg der Auszubildenden verpflichtet, ihnen bekannte Umstände offen zu legen, die für die tatsächliche Durchführung der Ausbildung von Bedeutung sind. Verletzt der Ausbildende seine **Aufklärungspflicht** und erleidet der Auszubildende dadurch einen Schaden, weil er zum Beispiel die Berufsausbildung erst verspätet und/oder nur in einem anderen Betrieb zu Ende führen kann, kann er sich schadensersatzpflichtig machen.

Die Aufklärungspflicht bezieht sich auf Umstände, die einer erfolgreichen Durchführung der Ausbildung entgegenstehen können, wie etwa absehbare wirtschaftliche Schwierigkeiten[45] oder Probleme bei der Eignung der Ausbildungsstätte.[46] Stellt die zuständige Stelle Anforderungen für die künftige Eintragung von Berufsausbildungsverträgen nach den §§ 34 ff. auf, begründet das eine Aufklärungspflicht des Ausbildenden bei Vertragsschluss nur, wenn sich aus den Anforderungen ein Risiko für die Vertragsdurchführung ergibt.[47]

### 4. Anzuwendende arbeitsrechtliche Vorschriften

**25** Auf den Berufsausbildungsvertrag sind, soweit sich aus seinem Wesen und Zweck und aus dem BBiG nichts anderes ergibt, **die für den Arbeitsvertrag geltenden Rechtsvorschriften und Rechtsgrundsätze** gemäß § 10 Abs. 2 BBiG anzuwenden (zu betriebsverfassungsrechtlichen Fragen vgl. Rn. 34 ff.). Der allgemeine **gesetzliche Mindestlohn** gilt *nicht* für Auszubildende, weil Auszubildende keine Arbeitnehmer sind, wie § 22 Abs. 3 MiLoG ausdrücklich klarstellt. Auszubildende haben Anspruch auf eine angemessene Ausbildungsvergütung und eine Mindestvergütung nach Maßgabe des § 17 BBiG.

Bei **Insolvenz** des Ausbildenden sind die Besonderheiten des Insolvenzverfahrens zu beachten. Im Rahmen dessen kann unter bestimmten Umständen Ausbildungsvergütung, die im Wege der Zwangsvollstreckung durchgesetzt oder unter dem Druck drohender Zwangsvollstreckung gezahlt worden ist, vom Insolvenzverwalter zurückgefordert werden. Die entsprechende Regelung der Insolvenzordnung (§ 131 InsO) gilt auch dann, wenn es um die Rückforderung von Ausbildungsvergütung geht.[48] Die Auszubildenden ha-

---

45 Vgl. *BAG* 8.3.1977 – 4 AZR 700/75, EzB BBiG § 15 Abs. 1, Nr. 5.
46 Vgl. *LAG Berlin* 26.10.1978 – 7 Sa 33/78, EzB BBiG § 22 Nr. 4.
47 *BAG* 17.7.1997 – 8 AZR 257/96, NZA 1997, 1224.
48 *BAG* 26.10.2017 – 6 AZR 511/16.

**Vertrag** § 10

ben bei Insolvenz des Ausbildenden gegen die Bundesagentur für Arbeit einen Anspruch auf **Insolvenzgeld** (§ 165 SGB III).[49]

§ 10 Abs. 2 BBiG hat im Wesentlichen nur deklaratorischen Charakter, weil in den meisten arbeitsrechtlichen Gesetzen Berufsausbildungsverhältnisse ohnedies ausdrücklich mit in ihren Anwendungsbereich einbezogen werden, wie zum Beispiel im Entgeltfortzahlungsgesetz (EFZG), im Bundesurlaubsgesetz (BUrlG), im Arbeitsschutzgesetz (ArbSchG), im Arbeitszeitgesetz (ArbZG) und im Allgemeinen Gleichbehandlungsgesetz (AGG). Nach den Bildungsurlaubsgesetzen der Länder können Auszubildende einen Anspruch auf **Bildungsurlaub** haben.

### a. Arbeitsrechtliche Schutzvorschriften

Für Auszubildende gelten (wie für Arbeitnehmer) die besonderen arbeitsrechtlichen Schutzvorschriften, vor allem 26

- für **behinderte Menschen** nach dem SGB IX (vgl. zum Kündigungsschutz § 22 Rn. 20, 61),
- für werdende **Mütter** nach dem MuSchG (vgl. zum Kündigungsschutz § 22 Rn. 19, 60),
- für **Eltern** nach dem Bundeselterngeld- und Elternzeitgesetz (BEEG) mit den Regelungen zur Elternzeit (vgl. zum Kündigungsschutz § 22 Rn. 60),
- für **Minderjährige** die Normen des Jugendarbeitsschutzgesetzes (JArbSchG).

### b. AGB-Kontrolle

Es gelten auch die arbeitsrechtlichen und vertragsrechtlichen Normen des Bürgerlichen Gesetzbuches (BGB). Zu beachten ist, dass nunmehr auch im Arbeitsrecht – und damit auch für Auszubildende – die AGB-Kontrolle gilt. Das heißt, dass vom Arbeitgeber/Ausbildenden oder von Dritten **vorformulierte Arbeits-/Ausbildungsverträge** als Allgemeine Geschäftsbedingungen (AGB) der besonderen Kontrolle gemäß den §§ 305–310 BGB unterliegen.[50] 27

### c. Betriebsübergang

Wechselt der Inhaber eines Ausbildungsbetriebes, kommt es zu einem Vertragspartnerwechsel kraft Gesetzes gemäß § 613a BGB (**Betriebsübergang**). Geht nämlich ein Betrieb oder Betriebsteil durch Rechtsgeschäft auf einen anderen Inhaber über, so tritt dieser gemäß § 613a Abs. 1 Satz 1 BGB in die 28

---

[49] *BAG* 26.10.2017 – 6 AZR 511/16, Rn. 34.
[50] Vgl. *BAG* 12.2.2015 – 6 AZR 831/13, NZA 2015, 737; *Lakies/Malottke* BBiG § 10 Rn. 40.

Rechte und Pflichten aus den im Zeitpunkt des Übergangs bestehenden Arbeitsverhältnissen ein. Wegen der Regelung in § 10 Abs. 2 BBiG gilt diese Rechtsfolge auch für Berufsausbildungsverhältnisse.[51]

Der neue Inhaber des Ausbildungsbetriebs wird neuer Vertragspartner (neuer Ausbildender) der Auszubildenden. Das Berufsausbildungsverhältnis geht auf den neuen Inhaber über, und zwar in dem Zustand, in dem es sich im Zeitpunkt des Betriebsübergangs befindet. Der Vertragsinhalt ändert sich durch den Betriebsübergang nicht (vgl. zu den Folgen für die Probezeit § 20 Rn. 21 f.).

### d. Geltung von Tarifverträgen

29 Tarifverträge können in ihren Geltungs- oder Anwendungsbereich auch Auszubildende mit einbeziehen. Das ist, wenn es an einer ausdrücklichen Regelung fehlt, gegebenenfalls durch Auslegung des Tarifvertrags zu klären (vgl. zur Beteiligung an Arbeitskampfmaßnahmen Rn. 4). Gilt ein Tarifvertrag für »Arbeitnehmer«, findet dieser in der Regel für Auszubildende *keine* Anwendung, es sei denn, dass sich aus anderen Regelungen des Tarifvertrags oder aus dem Gesamtzusammenhang Anhaltspunkte dafür ergeben, dass Auszubildende mitgemeint sind.[52]

30 Tarifverträge gelten nur dann **unmittelbar und zwingend** (wie Gesetze), wenn Auszubildende und Ausbildende beide tarifgebunden sind (§ 3 Abs. 1 in Verbindung mit § 2 Abs. 1 TVG). Tarifgebunden sind die Mitglieder der Tarifvertragsvertragsparteien (Gewerkschaften, Arbeitgeberverbände). Tarifgebundenheit besteht auf Arbeitgeberseite auch, wenn der Arbeitgeber selbst Partei des Tarifvertrags ist, also selbst einen Tarifvertrag mit der Gewerkschaft vereinbart (so genannter Haus- oder Firmentarifvertrag). Tarifverträge gelten auch dann unmittelbar und zwingend, wenn der entsprechende Tarifvertrag vom zuständigen Bundes- oder Landesminister gemäß § 5 TVG für allgemeinverbindlich erklärt wird (vgl. zu tariflichen Regelungen zur Ausbildungsvergütung § 17 Rn. 9 ff.).

31 Anwendbar können Tarifverträge auch aufgrund **einzelvertraglicher Bezugnahme** im Ausbildungsvertrag sein. Das ist in der Praxis häufig der Fall. Gemäß § 11 Abs. 1 Satz 2 Nr. 9 ist in der Vertragsniederschrift auf die anzuwendenden Tarifverträge hinzuweisen (vgl. § 11 Rn. 28 ff.). Je nach Umfang der gewollten Bezugnahme auf Tarifverträge sind folgende Vertragsformulierungen denkbar:

- Auf das Ausbildungsverhältnis findet der Manteltarifvertrag für die Z-Branche im Tarifgebiet xy in der jeweils geltenden Fassung Anwendung.

---

51 Vgl. *Benecke/Hergenröder* BBiG § 10 Rn. 5; *Mehlich*, NZA 2002, S. 823 ff.
52 Vgl. *BAG* 18.5.2011 – 10 AZR 360/10.

# Vertrag § 10

- Auf das Ausbildungsverhältnis finden die Bestimmungen der für die XY-Branche im Bundesland X geltenden Tarifverträge Anwendung, soweit dieser Ausbildungsvertrag nichts Abweichendes regelt.
- Für das Ausbildungsverhältnis finden die einschlägigen Tarifverträge in der jeweils geltenden Fassung Anwendung.
- Für das Ausbildungsverhältnis finden die jeweils geltenden Tarifverträge Anwendung.

### e. Geltung von Betriebsvereinbarungen

**Betriebsvereinbarungen** sind schriftliche Vereinbarungen zwischen Betriebsrat und Arbeitgeber, die unmittelbar und zwingend für alle Arbeitnehmer des Betriebes gelten (§ 77 Abs. 4 BetrVG). Solche Vereinbarungen können nur geschlossen werden, wenn es einen Betriebsrat gibt. Im **öffentlichen Dienst** gibt es entsprechende Vereinbarungen zwischen Personalrat und Dienststelle, die **Dienstvereinbarungen** heißen. Da Arbeitnehmer im Sinne des Betriebsverfassungsrechts auch Auszubildende sind (vgl. Rn. 34), gelten Betriebsvereinbarungen auch für diese, es sei denn, sie sind vom Anwendungsbereich ausgenommen, wie bei Betriebsvereinbarungen zu speziellen Fragen, die für Auszubildende ohne Bedeutung sind. 32

### f. Sozialversicherung

Auszubildende sind in allen Zweigen der Sozialversicherung kraft Gesetzes pflichtversichert, das heißt in der: 33
- Krankenversicherung (§ 2 Abs. 2 Nr. 1 SGB IV, § 5 Abs. 1 Nr. 1 SGB V),
- Rentenversicherung (§ 1 Satz 1 Nr. 1 SGB VI),
- Pflegeversicherung (§ 20 Abs. 1 Nr. 1 SGB XI),
- Arbeitslosenversicherung (§ 25 Abs. 1 SGB III),
- Unfallversicherung (§ 2 Abs. 1 Nr. 2 SGB VII).

Die Beiträge für die Unfallversicherung trägt allein der Arbeitgeber/Ausbildende (§ 150 SGB VII). In den anderen Versicherungszweigen werden die Beiträge je zur Hälfte vom Arbeitnehmer/Auszubildenden und Arbeitgeber/Ausbildenden getragen.[53]

---

53 Gegen die Einbeziehung von Auszubildenden in die Sozialversicherungspflicht bestehen keine verfassungsrechtlichen Bedenken, auch wenn die Ausbildungsvergütung niedrig ist, vgl. *BSG* 15.7.2009 – B 12 KR 14/08 R, NZA-RR 2010, 381.

## 5. Betriebsverfassungsrechtliche Fragen

**34** Zu den Arbeitnehmern im Sinne des § 5 Abs. 1 BetrVG gehören auch die zu ihrer **Berufsausbildung Beschäftigten**.[54] Deshalb hat der Betriebsrat auch die Interessen der Auszubildenden zu vertreten, diese sind umgekehrt grundsätzlich auch wahlberechtigt zum Betriebsrat und zur Jugend- und Auszubildendenvertretung.[55]

Als spezielle Interessenvertretung für Jugendliche und Auszubildende werden in Betrieben, in denen ein Betriebsrat besteht, **Jugend- und Auszubildendenvertretungen (JAV)** gewählt. Besteht kein Betriebsrat, kann auch keine JAV gewählt werden. Voraussetzung für die Wahl einer JAV ist, dass in dem Betrieb mindestens fünf Auszubildende (die das 25. Lebensjahr noch nicht vollendet haben) *oder* Arbeitnehmer (die das 18. Lebensjahr noch nicht vollendet haben) beschäftigt werden (§ 60 Abs. 1 BetrVG). Die Größe der JAV variiert je nach Zahl der Auszubildenden und Jugendlichen zwischen einem Mitglied und 15 Mitgliedern (§ 62 BetrVG). Die JAV ist allerdings kein selbständiges Mitwirkungsorgan der Betriebsverfassung; ihre **Rechte und Pflichten bestehen gegenüber dem Betriebsrat**, nicht gegenüber dem Arbeitgeber. Die Aufgabe der JAV besteht darin, die speziellen Interessen der Jugendlichen und der zur ihrer Ausbildung Beschäftigten gegenüber dem Betriebsrat zu vertreten. Nach außen vertritt allein der Betriebsrat die Interessen sämtlicher Arbeitnehmer, einschließlich derjenigen, die von der JAV vertreten werden.[56]

In **reinen Ausbildungsbetrieben** gehören die Auszubildenden nach der Rechtsprechung des *BAG* nicht zur Belegschaft des Ausbildungsbetriebes und sind folglich keine Arbeitnehmer im Sinne des BetrVG.[57] Das *BAG* stellt darauf ab, dass die Auszubildenden in solchen Betrieben – anders als bei der betrieblichen Berufsbildung – nicht im Rahmen des arbeitstechnischen Zwecks des Betriebs ausgebildet werden. Ihre Berufsausbildung ist vielmehr selbst Gegenstand des Betriebszwecks und der betrieblichen Tätigkeit. Dem ist nunmehr dadurch Rechnung getragen worden, dass eine Beteiligungsmöglichkeit auch für diese Auszubildenden durch eine besondere Interessenvertretung geschaffen worden ist (vgl. § 51 BBiG).

---

54 Vgl. *BAG* 6.11.2013 – 7 ABR 76/11, NZA 2014, 678, zur Abgrenzung von schulischer und betrieblicher Ausbildung.
55 Vgl. ausführlich *Lakies/Malottke* BBiG § 10 Rn. 53 ff.
56 *BAG* 18.1.2012 – 7 ABR 83/10, NZA 2012, 683; *BAG* 5.4.2000 – 7 ABR 6/99, NZA 2000, 1178.
57 Vgl. *BAG* 13.6.2007 – 7 ABR 44/06, NZA-RR 2008, 19; *BAG* 21.7.1993 – 7 ABR 35/92, NZA 1994, 713; *BAG* 12.9.1996 – 7 ABR 61/95, NZA 1997, 273.

**Vertrag** § 10

### a. Rechte des Betriebsrats in Fragen der Berufsbildung

Das Betriebsverfassungsgesetz widmet der Berufsbildung in den §§ 96 bis 98 BetrVG einen eigenen Unterabschnitt. Dort werden die speziellen Rechte des Betriebsrats bei der Berufsbildung geregelt, die anderen Vorschriften des BetrVG werden für diesen speziellen Bereich ergänzt, nicht ersetzt (vgl. zu den Rechten des Betriebsrats bei personellen Einzelmaßnahmen Rn. 49 ff.).

35

Der Begriff der Berufsbildung nach diesen Bestimmungen ist weit auszulegen und geht über den Begriff der Berufsbildung im Sinne des BBiG hinaus.[58] Die Berufsbildung im Sinne des BetrVG umfasst alle Maßnahmen, die einen Bezug zum Beruf des Arbeitnehmers und Bildungscharakter haben. Dazu gehören zum einen die Berufsausbildung, Berufsausbildungsvorbereitung, berufliche Fortbildung, berufliche Umschulung, zum anderen aber auch jede Maßnahme, die Beschäftigten gezielt Kenntnisse und Erfahrungen vermittelt, die zur Ausübung einer bestimmten Tätigkeit befähigen oder es ermöglichen, die beruflichen Kenntnisse und Fähigkeiten zu erhalten, also jede Maßnahme, die der beruflichen Qualifizierung oder Weiterqualifizierung dient. Der Begriff der betrieblichen Bildungsmaßnahmen ist funktional zu verstehen. Geht es um eine Fortbildung und Schulung ausschließlich für *externe* Arbeitnehmer zu deren Qualifikation für eine Tätigkeit bei einem *externen* Unternehmen, geht es *nicht* um eine »betriebliche« Bildungsmaßnahme.[59]

**Maßnahmen der Berufsbildung** sind solche, die den Beschäftigten in systematischer, lehrplanartiger Weise Kenntnisse und Fähigkeiten vermitteln, die diese zu ihrer beruflichen Tätigkeit im Allgemeinen befähigen oder Kenntnisse und Fähigkeiten verschaffen sollen, die notwendig sind, um den Anforderungen des Arbeitsplatzes gerecht zu werden und die berufliche Tätigkeit auszufüllen.[60] Da auch »sonstige Bildungsmaßnahmen«, die in § 98 Abs. 6 BetrVG ausdrücklich erwähnt werden, erfasst werden, gehören zur »beruflichen Bildung« alle Maßnahmen zum Erhalt und Ausbau von Qualifikationen, zur Gewährleistung und Verbesserung des Arbeits-, Gesundheits- und Umweltschutzes sowie zur Vermittlung von Inhalten, die für die Tätigkeit der Arbeitnehmer von Bedeutung sind (wirtschaftliches, technologisches, soziales Umfeld, rechtliche Rahmenbedingungen, Methodenlehre usw.). Die Art der Veranstaltung reicht von Seminaren, Bildungsprogrammen, Anleitungen, Lehrgängen, Sprachkursen über Ausstellungs-, Messe- und Kon-

---

58 Vgl. *BAG* 5.3.2013 – 1 ABR 11/12, Rn. 12.
59 *BAG* 26.4.2016 – 1 ABR 21/14, NZA 2016, 1036.
60 *BAG* 5.3.2013 – 1 ABR 11/12, Rn. 12; *BAG* 30.5.2006 – 1 ABR 17/05, Rn. 20, NZA 2006, 1291; *BAG* 24.8.2004 – 1 ABR 28/03, NZA 2005, 371, 373; *BAG* 18.4.2000 – 1 ABR 28/99, NZA 2001, 167.

gressbesuche bis hin zu praktischen Übungen, Traineeprogrammen, gruppenbezogenen Bildungs- und Informationsmaßnahmen wie Seminaren zum Austausch von Erfahrungen, Qualitätszirkeln, »Workshops« und technischer Wissensvermittlung (»Tele- oder E-Learning«).[61]
Abzugrenzen sind die mitbestimmungspflichtigen Berufsbildungsmaßnahmen von der **mitbestimmungsfreien Unterrichtung der Beschäftigten** über ihre Aufgabe und Verantwortung sowie über die Art ihrer Tätigkeit und ihre Einordnung in den Arbeitsablauf des Betriebs gemäß § 81 BetrVG. Mitbestimmungsfrei ist die Unterrichtung der Beschäftigten über

- ihre Aufgaben und Verantwortung,
- die Art ihrer Tätigkeit und ihrer Einordnung in den Arbeitsablauf des Betriebes und
- die Unfall- und Gesundheitsgefahren und die Maßnahmen und Einrichtungen zur Abwendung dieser Gefahren.

Zu den Maßnahmen der mitbestimmungspflichtigen betrieblichen Berufsbildung gehören solche, die den Beschäftigten die Kenntnisse und Erfahrungen verschaffen sollen, die zur Ausfüllung ihres Arbeitsplatzes und ihrer beruflichen Tätigkeit dienen. Damit gehören zur betrieblichen Berufsbildung alle Maßnahmen, die über die (mitbestimmungsfreie) Unterrichtung der Beschäftigten im Sinne von § 81 BetrVG hinausgehen, indem sie gezielt Kenntnisse und Erfahrungen vermitteln, die zur Ausübung einer bestimmten Tätigkeit erst befähigen.[62]

Die Unterrichtungspflicht des Arbeitgebers nach § 81 BetrVG erschöpft sich dagegen in der Einweisung in einen konkreten Arbeitsplatz. Nicht unter den Begriff der beruflichen Bildung fallen konkrete Einweisungen in die Art der Tätigkeit und deren Einordnung in den Arbeitsablauf sowie Einzelweisungen zur ausgeübten Tätigkeit im Sinne des § 81 Abs. 1 BetrVG.[63] Der Einsatz des Arbeitnehmers auf seinem Arbeitsplatz setzt voraus, dass der Arbeitnehmer die für die Ausübung »seiner Tätigkeit« an diesem Arbeitsplatz erforderlichen beruflichen Kenntnisse und Erfahrungen schon besitzt. Nur auf der Grundlage dieser Kenntnisse und Erfahrungen kann dem Beschäftigten seine Tätigkeit im Betrieb zugewiesen werden, über deren konkrete Ausübung unter Einsatz seiner Kenntnisse und Erfahrungen er dann nach § 81 BetrVG zu unterrichten ist.[64] Organisierte Veranstaltungen oder gezielte Einweisungen, die die Beschäftigten lediglich befähigen sollen, die arbeits-

---

61 Vgl. *Fitting* BetrVG § 96 Rn. 10.
62 *BAG* 5. 3. 2013 – 1 ABR 11/12, Rn. 12; *BAG* 23. 4. 1991 – 1 ABR 49/90, NZA 1991, 817, 818.
63 *BAG* 28. 1. 1991 – 1 ABR 41/91, NZA 1992, 707, 708.
64 *BAG* 23. 4. 1991 – 1 ABR 49/90, NZA 1991, 817, 819.

**Vertrag** § 10

vertraglich geschuldete Tätigkeit auszuüben, ohne Fortbildungselemente zu enthalten, sind keine Maßnahmen der beruflichen Bildung.[65]
Zur mitbestimmungsfreien Unterrichtung des einzelnen Arbeitnehmers gemäß § 81 Abs. 1 BetrVG zählt die Rechtsprechung auch Veranstaltungen, bei denen Mängel, die zuvor durch Befragungen bei der Kundenbetreuung festgestellt worden sind, behoben werden sollen. Die Beteiligungsrechte des Betriebsrats greifen aber dann, sofern eine Einzelweisung die Absolvierung und Dokumentation bestimmter Schulungsmaßnahmen vorschreibt.[66] Das betrifft etwa EDV-basierte Trainings zu Arbeitsschutz- oder Compliance-Themen, bei denen die erfolgreiche Teilnahme protokolliert und gegebenenfalls zu Wiederholungsschulungen aufgefordert wird.

### aa. Förderung der Berufsbildung, Ermittlung des Berufsbildungsbedarfs

Arbeitgeber und Betriebsrat haben im Rahmen der betrieblichen Personalplanung und in Zusammenarbeit mit den für die Berufsbildung und den für die Förderung der Berufsbildung zuständigen Stellen die Berufsbildung gemäß § 96 Abs. 1 Satz 1 BetrVG zu fördern (**Förderungspflicht**). Daraus folgt für Arbeitgeber und Betriebsrat ein Gebot der Zusammenarbeit. Das Gesetz legt dem Arbeitgeber aber nicht die Pflicht auf, überhaupt Berufsbildung zu betreiben. Es besteht kein Rechtsanspruch darauf, dass der Arbeitgeber Maßnahmen der Berufsbildung anbietet.  36

Der Arbeitgeber hat gemäß § 96 Abs. 1 Satz 2 BetrVG auf Verlangen des Betriebsrats mit diesem Fragen der Berufsbildung der Arbeitnehmer des Betriebs zu beraten (**Beratungspflicht**). Bereits gemäß § 92 Abs. 1 BetrVG hat der Arbeitgeber den Betriebsrat über die Personalplanung sowie über die sich daraus ergebenden Maßnahmen der Berufsbildung zu unterrichten und mit diesem über Art und Umfang der erforderlichen Maßnahmen zu beraten. § 96 Abs. 1 Satz 2 BetrVG gilt ergänzend, weil diese Beratungspflicht auf Initiative des Betriebsrats auch dann gilt, wenn der Arbeitgeber keine Personalplanung durchführt. Ergänzt wird das Beratungsrecht durch ein **Vorschlagsrecht** (§ 96 Abs. 1 Satz 3 BetrVG: der Betriebsrat kann »Vorschläge machen«), das wie das Beratungsrecht auch dann gegeben ist, wenn eine Personalplanung (§ 92 BetrVG) für den Betrieb nicht existiert. Dadurch wird aber nicht das Entscheidungsrecht des Arbeitgebers eingeschränkt. Der Betriebsrat hat ein Mitbestimmungsrecht als Mitentscheidungsrecht nur im Rahmen des § 98 BetrVG (vgl. Rn. 40 ff.).

Der Arbeitgeber hat **auf Verlangen des Betriebsrats den Berufsbildungsbedarf zu ermitteln** (§ 96 Abs. 1 Satz 2 BetrVG). Wie dieser Bedarf zu definie-  37

---

65 *BAG* 28. 1. 1991 – 1 ABR 41/91, NZA 1992, 707.
66 *LAG Nürnberg* 20. 12. 2011 – 6 TaBV 37/11.

ren ist, lässt das Gesetz offen. Nach der Gesetzesbegründung ergibt sich der Berufsbildungsbedarf aus der Durchführung einer Ist-Analyse, der Erstellung eines Soll-Konzepts und der Ermittlung des betrieblichen Bildungsinteresses.[67] Das bedeutet: Der Arbeitgeber muss zum einen offen legen, welches Qualifikationsniveau im Betrieb besteht und auch welche Berufsbildungsmaßnahmen bereits durchgeführt wurden; zum anderen muss er ein Ziel beschreiben, welchen betrieblichen Qualifikationsbedarf (auch im Hinblick auf mögliche Änderungen von Arbeitsabläufen) er sieht.[68] Damit wird der Berufsbildungsbedarf aus Arbeitgebersicht festgelegt. Daneben muss der Arbeitgeber dem Betriebsrat die Möglichkeit geben, seine Vorstellungen darzulegen, und er muss die Vorschläge des Betriebsrats zur Kenntnis nehmen (§ 96 Abs. 1 Satz 3 BetrVG). Das Gesetz verlangt keine schriftliche Unterrichtung, obwohl das sicherlich sinnvoll ist. Eine nur mündliche Information über den Berufsbildungsbedarf und eine mündliche Beratung sind allerdings nach dem Gesetzeswortlaut ausreichend.[69]

Die gemeinsame Verpflichtung von Arbeitgeber und Betriebsrat zur Förderung der Berufsbildung wird dahingehend konkretisiert, dass beide darauf zu achten haben, dass unter Berücksichtigung der betrieblichen Notwendigkeiten den Arbeitnehmern die Teilnahme an betrieblichen oder außerbetrieblichen Maßnahmen der Berufsbildung ermöglicht wird (§ 96 Abs. 2 BetrVG). Sie haben dabei auch die Belange älterer Arbeitnehmer, Teilzeitbeschäftigter und von Arbeitnehmern mit Familienpflichten zu berücksichtigen. Ein Rechtsanspruch des einzelnen Arbeitnehmers auf Freistellung und Teilnahme an einer Bildungsveranstaltung folgt daraus nicht. Bei der Auswahl der Teilnehmer an betrieblichen oder außerbetrieblichen Berufsbildungsmaßnahmen hat der Betriebsrat ein Mitbestimmungsrecht gemäß § 98 Abs. 3 BetrVG (vgl. Rn. 45).

#### bb. Einrichtungen und Maßnahmen der Berufsbildung

**38** Der Arbeitgeber hat gemäß § 97 Abs. 1 BetrVG mit dem Betriebsrat über die Errichtung und Ausstattung betrieblicher Einrichtungen zur Berufsbildung, die Einführung betrieblicher Berufsbildungsmaßnahmen und die Teilnahme an außerbetrieblichen Berufsbildungsmaßnahmen zu beraten (**Beratungspflicht**). **Betriebliche Einrichtungen** zur Berufsbildung sind Lehrwerkstätten, Schulungsräume, Labors und betriebliche Berufsbildungszentren. Der Arbeitgeber ist verpflichtet, mit dem Betriebsrat über ihre Errich-

---

67 BT-Drs. 14/5741, S. 49.
68 Vgl. Richardi/*Thüsing* BetrVG § 96 Rn. 21.
69 *LAG Hamburg* 31. 10. 2012 – 5 TaBV 6/12.

**Vertrag** § 10

tung und Ausstattung zu beraten. Das gilt auch, wenn bereits bestehende Einrichtungen geändert werden sollen.[70]

**Betriebliche** – in Abgrenzung zu außerbetrieblichen – **Berufsbildungsmaßnahmen** liegen vor, wenn der Arbeitgeber Träger oder Veranstalter der Maßnahme ist und die Berufsbildungsmaßnahme für seine Arbeitnehmer durchführt. Träger oder Veranstalter der Maßnahme ist der Arbeitgeber auch, wenn er diese in Zusammenarbeit mit einem Dritten durchführt und hierbei auf Inhalt und Organisation rechtlich oder tatsächlich einen beherrschenden Einfluss hat. Für die Arbeitnehmer des Arbeitgebers bestimmt ist eine Berufsbildungsmaßnahme auch, wenn bei einer begrenzten Teilnehmerzahl die Arbeitnehmer des Arbeitgebers den Vorrang haben und andere Personen nur zur Lückenfüllung berücksichtigt werden.[71] Der Arbeitgeber ist Träger einer Berufsbildungsmaßnahme auch dann, wenn er diese zwar von einem anderen Unternehmen durchführen lässt, aber auf Inhalt und Gestaltung den beherrschenden Einfluss hat.[72]

Soweit es um die **Berufsausbildung** im engeren Sinne geht, ist der Arbeitgeber an die Vorschriften des BBiG und der Ausbildungsordnungen gebunden. Da hier im Allgemeinen kein Gestaltungsspielraum besteht, ergibt sich aus § 80 Abs. 1 Nr. 1 BetrVG für den Betriebsrat die allgemeine Aufgabe, darüber zu wachen, dass die für die Berufsausbildung maßgeblichen Vorschriften durchgeführt werden. Das Beratungsrecht gemäß § 97 Abs. 1 BetrVG hat deshalb vor allem dann Bedeutung, wenn es um betriebliche Maßnahmen der beruflichen Fortbildung oder der beruflichen Umschulung geht. Das Beratungsrecht des Betriebsrats erstreckt sich auf Zeitpunkt, Themenkreis und Umfang solcher **Fortbildungs- oder Umschulungsmaßnahmen**. Der Betriebsrat hat insoweit auch ein Vorschlagsrecht (§ 96 Abs. 1 Satz 3 BetrVG). Der Arbeitgeber ist aber in seiner Entscheidung frei, ob er betriebliche Berufsbildungsmaßnahmen einführt.[73]

Geht es um die **Teilnahme an außerbetrieblichen Berufsbildungsmaßnahmen**, besteht ebenfalls gemäß § 97 Abs. 1 BetrVG ein Beratungsrecht des Betriebsrats. Dabei geht es etwa um die Auswahl von Berufsbildungskursen, die von einem betriebsfremden Träger der Berufsbildung veranstaltet werden, aber auch um die Beteiligung an überbetrieblichen Einrichtungen (wie zentralen Ausbildungswerkstätten) oder überbetrieblichen Fortbildungseinrichtungen. Dem Beratungsrecht unterliegt auch die Auswahl der Beschäftigten sowie Zeitpunkt und Zeitdauer der Teilnahme an den außerbetrieblichen Berufsbildungsmaßnahmen.[74]

---

70 Vgl. Richardi/*Thüsing* BetrVG § 97 Rn. 4.
71 Vgl. *BAG* 4. 12. 1990 – 1 ABR 10/90, NZA 1991, 388.
72 Vgl. *BAG* 12. 11. 1991 – 1 ABR 21/91, NZA 1992, 657.
73 Vgl. Richardi/*Thüsing* BetrVG § 97 Rn. 7.
74 Vgl. Richardi/*Thüsing* BetrVG § 97 Rn. 8.

Bei **Änderungen der Qualitätsanforderungen**, die vom Arbeitgeber veranlasst sind, gilt Folgendes: Hat der Arbeitgeber Maßnahmen geplant oder durchgeführt, die dazu führen, dass sich die Tätigkeit der betroffenen Arbeitnehmer ändert und ihre beruflichen Kenntnisse und Fähigkeiten zur Erfüllung ihrer Aufgaben nicht mehr ausreichen, so hat der Betriebsrat bei der **Einführung von Maßnahmen der betrieblichen Berufsbildung** gemäß § 97 Abs. 2 Satz 1 BetrVG mitzubestimmen.[75] Das umfasst auch ein Initiativrecht des Betriebsrats, wobei jedoch außerbetriebliche Bildungsmaßnahmen nach dem klaren Wortlaut der Norm nicht erfasst werden.[76]

Kommt in den Fällen, in denen dem Betriebsrat ein Mitbestimmungsrecht zusteht, eine Einigung nicht zustande, so entscheidet die **Einigungsstelle** (§ 97 Abs. 2 Satz 1 BetrVG). Der Spruch der Einigungsstelle ersetzt die Einigung zwischen Arbeitgeber und Betriebsrat (§ 97 Abs. 2 Satz 3 BetrVG).

### cc. Durchführung betrieblicher Bildungsmaßnahmen

40 Der Betriebsrat hat bei der Durchführung von Maßnahmen der betrieblichen Berufsbildung mitzubestimmen (§ 98 Abs. 1 BetrVG). Zu unterscheiden ist das »Ob« und »Wie« solcher Berufsbildungsmaßnahmen.

Der Arbeitgeber kann mitbestimmungsfrei entscheiden, ob er Maßnahmen der betrieblichen Berufsbildung durchführt.[77] Wenn er solche Maßnahmen durchführt, besteht hinsichtlich der »Durchführung«, der Art und Weise, ein Mitbestimmungsrecht des Betriebsrats. So kann der Arbeitgeber frei entscheiden, ob er Ausbildungsplätze anbietet. Bietet er Ausbildungsplätze an, so hat der Betriebsrat bei der Durchführung ein Mitbestimmungsrecht, das soll sich auch auf die Festlegung der Dauer der Ausbildung beziehen.[78] Indes ist zu beachten, dass die Mitbestimmungsrechte des Betriebsrats hinsichtlich der Art und Weise der Berufsausbildung insoweit eingeschränkt sind, wie diese durch zwingende Vorgaben des BBiG oder der Ausbildungsordnung vorgegeben ist, so ist die Dauer der Ausbildung im Regelfall durch die einschlägige Ausbildungsordnung vorgegeben und eine Abkürzung oder Verlängerung nur im Rahmen der gesetzlichen Vorgaben zulässig.

41 Zur Berufsbildung gehören alle Maßnahmen, die Arbeitnehmern in systematischer, lehrplanartiger Weise Kenntnisse und Erfahrungen vermitteln, die diese zu ihrer beruflichen Tätigkeit im Allgemeinen befähigen.[79] Der Begriff ist weit auszulegen. Er umfasst zumindest alle Maßnahmen der Berufs-

---

75 Vgl. *Franzen*, NZA 2001, S. 865 ff.
76 Vgl. *Fitting* BetrVG § 97 Rn. 20.
77 Vgl. *BAG* 8. 12. 1987 – 1 ABR 32/86, NZA 1988, 401.
78 Vgl. *BAG* 24. 8. 2004 – 1 ABR 28/03, NZA 2005, 371.
79 *BAG* 24. 8. 2004 – 1 ABR 28/03, NZA 2005, 371; *BAG* 18. 4. 2000 – 1 ABR 28/99, NZA 2001, 167.

# Vertrag § 10

bildung im Sinne des BBiG, also Berufsausbildung, Berufsausbildungsvorbereitung, berufliche Fortbildung und Umschulung. Zu den Maßnahmen der betrieblichen Berufsbildung gehören auch Seminare, die den Arbeitnehmern die notwendigen Kenntnisse und Fähigkeiten verschaffen sollen.[80]

**42** Die Berufsbildung ist »betrieblich«, wenn der Arbeitgeber die Maßnahme selbst veranstaltet oder trägt. Dies ist der Fall, wenn der Arbeitgeber die Maßnahme allein durchführt oder auf ihren Inhalt oder ihre Durchführung rechtlich oder tatsächlich einen beherrschenden Einfluss hat. Zudem muss die Maßnahme für die Arbeitnehmer des Betriebs veranstaltet werden.[81]

**43** Das Mitbestimmungsrecht gemäß § 98 Abs. 1 BetrVG besteht nur bezüglich der »Durchführung« der betreffenden Maßnahme. Der Begriff ist abzugrenzen von dem der »Einführung« von Maßnahmen der betrieblichen Berufsbildung in § 97 Abs. 1, Abs. 2 BetrVG (vgl. Rn. 38 f.), über die mit dem Betriebsrat lediglich zu beraten ist. Bei der »**Einführung**« geht es um die Frage, ob bestimmte Berufsbildungsmaßnahmen im Betrieb überhaupt durchgeführt, also etwa Auszubildende überhaupt eingestellt werden. Die »**Durchführung**« betrifft demgegenüber alle Fragen, die sich nach der Einführung der Maßnahme stellen. Mitbestimmungsfrei sind dabei konkrete Einzelmaßnahmen gegenüber bestimmten Auszubildenden.[82]

**44** Mitbestimmungspflichtig ist gemäß § 98 Abs. 1 BetrVG etwa auch die **Festlegung der Dauer der Ausbildung,** soweit diese der Disposition des Arbeitgebers/Ausbildenden unterliegt. Das *BAG* hat ein solches Mitbestimmungsrecht angenommen, wenn der Arbeitgeber/Ausbildende *generell* nur eine verkürzte Ausbildung (vgl. § 8 Rn. 9) anbieten will.[83] Beantragen Auszubildender und Ausbildender – wie im Regelfall – nur im Einzelfall eine Abkürzung der Ausbildung, so besteht kein Mitbestimmungsrecht des Betriebsrats. Bei einer Anrechnung beruflicher Vorbildung gemäß § 7 ist ohnehin kein Raum für ein Mitbestimmungsrecht des Betriebsrats, weil es insoweit aufgrund einer generellen Regelung gleichsam automatisch zu einer Kürzung der Ausbildungsdauer kommt, ohne dass insoweit Dispositionsmöglichkeiten des Ausbildenden bestehen.

Das Mitbestimmungsrecht besteht nur, wenn und soweit dem Arbeitgeber unter Beachtung tariflicher oder gesetzlicher Vorgaben noch ein **Gestaltungsspielraum** verbleibt.[84] Das Mitbestimmungsrecht ist ausgeschlossen, soweit gesetzliche oder tarifliche Bestimmungen die Durchführung der Berufsbildungsmaßnahme regeln.[85] Da für die **Berufsausbildung** im engeren

---

80 Vgl. *BAG* 23. 4. 1991 – 1 ABR 49/90, NZA 1991, 817.
81 Vgl. *BAG* 24. 8. 2004 – 1 ABR 28/03, NZA 2005, 371.
82 Vgl. *BAG* 24. 8. 2004 – 1 ABR 28/03, NZA 2005, 371.
83 *BAG* 24. 8. 2004 – 1 ABR 28/03, NZA 2005, 371.
84 *BAG* 5. 11. 1985 – 1 ABR 49/83, NZA 1986, 535.
85 *BAG* 24. 8. 2004 – 1 ABR 28/03, NZA 2005, 371, 374.

Sinne die gesetzlichen Vorgaben des BBiG oder der Handwerksordnung gelten, ist insoweit die »Durchführung« der Berufsausbildung im Betrieb durch Gesetz und die entsprechenden Ausbildungsordnungen geregelt. Daher besteht hier für die materiellen Faktoren in der Durchführung der Berufsausbildung kein Gestaltungsspielraum. Das Mitbestimmungsrecht des Betriebsrats beschränkt sich also im Wesentlichen darauf, dass für die Berufsausbildung eine den Besonderheiten des Betriebs entsprechende Durchführungsordnung erlassen wird. Zum Beispiel die Planung, in welchen Abteilungen, in welcher Reihenfolge die Ausbildung erfolgt oder wer mit der Ausbildung betraut werden soll.[86] Für den Betriebsrat spielt die wichtigste Rolle in diesem Zusammenhang die Auswahl der Ausbilder, bei deren Bestellung und Abberufung ein Mitbestimmungsrecht des Betriebsrats besteht (vgl. Rn. 48ff.). Der Betriebsrat hat aber **nicht bei Einzelmaßnahmen** gegenüber bestimmten Auszubildenden mitzubestimmen; er hat also zum Beispiel nicht mitzubestimmen bei der Zuweisung einer bestimmten Tätigkeit an einen Auszubildenden oder der Übertragung der Lehraufgabe an einen Vorarbeiter.[87]

#### dd. Teilnahme von Arbeitnehmern an Berufsbildungsmaßnahmen

45 Führt der Arbeitgeber betriebliche Maßnahme der Berufsbildung durch oder stellt er für außerbetriebliche Maßnahmen der Berufsbildung Arbeitnehmer frei oder trägt er die durch die Teilnahme von Arbeitnehmern an solchen Maßnahmen entstehenden Kosten ganz oder teilweise, so kann der Betriebsrat **Vorschläge für die Teilnahme** von Arbeitnehmern oder Gruppen von Arbeitnehmern des Betriebs an diesem Maßnahmen der beruflichen Bildung machen (§ 98 Abs. 3 BetrVG).

Man muss also unterscheiden:
- Führt der Arbeitgeber **betriebliche** Maßnahmen der Berufsbildung durch, so hat der Betriebsrat ein Mitbestimmungsrecht bei der Auswahl der Beschäftigten, die an den Berufsbildungsmaßnahmen teilnehmen sollen.
- Geht es um **außerbetriebliche** Berufsbildungsmaßnahmen, so hat der Betriebsrat das Mitbestimmungsrecht nur, wenn der Arbeitgeber für die Teilnahme Beschäftigte freistellt (mit oder ohne Fortzahlung des Lohns) *oder* die Kosten, die durch die Teilnahme entstehen, ganz oder teilweise trägt.
- Soweit die zuvor genannten Voraussetzungen bei **außerbetrieblichen** Berufsbildungsmaßnahmen nicht vorliegen, hat der Betriebsrat für die Teilnehmerauswahl kein Mitbestimmungs-, sondern nur ein Mitwirkungsrecht: Der Arbeitgeber hat mit ihm über die Teilnahme an den außerbetrieblichen Berufsbildungsmaßnahmen zu beraten (§ 97 Abs. 1 BetrVG).

---

86 Vgl. Richardi/*Thüsing* BetrVG § 98 Rn. 12, 14.
87 *BAG* 24. 8. 2004 – 1 ABR 28/03, NZA 2005, 371, 374.

**Vertrag** § 10

Für den Umfang des Mitbestimmungsrechts ist maßgebend, dass der Betriebsrat bei der Errichtung und Ausstattung betrieblicher Berufsbildungseinrichtungen und der Einführung betrieblicher Berufsbildungsmaßnahmen lediglich ein Beratungsrecht, kein Mitbestimmungsrecht hat, wie aus § 97 BetrVG folgt. Der Arbeitgeber kann also nach Beratung mit dem Betriebsrat allein entscheiden, welche Berufsfortbildungskurse im Betrieb durchgeführt werden und für welchen Personenkreis sie bestimmt sind. Er kann deshalb auch die fachlichen Zulässigkeitsvoraussetzungen festlegen, die von den Teilnehmern erfüllt werden müssen, bevor die Auswahl stattfindet.[88] Der Arbeitgeber kann auch nach Beratung mit dem Betriebsrat allein entscheiden, für welche außerbetrieblichen Berufsbildungsmaßnahmen er Arbeitnehmer freistellt oder die Kosten der Teilnahme ganz oder teilweise übernimmt. Erst und nur dann, wenn dies feststeht, ist der Mitbestimmungstatbestand gegeben und der Betriebsrat kann Vorschläge für die Auswahl der Teilnehmer machen.

Zweck des Mitbestimmungsrechts ist es, dafür zu sorgen, dass Leistungen des Arbeitgebers für die Berufsbildung der Arbeitnehmer unter Beachtung des Gleichbehandlungsgrundsatzes erbracht werden; dabei ist auf die Belange älterer Arbeitnehmer, Teilzeitbeschäftigter und von Arbeitnehmern mit Familienpflichten Rücksicht zu nehmen, wie sich aus § 96 Abs. 2 Satz 2 BetrVG ergibt.[89] Nach diesem Schutzzweck, der darin besteht, die **Verteilungsgerechtigkeit bei der Teilnahme an Fortbildungsveranstaltungen zu sichern**, ist der Begriff der betrieblichen Berufsbildung weit auszulegen. Denn häufig entscheidet die Teilnahme an betrieblichen Schulungsmaßnahmen darüber, ob Arbeitnehmer ihren Arbeitsplatz behalten oder an einem beruflichen Aufstieg teilnehmen können.[90]

Geht es um Berufsbildungsmaßnahmen im geschilderten Sinne, so kann der Betriebsrat Vorschläge für die Teilnahme von Beschäftigten oder Gruppen von Beschäftigten an diesen Maßnahmen machen (§ 98 Abs. 3 BetrVG). Damit der Betriebsrat sein Vorschlagsrecht ausüben kann, ist notwendige Vorstufe seines Mitbestimmungsrechts, dass er vom Arbeitgeber rechtzeitig und umfassend unterrichtet wird.[91]

Das Mitbestimmungsrecht bezieht sich nicht auf die Zahl der Beschäftigten, die an der Berufsbildungsmaßnahme teilnehmen, sondern auf deren Auswahl.[92] Das Vorschlagsrecht bezieht sich darauf, welche konkreten Arbeitnehmer an einer Berufsbildungsmaßnahme teilnehmen sollen. Sofern der Betriebsrat sein Vorschlagsrecht ausübt, müssen Arbeitgeber und Betriebsrat

---

88 Vgl. Richardi/*Thüsing* BetrVG § 98 Rn. 57; *Fitting* BetrVG § 98 Rn. 31.
89 Vgl. Richardi/*Thüsing* BetrVG § 98 Rn. 55.
90 *BAG* 23. 4. 1991 – 1 ABR 49/90, NZA 1991, 817, 818.
91 Vgl. Richardi/*Thüsing* BetrVG § 98 Rn. 60.
92 *BAG* 8. 12. 1987 – 1 ABR 32/86, NZA 1988, 401.

gemeinsam die Auswahlentscheidung treffen, wobei sie, wenn mehr Arbeitnehmer vorgeschlagen werden als Teilnehmerplätze zur Verfügung stehen, alle vorgeschlagenen Arbeitnehmer in die Auswahl einbeziehen müssen.[93] Das gilt auch für die Einigungsstelle, wenn Arbeitgeber und Betriebsrat sich nicht einigen. Sofern der Betriebsrat Vorschläge macht, geht es um die Festlegung der Kriterien für die Auswahl. Der Betriebsrat hat aber nur mitzubestimmen, wenn er Vorschläge macht; er kann sich deshalb nicht darauf beschränken, der vom Arbeitgeber getroffenen Auswahl zu widersprechen.[94]

#### ee. Entscheidung der Einigungsstelle

**46** Kommt hinsichtlich der Durchführung betrieblicher Bildungsmaßnahmen (vgl. Rn. 40) oder die vom Betriebsrat vorgeschlagenen Teilnehmer (vgl. Rn. 45) an außerbetrieblichen Maßnahmen keine Einigung zustande, so entscheidet die Einigungsstelle (§ 98 Abs. 4 Satz 1 BetrVG). Der Spruch der Einigungsstelle ersetzt die Einigung zwischen Arbeitgeber und Betriebsrat (§ 98 Abs. 4 Satz 2 BetrVG).

#### ff. Sonstige Bildungsmaßnahmen

**47** Führt der Arbeitgeber sonstige Bildungsmaßnahmen im Betrieb durch, so hat der Betriebsrat bei deren Durchführung im gleichen Umfang wie bei Berufsbildungsmaßnahmen mitzubestimmen. § 98 Abs. 1 bis 5 BetrVG gilt nämlich entsprechend, wenn der Arbeitgeber **sonstige Bildungsmaßnahmen** im Betrieb durchführt (§ 98 Abs. 6 BetrVG).

Zu den sonstigen Bildungsmaßnahmen gehören alle Bildungsmaßnahmen, deren Gegenstand nicht unter den betriebsverfassungsrechtlichen Berufsbildungsbegriff fällt. Doch darf es auch bei ihnen nicht bloß um Kenntnisvermittlung gehen, sondern sie müssen Bildungscharakter haben. Notwendig ist daher, dass die Maßnahmen der Vermittlung von Kenntnissen dienen, um einen Lernprozess herbeizuführen. Zu den sonstigen Bildungsmaßnahmen gehören beispielsweise Kurse über »Erste Hilfe« und Unfallverhütung, Veranstaltungen über staatsbürgerliche oder sozialkundliche Themen, Sprachkurse, AGG-Schulungen (§ 12 AGG), Lehrgänge über Menschenführung, Arbeitssicherheit, »workshops« (moderierte Gesprächskreise), wenn diese nach vorgegebenem didaktisch-methodischen Konzept Hintergrundwissen und Erfahrungen in Form von »Selbsterfahrung« vermitteln.[95] Voraussetzung ist, dass Kenntnisse oder Fähigkeiten nach einem Lehrplan sys-

---

93 *BAG* 8.12.1987 – 1 ABR 32/86, NZA 1988, 401.
94 *BAG* 20.4.2010 – 1 ABR 78/08, Rn. 16, NZA 2010, 902; *BAG* 8.12.1987 – 1 ABR 32/86, NZA 1988, 401.
95 *LAG Düsseldorf* 9.10.2008 – 15 TaBV 96/07.

# Vertrag § 10

tematisch vermittelt werden, um ein bestimmtes Lernziel zu erreichen und dadurch die Allgemeinbildung zu vertiefen und zu erweitern.[96] Bloße Informationsveranstaltungen (z. B. über die Einführung oder den Vertrieb neuer Produkte oder die Bedienung neuer technischer Einrichtungen) oder Diskussionsrunden mit Vorgesetzten sind keine Bildungsmaßnahmen. Auch Veranstaltungen, die der Freizeitbeschäftigung oder Unterhaltung (z. B. Betriebssport) dienen, werden nicht erfasst.[97] Soweit es sich um »Sozialeinrichtungen« handelt, kann allerdings das Mitbestimmungsrecht gemäß § 87 Abs. 1 Nr. 8 BetrVG einschlägig sein.

Auch für sonstige Bildungsmaßnahmen gelten neben der Grundregel über die Mitbestimmung bei der Durchführung der Bildungsmaßnahmen (§ 98 Abs. 1 BetrVG) die speziellen Mitbestimmungsregelungen bei der Bestellung und Abberufung einer mit der Durchführung der Bildungsmaßnahmen beauftragten Person (§ 98 Abs. 2 BetrVG) und über die Teilnehmerauswahl (§ 98 Abs. 3 BetrVG). Entsprechend gestaltet ist die Rechtslage auch für den Fall, dass keine Einigung zwischen Arbeitgeber und Betriebsrat zustande kommt (§ 98 Abs. 4 und 5 BetrVG).

### gg. Bestellung und Abberufung der Ausbilder und ähnlicher Personen

**48** Der Betriebsrat kann der Bestellung einer mit der Durchführung der betrieblichen Berufsbildung beauftragten Person (vor allem der Ausbilder im Sinne des BBiG, vgl. § 14 Rn. 3 BBiG) widersprechen oder ihre Abberufung verlangen, wenn diese die persönliche oder fachliche, die berufs- und arbeitspädagogische Eignung im Sinne des BBiG nicht besitzt oder ihre Aufgaben vernachlässigt (§ 98 Abs. 2 BetrVG).

Dieses Mitbestimmungsrecht ist vor allem für die Berufsausbildung von Bedeutung. Gemäß § 14 Abs. 1 Nr. 2 BBiG haben die Ausbildenden (Arbeitgeber) selbst auszubilden oder einen Ausbilder ausdrücklich damit zu beauftragen. Auszubildende darf nur einstellen, wer persönlich geeignet ist (§ 28 Abs. 1 Satz 1 BBiG). Auszubildende darf nur ausbilden, wer persönlich und fachlich geeignet ist (§ 28 Abs. 1 Satz 2 BBiG). Hinsichtlich der fachlichen Eignung sind die Einzelheiten in der Ausbilder-Eignungsverordnung (AEVO) geregelt (vgl. die Kommentierung bei § 30 BBiG).

Der Betriebsrat kann eigenständig prüfen, ob aus seiner Sicht die fachliche Eignung vorliegt. Auch wenn die fachliche Eignung durch die zuständige Kammer bejaht wird, sind daran weder der Betriebsrat noch die Arbeitsgerichte gebunden.[98] Eine Vernachlässigung der Aufgaben einer mit der

---

96 Vgl. Richardi/*Thüsing* BetrVG § 98 Rn. 67; *Fitting* BetrVG § 98 Rn. 37.
97 Vgl. Richardi/*Thüsing* BetrVG § 98 Rn. 67.
98 *LAG Baden-Württemberg* 20. 10. 2017 – 15 TaBV 2/17.

Durchführung der betrieblichen Berufsbildung beauftragten Person liegt vor, wenn der Ausbilder seine Aufgaben nicht mit der erforderlichen Gewissenhaftigkeit ausführt und deshalb zu befürchten ist, dass die Auszubildenden das Ziel der Ausbildung nicht erreichen, ohne dass es auf Verschulden des Ausbilders ankommt. Eine Vernachlässigung der Aufgaben eines Ausbilders ist zu bejahen, wenn der Ausbilder ohne sachlich vertretbaren Grund von dem betrieblichen Ausbildungsplan abweicht oder wenn er seiner Tätigkeit keinen vollständigen, nachvollziehbaren Ausbildungsplan zugrunde legt und nicht nachweisbar ist, dass aus besonderen Gründen kein Plan erforderlich war, um das Ausbildungsziel in der vorgesehenen Ausbildungsdauer zu erreichen.[99] Allein der Umstand, dass in einem Betrieb bisher alle Auszubildenden die Prüfung bestanden haben, schließt nicht aus, dass eine das Ausbildungsziel gefährdende Vernachlässigung der Aufgaben des Ausbilders vorliegt.[100]

Erfasst werden alle mit der Durchführung der betrieblichen »Berufsbildung« beauftragten Personen, also auch die mit der Durchführung einer beruflichen Fort- oder Weiterbildung beauftragten Personen. Bestellung und Abberufung beziehen sich auf die Funktion als Ausbilder. Das ist zu unterscheiden von den personellen Einzelmaßnahmen nach § 99 oder § 102 BetrVG. Das Mitbestimmungsrecht des Betriebsrats nach § 98 Abs. 2 BetrVG umfasst lediglich ein Widerspruchs- und Abberufungsrecht. Anders als bei der Einstellung oder Versetzung eines Arbeitnehmers nach § 99 BetrVG bedarf die Bestellung einer mit der Durchführung einer Berufsbildungsmaßnahme beauftragten Person nicht der Zustimmung des Betriebsrats.[101]

Kommt in den in § 98 Abs. 2 BetrVG geregelten Fällen eine Einigung nicht zustande, so kann der Betriebsrat beim Arbeitsgericht beantragen, dem Arbeitgeber aufzugeben, die Bestellung zu unterlassen oder die Abberufung durchzuführen (§ 95 Abs. 5 Satz 1 BetrVG). Meinungsverschiedenheiten entscheidet also nicht die Einigungsstelle, sondern das Arbeitsgericht. Daneben hat auch der Arbeitgeber ein eigenes Antragsrecht.[102]

Führt der Arbeitgeber die Bestellung einer rechtskräftigen gerichtlichen Entscheidung zuwider durch, so ist er auf Antrag des Betriebsrats vom Arbeitsgericht wegen der Bestellung nach vorheriger Androhung zu einem Ordnungsgeld zu verurteilen; das Höchstmaß des Ordnungsgeldes beträgt 10 000 Euro (§ 98 Abs. 5 Satz 2 BetrVG).

Führt der Arbeitgeber die **Abberufung** einer rechtskräftigen gerichtlichen Entscheidung zuwider nicht durch, so ist auf Antrag des Betriebsrats vom Arbeitsgericht zu erkennen, dass der Arbeitgeber zur Abberufung durch

---

99 *LAG Baden-Württemberg* 20.10.2017 – 15 TaBV 2/17.
100 *LAG Baden-Württemberg* 20.10.2017 – 15 TaBV 2/17.
101 Vgl. Richardi/*Thüsing* BetrVG § 98 Rn. 26.
102 Vgl. *LAG Berlin* 6.1.2000 – 10 TaBV 2213/99, NZA-RR 2000, 370.

**Vertrag** § 10

Zwangsgeld anzuhalten sei; das Höchstmaß des Zwangsgeldes beträgt für jeden Tag der Zuwiderhandlung 250 Euro (§ 98 Abs. 5 Satz 3 BetrVG). Die Vorschriften des BBiG über die Ordnung der Berufsbildung bleiben unberührt (§ 98 Abs. 5 Satz 4 BetrVG).

### b. Rechte des Betriebsrats bei personellen Einzelmaßnahmen

In Unternehmen mit mehr als 20 wahlberechtigten Arbeitnehmern unterliegt gemäß § 99 BetrVG die **Einstellung, Eingruppierung, Umgruppierung** und **Versetzung** eines Arbeitnehmers der Mitbestimmung des Betriebsrats. Dieses Mitbestimmungsrecht bezieht sich auch auf Auszubildende, da zu den Arbeitnehmern im Sinne des Betriebsverfassungsrechts auch die zu ihrer Berufsausbildung Beschäftigten zählen (§ 5 Abs. 1 BetrVG). Der Betriebsrat ist, unabhängig von der Größe des Unternehmens, vor jeder Kündigung zu hören (§ 102 Abs. 1 BetrVG), das gilt auch bei der Kündigung von Auszubildenden (vgl. Rn. 53). 49

### aa. Einstellung

»**Einstellung**« meint die Begründung eines Vertragsverhältnisses durch Abschluss eines Arbeits- oder Ausbildungsvertrags oder auch nur die tatsächliche Eingliederung in den Betrieb, unabhängig davon, ob ein unbefristetes oder befristetes Arbeitsverhältnis begründet wird. Auch die Übernahme eines Auszubildenden in ein Arbeitsverhältnis im Anschluss an die Ausbildung stellt eine Einstellung im Sinne des § 99 BetrVG dar, und zwar auch im Falle der Begründung eines Arbeitsverhältnisses durch tatsächliche Beschäftigung im Sinne des § 24 BBiG (vgl. § 24 Rn. 20). 50

Mitbestimmungspflichtig ist aber nur die Einstellung als solche, **nicht der Vertragsinhalt**. Nach der Rechtsprechung des *BAG* kann der Betriebsrat seine Zustimmung zur Einstellung eines Arbeitnehmers, oder hier eines Auszubildenden, nicht mit der Begründung verweigern, die vertraglich vorgesehenen Ausbildungsbedingungen seien unzulässig. Das Mitbestimmungsrecht des Betriebsrats bei Einstellungen ist – so das *BAG* – kein Instrument der umfassenden Vertragsinhaltskontrolle. Deshalb kann der Betriebsrat über diesen Weg nicht die **Einstellung von Auszubildenden zu »untertariflichen« Bedingungen** verhindern. Der Auszubildende könne mögliche Tarifansprüche nach der Einstellung gegenüber dem Arbeitgeber individualrechtlich durchsetzen.[103] 51

Verweigert der Betriebsrat die Zustimmung zur Einstellung eines Auszubildenden, darf der Arbeitgeber diesen nicht beschäftigen. Der Arbeitgeber

---

103 Vgl. *BAG* 28. 3. 2000 – 1 ABR 16/99, NZA 2000, 1294.

muss ein entsprechendes Verfahren beim Arbeitsgericht einleiten auf Ersetzung der Zustimmung des Betriebsrats durch das Arbeitsgericht. Bei Eilbedürftigkeit kann der Arbeitgeber beantragen, die Einstellung vorläufig durchzuführen (§ 100 BetrVG).

#### bb. Versetzung

**52** Der Begriff der **Versetzung** im betriebsverfassungsrechtlichen Sinne ist in § 95 Abs. 3 BetrVG definiert, diese Definition gilt auch für Auszubildende. Versetzung ist danach die Zuweisung eines anderen Arbeitsbereichs, die voraussichtlich die Dauer von einem Monat überschreitet *oder* die mit einer erheblichen Änderung der Umstände verbunden ist, unter denen die Arbeit zu leisten ist. Werden Arbeitnehmer nach der Eigenart ihres Arbeitsverhältnisses üblicherweise nicht ständig an einem bestimmten Arbeitsplatz beschäftigt, so gilt die Bestimmung des jeweiligen Arbeitsplatzes nicht als Versetzung.

In einem Betrieb mit mehreren **Filialen** ist eine Zuweisung einer anderen Ausbildungsstätte (Filiale oder Zentrale) mit einer erheblichen Änderung der Umstände verbunden, unter denen die Ausbildung zu leisten ist. Diese Zuweisung ist eine Versetzung im Sinne des § 95 Abs. 3 Satz 1 BetrVG. Die Zuweisung einer anderen Ausbildungsstätte gilt nur dann nicht als Versetzung, wenn sie in dem Filialbetrieb üblich und zur Erreichung des Ausbildungsziels sachlich geboten ist (§ 95 Abs. 3 Satz 2 BetrVG). Das ist bei ausbildungsbedingten turnusmäßigen – jährlichen – Versetzungen von einer Filiale zur anderen oder zur Zentrale der Fall.[104]

#### cc. Kündigung

**53** Vor einer beabsichtigten **Kündigung** des Auszubildenden durch den Ausbildenden ist der Betriebsrat gemäß § 102 BetrVG anzuhören. Dies gilt unabhängig davon, zu welchem Zeitpunkt die Kündigung erfolgen soll, also auch bei einer Kündigung innerhalb der Probezeit (§ 22 Abs. 1 BBiG). Zur ordnungsgemäßen Anhörung des Betriebsrats ist es erforderlich, dass dem Betriebsrat im Einzelnen die Personaldaten des zu Kündigenden und die Gründe mitgeteilt werden, die aus Sicht des Arbeitgebers/Ausbildenden die Kündigung rechtfertigen sollen. Bei unterbliebener oder nicht ordnungsgemäßer Anhörung des Betriebsrats ist die Kündigung unwirksam.

---

104 Vgl. *BAG* 3. 12. 1985 – 1 ABR 58/83, NZA 1986, 532.

**Vertrag** § 10

### 6. Streitigkeiten aus dem Berufsausbildungsverhältnis

Bei einem **Streit der Vertragspartner** (Ausbildende und Auszubildende) aus dem privat-rechtlichen Berufsausbildungsverhältnis ist der Rechtsweg zu den **Arbeitsgerichten** gegeben, gegebenenfalls mit dem vorgeschalteten Verfahren vor dem **Schlichtungsausschuss** gemäß § 111 Abs. 2 ArbGG (vgl. Rn. 55 ff.).

Bei einem Streit in der Rechtsbeziehung zwischen Auszubildenden und der zuständigen Stelle (siehe § 71 BBiG) oder zwischen Ausbildenden und der zuständige Stelle ist auf die **Funktion der zuständigen Stellen** abzustellen. Diese handeln als öffentlich-rechtliche Körperschaften. Auf ihre Verwaltungstätigkeit ist das VwVfG anzuwenden. Die Entscheidungen, die die zuständigen Stellen in Erfüllung der ihnen zugewiesenen Aufgaben im Einzelfall treffen, sind **Verwaltungsakte**. Für die diese Rechtsstreitigkeiten ist der Rechtsweg zu den **Verwaltungsgerichten** gegeben. Grundsätzlich ist vorweg das **Widerspruchsverfahren** gemäß den §§ 68 ff. VwGO durchzuführen.

Solche öffentlich-rechtlichen Streitigkeiten liegen zum Beispiel bei den folgenden Fallkonstellationen vor:
- Untersagung des Einstellens und Ausbildens (§ 33 BBiG),
- Entscheidung über den Antrag auf Kürzung der Ausbildungsdauer (§ 8 Abs. 2 BBiG);
- Entscheidung über den Antrag auf Verlängerung der Ausbildungsdauer (§ 8 Abs. 1 BBiG)
- Ablehnung der Eintragung oder Löschung im Verzeichnis der Berufsausbildungsverhältnisse (§ 35 BBiG),
- Nichtzulassung zur Abschlussprüfung (§ 43 BBiG),
- Bewertung der Abschlussprüfung (§ 37 BBiG).

Bestimmte Verstöße gegen das BBiG stellen gemäß § 101 BBiG **Ordnungswidrigkeiten** dar, die mit einer Geldbuße geahndet werden können. Gegen den Bußgeldbescheid (§ 65 OWiG) kann Einspruch eingelegt werden (§ 67 OWiG). Über diesen entscheidet das Amtsgericht, in dessen Bezirk die Behörde ihren Sitz hat (§ 68 OWiG). Gegen die Entscheidung des Amtsgerichts ist unter eingeschränkten Voraussetzungen die Rechtsbeschwerde an das OLG statthaft (§§ 79, 80 OWiG).

### a. Verfahren vor dem Schlichtungsausschuss

Zur **Beilegung von Streitigkeiten zwischen Ausbildenden und Auszubildenden** aus einem bestehenden Berufsausbildungsverhältnis können gemäß § 111 Abs. 2 Satz 1 ArbGG im Bereich des Handwerks die Handwerksinnungen, im Übrigen die zuständigen Stellen (vgl. § 71 BBiG) Ausschüsse bilden, denen Arbeitgeber und Arbeitnehmer in gleicher Zahl angehören müssen (Schlichtungsausschuss). Die genannten Stellen »können«, müssen aber nicht entsprechende Schlichtungsausschüsse schaffen. Die Bildung der Schlichtungsausschüsse ist also nicht obligatorisch, sondern steht im Ermessen der zuständigen Stellen.[105] Zwar sind im Bereich des Handwerks die **Handwerksinnungen** und nicht die Handwerkskammern für die Bildung der Schlichtungsausschüsse zuständig; gleichwohl können die Schlichtungsausschüsse organisatorisch auch den Handwerkskammern zugeordnet werden. Ist ein Schlichtungsausschuss eingerichtet, ist dieser auch dann zuständig, wenn der entsprechende Ausbildungsbetrieb nicht Mitglied der betreffenden Handwerksinnung ist.

### aa. Zusammensetzung

56 Dem Schlichtungsausschuss müssen **Arbeitgeber und Arbeitnehmer in gleicher Zahl** angehören (§ 111 Abs. 2 Satz 1 ArbGG). Die **Zahl der Mitglieder** des Schlichtungsausschusses ist gesetzlich nicht festgelegt und kann deshalb von der jeweils zuständigen Stelle festgelegt werden. Das muss aber abstrakt-generell geschehen, darf also nicht jeweils für den Einzelfall unterschiedlich geregelt werden. Es muss sich um die »**gleiche Zahl**« von Arbeitnehmern und Arbeitgebern handeln; ein Übergewicht einer Seite ist nicht zulässig. Da es um Rechtsstreitigkeiten zwischen Auszubildenden und Ausbildenden geht, ist es konsequent, dass nur diese beiden Seiten im Schlichtungsausschuss vertreten sind. Lehrer von berufsbildenden Schulen können deshalb nicht Mitglieder des Ausschusses sein.

Die Einzelheiten des Verfahrens und der Zusammensetzung des Schlichtungsausschusses kann die zuständige Stelle im Rahmen der gesetzlichen Vorgaben selbständig regeln. Es kann auch geregelt werden, dass zusätzlich zu den Arbeitnehmer- und Arbeitgeber-Vertretern ein **unparteiischer Vorsitzender** (neutraler Dritter) bestellt wird. Denkbar ist es auch, auf einen unparteiischen Vorsitzenden zu verzichten und den Schlichtungsausschuss nur mit Arbeitgeber- und Arbeitnehmer-Vertretern zu besetzen, wobei dann deren genaue Zahl festzulegen wäre. Wird kein unparteiischer Vorsitzender bestimmt, kann es zu einem Patt bei der Abstimmung über einen Spruch kommen mit der Folge, dass das Schlichtungsverfahren nicht durch einen Spruch beendet werden kann.

---

105 Vgl. zur rechtspolitischen Diskussion *Lakies/Malottke* BBiG § 10 Rn. 97 ff. Hinsichtlich des unterschiedlich ausgestalteten Rechtsschutzes bei einer Kündigung des Ausbildungsverhältnisses hat das *BAG* verfassungsrechtliche Einwände zurückgewiesen; BAG 23.7.2015 – 6 AZR 490/14, Rn. 52 ff., NZA-RR 2015, 628.

## bb. Zuständigkeit

Der Schlichtungsausschuss ist, so er denn gebildet ist, zuständig für alle **Streitigkeiten zwischen Ausbildenden und Auszubildenden** aus einem bestehenden Berufsausbildungsverhältnis. **Sachlich und örtlich zuständig** ist der Schlichtungsausschuss der Stelle, bei welcher der Berufsausbildungsvertrag im Verzeichnis der Berufsausbildungsverhältnisse (§§ 34 bis 36 BBiG) eingetragen ist. Ist eine Eintragung noch nicht erfolgt, ist die Stelle maßgebend, bei der die Eintragung vorzunehmen ist.

Der Schlichtungsausschuss ist zuständig für **Streitigkeiten aus einem »bestehenden« Berufsausbildungsverhältnis**. Solche liegen vor, wenn das Berufsausbildungsverhältnis besteht und zum Beispiel gestritten wird um die Höhe der Ausbildungsvergütung, einen Anspruch auf Fortzahlung der Vergütung, einen Anspruch auf Freistellung, die Gewährung von Urlaub, Schadenersatzansprüche im bestehenden Ausbildungsverhältnis.

Streitigkeiten aus einem »bestehenden« Berufsausbildungsverhältnis liegen auch dann vor, wenn es darum geht, ob das Berufsausbildungsverhältnis (fort)besteht oder ob es aufgrund rechtsgeschäftlicher Erklärungen, etwa einer Kündigung, beendet ist. Der Schlichtungsausschuss ist, so er denn besteht, deshalb auch zuständig, wenn darum gestritten wird, ob sich das Berufsausbildungsverhältnis nach dem Nichtbestehen der Abschlussprüfung gemäß § 21 Abs. 3 BBiG verlängert hat oder wenn im Streit ist, ob das Berufsausbildungsverhältnis durch einen Aufhebungsvertrag oder durch eine Kündigung beendet worden ist.

Eine Streitigkeit aus einem »bestehenden« Berufsausbildungsverhältnis liegt nicht vor, der **Schlichtungsausschuss ist nicht zuständig**, wenn das Berufsausbildungsverhältnis nach Auffassung beider Vertragsparteien beendet ist und um **Ansprüche aus dem beendeten Berufsausbildungsverhältnis** gestritten wird. Das ist der Fall, wenn zum Beispiel gestritten wird, ob ein Anspruch auf Schadensersatz bei vorzeitiger Beendigung gemäß § 23 BBiG besteht, das erteilte Zeugnis gemäß § 16 BBiG ordnungsgemäß ist, ein Anspruch auf Weiterbeschäftigung in einem Arbeitsverhältnis gemäß § 24 BBiG besteht.

## cc. Verfahrensablauf

Der Schlichtungsausschuss hat die Parteien mündlich zu hören (§ 111 Abs. 2 Satz 2 ArbGG). Es muss also eine **mündliche Anhörung/Verhandlung** stattfinden, dabei können sich die Parteien durch Bevollmächtigte, auch durch einen Rechtsanwalt, vertreten lassen. Ziel der mündlichen Verhandlung ist die umfassende Erörterung des Sach- und Streitstandes und nach Möglichkeit eine **einvernehmliche Regelung** der Parteien (**Vergleich**).

**61** Sofern sich die Parteien nicht einigen, fällt der Schlichtungsausschuss einen **Spruch**. Dies gilt auch dann, wenn eine Partei nicht erscheint. Es ergeht in dem Fall keine Säumnisentscheidung, sondern es wird in der Sache selbst entschieden.[106] Ergeht ein **Spruch**, muss dieser **schriftlich** abgefasst, mit Gründen und einer **Rechtsmittelbelehrung** versehen und von allen Mitgliedern des Ausschusses **unterschrieben** sowie den Beteiligten zugestellt werden.[107] Der Schlichtungsausschuss kann in seinem Spruch dem Antrag einer Partei ganz oder teilweise stattgeben, ihn ganz oder teilweise zurückweisen oder – im Falle eines Patts bei der Abstimmung der Mitglieder des Schlichtungsausschusses – auch feststellen, dass **weder ein Spruch noch eine Einigung möglich** war. Die Parteien können anschließend, wenn sie mit der Entscheidung des Schlichtungsausschusses nicht einverstanden sind, Klage vor dem Arbeitsgericht erheben.

**62** Der Spruch erwächst in **materieller Rechtskraft** (das heißt: ist für beide Seiten verbindlich) und ist vollstreckbar nur dann, wenn er von beiden Parteien anerkannt wird.[108] Die **Anerkennung des Spruchs** durch die Parteien muss ausdrücklich erklärt werden. Schlüssiges (konkludentes) Handeln reicht nicht. Es ist nicht erforderlich, dass die Parteien den Spruch als inhaltlich richtig anerkennen. »Anerkennung« bedeutet lediglich, dass der Spruch des Schlichtungsausschusses von beiden Seiten als bindend angesehen, also hingenommen wird. Dementsprechend reicht die Erklärung, sich mit dem Spruch abfinden zu wollen.[109] Die Anerkennungserklärung kann nicht widerrufen oder angefochten werden und darf nicht mit einer Bedingung verbunden werden.[110] Die Anerkennung muss durch beide Seiten erklärt werden, eine einseitige Anerkennung reicht nicht. Die Anerkennung des Spruchs muss binnen einer **Frist von einer Woche** erfolgen (§ 111 Abs. 2 Satz 3 ArbGG). Die Frist beginnt mit der Zustellung des Schlichtungsspruchs; die Anerkennung kann aber schon vorher, etwa nach der Verkündung des Spruchs, erklärt werden. Mit der fristgemäßen Anerkennung des Spruchs durch beide Seiten wird der Spruch bindend für beide Seiten und ist damit wirksam. Eine nach dieser Frist erfolgte Anerkennung vermag die Wirksamkeit des Spruchs nicht mehr herbeizuführen. Eine verspätete Anerkennung kann aber als Angebot zum Abschluss eines außergerichtlichen Vergleichs verstanden werden, das die Gegenseite ihrerseits annehmen kann oder auch nicht.

---

106 Vgl. *Germelmann/Matthes/Prütting* ArbGG § 111 Rn. 31; DDZ-*Zwanziger* KSchR § 111 ArbGG Rn. 5.
107 Vgl. *Germelmann/Matthes/Prütting* ArbGG § 111 Rn. 36; DDZ-*Zwanziger* KSchR § 111 ArbGG Rn. 9f.
108 Vgl. *Germelmann/Matthes/Prütting* ArbGG § 111 Rn. 41.
109 Vgl. *Germelmann/Matthes/Prütting* ArbGG § 111 Rn. 45ff.
110 Vgl. *Leinemann/Taubert* BBiG § 22 Rn. 166.

**Vertrag** § 10

Die den Beteiligten entstehenden **Kosten** durch das Verfahren vor dem Schlichtungsausschuss (zum Beispiel durch die Einschaltung eines Rechtsanwalts) haben diese – mangels anderweitiger Regelung – selbst zu tragen. Eine Bewilligung von **Prozesskostenhilfe** ist nicht möglich, da die entsprechenden Vorschriften nur für Verfahren vor staatlichen Gerichten gelten.

### dd. Zwangsvollstreckung

Aus Vergleichen, die vor dem Schlichtungsausschluss geschlossen worden sind, und aus Sprüchen des Ausschusses, die von beiden Seiten anerkannt worden sind, findet die **Zwangsvollstreckung** statt (§ 111 Abs. 2 Satz 6 ArbGG). Gemäß § 111 Abs. 2 Satz 7 ArbGG gelten die §§ 107 und 109 ArbGG entsprechend, so dass der Vergleich oder der Spruch zunächst vom Arbeitsgericht für vollstreckbar erklärt werden muss, bevor aus ihm die Zwangsvollstreckung betrieben werden kann.[111]

63

### ee. Spruch des Schlichtungsausschusses und Klage vor dem Arbeitsgericht

Wird der vom Ausschuss gefällte **Spruch nicht** innerhalb einer Woche von beiden Parteien **anerkannt**, so kann gemäß § 111 Abs. 2 Satz 3 ArbGG nur binnen zwei Wochen nach ergangenem Spruch **Klage** beim zuständigen Arbeitsgericht erhoben werden. Es geht um eine Klage in der Sache, nicht gegen den Spruch.[112] Deshalb sind die normalen Klageanträge zu stellen, die auch sonst bei Nichtdurchführung eines Schlichtungsverfahrens gestellt worden wären. Einer Aufhebung des Spruchs des Schlichtungsausschusses bedarf es nicht, weil dieser mangels Anerkennung nicht rechtskräftig geworden ist.[113]

64

Die Klage muss **binnen zwei Wochen nach Zustellung des Spruchs** erhoben werden, dabei handelt es sich um eine **prozessuale Ausschlussfrist**.[114] Eine nach Ablauf der Zwei-Wochen-Frist, also verspätet erhobene Klage, ist unzulässig. Wurde die Frist ohne Verschulden versäumt, kann eine Wiedereinsetzung in vorherigen Stand beantragt werden (§ 233 ZPO in Verbindung mit § 46 Abs. 2 ArbGG). Über die Klagemöglichkeit und das zuständige Arbeitsgericht nebst Anschrift und die einzuhaltende Frist und Form hat der Schlichtungsausschuss mit dem Spruch schriftlich eine **Rechtsmittelbeleh-**

65

---

111 Vgl. *Germelmann/Matthes/Prütting* ArbGG § 111 Rn. 56ff.; DDZ-*Zwanziger* KSchR § 111 ArbGG Rn. 15ff.
112 Vgl. *BAG* 9.10.1979 – 6 AZR 776/77, AP ArbGG 1953 § 111 Nr. 3; DDZ-*Zwanziger* KSchR § 111 ArbGG Rn. 13.
113 Vgl. *Leinemann/Taubert* BBiG § 22 Rn. 168.
114 Vgl. APS-*Biebl*, § 111 ArbGG Rn. 17; *Leinemann/Taubert* BBiG § 22 Rn. 169.

rung zu erteilen und diese zu unterschreiben (§§ 111 Abs. 2 Satz 4 ArbGG in Verbindung mit § 9 Abs. 5 ArbGG).

**66** Fehlt die Rechtsmittelbelehrung oder ist diese nicht ordnungsgemäß im Sinne des § 9 Abs. 5 ArbGG, fehlt zum Beispiel die Unterschrift, so gilt für die Klage die **Jahresfrist** des § 9 Abs. 5 ArbGG.[115]

### ff. Verhältnis von Schlichtungs- und gerichtlichem Verfahren

**67** Besteht ein **Schlichtungsausschuss**, muss zunächst dieser angerufen werden (vgl. § 111 Abs. 2 Satz 5 ArbGG). Die vor Anrufung des Schlichtungsausschusses eingereichte **Klage ist unzulässig**, sie wird aber nachträglich zulässig, wenn das nach Klageerhebung eingeleitete Schlichtungsverfahren beendet und der Spruch nicht anerkannt wurde.[116] Bei der vorherigen Anrufung des Schlichtungsausschusses handelt es sich eine **unverzichtbare Prozessvoraussetzung** für die Klage, die auch ohne Rüge der Parteien von Amts wegen zu prüfen ist.[117] Die Parteien können nicht auf die Durchführung des Schlichtungsverfahrens verzichten. Sie können auch nicht durch eine rügelose Einlassung im arbeitsgerichtlichen Verfahren die Zuständigkeit des Schlichtungsausschusses umgehen.[118] Wenn allerdings der **Schlichtungsausschuss den ordnungsgemäßen Abschluss des Schlichtungsverfahrens verweigert**, weil er sich zum Beispiel nicht für zuständig hält oder (entgegen § 111 Abs. 2 Satz 3 ArbGG) keinen Spruch fällt, kann das Unterbleiben einer Entscheidung dem Antragsteller nicht angelastet werden und es darf unmittelbar Klage zum Arbeitsgericht erhoben werden.[119]

**68** Besteht kein **Schlichtungsausschuss** oder ist dieser nicht zuständig (vgl. Rn. 57 ff.), ist unmittelbar das **Arbeitsgericht** anzurufen (vgl. zur Wahrung der Klagefrist bei einer Kündigungsschutzklage Rn. 69). Wenn der Schlichtungsausschuss es ablehnt, ein Verfahren durchzuführen (zum Beispiel, weil er sich nicht für zuständig hält), kann ebenfalls unmittelbar das Arbeitsgericht angerufen werden, selbst wenn die Ablehnung rechtlich unzutreffend war.[120]

Da eine **einstweilige Verfügung** (z. B. auf tatsächliche Ausbildung) vom Schlichtungsausschuss nicht wirksam erlassen werden kann, kann insoweit

---

115 Vgl. *BAG* 30. 9. 1998 – 5 AZR 690/97, NZA 1999, 265.
116 Vgl. *BAG* 12. 2. 2015 – 6 AZR 845/13, Rn. 24, NZA 2015, 741.
117 Vgl. *BAG* 23. 7. 2015 – 6 AZR 490/14, Rn. 14, NZA-RR 2015, 628; *BAG* 12. 2. 2015 – 6 AZR 845/13, Rn. 24, NZA 2015, 741; *BAG* 26. 1. 1999 – 2 AZR 134/98, NZA 1999, 934.
118 Vgl. *Germelmann/Matthes/Prütting* ArbGG § 111 Rn. 20; DDZ-*Zwanziger* KSchR § 111 ArbGG Rn. 19; **a. A.**: *Leinemann/Taubert* BBiG § 22 Rn. 141.
119 *BAG* 22. 2. 2018 – 6 AZR 50/17, Rn. 10, NZA 2018, 575; *BAG* 12. 2. 2015 – 6 AZR 845/13, Rn. 25, NZA 2015, 741.
120 Vgl. *Germelmann/Matthes/Prütting* ArbGG § 111 Rn. 21.

## Vertrag § 10

das Arbeitsgericht direkt angerufen werden, auch wenn ein Schlichtungsausschuss besteht.[121]

Wer gegen die **Kündigung** eines Arbeitsverhältnisses vorgehen will, muss grundsätzlich die **Klagefrist** von drei Wochen einhalten (§ 4 KSchG). § 111 Abs. 2 ArbGG stellt insofern eine Sonderregelung dar. Da § 111 Abs. 2 ArbGG eine Klagefrist nicht vorsieht, gilt die Klagefrist des § 4 KSchG *nicht* bei der Kündigung eines Berufsausbildungsverhältnisses, wenn ein **Schlichtungsausschuss** besteht.[122]

Die Möglichkeit der Anrufung des Schlichtungsausschusses kann aber nach dem Grundsatz von Treu und Glauben **verwirken** (§ 242 BGB). Da die Klagefrist von drei Wochen gerade nicht gilt, kann sie insoweit auch nicht als »Verwirkungsfrist« angesehen werden, so dass eine Verwirkung erst nach dem Ablauf einer längeren Zeitspanne denkbar ist.[123]

**Besteht kein Schlichtungsausschuss**, ist ein Rechtsschutz gegen eine Kündigung des Berufsausbildungsverhältnisses nur über die Anrufung des Arbeitsgerichts möglich. Deshalb gilt dann die gesetzliche **Klagefrist** des § 4 KSchG (drei Wochen nach Zugang der Kündigung).[124] Gegebenenfalls muss sich der Betroffene nach Erhalt einer Kündigung bei der zuständigen Stelle erkundigen, ob ein Schlichtungsausschuss gebildet ist. Im Zweifelsfall empfiehlt es sich, innerhalb der Klagefrist Klage beim Arbeitsgericht zu erheben, und (falls sich herausstellt, dass doch ein Schlichtungsausschuss besteht) die Aussetzung des Klageverfahrens beim Arbeitsgericht zu beantragen, bis das Schlichtungsverfahren abgeschlossen ist. Versäumt der Auszubildende nach Erhalt einer Kündigung die Frist für die Klageerhebung beim Arbeitsgericht, weil er nicht zügig Erkundigungen einholt, ob ein Schlichtungsausschuss besteht, geht dies zu seinen Lasten.[125] Allerdings soll nach dem *BAG* bei **Nichteinhaltung der Klagefrist** des § 4 KSchG eine großzügige Anwendung der Möglichkeit der nachträglichen Klagezulassung gemäß § 5 KSchG geboten sein.[126] Zu berücksichtigen seien vor allem das jugendliche Alter und die Unerfahrenheit von Auszubildenden im Arbeitsleben.[127]

---

121 Vgl. *LAG Rheinland-Pfalz* 9.3.2017 – 2 SaGa 2/17; *Germelmann/Matthes/Prütting* ArbGG § 111 Rn. 63.
122 Vgl. *BAG* 23.7.2015 – 6 AZR 490/14, NZA-RR 2015, 628; *BAG* 13.4.1989 – 2 AZR 441/88, AP KSchG 1969 § 4 Nr. 21; vgl. zum Streitstand ausführlich *Germelmann/Matthes/Prütting* ArbGG § 111 Rn. 22ff.; *Leinemann/Taubert* BBiG § 22 Rn. 145.
123 Vgl. *BAG* 23.7.2015 – 6 AZR 490/14, Rn. 54ff., NZA-RR 2015, 628; DDZ-*Zwanziger* KSchR § 111 ArbGG Rn. 22; **a.A.:** APS-*Biebl*, § 111 ArbGG Rn. 9.
124 *BAG* 23.7.2015 – 6 AZR 490/14, NZA-RR 2015, 628; *BAG* 5.7.1990 – 2 AZR 53/90, AP KSchG 1969 § 4 Nr. 23; *BAG* 26.1.1999 – 2 AZR 134/98, AP KSchG 1969 § 4 Nr. 43.
125 Vgl. *LAG Berlin* 30.6.2003 – 6 Ta 1276/03, MDR 2004, 160.
126 *BAG* 23.7.2015 – 6 AZR 490/14, Rn. 60, NZA-RR 2015, 628.
127 Vgl. *BAG* 26.1.1999 – 2 AZR 134/98, NZA 1999, 934.

**§ 10** Vertrag

70 Häufig gelten tarifvertragliche oder einzelvertragliche **Ausschluss- oder Verfallfristen** (vgl. § 11 Rn. 37). Diese sehen vor, dass Ansprüche aus dem Arbeitsverhältnis/Berufsausbildungsverhältnis verfallen, wenn sie nicht rechtzeitig geltend gemacht werden. Findet ein entsprechender Tarifvertrag Anwendung und gelten die Ausschlussfristen auch für Ansprüche aus dem Berufsausbildungsverhältnis[128] oder ist einzelvertraglich eine Ausschlussfrist wirksam vereinbart, ist häufig zu unterscheiden zwischen der schriftlichen oder gerichtlichen Geltendmachung von Ansprüchen. Für die **schriftliche Geltendmachung** gilt hinsichtlich der Anrufung des Schlichtungsausschusses keine Besonderheit. Da die schriftliche Geltendmachung gegenüber dem Anspruchsgegner zu erfolgen hat, ist der Zugang der Geltendmachung bei diesem und nicht beim Schlichtungsausschuss entscheidend. Verlangen die Ausschlussfristen eine »**gerichtliche**« Geltendmachung, kann diese, wenn ein Schlichtungsausschuss besteht, durch die Anrufung des Schlichtungsausschusses gewahrt werden, weil dann eine Klage zunächst unzulässig wäre. Denkbar ist aber auch, insoweit davon auszugehen, dass die Ausschlussfristen, soweit sie eine gerichtliche Geltendmachung verlangen, einschränkend dahin auszulegen sind, dass diese keine Anwendung finden, soweit ein Schlichtungsausschuss gebildet ist, weil die Anrufung eines »Gerichts« unmöglich ist und die Anrufung des Ausschusses dem nicht gleichsteht. Vorsorglich sollte – die zunächst unzulässige – Klage vor dem Arbeitsgericht erhoben werden.

Die **Verjährung** von Ansprüchen aus dem Berufsausbildungsverhältnis wird durch Klageerhebung vor dem Arbeitsgericht gehemmt (§ 204 Abs. 1 Nr. 1 BGB), selbst wenn die Klage vor Abschluss des Schlichtungsverfahrens unzulässig wäre. Da der Schlichtungsausschuss als Organ der zuständigen Stelle einer »Behörde« (vgl. § 204 Abs. 1 Nr. 12 BGB) gleichstehen dürfte, kann auch durch Anrufung des Schlichtungsausschusses die Verjährung unterbrochen werden, was allerdings nicht gesichert ist.

Weitere **materiell-rechtliche Wirkungen**, die an eine gerichtliche Geltendmachung geknüpft werden (zum Beispiel das Entstehen von Prozesszinsen gemäß § 291 BGB), können durch die Anrufung des Schlichtungsausschusses nicht eintreten, da der Ausschuss kein Gericht ist.

### b. Verfahren vor dem Arbeitsgericht

71 Besteht kein Schlichtungsausschuss (vgl. Rn. 55 ff.), so sind Rechtsstreitigkeiten aus dem Berufsausbildungsverhältnis unmittelbar vor den Gerichten für Arbeitssachen auszutragen. Als erste Instanz zuständig ist das Arbeitsge-

---

128 *BAG* 25.7.2002 – 6 AZR 381/00, DB 2003, 510.

# Vertrag § 10

richt. Streitigkeiten aus dem Berufsausbildungsverhältnis werden im so genannten Urteilsverfahren (§ 2 ArbGG) ausgetragen.

## c. Zuständigkeit der Arbeitsgerichte

Die Gerichte für Arbeitssachen sind unter anderem zuständig für bürgerliche Rechtsstreitigkeiten zwischen Arbeitnehmern und Arbeitgebern (§ 2 Abs. 1 Nr. 3 ArbGG). Als Arbeitnehmer im Sinne des ArbGG gelten gemäß § 5 Abs. 1 Satz 1 ArbGG auch die zu ihrer Berufsausbildung Beschäftigten. Unter Berufsausbildung im Sinne des § 5 Abs. 1 Satz 1 ArbGG sind alle Bereiche der Berufsbildung nach § 1 Abs. 1 zu verstehen, also nicht nur die Berufsausbildung im engeren Sinne.[129] Eine Beschäftigung zur Berufsausbildung liegt auch vor, wenn der Betreffende auf Grund eines privatrechtlichen Vertrags im Dienste eines Anderen Arbeit leistet und dies außerhalb der betrieblichen Berufsbildung erfolgt. Der Beschäftigte muss dabei dem Weisungsrecht des Ausbildenden bei Inhalt, Zeit und Ort der Tätigkeit unterworfen sein.[130] 72

Handelt es sich nicht um ein Berufsausbildungsverhältnis, aber um eine Fortbildung oder Umschulung im Sinne des § 1, kommt zwar die Zuständigkeit eines Schlichtungsausschusses der zuständige Stelle gemäß § 111 Abs. 2 ArbGG (vgl. Rn. 57 ff.) von vornherein nicht in Betracht, aber gleichwohl kann die Arbeitsgerichtsbarkeit für entsprechende Streitigkeiten zuständig sein. Auch für Streitigkeiten aus einem **Fortbildungs- oder Umschulungsverhältnis** kann deshalb der Rechtsweg zu den Arbeitsgerichten eröffnet sein, wenn der Betreffende aufgrund eines privat-rechtlichen Vertrags im Dienst eines anderen tätig ist.[131] 73

Das gilt auch für Praktikanten und Volontäre, sofern das Praktikum nicht Teil einer öffentlich-rechtlich geregelten Schul-, Hochschul- oder Universitätsausbildung ist. Auch wenn **Berufsakademiestudenten**, deren Ausbildung an der Studienakademie (Lernort Theorie) und an einer betrieblichen Ausbildungsstätte stattfindet, nicht in den Geltungsbereich des BBiG fallen, können sie gleichwohl im Rahmen der betrieblichen Ausbildung zu ihrer Berufsausbildung beschäftigt und deshalb Arbeitnehmer im Sinne des § 5 Abs. 1 Satz 1 ArbGG sein. Sie sind während der betrieblichen Ausbildung zu ihrer Berufsausbildung beschäftigt, wenn sie einem Weisungsrecht des Ausbildenden unterliegen.[132]

---

129 Vgl. *Germelmann/Matthes/Prütting* ArbGG § 5 Rn. 10 m.w.N.
130 *BAG* 15.4.2015 – 9 AZB 10/15, Rn. 15; *BAG* 24.9.2002, 5 AZB 12/02, AP ArbGG 1979 § 5 Nr. 56.
131 Vgl. *BAG* 21.5.1997 – 5 AZB 30/96, NZA 1997, 1013; *BAG* 24.2.1999 – 5 AZB 10/98, NZA 1999, 557; *BAG* 24.9.2002 – 5 AZB 12/02, AP ArbGG 1979 § 5 Nr. 56.
132 *BAG* 27.9.2006 – 5 AZB 33/06, NZA 2006, 1432.

**§ 10** **Vertrag**

**74** Nach der Rechtsprechung des *BAG* kommt es entscheidend darauf an, ob der »Auszubildende« (im weiteren Sinne) aufgrund eines privat-rechtlichen Vertrags »beschäftigt« wird. Das kommt auch außerhalb der betrieblichen Berufsbildung gemäß § 2 Abs. 1 BBiG in Betracht.[133] Das gilt zum Beispiel für die Ausbildung zum Kranken-/Gesundheits- oder Altenpfleger, die an Berufsfachschulen stattfindet. Für Rechtsstreitigkeiten aus diesen Ausbildungsverhältnissen sind die Arbeitsgerichte zuständig.[134] Für die Beantwortung der Frage, ob jemand als »Beschäftigter« im Sinne des § 5 Abs. 1 Satz 1 ArbGG tätig ist, kommt es weder auf den Lernort noch die Lehrmethode an, entscheidend ist vielmehr der Inhalt des Vertrags. Es kommt darauf an, ob die Parteien des Ausbildungsvertrags für die Dauer der »Ausbildung« Rechte und Pflichten begründet haben, die über den reinen Leistungsaustausch hinausgehen und das Ausbildungsverhältnis in die Nähe des Arbeitsverhältnisses rücken.

**75** Auch Auszubildende in berufsbildenden Schulen und »**sonstigen Berufsbildungseinrichtungen**« können im Sinne des § 5 Abs. 1 Satz 1 ArbGG »zu ihrer Berufsausbildung Beschäftigte« sein.[135] Zu seiner Berufsausbildung beschäftigt sein im Sinne des § 5 Abs. 1 Satz 1 ArbGG kann auch jemand, der ein »**Umschulungsverhältnis**« begründet hat und um Rechte und Pflichten aus diesem streitet; hierfür sind dann die Arbeitsgerichte zuständig.[136]

**76** Auch Auszubildende oder Umschüler in **überbetrieblichen Ausbildungseinrichtungen** gehören zu diesem Personenkreis der zur Berufsausbildung Beschäftigten im Sinne des § 5 Abs. 1 Satz 1 ArbGG. Die vom *BAG* im Bereich der Betriebsverfassung gemachte Einschränkung,[137] nach der Auszubildende nicht zu den Arbeitnehmern solcher Ausbildungseinrichtungen gehören, ist für die Frage der Zuständigkeit der Arbeitsgerichte ohne Belang.[138]

**77** Wird in Rahmen des **Strafvollzugs** zwischen dem Träger der Vollzugsanstalt und einem Strafgefangenen ein Berufsausbildungsverhältnis begründet, handelt es sich hierbei nicht um ein privat-rechtliches, sondern um ein **öffentlich-rechtliches Rechtsverhältnis**, für das die Gerichte für Arbeitssachen nicht zuständig sind.[139] Etwas anderes gilt bei einer Umschulungsvereinbarung, die mit Genehmigung des Leiters der JVA zwischen einer Strafgefangenen und einem privat-rechtlichen Umschulungsträger geschlossen

---

133 Vgl. *BAG* 24.9.2002 – 5 AZB 12/02, AP ArbGG 1979 § 5 Nr. 56.
134 Vgl. nur *LAG Mecklenburg-Vorpommern* 7.3.2014 – 3 Ta 3/14.
135 Vgl. *BAG* 24.2.1999 – 5 AZB 10/98, NZA 1999, 557.
136 Vgl. *BAG* 24.9.2002 – 5 AZB 12/02, AP ArbGG 1979 § 5 Nr. 56.
137 Vgl. *BAG* 21.7.1993 – 7 ABR 35/92, NZA 1994, 713; *BAG* 12.9.1996 – 7 ABR 61/95, NZA 1997, 273.
138 Vgl. *BAG* 21.5.1997 – 5 AZB 30/96, NZA 1997, 1013; *LAG Bremen* 9.8.1996 – 2 Ta 15/96, AP ArbGG 1979 § 5 Nr. 29.
139 Vgl. *BAG* 18.11.1986 – 7 AZR 311/85, AP ArbGG 1979 § 2 Nr. 5.

wird. In dem Fall ist bei Streitigkeiten über den Umschulungsvertrag, etwa bei einer Kündigung, der Rechtsweg zu den Arbeitsgerichten gegeben.[140]

## § 11 Vertragsniederschrift

(1) Ausbildende haben unverzüglich nach Abschluss des Berufsausbildungsvertrages, spätestens vor Beginn der Berufsausbildung, den wesentlichen Inhalt des Vertrages gemäß Satz 2 schriftlich niederzulegen; die elektronische Form ist ausgeschlossen. In die Niederschrift sind mindestens aufzunehmen
1. Art, sachliche und zeitliche Gliederung sowie Ziel der Berufsausbildung, insbesondere die Berufstätigkeit, für die ausgebildet werden soll,
2. Beginn und Dauer der Berufsausbildung,
3. Ausbildungsmaßnahmen außerhalb der Ausbildungsstätte,
4. Dauer der regelmäßigen täglichen Ausbildungszeit,
5. Dauer der Probezeit,
6. Zahlung und Höhe der Vergütung,
7. Dauer des Urlaubs,
8. Voraussetzungen, unter denen der Berufsausbildungsvertrag gekündigt werden kann,
9. ein in allgemeiner Form gehaltener Hinweis auf die Tarifverträge, Betriebs- oder Dienstvereinbarungen, die auf das Berufsausbildungsverhältnis anzuwenden sind,
10. die Form des Ausbildungsnachweises nach § 13 Satz 2 Nummer 7.

(2) Die Niederschrift ist von den Ausbildenden, den Auszubildenden und deren gesetzlichen Vertretern und Vertreterinnen zu unterzeichnen.

(3) Ausbildende haben den Auszubildenden und deren gesetzlichen Vertretern und Vertreterinnen eine Ausfertigung der unterzeichneten Niederschrift unverzüglich auszuhändigen.

(4) Bei Änderungen des Berufsausbildungsvertrages gelten die Absätze 1 bis 3 entsprechend.

**Inhaltsübersicht** Rn
1. Sinn und Zweck . . . . . . . . . . . . . . . . . . . . . . . . . . . . . 1
2. Schriftliche Niederlegung des Vertragsinhalts . . . . . . . . . . . . . 2– 8
3. Mindestinhalt . . . . . . . . . . . . . . . . . . . . . . . . . . . . . . 9–36
   a. Art, sachliche und zeitliche Gliederung sowie Ziel der Ausbildung . 10, 11
   b. Beginn und Dauer der Ausbildung . . . . . . . . . . . . . . . . . 12, 13
   c. Ausbildungsmaßnahmen außerhalb der Ausbildungsstätte/Teilausbildung im Ausland . . . . . . . . . . . . . . . . . . . . . . . . . 14
   d. Dauer der regelmäßigen täglichen Ausbildungszeit . . . . . . . . . 15–18

---

140 *LAG Hessen* 3.12.2010 – 8 Ta 217/10.

e. Dauer der Probezeit . . . . . . . . . . . . . . . . . . . . . . . . . 19
f. Zahlung und Höhe der Vergütung . . . . . . . . . . . . . . . . . 20, 21
g. Dauer des Urlaubs . . . . . . . . . . . . . . . . . . . . . . . . . . . 22–26
h. Kündigungsvoraussetzungen . . . . . . . . . . . . . . . . . . . . 27
i. Hinweis auf Tarifverträge, Betriebs- oder Dienstvereinbarungen . . 28–35
j. Form des Ausbildungsnachweises . . . . . . . . . . . . . . . . . . 36
4. Ausschluss- oder Verfallfristen . . . . . . . . . . . . . . . . . . . . . . 37

## 1. Sinn und Zweck

**1** § 11 BBiG gilt – wie auch alle anderen Vorschriften für das Berufsausbildungsverhältnis in Abschnitt 2 (§§ 10 bis 26 BBiG) – auch für Berufsausbildungsverhältnisse im **Handwerk** (vgl. § 3 Rn. 10).

Die Vertragsniederschrift ist vor allem zum **Schutz der Auszubildenden** vorgeschrieben. Sie soll sicherstellen, dass die Vertragsbedingungen für beide Seiten verbindlich feststehen und trägt so zur Vertragstransparenz bei. Sie ist aber auch im Hinblick auf die Eintragung in das Verzeichnis der Berufsausbildungsverhältnisse und für die Überwachung der Berufsausbildung durch die zuständigen Stellen von Bedeutung. Da die Pflicht zur Niederlegung der Vertragsbedingungen zu Lasten der Ausbildenden gilt, haben diese auch alle mit dieser Pflicht im Zusammenhang stehenden **Kosten** zu tragen.[1]

Die schriftliche Niederlegung des Ausbildungsvertrags erfolgt in **deutscher Sprache**. Das gilt auch, wenn der Vertragspartner Ausländer und/oder die Muttersprache eine andere ist.[2]

## 2. Schriftliche Niederlegung des Vertragsinhalts

**2** Für den Abschluss des Ausbildungsvertrags an sich besteht **keine Formvorschrift**. Er kann deshalb auch mündlich oder durch schlüssiges Handeln (konkludent) geschlossen werden (vgl. § 10 Rn. 15). Davon zu unterscheiden ist die hier geregelte Verpflichtung des Ausbildenden, den wesentlichen Inhalt des Vertrags schriftlich niederzulegen und dem Auszubildenden oder dessen gesetzlichem Vertreter die unterzeichnete Niederschrift auszuhändigen (§ 11 Abs. 3 BBiG). Ein Verstoß hiergegen führt nicht zur Nichtigkeit des Berufsausbildungsvertrags, stellt aber eine **Ordnungswidrigkeit** dar, die mit einer Geldbuße bis zu 1000 Euro geahndet werden kann (§ 101 Abs. 1 Nr. 1 und Nr. 2, Abs. 2 BBiG). Die Pflicht zur Vertragsniederschrift besteht »**unverzüglich**« (ohne schuldhaftes Zögern) nach Abschluss des Berufsausbildungsvertrags, spätestens vor Beginn der Berufsausbildung.

---

1 Vgl. *Leinemann/Taubert* BBiG § 11 Rn. 7.
2 Vgl. für Arbeitsverträge *BAG* 19.3.2014 – 5 AZR 252/12 (B), NZA 2014, 1076.

**Vertragsniederschrift** § 11

Was in die Niederschrift mindestens aufzunehmen ist, wird in Abs. 1 Satz 2 **3**
Nr. 1 bis 9 BBiG bestimmt (vgl. Rn. 10 ff.). Den Vertragsparteien steht es frei,
über die **Mindestangaben** hinaus weitere Vereinbarungen zu treffen, die
wirksam sind, sofern sie nicht gegen höherrangiges Recht verstoßen. Im Regelfall
dürfte es um für den Auszubildenden günstige Regelungen gehen, wie
z. B. die Vereinbarung der Übernahme von Fahrtkosten zur Ausbildungsstätte
durch den Ausbildenden. So bedarf es einer vertraglichen Regelung,
wenn **Teile der Ausbildung im Ausland** durchgeführt werden sollen (vgl.
Rn. 14).

Vertraglich vereinbart werden muss auch eine **Teilzeitausbildung**. Die Auszubildenden
haben keinen Rechtsanspruch auf eine Teilzeitberufsausbildung.
Sie sind darauf angewiesen, dass die Ausbildenden damit einverstanden
sind. Zu den Einzelheiten vgl. die Kommentierung des § 7a BBiG.

Die Vertragsniederschrift wird zudem benötigt für den **Antrag auf Eintragung
in das Verzeichnis der Berufsausbildungsverhältnisse**, der vom Ausbildenden
zu stellen ist. Die zuständige Stelle hat für anerkannte Ausbildungsberufe
ein Verzeichnis der Berufsausbildungsverhältnisse einzurichten
und zu führen, in das der Berufsausbildungsvertrag einzutragen ist (§ 34
Abs. 1 Satz 1 BBiG). Die Ausbildenden haben unverzüglich nach Abschluss
des Berufsausbildungsvertrags die Eintragung in das Verzeichnis zu beantragen
(§ 36 Abs. 1 Satz 1 BBiG). Der Antrag kann schriftlich oder elektronisch
gestellt werden; eine Kopie der Vertragsniederschrift ist jeweils beizufügen
(§ 36 Abs. 1 Satz 2 BBiG).

Der Ausbildungsvertrag ist auch ohne die Niederschrift des wesentlichen **4**
Vertragsinhalts wirksam. In der Praxis werden zumeist die **Musterverträge/
Formulare** der jeweils zuständigen Stellen verwendet. Eine rechtliche Verpflichtung
hierzu besteht aber nicht. Durch die Empfehlung des **Hauptausschusses
des BiBB** vom 21.7.2005 wird ebenfalls ein Ausbildungsvertragsmuster
nebst Merkblatt zur Verfügung gestellt *(www.bibb.de)*. Auch insoweit
besteht keine rechtliche Pflicht, dieses Muster zu verwenden. Auch die für
die Eintragung in das Verzeichnis der Ausbildungsverhältnisse zuständige
Stelle kann nicht – auch nicht durch Satzungsrecht – die Benutzung der von
ihr herausgegebenen Vertragsformulare als formelle Voraussetzung für die
Eintragung in das Verzeichnis der Berufsausbildungsverhältnisse vorschreiben
(vgl. § 35 Rn. 2).

Die **Vertragsniederschrift** ist von den Ausbildenden, den Auszubildenden **5**
und, sofern diese minderjährig sind, deren gesetzlichen Vertretern **zu unterzeichnen**
(§ 11 Abs. 2 BBiG). Die Ausbildenden haben den Auszubildenden
und gegebenenfalls deren gesetzlichen Vertretern eine **Ausfertigung** der
unterzeichneten Niederschrift unverzüglich **auszuhändigen** (§ 11 Abs. 3
BBiG). Die **Nichtaushändigung** ändert nichts an der Wirksamkeit des
Vertrags, kann aber als Ordnungswidrigkeit mit einer Geldbuße bis zu
1000 Euro geahndet werden (§ 101 Abs. 1 Nr. 2, Abs. 2 BBiG).

**6** Bei **Änderungen** des Berufsausbildungsvertrags gelten die Bestimmungen des § 11 Abs. 1 bis 3 BBiG entsprechend (§ 11 Abs. 4 BBiG).

**7** Für die **Schriftform** gilt § 126 BGB. Der Vertrag muss **von beiden Vertragspartnern** (Ausbildender, oder ein Vertreter, und Auszubildender) **eigenhändig handschriftlich** (im Original) durch Namensunterschrift unterzeichnet werden. Der Vertrag selbst muss nicht handschriftlich sein. Er kann auch mit dem PC geschrieben, gedruckt oder vervielfältigt sein. Nur die Unterschriften müssen eigenhändig geschrieben sein. Notwendig ist die Unterschrift beider Vertragsparteien auf derselben Urkunde (§ 126 Abs. 2 Satz 1 BGB). Werden über den Vertrag mehrere gleichlautende Urkunden aufgenommen, genügt es, wenn jede Partei die für die andere Partei bestimmte Urkunde unterzeichnet (§ 126 Abs. 2 Satz 2 BGB). Ein Briefwechsel, in dem Ausbildender und Auszubildender wechselseitig die Vertragsbedingungen bestätigen, genügt der Schriftform nicht, weil beide Unterschriften auf der derselben Urkunde (demselben Vertrag) vorliegen müssen.

**8** Die in § 126b BGB geregelte **Textform**, bei der es keiner Originalunterschrift bedarf, genügt nicht, weil § 11 BBiG die Schriftform verlangt und die »Textform« nicht erwähnt. Weder reicht die Niederlegung des Vertragsinhalts durch **E-Mail** (ohne qualifizierte elektronische Signatur) noch durch **Telefax**. In beiden Fällen ist die Schriftform nicht gewahrt. Auch die **elektronische Form** (§ 126a BGB, die qualifizierte elektronische Signaturen durch beide Vertragsparteien verlangt) ist hier nach der ausdrücklichen Regelung in § 11 Abs. 1 Satz 1 BBiG **ausgeschlossen**.

### 3. Mindestinhalt

**9** Zum Mindestinhalt der Niederschrift und damit des Ausbildungsvertrages gehören die in § 11 Abs. 1 Satz 2 Nr. 1 bis 9 BBiG genannten Vertragsinhalte.

### a. Art, sachliche und zeitliche Gliederung sowie Ziel der Ausbildung

**10** Mit der Angabe der Berufstätigkeit, für die ausgebildet werden soll, wird festgelegt, für welchen Ausbildungsberuf der oder die Auszubildende ausgebildet werden soll. »**Art der Ausbildung**« meint darüber hinaus die Angabe, ob es sich etwa um eine **Stufenausbildung** (vgl. § 5 Rn. 8 ff.) oder um eine **betriebliche** oder **außerbetriebliche Ausbildung** handelt oder die betriebliche durch **außerbetriebliche Ausbildungsmaßnahmen ergänzt** wird. Das **Ziel der Berufsausbildung** ergibt sich ebenso wie die Art der Ausbildung normalerweise aus der Ausbildungsordnung. Die sachliche und zeitliche Gliederung der Ausbildung ergibt sich normalerweise aus dem betrieblichen Ausbildungsplan, der der Vertragsniederschrift als Anlage beizufügen ist.

**11** Von besonderer Bedeutung sind die Angaben über die **sachliche und zeitliche Gliederung** der Ausbildung. Die Auszubildenden sollen erkennen, wie

**Vertragsniederschrift** § 11

der Ablauf der Ausbildung geplant ist, ihnen soll die Möglichkeit gegeben werden, ihren vertragsmäßigen Ablauf zu kontrollieren. Die zuständige Stelle muss sich aufgrund dieser Angaben in der Vertragsniederschrift Kenntnis darüber verschaffen können, ob der Berufsausbildungsvertrag der Ausbildungsordnung und dem Ausbildungsrahmenplan (vgl. § 5 Abs. 1 Nr. 4 BBiG) entspricht. Es reicht aber nicht aus, wenn in der Vertragsniederschrift auf den **Ausbildungsrahmenplan** verwiesen wird. Es muss vielmehr eine konkrete Aussage zum Ablauf der Ausbildung gemacht werden, da im betrieblichen Ausbildungsplan die betrieblichen Besonderheiten mit den im Ausbildungsrahmenplan enthaltenen Vorschriften in Einklang zu bringen sind.

### b. Beginn und Dauer der Ausbildung

Der Beginn der Ausbildung ist vom Datum her festzulegen. »**Beginn**« ist der erste Kalendertag, an dem die Ausbildung tatsächlich aufgenommen werden soll. Ist der erste Tag ausbildungsfrei (zum Beispiel ein Sonn- oder Feiertag), kann dies gleichwohl der Tag des (rechtlichen) Beginns des Ausbildungsverhältnisses sein. Die **Dauer** der Ausbildung ist ebenfalls im Vertrag festzuhalten. Sie ergibt sich regelmäßig aus der Ausbildungsordnung. 12

Eine **Kürzung oder Verlängerung der Ausbildung** ist nur im Rahmen der gesetzlichen Vorgaben möglich (vgl. § 7 BBiG und § 8 BBiG). Die Dauer der Berufsausbildung, wie sie im Vertrag angegeben ist, kann sich später, etwa durch eine Kürzung der Ausbildungsdauer oder eine vorzeitige Zulassung zur Abschlussprüfung, ändern. Das ist durch die Vereinbarung im Ausbildungsvertrag nicht ausgeschlossen. 13

### c. Ausbildungsmaßnahmen außerhalb der Ausbildungsstätte/Teilausbildung im Ausland

Auch die Ausbildungsmaßnahmen außerhalb der Ausbildungsstätte ergeben sich regelmäßig aus der Ausbildungsordnung (vgl. § 5 Abs. 2 Nr. 6 BBiG) oder können notwendig sein, wenn innerbetrieblich nicht hinreichend ausgebildet werden kann, oder können zudem freiwillig vereinbart werden. In die Niederschrift aufzunehmen sind auch Ausbildungsmaßnahmen in überbetrieblichen Einrichtungen, z. B. in der Form von Lehrgängen.[3] 14

Teile der **Berufsausbildung** können **im Ausland** durchgeführt werden, wenn dies dem Ausbildungsziel dient (§ 2 Abs. 3 Satz 1 BBiG). Unter der Voraussetzung, dass die Tätigkeit im Ausland dem Ausbildungsziel dient, wird diese als Teil der Berufsausbildung angesehen. Da das Berufsausbildungsver-

---

3 Vgl. *Leinemann/Taubert* BBiG § 11 Rn. 28.

hältnis unverändert fortbesteht, kann die Ausbildung im Ausland **nur im Einverständnis mit den Ausbildenden** erfolgen. Ein Auslandsaufenthalt muss gemäß § 11 Abs. 1 Nr. 3 BBiG zwischen Auszubildendem und Ausbildendem vereinbart und im Ausbildungsvertrag niedergeschrieben werden. Bei nachträglicher Entscheidung bedarf es gemäß § 11 Abs. 4 BBiG einer Vertragsänderung.[4] Da das Berufsausbildungsverhältnis durch die Teilausbildung im Ausland nicht unterbrochen wird, bleibt der Vergütungsanspruch (§ 17 BBiG) bestehen, so dass dieser nicht einzelvertraglich ausgeschlossen werden darf (§ 25 BBiG).[5] Nicht gesetzlich geregelt ist die Frage, wer die Kosten des Auslandsaufenthalts (Unterbringungs- und Lebenshaltungskosten) zu tragen hat (vgl. § 2 Rn. 8). § 2 Abs. 3 BBiG bietet die Option, Auslandsaufenthalte als integralen Bestandteil der Berufsausbildung zu gestalten. Unabhängig davon ist es auch möglich, **Auslandsaufenthalte Auszubildender im Rahmen von Beurlaubungen oder Freistellungen** durchzuführen. In solchen Fällen ruhen die Rechte und Pflichten aus dem Berufsausbildungsverhältnis.

### d. Dauer der regelmäßigen täglichen Ausbildungszeit

15 Die Dauer der regelmäßigen täglichen Ausbildungszeit kann, so nicht tarifvertragliche Regelungen Anwendung finden, nur im Rahmen der gesetzlichen Arbeitszeitregelungen vereinbart werden.

Für **Minderjährige** gelten die Bestimmungen des JArbSchG. Jugendliche dürfen nicht mehr als acht Stunden täglich und nicht mehr als 40 Stunden wöchentlich beschäftigt werden (§ 8 Abs. 1 JArbSchG). Ausnahmen sind nur gemäß § 8 Abs. 2, Abs. 2a und Abs. 3 JArbSchG, zum Beispiel in der Landwirtschaft, und in Tarifverträgen (§ 21a JArbSchG) zulässig.

Für **volljährige Auszubildende** gelten die Bestimmungen des ArbZG. Regelmäßig beträgt danach die höchstzulässige Ausbildungszeit acht Stunden täglich. Sie kann auf maximal zehn Stunden nur verlängert werden, wenn in einem Ausgleichszeitraum (sechs Kalendermonate oder 24 Wochen) im Durchschnitt acht Stunden werktäglich nicht überschritten werden (§ 3 Satz 2 ArbZG).

16 Eine kürzere tägliche Ausbildungszeit (z. B. 7 oder 7,5 Stunden) kann einzelvertraglich vereinbart werden oder aufgrund eines anwendbaren Tarifvertrags gelten. Zudem kann eine **Teilzeitberufsausbildung** vereinbart werden.

---

4 Vgl. *Hartwich*, NZA 2011, 1267 f.; HWK/*Hergenröder* § 2 BBiG Rn. 5; Schaub/*Vogelsang* § 173 Rn. 10.

5 Teilweise wird die Auffassung vertreten, die Ausbildungsvergütung sei gemäß § 15 Satz 2 in Verbindung mit § 19 Abs. 1 Nr. 1 fortzuzahlen; vgl. *Hartwich*, NZA 2011, 1267 f.; Schaub/*Vogelsang* § 173 Rn. 10.

# Vertragsniederschrift § 11

Wegen der Einzelheiten wird auf die Kommentierung des § 7a BBiG verwiesen.

Im Vertrag anzugeben ist die »**regelmäßige** tägliche Ausbildungszeit«. Wie sich das Verhältnis der Ausbildungszeit zum **Berufsschulunterricht** darstellt, muss nicht vertraglich festgesetzt sein, sondern folgt aus allgemeinen Grundsätzen (vgl. § 15 Rn. 15). Im Vertrag anzugeben ist die »**tägliche** Ausbildungszeit«, die Angabe nur der wöchentlichen Ausbildungszeit reicht also nicht. Die Festlegung der täglichen Ausbildungszeit ist auch im Hinblick auf die Vergütung oder den Freizeitausgleich für **Mehrarbeit** (vgl. § 17 Rn. 34 ff.) von Bedeutung. 17

Wird im Ausbildungsbetrieb in **Gleitzeit** gearbeitet, können die Auszubildenden in die Gleitzeitregelung mit eingebunden werden, wenn und soweit sichergestellt ist, das während ihrer Ausbildungszeit ein Ausbilder anwesend ist.[6] 18

### e. Dauer der Probezeit

Die Dauer der Probezeit beträgt mindestens einen Monat, höchstens vier Monate (vgl. § 20 Rn. 5 ff.). 19

### f. Zahlung und Höhe der Vergütung

Zahlung und Höhe der Vergütung können, sofern nicht tarifliche Regelungen zu beachten sind, nur im Rahmen der Vorgaben der §§ 17 bis 19 BBiG frei vereinbart werden. Mit »Zahlung« der Vergütung sind die Modalitäten der Vergütungszahlung gemeint, also ob die Vergütung Sachleistungen umfasst (vgl. § 17 Rn. 29), bar oder unbar erfolgt und wann sie zu zahlen ist. § 17 BBiG gewährt wegen des besonderen Schutzbedürfnisses von Auszubildenden kraft Gesetzes einen Anspruch auf eine »**angemessene Vergütung**« und auf eine **Mindestvergütung**. 20

Hinsichtlich der »Höhe« der Vergütung ist ein exakter **Euro**-Betrag (brutto, ohne Abzüge) anzugeben, wobei zusätzlich auf die jeweils geltende Fassung von Tarifverträgen Bezug genommen werden kann. Je nach der Formulierung im Vertrag kann die Angabe eines exakten Euro-Betrags zur Folge haben, dass auch im Falle einer Absenkung der Ausbildungsvergütung im einschlägigen Tarifvertrag der vertraglich festgeschriebene Betrag in jedem Falle zu zahlen ist (vgl. § 17 Rn. 13). Die Ausbildungsvergütung ist getrennt für die einzelnen Ausbildungsjahre anzugeben, wobei sie jeweils ansteigen muss (vgl. § 17 Rn. 24). Das Gesetz spricht von der »Vergütung« und meint damit die **monatliche Vergütung**. Zusätzlich zu der monatlichen Vergü- 21

---

6 Vgl. *Leinemann/Taubert* BBiG § 11 Rn. 34.

tung, die zwingend zu zahlen ist, können sich weitere Vergütungsbestandteile aus dem Ausbildungsvertrag oder einem anwendbaren Tarifvertrag ergeben. Üblich ist hier (kumulativ oder alternativ) die Zahlung von Urlaubsgeld, Weihnachtsgeld oder sonstigen **Sonderzahlungen** (üblich ist auch der Begriff der Gratifikationen).

### g. Dauer des Urlaubs

22  Die »Dauer« des Urlaubs ist in der Vertragsniederschrift festzuhalten, also konkret anzugeben. Es handelt sich um einen Anspruch auf **bezahlten Erholungsurlaub**. Unabhängig von dem Erholungsurlaub sind andere **Freistellungsregelungen** zu beachten, wie der Anspruch auf Elternzeit (früher Erziehungsurlaub) und der Anspruch auf Bildungsurlaub, wie er in den Bundesländern geregelt ist. Weitere Freistellungsansprüche können aus § 15 BBiG folgen.

23  Während des Urlaubs ist die Ausbildungsvergütung fortzuzahlen. Ein Anspruch auf ein zusätzliches **Urlaubsgeld** besteht nur, wenn dies vertraglich vereinbart ist oder sich aus einem anwendbaren Tarifvertrag ergibt. Der Urlaub muss grundsätzlich im laufenden **Kalenderjahr** gewährt und genommen werden. Der volle Urlaubsanspruch entsteht erstmalig nach sechs Monaten. Je nach Eintritts- oder Austrittsdatum kann ein Anspruch auf Teilurlaub (1/12 für jeden vollen Kalendermonat) entstehen (§ 5 BUrlG).

24  Die Dauer des Urlaubs richtet sich nach tariflichen Bestimmungen, wenn sie Anwendung finden, und kann ansonsten nur im Rahmen der zwingenden gesetzlichen Vorgaben vertraglich vereinbart werden. Der Anspruch auf den **gesetzlichen Mindesturlaub** ist zwingend, er kann nicht wirksam durch vertragliche Vereinbarungen unterschritten werden. Auch ein (teilweiser) Verzicht auf den Urlaub im Ausbildungsvertrag oder später durch gesonderte Vereinbarung oder einseitige Erklärung ist nicht zulässig.

25  Die unterste Grenze für den Urlaub folgt für **minderjährige** Auszubildende aus § 19 Abs. 1 JArbSchG, er ist je nach Alter gestaffelt. Dieser beträgt, wenn der Jugendliche zu Beginn des Kalenderjahres noch nicht 16 Jahr alt ist, 30 Werktage (bei einer Fünf-Tage-Woche 25 Arbeitstage). Ist der Jugendliche zu Beginn des Kalenderjahres noch nicht 17 Jahr alt, beträgt der Mindestanspruch 27 Werktage (bei einer Fünf-Tage-Woche aufgerundet 23 Arbeitstage). Ist der Jugendliche zu Beginn des Kalenderjahres noch nicht 18 Jahr alt ist, beträgt der Anspruch 25 Werktage (bei einer Fünf-Tage-Woche aufgerundet 21 Arbeitstage).

26  Für **volljährige** Auszubildende beträgt der gesetzliche Mindesturlaub gemäß § 3 BUrlG 24 Werktage, bei einer Fünf-Tage-Woche ($24 : 6 = 4 \times 5 =$) 20 Arbeitstage. Gegebenenfalls ist noch der **Zusatzurlaub für schwer behinderte Menschen** gemäß § 208 SGB IX (fünf Arbeitstage) zu beachten.

## h. Kündigungsvoraussetzungen

Die Voraussetzungen für die Kündigung ergeben sich abschließend aus § 22 BBiG, sie müssen aber in der Vertragsniederschrift wiedergegeben werden. Ein bloßer Hinweis auf die gesetzliche Regelung ohne eine wörtliche Wiedergabe der Regelung genügt nicht. Über § 22 BBiG hinausgehende Gründe oder die Festlegung von absoluten Kündigungsgründen im Ausbildungsvertrag sind unbeachtlich.[7]

**27**

## i. Hinweis auf Tarifverträge, Betriebs- oder Dienstvereinbarungen

In die Niederschrift aufzunehmen ist schließlich ein in allgemeiner Form gehaltener Hinweis auf die Tarifverträge, Betriebs- oder Dienstvereinbarungen, die auf das Berufsausbildungsverhältnis Anwendung finden.

**28**

Bedeutung hat der Verweis auf Tarifverträge vor allem für die Ausbildungsvergütung (vgl. § 17 Rn. 13) und für tarifliche Ausschluss- oder Verfallfristen. Solche **Ausschlussfristen** sehen regelmäßig vor, dass Ansprüche verfallen, wenn sie nicht innerhalb bestimmter Fristen gegenüber dem Anspruchsgegner geltend gemacht werden. Ausschlussfristen, die z. B. in einem Manteltarifvertrag geregelt sind und »Ansprüche aus dem Arbeitsverhältnis« erfassen, gelten regelmäßig auch für Ansprüche aus einem Berufsausbildungsverhältnis, sofern der Geltungsbereich des betreffenden Tarifvertrags ausdrücklich auch Auszubildende erfasst.[8]

**29**

Wie konkret der (von § 11 Abs. 1 Satz 2 Nr. 9 BBiG geforderte) **in »allgemeiner Form gehaltene Hinweis«** auf Tarifverträge sein muss, ist ungeklärt. In der Vertragspraxis sind Klauseln mit dem Inhalt »Im Übrigen finden auf das Ausbildungsverhältnis die einschlägigen Tarifverträge sowie Betriebsvereinbarungen Anwendung« typisch.

**30**

Der Rechtsprechung des *BAG* – die bislang allein Arbeitsverhältnisse betraf – lässt sich entnehmen, dass jedenfalls der **Hinweis auf einen bestimmten Tarifvertrag einer bestimmten Branche** (im Streitfall »Manteltarifvertrag des Bäckerhandwerks Niedersachsen/Bremen«) der Nachweispflicht genügen soll, ohne dass näher über den Inhalt des Tarifvertrags in der Niederschrift aufgeklärt werden müsse. Das *BAG* hat insoweit entschieden, dass der Nachweispflicht auch hinsichtlich einer **tarifvertraglichen Ausschlussfrist** genüge getan sei, wenn auf die Anwendbarkeit des einschlägigen Tarifvertrags

**31**

---

[7] Vgl. *LAG Düsseldorf* 29. 4. 1977 – 16 Sa 1070/76, EzB BBiG § 15 Abs. 2 Nr. 1, Nr. 18.
[8] Vgl. *BAG* 25. 7. 2002 – 6 AZR 381/00, DB 2003, 510.

hingewiesen werde.[9] Eines gesonderten Hinweises auf die in dem Tarifvertrag geregelte Ausschlussfrist bedürfe es nicht.[10]

32 Die Nachweispflicht gilt dabei aber nicht nur für Tarifverträge, die unmittelbar und zwingend aufgrund von Organisationszugehörigkeit oder Allgemeinverbindlicherklärung nach den Bestimmungen des TVG gelten (vgl. § 10 Rn. 30), sondern auch aufgrund **einzelvertraglicher Vereinbarung der Geltung der tariflichen Normen.**[11]

33 **Erfüllt der Arbeitgeber/Ausbildende seine Nachweispflichten nicht,** haftet er dem Arbeitnehmer/Auszubildenden auf **Schadensersatz.**[12] Schaden ist das Erlöschen des Vergütungsanspruchs aufgrund der Ausschlussfrist. Der Auszubildende kann verlangen, so gestellt zu werden, als sei der Vergütungsanspruch nicht untergegangen. Es kann dann also als Schadensersatzanspruch ein Vergütungsersatzanspruch in Höhe des erloschenen Vergütungsanspruchs bestehen. Dieser Schadensersatzanspruch ist begründet, wenn der geltend gemachte Vergütungsanspruch bestanden hat, nur wegen Versäumung der Ausschlussfrist erloschen ist und bei gesetzmäßigem Nachweis seitens des Arbeitgebers/Ausbildenden nicht untergegangen wäre. Bei einem Verstoß gegen die gesetzliche Nachweispflicht ist zugunsten des Arbeitnehmers/Auszubildenden zu vermuten, dass dieser die tarifliche Ausschlussfrist beachtet hätte, wenn er auf die Geltung des Tarifvertrags hingewiesen worden wäre.[13] Gegebenenfalls ist ein Mitverschulden (§ 254 BGB) des Auszubildenden zu berücksichtigen, wenn diesem die Ausschlussfrist – unabhängig vom unterlassenen Hinweis – bekannt war.[14]

34 **Finden keine Tarifverträge oder Betriebs- oder Dienstvereinbarungen Anwendung,** ist – soweit das zutrifft – auch hierauf hinzuweisen.

35 Da die Hinweispflicht auch bei **Änderungen** besteht (Abs. 4), ist auch bei späteren Änderungen, etwa der Anwendbarkeit eines Tarifvertrags auf das Berufsausbildungsverhältnis, hinzuweisen. So muss der Ausbildende etwa den Auszubildenden auf einen Tarifvertrag hinweisen, der erst nach Beginn der Berufsausbildung infolge Allgemeinverbindlicherklärung (§ 5 TVG) auf das Ausbildungsverhältnis Anwendung findet.[15]

---

9 Vgl. *BAG* 23.1.2002 – 4 AZR 56/01, NZA 2002, 800.
10 Vgl. *BAG* 17.4.2002 – 5 AZR 89/01, NZA 2002, 1096; *BAG* 29.5.2002 – 5 AZR 105/01, EzA § 2 NachwG Nr. 4.
11 Vgl. *BAG* 17.4.2002 – 5 AZR 89/01, NZA 2002, 1096.
12 *BAG* 17.4.2002 – 5 AZR 89/01, NZA 2002, 1096.
13 *BAG* 17.4.2002 – 5 AZR 89/01, NZA 2002, 1096.
14 Vgl. *BAG* 29.5.2002 – 5 AZR 105/01, EzA NachwG § 2 Nr. 4.
15 Vgl. *BAG* 24.10.2002 – 6 AZR 743/00, NZA 2004, 105.

## Vertragsniederschrift § 11

### j. Form des Ausbildungsnachweises

In die Niederschrift ist aufzunehmen »die Form des Ausbildungsnachweises nach § 13 Satz 2 Nr. 7 BBiG (§ 11 Abs. 1 Satz 2 Nr. 10 BBiG). Diese Regelung ist mit Wirkung vom 5. 4. 2017 durch Gesetz vom 29. 3. 2017 (BGBl. I S. 626) neu eingefügt worden.

**36**

Hintergrund für diese Regelung war, dass früher in der Ausbildungsordnung geregelt werden konnte, dass Auszubildende einen schriftlichen Ausbildungsnachweis zu führen haben (§ 5 Abs. 2 Satz 1 Nr. 7 BBiG a. F.). Die Pflicht, einen Ausbildungsnachweis zu führen, ist nunmehr nicht entfallen, sondern vielmehr unmittelbar im BBiG und nicht in der Ausbildungsordnung geregelt. Gemäß § 13 Satz 2 Nr. 7 BBiG sind die Auszubildenden verpflichtet, einen schriftlichen *oder* elektronischen Ausbildungsnachweis zu führen. § 11 Abs. 1 Satz 2 Nr. 10 BBiG regelt deshalb, dass die Form des Ausbildungsnachweises in der Vertragsniederschrift zu regeln ist. Es ist also zu vereinbaren, ob der Ausbildungsnachweis schriftlich oder elektronisch zu führen ist.

§ 103 Abs. 3 BBiG enthält hierzu eine **Übergangsvorschrift:** Auf Ausbildungsverträge, die vor dem 30. 9. 2017 abgeschlossen wurden oder bis zu diesem Zeitpunkt abgeschlossen werden, sind die bisherigen Regelungen in ihrer bis zum 5. 4. 2017 geltenden Fassung weiter anzuwenden. Das neue Recht gilt deshalb für Ausbildungsverträge, die seit dem 1. 10. 2017 abgeschlossen werden.

### 4. Ausschluss- oder Verfallfristen

Auch in Ausbildungsverträgen werden häufig Ausschluss- oder Verfallfristen (gängig ist auch die Bezeichnung »Verfallklauseln«) vereinbart. Solche Vertragsklauseln sind aber kein notwendiger Vertragsinhalt. Sie können unter bestimmten Voraussetzungen vereinbart werden, müssen es aber nicht. Ausschluss- oder Verfallfristen sind Fristen, innerhalb derer Ansprüche (zum Beispiel auf Zahlung der Ausbildungsvergütung) oder sonstige Rechte geltend gemacht werden müssen, damit sie nicht untergehen. Der Schuldner soll binnen einer bestimmten Frist darauf hingewiesen werden, welche Ansprüche gegen ihn noch geltend gemacht werden. Er soll sich darauf verlassen können, dass nach Fristablauf keine Ansprüche mehr erhoben werden. Wird die Ausschlussfrist nicht gewahrt, führt dies zum Erlöschen des nicht fristgemäß geltend gemachten Anspruchs. Ausschlussfristen sind im Arbeitsrecht, vor allem in Tarifverträgen, aber auch in Arbeits- oder Ausbildungsverträgen, weit verbreitet.

**37**

**Tarifvertragliche Ausschlussfristen**, mögen sie auch noch so kurz sein, werden als wirksam erachtet. Die Tarifvertragsparteien haben wegen der durch Art. 9 Abs. 3 GG garantierten Tarifautonomie eine weitgehende Gestaltungsfreiheit. Tarifnormen unterliegen nur einer Rechtskontrolle dahingehend, ob sie gegen höherrangiges zwingendes Gesetzesrecht oder gegen die Grundrechte verstoßen.[16]

Auch nach der Ausweitung der **AGB-Kontrolle** auf Ausbildungs- und Arbeitsverträge hat sich an der Wirksamkeit von tarifvertraglichen Ausschlussfristen im Grundsatz nichts geändert (vgl. § 10 Rn. 70). Bei der AGB-Kontrolle muss unterschieden werden, ob es sich um tarifvertragliche oder einzelvertragliche Ausschlussfristen handelt. Gelten tarifvertragliche Ausschlussfristen normativ kraft Tarifbindung (§ 4 Abs. 1 TVG) oder aufgrund Allgemeinverbindlicherklärung (§ 5 TVG), unterliegen sie gemäß § 310 Abs. 4 Satz 1 BGB nicht der AGB-Kontrolle. Auch im Falle der einzelvertraglichen Verweisung auf einschlägige Tarifverträge findet in der Regel keine AGB-Kontrolle statt. Die Rechtsprechung hält auch relativ kurz bemessene tarifvertraglich festgelegte Ausschlussfristen für wirksam. So werden Ausschlussfristen von zwei oder drei Monaten in Tarifverträgen für zulässig erachtet.[17] Auch einseitige tarifliche Ausschlussfristen, die nur zu Lasten der Arbeitnehmer oder Auszubildenden gelten, sollen zulässig sein.[18]

Anders ist dies bei **einzelvertraglichen Ausschlussfristen** in vom Arbeitgeber oder Ausbildenden vorformulierten Arbeits- oder Ausbildungsverträgen. Für diese gilt die AGB-Kontrolle. Ausschlussfristen sind nicht generell unwirksam, unterliegen jedoch der Inhaltskontrolle gemäß § 307 BGB. Die Ausschlussfrist stellt eine von Rechtsvorschriften abweichende Regelung (§ 307 Abs. 3 Satz 1 BGB) dar, denn gesetzlich bleiben Ansprüche – abgesehen von ihrer Verwirkung (§ 242 BGB) – erhalten und können im Rahmen des Verjährungsrechts geltend gemacht werden.[19] Nach der **Neufassung des § 309 Nr. 13 BGB** darf in Arbeits- und Ausbildungsverträgen seit dem 1.10.2016 keine strengere Form mehr als die **Textform** (§ 126b BGB) vereinbart werden.

Folgende Punkte sind nach der Rechtsprechung zu beachten:

- Wegen der weitreichenden Folgen von Ausschlussfristen erfordert das Transparenzgebot (§ 307 Abs. 1 Satz 2 BGB), dass auf die Rechtsfolge »Erlöschen des Anspruchs« bei nicht rechtzeitiger Geltendmachung ausdrücklich in der Vertragsklausel hingewiesen wird.[20] Eine optische Hervorhebung solcher Klauseln durch die Überschrift »Ausschlussfrist« oder »Verfallfrist« genügt jedoch.[21]

---

16 *BAG* 6.11.1996 – 5 AZR 334/95, NZA 1997, 778.
17 *BAG* 22.9.1999 – 10 AZR 839/98, NZA 2000, 551; *BAG* 16.1.2002, 5 AZR 430/00, NZA 2002, 746.
18 *BAG* 4.12.1997 – 2 AZR 809/96, NZA 1998, 431.
19 *BAG* 1.3.2006 – 5 AZR 511/05, NZA 2006, 783.
20 *BAG* 31.8.2004 – 5 AZR 545/05, NZA 2006, 324.
21 *BAG* 25.5.2005 – 5 AZR 572/04, NZA 2005, 1111.

- Für den **Beginn der Ausschlussfrist** ist abzustellen auf die **Fälligkeit** des Anspruchs. Ausschlussfristen, die allein auf die Beendigung des Arbeitsverhältnisses abstellen, sind unwirksam.[22] Eine Ausschlussfristenregelung, die für den Beginn der Geltendmachungsfrist sowohl auf die »Entstehung« als auch die »Fälligkeit« des Anspruchs abstellt, ohne klarzustellen, wann die Frist frühestens beginnt, ist intransparent (§ 307 Abs. 1 Satz 2 BGB) und damit insgesamt unwirksam.[23]
- Eine unangemessene Benachteiligung im Sinne des § 307 Abs. 1 BGB besteht in der Regel bei **einseitigen Ausschlussfristen** zu Lasten der Arbeitnehmer oder Auszubildenden. Solche einseitigen Ausschlussfristen sind unwirksam.[24]
- Nach der Rechtsprechung des BAG muss die **Ausschlussfrist mindestens drei Monate** betragen.[25]
- **Zweistufige Ausschlussfristen** (erste Stufe: Geltendmachung gegenüber dem Arbeitgeber/Ausbildenden, zweite Stufe: gerichtliche Geltendmachung) sind zulässig. Die Mindestfrist für die gerichtliche Geltendmachung der Ansprüche muss **drei Monate** betragen. Das bedeutet, dass bei einer Kombination von ein- und zweistufiger Ausschlussfrist die **Mindestfrist in jeder Stufe** jeweils drei Monate betragen muss.[26]

## § 12 Nichtige Vereinbarungen

(1) Eine Vereinbarung, die Auszubildende für die Zeit nach Beendigung des Berufsausbildungsverhältnisses in der Ausübung ihrer beruflichen Tätigkeit beschränkt, ist nichtig. Dies gilt nicht, wenn sich Auszubildende innerhalb der letzten sechs Monate des Berufsausbildungsverhältnisses dazu verpflichten, nach dessen Beendigung mit den Ausbildenden ein Arbeitsverhältnis einzugehen.

(2) Nichtig ist eine Vereinbarung über
1. die Verpflichtung Auszubildender, für die Berufsausbildung eine Entschädigung zu zahlen,
2. Vertragsstrafen,
3. den Ausschluss oder die Beschränkung von Schadensersatzansprüchen,
4. die Festsetzung der Höhe eines Schadensersatzes in Pauschbeträgen.

---

22 *BAG* 1.3.2006 – 5 AZR 511/05, NZA 2006, 783.
23 *BAG* 19.2.2014 – 5 AZR 700/12, NZA 2014, 1097.
24 *BAG* 31.8.2005 – 5 AZR 545/04, NZA 2006, 324.
25 *BAG* 28.9.2005 – 5 AZR 52/05, NZA 2006, 149.
26 *BAG* 25.5.2005 – 5 AZR 572/04, NZA 2005, 1111.

# § 12　Nichtige Vereinbarungen

**Inhaltsübersicht**　　　　　　　　　　　　　　　　　　　　　　Rn
1. Sinn und Zweck ................................... 1
2. Schutz der Berufsfreiheit der Auszubildenden ............... 2–16
   a. Beschränkung der beruflichen Tätigkeit ............... 5–12
      aa. Weiterarbeits- oder Übernahmeklauseln ........... 8, 9
      bb. Rechtsfolge: Teilnichtigkeit ................... 10–12
   b. Begründung eines Arbeitsverhältnisses innerhalb der letzten sechs
      Monate des Ausbildungsverhältnisses ................ 13–16
3. Finanziell belastende Vereinbarungen ................... 17–30
   a. Entschädigung für die Berufsausbildung .............. 17–26
      aa. Umgehungsgeschäfte ...................... 20
      bb. Ausbildungskosten ....................... 21–26
   b. Vertragsstrafen ............................... 27–29
   c. Schadenersatzansprüche ........................ 30

## 1. Sinn und Zweck

**1** § 12 BBiG gilt auch für Berufsausbildungsverhältnisse im **Handwerk** (vgl. § 3 Rn. 10). Zum **Schutz der Auszubildenden** sieht die Norm vor, dass bestimmte Vereinbarungen, die für die Auszubildenden von Nachteil sind, unzulässig sind. Sollten sie trotzdem vereinbart werden, sind sie kraft Gesetzes unwirksam (§ 25 BBiG). Die Norm geht als zwingendes Gesetzesrecht tariflichen Normen vor. Unwirksam sind auch entsprechende »Vereinbarungen«, die sich in einem auf das Berufsausbildungsverhältnis anwendbaren **Tarifvertrag** befinden.[1] § 12 BBiG ist eine gesetzliche Verbotsnorm (§ 134 BGB), die auch gegenüber Tarifverträgen gilt. Enthält der Ausbildungsvertrag eine gemäß § 12 nichtige Vereinbarung, bleibt der **Vertrag im Übrigen wirksam**, sonst würde sich der Schutz zugunsten Auszubildender, den die Norm bezweckt, in sein Gegenteil verkehren. § 12 BBiG führt also nur zu einer **Teilnichtigkeit** von Vereinbarungen, soweit sie mit dessen Schutzweck im Widerstreit stehen. Die Teilnichtigkeit führt nicht zur Unwirksamkeit auch des Teils der Vereinbarung, die die Auszubildenden begünstigt, wie dies bei »Weiterarbeitsklauseln« (vgl. Rn. 8) der Fall ist.[2]

## 2. Schutz der Berufsfreiheit der Auszubildenden

**2** Eine Vereinbarung, die Auszubildende für die Zeit nach Beendigung des Berufsausbildungsverhältnisses in der **Ausübung ihrer beruflichen Tätigkeit beschränkt**, ist nichtig (§ 12 Abs. 1 Satz 1 BBiG). Damit soll die Berufsfreiheit (Art. 12 Abs. 1 GG) und die Entschlussfreiheit der Auszubildenden geschützt werden. Die Nichtigkeitsfolge gilt nicht, wenn sich Auszubildende

---

[1] Vgl. *Leinemann/Taubert* BBiG § 12 Rn. 7.
[2] Vgl. *BAG* 13.3.1975 – 5 AZR 199/74, DB 1975, 1417; *BAG* 31.1.1974 – 3 AZR 58/73, AP BBiG § 5 Nr. 1.

# Nichtige Vereinbarungen § 12

innerhalb der letzten sechs Monate des Berufsausbildungsverhältnisses dazu verpflichten, nach dessen Beendigung mit dem Ausbildenden ein Arbeitsverhältnis einzugehen (vgl. Rn. 13).

Die Nichtigkeitsfolge des § 12 Abs. 1 Satz 1 BBiG erfasst entsprechende **Vereinbarungen**, die bereits **im Ausbildungsvertrag** getroffen werden, aber auch **spätere Vereinbarungen** mit den Ausbildenden. Das Verbot der berufsbeschränkenden Vereinbarung gilt unabhängig vom Alter der Auszubildenden, also für **Minderjährige** und für **Volljährige**. Die Auszubildenden sollen davor geschützt werden, frühzeitig Verpflichtungen über die weitere berufliche Tätigkeit nach dem Ende der Ausbildung einzugehen.   3

In der Regel geht es um solche Vereinbarungen, die die Eingehung eines Arbeitsverhältnisses nach dem Ende des Berufsausbildungsverhältnisses betreffen. Das ist aber keine Tatbestandsvoraussetzung des § 12 Abs. 1 Satz 1 BBiG. Vielmehr gilt die Norm für alle Vereinbarungen, die die Auszubildenden in ihrer **beruflichen »Tätigkeit«** beschränken. Das kann auch durch die Verpflichtung zu einer Tätigkeit außerhalb eines Arbeitsverhältnisses erfolgen (z. B. als »freier Mitarbeiter«). Auch solche Vereinbarungen sind unwirksam.   4

## a. Beschränkung der beruflichen Tätigkeit

Unzulässig ist jede Beschränkung der Berufstätigkeit Auszubildender im Anschluss an die Ausbildung; es muss sich nicht in jedem Fall um eine Beschränkung in Bezug auf den (ehemaligen) Ausbildenden handeln. Auch eine **Beschränkung in Bezug auf einen Dritten** ist unzulässig (z. B. die Verpflichtung zur Aufnahme eines Arbeitsverhältnisses mit einem bestimmten anderen Arbeitgeber). Das wird normalerweise nicht die Praxis sein, kann aber im Einzelfall Bedeutung erlangen, etwa bei verschiedenen Unternehmen, die miteinander kooperieren, oder im Konzernverbund. Unzulässig ist auch die Verpflichtung Auszubildender, nach dem Ende der Ausbildung eine **zweite Berufsausbildung in einem anderen Ausbildungsberuf** einzugehen.   5

Eine Vereinbarung, die Auszubildende in der freien Wahl des Arbeitsplatzes nach dem Ende der Ausbildung beschränkt, liegt sowohl bei unmittelbaren wie bei mittelbaren Beschränkungen der Berufsfreiheit vor. Unzulässig ist sowohl eine gänzliche Beschränkung der Berufstätigkeit als auch eine **räumliche oder fachliche Beschränkung**. Der Schutz, den § 12 Abs. 1 Satz 1 BBiG gewährt, ist weit zu verstehen. Deshalb ist auch die Vereinbarung eines **Wettbewerbsverbots** (Konkurrenzverbots) für die Zeit nach dem Ende der Ausbildung unzulässig, selbst wenn diese mit einer besonderen Zahlungsverpflichtung seitens des Ausbildenden verbunden ist. Nichtig sind auch Vereinbarungen, die Auszubildende verpflichten, nicht am Ort des Ausbildenden oder am Sitz der Ausbildungsstätte eine Berufstätigkeit auszuüben.[3]   6

---

[3] Vgl. *Benecke/Hergenröder* BBiG § 12 Rn. 5.

## § 12 Nichtige Vereinbarungen

**7** § 12 Abs. 1 Satz 1 BBiG ist entsprechend anzuwenden, wenn **mittelbarer Druck** auf die Auszubildenden ausgeübt wird, etwa aufgrund finanzieller Belastungen.[4] Das ist vor allem bei so genannten **Rückzahlungsklauseln** der Fall, also solchen Klauseln, die die Auszubildenden verpflichten, einen Teil der Ausbildungskosten zurückzuzahlen, wenn sie nicht eine bestimmte Zeit beim Ausbildenden in einem Arbeitsverhältnis verbleiben. Solche Vereinbarungen sind **unwirksam**. Das gilt auch für Klauseln, die die Auszubildenden zur Rückzahlung von bestimmten Vergünstigungen oder gewährten Leistungen (z. B. Weihnachtsgeld oder sonstige Sonderzahlungen) verpflichten, die sie während der Zeit der Berufsausbildung erhalten haben, falls sie nicht im Anschluss an die Ausbildung ein Arbeitsverhältnis im Ausbildungsbetrieb begründen oder vor einem bestimmten Termin aus einem nachfolgenden Arbeitsverhältnis ausscheiden.[5]

### aa. Weiterarbeits- oder Übernahmeklauseln

**8** Unzulässig und unwirksam sind Vereinbarungen, durch die sich Auszubildende verpflichten, im Anschluss an die Ausbildung beim Ausbildenden ein Arbeitsverhältnis zu begründen (»**Bleibeverpflichtung**«) oder spätestens sechs Monate vor Ende des Ausbildungsverhältnisses schriftlich anzuzeigen (»**Anzeigepflicht**«), falls sie mit dem Ausbildenden kein Arbeitsverhältnis eingehen wollen.[6]

**9** Nichtig sind auch »**Weiterarbeitsklauseln**«, die beide Parteien zur Anzeige verpflichten, falls sie nicht ein Arbeitsverhältnis im Anschluss an die Berufsausbildung eingehen wollen.[7] Ebenso sind alle Vereinbarungen nichtig, die Auszubildenden für das Arbeitsverhältnis im Anschluss an das Ausbildungsverhältnis **Kündigungsbeschränkungen** auferlegen oder gar die Kündigung ausschließen.[8]

### bb. Rechtsfolge: Teilnichtigkeit

**10** Solche **Weiterarbeits- oder Übernahmeklauseln** sind aber **nicht insgesamt nichtig**. Mit dem Schutzzweck des § 12 Abs. 1 Satz 1 BBiG ist es nicht vereinbar, dass die auf einem Verstoß gegen dieses Schutzgesetz zugunsten des Auszubildenden beruhende Teilnichtigkeit zu einer Nichtigkeit auch des

---

4 Vgl. *BAG* 25.4.2001 – 5 AZR 509/99, DB 2001, 2230.
5 Vgl. *Benecke/Hergenröder* BBiG § 12 Rn. 6.
6 Vgl. *BAG* 31.1.1974 – 3 AZR 58/73, AP BBiG § 5 Nr. 1.
7 Vgl. *BAG* 13.3.1975 – 5 AZR 199/74, DB 1975, 1417.
8 Vgl. *Benecke/Hergenröder* BBiG § 12 Rn. 4.

## Nichtige Vereinbarungen § 12

Teils der Vereinbarung führt, die dem Auszubildenden das Recht auf Weiterbeschäftigung einräumt.[9]

Durch § 12 BBiG soll eine Beschränkung der beruflichen Tätigkeit der Auszubildenden nach Ende der Ausbildung verhindert, nicht aber die Chancen verbaut werden, die den Auszubildenden durch vertragliche Verpflichtungen, die sie eingehen, eröffnet werden. Da es sich mithin bei § 12 BBiG um eine **Schutzvorschrift zugunsten des Auszubildenden** handelt, ist eine Bleibeverpflichtung oder ähnliche Vereinbarung nur nichtig, soweit der Ausbildende aus ihr Rechte herleiten will. Die eingegangene Verpflichtung des Ausbildenden bleibt bestehen, so dass der Auszubildende aus ihr zu seinen Gunsten Rechte herleiten, also den Abschluss eines Arbeitsvertrags verlangen kann.[10]

11

Eine »Bleibeverpflichtung«, »Weiterarbeitsklausel« oder »Übernahmeklausel« für die Zeit im Anschluss an die Berufsausbildung ist also **für die Auszubildenden unverbindlich, für die Ausbildenden** aber **verbindlich**, wenn die Auszubildenden die Übernahme in ein Arbeitsverhältnis entsprechend der vertraglichen Vereinbarung wünschen. Eine solche Klausel ist für beide Seiten, also auch für den Auszubildenden, verbindlich, wenn sie innerhalb der letzten sechs Monate des Berufsausbildungsverhältnisses vereinbart wird (vgl. Rn. 13).

12

### b. Begründung eines Arbeitsverhältnisses innerhalb der letzten sechs Monate des Ausbildungsverhältnisses

Die Beschränkung in der Ausübung der beruflichen Tätigkeit nach Beendigung des Berufsausbildungsverhältnisses ist zulässig, wenn die entsprechende Vereinbarung innerhalb der letzten sechs Monate des Berufsausbildungsverhältnisses getroffen wird. Auszubildende können sich also **innerhalb der letzten sechs Monate** des Berufsausbildungsverhältnisses dazu verpflichten, nach dessen Beendigung mit dem Ausbildenden ein **Arbeitsverhältnis** einzugehen (§ 12 Abs. 1 Satz 2 BBiG). Erlaubt ist nicht nur die »Verpflichtung«, ein Arbeitsverhältnis »einzugehen«, sondern auch bereits der unbedingte Vertragsabschluss. Der Gesetzgeber geht davon aus, dass die Auszubildenden gegen Ende des Berufsausbildungsverhältnisses ausreichend überblicken können, ob sie mit dem Ausbildungsbetrieb eine weitere vertragliche Bindung eingehen wollen oder nicht.

13

Innerhalb der Sechs-Monats-Frist kann ohne weiteres ein **unbefristeter Arbeitsvertrag** für die Zeit nach Beendigung des Berufsausbildungsverhältnisses abgeschlossen werden. Die Vereinbarung einer neuen **Probezeit** für das

14

---

9 Vgl. *BAG* 13.3.1975 – 5 AZR 199/74, DB 1975, 1417; *BAG* 31.1.1974 – 3 AZR 58/73, AP BBiG § 5 Nr. 1.
10 Vgl. *BAG* 13.3.1975 – 5 AZR 199/74, AP BBiG § 5 Nr. 2.

Arbeitsverhältnis ist jedenfalls dann unzulässig, wenn der Auszubildende im erlernten Beruf beschäftigt werden soll. Der Arbeitgeber hatte dann im Rahmen des Berufsausbildungsverhältnisses bereits hinreichend Gelegenheit, den Arbeitnehmer zu »erproben«. Davon abgesehen besteht im betrieblichen Anwendungsbereich des KSchG für den weiterbeschäftigten Auszubildenden wegen der Anrechnung der Ausbildung auf die Wartezeit des § 1 Abs. 1 KSchG bereits mit Beginn des Arbeitsverhältnisses **Kündigungsschutz** (vgl. auch § 24 Rn. 2).[11]

**15** Innerhalb der Sechs-Monats-Frist kann auch ein **befristeter Arbeitsvertrag** für die Zeit nach der Ausbildung abgeschlossen werden. Ob eine Befristungsvereinbarung im Anschluss an die Ausbildung zulässig ist, ergibt sich nicht aus § 12 BBiG, sondern aus den entsprechenden Befristungsvorschriften des allgemeinen Arbeitsrechts, vor allem aus § 14 TzBfG (vgl. § 24 Rn. 2).

**16** Wird innerhalb der Sechs-Monats-Frist der Abschluss eines Arbeitsvertrags im Anschluss an das Ausbildungsverhältnis vereinbart, so kann insoweit auch eine **Vertragsstrafe** für den Fall des Nichtantritts des Arbeitsverhältnisses vereinbart werden. § 12 Abs. 2 Nr. 2 BBiG (vgl. Rn. 27) steht dem nicht entgegen, denn die Vorschrift verbietet nur Vertragsstrafen in Bezug auf das Ausbildungsverhältnis, nicht in Bezug auf ein Arbeitsverhältnis.[12]

Allerdings gelten seit der Neuregelung des BGB durch das Gesetz zur Modernisierung des Schuldrechts vom 26. 11. 2001 (BGBl. I S. 3138) die Regelungen zur Kontrolle von Allgemeinen Geschäftsbedingungen (§§ 305 bis 310 BGB) auch für Arbeitsverträge. Vorformulierte Arbeitsverträge unterliegen damit der **AGB-Kontrolle**. Nach der Rechtsprechung des *BAG* soll die Vereinbarung von **Vertragsstrafen im Arbeitsverhältnis** zwar nicht gegen § 309 Nr. 6 BGB verstoßen, je nach Vertragsformulierung kann jedoch eine unangemessene Benachteiligung der Arbeitnehmer vorliegen, die zur Unwirksamkeit einer Vertragsstrafe führt (§ 307 Abs. 1 BGB). Eine unangemessene Benachteiligung kann sich aus der Höhe einer Vertragsstrafe ergeben. Eine Vertragsstrafe in Höhe eines Monatsgehalts ist als genereller Maßstab denkbar. Die Festsetzung einer Vertragsstrafe in Höhe eines vollen Monatsgehalts beeinträchtigt den Arbeitnehmer jedoch typischerweise dann unangemessen, wenn er sich rechtmäßig mit einer kürzeren Kündigungsfrist (z. B. während der Probezeit) vom Vertrag lösen könnte.[13]

---

11 Vgl. KR-*Fischermeier* § 24 BBiG Rn. 9.
12 Vgl. *BAG* 23. 6. 1982 – 5 AZR 168/80, AP BBiG § 5 Nr. 4.
13 Vgl. *BAG* 4. 3. 2004 – 8 AZR 196/03, NZA 2004, 727.

**Nichtige Vereinbarungen** § 12

### 3. Finanziell belastende Vereinbarungen

#### a. Entschädigung für die Berufsausbildung

Nichtig ist eine Vereinbarung, durch die sich Auszubildende verpflichten, für die Berufsausbildung eine Entschädigung zu zahlen (§ 12 Abs. 2 Nr. 1 BBiG). Durch diese Vorschrift sollen finanzielle Belastungen der Auszubildenden durch die Berufsausbildung vermieden oder jedenfalls so gering wie möglich gehalten werden. Die Entscheidung des Gesetzgebers gegen das früher vielfach übliche »**Lehrgeld**« soll gewährleisten, dass der Zugang zu einer durch das BBiG geregelten Ausbildung nicht von dem finanziellen Leistungsvermögen oder -willen der Auszubildenden oder ihrer Eltern abhängt.[14]   **17**

**Verpflichtungserklärungen** des Auszubildenden, die gegen § 12 Abs. 2 Nr. 1 BBiG verstoßen, sind nichtig.[15] Auch die **Verrechnung** solcher Kosten, die gegen das Verbot verstoßen, mit der Ausbildungsvergütung ist unzulässig. Nichtig sind auch **Rückzahlungsvereinbarungen** oder ähnliche Klauseln, durch die sich der Auszubildende verpflichtet, einen Teil der Ausbildungskosten (z. B. für außerbetriebliche Lehrgänge) zurückzuzahlen, wenn er nicht (oder nicht für eine bestimmte Dauer) anschließend in einem Arbeitsverhältnis im Ausbildungsbetrieb verbleibt.[16]   **18**

Haben der Auszubildende oder seine Eltern Leistungen an den Ausbildenden gezahlt, die gegen § 12 Abs. 2 Nr. 1 BBiG verstoßen, können sie diese später herausverlangen. Der Ausbildende hat das **Geleistete herauszugeben** (§§ 812, 817 Satz 1 BGB). Das Geleistete ist auch dann vom Empfänger zurückzuzahlen, wenn dem Leistenden das Verbot der Entschädigung bekannt war.[17]   **19**

#### aa. Umgehungsgeschäfte

Das Verbot greift sowohl zugunsten der Auszubildenden als auch ihrer Eltern.[18] Unzulässig sind auch »**Umgehungsgeschäfte**«, wie die Vereinbarung von Naturalleistungen als Gegenleistung für einen Ausbildungsplatz (z. B. unentgeltliche Fliesenlegerarbeiten,[19] die Gewährung eines Darlehens durch die Eltern an den Ausbildenden[20] oder der Abschluss eines Kaufvertrags als Gegenleistung für einen Ausbildungsplatz.[21]   **20**

---

14 Vgl. *BAG* 26.9.2002 – 6 AZR 486/00, NZA 2003, 1403; *BAG* 25.7.2002 – 6 AZR 381/00, AP BBiG § 5 Nr. 9.
15 Vgl. *BAG* 29.6.1988 – 5 AZR 450/87, EzB BBiG § 5 Nr. 25.
16 Vgl. *BAG* 25.4.1984 – 5 AZR 386/83, NZA 1985, 184.
17 Vgl. *BAG* 28.7.1982 – 5 AZR 46/81, DB 1983, 290.
18 Vgl. *BAG* 28.7.1982 – 5 AZR 46/81, DB 1983, 290.
19 Vgl. *LG Gießen* 27.1.1986 – 4 O 488/85, EzB BBiG § 5 Nr. 20.
20 Vgl. *LG Hannover* 1.2.1989 – 11 S 314/88, NJW-RR 1989, 880.
21 Vgl. *OLG Hamm* 16.12.1982 – 28 U 198/82, NJW 1983, 2708.

### bb. Ausbildungskosten

**21** Der Begriff der »**Entschädigung**« ist weit auszulegen. § 12 Abs. 2 Nr. 1 BBiG verbietet es auch, dem Auszubildenden Kosten aufzubürden, die der Ausbildende im Rahmen der von ihm geschuldeten Ausbildung zu tragen hat (**Ausbildungskosten**). So gehört etwa der Erwerb der Fahrerlaubnis zur betrieblichen Fachausbildung zum Berufskraftfahrer, die Kosten des Fahrschulunterrichts sind daher vom Ausbildenden und nicht vom Auszubildenden zu tragen.[22] Übernimmt der Ausbildende die Kosten, die mit der Erlangung der Fahrerlaubnis verbunden sind, und verpflichtet sich der Auszubildende, diese Kosten zu erstatten, falls er nach Abschluss der Ausbildung nicht für eine bestimmte Zeit als Arbeitnehmer in dem Ausbildungsbetrieb bleibt, so ist auch eine solche Vereinbarung nichtig.[23]

**22** Das Verbot der Auferlegung von Kosten für die »Berufsausbildung« bezieht sich aber nur auf die Kosten, die der Ausbildende normalerweise zu tragen hat. Das sind die Kosten der **betrieblichen Ausbildung**, also nicht die Kosten der schulischen Ausbildung. Die Kosten, die im »dualen System« im Zusammenhang mit der schulischen Ausbildung entstehen, hat nicht der Ausbildende zu tragen, sondern die Berufsschule oder die Auszubildenden.

**23** Zu den **Ausbildungskosten**, die der Ausbildende (nicht der Auszubildende) zu tragen hat, gehören
- die betrieblichen Personal- und Sachkosten,
- die Kosten für Ausbildungsmaßnahmen und Ausbildungsveranstaltungen außerhalb der Ausbildungsstätte, sofern sie in den Ausbildungsvorgang einbezogen sind,[24]
- die Aufwendungen, die mit der Durchführung außerbetrieblicher Bildungsmaßnahmen im engen Zusammenhang stehen, etwa Übernachtungs- und Verpflegungskosten,[25]
- die Kosten für Verpflegung und Unterkunft des Auszubildenden, die dadurch entstehen, dass die praktische Berufsausbildung nicht im Ausbildungsbetrieb, sondern an einem anderen Ort vorgenommen wird; das gilt auch, wenn sich die gesamte praktische Ausbildung außerhalb des Ausbildungsbetriebs vollzieht.[26]

**24** Zu den vom Ausbildenden zu tragenden Ausbildungskosten gehören indes (vorbehaltlich abweichender einzelvertraglicher Vereinbarungen) grundsätzlich *nicht* die im Zusammenhang mit dem **Berufsschulbesuch und -unterricht** entstehenden Kosten. Diese Kosten sind nicht von den Ausbilden-

---

[22] Vgl. *BAG* 25.4.1984 – 5 AZR 386/83, AP BBiG § 5 Nr. 5.
[23] Vgl. *LAG Köln* 7.3.1988 – 6 Sa 1247/87, LAGE BBiG § 5 Nr. 1.
[24] Vgl. *BAG* 25.7.2002 – 6 AZR 381/00, DB 2003, 510.
[25] Vgl. *BAG* 9.6.1988 – 5 AZR 450/87, EzB BBiG § 5 Nr. 25.
[26] Vgl. *BAG* 21.9.1995 – 5 AZR 994/94, NZA 1996, 205.

**Nichtige Vereinbarungen** § 12

den, sondern von den Auszubildenden zu tragen, das gilt auch für Fahrt-, Verpflegungs- und Unterbringungskosten, die dem schulischen Bereich zuzuordnen sind, z. B. wegen eines Blockunterrichts an einer auswärtigen staatlichen Berufsschule.[27]

Auch hier ist zu differenzieren: Aus dem dualen System der Berufsausbildung (dem Zusammenwirken von betrieblicher und schulischer Ausbildung) folgt, dass der Ausbildende nur für den betrieblichen Teil der Ausbildung verantwortlich ist. Für den schulischen Teil der Ausbildung hat er deshalb grundsätzlich keine Kosten zu tragen, soweit diese in einer staatlichen Berufsschule erfolgt. Erfolgt der **schulische Teil der Ausbildung auf Veranlassung des Ausbildenden außerhalb des staatlichen Schulsystems**, hat der Ausbildende indes die entstehenden Kosten zu tragen und darf sie wegen Abs. 2 Nr. 1 nicht auf den Auszubildenden abwälzen.[28] 25

Von den Kosten des Berufsschulbesuchs zu unterscheiden sind die Kosten, die dem Ausbildenden dadurch entstehen, dass er dem Auszubildenden für die Zeiten der Freistellung gemäß § 15 BBiG, etwa für die Teilnahme am Berufsschulunterricht, die Vergütung zu zahlen hat (§ 19 Abs. 1 Nr. 1 BBiG). Diese **Vergütungspflicht** kann der Ausbildende nicht auf den Auszubildenden verlagern. Deshalb ist eine Vereinbarung über die Verpflichtung des Auszubildenden, Kosten zu erstatten, die dem Ausbildenden durch die Zahlung der Ausbildungsvergütung während der Freistellung entstanden sind, nichtig (§ 12 Abs. 2 Nr. 1 BBiG).[29] 26

### b. Vertragsstrafen

Nichtig ist eine Vereinbarung über Vertragsstrafen im Zusammenhang mit der Berufsausbildung (§ 12 Abs. 2 Nr. 2 BBiG). Um Vertragsstrafen geht es (§ 339 BGB), wenn sich der Schuldner für den Fall der Nicht- oder Schlechterfüllung einer versprochenen Leistung verpflichtet, eine meist in Geld bestehende Leistung zu erbringen. Das Verbot greift (wie generell § 12 BBiG) zugunsten der Auszubildenden wie auch (bei Minderjährigen) zugunsten der Eltern.[30] 27

Nicht ausgeschlossen ist die Vereinbarung einer Vertragsstrafe in Bezug auf ein sich an das Ausbildungsverhältnis anschließendes Arbeitsverhältnis, sofern es mit § 12 Abs. 1 Satz 2 BBiG im Einklang steht (vgl. Rn. 13). Eine Ver 28

---

27 Vgl. *BAG* 25.7.2002 – 6 AZR 381/00, DB 2003, 510; *BAG* 26.9.2002 – 6 AZR 486/00, NZA 2003, 1403; *BAG* 5.12.2002 – 6 AZR 537/00, AP BBiG § 5 Nr. 11.
28 Vgl. *BAG* 26.9.2002 – 6 AZR 486/00, NZA 2003, 1403; *BAG* 25.7.2002 – 6 AZR 381/00, DB 2003, 510.
29 Vgl. *BAG* 25.7.2002 – 6 AZR 381/00, DB 2003, 510.
30 Vgl. *Leinemann/Taubert* BBiG § 12 Rn. 26.

tragsstrafe im Hinblick auf ein Arbeitsverhältnis unterliegt aber der AGB-Kontrolle und kann gemäß § 307 BGB nichtig sein (vgl. Rn. 16).

29 Zulässig sind **Vertragsstrafen zu Lasten der Ausbildenden**, mit denen diese zur Einhaltung der gegenüber den Auszubildenden bestehenden Pflichten angehalten werden.[31] Das ergibt sich aus der Schutzrichtung des § 12 BBiG als Schutznorm zugunsten der Auszubildenden (vgl. Rn. 1). Auch § 25 BBiG verbietet Vereinbarungen, die zuungunsten des Auszubildenden von den Gesetzesvorschriften abweichen, nicht aber Vereinbarungen, die zu ihren Gunsten Pflichten von Ausbildenden begründen.

#### c. Schadenersatzansprüche

30 Unzulässig ist gemäß § 12 Abs. 2 Nr. 3 und 4 BBiG eine Vereinbarung über den Ausschluss oder die Beschränkung von Schadensersatzansprüchen oder die vertragliche Festsetzung der Höhe eines Schadensersatzes in Pauschbeträgen. Die gesetzliche Regelung lässt die **Haftungsprivilegierung der Auszubildenden** bei von diesen verursachten Schäden entsprechend der Regelungen wie im Arbeitsverhältnis unberührt (vgl. § 13 Rn. 24).

Da § 12 BBiG eine Schutzvorschrift zugunsten der Auszubildenden ist, sind Vereinbarungen, die diese begünstigen, nicht verboten. Zulässig sind Vereinbarungen von **Haftungsbeschränkungen zugunsten Auszubildender**, z. B. die Begrenzung von Schadensersatzansprüchen auf vorsätzliche Handlungen oder die Vereinbarung eines Schadenshöchstbetrags zugunsten Auszubildender.

§ 12 Abs. 2 Nr. 3 und 4 BBiG hat vor allem Bedeutung für die **Beschränkung der Haftung der Ausbildenden** gegenüber den Auszubildenden. Haben Auszubildende im Einzelfall Schadenersatzansprüche gegen Ausbildende (vgl. § 14 Rn. 24) dürfen diese durch entgegenstehende Vereinbarungen weder ausgeschlossen noch beschränkt noch in der Höhe durch Pauschbeträge begrenzt werden.

## Unterabschnitt 2
## Pflichten der Auszubildenden

### § 13 Verhalten während der Berufsausbildung

**Auszubildende haben sich zu bemühen, die berufliche Handlungsfähigkeit zu erwerben, die zum Erreichen des Ausbildungsziels erforderlich ist. Sie sind insbesondere verpflichtet,**

---

31 Vgl. *Leinemann/Taubert* BBiG § 12 Rn. 27.

## Verhalten während der Berufsausbildung § 13

1. die ihnen im Rahmen ihrer Berufsausbildung aufgetragenen Aufgaben sorgfältig auszuführen,
2. an Ausbildungsmaßnahmen teilzunehmen, für die sie nach § 15 freigestellt werden,
3. den Weisungen zu folgen, die ihnen im Rahmen der Berufsausbildung von Ausbildenden, von Ausbildern oder Ausbilderinnen oder von anderen weisungsberechtigten Personen erteilt werden,
4. die für die Ausbildungsstätte geltende Ordnung zu beachten,
5. Werkzeug, Maschinen und sonstige Einrichtungen pfleglich zu behandeln,
6. über Betriebs- und Geschäftsgeheimnisse Stillschweigen zu wahren,
7. einen schriftlichen oder elektronischen Ausbildungsnachweis zu führen.

**Inhaltsübersicht** Rn
1. Sinn und Zweck. . . . . . . . . . . . . . . . . . . . . . . . . . . 1
2. Die Lernpflicht der Auszubildenden . . . . . . . . . . . . . . . . . . . . 2, 3
3. Sorgfältige Ausführung übertragener Aufgaben . . . . . . . . . . . . . 4
4. Teilnahme an Ausbildungsmaßnahmen . . . . . . . . . . . . . . . . . 5
5. Befolgung von Weisungen . . . . . . . . . . . . . . . . . . . . . . 6–15
6. Beachtung der Ordnung der Ausbildungsstätte . . . . . . . . . . . . 16
7. Pflegliche Behandlung der Werkzeuge, Maschinen und Einrichtungen . 17
8. Stillschweigen über Betriebs- und Geschäftsgeheimnisse . . . . . . . . 18–21
9. Pflicht, einen Ausbildungsnachweis zu führen . . . . . . . . . . . . . 22
10. Haftung der Auszubildenden bei Pflichtverstößen. . . . . . . . . . . . 23–31

### 1. Sinn und Zweck

§ 13 BBiG regelt die Pflichten der Auszubildenden im Ausbildungsverhältnis und gilt auch für Berufsausbildungsverhältnisse im **Handwerk** (vgl. § 3 Rn. 10). Die Pflichten bedingen ein entsprechendes Verhalten. Die Auszubildenden haben eine allgemeine Mitwirkungspflicht bei der Ausbildung (Satz 1). § 13 Satz 2 Nr. 1 bis 7 BBiG nennt beispielhaft, nicht abschließend (»insbesondere«) weitere Pflichten der Auszubildenden. Die Pflichten sind privat-rechtlicher Natur und kraft Gesetzes **Vertragsinhalt**, ohne dass sie nochmals ausdrücklich in den Ausbildungsvertrag mit aufgenommen werden müssten.

### 2. Die Lernpflicht der Auszubildenden

Die zentrale Pflicht der Auszubildenden ergibt sich unmittelbar aus dem **Zweck des Berufsausbildungsverhältnisses**. Sie haben sich zu bemühen, die berufliche Handlungsfähigkeit zu erwerben, die erforderlich ist, um das **Ausbildungsziel** zu erreichen (§ 13 Satz 1 BBiG). Der Begriff der »**berufli-**

chen **Handlungsfähigkeit**« folgt der Zielbestimmung der Berufsausbildung gemäß § 1 Abs. 3 BBiG und hat das vorherige Begriffspaar der »Fertigkeiten und Kenntnisse« ersetzt. Ob die Auszubildenden dieser – im eigenen Interesse bestehenden – **Lernpflicht** letztlich hinreichend nachgekommen sind, erweist die Abschlussprüfung. Vermeintliche Verstöße gegen die Lernpflicht können deshalb die vorherige Kündigung des Berufsausbildungsverhältnis im Allgemeinen nicht rechtfertigen, es sei denn, es kommen Verstöße gegen andere Pflichten hinzu (z. B. unentschuldigtes Fernbleiben von der Berufsschule und/oder der betrieblichen Ausbildung; vgl. zur Kündigung § 22 BBiG). Schadensersatzansprüche des Ausbildenden bei einem (vermeintlichen) Verstoß des Auszubildenden gegen die Lernpflicht bestehen nicht, weil dem Ausbildenden im Regelfall kein Schaden entsteht.

**3** Das **Bemühen** um den Erwerb der beruflichen Handlungsfähigkeit, das den Auszubildenden durch Satz 1 als Vertragspflicht auferlegt wird, verlangt eine **aktive Mitwirkung** der Auszubildenden. Sie haben aktiv und interessiert auf das Ausbildungsziel hinzuarbeiten.[1] Das *BAG* vertritt die Auffassung, dass der Auszubildende ein bestimmtes Maß an geistigen Bemühungen (z. B. das Lesen von Büchern) auch außerhalb der Ausbildungszeit aufzubringen hat.[2] Der Ausbildende soll berechtigt sein, Auszubildende anzuweisen, ergänzende theoretische Kenntnisbögen auszufüllen. Eine strikte Trennung zwischen theoretischer und praktischer Ausbildung sei weder gesetzlich vorgeschrieben noch sachlich geboten.[3] Da sich Satz 1 auf die Ausbildungszeit bezieht, ist die Mitwirkungspflicht der Auszubildenden indes grundsätzlich auf die Ausbildungszeit beschränkt. In der Praxis ist eine objektive Beurteilung, ob der Auszubildende sich hinreichend »bemüht« wegen des subjektiven Charakters dieses Vorgangs schwierig, wenn nicht gar unmöglich.

### 3. Sorgfältige Ausführung übertragener Aufgaben

**4** Gemäß § 13 Satz 2 Nr. 1 BBiG sind die Auszubildenden verpflichtet, die im Rahmen ihrer Berufsausbildung aufgetragenen Aufgaben sorgfältig auszuführen (**Sorgfaltspflicht**). Aufgetragen sind Aufgaben nicht nur, wenn sie der Ausbildende oder der Ausbilder verlangt, sondern auch, wenn sie durch die Ausbildungsordnung vorgeschrieben sind (z. B. Führen von Berichtsheften/schriftlichen Ausbildungsnachweisen). Aufgaben, die nicht dem Ausbildungszweck dienen und damit nicht in den Rahmen der Berufsausbildung gehören (vgl. § 14 Rn. 20), dürfen den Auszubildenden nicht aufgetragen werden. Werden solche Aufgaben den Auszubildenden gleichwohl auf-

---

1 Vgl. ErfK-*Schlachter* § 13 BBiG Rn. 1.
2 Vgl. *BAG* 11. 1. 1973 – 5 AZR 467/72, AP BBiG § 6 Nr. 1.
3 *LAG Berlin-Brandenburg* 17. 12. 2015 – 10 Sa 1300/15.

getragen, müssen sie diese nicht ausführen.[4] Nebentätigkeiten, die mit der Ausbildung im Zusammenhang stehen, wie z. B. im angemessenen Umfang die Reinigung des Arbeitsplatzes oder von Werkzeugen, sind indes ebenfalls von den Auszubildenden sorgfältig auszuführen, weil auch diese im Rahmen der Berufsausbildung aufgetragen sind.[5]

Die den Auszubildenden auferlegte **Sorgfalt** bei der Ausführung der aufgetragenen Aufgaben bemisst sich nach der Einsichtsfähigkeit und den Kenntnissen, die je nach dem Ausbildungsstand von einem durchschnittlich begabten Auszubildenden erwartet werden können.[6] Je umfassender und präziser der Auszubildende in die Ausführung der Aufgaben eingewiesen worden ist, desto mehr Sorgfalt kann man von ihm bei der Ausführung der Arbeiten erwarten. Die Anforderungen an die Sorgfalt nehmen mit fortschreitender Ausbildungsdauer zu.[7]

### 4. Teilnahme an Ausbildungsmaßnahmen

Die Auszubildenden sind verpflichtet, an Ausbildungsmaßnahmen teilzunehmen, für die sie nach § 15 BBiG freigestellt werden (§ 13 Satz Nr. 2 BBiG). Hierzu gehören der Besuch der Berufsschule, die Ablegung der vorgesehenen Zwischen- und Abschlussprüfung sowie die Teilnahme an den vereinbarten oder in der Ausbildungsordnung vorgesehenen Ausbildungsmaßnahmen außerhalb der Ausbildungsstätte (vgl. § 15 Rn. 5 ff.).

Eine rechtlich durchsetzbare Teilnahmepflicht an der Abschlussprüfung folgt aus dieser Norm trotz der missverständlichen Formulierung aber nicht. Melden sich Auszubildende während der Laufzeit des Berufsausbildungsverhältnisses zur Abschlussprüfung an und stellt der Ausbildende sie gemäß § 15 BBiG für diese Prüfung frei, so besteht allerdings an sich eine Teilnahmepflicht, wobei ein Verstoß dagegen sanktionslos bliebe.

### 5. Befolgung von Weisungen

Die Auszubildenden sind verpflichtet, den **Weisungen** zu folgen, die ihnen im Rahmen der Berufsausbildung von **Ausbildenden**, von **Ausbildern oder Ausbilderinnen** oder von **anderen weisungsberechtigten Personen** erteilt werden (§ 13 Satz 2 Nr. 3 BBiG; vgl. auch Rn. 3). Andere weisungsberechtigte Personen sind zum Beispiel der zuständige Sachbearbeiter, Abteilungsleiter, Meister, Polier, Vorarbeiter, Sicherheitsbeauftragte oder der Personalleiter.[8]

---

4 Vgl. *Benecke/Hergenröder* BBiG § 13 Rn. 14; ErfK-*Schlachter* § 13 BBiG Rn. 2.
5 Vgl. *Benecke/Hergenröder* BBiG § 13 Rn. 14; ErfK-*Schlachter* § 13 BBiG Rn. 2.
6 Vgl. *LAG Düsseldorf* 23. 2. 1973 – 8 Sa 598/72, DB 1973, 974.
7 Vgl. *Leinemann/Taubert* BBiG § 13 Rn. 9.
8 Vgl. ErfK-*Schlachter* § 13 BBiG Rn. 4; *Leinemann/Taubert* BBiG § 13 Rn. 17.

Diese Personen dürfen – wie auch der Ausbildende und die Ausbilder – Weisungen nur im Rahmen der Ausbildung erteilen. Das setzt hinsichtlich der anderen weisungsberechtigten Personen voraus, dass die Auszubildenden bestimmungsgemäß im Rahmen ihrer Ausbildung in dem konkreten Arbeitszusammenhang, etwa im Durchlauf durch die einzelnen Abteilungen des Betriebs, bei diesen tätig sind und mit ihnen zusammenarbeiten oder diesen Personen üblicherweise vom Ausbildenden eine Weisungsbefugnis eingeräumt ist.

7 Die **Weisungsgebundenheit** der Auszubildenden **im Rahmen der Berufsausbildung** wird vielfach als weitergehender angesehen als die der Arbeitnehmer im Arbeitsverhältnis, da die Auszubildenden alle Weisungen zu befolgen hätten, soweit sie dem Ausbildungszweck dienten und ihren körperlichen Kräften angemessen seien (vgl. § 14 Abs. 2 BBiG) und andererseits das Weisungsrecht im Arbeitsverhältnis durch die vertraglichen Bindungen begrenzt sei. Welche Schlussfolgerungen sich daraus im Einzelnen ergeben sollen, bleibt allerdings unklar. Es wird übersehen, dass auch Weisungen im Berufsausbildungsverhältnis billigem Ermessen entsprechen müssen. Zudem findet die Weisungsgebundenheit in jedem Falle ihre Grenze im Grundrecht der freien Entfaltung der Persönlichkeit der Auszubildenden und den sonstigen Grundrechten.

8 Neben der Voraussetzung, dass das **Weisungsrecht sich nur im Rahmen der Berufsausbildung** bewegen darf, dürfen Weisungen nur erfolgen, soweit nicht spezielle Festlegungen im **Ausbildungsvertrag**, in Bestimmungen einer **Betriebs- oder Dienstvereinbarung**, eines anwendbaren **Tarifvertrags** oder in **gesetzliche Vorschriften** bestehen. Die für Arbeitsverhältnisse geltende Vorschrift des § 106 GewO gilt gemäß § 10 Abs. 2 BBiG auch für Berufsausbildungsverhältnisse. Weisungen dürfen deshalb auch im Rahmen der Ausbildung nur nach **billigem Ermessen** erfolgen[9] Die Durchsetzung der Befolgung der Weisungen darf selbstverständlich nicht durch körperliche Züchtigung oder sonstige entwürdigende »Erziehungsmaßnahmen« verfolgt werden.

9 Nicht zulässig ist es, einem Auszubildenden die Weisung zu erteilen, sich von den **Zielen und Absichten einer politischen Partei** zu distanzieren, auch wenn sie nach Meinung des Ausbildenden verfassungsfeindlich ist, das gilt auch für Berufsausbildungsverhältnisse im öffentlichen Dienst.[10]

10 Ein Weisungsrecht bezüglich des **äußeren Erscheinungsbildes**, der Haartracht oder Kleidung, besteht nur, soweit dies aus Gründen des Arbeitsschutzes oder zur Unfallverhütung notwendig ist. Für zulässig gehalten werden solche Weisungen auch, wenn diese erforderlich sind, um eine spürbare

---

9 Vgl. *Lakies*, BB 2003, S. 364 ff. m.w.N.
10 Vgl. *LAG Rheinland-Pfalz* 29.5.1978, EzB § 15 Abs. 2 Nr. 1 BBiG Nr. 24; zur Meinungsfreiheit der Auszubildenden vgl. auch § 24 Rn. 3.

## Verhalten während der Berufsausbildung § 13

Beeinträchtigung des Geschäftsbetriebes zu verhindern.[11] Das kann indes nur gelten, soweit der Beruf, für den ausgebildet werden soll, ein bestimmtes äußeres Auftreten verlangt oder üblicherweise (auch von den Arbeitnehmern des Betriebs) erwartet wird, wie z. B. bei Bankkaufleuten. Beim **Tragen eines Kopftuchs** durch eine Muslimin, die sich aus religiösen Gründen hierzu verpflichtet sieht, ist zudem die grundrechtlich geschützte Glaubens- und Religionsfreiheit (Art. 4 Abs. 1 GG) zu beachten.[12] Ein **Kopftuchverbot** für Erzieherinnen an öffentlichen Kindertagesstätten hat das *BVerfG*, anders als das *BAG*, trotz entsprechender landesgesetzlicher Vorgabe nicht akzeptiert.[13]

Weitergehende Einschränkungen der Handlungsfreiheit zu Lasten der Beschäftigten sollen in **kirchlichen Einrichtungen** bestehen, wenn diese institutionell der Katholischen oder Evangelischen Kirche zugeordnet sind. Die »Kundgabe einer anderen Religionszugehörigkeit« (durch das Tragen eines Kopftuchs als »Symbol der Zugehörigkeit zum islamischen Glauben«) sei in diesen Fällen unzulässig, gefordert sei ein zumindest »neutrales Verhalten« gegenüber der Kirche. Die Glaubensfreiheit werde demgegenüber nicht in ihrem »Kernbereich« berührt, weil diese nur bei der Ausübung ihrer beruflichen Aufgaben eingeschränkt werde.[14] Das *BVerfG* betont die Bedeutung des verfassungsrechtlich geschützten Selbstbestimmungsrechts der Kirchen, hat allerdings auch herausgestellt, dass eine »Gesamtabwägung« mit den Grundrechten der Beschäftigten erforderlich sei und die widerstreitenden Rechtspositionen »jeweils in möglichst hohem Maß zu verwirklichen« seien.[15]

Besteht im Betrieb ein generelles **Rauchverbot**, ist dieses auch von den Auszubildenden zu beachten. Im Übrigen ist es zulässig, soweit die Arbeitssicherheit es erfordert, es zum Schutz anderer Arbeitnehmer oder Dritter erforderlich ist oder allgemein in einem anwendbaren Tarifvertrag oder einer Betriebsvereinbarung geregelt ist.

»**Hausaufgaben** »dürfen nur insoweit gestellt werden, als dadurch der Rahmen der vertraglich vereinbarten täglichen Ausbildungszeit bzw. der gesetzlichen Höchstarbeitszeiten nicht überschritten werden.[16]

11

12

---

11 Vgl. *ArbG Bayreuth* 7. 12. 1971 – 1 Ca 433/71, BB 1972, 175.
12 Vgl. zu einer Verkäuferin: *BAG* 10. 10. 2002 – 2 AZR 472/01, DB 2003, 830; *BVerfG* 30. 7. 2003 – 1 BvR 792/03, DB 2003, 1908.
13 *BVerfG* 18. 10. 2016 – 1 BvR 354/11, NZA 2016, 1522; aufgehoben wurde das Urteil des *BAG* 12. 8. 2010 – 2 AZR 593/09, NZA-RR 2011, 176. Vgl. zum landesgesetzlich geregelten Kopftuchverbot für beamtete Lehrkräfte ebenfalls ablehnend *BVerfG* 27. 1. 2015 – 1 BvR 471/10, 1 BvR 1181/10, NJW 2015, 1359.
14 *BAG* 24. 9. 2014 – 5 AZR 611/12, NZA 2014, 1407.
15 *BVerfG* 22. 10. 2014 – 2 BvR 661/12, NZA 2014, 1387 (aufgehoben wurde das Urteil des *BAG* 8. 9. 2011 – 2 AZR 543/10, NZA 2012, 443).
16 Vgl. *Benecke/Hergenröder* BBiG § 13 Rn. 30.

**§ 13**     **Verhalten während der Berufsausbildung**

13   Eine **Versetzung** ist nur zulässig, wenn sie zumutbar ist, keinen übermäßigen zusätzlichen Aufwand an Zeit und Kosten für den Auszubildenden bedeutet und der Betriebs-/Personalrat nach § 99 BetrVG/§ 75 BPersVG zugestimmt hat.[17] Zum Teil wird eine Versetzung nur nach einer entsprechenden Änderung des Ausbildungsvertrags für zulässig erachtet.

14   Die **Zuweisung eines Auszubildenden** an einen **bestimmten Ausbildungsplatz** ist im Bereich des öffentlichen Dienstes nur zulässig, wenn die Mitbestimmungsrechte des **Personalrats** nach § 75 Abs. 3 Nr. 6 BPersVG bzw. den Personalvertretungsgesetzen der einzelnen Bundesländer beachtet werden.[18] Das Mitbestimmungsrecht des **Betriebsrats** ergibt sich in diesen Fällen aus § 99 Abs. 1 BetrVG (vgl. § 10 Rn. 52).

15   Nach den genannten Vorschriften haben **Betriebs- und Personalräte** auch ein Mitbestimmungsrecht bei **innerbetrieblichen Versetzungen/Umsetzungen** des Auszubildenden, nicht jedoch bei jeder Einzelanweisung. Die Beachtung der Mitbestimmungsrechte kann in der Praxis auch dadurch erfolgen, dass Betriebs- und Personalräte bereits zu Beginn der Ausbildung dem Ausbildungsrahmenplan zugestimmt haben. Abweichungen vom Ausbildungsrahmenplan sind dann aber erneut mitbestimmungspflichtig. Das Mitbestimmungsrecht des Betriebsrats gemäß § 99 BetrVG bei der Versetzung (vgl. § 10 Rn. 52) von Auszubildenden in eine andere Ausbildungsstätte außerhalb der vorgesehenen turnusmäßigen Neuzuweisung hat das *BAG* ausdrücklich festgestellt.[19]

### 6. Beachtung der Ordnung der Ausbildungsstätte

16   Die Auszubildenden sind verpflichtet, die für die Ausbildungsstätte geltende Ordnung zu beachten. »Beachten« bedeutet die Pflicht zur Einhaltung der geltenden Ordnung (§ 13 Satz 2 Nr. 4 BBiG). Unter »**Ausbildungsstätte**« ist die Einrichtung zu verstehen, in der gemäß § 2 Abs. 1 Nr. 1 BBiG die Ausbildung stattfindet. Es handelt sich um den Ort, der in der Vertragsniederschrift aufgenommen ist. Hierzu gehört nicht die Stätte der außerbetrieblichen Ausbildung (vgl. § 11 Rn. 14). Findet die Ausbildung in einer **überbetrieblichen Ausbildungsstätte** statt, ist dies die Ausbildungsstätte im Sinne des § 13 Satz 2 Nr. 4 BBiG.

Die für die Ausbildungsstätte **geltende Ordnung** ergibt sich nicht nur aus der »Betriebsordnung«, sondern aus allen Regelungen, die die Ordnung im Betrieb gewährleisten sollen (z. B. Unfallverhütungs- und sonstige Arbeitssicherheitsvorschriften, Betriebsvereinbarungen über Rauchverbote, Alkoholverbote, Zugangskontrollen, Handynutzung, Arbeitsordnung). Gemeint

---

17   Vgl. *BAG* 3. 12. 1985 – 1 ABR 58/83, NZA 1986, 532.
18   Vgl. *BVerwG* 3. 11. 1978, ZBR 1979, 214.
19   Vgl. *BAG* 3. 12. 1985 – 1 ABR 58/83, NZA 1986, 532.

## Verhalten während der Berufsausbildung § 13

sind auch generelle Weisungen des Arbeitgebers, die die Ordnung des Betriebs oder das Verhalten der Arbeitnehmer im Betrieb betreffen (vgl. § 106 Satz 2 GewO). Sie muss einen **Bezug auf die Ausbildungsstätte** aufweisen. Hierzu gehören auch Unfallverhütungsbestimmungen. **Allgemeine Reinigungsarbeiten** können durch solche Regelungen vorgesehen werden, allerdings nur, soweit sie noch dem Ausbildungszweck dienen (vgl. auch § 14 Rn. 20).

### 7. Pflegliche Behandlung der Werkzeuge, Maschinen und Einrichtungen

Gemäß § 13 Satz 2 Nr. 5 BBiG sind die Auszubildenden verpflichtet, Werkzeug, Maschinen und sonstige Einrichtungen pfleglich zu behandeln, auch Werkstoffe fallen hierunter.[20] Einrichtungen sind alle Gegenstände, die den Auszubildenden im Rahmen ihrer Ausbildung zur Verfügung gestellt oder sonst zugänglich sind.  17

Die **Pflicht zur pfleglichen Behandlung** erfordert die Anwendung des allgemein nötigen Sorgfaltsmaßstabs, der jedoch bei Auszubildenden geringere Anforderungen als bei Arbeitnehmern beinhaltet. Bei gewerblich-technischen Auszubildenden ist die pflegliche Behandlung häufig Bestandteil der beruflichen Ausbildung. Umstritten ist, ob der Verlust von Werkzeug und dergleichen den Auszubildenden schadensersatzpflichtig machen kann. Es ist abzustellen auf die Umstände des Einzelfalls. Im Rahmen der pfleglichen Behandlung ist der eigene Ausbildungsplatz aufzuräumen und zu reinigen und die benutzten Maschinen und Einrichtungen sind sauber zu halten und zu pflegen.

### 8. Stillschweigen über Betriebs- und Geschäftsgeheimnisse

Die Auszubildenden sind verpflichtet, über Betriebs- und Geschäftsgeheimnisse Stillschweigen zu wahren (§ 13 Satz 2 Nr. 6 BBiG). Betriebs- und Geschäftsgeheimnisse sind Tatsachen, die im Zusammenhang mit einem Geschäftsbetrieb stehen, nur einem eng begrenzten Personenkreis bekannt sind und nach dem bekundeten Willen des Betriebsinhabers geheim zu halten sind. **Betriebsgeheimnisse** beziehen sich auf den technischen Betriebsablauf, Herstellung und Herstellungsverfahren; **Geschäftsgeheimnisse** betreffen den allgemeinen Geschäftsverkehr des Unternehmens.[21]  18

**Betriebs- und Geschäftsgeheimnisse** sind z. B. Informationen über Kunden, Lieferanten, Geschäftsbeziehungen, Lagerbestände, Preiskalkulationen, Investitionsvorhaben, patentierbare und nicht patentierbare Neuentwick-  19

---

20 Vgl. ErfK-*Schlachter* § 13 BBiG Rn. 5.
21 Vgl. *BAG* 15.12.1987 – 3 AZR 474/86, NZA 1988, 502 m.w.N.

lungen, Bilanzen. Es kommt nicht darauf an, ob diese Informationen ausdrücklich als »Geheimnis« bezeichnet werden oder dem Auszubildenden als »Geheimnis« anvertraut werden oder er nur sonst Kenntnis von ihnen erlangt. Stillschweigen hat der Auszubildende in jedem Falle zu wahren. Der Begriff der »Betriebs- und Geschäftsgeheimnisse« ist weit zu verstehen, er umfasst alle als vertraulich anzusehenden Daten, auch solche, die mit dem normalen Arbeitsablauf im Zusammenhang stehen. »**Stillschweigen wahren**« bedeutet **Verschwiegenheit** gegenüber jeder dritten Person. Die Pflicht zur Wahrung von Betriebs- und Geschäftsgeheimnissen ist auch über die Beendigung des Berufsausbildungsverhältnisses hinaus zu beachten.[22]

**20** Da die Verpflichtung zur Verschwiegenheit sich an der vertraglichen Pflicht zur Rücksichtnahme gemäß § 241 Abs. 2 BGB (»Treuepflicht«) des Arbeitnehmers gegenüber seinem Arbeitgeber orientieren soll, wird hieraus vom *BAG* auch ein **Wettbewerbsverbot während der Dauer des Ausbildungsverhältnisses** abgeleitet.[23] Da der Auszubildende keine Arbeitsleistung, sondern der Ausbildende dem Auszubildenden eine ordnungsgemäße Ausbildung schuldet, fehlt schon vom Ausgangspunkt her jede Grundlage für die Annahme eines zu Lasten des Auszubildenden bestehenden Wettbewerbsverbots. Allerdings wird faktisch aufgrund der zeitlichen Belastung kein Raum für eine Tätigkeit des Auszubildenden für einen anderen Arbeitgeber sein. Ein **nachvertragliches Wettbewerbsverbot** (das meint ein Wettbewerbsverbot im Anschluss an die Ausbildung) kann mit Auszubildenden wegen der gesetzlichen Spezialregelung in § 12 Abs. 1 Satz 1 BBiG nicht wirksam vereinbart werden (vgl. § 12 Rn. 6).

**21** Im Einzelfall kann es erforderlich sein, dass sich Auszubildende aus übergeordneten Gesichtspunkten über die Verschwiegenheitspflicht hinwegsetzen. Zu denken wäre hier an strafbare Handlungen des Ausbildenden oder sonstige Fälle, in denen die schützenswerten Belange einzelner Auszubildender die Interessen des Ausbildenden überwiegen. Früher wurde indes überwiegend die Auffassung vertreten, die **Anrufung betriebsexterner Stellen** stelle sogar dann eine »Treuepflicht«-Verletzung dar, wenn der Arbeitgeber strafbare Handlungen begehe.[24] Das kann in Ansehung der neueren Rechtsprechung heute so nicht mehr vertreten werden, vielmehr ist im Einzelfall eine Abwägung erforderlich, ob die Einschaltung betriebsexterner Stellen zulässig ist.[25] Selbst eine **Strafanzeige** zu Lasten des Ausbildenden (Arbeitgebers)

---

22 Vgl. *BAG* 15. 12. 1987 – 3 AZR 474/86, NZA 1988, 502.
23 *BAG* 20. 9. 2006 – 10 AZR 439/05, NZA 2007, 977; kritisch Lakies/Malottke BBiG § 13 Rn. 26.
24 Vgl. *LAG Baden-Württemberg* 20. 10. 1976 – 6 Sa 51/76, EzA § 1 KSchG Verhaltensbedingte Kündigung Nr. 8; *LAG Baden-Württemberg* 3. 2. 1987 – 7 (13) Sa 95/86, NZA 1987, 756.
25 Vgl. *BVerfG* 2. 7. 2001 – 1 BvR 2049/00, NZA 2001, 888.

## Verhalten während der Berufsausbildung § 13

könnte allenfalls dann unzulässig sein, wenn wissentlich oder leichtfertig falsche Angaben gemacht werden.[26]

### 9. Pflicht, einen Ausbildungsnachweis zu führen

Die Auszubildenden sind verpflichtet, einen schriftlichen oder elektronischen Ausbildungsnachweis zu führen (§ 13 Satz 2 Nr. 7 BBiG). Diese Regelung wurde mit Wirkung vom 5.4.2017 durch Gesetz vom 29.3.2017 (BGBl. I S. 626) neu in das Gesetz eingefügt worden. Da gemäß § 43 Abs. 1 Nr. 2 BBiG Voraussetzung für die Zulassung zur Abschlussprüfung unter anderem ist, dass ein vom Ausbilder *und* Auszubildenden abgezeichneter Ausbildungsnachweis (nach § 13 Satz 2 Nr. 7 BBiG) vorgelegt wird, haben die Auszubildenden den Ausbildungsnachweis nicht nur zu führen, sondern auch abzuzeichnen.  22

Hintergrund für diese Regelung ist, dass früher in der Ausbildungsordnung geregelt werden konnte, dass Auszubildende einen schriftlichen Ausbildungsnachweis zu führen haben. Die Pflicht, einen Ausbildungsnachweis zu führen, ist nunmehr nicht entfallen, sondern vielmehr unmittelbar im BBiG und nicht in der Ausbildungsordnung geregelt. § 11 Abs. 1 Satz 2 Nr. 10 BBiG schreibt vor, dass die Form des Ausbildungsnachweises in der Vertragsniederschrift zu regeln ist. Es ist also zu vereinbaren, ob der Ausbildungsnachweis schriftlich oder elektronisch zu führen ist. Gemäß § 14 Abs. 2 Satz 1 BBiG haben die Ausbildenden die Auszubildenden zum Führen der Ausbildungsnachweise anzuhalten und diese regelmäßig durchzusehen. Gemäß § 14 Abs. 2 Satz 2 BBiG ist den Auszubildenden Gelegenheit zu geben, den Ausbildungsnachweis am Arbeitsplatz zu führen.

§ 103 Abs. 3 enthält eine **Übergangsvorschrift:** Auf Ausbildungsverträge, die vor dem 30.9.2017 abgeschlossen wurden oder bis zu diesem Zeitpunkt abgeschlossen werden, sind die bisherigen Regelungen in ihrer bis zum 5.4.2017 geltenden Fassung weiter anzuwenden. Das neue Recht gilt deshalb für Ausbildungsverträge, die seit dem 1.10.2017 abgeschlossen wurden.

### 10. Haftung der Auszubildenden bei Pflichtverstößen

Verletzen Auszubildende ihre Pflichten aus § 13 BBiG, kommt in Extremfällen und bei wiederholter Missachtung der Pflichten (im Regelfall erst nach vorheriger Abmahnung) eine Kündigung gemäß § 22 BBiG in Betracht (vgl. § 22 Rn. 27 ff.). Unabhängig davon können sich Auszubildende bei einer unerlaubten Handlung gemäß § 823 BGB (Verletzung von Körper, Gesundheit, Freiheit, Eigentum oder eines sonstigen Rechts) schadensersatzpflichtig ma-  23

---

26 Vgl. *BAG* 3.7.2003 – 2 AZR 235/02, NZA 2004, 427.

chen sowie bei einer vertraglichen Pflichtverletzung (§ 280 BGB), wenn durch ein schuldhaftes (vorsätzliches oder fahrlässiges) und pflichtwidriges Verhalten der Auszubildenden beim Ausbildenden oder einer anderen Person ein Schaden eintritt, z. B. bei der Beschädigung von Firmeneigentum. Die Haftung kann, je nach Höhe des Schadens, für die Auszubildenden existenzbedrohende Ausmaße annehmen. Deshalb ist anerkannt, dass zu deren Gunsten Haftungsprivilegierungen greifen müssen.[27]

24 Heute ist es Allgemeingut, dass bei der Haftung der Auszubildenden für Pflichtverletzungen und von ihnen verursachte Schäden die **Grundsätze der Haftungsprivilegierung** wie im Arbeitsverhältnis gelten.[28] Das Ausbildungsverhältnis als solches führt nicht zu einer noch weiterreichenden Haftungsfreistellung. Das Haftungsprivileg der Arbeitnehmer und die Vorschrift des § 828 Abs. 3 BGB (Haftungsprivilegierung für Minderjährige) reichen aus (so das *BAG*), um die Besonderheiten des Ausbildungsverhältnisses zu berücksichtigen und die Auszubildenden ausreichend zu schützen.[29] **Minderjährige** sind gemäß § 828 Abs. 3 BGB für den Schaden, den sie einem anderen zufügen, nicht verantwortlich, wenn sie bei der Begehung der schädigenden Handlung nicht die zur Erkenntnis der Verantwortlichkeit erforderliche Einsicht hatten. Die **Besonderheiten des Ausbildungsverhältnisses** (das Alter der Auszubildenden, der Stand der betrieblichen Ausbildung) sind darüber hinaus zugunsten der Auszubildenden zu berücksichtigen. Werden Auszubildende mit Tätigkeiten betraut, die nicht dem Ausbildungszweck dienen (§ 14 Abs. 2 BBiG) oder nicht dem Ausbildungsstand entsprechen, ist dies bei der Berechnung des Umfangs des Schadensersatzes zu berücksichtigen, gegebenenfalls kann eine Schadenshaftung auch im vollen Umfang entfallen. Anerkannt ist, dass durch die gerichtliche Entscheidung im Einzelfall die Haftungsquote zugunsten der Arbeitnehmer/Auszubildenden beschränkt werden darf, so bei einem deutlichen Missverhältnis zwischen der Vergütung und dem Schadensrisiko; das muss vor allem wegen der Höhe der Ausbildungsvergütung für Auszubildende gelten.[30]

25 Nach den Grundsätzen der Beschränkung der Arbeitnehmerhaftung haben die Arbeitnehmer, hier die Auszubildenden, für alle Arbeiten, die durch den Betrieb veranlasst sind und aufgrund eines Arbeitsverhältnisses (hier Ausbildungsverhältnisses) geleistet werden, nur eingeschränkt zu haften. Voraussetzung für die Haftungserleichterung ist, dass der von den Auszubildenden verursachte Schaden bei einer **betrieblichen Tätigkeit** eingetreten ist. Betrieblich veranlasst sind Tätigkeiten, die den Auszubildenden entwe-

---

27 Vgl. im Einzelnen *Lakies/Malottke* § 13 Rn. 28 ff.
28 *BAG* 18. 4. 2002 – 8 AZR 348/01, NZA 2003, 37.
29 *BAG* 20. 9. 2006 – 10 AZR 439/05, NZA 2007, 977, 979.
30 Vgl. allgemein für das Arbeitsverhältnis *BAG* 15. 11. 2012 – 8 AZR 705/11, DB 2013, 705.

## Verhalten während der Berufsausbildung § 13

der ausdrücklich übertragen worden sind oder die im Interesse des Betriebs ausgeführt werden, die in nahem Zusammenhang mit dem Betrieb und seinem betrieblichen Wirkungskreis stehen und in diesem Sinne betriebsbezogen sind. Für die betriebliche Veranlassung reicht es, dass die Tätigkeiten als solche dem vertraglich Geschuldeten entsprechen, mag dies für die Durchführung auch nicht gelten. Eine bloße »Spaßfahrt« von Auszubildenden mit einem Gabelstapler im Betrieb ist allerdings nicht betrieblich veranlasst und deshalb haftungsrechtlich nicht privilegiert.[31]

Grundsätzlich ist zu beachten, dass der Arbeitgeber bzw. Ausbildende zwar nicht verpflichtet ist, eine Versicherung abzuschließen, wenn sich dies nicht aus dem Ausbildungsvertrag oder einer anwendbaren Betriebsvereinbarung oder einem anwendbaren Tarifvertrag ergibt. Bei der Abwägung der Umstände, die für den Haftungsumfang maßgebend sind, kann jedoch zu Lasten der Ausbildenden berücksichtigt werden, wenn diese bei einem **versicherbaren Risiko** keine Versicherung abgeschlossen haben (zum Beispiel eine Kraftfahrzeugkaskoversicherung). Das kann dazu führen, dass Auszubildende nur in Höhe einer Selbstbeteiligung haften müssen, die bei Abschluss einer Kaskoversicherung vereinbart worden wäre.[32]  **26**

Die Haftung richtet sich nach dem **Grad des Verschuldens**. Das Verschulden hat sich nicht auf die Pflichtverletzung, sondern auch auf den Eintritt eines Schadens zu beziehen.[33] Zu unterscheiden ist, ob die Auszubildenden vorsätzlich oder fahrlässig gehandelt haben. **Vorsätzlich** verursachte Schäden haben die Auszubildenden in vollem Umfang zu tragen. Vorsatz ist anzunehmen, wenn die Auszubildenden nicht nur die Pflichtverletzung, sondern auch den Schaden in der konkreten Höhe zumindest als möglich voraussehen und für den Fall seines Eintritts billigend in Kauf nehmen. Bei Vorsatz hat die Auszubildenden den Schaden in vollem Umfang zu tragen.  **27**

Fahrlässig handelt, wer die im Verkehr erforderliche Sorgfalt außer Acht lässt (§ 276 Abs. 2 BGB). Bei fahrlässigem Handeln ist wiederum je nach dem Grad der Fahrlässigkeit zu unterscheiden: Bei **grober Fahrlässigkeit** haben die Auszubildenden in der Regel den Schaden in vollem Umfang zu tragen. Von dem Grundsatz der vollen Schadenstragung bei grober Fahrlässigkeit sind Ausnahmen möglich, etwa wenn der Verdienst der Auszubildenden in einem deutlichen Missverhältnis zum verwirklichten Schadensrisiko steht.[34]  **28**

Bei **normaler (mittlerer) Fahrlässigkeit** haben die Auszubildenden den Schaden anteilig zu tragen. Das ist nicht zwingend eine 50:50-Teilung. Ob

---

31 *BAG* 18. 4. 2002 – 8 AZR 348/01, NZA 2003, 37.
32 *BAG* 24. 11. 1987 – 8 AZR 66/82, NZA 1988, 584.
33 *BAG* 18. 4. 2002 – 8 AZR 348/01, NZA 2003, 37.
34 *BAG* 28. 10. 2010 – 8 AZR 418/09, NZA 2011, 345; *BAG* 15. 11. 2001 – 8 AZR 95/01, NZA 2002, 612.

## § 13 Verhalten während der Berufsausbildung

und gegebenenfalls in welchem Umfang die Auszubildenden zum Schadensersatz verpflichtet sind, ergibt sich aus einer Abwägung der Gesamtumstände nach Billigkeit und Zumutbarkeit. In erster Linie ist auf den Grad des Verschuldens, das den Auszubildenden anzulasten ist, abzustellen, zudem auf die Gefahrgeneigtheit der Tätigkeit, die Höhe des Schadens, die Versicherbarkeit des Risikos, die Höhe der Vergütung sowie persönliche Umstände und das bisherige Verhalten der Auszubildenden.

Bei **leichter Fahrlässigkeit** haften die Auszubildenden nicht.

29 Von der Haftungsverteilung nach den richterrechtlichen Grundsätzen der Arbeitnehmerhaftung zu unterscheiden ist die Frage, ob und inwieweit die Schadenshaftung darüber hinaus durch ein konkretes **Mitverschulden der Ausbildenden** einzuschränken ist. Ein Mitverschulden der Ausbildenden kommt vor allem in Betracht bei der Schadensverursachung (zum Beispiel: fehlerhafte Anweisung, Organisationsmängel, Überforderung der Auszubildenden), kann aber auch bei der Schadensabwendung wie auch bei der Schadensminderung vorkommen. Auch die **Unerfahrenheit von Auszubildenden** kann ein Mitverschulden der Ausbildenden begründen, wenn sie bei der Zuweisung von Tätigkeiten nicht ausreichend berücksichtigt wird.[35]

30 Für **Schäden**, die durch das Verhalten von Auszubildenden **bei anderen Auszubildenden oder Arbeitnehmern** des Betriebs verursacht werden, haften die Auszubildenden privat-rechtlich grundsätzlich wie bei jedem anderen Dritten. Bei Personenschäden wird die Haftung aber weitgehend durch das Recht der gesetzlichen Unfallversicherung (§ 105 SGB VII) ausgeschlossen; allerdings nur, wenn die schadensersatzauslösende Handlung eine betriebliche Tätigkeit darstellt. Liegt keine »betriebliche« Tätigkeit im Sinne des § 105 Abs. 1 SGB VII vor, haften Auszubildende, die durch ihr Verhalten bei einem Beschäftigten desselben Betriebs einen Schaden verursachen, ohne Rücksicht auf ihr Alter nach den gleichen Regeln wie andere Arbeitnehmer. Bei Sachschäden haften die Auszubildenden so, wie sie auch anderen Privatpersonen gegenüber verpflichtet wären.

31 Die haftungsausschließende Norm des § 105 SGB VII (**Beschränkung der Haftung anderer im Betrieb tätiger Personen**) greift nicht nur zugunsten von »Arbeitskollegen« und anderen Auszubildenden, sondern zugunsten von allen Personen, die durch eine betriebliche Tätigkeit einen Versicherungsfall verursachen. Diese Personen müssen also nicht selbst Versicherte im Sinne des Unfallversicherungsrechts sein. Voraussetzung des Ausschlusses privatrechtlicher Ansprüche durch § 105 SGB VII ist, dass der Geschädigte Versicherter in der gesetzlichen Unfallversicherung (oder nach § 4 Abs. 1 Nr. 1 SGB VII versicherungsfrei – Beamter –) ist und das schädigende Ereignis sich für ihn als Versicherungsfall (Arbeitsunfall) darstellt. Voraus-

---

35 *BAG* 20.9.2006 – 10 AZR 439/05, NZA 2007, 977, 979.

setzung für den Haftungsausschluss nach § 105 Abs. 1 SGB VII ist aber, dass die schädigende Handlung eine »betriebliche Tätigkeit« war. Entscheidend für das Vorliegen einer »betrieblichen Tätigkeit« und das Eingreifen des Haftungsausschlusses ist die Verursachung des Schadensereignisses durch eine Tätigkeit des Schädigers, die ihm von dem Betrieb oder für den Betrieb, in dem sich der Unfall ereignet hat, übertragen war oder die von ihm im Betriebsinteresse erbracht wurde. Das Herumwerfen von Wuchtgewichten in einem Arbeitsraum, in dem andere Menschen anwesend sind oder mit ihrer Anwesenheit zu rechnen ist, noch dazu mit Kraftaufwand, ist keine betriebliche Tätigkeit – so das *BAG* in einem Fall, in dem ein anderer Auszubildender ohne Vorwarnung mit vom Kläger (ebenfalls Auszubildender) abgewandter Körperhaltung ein ca. 10 g schweres Wuchtgewicht hinter sich geworfen hat.[36] Dieses traf den Kläger am linken Auge, am Augenlid und an der linken Schläfe. Dem Kläger musste eine Kunstlinse eingesetzt werden; Einschränkungen aufgrund einer Hornhautnarbe verblieben. Die zuständige Berufsgenossenschaft zahlt dem Kläger eine monatliche Rente in Höhe von 204,40 Euro. Das *BAG* bestätigte die Verurteilung des anderen Auszubildenden, des Schädigers, zur Zahlung von Schmerzensgeld in Höhe von 25 000 Euro. Weder der Wortlaut von § 105 Abs. 1 SGB VII noch der Sinnzusammenhang oder Zweck enthalten einen Anhaltspunkt dafür, dass der Begriff der betrieblichen Tätigkeit anders aufzufassen wäre, wenn und weil Auszubildende beteiligt sind. Die Beteiligung von Auszubildenden an einem schadensverursachenden Vorfall hat keine Bedeutung für die Frage der Einordnung einer Tätigkeit als betriebliche oder nicht-betriebliche.[37] Generell kann man sagen: **Spielereien, Neckereien und Raufereien** unter Arbeitskollegen sind keine »betriebliche Tätigkeit« im Sinn der Haftungsnormen des SGB VII und deshalb nicht von der Haftung ausgeschlossen.[38]

## Unterabschnitt 3
## Pflichten der Ausbildenden

### § 14 Berufsausbildung

(1) Ausbildende haben
1. dafür zu sorgen, dass den Auszubildenden die berufliche Handlungsfähigkeit vermittelt wird, die zum Erreichen des Ausbildungsziels erforderlich ist, und die Berufsausbildung in einer durch ihren Zweck

---

36 *BAG* 19.3.2015 – 8 AZR 67/14; NZA 2015, 1057.
37 *BAG* 19.3.2015 – 8 AZR 67/14, Rn. 26, NZA 2015, 1057.
38 *BAG* 19.3.2015 – 8 AZR 67/14, NZA 2015, 1057.

gebotenen Form planmäßig, zeitlich und sachlich gegliedert so durchzuführen, dass das Ausbildungsziel in der vorgesehenen Ausbildungszeit erreicht werden kann,
2. selbst auszubilden oder einen Ausbilder oder eine Ausbilderin ausdrücklich damit zu beauftragen,
3. Auszubildenden kostenlos die Ausbildungsmittel, insbesondere Werkzeuge, Werkstoffe und Fachliteratur zur Verfügung zu stellen, die zur Berufsausbildung und zum Ablegen von Zwischen- und Abschlussprüfungen, auch soweit solche nach Beendigung des Berufsausbildungsverhältnisses stattfinden, erforderlich sind,
4. Auszubildende zum Besuch der Berufsschule anzuhalten,
5. dafür zu sorgen, dass Auszubildende charakterlich gefördert sowie sittlich und körperlich nicht gefährdet werden.

(2) Ausbildende haben Auszubildende zum Führen der Ausbildungsnachweise nach § 13 Satz 2 Nummer 7 anzuhalten und diese regelmäßig durchzusehen. Den Auszubildenden ist Gelegenheit zu geben, den Ausbildungsnachweis am Arbeitsplatz zu führen.

(3) Auszubildenden dürfen nur Aufgaben übertragen werden, die dem Ausbildungszweck dienen und ihren körperlichen Kräften angemessen sind.

**Inhaltsübersicht** Rn
1. Sinn und Zweck . . . . . . . . . . . . . . . . . . . . . . . . . . . 1
2. Ausbildungspflicht. . . . . . . . . . . . . . . . . . . . . . . . . . 2, 3
3. Pflicht zur Gewährung kostenloser Ausbildungsmittel und Fachliteratur 4– 9
4. Pflicht, Auszubildende zum Berufsschulbesuch anzuhalten . . . . . . . 10–12
5. Durchsicht von Ausbildungsnachweisen . . . . . . . . . . . . . . . . 13–15
6. Charakterliche Förderung und Schutzpflichten gegenüber den Auszubildenden . . . . . . . . . . . . . . . . . . . . . . . . . . . . . . . . 16–19
7. Pflichten bei der Übertragung von Aufgaben an Auszubildende . . . . . 20–23
8. Haftung der Ausbildenden . . . . . . . . . . . . . . . . . . . . . . 24

### 1. Sinn und Zweck

**1** § 14 BBiG regelt die Pflichten der Ausbildenden im Ausbildungsverhältnis und gilt auch für Berufsausbildungsverhältnisse im **Handwerk** (vgl. § 3 Rn. 10). Die Pflichten sind privat-rechtlicher Natur und kraft Gesetzes **Vertragsinhalt**, ohne dass sie nochmals ausdrücklich in den Ausbildungsvertrag mit aufgenommen werden müssten.

### 2. Ausbildungspflicht

**2** Die Ausbildenden haben dafür zu sorgen, dass den Auszubildenden die berufliche Handlungsfähigkeit vermittelt wird, die zum Erreichen des Ausbil-

## Berufsausbildung § 14

dungsziels erforderlich ist, und die Berufsausbildung in einer durch ihren Zweck gebotenen Form planmäßig, zeitlich und sachlich gegliedert so durchzuführen, dass das Ausbildungsziel in der vorgesehenen Ausbildungszeit erreicht werden kann (§ 14 Abs. 1 Nr. 1 BBiG). Der Ausbildende soll berechtigt sein, Auszubildende anzuweisen, ergänzende theoretische Kenntnisbögen auszufüllen. Eine strikte Trennung zwischen theoretischer und praktischer Ausbildung sei weder gesetzlich vorgeschrieben noch sachlich geboten.[1]

Der Ausbildungszweck setzt einen **betrieblichen Ausbildungsplan** voraus, der zu unterscheiden ist vom allgemeingültigen Ausbildungsrahmenplan. Der betriebliche Ausbildungsplan ist konkret auf den jeweiligen Ausbildungsbetrieb bezogen und Bestandteil des Berufsausbildungsvertrags. Der jeweilige Ausbildungsstand ist kontinuierlich durch **Ausbildungsstandskontrollen** (ASK) festzustellen.[2] Inhalt und Umfang der zu vermittelnden Fertigkeiten und Kenntnisse ergeben sich grundsätzlich aus der Ausbildungsordnung und dem Ausbildungsrahmenplan.

Der Ausbildende muss entweder **selbst ausbilden** oder einen **Ausbilder** ausdrücklich damit **beauftragen** (§ 14 Abs. 1 Nr. 2 BBiG). Der Ausbildungspflicht entspricht einem **Anspruch der Auszubildenden auf tatsächliche Ausbildung**, der gegebenenfalls auch gerichtlich durchgesetzt werden kann.[3]

3

Derjenige, der tatsächlich ausbildet, benötigt hierfür die Eignung gemäß den §§ 28 bis 30 BBiG. Werden mehrere Ausbilder bestellt, so soll ein Ausbilder bestellt werden, der die leitende Verantwortung trägt (**Ausbildungsleiter**). Der Ausbilder muss zwar nicht ständig, jedoch überwiegend im Betrieb anwesend sein, um die Ausbildung tatsächlich überwachen und durchführen zu können. Der Ausbilder ist als Arbeitnehmer des Ausbildenden dessen Erfüllungsgehilfe (§ 278 BGB), so dass weiterhin der Ausbildende als Vertragspartner des Auszubildenden für die Erfüllung der Ausbildungspflicht einzustehen hat. Die Bestellung von Ausbildern ist der zuständigen Stelle anzuzeigen (§ 36 Abs. 2 Nr. 2 BBiG), da diese die Durchführung der Berufsausbildung gemäß § 76 Abs. 1 BBiG zu überwachen hat. Bei der Bestellung von Ausbildern hat der **Betriebsrat** ein **Mitbestimmungsrecht** gemäß § 98 Abs. 2 und 5 BetrVG (vgl. § 10 Rn. 48).

---

1 *LAG Berlin-Brandenburg* 17.12.2015 – 10 Sa 1300/15.
2 Vgl. *Schwarzbach*, AiB 2002, S. 563 ff.
3 *LAG Berlin-Brandenburg* 20.12.2016 – 7 Sa 1401/16.

### 3. Pflicht zur Gewährung kostenloser Ausbildungsmittel und Fachliteratur

**4** Die Ausbildenden haben den Auszubildenden kostenlos die Ausbildungsmittel, Werkzeuge, Werkstoffe und Fachliteratur zur Verfügung zu stellen, die zur Berufsausbildung und zum Ablegen von Zwischen- und Abschlussprüfungen, auch soweit solche nach Beendigung des Berufsausbildungsverhältnisses stattfinden, erforderlich sind (§ 14 Abs. 1 Nr. 3 BBiG).
Eine **Kostenbeteiligung** kann von den Auszubildenden oder den Eltern nicht verlangt, auch nicht vertraglich vereinbart werden. Die Vorschrift umfasst aber nur den betrieblichen Teil der Ausbildung, so dass **Ausbildungsmittel**, die der Auszubildende **für die Berufsschule** benötigt (z. B. Fachbücher), nicht vom Ausbildenden kostenlos zur Verfügung zu stellen sind, es sei denn, diese dienen zugleich der innerbetrieblichen Ausbildung.[4] Eine entsprechende Pflicht zur kostenlosen Bereitstellung von Ausbildungsmitteln für die Berufsschule könnte auch in einem anwendbaren Tarifvertrag oder in einer Betriebsvereinbarung geregelt sein.
Zwar ist in den Gesetzestext (durch das Berufsbildungsmodernisierungsgesetz zum 1.1.2020) ausdrücklich der Begriff »**Fachliteratur**« aufgenommen worden. Nach der Gesetzesbegründung des zuständigen Bundestagsausschusses dient diese Ergänzung der Klarstellung, »dass Fachliteratur, die für die betriebliche Ausbildung erforderlich ist, von Auszubildende nicht aus eigenen Mitteln finanziert werden, sondern von dem Ausbildungsbetrieb zur Verfügung gestellt werden soll«.[5] Die Abgrenzung dürfte danach vorzunehmen sein, ob die Fachliteratur *ausschließlich* für die Berufsschule benötigt wird oder *auch* für die Berufsschule genutzt werden kann, aber zudem auch für die betriebliche Ausbildung »erforderlich« ist. Im letzteren Fall muss der Ausbildende die Fachliteratur auf seine Kosten den Auszubildenden zur Verfügung stellen.

**5** Nicht zu den Ausbildungsmitteln zählt die **Arbeitskleidung**. Diese ist vom Auszubildenden selbst zu stellen und er hat die Kosten hierfür zu tragen. Was anderes gilt, wenn dies im Ausbildungsvertrag oder in einem anwendbaren Tarifvertrag oder in einer Betriebsvereinbarung anders geregelt ist.[6] Eine Pflicht des Ausbildenden, Schutzausrüstungen und Sicherheitsmittel zur Verfügung zu stellen, kann sich aber aus § 618 BGB und aus Unfallverhütungsvorschriften ergeben, bei Minderjährigen auch aus Vorschriften des JArbSchG.[7]

---

4 Vgl. *BAG* 16.12.1976 – 3 AZR 556/75, DB 1977, 1418.
5 BT-Drs. 19/14431.
6 Vgl. *BAG* 9.5.1998 – 9 AZR 307/96, NZA 1999, 38.
7 Vgl. ErfK-*Wank* § 618 BGB Rn. 13 ff.; *Leinemann/Taubert* BBiG § 14 Rn. 26.

**Berufsausbildung** § 14

Kommt der Ausbildende seiner Verpflichtung zur Gewährung kostenloser **6**
Ausbildungsmittel nicht nach, so kann der Auszubildende sich diese selbst
beschaffen und Ersatz der dafür gemachten Ausgaben vom Ausbildenden
verlangen, und zwar Zug um Zug gegen Übereignung der angeschafften
Ausbildungsmittel.[8]

Die Ausbildungsmittel müssen vom Ausbildenden nur **leihweise** bereitge- **7**
stellt, nicht dem Auszubildenden übereignet werden. Sie verbleiben also im
Eigentum des Ausbildenden und sind vom Auszubildenden sorgfältig zu behandeln und zurückzugeben. Für die unsachgemäße Behandlung der Ausbildungsmittel haftet der Auszubildende nach den Grundsätzen der Arbeit-
nehmer-Haftung (vgl. Rn. 24).

**Werkstücke oder Werkstoffe**, die der Auszubildende im Rahmen seiner **8**
Ausbildung anfertigt, verbleiben ebenfalls im Eigentum des Ausbildenden,
weil der Auszubildende sie im Rahmen des Vertragsverhältnisses zu fremd-
nützigen Zwecken herstellt. Der Ausbildende (nicht der Auszubildende) ist
deshalb Hersteller im Sinne des § 950 BGB, so dass er hieran Eigentum er-
wirbt.

**Prüfungsstücke** gehen grundsätzlich in das Eigentum des Auszubildenden **9**
über,[9] es sei denn, der Wert des zur Verfügung gestellten Materials übersteigt
die Eigenleistung des Auszubildenden (z. B. bei Goldschmiedearbeiten) oder
das Prüfungsstück ist fest mit dem Eigentum eines Dritten verbunden (z. B.
Arbeiten am Gebäude) oder wenn die Prüfungsleistung im Zusammenhang
steht mit der Durchführung eines Kundenauftrags (z. B. bei einem Kraft-
fahrzeug).

### 4. Pflicht, Auszubildende zum Berufsschulbesuch anzuhalten

Die Ausbildenden haben die Auszubildenden zum Besuch der Berufsschule **10**
anzuhalten (§ 14 Abs. 1 Nr. 4 BBiG). Diese Verpflichtung folgt aus der Logik
des **dualen Ausbildungssystems**, d. h. dem Zusammenwirken von schulischer und betrieblicher Ausbildung. Der Lehrstoff des Berufsschulunterrichts gehört zum Prüfungsstoff der Abschlussprüfung (vgl. § 38 BBiG). Der
Ausbildende hat deshalb nicht nur Pflichten in Bezug auf den von ihm zu
verantwortenden betrieblichen Teil der Ausbildung, sondern auch – im Rahmen des Möglichen – hinsichtlich des schulischen Teils der Ausbildung.[10]
Deshalb hat der Ausbildende den Auszubildenden für die Teilnahme am Berufsschulunterricht freizustellen (vgl. § 15 Rn. 5 ff.) und zudem eine »Überwachungspflicht« hinsichtlich der Wahrnehmung des Berufsschulunterrichts.

---

8 Vgl. *BAG* 16. 12. 1976 – 3 AZR 556/75, DB 1977, 1418.
9 Vgl. *LAG München* 8. 8. 2002 – 4 Sa 758/01, NZA-RR 2003, 187.
10 Vgl. *Leinemann/Taubert* BBiG § 14 Rn. 33.

## § 14 Berufsausbildung

Die Pflicht, den Auszubildenden zum Besuch der Berufsschule anzuhalten, bezieht sich zum einen auf Auszubildende, die nach dem jeweiligen Schulgesetz des Bundeslandes der Berufsschulpflicht unterliegen, und zum anderen auf Auszubildende, die zwar nicht der Berufsschulpflicht unterliegen, sich aber aufgrund vertraglicher Vereinbarung zum Besuch der Berufsschule verpflichtet haben.[11]

**11** Um ihrer Pflicht, die Auszubildenden zum Berufsschulbesuch anzuhalten, nachkommen zu können, haben die Auszubildenden gegenüber den Ausbildenden eine **Auskunftspflicht** hinsichtlich des Berufsschulbesuchs, für den die Auszubildenden ohnehin nur freizustellen sind, wenn sie die Berufsschule auch tatsächlich besuchen. Eine Auskunftspflicht der Berufsschule gegenüber dem Ausbildenden besteht hingegen, mangels gesetzlicher Regelung, nicht. § 14 BBiG betrifft ausschließlich die privat-rechtliche Beziehung Auszubildende – Ausbildender, eröffnet aber nicht irgendwelche Auskunftsansprüche oder -pflichten gegenüber der Berufsschule.[12]

**12** »**Anzuhalten**« bedeutet eine kontinuierliche und aktive Einflussnahme auf den Auszubildenden, dem Berufsschulbesuch und der Teilnahme am Unterricht nachzukommen. Deshalb muss sich der Ausbildende kontinuierlich, und nicht nur gelegentlich, über den Fortgang in der Berufsschule und das Fortkommen des Auszubildenden informieren und, soweit erforderlich, auf ihn einwirken.[13] Je nach den Erfordernissen des Einzelfalls haben die Ausbildenden auch Dritte einzuschalten, so vor allem die Eltern bei Minderjährigen, und auch gegebenenfalls Rücksprache mit der Schule zu halten. Es kann auch notwendig sein, vertragsrechtliche Sanktionen in Bezug auf das Berufsausbildungsverhältnis zu ergreifen, etwa als milde Form eine »Ermahnung«, sofern dies nicht hinreichend ist, auch eine Abmahnung. In Extremfällen, wenn der Auszubildende sich trotz Abmahnung fortgesetzt weigert, am Berufsschulunterricht teilzunehmen, kann auch eine Kündigung des Berufsausbildungsverhältnisses in Betracht kommen.

Ein gesetzlicher Anspruch des Auszubildenden auf Übernahme der **Fahrtkosten** zum Besuch der Berufsschule durch den Ausbildenden besteht nicht.[14] Ein solcher Anspruch könnte aber einzelvertraglich oder auch in einer Betriebsvereinbarung oder in einem anwendbaren Tarifvertrag vereinbart werden, bedarf aber einer ausdrücklichen Regelung, weil nach den normalen Grundsätzen ein solcher Anspruch gerade nicht besteht.[15] Hier gilt

---

11 Vgl. *Leinemann/Taubert* BBiG § 14 Rn. 36.
12 Vgl. *OVG NRW* 12.2.2015 – 19 A 644/13; *VG Köln* 27.2.2013 – 10 K 173/12.
13 Vgl. *Leinemann/Taubert* BBiG § 14 Rn. 37.
14 *BAG* 26.9.2002 – 6 AZR 486/00, NZA 2003, 1403; *BAG* 25.7.2002 – 6 AZR 381/00, DB 2003, 510; *BAG* 11.1.1973 – 5 AZR 467/72, AP BBiG § 6 Nr. 1.
15 Vgl. zu einer entsprechenden Tarifregelung im öffentlichen Dienst *BAG* 22.12.2009 – 3 AZR 936/07, NZA 2010, 1440; *BAG* 22.12.2009 – 3 AZR 473/08.

**Berufsausbildung** § 14

nichts anderes wie für Fahrtkosten, die den Auszubildenden für die Fahrt zum Ausbildungsbetrieb entstehen können – auch diese haben die Auszubildenden, nicht die Ausbildenden zu tragen. Hinsichtlich des Besuchs der Berufsschule kommt hinzu, dass die Ausbildenden im Rahmen der »dualen Ausbildung« die Verantwortung für die betriebliche, nicht aber die schulische Ausbildung tragen.

### 5. Durchsicht von Ausbildungsnachweisen

Der Ausbildende hat den Auszubildenden zum Führen von Ausbildungsnachweisen (nach § 13 Satz 2 Nr. 7 BBiG) anzuhalten und diese regelmäßig durchzusehen (§ 14 Abs. 2 Satz 1 BBiG). Da gemäß § 43 Abs. 1 Nr. 2 BBiG Voraussetzung für die Zulassung zur Abschlussprüfung unter anderem ist, dass ein vom Ausbilder *und* Auszubildenden abgezeichneter Ausbildungsnachweis (nach § 13 Satz 2 Nr. 7 BBiG) vorgelegt wird, haben die Ausbildenden den Ausbildungsnachweis nicht nur durchzusehen, sondern auch abzuzeichnen. Als gleichwertiges Abzeichnen ist das Vornehmen einer elektronischen Signatur anzusehen.[16]

13

Die Ausbildungsnachweise sollen stichpunktartig den sachlichen und zeitlichen Ablauf der Ausbildung wiedergeben. Zweckmäßig ist es, dass der Ausbildungsnachweis wöchentlich durch den Auszubildenden geführt wird und – mindestens – monatlich durch den Ausbildenden kontrolliert wird.[17]

Die regelmäßige Durchsicht des Ausbildungsnachweises soll auch dazu dienen, die Ausbildenden über Lernfortschritte und etwaige Lerndefizite zu informieren, damit diese die Auszubildenden »effizient unterstützen« können.[18]

Die früher in § 14 Abs. 1 Nr. 4 geregelte Pflicht ist nunmehr in § 14 Abs. 2 BBiG geregelt und teilweise geändert worden (und zwar mit Wirkung vom 5.4.2017 durch Gesetz vom 29.3.2017, BGBl. I S. 626). Hintergrund für die Neuregelung ist, dass früher in der Ausbildungsordnung geregelt werden konnte, dass Auszubildende einen schriftlichen Ausbildungsnachweis zu führen haben. Die Pflicht, einen Ausbildungsnachweis zu führen, ist nunmehr nicht entfallen, sondern vielmehr unmittelbar im BBiG und nicht in der Ausbildungsordnung geregelt. Gemäß § 13 Satz 2 Nr. 7 BBiG sind die Auszubildenden verpflichtet, einen schriftlichen *oder* elektronischen Ausbildungsnachweis zu führen. § 11 Abs. 1 Satz 2 Nr. 10 BBiG sieht vor, dass die Form des Ausbildungsnachweises in der Vertragsniederschrift zu regeln ist. Es ist also zu vereinbaren, ob der Ausbildungsnachweis schriftlich oder elektronisch zu führen ist.

---

16 So die Gesetzesbegründung BT-Drs. 18/10183, S. 128.
17 Vgl. *Leinemann/Taubert* BBiG § 14 Rn. 44.
18 So die Gesetzesbegründung BT-Drs. 18/10183, S. 127.

§ 103 Abs. 3 BBiG enthält hierzu eine **Übergangsvorschrift:** Auf Ausbildungsverträge, die vor dem 30.9.2017 abgeschlossen wurden oder bis zu diesem Zeitpunkt abgeschlossen werden, sind die bisherigen Regelungen in ihrer bis zum 5.4.2017 geltenden Fassung weiter anzuwenden. Das neue Recht gilt deshalb für Ausbildungsverträge, die seit dem 1.10.2017 abgeschlossen wurden.

14 »**Anzuhalten**« bedeutet eine kontinuierliche und aktive Einflussnahme auf den Auszubildenden, die schriftlichen Ausbildungsnachweise zu führen. Vernachlässigt der Auszubildende seine Berichtshefte, hat der Ausbildende auf ordnungsgemäße und vollständige Führung hinzuwirken und bei Minderjährigen gegebenenfalls auch die Eltern einzuschalten. Der Ausbildende hat die Ausbildungsnachweise zudem »durchzusehen«. Das verlangt, dass der Ausbildende die schriftlichen Ausbildungsnachweise nicht nur durchblättert, sondern den Inhalt zur Kenntnis nimmt und den Auszubildenden, sofern angezeigt, zur Korrektur von Schreibfehlern und vor allem von inhaltlichen Fehlern auffordert.[19]

15 Ein Anspruch, den Ausbildungsnachweis **während der betrieblichen Ausbildungszeit** führen zu dürfen, bestand nach dem BBiG früher nicht.[20] Jedoch verpflichteten die seit 1974 erlassenen Ausbildungsordnungen den Ausbildenden, dem Auszubildenden während der Arbeitszeit/betrieblichen Ausbildungszeit Gelegenheit zum Anfertigen der Berichtshefte/Ausbildungsnachweise zu geben. Nunmehr regelt § 14 Abs. 2 Satz 2 BBiG ausdrücklich, dass den Auszubildenden Gelegenheit zu geben ist, den Ausbildungsnachweis »am Arbeitsplatz« zu führen. In der Gesetzesbegründung heißt es hierzu: »*Entsprechend der schon bisher bewährten Praxis wird festgelegt, dass Ausbildungsnachweise während der Ausbildungszeit bzw. am Ausbildungsplatz zu führen sind.*«[21]

### 6. Charakterliche Förderung und Schutzpflichten gegenüber den Auszubildenden

16 Die Ausbildenden haben dafür zu sorgen, dass Auszubildende charakterlich gefördert sowie sittlich und körperlich nicht gefährdet werden (§ 14 Abs. 1 Nr. 5 BBiG). Das wird bisweilen auch als »Erziehungspflicht« bezeichnet und hieraus gefolgert, dass das Ausbildungsverhältnis auch ein »Erziehungsverhältnis« sei. Das wird einem modernen Verständnis von Berufsausbildung als einer beruflichen Qualifizierungsmaßnahme nicht gerecht. Der Ausbildende ist kein »Sittenwächter«, zumal in einer pluralistischen Gesel-

---

19 Vgl. *Leinemann/Taubert* BBiG § 14 Rn. 43.
20 Vgl. *BAG* 11.1.1973 – 5 AZR 467/72, DB 1973, 831.
21 BT-Drs. 18/10183, S. 128.

# Berufsausbildung § 14

schaft in zentralen Fragen kein Konsens über die »sittlichen« Maßstäbe besteht.
Soweit es um die »charakterliche Förderung« geht, gelten entsprechende Einwände. Die Förderung des »Charakters« würde voraussetzen, dass ein Konsens darüber besteht, welche Anforderungen an die gebotene Charakterbildung zu stellen sind. Das dürfte allerdings in einer pluralistischen Gesellschaft höchst streitig sein und ist zudem vom schichten- und geschlechtsspezifischen Vorverständnis über allgemeine Verhaltenserwartungen abhängig. Jedenfalls ist die »Erziehungspflicht« auf den betrieblichen Bereich beschränkt. Die Ausbildenden sind nicht berechtigt, den Auszubildenden zum Übertritt zu einem anderen Glauben, etwa zur Lehre der Zeugen Jehovas, zu bekehren.[22]
Unabhängig von den vorstehenden Erwägungen darf jedenfalls das Erziehungsrecht der Eltern bei minderjährigen Auszubildenden, das gemäß Art. 6 Abs. 1 GG auch grundrechtlich abgesichert ist, durch Maßnahmen des Ausbildenden nicht eingeschränkt werden.[23]

Bei **volljährigen Auszubildenden** hat die so genannte Erziehungspflicht deswegen zurückzutreten, weil diese in ihrer Eigenständigkeit als vollwertige Rechtssubjekte zu respektieren sind. Das BBiG kann kein »Erziehungsrecht« der Ausbildenden gegenüber den Auszubildenden begründen. **17**

Wegen der Pflicht zum Schutz vor körperlichen Gefahren kann zur näheren Konkretisierung in Bezug auf Minderjährige auf die § 22 bis § 31 JArbSchG zurückgegriffen werden. Im Übrigen sind die allgemein geltenden Pflichten zur Ergreifung von Schutzmaßnahmen vor gesundheitlichen Gefahren gemäß § 618 BGB und die einschlägigen Arbeitsschutz- und Unfallverhütungsvorschriften zu beachten. Ein Anspruch auf **Schutz vor sexueller Belästigung** besteht nach § 1, § 3 Abs. 4, § 7 AGG. **18**

Im Rahmen des organisatorisch Möglichen besteht ein **Anspruch auf einen rauchfreien Arbeits- und Ausbildungsplatz**.[24] Gemäß § 5 der Arbeitsstättenverordnung hat der Arbeitgeber die erforderlichen Maßnahmen zu treffen, damit die nicht rauchenden Beschäftigten wirksam vor den Gesundheitsgefahren durch Tabakrauch geschützt sind. Soweit erforderlich, hat der Arbeitgeber ein allgemeines oder auf einzelne Bereiche der Arbeitsstätte beschränktes Rauchverbot zu erlassen In **Arbeitsstätten mit Publikumsverkehr** hat der Arbeitgeber solche Schutzmaßnahmen nur insoweit zu treffen, wie die Natur des Betriebs und die Art der Beschäftigung es zulassen. Dies kann dazu führen, dass er nur verpflichtet ist, die Belastung durch Passivrauchen zu minimieren, nicht aber, sie gänzlich auszuschließen.[25] **19**

---

22 Vgl. *BVerwG* 9. 11. 1962 – VII C 84.59, AP GG Art. 4 Nr. 1.
23 Vgl. ErfK-*Schlachter* § 14 BBiG Rn. 6.
24 Vgl. *BAG* 17. 2. 1998, AP BGB § 617 Nr. 26.
25 *BAG* 10. 5. 2016 – 9 AZR 347/15, NZA 2016, 1134.

## 7. Pflichten bei der Übertragung von Aufgaben an Auszubildende

**20** Den Auszubildenden dürfen nur Aufgaben übertragen werden, die dem Ausbildungszweck dienen und ihren körperlichen Kräften angemessen sind (§ 14 Abs. 3 BBiG). Bei Minderjährigen sind die Beschäftigungsverbote und Beschäftigungsbeschränkungen nach § 22 bis § 31 JArbSchG zu beachten. Eine dem Ausbildungszweck dienende Aufgabe liegt vor, wenn diese geeignet ist, den Ausbildungszweck unmittelbar oder mittelbar zu fördern. Unter Ausbildungszweck ist dabei die systematische Vermittlung der beruflichen Fertigkeiten und Kenntnisse zu verstehen. Die Grenze zwischen den zulässigen und unzulässigen Aufgaben ist im Einzelfall nach dem jeweiligen Berufsbild und seiner berufspädagogischen Zielsetzung festzusetzen. Die Übertragung von berufsfremden Arbeiten, auch von Hilfs- und Nebenarbeiten, ist unzulässig.

**21** Eine an sich zulässige Verrichtung kann durch Wiederholung von dem Zeitpunkt an unzulässig werden, von dem ab sie keine weiteren beruflichen Fertigkeiten oder Kenntnisse mehr vermittelt. Deshalb dürfen grundsätzlich auch keine Routinearbeiten verlangt werden. Die Grenze zwischen erlaubt und unerlaubt liegt dort, wo die berufsnotwendigen Fertigkeiten bereits hinreichend gegeben sind und der Einsatz bei bestimmten Verrichtungen dem Mangel entsprechender Arbeitnehmer abhelfen soll.[26]

**22** Die gelegentliche Heranziehung von Auszubildenden im Handwerk zur Grundreinigung der Betriebsräume verstößt nicht gegen das Verbot der Beschäftigung mit ausbildungsfremden Verrichtungen, sie muss jedoch in einem angemessenen Verhältnis zu den berufsspezifischen Tätigkeiten stehen und darf nicht dem Zweck dienen, dem Inhaber eine Putzkraft einzusparen.[27]

**23** Werden dem Auszubildenden Aufgaben übertragen, die dem Ausbildungszweck nicht dienen, kann dieser die Verrichtung verweigern, ohne dass der Ausbildende dies sanktionieren könnte. Auch handelt es sich um eine **Ordnungswidrigkeit**, die mit einer Geldbuße bis zu 5000 Euro geahndet werden kann (§ 101 Abs. 1 Nr. 3, Abs. 2).

## 8. Haftung der Ausbildenden

**24** Für die Haftung der Ausbildenden gegenüber den Auszubildenden gelten dieselben Maßstäbe wie im Arbeitsverhältnis.[28] Daneben bestehen gegebenenfalls Schadenersatzansprüche wegen Verletzung der Aufklärungspflicht

---

26 Vgl. *OLG Karlsruhe* 5.9.1988 – 1 Ss 134/88, GewArch 1989, 30.
27 Vgl. *OLG Frankfurt* 30.3.1981 – 2 Ws (B) 61/81 OWiG, GewArch 1981, 301.
28 Vgl. ausführlich *Lakies/Malottke* BBiG § 14 Rn. 35 ff.

## Berufsausbildung § 14

bei oder vor Vertragsabschluss oder bei vorzeitiger Beendigung des Berufsausbildungsverhältnisses (§ 23 BBiG).

Bei **Verletzung der Ausbildungspflicht** schuldet der Ausbildende dem Auszubildenden Ersatz des dadurch entstehenden Schadens, z. B. den entgangenen Verdienst. Der Auszubildende muss sich allerdings gemäß § 254 BGB mitwirkendes Verschulden zurechnen lassen, wenn er sich nicht bemüht, das Ausbildungsziel zu erreichen. Zur Darlegung eines Mitverschuldens genügt jedoch nicht der pauschale Vorwurf der Faulheit oder Lernunwilligkeit; es muss konkret vorgetragen werden, was der Auszubildende oder dessen gesetzliche Vertreter versäumt haben.[29]

Sind die Ausbildenden aus Gründen des Gesundheitsschutzes verpflichtet, eine bestimmte **Kleidung** oder **Schutzausrüstung** bei der Arbeit zur Verfügung zu stellen (§§ 618, 619 BGB i. V. m. Unfallverhütungsvorschriften), so haben sie (entsprechend § 670 BGB) den Auszubildenden die Aufwendungen zu erstatten, die diese für die Selbstbeschaffung solcher Kleidung für erforderlich halten durften, wenn die Ausbildenden nicht von sich aus die Kleidung/Schutzausrüstung zur Verfügung stellen.[30] Gleiches gilt für vorgeschriebene **Sicherheitsschuhe**. Die Ausbildenden sind auch dann verpflichtet, die Anschaffungskosten zu übernehmen, wenn sie diese nicht selbst beschaffen, sondern die Auszubildenden mit dem Erwerb beauftragen.[31] Setzen die Ausbildenden Höchsterstattungsbeträge für die Anschaffung von Sicherheitsschuhen fest, so können die Auszubildenden bei Kenntnis dieser Praxis die Erstattung eines höheren Kaufpreises grundsätzlich nur verlangen, wenn diese vor dem Kauf den Ausbildenden den höheren Preis mitgeteilt und diese ihr Einverständnis erklärt haben.[32] Die **Kosten für die Reinigung** von Hygienekleidung, die in der Lebensmittelbranche verpflichtend zu tragen ist, sind von den Ausbildenden zu tragen.[33]

Bei **Personenschäden** wird das Haftungsrisiko weitgehend auf die gesetzliche Unfallversicherung verlagert (§ 104 SGB VII). Bei einem vorsätzlichen Handeln bleibt es allerdings bei der Haftung des Ausbildenden selbst. Jüngst entschieden wurde folgender Fall: Wenn ein Arzt vorsätzlich die gefährliche Arbeit der Blutentnahme bei einem Hepatitis C-Patienten durch eine Auszubildende am ersten Tag der Arbeit ohne Einweisung und mit ungeeigneten Hilfsmitteln verrichten lässt, haftet er für den dadurch entstehenden Gesundheitsschaden. Die Auszubildende führte weisungsgemäß bei dem Patienten eine Blutentnahme durch, stach sich dabei versehentlich die Nadel in den Finger und infizierte sich mit Hepatitis C und ist seitdem schwerbehin-

---

29 Vgl. *BAG* 10. 6. 1976 – 3 AZR 412/75, DB 1976, 2216.
30 *BAG* 19. 5. 1998 – 9 AZR 307/96, NZA 1999, 38.
31 *BAG* 21. 8. 1985 – 7 AZR 199/83, NZA 1986, 324.
32 *BAG* 21. 8. 1985 – 7 AZR 199/83, NZA 1986, 324.
33 *BAG* 14. 6. 2016 – 9 AZR 181/15, NZA-RR 2016, 565.

dert. Der Haftungsausschluss nach § 104 SGB VII war wegen des als vorsätzlich gewerteten Handelns des Ausbildenden (Verstoß gegen Vorschriften des Arbeitsschutzes) nicht anwendbar. Der Ausbildende wurde zur Zahlung eines Schmerzensgeldes in Höhe von 150 000 Euro verurteilt.[34]

## § 15 Freistellung, Anrechnung

(1) Ausbildende dürfen Auszubildende vor einem vor 9 Uhr beginnenden Berufsschulunterricht nicht beschäftigen. Sie haben Auszubildende freizustellen
1. für die Teilnahme am Berufsschulunterricht,
2. an einem Berufsschultag mit mehr als fünf Unterrichtsstunden von mindestens je 45 Minuten, einmal in der Woche,
3. in Berufsschulwochen mit einem planmäßigen Blockunterricht von mindestens 25 Stunden an mindestens fünf Tagen,
4. für die Teilnahme an Prüfungen und Ausbildungsmaßnahmen, die auf Grund öffentlich-rechtlicher oder vertraglicher Bestimmungen außerhalb der Ausbildungsstätte durchzuführen sind, und
5. an dem Arbeitstag, der der schriftlichen Abschlussprüfung unmittelbar vorangeht.

Im Fall von Satz 2 Nummer 3 sind zusätzlich betriebliche Ausbildungsveranstaltungen bis zu zwei Stunden wöchentlich zulässig.

(2) Auf die Ausbildungszeit der Auszubildenden werden angerechnet
1. die Berufsschulunterrichtszeit einschließlich der Pausen nach Absatz 1 Satz 2 Nummer 1,
2. Berufsschultage nach Absatz 1 Satz 2 Nummer 2 mit der durchschnittlichen täglichen Ausbildungszeit,
3. Berufsschulwochen nach Absatz 1 Satz 2 Nummer 3 mit der durchschnittlichen wöchentlichen Ausbildungszeit,
4. die Freistellung nach Absatz 1 Satz 2 Nummer 4 mit der Zeit der Teilnahme einschließlich der Pausen und
5. die Freistellung nach Absatz 1 Satz 2 Nummer 5 mit der durchschnittlichen täglich Ausbildungszeit.

(3) Für Auszubildende unter 18 Jahren gilt das Jugendarbeitsschutzgesetz.

**Inhaltsübersicht** Rn
1. Neufassung durch das Berufsbildungsmodernisierungsgesetz . . . . . . 1– 6
2. Berufsschule und Freistellungspflichten. . . . . . . . . . . . . . . . . . 7–14
3. Teilnahme an Prüfungen . . . . . . . . . . . . . . . . . . . . . . . . . 15–17
4. Ausbildungsmaßnahmen außerhalb der Ausbildungsstätte . . . . . . . 18–20

---

34 *LAG Nürnberg* 9.6.2017 – 7 Sa 231/16, NZA-RR 2017, 522.

# Freistellung, Anrechnung § 15

5. Anrechnung der Freistellungszeiten auf die betriebliche Ausbildungszeit 21–25
6. Weitergehende Freistellungspflichten neben § 15 BBiG . . . . . . . . . 26

## 1. Neufassung durch das Berufsbildungsmodernisierungsgesetz

§ 15 BBiG wurde durch das **Berufsbildungsmodernisierungsgesetz** zum 1.1.2020 neu gefasst.[1] § 15 BBiG gilt auch für Berufsausbildungsverhältnisse im **Handwerk** (vgl. § 3 Rn. 10). Wer entgegen § 15 Abs. 1 Satz 1 BBiG Auszubildende beschäftigt oder nicht freistellt, handelt ordnungswidrig. Das kann mit einer **Geldbuße** bis zu 5000 Euro geahndet werden (§ 101 Abs. 1 Nr. 4, Abs. 2 BBiG).

Bereits in seiner bislang geltenden Fassung sah § 15 BBiG die **Freistellung** Auszubildender für die Teilnahme am Berufsschulunterricht und an Prüfungen sowie für Ausbildungsmaßnahmen außerhalb der Ausbildungsstätte vor. Regelungen zur Anrechnung dieser freigestellten Zeiten gab es im BBiG bislang nicht. Für Jugendliche wird die Anrechnung in § 9 und § 10 JArbSchG geregelt. Für volljährige Auszubildende wurden mangels einer gesetzlichen Regelung (§ 9 Abs. 4 JArbSchG a. F. wurde 1997 abgeschafft) nach der Rechtsprechung nur die Berufsschulzeiten angerechnet, die sich mit der betrieblichen Arbeitszeit überschnitten.[2] Die Neufassung des § 15 BBiG übernimmt in Abs. 1 das Beschäftigungsverbot und die Freistellungsregelungen aus § 9 JArbSchG ins BBiG. Volljährige Auszubildende werden damit jugendlichen Auszubildenden bei der Freistellung für Berufsschul- und Prüfungszeiten gleichgestellt.[3] Dies beinhaltet neu für volljährige Auszubildende auch die Freistellung an dem Arbeitstag, der der schriftlichen Abschlussprüfung unmittelbar vorangeht, sowie für einen Berufsschultag mit mehr als fünf Unterrichtsstunden von mindestens je 45 Minuten einmal in der Woche (entsprechend in Berufsschulwochen mit einem planmäßigen Blockunterricht von mindestens 25 Stunden an mindestens fünf Tagen).

§ 15 Abs. 2 BBiG regelt neu die **Anrechnung freigestellter Zeiten auf die betriebliche Ausbildungszeit** für alle Auszubildenden entsprechend den bislang in § 9 und § 10 JArbSchG enthaltenen Regelungen für jugendliche Auszubildende mit einer Ausnahme: Bei der Anrechnung von Berufsschultagen, Berufsschulwochen und dem der Prüfung vorangehenden Arbeitstag werden nicht automatisch acht Stunden (bzw. 40 Wochenstunden), sondern die

---

1 Diese Änderung war im Gesetzentwurf der Bundesregierung nicht vorgesehen und wurden erst vom zuständigen Bundestagsausschuss vorgeschlagen; zur Begründung vgl. BT-Drs. 19/14431, S. 60f.
2 Vgl. BT-Drs. 19/14431, S. 60.
3 Vgl. BT-Drs. 19/14431, S. 60.

## § 15 Freistellung, Anrechnung

durchschnittliche tägliche oder wöchentliche Ausbildungszeit berücksichtigt.[4]

4 § 15 Abs. 3 BBiGG stellt klar, dass für Auszubildende unter 18 Jahren, also **Minderjährige**, weiterhin das JArbSchG gilt. Das bezieht sich vor allem auf die Regelungen zu Berufsschule, Prüfungen und außerbetrieblichen Ausbildungsmaßnahmen in § 9 und § 10 JArbSchG.

5 Die Pflicht der Ausbildenden zur **Fortzahlung der Vergütung während Zeiten der Freistellung** ergibt sich aus § 19 Abs 1 Nr. 1 BBiG, der auf § 15 BBiG verweist.[5] Das bedeutet bei Überschneidungen von Zeiten des Besuchs der Berufsschule und betrieblicher Ausbildung, dass der Besuch des Berufsschulunterrichts der betrieblichen Ausbildung vorgeht. Das bedeutet zugleich die **Ersetzung der Ausbildungspflicht**, so dass eine Nachholung der so ausfallenden betrieblichen Ausbildungszeiten von Gesetzes wegen ausgeschlossen ist.[6] Findet der Berufsschulunterricht an einem an sich arbeitsfreien Samstag statt und hat der Auszubildende die für ihn anwendbare Wochenarbeitszeit bereits erbracht, ist die Teilnahme am Berufsschulunterricht (§ 15 Abs. 1 Satz 2 Nr. 1 BBiG) besonders zu vergüten oder durch die Gewährung entsprechender Freizeit auszugleichen (§ 17 Abs. 7 BBiG).

6 Es besteht indes kein gesetzlicher Anspruch der Auszubildenden gegen die Ausbildenden auf

- Übernahme solcher Kosten, die durch den Besuch der Berufsschule entstehen[7] oder
- der Fahrt- und Übernachtungskosten, die dadurch entstehen, dass die Abschlussprüfung an einem anderen als dem Ausbildungsort durchgeführt wird.[8]

Jedoch sind insoweit zu Gunsten der Auszubildenden weitergehende Regelungen im Ausbildungsvertrag oder in kollektivvertraglichen Regelungen, insbesondere in einer Betriebsvereinbarung oder in einem Tarifvertrag, möglich.

### 2. Berufsschule und Freistellungspflichten

7 Ausbildende dürfen Auszubildende **vor einem vor 9:00 Uhr beginnenden Berufsschulunterricht** nicht beschäftigen (§ 15 Abs. 1 Satz 1 BBiG). Bei einem Schulbeginn um 9:00 Uhr oder später sind die Auszubildenden nach dem Gesetz verpflichtet, noch im zumutbaren Umfang im Betrieb zur Ausbildung zu erscheinen, soweit dort eine sinnvolle Ausbildung möglich ist.

---

4 Vgl. BT-Drs. 19/14431, S. 61.
5 Vgl. BT-Drs. 19/14431, S. 61.
6 Vgl. BAG 26.3.2001 – 5 AZR 413/99, NZA 2001, 892.
7 Vgl. BAG 26.9.2002 – 6 AZR 486/00, NZA 2003, 1403.
8 Vgl. BAG 14.12.1983 – 5 AZR 333/81, AP BBiG § 34 Nr. 1.

## Freistellung, Anrechnung § 15

Die Ausbildenden haben die Auszubildenden für die **Teilnahme am Berufs-** **8**
**schulunterricht** freizustellen (§ 15 Abs. 1 Satz 2 Nr. 1 BBiG). Es kommt
nicht darauf an, ob die Auszubildenden noch der gesetzlichen Berufsschulpflicht unterliegen (was in den Schulgesetzen der Länder geregelt ist) oder
die Pflicht zum Besuch der Berufsschule im Ausbildungsvertrag vereinbart
ist. Vielmehr ergibt sich aus § 15 Abs. 1 Satz 2 Nr. 1 BBiG eine gesetzliche
Pflicht zur Freistellung. Aus der Pflicht zur Freistellung folgt ein Rechtsanspruch der Auszubildenden auf Freistellung und ein Beschäftigungsverbot
im Betrieb.

Die Freistellung für die Teilnahme am Berufsschulunterricht kommt nur in **9**
Betracht, wenn der Auszubildende andernfalls verpflichtet wäre, im Betrieb
des Ausbildenden zu erscheinen. Besteht eine solche Pflicht nicht, etwa weil
der Auszubildende arbeitsunfähig erkrankt ist, kann er nicht nach § 15 BBiG
für die Teilnahme am Berufsschulunterricht freigestellt werden. Nimmt ein
arbeitsunfähig erkrankter Auszubildender nach Ablauf der Sechs-Wochen-
Frist des § 3 Abs. 1 Satz 1 EFZG trotz fortbestehender Arbeitsunfähigkeit am
Berufsschulunterricht teil, kann er mangels Freistellung nach § 15 BBiG für
diese Tage keine Fortzahlung nach § 19 Abs. 1 Nr. 1 BBiG verlangen.[9]

Die Freistellung für die Teilnahme am **Berufsschulunterricht** umfasst alle **10**
Zeiten, die erforderlich sind, um die Berufsschule während der geschuldeten
Pflicht, sich betrieblich ausbilden zu lassen, wahrzunehmen. Die Auszubildenden sind nur dann von der Ausbildungspflicht tatsächlich befreit, wenn
sie im Ergebnis entfällt und nicht nachgearbeitet werden muss.[10] Die »**Teilnahme**« am Berufsschulunterricht setzt voraus, dass dieser tatsächlich stattfindet. Die Freistellungspflicht besteht deshalb nur für die tatsächlich stattfindenden Berufsschulstunden. Fällt der Berufsschulunterricht ganz oder
teilweise aus, sind die Auszubildenden verpflichtet, soweit der Unterricht
ausfällt, im Betrieb zu arbeiten. **Zeiten des notwendigen Verbleibs** an der
Berufsschule während der unterrichtsfreien Zeit (also vor allem, wenn
die ausfallende Unterrichtsstunde zwischen anderen stattfindenden Unterrichtsstunden fällt) werden von der Freistellungspflicht mit umfasst. Fällt
der an sich planmäßig vorgesehene Unterricht tatsächlich aus, müssen die
Auszubildenden nach Ende des Berufsschulunterrichts in den Betrieb zu-
rückkehren, sofern unter Berücksichtigung der Freistellungsverpflichtung
noch tatsächlich zu erbringende Ausbildungszeit im Betrieb verbleibt. Beim
**Blockunterricht** besteht die Freistellungspflicht für alle Tage der Berufs-
schulwoche, an denen der Unterricht tatsächlich stattfindet.

Die Freistellung von der betrieblichen Ausbildung umfasst neben der Zeit **11**
des Berufsschulunterrichts auch die Zeiträume, in denen der Auszubildende
zwar nicht am Berufsschulunterricht teilnehmen muss, aber wegen des

---

9 Vgl. *LAG Baden-Württemberg* 14.1.2015 – 13 Sa 73/14, NZA-RR 2015, 234.
10 Vgl. *LAG Hamm* 24.2.1999 – 9 Sa 1273/98, AiB 1999, 589.

Schulbesuchs aus tatsächlichen Gründen gehindert ist, im Ausbildungsbetrieb an der betrieblichen Ausbildung teilzunehmen. Das betrifft vor allem die Zeiten des notwendigen Verbleibs in der Berufsschule während der unterrichtsfreien Zeit und die notwendigen **Wegezeiten** zwischen Berufsschule und Ausbildungsbetrieb.[11] Das gilt aber nicht für Zeiten der Erledigung von schulisch übertragenen Hausaufgaben.

**12** Die Pflicht zur Freistellung besteht auch für **Schulveranstaltungen**, die zwar nicht »Berufsschulunterricht« sind, aber im Zusammenhang mit diesem stehen und von der Schule durchgeführt werden, z. B. Schulausflüge und Exkursionen.[12] Hierunter fällt nicht die Wahrnehmung von Veranstaltungen und Aufgaben der Schülervertretung, es sei denn, das betreffende Schulgesetz enthält eine besondere Regelung. Eine Freistellungsverpflichtung unter Fortzahlung der Vergütung kann sich aber aus § 19 Abs. 1 Nr. 2 b) ergeben (vgl. § 19 Rn. 6). Für freiwillige Schulveranstaltungen besteht keine Freistellungspflicht.

**13** Ob und inwieweit die Auszubildenden **nach dem Berufsschulunterricht** beschäftigt werden dürfen, ergibt sich nach der Neuregelung des § 15 BBiG durch das Berufsbildungsmodernisierungsgesetz (seit dem 1.1.2020) aus § 15 Abs. 1 Satz 2 Nr. 2 und Nr. 3 BBiG. Die Auszubildenden sind von der betrieblichen Ausbildung freizustellen **an einem Berufsschultag mit mehr als fünf Unterrichtsstunden von mindestens je 45 Minuten** für den gesamten Tag, allerdings nur **einmal in der Woche** (§ 15 Abs. 1 Satz 2 Nr. 2 BBiG). Die Auszubildenden müssen an dem Tag nicht mehr im Betrieb zur Ausbildung erscheinen. Wenn der Berufsschultag allerdings nur maximal fünf Unterrichtsstunden umfasst, müssen die Auszubildenden noch im Betrieb zur Ausbildung erscheinen, wobei sich die Ausbildungszeit anteilig um den anzurechnenden Berufsschulunterricht verringert. Am zweiten Berufsschultag dürfen die Auszubildenden auch bei mehr als fünf Unterrichtsstunden nach der Berufsschule noch im Betrieb ausgebildet werden, wobei sich auch insoweit die Ausbildungszeit anteilig um den anzurechnenden Berufsschulunterricht verringert.

**14** Die Freistellungspflicht besteht in Berufsschulwochen, in denen ein **planmäßiger Blockunterricht von mindestens 25 Stunden an mindestens fünf Tagen** stattfindet (§ 15 Abs. 1 Satz 2 Nr. 3 BBiG). Erreicht der Blockunterricht an der Berufsschule nicht den Mindestumfang von 25 Stunden an mindestens fünf Tagen je Woche, weil an einem Tag der Unterricht planmäßig ausfällt, besteht keine Freistellungspflicht. Fällt der Unterricht kurzfristig und unplanmäßig aus, gilt hingegen die Freistellungspflicht. **Zusätzliche betriebliche Ausbildungsveranstaltungen** bis zu zwei Stunden wöchentlich sind neben dem Blockunterricht zulässig (§ 15 Satz 3 BBiG).

---

[11] Vgl. *BAG* 26.3.2001 – 5 AZR 413/99, NZA 2001, 892.
[12] Vgl. *Leinemann/Taubert* BBiG § 15 Rn. 14.

**Freistellung, Anrechnung** § 15

## 3. Teilnahme an Prüfungen

Die Ausbildenden haben die Auszubildenden für die »Teilnahme an Prüfungen« freizustellen (§ 15 Abs. 1 Satz 2 Nr. 4 BBiG). Die Pflicht zur Freistellung für **Prüfungen** bezieht sich auf die Zwischenprüfung, die Abschlussprüfung (einschließlich erforderlicher Wiederholungsprüfungen) sowie auch auf andere Prüfungen, die in der Ausbildungsordnung oder im Ausbildungsvertrag vorgesehen sind oder von Seiten der Berufsschule stattfinden.[13] Sofern die Ausbildungsordnung vorsieht, dass die Abschlussprüfung in zwei zeitlich auseinander fallenden Teilen durchgeführt wird (§ 5 Abs. 2 Nr. 2 BBiG), sind auch diese Prüfungen erfasst. Wie beim Berufsschulunterricht bezieht sich die Freistellungspflicht auch auf erforderliche **Wegezeiten**. 15

Eine Pflicht zur Freistellung zur **Vorbereitung auf Prüfungen** besteht in den Grenzen des § 15 Abs. 1 Satz 2 Nr. 5 BBiG. Auszubildende sind danach an dem Arbeitstag freizustellen, der der schriftlichen Abschlussprüfung unmittelbar vorangeht. Diese Freistellungspflicht besteht nach der gesetzlichen Regelung nur bei der »**schriftlichen Abschlussprüfung**«, nicht zur Vorbereitung auf andere Prüfungen, auch nicht auf die Zwischenprüfung oder die mündliche oder praktische Abschlussprüfung. Sofern die Ausbildungsordnung vorsieht, dass die Abschlussprüfung in zwei zeitlich auseinanderfallenden Teilen durchgeführt wird (§ 5 Abs. 2 Nr. 2 BBiG), kann es gegebenenfalls (je nach Regelung in der Ausbildungsordnung) zwei schriftliche Prüfungen geben, die jeweils beide als Abschlussprüfung anzusehen wären, so das insoweit die Freistellungsverpflichtung besteht. Die Freistellungspflicht zur Vorbereitung auf die Abschlussprüfung besteht auch im Falle der Wiederholung der Abschlussprüfung. 16

Nach dem Wortlaut des Gesetzes besteht die gesetzliche Freistellungspflicht nur für den **Arbeitstag,** der der schriftlichen Abschlussprüfung »**unmittelbar**« **vorangeht**. Der Ausbildende ist selbstverständlich nicht gehindert, die Auszubildenden auch für betriebliche Ausbildungstage freizustellen, die nicht »unmittelbar« der Prüfung vorangehen. Auch kann eine solche Pflicht einzelvertraglich oder in einem anwendbaren Tarifvertrag geregelt werden. Ein *gesetzlicher Anspruch* auf Freistellung besteht insoweit indes nicht. Folgende Fallkonstellationen sind denkbar: 17

> **Beispiel 1:**
> Ist an einem Donnerstag die Abschlussprüfung, am Mittwoch Berufsschule, am Dienstag Ausbildung im Betrieb, ist für den Dienstag *nicht* freizustellen, weil dieser Arbeitstag der Prüfung nicht »unmittelbar vorangeht«.

---

13 Vgl. *Leinemann/Taubert* BBiG § 15 Rn. 17.

> **Beispiel 2:**
> Ist ein Montag als Prüfungstag angesetzt, das Wochenende arbeitsfrei und der Freitag Ausbildung im Betrieb, geht der Freitag als Arbeitstag dem Prüfungstag nicht »unmittelbar« voran, weil das Wochenende dazwischenliegt. Es besteht keine gesetzliche Freistellungspflicht.

> **Beispiel 3:**
> Ist der Montag als Prüfungstag angesetzt und wird üblicherweise am Sonntag gearbeitet, wie im Hotel- und Gaststättengewerbe, so ist der Sonntag der Arbeitstag, der der Prüfung »unmittelbar vorangeht« und damit freizugeben.

### 4. Ausbildungsmaßnahmen außerhalb der Ausbildungsstätte

18 Die Ausbildenden haben die Auszubildenden auch für die Teilnahme an Ausbildungsmaßnahmen freizustellen, die aufgrund öffentlich-rechtlicher oder vertraglicher Bestimmungen außerhalb der Ausbildungsstätte durchzuführen sind (§ 15 Abs. 1 Satz 2 Nr. 4 BBiG). Öffentlich-rechtliche Bestimmungen finden sich in der Ausbildungsordnung oder in Regelungen der zuständigen Stelle gemäß § 9 BBiG. Entsprechende vertragliche Bestimmungen kann der Ausbildungsvertrag enthalten; diese können aber außerhalb des Ausbildungsvertrags zwischen Ausbildenden und Auszubildenden vereinbart sein. Die Freistellungspflicht besteht auch für solche Ausbildungsmaßnahmen, die notwendig sind, weil in der Ausbildungsstätte die erforderlichen beruflichen Fertigkeiten, Kenntnisse und Fähigkeiten nicht in vollem Umfang vermittelt werden können (vgl. § 27 Rn. 10).

19 Wenn **Teile der Ausbildung im Ausland** gemäß § 2 Abs. 3 BBiG durchgeführt werden, kann man insoweit auch von »Ausbildungsmaßnahmen außerhalb der Ausbildungsstätte« sprechen. Jedenfalls ist die Ausbildungsvergütung fortzuzahlen, entweder gemäß § 17 BBiG, weil das Berufsausbildungsverhältnis durch die Teilausbildung im Ausland nicht unterbrochen wird, oder gemäß § 15 Abs. 1 Satz 2 Nr. 4 BBiG in Verbindung mit § 19 Abs. 1 Nr. 1 BBiG.[14]

20 Die Ausbildenden müssen die Auszubildenden in dem **Umfang** von der betrieblichen Ausbildung freistellen, die zeitlich für die Teilnahme an der Ausbildungsmaßnahme außerhalb der Ausbildungsstätte erforderlich ist. Neben der reinen Ausbildungszeit erstreckt sich die Freistellungspflicht (wie beim Berufsschulbesuch) auch auf notwendige Nebenzeiten, insbesondere **Wegezeiten**.[15]

---

14 Vgl. *Hartwich*, NZA 2011, 1267f.; Schaub/*Vogelsang* § 173 Rn. 10.
15 Vgl. *Leinemann/Taubert* BBiG § 15 Rn. 25.

## 5. Anrechnung der Freistellungszeiten auf die betriebliche Ausbildungszeit

Geht es um die **Teilnahme am Berufsschulunterricht** (§ 15 Abs. 1 Satz 2 Nr. 1 BBiG), wird auf die betriebliche Ausbildungszeit die Berufsschulunterrichtszeit einschließlich der Pausen angerechnet (§ 15 Abs. 2 Nr. 1 BBiG). **Anrechnung bedeutet**, dass sich die betriebliche Ausbildungszeit um die Zeiten der Anrechnung verringert. Der Umfang der Anrechnung bezieht sich auf sämtliche Zeiten, für die die Auszubildenden freizustellen sind, umfasst also auch notwendige Wegezeiten, weil diese notwendig zu der »Zeit der Teilnahme« gehören. Die Anrechnung erfolgt unabhängig davon, ob der Unterricht oder die Schulveranstaltung außerhalb oder während der normalen Arbeitszeit stattfindet.[16] Auch der Unterricht an einem arbeitsfreien Tag, zum Beispiel Samstag, ist anzurechnen. Damit verringert sich die Ausbildungszeit im Betrieb innerhalb der Woche entsprechend. 21

**Berufsschultage** nach § 15 Abs. 1 Satz 2 Nr. 2 BBiG werden mit der **durchschnittlichen täglichen Ausbildungszeit** angerechnet (§ 15 Abs. 2 Nr. 2 BBiG). Maßgeblich ist also die jeweilige durchschnittliche Ausbildungszeit. Diese kann acht Stunden, aber auch weniger betragen. Maßgeblich sind die Regelungen im Ausbildungsvertrag oder in einem anwendbaren Tarifvertrag. Bei einer Teilzeitberufsausbildung (§ 7a BBiG) ist die verkürzte Arbeitszeit maßgeblich. Wegezeiten von und zur Berufsschule werden hierbei nicht berücksichtigt. Maßgeblich ist nämlich die betriebliche Ausbildungszeit, auf die angerechnet wird. 22

**Berufsschulwochen** nach § 15 Abs. 1 Satz 2 Nr. 3 BBiG werden mit der **durchschnittlichen wöchentlichen Ausbildungszeit** angerechnet (§ 15 Abs. 2 Nr. 3 BBiG). Maßgeblich ist also die jeweilige durchschnittliche Ausbildungszeit. Diese kann 40 Wochenstunden, aber auch weniger betragen. Maßgeblich sind die Regelungen im Ausbildungsvertrag oder in einem anwendbaren Tarifvertrag. Bei einer Teilzeitberufsausbildung (§ 7a BBiG), ist die verkürzte Arbeitszeit maßgeblich. Wegezeiten von und zur Berufsschule werden hierbei nicht berücksichtigt. Maßgeblich ist nämlich die betriebliche Ausbildungszeit, auf die angerechnet wird. 23

Bei der Freistellung für die **Teilnahme an Prüfungen und außerbetrieblichen Ausbildungsmaßnahmen** (§ 15 Abs. 1 Satz 2 Nr. 4 BBiG) wird die Zeit der Teilnahme einschließlich der Pausen angerechnet (§ 15 Abs. 2 Nr. 4 BBiG). Das ist insofern unvollständig, als auch die notwendigen Wegezeiten anzurechnen sind, weil diese notwendig zu der »Zeit der Teilnahme« gehören. 24

Der **Arbeitstag, der der schriftlichen Abschlussprüfung unmittelbar vorangeht** (§ 15 Abs. 1 Satz 2 Nr. 5 BBiG), wird mit der durchschnittlichen täg- 25

---

16 Vgl. *Leinemann/Taubert* BBiG § 15 Rn. 35.

lichen Ausbildungszeit angerechnet (§ 15 Abs. 2 Nr. 5 BBiG). Maßgeblich ist die jeweilige durchschnittliche Ausbildungszeit. Diese kann acht Stunden, aber auch weniger betragen. Maßgeblich sind die Regelungen im Ausbildungsvertrag oder in einem anwendbaren Tarifvertrag. Bei einer Teilzeitberufsausbildung (§ 7a BBiG), ist die verkürzte Arbeitszeit maßgeblich.

## 6. Weitergehende Freistellungspflichten neben § 15 BBiG

26 Weitergehende Pflichten zur Freistellung regelt § 15 BBiG nicht. Diese können sich aber (indirekt) aus § 19 BBiG ergeben. Weitergehende Vereinbarungen im **Ausbildungsvertrag** oder **kollektivvertragliche Vereinbarungen** (in Betriebsvereinbarungen oder in einem anwendbaren Tarifvertrag), die Freistellungen vorsehen, die über das Gesetz hinausgehen, sind zulässig. Freistellungsansprüche aufgrund sonstiger gesetzlicher Regelungen bestehen neben § 15 BBiG. So haben Auszubildende einen Anspruch auf **Erholungsurlaub** (§ 3 BUrlG, § 19 JArbSchG), auf **Elternzeit** (§ 15, § 20 BEEG) und auf **Bildungsurlaub** nach den Bildungsurlaubsgesetzen der Länder.

## § 16 Zeugnis

(1) **Ausbildende haben den Auszubildenden bei Beendigung des Berufsausbildungsverhältnisses ein schriftliches Zeugnis auszustellen. Die elektronische Form ist ausgeschlossen. Haben Ausbildende die Berufsausbildung nicht selbst durchgeführt, so soll auch der Ausbilder oder die Ausbilderin das Zeugnis unterschreiben.**

(2) **Das Zeugnis muss Angaben enthalten über Art, Dauer und Ziel der Berufsausbildung sowie über die erworbenen beruflichen Fertigkeiten, Kenntnisse und Fähigkeiten der Auszubildenden. Auf Verlangen Auszubildender sind auch Angaben über Verhalten und Leistung aufzunehmen.**

| Inhaltsübersicht | Rn |
|---|---|
| 1. Übersicht. . . . . . . . . . . . . . . . . . . . . . . . . . . . . . . . . . . . . | 1 |
| 2. Pflicht zur Zeugniserteilung. . . . . . . . . . . . . . . . . . . . . . . . . | 2– 8 |
| 3. Zeugnisinhalt . . . . . . . . . . . . . . . . . . . . . . . . . . . . . . . . . . | 9–20 |
|    a. Grundsätze. . . . . . . . . . . . . . . . . . . . . . . . . . . . . . . . . . | 9–12 |
|    b. Mindestinhalt (»einfaches« Zeugnis) . . . . . . . . . . . . . . . . . . | 13 |
|    c. »Qualifiziertes Zeugnis«. . . . . . . . . . . . . . . . . . . . . . . . . . | 14 |
|       aa. Leistung/Notenskala . . . . . . . . . . . . . . . . . . . . . . . . . | 15, 16 |
|       bb. Verhalten. . . . . . . . . . . . . . . . . . . . . . . . . . . . . . . . | 17 |
|       cc. »Schlussformel« . . . . . . . . . . . . . . . . . . . . . . . . . . . . | 18 |
|       dd. Unzulässige Inhalte . . . . . . . . . . . . . . . . . . . . . . . . . . | 19, 20 |
| 4. Durchsetzung des Zeugnisanspruchs/Berichtigung. . . . . . . . . . . . | 21–23 |

**Zeugnis** § 16

## 1. Übersicht

Die Vorschrift gilt auch für Berufsausbildungsverhältnisse im **Handwerk** 1
(vgl. § 3 Rn. 10). Entsprechende Vorschriften finden sich in § 630 BGB bzw.
für Arbeitsverhältnisse in § 109 GewO. § 109 GewO ist gegebenenfalls über
§ 10 Abs. 2 BBiG ergänzend heranzuziehen (vgl. § 10 Rn. 25 ff.). Der Zeugnisanspruch gemäß § 16 BBiG richtet sich gegen den privat-rechtlichen Vertragspartner der Auszubildenden, den Ausbildenden. Unabhängig davon
besteht gegenüber der zuständigen Stelle ein Anspruch auf das **Zeugnis über
die bestandene Abschlussprüfung** gemäß § 37 Abs. 2 Satz 1 BBiG.
Bei dem Zeugnis handelt es sich rechtlich um eine sogenannte **Holschuld**,
das heißt der Auszubildende hat es beim Ausbildenden abzuholen.[1] In der
Praxis dürfte es sich zumeist so verhalten, dass das Zeugnis dem Auszubildenden zugeschickt wird. Der Ausbildende ist rechtlich allerdings nur dann
verpflichtet, das Zeugnis dem Auszubildenden zu übersenden, wenn die Abholung einen unverhältnismäßigen Aufwand verursachen würde.[2]

## 2. Pflicht zur Zeugniserteilung

Auch ohne ausdrückliches Verlangen sind Ausbildende verpflichtet, den 2
Auszubildenden bei Beendigung des Ausbildungsverhältnisses ein Zeugnis
auszustellen. Der Verpflichtung der Ausbildenden entspricht ein – einklagbarer – **Anspruch der Auszubildenden auf ein Zeugnis**.[3] Ein Zurückbehaltungsrecht wegen etwaiger Ansprüche gegen den Auszubildenden steht dem
Ausbildenden nicht zu.
Der Zeugnisanspruch entsteht »bei Beendigung« des Berufsausbildungsver- 3
hältnisses. Auf die Art und Weise oder den Zeitpunkt kommt es nicht an.
Auch bei vorzeitiger (gegebenenfalls auch bei rechtswidriger) Beendigung
des Ausbildungsverhältnisses besteht ein Zeugnisanspruch, etwa auch bei einer Kündigung gemäß § 22 BBiG.[4] Der Anspruch besteht auch dann, wenn
die Auszubildenden nicht aus dem Betrieb ausscheiden, sondern weiter in
einem Arbeitsverhältnis beschäftigt werden. Der Anspruch kann nicht vertraglich ausgeschlossen werden. Eine solche vertragliche Abbedingung des
Zeugnisanspruchs wäre gemäß § 25 BBiG unwirksam.
Schuldner des Zeugnisanspruchs ist, da Vertragspartner, der **Ausbildende**. 4
Dieser (bei juristischen Personen der gesetzliche Vertreter) hat das Zeugnis
zu erteilen und zu unterschreiben. Die Aufgabe der Zeugniserteilung kann
auf **Bevollmächtigte** übertragen werden, was jedenfalls in größeren Unter-

---

1 *Benecke/Hergenröder* BBiG § 16 Rn. 2; *Leinemann/Taubert* § 16 BBiG Rn. 11.
2 *BAG* 8.3.1995 – 5 AZR 848/93, NZA 1995, 671.
3 Vgl. *Leinemann/Taubert* BBiG § 16 Rn. 2.
4 Vgl. *Leinemann/Taubert* BBiG § 16 Rn. 9.

nehmen die Regel ist.[5] Im Fall der Eröffnung des Insolvenzverfahrens über das Vermögen des Unternehmens, mit dem der Ausbildungsvertrag besteht, hat der **Insolvenzverwalter** das Zeugnis auszustellen, wenn das Berufsausbildungsverhältnis über den Zeitpunkt der Insolvenzeröffnung hinaus fortbesteht. Hat es vorher geendet, hat das Zeugnis der Ausbildende (bzw. das Unternehmen), nicht der Insolvenzverwalter zu erteilen.[6]

5 Hat der Ausbildende die Ausbildung nicht selbst durchgeführt, »so soll auch der Ausbilder oder die Ausbilderin« das Zeugnis unterschreiben (§ 16 Abs. 1 Satz 3 BBiG). Sowohl die Ausbildenden wie auch die Auszubildenden können die Mitunterzeichnung des Ausbilders/der Ausbilderin verlangen. Der Ausbilder/die Ausbilderin darf die Unterschrift nicht willkürlich, aber in dem Fall verweigern, wenn er/sie den Inhalt des Zeugnisses nicht (inhaltlich) mitverantworten will oder kann.[7] § 16 Abs. 1 Satz 3 BBiG ist eine Sollvorschrift, so dass ein Tun zwar für den Regelfall, jedoch dann nicht zwingend vorgeschrieben ist, wenn eine Ausnahmekonstellation vorliegt. Bei **mehreren Ausbildern** hat der vom Ausbildenden mit der Überwachung der Ausbildung beauftragte Ausbilder (Ausbildungsleiter) das Zeugnis mit zu unterschreiben.[8]

6 Das Zeugnis ist – wie sich aus § 16 Abs. 1 Satz 1 BBiG ergibt – **schriftlich** auszustellen. Für die Schriftform gilt § 126 BGB. Es ist also vom Ausbildenden (bzw. dem Vertreter) eigenhändig zu unterschreiben, meist auch von der zuständigen Ausbilderin oder dem Ausbilder (vgl. Rn. 5). Das Ausbildungszeugnis ist nicht ordnungsgemäß unterzeichnet, wenn vor die unleserliche Unterschrift das Kürzel »i.A.« gesetzt wird, ohne dass erkennbar wird, wer das Zeugnis in welcher Funktion unterzeichnet hat.[9] Die »elektronische Form« (§ 126a BGB) ist – wie § 16 Abs. 1 Satz 2 BBiG klarstellt – ausgeschlossen.

Das Zeugnis ist in **deutscher Sprache** abzufassen. Eine Verpflichtung des Ausbildenden, eine englisch- oder französischsprachige Übersetzung beizufügen, besteht nicht. Die entsprechende Regelung gilt nur für das Zeugnis über die bestandene Abschlussprüfung gemäß § 37 Abs. 3 Satz 1 BBiG, nicht aber für das durch den Ausbildenden geschuldete Zeugnis gemäß § 16 BBiG. Mag auch eine entsprechende gesetzliche Verpflichtung nicht bestehen, steht es dem Ausbildenden selbstredend frei, eine solche Übersetzung (auch in eine andere Sprache) von sich aus oder auf Wunsch zur Verfügung zu stellen. In Ausbildungsbetrieben, in denen ohnedies zwei Umgangssprachen gepflegt werden (zum Beispiel in einer deutschen Niederlassung eines US-

---

5 Vgl. ErfK-*Müller-Glöge* § 109 GewO Rn. 3.
6 *BAG* 23.6.2004 – 10 AZR 495/03, NZA 2004, 1392.
7 Vgl. *Leinemann/Taubert* BBiG § 16 Rn. 6.
8 Vgl. *Leinemann/Taubert* BBiG § 16 Rn. 6.
9 *LAG Schleswig-Holstein* 19.9.2013 – 1 Ta 148/13.

# Zeugnis § 16

amerikanischen Konzerns oder in einem Betrieb, der von Immigranten betrieben wird und überwiegend oder ausschließlich einen entsprechenden Kundenstamm hat), dürfte sich dies von selbst verstehen.

Anzugeben ist das **Ausstellungsdatum** des Zeugnisses. Bei Verzögerungen, 7
die in der Sphäre des Ausbildenden liegen, ist das Datum des letzten Tags des Berufsausbildungsverhältnisses anzugeben. Wurde das Zeugnis **nachträglich berichtigt**, ist es auf das ursprüngliche Ausstellungsdatum zurückzudatieren, wenn die verspätete Ausstellung nicht vom Auszubildenden zu vertreten ist.[10]

Das Zeugnis muss als solches in einer **Überschrift** bezeichnet werden, sau- 8
ber und ordentlich, sinnvollerweise in Maschinenschrift oder auf dem PC geschrieben sein, darf keine Flecken, Radierungen, Verbesserungen, Durchstreichungen oder ähnliches aufweisen. Es darf nicht der Eindruck erweckt werden, der Aussteller distanziere sich vom buchstäblichen Wortlaut seiner Erklärung, wie dies etwa beim Weglassen eines in der Branche oder dem Gewerbe üblichen Merkmals oder Zusatzes oder bei der Benutzung sonst nicht üblicher Formulare der Fall wäre.[11] Das Zeugnis ist auf dem **Geschäftsbogen** des Ausbildungsunternehmens zu erstellen.[12]

Übertriebene Anforderungen an die **Zeugnisästhetik** (zum Beispiel Wahl eines besonderen Papiers, einer besonderen Schriftart, eines bestimmten Papierformats) sind nicht anzuerkennen. Nicht ins Gewicht fallende Unvollkommenheiten des Zeugnisses hat der Auszubildende hinzunehmen, ebenso Rechtschreibmängel, sofern nicht negative Auswirkungen auf seine Bewerbungsaussichten zu erwarten sind.[13] Ein Rechtsanspruch auf ein ungefaltetes Zeugnis besteht zwar nicht,[14] es gebietet aber die Höflichkeit, den Auszubildenden nicht ein mehrfach geknicktes Zeugnis zu übergeben.

Das Zeugnis muss klar und verständlich formuliert sein. Dieser Grundgedanke ist für Arbeitsverhältnisse in § 109 Abs. 2 Satz 1 GewO ausdrücklich normiert und ist auch für Berufsausbildungsverhältnisse gemäß § 10 Abs. 2 BBiG anzuwenden. Ebenso ist auch § 109 Abs. 2 Satz 2 GewO heranzuziehen. Danach darf das Zeugnis keine Merkmale oder Formulierungen enthalten, die den Zweck haben, eine andere als aus der äußeren Form oder aus dem Wortlaut ersichtliche Aussage über den Arbeitnehmer (hier: den Auszubildenden) zu treffen. So genannte **Geheimzeichen** oder **Geheimcodes** (vgl. Rn. 19ff.) sind unzulässig. Die Benutzung bestimmter Zeichen, eines besonderen Papiers, einer besonderen Tinte oder Farbe, einer bestimmten Schrift oder eines besonderen Stempels ist daher ebenso unzulässig wie die

---

10 Vgl. *BAG* 9.9.1992 – 5 AZR 509/91, NZA 1993, 698.
11 Vgl. ErfK-*Müller-Glöge* § 109 GewO Rn. 12 m.w.N.
12 Vgl. *BAG* 3.3.1993 – 5 AZR 182/92, NZA 1993, 219.
13 Vgl. ErfK-*Müller-Glöge* § 109 GewO Rn. 15.
14 So jedenfalls *BAG* 21.9.1999 – 9 AZR 893/98, NZA 2000, 257.

doppeldeutige Hervorhebung einzelner Textstellen durch Unterstreichung, Benutzung von Anführungs-, Frage- oder Ausrufungszeichen. Zum Beispiel soll ein senkrechter Strich links von der Unterschrift des Ausstellers auf die Mitgliedschaft des Beurteilten in der Gewerkschaft hindeuten.[15]

### 3. Zeugnisinhalt
### a. Grundsätze

9  Es obliegt dem Ausbildenden, das Zeugnis zu formulieren.[16] Deshalb liegt die **Wortwahl** bei der Zeugnisformulierung im Ermessen des Ausstellers, es ist jedoch der **wohlwollende Maßstab** eines verständigen Ausbildenden anzulegen, denn das Zeugnis hat die Funktion, dem Auszubildenden im beruflichen Fortkommen zu helfen. Die vertragliche Pflicht zur Rücksichtnahme (§ 241 Abs. 2 BGB) verlangt **Zurückhaltung bei ungünstigen Tatsachen**.

10  Bei der Darstellung der Fertigkeiten, Kenntnisse und Fähigkeiten des Auszubildenden (einfaches Zeugnis) wie auch bei der Bewertung von Verhalten und Leistung (qualifiziertes Zeugnis) ist **die gesamte Vertragsdauer** zugrunde zu legen. Deshalb haben einzelne Vorfälle, seien sie positiv oder negativ, in ihrer Bedeutung zurückzutreten und dürfen nicht hervorgehoben werden, wenn sie die Gesamtleistung und Gesamtführung nicht beeinflusst haben.[17]

11  Von besonderer Bedeutung ist der **Grundsatz der Vollständigkeit des Zeugnisses**. Das Zeugnis soll einerseits zugunsten der Auszubildenden formuliert sein, weil es diesen als Bewerbungsunterlage dient, andererseits Dritte, die die Einstellung des Zeugnisinhabers erwägen, möglichst objektiv über den Auszubildenden unterrichten. Das Zeugnis muss deshalb alle wesentlichen Tatsachen und Bewertungen enthalten, die für die Gesamtbeurteilung des Auszubildenden von Bedeutung und für Dritte (künftige Arbeitgeber) von Interesse sind.[18] Zu verlangen ist ein individuell abgefasster Text, der konkret auf die Person des zu Beurteilenden zugeschnitten ist und sich nicht in Textbausteinen oder Allgemeinplätzen erschöpft.

12  Da die Formulierung des Zeugnisses dem Ausbildenden obliegt, ist er einerseits frei bei seiner Entscheidung, welche Leistungen und Eigenschaften des Auszubildenden er mehr hervorheben oder zurücktreten lassen will,[19] andererseits muss das Zeugnis **ausgewogen** sein und die Leistungen des Auszubildenden **angemessen** darstellen, letztlich soll es dem beruflichen **Fort-**

---

15  Vgl. ErfK-*Müller-Glöge* § 109 GewO Rn. 16.
16  Vgl. *BAG* 29. 7. 1971 – 2 AZR 250/70, AP BGB § 630 Nr. 6; *BAG* 23. 9. 1992 – 5 AZR 573/91, EzA BGB § 630 Nr. 16.
17  Vgl. ErfK-*Müller-Glöge* § 109 GewO Rn. 18.
18  Vgl. ErfK-*Müller-Glöge* § 109 GewO Rn. 19.
19  *BAG* 23. 9. 1992 – 5 AZR 573/91, EzA BGB § 630 Nr. 16.

kommen des ehemaligen Auszubildenden **dienen** und dieses nach Möglichkeit nicht verhindern. Beschreibt das Zeugnis etwa ausführlich die dem Auszubildenden übertragenen Tätigkeiten, muss es sich (beim qualifizierten Zeugnis) entsprechend auch ausführlich zu seinen Leistungen äußern. Andernfalls könnte der Eindruck entstehen, der Auszubildende habe sich bemüht, aber im Ergebnis nichts geleistet. Das gilt etwa, wenn nach einer sehr ausführlichen Tätigkeitsbeschreibung abschließend nur die Wendung folgt, der Auszubildende habe »die ihm übertragenen Aufgaben mit großem Fleiß und Interesse ausgeführt«.[20] Das Zeugnis ist **wohlwollend zu fassen**.[21] Das Zeugnis soll die für das Ausbildungsverhältnis **typischen Verhältnisse** nachzeichnen.[22] Einmalige Vorfälle oder Umstände, die für den Auszubildenden, seine Führung und Leistung nicht charakteristisch sind, gehören nicht in das Zeugnis.[23]

Es gilt der **Grundsatz der Zeugniswahrheit**. Daher ist es unzulässig, ein Zeugnis mit unklaren Formulierungen zu versehen, durch die der Auszubildende anders beurteilt werden soll, als dies aus dem Zeugniswortlaut ersichtlich ist. Denn inhaltlich »falsch« ist ein Zeugnis auch dann, wenn es eine Ausdrucksweise enthält, der entnommen werden muss, der Ausbildende distanziere sich vom buchstäblichen Wortlaut seiner Erklärungen und der Auszubildende werde in Wahrheit anders beurteilt, nämlich ungünstiger als im Zeugnis bescheinigt.[24] Weder Wortwahl noch Auslassungen dürfen dazu führen, beim Leser des Zeugnisses der Wahrheit nicht entsprechende Vorstellungen entstehen zu lassen.[25] Entscheidend ist dabei nicht, welche Vorstellungen der Zeugnisverfasser mit seiner Wortwahl verbindet. Maßgeblich ist allein der objektive Empfängerhorizont des Zeugnislesers.[26] Das Zeugnis muss auch in dem Sinne wahr sein, dass es dort keine Auslassungen enthalten darf, wo der Leser eine positive Hervorhebung erwartet, etwa hinsichtlich der Ehrlichkeit eines Auszubildenden, der mit der Einnahme/Verwaltung von Geld zu tun hatte.[27] Weder Wortwahl noch Satzstellung oder Auslassungen dürfen dazu führen, dass bei Dritten der Wahrheit nicht entsprechende Vorstellungen entstehen.[28] Es ist jedoch nicht zu leugnen, dass hier

---

20 *BAG* 24.3.1977 – 3 AZR 232/76, AP BGB § 630 Nr. 12.
21 *BAG* 21.6.2005 – 9 AZR 352/04, NZA 2006, 104.
22 Vgl. ErfK-*Müller-Glöge* § 109 GewO Rn. 20.
23 *BAG* 21.6.2005 – 9 AZR 352/04, NZA 2006, 104.
24 *BAG* 15.11.2011 – 9 AZR 386/10, NZA 2012, 448; *BAG* 20.2.2001 – 9 AZR 44/00, NZA 2001, 843.
25 *BAG* 15.11.2011 – 9 AZR 386/10, NZA 2012, 448; *BAG* 12.8.2008 – 9 AZR 632/07, NZA 2008, 1349; *BAG* 21.6.2005 – 9 AZR 352/04, NZA 2006, 104.
26 *BAG* 15.11.2011 – 9 AZR 386/10, NZA 2012, 448; *BAG* 12.8.2008 – 9 AZR 632/07, NZA 2008, 1349; *BAG* 21.6.2005 – 9 AZR 352/04, NZA 2006, 104.
27 *BAG* 29.7.1971 – 2 AZR 250/70, AP BGB § 630 Nr. 6.
28 Vgl. ErfK-*Müller-Glöge* § 109 GewO Rn. 22.

ein **Spannungsverhältnis** besteht. Der Grundsatz der Wahrheit kann nicht kompromisslos umgesetzt werden, denn er führt vielfach zu Ergebnissen, die sich mit den anderen Grundsätzen des Zeugnisrechts nicht vereinbaren lassen, etwa mit der **Pflicht zur wohlwollenden Formulierung** des Zeugnisses.[29]

Ein Zeugnis darf nur Aussagen enthalten, die sich auf **Tatsachen** stützen lassen. Behauptungen, Annahmen oder bloße Verdächtigungen sind zu unterlassen. Die Würdigung ist notwendigerweise subjektiv. Sie darf aber nicht auf Vorurteilen beruhen. Das Zeugnis soll ein objektiv richtiges Urteil fällen.[30] Dabei sollen alle wesentlichen Tatsachen Berücksichtigung finden, die für die Gesamtbeurteilung von Bedeutung und für Dritte von Interesse sind. Das gilt im günstigen wie im ungünstigen Sinn, so dass alle erheblichen Tatsachen, gegebenenfalls auch für den Auszubildenden ungünstige, aufzunehmen sind.[31]

### b. Mindestinhalt (»einfaches« Zeugnis)

**13** Im Zeugnis ist der oder die Auszubildende mit **Vor- und Familiennamen, Geburtsdatum** (gegebenenfalls Geburtsort) und **Wohnort** anzugeben, um Verwechslungen auszuschließen. Das Zeugnis muss die **Anschrift des Ausbildenden** (Geschäftsbogen; vgl. Rn. 8) sowie das **Datum der Ausstellung** (vgl. Rn. 7) enthalten.

Es muss Angaben enthalten über **Art, Dauer und Ziel der Berufsausbildung** sowie über die **erworbenen beruflichen Fertigkeiten, Kenntnisse und Fähigkeiten** der Auszubildenden (§ 16 Abs. 2 Satz 1 BBiG). Die Tätigkeiten, die der Auszubildende im Rahmen seiner Ausbildung auszuüben hatte, und die erworbenen Fertigkeiten, Kenntnisse und Fähigkeiten sind vollständig und gegebenenfalls in chronologischer Reihenfolge aufzuführen. Ein Dritter muss sich anhand des Zeugnisses ein Bild von der absolvierten Ausbildung machen und beurteilen können, welche Tätigkeiten der (ehemalige) Auszubildende im Rahmen eines Arbeitsverhältnisses aufgrund der erworbenen Fertigkeiten, Kenntnisse und Fähigkeiten auszuüben in der Lage ist. Auch erworbene oder sonst vorliegende Spezialkenntnisse sind zu beschreiben. Anfangs- und Enddatum des Berufsausbildungsverhältnisses sind anzugeben.

Kürzere Unterbrechungen der tatsächlichen Ausbildung, etwa durch Krankheit und Urlaub haben unerwähnt zu bleiben. **Längere Unterbrechungen,**

---

29 Vgl. ErfK-*Müller-Glöge* § 109 GewO Rn. 23.
30 Vgl. ErfK-*Müller-Glöge* § 109 GewO Rn. 24.
31 Vgl. ErfK-*Müller-Glöge* § 109 GewO Rn. 24.

wie z. B. durch Elternzeit (Erziehungsurlaub) oder eine Freiheitsstrafe, sind wegen des Grundsatzes der Zeugniswahrheit anzugeben.[32]

### c. »Qualifiziertes Zeugnis«

Neben den bereits genannten Angaben (vgl. Rn. 13) hat der Ausbildende gemäß § 16 Abs. 2 Satz 2 BBiG »**auf Verlangen** des Auszubildenden« auch Angaben über Verhalten und Leistung aufzunehmen (»qualifiziertes Zeugnis«). Verlangt der Auszubildende kein »qualifiziertes« Zeugnis, ist der Ausbildende nur verpflichtet, ihm ein »einfaches« Zeugnis auszustellen. Er darf nicht eigenmächtig ein »qualifiziertes« Zeugnis ausstellen. Der Auszubildende hat ein **Wahlrecht** zwischen einem einfachen und qualifizierten Zeugnis. Der Ausbildende gerät mit seiner Pflicht zur Erteilung eines Zeugnisses erst in Verzug, wenn der Auszubildende sein Wahlrecht ausgeübt und – bei Nichterteilung des Zeugnisses – dessen Erteilung angemahnt hat.[33]

Es ist grundsätzlich Sache der Ausbildenden, das Zeugnis zu formulieren. Die Formulierung und Ausdrucksweise stehen in seinem pflichtgemäßen Ermessen. Maßstab ist dabei ein wohlwollender verständiger Ausbildender.[34] Den Ausbildenden steht bei der Bewertung von Verhalten und Leistung ein **Beurteilungsspielraum** zu.[35] Dies gilt vor allem bei Werturteilen. Solange das Zeugnis allgemein verständlich ist und nichts Falsches enthält, kann der Auszubildende daher keine abweichende Formulierung verlangen.[36] Die Beurteilung muss den gesamten Tätigkeitszeitraum erfassen und darf einzelne Ereignisse nur hervorheben, wenn sie für die Leistung oder das Verhalten des zu beurteilenden Auszubildenden charakteristisch waren. Zudem muss die Beurteilung im Rahmen der Wahrheitspflicht so wohlwollend formuliert sein, dass dadurch der Einstieg des Auszubildenden in das Arbeitsleben oder sein weiteres Fortkommen nicht unnötig erschwert wird.[37]

Verlangt ein »belasteter« Auszubildender ein qualifiziertes Zeugnis, muss er sich bewusst sein, dass auch Nachteiliges zum Ausdruck kommt, insofern trägt er das Risiko für ein »schlechtes« Zeugnis. Auch in einem solchen Fall ist es jedoch geboten, so weit wie möglich den Grundsatz der wohlwollen-

---

32 Vgl. ErfK-*Müller-Glöge* § 109 GewO Rn. 28a; vgl. zur Elternzeit *BAG* 10.5.2005 – 9 AZR 261/04, NZA 2005, 1237.
33 Vgl. für ein Umschulungsverhältnis *BAG* 12.2.2013 – 3 AZR 120/11, NZA 2014, 31.
34 *BAG* 15.11.2011 – 9 AZR 386/10, NZA 2012, 448; *BAG* 12.8.2008 – 9 AZR 632/07, NZA 2008, 1349.
35 Vgl. *BAG* 15.11.2011 – 9 AZR 386/10, NZA 2012, 448; *BAG* 14.10.2003 – 9 AZR 12/03, NZA 2004, 843.
36 *BAG* 15.11.2011 – 9 AZR 386/10, NZA 2012, 448.
37 Vgl. ErfK-*Müller-Glöge* § 109 GewO Rn. 30.

den Beurteilung zu beachten. Einmalige Verfehlungen dürfen nicht erwähnt werden, weil es um ein **Gesamtbild der Persönlichkeit** geht.[38] Nach einem älteren Urteil soll es zulässig sein, darauf hinzuweisen, wenn der Auszubildende einmal oder mehrmals durch die Abschlussprüfung gefallen ist.[39] Dem kann schon deshalb nicht gefolgt werden, weil sich das Zeugnis gemäß § 16 auf die betriebliche Ausbildung zu beziehen hat, nicht aber auf Erfolg oder Nichterfolg in der Abschlussprüfung. Aufgrund der Daten (Beginn der Ausbildung, Datum des Zeugnisses über die Abschlussprüfung) ist ohnehin für jeden Kundigen zu erkennen, ob die Abschlussprüfung regulär bestanden worden ist oder nicht.

### aa. Leistung/Notenskala

15 Bei der Beurteilung der Leistung erfolgt eine Darstellung der Art und Weise, in der der Auszubildende die ihm übertragenen Aufgaben erledigt hat. Als Einzelmerkmale kommen (je nach Beruf, für den ausgebildet wurde) unter anderem in Betracht die Auffassungsgabe, die Lernwilligkeit, die Leistungsbereitschaft, die Selbständigkeit, die Qualität der Arbeit, das Arbeitstempo, die Belastbarkeit, die Eigeninitiative, die Entscheidungsfähigkeit, das Urteils- und Ausdrucksvermögen, der Umgang mit Kunden, wie etwa das Verhandlungsgeschick.[40]

Das Zeugnis muss notwendigerweise eine **zusammenfassende Beurteilung** der Leistung enthalten. Die Schlussnote muss dem Gesamtinhalt des Zeugnisses entsprechen.[41] In der Praxis hat sich eine fünf- oder sechsstufige Notenskala herausgebildet (sehr gut, gut, befriedigend, ausreichend, mangelhaft; die Note ungenügend kommt, da sie quasi keine Bewerbungschancen eröffnet, praktisch nicht vor), weitere Differenzierungen sind nicht ausgeschlossen.[42]

Dabei drückt die **Note »befriedigend«** eine mittlere Bewertung aus, die einer vollauf durchschnittlichen Leistung entspricht, was an sich nicht als stigmatisierend anzusehen wäre. In der Praxis wird jedoch häufig versucht, eine bessere Beurteilung bescheinigt zu bekommen. Wird etwa im Zeugnis erklärt, der Auszubildende habe die Tätigkeiten »zur Zufriedenheit« erledigt, soll dies eine unterdurchschnittliche, aber ausreichende Leistung ausdrücken.[43] Damit die Bewertung zum »befriedigend« wird, ist ein Zusatz wie

---

38 Vgl. *Leinemann/Taubert* BBiG § 16 Rn. 23.
39 ArbG Darmstadt 6. 4. 1967 – 2 Ca 1/67, BB 1967, 541.
40 Vgl. ErfK-*Müller-Glöge* § 109 GewO Rn. 40.
41 Vgl. BAG 14. 10. 2003 – 9 AZR 12/03, NZA 2004, 843.
42 Vgl. ErfK-*Müller-Glöge* § 109 GewO Rn. 31 ff. m. w. N.
43 Vgl. ErfK-*Müller-Glöge* § 109 GewO Rn. 32 mit Nachweisen aus der Rechtsprechung.

# Zeugnis § 16

»stets«, »immer« oder »jederzeit« erforderlich.[44] Es wird auch vertreten, die Zufriedenheit müsse eine »volle« sein, um der Note »befriedigend« zu entsprechen. Dahinter steht die Vorstellung, der durchschnittliche Auszubildende erbringe seine Tätigkeit zur »vollen Zufriedenheit«. Dementsprechend soll sich eine bessere Note dadurch ausdrücken, dass es auch eine »vollste Zufriedenheit« gibt.[45]

Durch einen Zusatz wie »stets« wird die »volle Zufriedenheit« zur **»guten« Leistung«** (»stets zur vollen Zufriedenheit«).[46] Die Spitzenleistung **»sehr gut«** sollte als solche auch bezeichnet werden. In der Praxis wird das meist dahin umschrieben, dass der Auszubildende seine Tätigkeiten »stets zur vollsten Zufriedenheit« erbracht habe.[47]

Dabei ist darauf zu achten, dass die **Bewertung von Einzelleistungen** sich in der abschließenden **Gesamtbewertung** wiederspiegeln muss. Werden etwa in einem Zeugnis die Einzelleistungen ausnahmslos als »sehr gut« bewertet, die Tätigkeit als »sehr erfolgreich« hervorgehoben und findet sich in dem ausführlichen Zeugnis keine einzige Einschränkung, ist damit unvereinbar, wenn abschließend zusammenfassend nur bescheinigt wird, der Auszubildende habe zur »vollen Zufriedenheit« gearbeitet.[48]

Zusammengefasst ergeben sich folgende Abstufungen:[49] Er/Sie hat die ihm/ihr übertragenen Aufgaben

- Note »sehr gut«: »stets zu unserer vollsten Zufriedenheit erledigt«, »stets zu unserer vollen Zufriedenheit erledigt und hat unseren Erwartungen in jeder Hinsicht entsprochen«
- Note »gut«: »stets zu unserer vollen Zufriedenheit erledigt«
- Note »befriedigend«: »zu unserer vollen Zufriedenheit erledigt«
- Note »ausreichend«: »zu unserer Zufriedenheit erledigt«, »die erbrachten Leistungen gaben zu Beanstandungen keinen Anlass«
- Note »mangelhaft«: »im großen und ganzen zu unserer Zufriedenheit erledigt«
- Note »ungenügend«: »hat sich seinen Aufgaben mit großem Fleiß und Interesse gewidmet«, »hat sich (jede erdenkliche) Mühe geben«, »hat sich im Rahmen seiner Möglichkeiten (Fähigkeiten) engagiert«, »war stets bestrebt gewesen, den Aufgaben gerecht zu werden«; »zu unserer Zufriedenheit zu erledigen versucht«

16

---

44 *BAG* 14.10.2003 – 9 AZR 12/03, NZA 2004, 843.
45 Kritisch ErfK-*Müller-Glöge* § 109 GewO Rn. 32f.
46 *BAG* 14.10.2003 – 9 AZR 12/03, NZA 2004, 843.
47 *BAG* 23.9.1992 – 5 AZR 573/91, EzA BGB § 630 Nr. 16; zusammenfassend, aber kritisch ErfK-*Müller-Glöge* § 109 GewO Rn. 33 mit Nachweisen aus der Rechtsprechung.
48 *BAG* 23.9.1992 – 5 AZR 573/91, EzA BGB § 630 Nr. 16.
49 Vgl. *Lakies/Malottke* BBiG § 16 Rn. 30ff. m.w.N.

### bb. Verhalten

**17** Die für das Berufsausbildungsverhältnis wesentlichen Charaktereigenschaften und Persönlichkeitszüge des Auszubildenden sind in einem qualifizierten Zeugnis zusammenfassend darzustellen. Es ist allein das Verhalten im Berufsausbildungsverhältnis zu bewerten, nicht die sonstige Lebensführung.[50] Auch bei kleineren Auffälligkeiten oder einem einmaligen Fehlverhalten kann zu bescheinigen sein, dass das Verhalten des Auszubildenden »einwandfrei« war. Im Zeugnis geht es um eine Gesamtbeurteilung und deshalb müssen einmalige Vorfälle oder Umstände außer Betracht bleiben.[51] Gab das Verhalten keinerlei Anlass zu Beanstandungen, muss sich dieses positive Moment zusätzlich im Zeugnistext niederschlagen durch Formulierungen wie »immer«, »durchweg« oder »ausnahmslos«.[52]

Das Verhalten im Berufsausbildungsverhältnis umfasst auch das Verhalten gegenüber und den Umgang mit Kunden und Geschäftspartnern des Ausbildenden, mit dem Ausbildenden, den Ausbildern, sonstigen Vorgesetzten, anderen Auszubildenden und Arbeitnehmern. Zur Charakterisierung des Verhaltens werden bei mittlerer Bewertung die Begriffe »höflich«, »einwandfrei«, »korrekt« oder »in Ordnung« verwendet. Zur Hervorhebung werden – wie bei der Bewertung der Leistung – Zusätze wie »immer«, »stets« oder »durchweg« (»stets vorbildlich«) oder das Wort »lobenswert« verwendet. Die Herabsetzung wird durch entsprechende Zusätze wie »in der Regel«, »durchaus«, »im Allgemeinen«, »im Großen und Ganzen« oder »zumeist« erreicht. Die Umschreibung »über – ist uns nichts Nachteiliges bekannt geworden« bezeichnet ein unzureichendes Verhalten. Die Beschreibung des Auszubildenden als »anspruchsvoll und kritisch« ist meist als negative Bewertung anzusehen, kann positiv gemeint sein, wenn der Zusammenhang mit dem übrigen Zeugnistext eine positive Bewertung nahe legt.[53]

### cc. »Schlussformel«

**18** Es ist weithin üblich, Zeugnisse mit der Erklärung besonderen Dankes, des Bedauerns und/oder der Wünsche für die Zukunft abzuschließen. Derartige Schlussformeln wie der Satz »Wir bedauern sein Ausscheiden, danken für die geleisteten Dienste und wünschen ihm für seinen weiteren Lebensweg alles Gute und (viel) Erfolg« oder kürzer »Wir danken Herrn/Frau – für die gute Zusammenarbeit und wünschen ihm/ihr für die Zukunft alles Gute« können das Zeugnis abrunden, sind aber nach der Rechtsprechung kein

---

50 Vgl. ErfK-*Müller-Glöge* § 109 GewO Rn. 43.
51 *BAG* 21.6.2005 – 9 AZR 352/04, NZA 2006, 104.
52 *BAG* 21.6.2005 – 9 AZR 352/04 – NZA 2006, 104.
53 Vgl. ErfK-*Müller-Glöge* § 109 GewO Rn. 43.

# Zeugnis § 16

rechtlich notwendiger Bestandteil des Zeugnisses. Deshalb soll *kein* Rechtsanspruch auf eine solche »Schlussformel« bestehen.[54] Diese Auffassung wird der Praxis nicht gerecht. Es wird weithin eine solche Schlussformel erwartet. Fehlt sie, werden daraus negative Rückschlüsse gezogen.

Ist die Schlussformel vorhanden, kann sie den sonstigen Zeugnisinhalt bekräftigen, andernfalls wird sie ihn abschwächen oder entwerten.[55] Eine vorhandene Schlussformel darf nicht im Widerspruch zum sonstigen Zeugnisinhalt stehen und diesen nicht relativieren.[56] Formulierungen, die erkennen lassen, dass der Ausbildende den Auszubildenden mit der Schlussformel herabsetzen oder andere Aussagen des Zeugnisses relativieren will, sind zu unterlassen, z. B. die Formulierungen »Wir wünschen ihm alles Gute, vor allem Gesundheit«, »für die Zukunft alles nur erdenklich Gute«.[57]

### dd. Unzulässige Inhalte

Unzulässig sind alle Angaben zu Umständen, die mit dem Berufsausbildungsverhältnis nichts zu tun haben. Das »außerdienstliche« Verhalten hat also außer Betracht zu bleiben, deshalb dürfen auch Straftaten oder Vorstrafen nicht erwähnt werden, die in keiner Beziehung zum Berufsausbildungsverhältnis stehen. Etwas anderes gilt für **Straftaten**, die im unmittelbaren Zusammenhang mit dem Ausbildungsberuf stehen, gar während der Ausbildungs-/Arbeitszeit begangen worden und nachweisbar sind. Die Erwähnung einer solchen Straftat im Zeugnis hat jedoch zu unterbleiben, wenn sich der Auszubildende nach den Bestimmungen des Bundeszentralregistergesetzes (BZRG) wegen der Geringfügigkeit oder weil die Strafe lange zurückliegt als nicht vorbestraft bezeichnen darf. Ein bloßer Verdacht darf nicht angedeutet werden, ebenso wenig ein Ermittlungsverfahren.[58] 19

Unzulässig ist die Erwähnung der **Mitgliedschaft im Betriebsrat/Personalrat** oder in der Jugend- und Auszubildendenvertretung (JAV), es sei denn, es wird von dem Zeugnisempfänger gewünscht. Auch die Mitgliedschaft in der Gewerkschaft oder gar die Entfaltung von Aktivitäten in dieser darf nicht, auch nicht verklausuliert, im Zeugnis erwähnt werden.[59]

Unzulässig sind sogenannte **Geheimcodes**, mit denen (mit positiven Formulierungen) versteckt negative Aussagen über den Auszubildenden getrof- 20

---

54 *BAG* 11.12.2012 – 9 AZR 227/11, NZA 2013, 324; *BAG* 20.2.2001 – 9 AZR 44/00, NZA 2001, 843.
55 Vgl. ErfK-*Müller-Glöge* § 109 GewO Rn. 46.
56 Vgl. *BAG* 20.2.2001 – 9 AZR 44/00, NZA 2001, 843.
57 Vgl. ErfK-*Müller-Glöge* § 109 GewO Rn. 46a.
58 *LAG Düsseldorf* 3.5.2005 – 3 Sa 359/05, DB 2005, 1799.
59 Vgl. *BAG* 19.8.1992 – 7 AZR 262/91, NZA 1993, 222, zur Erwähnung der Tätigkeit im Personalrat in einer dienstlichen Regelbeurteilung.

fen werden. So steht die Umschreibung, der Auszubildende habe die Aufgaben »in der ihm eigenen Art« erledigt, dafür, dass seine Arbeitsweise uneffektiv war, hat er die Tätigkeiten »mit Interesse« ausgeführt, fehlte es am Arbeitserfolg, hat er »im Rahmen seiner Kenntnisse« die Tätigkeiten ausgeübt, waren nur geringe Kenntnisse vorhanden. Eine »genaue Arbeitsweise« umschreibt ein unterdurchschnittliches Arbeitstempo, die »Fähigkeit zu delegieren«, dass der Auszubildende faul war. Wird dem Auszubildenden bescheinigt, er habe sich »für die Interessen der anderen Auszubildenden und Arbeitnehmer engagiert«, darf man darauf schließen, er war Betriebsratsmitglied, hat er sich »auch außerhalb des Unternehmens für die Interessen der Arbeitnehmer und Auszubildenden engagiert«, ist er Gewerkschaftsmitglied. Eine »gesellige Art« lässt auf überdurchschnittlichen Alkoholkonsum schließen, »vertrat er immer offen seine Meinungen« soll man annehmen, es habe sich um einen Nörgler oder gar Querulanten gehandelt. »Er war sehr tüchtig und wusste sich gut zu verkaufen« heißt, dass der Auszubildende ein unangenehmer Zeitgenosse und Wichtigtuer war, dem es an Kooperationsbereitschaft fehlte. Wünscht der Ausbildende in der Schlussformel »Gesundheit« soll man auf überdurchschnittliche krankheitsbedingte Fehlzeiten schließen.[60]

### 4. Durchsetzung des Zeugnisanspruchs/Berichtigung

21 Der Auszubildende hat ein **Wahlrecht** zwischen einem einfachen und qualifizierten Zeugnis. Der Ausbildende gerät mit seiner Pflicht zur Erteilung eines Zeugnisses erst in Verzug, wenn der Auszubildende sein Wahlrecht ausgeübt und – bei Nichterteilung des Zeugnisses – dessen Erteilung angemahnt hat.[61] Wenn danach immer noch kein – einfaches oder qualifiziertes – Zeugnis durch den Ausbildenden erteilt worden ist, kann der Auszubildende die Erteilung des Zeugnisses durch Klage beim Arbeitsgericht erzwingen.

Ist ein Zeugnis erteilt worden, aber aus Sicht des Auszubildenden unrichtig oder nachteilig, kann er verlangen, dass das Zeugnis berichtigt wird; das gilt sowohl hinsichtlich der geschilderten Tatsachen (ausgeführte Tätigkeiten usw.) wie auch bezüglich der Werturteile, vor allem über Leistung und Verhalten des Auszubildenden. Rechtsdogmatisch handelt es sich nicht um eine »Berichtigung«, sondern um die zutreffende Erfüllung des bestehenden Zeugnisanspruchs. Der Zeugnisanspruch wird nur erfüllt durch **Erteilung eines richtigen Zeugnisses**.[62] Macht der Ausbildende geltend, das erteilte

---

60 Vgl. HWK-*Gäntgen* § 109 GewO Rn. 24ff. m.w.N.
61 Vgl. für ein Umschulungsverhältnis BAG 12.2.2013 – 3 AZR 120/11, NZA 2014, 31.
62 *BAG* 12.8.2008 – 9 AZR 632/07, NZA 2008, 1349; *BAG* 14.10.2003 – 9 AZR 12/03, NZA 2004, 843.

# Zeugnis § 16

Zeugnis sei inhaltlich richtig und er habe demgemäß den Zeugnisanspruch erfüllt, so ist er als Schuldner dafür darlegungs- und beweispflichtig.[63] Hat der Ausbildende im Zeugnis eine gut durchschnittliche Gesamtleistung (»zur vollen Zufriedenheit« oder »stets zur Zufriedenheit«) bescheinigt, so soll indes der Auszubildende die Tatsachen vortragen und beweisen müssen, die eine bessere Schlussbeurteilung (»stets zur vollen Zufriedenheit« oder noch besser) rechtfertigen sollen.[64]

Für den Zeugnisanspruch gilt die regelmäßige **Verjährungsfrist** des § 195 BGB. Diese beträgt drei Jahre. Da die Zeugnisverpflichtung gemäß § 25 BBiG unabdingbar ist, kann der Anspruch auf ein Zeugnis nur ausnahmsweise verwirken, auch wenn er längere Zeit nach dem Ausscheiden nicht geltend gemacht wurde und der Ausbildende mit der Ausstellung des Zeugnisses nicht mehr zu rechnen brauchte. Ist ein Zeugnis erteilt worden, so soll im Arbeitsverhältnis gelten, dass eine **Berichtigung** binnen einer angemessenen Frist geltend gemacht werden müsse, ansonsten sei der Anspruch verwirkt.[65] Das mag im Arbeitsverhältnis angängig sein, kann aber für das Ausbildungsverhältnis nicht gelten, weil der Zeugnisanspruch unabdingbar ist (§ 25 BBiG) und es sich bei der Berichtigung letztlich um den Anspruch auf ein richtiges Zeugnis handelt.

Tarifliche oder einzelvertragliche **Ausschlussfristen** können für den Zeugnisanspruch nicht gelten, weil es sich um einen höchstpersönlichen Anspruch handelt. Das BAG sieht das allerdings möglicherweise anders. Es meint, Ausschlussfristen gelten auch für den Zeugnisanspruch des Arbeitnehmers.[66] Ob das gleichfalls für die Auszubildenden gelten kann, ist bislang vom BAG nicht entschieden. Dagegen spricht die elementare Bedeutung, die das Zeugnis für den Auszubildenden hat und vor allem, dass der Anspruch gemäß § 25 BBiG unabdingbar ist. Der Praxis ist allerdings zu raten, die Erteilung eines Zeugnisses, so es nicht alsbald »freiwillig« erteilt wird, innerhalb kurzer Frist (eines Monats) ausdrücklich vom Ausbildenden schriftlich zu verlangen. 22

Ist das Zeugnis **nicht formgerecht** erteilt (vor allem nicht unterschrieben), kann der Auszubildende auf die – ordnungsgemäße – Erteilung des Zeugnisses klagen. Zur Erfüllung der Schriftform (§ 16 Abs. 1 Satz 1 BBiG) gehört auch die Unterschrift (vgl. Rn. 6). 23

Ist ein Zeugnis erteilt worden, aber aus Sicht des Auszubildenden unrichtig oder nachteilig, kann er verlangen, dass das Zeugnis berichtigt wird, das gilt sowohl hinsichtlich der geschilderten Tatsachen (ausgeführte Tätigkeiten

---

63 *BAG* 23.9.1992 – 5 AZR 573/91, EzA BGB § 630 Nr. 16.
64 So für das Arbeitsverhältnis *BAG* 18.11.2014 – 9 AZR 584/13, NZA 2015, 435; *BAG* 14.10.2003 – 9 AZR 12/03, NZA 2004, 843.
65 *BAG* 17.2.1988 – 5 AZR 638/86, NZA 1988, 427.
66 *BAG* 4.10.2005 – 9 AZR 507/04, NZA 2006, 436.

usw.) wie auch bezüglich der Werturteile, vor allem über Leistung und Verhalten des Auszubildenden. Rechtsdogmatisch handelt es sich nicht um eine »Berichtigung«, sondern um die zutreffende Erfüllung des bestehenden Zeugnisanspruchs. Der Zeugnisanspruch wird nur erfüllt durch **Erteilung eines richtigen Zeugnisses**.[67] Macht der Ausbildende geltend, das erteilte Zeugnis sei inhaltlich richtig und er habe demgemäß den Zeugnisanspruch erfüllt, so ist er als Schuldner dafür darlegungs- und beweispflichtig. Hat der Ausbildende im Zeugnis eine gut durchschnittliche Gesamtleistung bescheinigt, so soll indes der Auszubildende die Tatsachen vortragen und beweisen müssen, die eine bessere Schlussbeurteilung rechtfertigen sollen.[68]

## Unterabschnitt 4
## Vergütung

### § 17 Vergütungsanspruch und Mindestvergütung

(1) Ausbildende haben Auszubildenden eine angemessene Vergütung zu gewähren. Die Vergütung steigt mit fortschreitender Berufsausbildung, mindestens jährlich, an.

(2) Die Angemessenheit der Vergütung ist ausgeschlossen, wenn sie folgende monatliche Mindestvergütung unterschreitet:
1. im ersten Jahr einer Berufsausbildung
   a) 515 Euro, wenn die Berufsausbildung im Zeitraum vom 1. Januar 2020 bis zum 31. Dezember 2020 begonnen wird,
   b) 550 Euro, wenn die Berufsausbildung im Zeitraum vom 1. Januar 2021 bis zum 31. Dezember 2021 begonnen wird,
   c) 585 Euro, wenn die Berufsausbildung im Zeitraum vom 1. Januar 2022 bis zum 31. Dezember 2022 begonnen wird, und
   d) 620 Euro, wenn die Berufsausbildung im Zeitraum vom 1. Januar 2023 bis zum 31. Dezember 2023 begonnen wird,
2. im zweiten Jahr einer Berufsausbildung den Betrag nach Nummer 1 für das jeweilige Jahr, in dem die Berufsausbildung begonnen worden ist, zuzüglich 18 Prozent,
3. im dritten Jahr einer Berufsausbildung den Betrag nach Nummer 1 für das jeweilige Jahr, in dem die Berufsausbildung begonnen worden ist, zuzüglich 35 Prozent, und

---

[67] *BAG* 14.10.2003 – 9 AZR 12/03, NZA 2004, 842.
[68] *BAG* 14.10.2003 – 9 AZR 12/03, NZA 2004, 843.

## Vergütungsanspruch und Mindestvergütung § 17

4. im vierten Jahr einer Berufsausbildung den Betrag nach Nummer 1 für das jeweilige Jahr, in dem die Berufsausbildung begonnen worden ist, zuzüglich 40 Prozent.

Die Höhe der Mindestvergütung nach Satz 1 Nummer 1 wird zum 1. Januar eines jeden Jahres, erstmals zum 1. Januar 2024, fortgeschrieben. Die Fortschreibung entspricht dem rechnerischen Mittel der nach § 88 Absatz 1 Satz 1 Nummer 1 Buchstabe g erhobenen Ausbildungsvergütungen im Vergleich der beiden dem Jahr der Bekanntgabe vorausgegangenen Kalenderjahre. Dabei ist der sich ergebende Betrag bis unter 0,50 Euro abzurunden sowie von 0,50 Euro an aufzurunden. Das Bundesministerium für Bildung und Forschung gibt jeweils spätestens bis zum 1. November eines jeden Kalenderjahres die Höhe der Mindestvergütung nach Satz 1 Nummer 1 bis 4, die für das folgende Kalenderjahr maßgebend ist, im Bundesgesetzblatt bekannt. Die nach den Sätzen 2 bis 5 fortgeschriebene Höhe der Mindestvergütung für das erste Jahr einer Berufsausbildung gilt für Berufsausbildungen, die im Jahr der Fortschreibung begonnen werden. Die Aufschläge nach Satz 1 Nummer 2 bis 4 für das zweite bis vierte Jahr einer Berufsausbildung sind auf der Grundlage dieses Betrages zu berechnen.

(3) Angemessen ist auch eine für den Ausbildenden nach § 3 Absatz 1 des Tarifvertragsgesetzes geltende tarifvertragliche Vergütungsregelung, durch die die in Absatz 2 genannte jeweilige Mindestvergütung unterschritten wird. Nach Ablauf eines Tarifvertrages nach Satz 1 gilt dessen Vergütungsregelung für bereits begründete Ausbildungsverhältnisse weiterhin als angemessen, bis sie durch einen neuen oder ablösenden Tarifvertrag ersetzt wird.

(4) Die Angemessenheit der vereinbarten Vergütung ist auch dann, wenn sie die Mindestvergütung nach Absatz 2 nicht unterschreitet, in der Regel ausgeschlossen, wenn sie die Höhe der in einem Tarifvertrag geregelten Vergütung, in dessen Geltungsbereich das Ausbildungsverhältnis fällt, an den der Ausbildende aber nicht gebunden ist, um mehr als 20 Prozent unterschreitet.

(5) Bei einer Teilzeitberufsausbildung kann eine nach den Absätzen 2 bis 4 zu gewährende Vergütung unterschritten werden. Die Angemessenheit der Vergütung ist jedoch ausgeschlossen, wenn die prozentuale Kürzung der Vergütung höher ist als die prozentuale Kürzung der täglichen oder der wöchentlichen Arbeitszeit.

(6) Sachleistungen können in Höhe der nach § 17 Absatz 1 Satz 1 Nummer 4 des Vierten Buches Sozialgesetzbuch festgesetzten Sachbezugswerte angerechnet werden, jedoch nicht über 75 Prozent der Bruttovergütung hinaus.

(7) Eine über die vereinbarte regelmäßige tägliche Ausbildungszeit hinausgehende Beschäftigung ist besonders zu vergüten oder durch die Gewährung entsprechender Freizeit auszugleichen.

## § 17 Vergütungsanspruch und Mindestvergütung

**Inhaltsübersicht** Rn
1. Überblick ............................................ 1–11
    a. Verhältnis angemessene Vergütung und Mindestvergütung ..... 3– 5
    b. Allgemeine Einordnung der Ausbildungsvergütung ......... 6–11
2. Rechtsanspruch auf eine angemessene Ausbildungsvergütung ...... 12–36
    a. Grundsätze............................... 12–15
    b. Tarifvertragliche Regelungen der Ausbildungsvergütung........ 16–20
    c. Einzelvertragliche Regelungen der Ausbildungsvergütung ...... 21–30
    d. Neuregelung durch das Berufsbildungsmodernisierungsgesetz ... 31–33
    e. Rechtsfolgen unangemessener Ausbildungsvergütung ........ 34–36
3. Vergütungserhöhungen ................................ 37–42
    a. Jährliche Erhöhung ................................ 37–39
    b. Sonstige Erhöhungen ................................ 40–42
        aa. Anrechnung beruflicher Vorbildung .............. 41
        bb. Verkürzung der Ausbildungsdauer im Einzelfall ........ 42
4. Mindestausbildungsvergütung ..................... 43–59
    a. Grundsätze.............................. 43–48
    b. Geltung auch für die außerbetriebliche Ausbildung ......... 49, 50
    c. Stufenweise Einführung...................... 51
    d. Jährliche Erhöhung ........................... 52–54
    e. Fortschreibung ab dem Jahr 2024.................. 55–57
    f. Tariföffnungsklausel......................... 58, 59
5. Teilzeitberufsausbildung......................... 60–63
6. Sachleistungen als Vergütung ..................... 64–68
7. Zusätzliche Ausbildungszeit (»Mehrarbeit«) .............. 69–74
8. Zuschläge/Sonderzahlungen/Gratifikationen .............. 75–93
    a. Nachtarbeitszuschläge ........................ 76, 77
    b. Sonderzahlungen/Gratifikationen................... 78–93
        aa. Gesamtzusage ........................... 80
        bb. Betriebliche Übung ....................... 81–83
        cc. Schriftformklauseln ....................... 84–87
        dd. Freiwilligkeitsvorbehalt ................... 88–93

### 1. Überblick

**1** § 17 BBiG ist durch das **Berufsbildungsmodernisierungsgesetz** zum 1.1.2020 neu geregelt worden. Die Norm gewährt wegen des besonderen Schutzbedürfnisses von Auszubildenden kraft Gesetzes einen Anspruch auf eine »**angemessene Vergütung**« und zudem (neu eingeführt) einen Anspruch auf eine **Mindestvergütung**. Die Höhe der Mindestvergütung ist im Gesetz für die Jahre 2020 bis 2023 bestimmt und für die Folgejahre wird festgelegt, nach welchen Parametern sich diese erhöht. Auszubildende haben (wegen dieser Spezialregelung und weil sie nicht in einem Arbeitsverhältnis stehen) **keinen Anspruch auf den allgemeinen gesetzlichen Mindestlohn**, der für »Arbeitnehmer« gilt. Das wird in § 22 Abs. 3 MiLoG ausdrücklich klargestellt. An Stelle des Anspruchs auf den allgemeinen Mindestlohn für

Arbeitnehmer besteht für Auszubildende der Anspruch auf die Mindestausbildungsvergütung.

§ 17 BBiG gilt auch für Ausbildungsverhältnisse im **Handwerk**. Entsprechende Regelungen zur Angemessenheit der Ausbildungsvergütung (nicht aber zur Mindestvergütung) gelten für Ausbildungen, die außerhalb des BBiG geregelt sind, wie z. B. für die Ausbildung in **Krankenpflege-/Gesundheitspflegeberufen**[1] und in der **Altenpflege**.[2]

### a. Verhältnis angemessene Vergütung und Mindestvergütung

§ 17 Abs. 1 BBiG enthält eine Rahmenvorschrift. Zunächst ist es Sache der Vertragsparteien, die Höhe der Vergütung festzulegen, sofern nicht bei Tarifbindung beider Parteien oder bei Allgemeinverbindlichkeit (§ 5 TVG) die tariflichen Regelungen bindend sind. Die Vertragsparteien haben im Rahmen ihrer vertraglichen Regelung einen Spielraum. Die (gerichtliche) Überprüfung, erstreckt sich darauf, ob die vereinbarte Vergütung die Höhe erreicht, die (noch) als angemessen anzusehen ist.[3]

Nach der Neuregelung durch das Berufsbildungsmodernisierungsgesetz zum 1.1.2020 besteht weiterhin der **Anspruch auf die angemessene Vergütung**, daneben wurde als **absolute Mindestgrenze** ein Anspruch auf eine Mindestausbildungsvergütung eingeführt. Für die Mindestvergütung gibt es allerdings eine »Tariföffnungsklausel« (vgl. Rn. 58), die ein Unterschreiten der gesetzlich festgelegten Mindestvergütung zulässt. Das ist weder rechtssystematisch noch rechtspolitisch verständlich, hat aber vermutlich in der Praxis keine große Bedeutung.

Für den Anspruch auf die »angemessene Vergütung« bleibt die bisherige Rechtsprechung maßgeblich, wobei der neue § 17 Abs. 4 BBiG diese Rechtsprechung teilweise in positives Gesetzesrecht übernommen hat (vgl. Rn. 31 ff.). Es ist deutlich darauf hinzuweisen, dass die Auszubildenden **in erster Linie den Anspruch auf die angemessene Ausbildungsvergütung** haben und die **Mindestvergütung** lediglich eine **absolute Untergrenze** ist, die in keinem Fall (außer durch Tarifvertrag) unterschritten werden darf. Es ist keineswegs so, dass der Anspruch auf die Mindestvergütung den Anspruch auf die »angemessene Vergütung« verdrängt.

---

1 *BAG* 19.2.2008 – 9 AZR 1091/06, NZA 2008, 828.
2 *BAG* 23.8.2011 – 3 AZR 575/09, NZA 2012, 211.
3 Vgl. *BAG* 16.5.2017 – 9 AZR 377/16, Rn. 13, NZA 2017, 1129; *BAG* 29.4.2015 – 9 AZR 108/14, Rn. 12, NZA 2015, 1384; *BAG* 17.3.2015 – 9 AZR 732/13, Rn. 10; *BAG* 16.7.2013 – 9 AZR 784/11, Rn. 12, NZA 2013, 1202; *BAG* 15.12.2005 – 6 AZR 224/05, AP BBiG § 10 Nr. 15; *BAG* 8.5.2003 – 6 AZR 191/02, NZA 2003, 1343.

## b. Allgemeine Einordnung der Ausbildungsvergütung

**6** § 17 BBiG spricht von der »Vergütung« und »Mindestvergütung« und meint damit die Ausbildungsvergütung und Mindestausbildungsvergütung. Zudem ist damit die **monatliche Vergütung** gemeint. § 18 Abs. 1 Satz 1 BBiG spricht ausdrücklich davon, dass sich die Vergütung nach Monaten bemisst. Diese monatliche Vergütung ist unabdingbar im Sinne des § 25 BBiG, das heißt diese ist in jedem Fall zu zahlen. **Zusätzlich** zu dieser monatlichen Vergütung können sich weitere Vergütungsbestandteile aus einem anwendbaren Tarifvertrag ergeben. Verbreitet ist kumulativ oder alternativ die Zahlung eines Urlaubsgeldes, Weihnachtsgeldes oder sonstiger **Sonderzahlungen** oder **Gratifikationen** (vgl. Rn. 75 ff.). Solche Zahlungen können auch, wenn Tarifverträge keine Anwendung finden, einzelvertraglich vereinbart werden (auch mündlich oder konkludent, das heißt durch schlüssiges Handeln). Eine gesetzliche Pflicht, zusätzliche Leistungen, Sonderzahlungen zu vereinbaren, besteht nicht. Werden sie allerdings vereinbart, besteht eine bindende vertragliche Vereinbarung, die gegen den Willen der Auszubildenden nicht geändert werden kann (vgl. Rn. 75 ff.).

**7** Der Anspruch auf die Vergütung ist gemäß § 25 BBiG unabdingbar, das heißt die Auszubildenden können darauf nicht wirksam verzichten. Allerdings kann der Anspruch auf die Zahlung der Ausbildungsvergütung aufgrund von **Ausschlussfristen/Verfallfristen** (wenn diese Anwendung finden) verfallen, wenn der Anspruch bei Nichtzahlung nicht rechtzeitig geltend gemacht wird (vgl. § 11 Rn. 37). Unabhängig davon, ob Ausschlussfristen Anwendung finden, gilt für den Anspruch auf Ausbildungsvergütung (wie für den Anspruch auf Arbeitsentgelt) die gesetzliche **Verjährungsfrist** von drei Jahren (§ 195 BGB).

**8** Bei **Insolvenz** des Ausbildenden haben die Auszubildenden gegen die Bundesagentur für Arbeit einen Anspruch auf **Insolvenzgeld** (§ 165 SGB III).[4] Ansonsten sind im Fall der Insolvenz die Besonderheiten des Insolvenzverfahrens zu beachten. Unter bestimmten Umständen kann Ausbildungsvergütung, die im Wege der Zwangsvollstreckung durchgesetzt oder unter dem Druck drohender Zwangsvollstreckung gezahlt worden ist, vom Insolvenzverwalter zurückgefordert werden. Die Regelung der Insolvenzordnung (§ 131 InsO) gilt auch dann, wenn die Rückforderung gezahlte Ausbildungsvergütung betrifft.[5]

**9** Die Ausbildungsvergütung gehört zu den Einkünften aus nichtselbständiger Arbeit und unterliegt der **Einkommensteuerpflicht** (§ 2 Abs. 1 Nr. 4, § 19 EStG), wobei diese durch Abzug vom Arbeitslohn als Lohnsteuer erhoben wird (§ 38 EStG). Die Ausbildungsvergütung unterliegt auch der **Beitrags-**

---

4 *BAG* 26.10.2017 – 6 AZR 511/16, Rn. 34.
5 *BAG* 26.10.2017 – 6 AZR 511/16.

## Vergütungsanspruch und Mindestvergütung § 17

pflicht in allen Zweigen der **Sozialversicherung** (Kranken-, Renten-, Pflege- und Arbeitslosenversicherung). Die Beiträge müssen je zur Hälfte vom Auszubildenden und Ausbildenden getragen werden.

Da der Entgeltcharakter der Ausbildungsvergütung nicht im Vordergrund steht (vgl. Rn. 11), ist diese **nicht pfändbar**, sondern unpfändbares Erziehungsgeld im Sinne des § 850a Nr. 6 ZPO. Die Ausbildungsvergütung kann deshalb weder verpfändet (§ 1274 Abs. 2 BGB) noch abgetreten werden (§ 400 BGB). 10

Die Ausbildungsvergütung hat **drei Funktionen**: Sie soll den Auszubildenden oder den Eltern zur Durchführung der Berufsausbildung eine finanzielle Hilfe sein, die Heranbildung eines ausreichenden Nachwuchses an qualifizierten Fachkräften gewährleisten und schließlich eine Entlohnung darstellen.[6] 11

### 2. Rechtsanspruch auf eine angemessene Ausbildungsvergütung

#### a. Grundsätze

Die Auszubildenden haben kraft Gesetzes gemäß § 17 Abs. 1 BBiG einen Anspruch auf eine »angemessene« Ausbildungsvergütung. Die Ausbildungsvergütung muss mit fortschreitender Berufsausbildung, mindestens jährlich, ansteigen (§ 17 Abs. 1 Satz 2 BBiG). Die Pflicht zur Berücksichtigung auch des Lebensalters wurde durch das Berufsbildungsmodernisierungsgesetz zum 1.1.2020 gestrichen. In der Gesetzesbegründung heißt es hierzu: »Die mit der Dauer des Ausbildungsverhältnisses steigende Vergütung berücksichtigt bereits den mit wachsender beruflicher Qualifikation und Erfahrung steigenden Beitrag zur Wertschöpfung. Dem zeitgleich steigenden Lebensalter kommt daneben keine eigenständige Bedeutung zu.«[7] 12

Wichtigster Anhaltspunkt dafür, ob die Vergütung angemessen ist, sind die **einschlägigen Tarifverträge**, da anzunehmen ist, dass bei der tariflichen Regelung die Interessen beider Seiten hinreichend berücksichtigt werden.[8] Allerdings begründet § 17 Abs. 1 BBiG keine Rechtspflicht, die einschlägige tarifliche Ausbildungsvergütung zu vereinbaren.[9] Näher zur Frage, welcher Tarifvertrag einschlägig ist, Rn. 21. 13

---

6 Ständige Rechtsprechung; vgl. nur *BAG* 16.5.2017 – 9 AZR 377/16, Rn. 16, NZA 2017, 1129; *BAG* 29.4.2015 – 9 AZR 108/14, Rn. 15, NZA 2015, 1384; *BAG* 17.3.2015 – 9 AZR 732/13, Rn. 13; *BAG* 16.7.2013 – 9 AZR 784/11, Rn. 12, NZA 2013, 1202.

7 BT-Drs. 19/10815, S. 57.

8 *BAG* 16.5.2017 – 9 AZR 377/16, Rn. 17, NZA 2017, 1129; *BAG* 29.4.2015 – 9 AZR 108/14, Rn. 20, NZA 2015, 1384; *BAG* 17.3.2015 – 9 AZR 732/13, Rn. 14; *BAG* 16.7.2013 – 9 AZR 784/11, Rn. 13, NZA 2013, 1202.

9 *BAG* 29.4.2015 – 9 AZR 108/14, NZA 2015, 1384.

**14** Die Ausbildungsvergütung muss **während der gesamten Ausbildungsdauer angemessen** sein. Es kommt nicht auf den Zeitpunkt des Vertragsschlusses, sondern der Fälligkeit der Vergütung an. Die Vergütung steigt mit fortschreitender Berufsausbildung, mindestens jährlich (§ 17 Abs. 1 Satz 2 BBiG). Was angemessen ist, kann sich ändern. Bei Dauerschuldverhältnissen wie dem Berufsausbildungsverhältnis bezieht sich die Prüfung der Angemessenheit auf die jeweiligen Zeitabschnitte.[10]

**15** Wenn **Teile der Ausbildung im Ausland** durchgeführt werden (§ 2 Abs. 3 BBiG), bleibt der Vergütungsanspruch bestehen, weil das Berufsausbildungsverhältnis durch die Teilausbildung im Ausland nicht unterbrochen wird.[11] Der Vergütungsanspruch darf nicht einzelvertraglich ausgeschlossen oder gekürzt werden (§ 25 BBiG). Nicht gesetzlich geregelt ist die Frage, wer die Kosten des Auslandsaufenthalts (Unterbringungs- und Lebenshaltungskosten) zu tragen hat (vgl. § 2 Rn. 8). § 2 Abs. 3 BBiG bietet die Option, Auslandsaufenthalte als integralen Bestandteil der Berufsausbildung zu gestalten. Unabhängig davon ist es auch möglich, Auslandsaufenthalte Auszubildender im Rahmen von Beurlaubungen oder Freistellungen durchzuführen. In solchen Fällen ruhen die Rechte und Pflichten aus dem Berufsausbildungsverhältnis; ein Anspruch auf Ausbildungsvergütung besteht in solchen Fällen nicht.

### b. Tarifvertragliche Regelungen der Ausbildungsvergütung

**16** Weil der Anspruch auf eine angemessene Ausbildungsvergütung unabdingbar ist (§ 25 BBiG), gilt die Vorgabe der Angemessenheit nicht nur für einzelvertragliche Vereinbarungen, sondern auch für tarifvertragliche Regelungen. Nach der ständigen Rechtsprechung des *BAG* sind allerdings tarifliche Regelungen der Ausbildungsvergütung stets als angemessen anzusehen.[12] Das folgt aus der im Grundgesetz verankerten **Tarifautonomie** (Art. 9 Abs. 3 GG). Es wird davon ausgegangen, dass die von den Tarifvertragsparteien ausgehandelten Regelungen die Interessen beider Seiten angemessen berücksichtigen.

**17** **Tarifvertragliche Regelungen** der Ausbildungsvergütung finden **unmittelbar und zwingend** Anwendung bei beiderseitiger **Organisationszugehörig-**

---

[10] *BAG* 25.7.2002 – 6 AZR 311/00, AP BBiG § 10 Nr. 11; *BAG* 30.9.1998 – 5 AZR 690/97, AP BBiG § 10 Nr. 8.

[11] Teilweise wird die Auffassung vertreten, die Ausbildungsvergütung sei gemäß § 15 Satz 2 BBiG in Verbindung mit § 19 Abs. 1 Nr. 1 BBiG fortzuzahlen; vgl. *Hartwich*, NZA 2011, 1267f.; Schaub/*Vogelsang* § 173 Rn. 10.

[12] *BAG* 16.5.2017 – 9 AZR 377/16, Rn. 18, NZA 2017, 1129; *BAG* 22.1.2008 – 9 AZR 999/06, NZA-RR 2008, 565; *BAG* 15.12.2005 – 6 AZR 224/05, AP BBiG § 10 Nr. 15.

## Vergütungsanspruch und Mindestvergütung § 17

**keit** (§§ 2, 3, 4 TVG). Der Ausbildende muss Mitglied im Arbeitgeberverband und der Auszubildende Gewerkschaftsmitglied sein. Die alleinige Organisationszugehörigkeit des Auszubildenden reicht bei einem **Firmen- oder Haustarifvertrag**, das heißt einem Tarifvertrag, der nur für den entsprechenden Arbeitgeber/Ausbildenden gilt. Entsteht die Tarifbindung erst zeitlich nach Abschluss des Berufsausbildungsvertrages (was in der Praxis häufig der Fall sein wird, weil Auszubildende vor Eintritt in das Berufsleben keiner Gewerkschaft angehören), muss die tarifliche Vergütung (erst) ab dem Zeitpunkt des Organisationsbeitritts gezahlt werden. Der Ausbildende darf die Einstellung nicht davon abhängig machen, ob der Bewerber Gewerkschaftsmitglied ist oder nicht. Das folgt aus der Koalitionsfreiheit, die durch Art. 9 Abs. 3 GG geschützt wird.[13]

Ein Tarifvertrag gilt auch unmittelbar und zwingend, wenn er gemäß § 5 TVG für **allgemeinverbindlich** erklärt worden ist. Das ist bei Ausbildungsvergütungen der Ausnahmefall. Allgemeinverbindliche Tarifverträge über Ausbildungsvergütungen gibt es in einzelnen Bundesländern im Friseurhandwerk. Ein bundesweit geltender Tarifvertrag für Auszubildende im Bäckerhandwerk und das Konditorenhandwerk ist seit 1.9.2018 allgemeinverbindlich. Seit 1.9.2019 gilt danach im 1. Ausbildungsjahr eine Ausbildungsvergütung in Höhe von 615 Euro, im 2. Ausbildungsjahr in Höhe von 700 Euro, im 3. Ausbildungsjahr in Höhe von 820 Euro. **18**

Die unmittelbare und zwingende Wirkung der Tarifnormen hat zur Folge, dass die Tarifnormen wie Gesetze für das Ausbildungsverhältnis gelten. Das kann zur Folge haben, dass es aufgrund von Tarifänderungen zur Absenkung der Ausbildungsvergütung kommen kann. Eine **Verschlechterung der tariflichen Ausbildungssätze** ist wegen der Tarifautonomie zulässig. Löst ein Tarifvertrag einen anderen ab, gelten von diesem Zeitpunkt an die Regelungen des neuen (des jüngeren) Tarifvertrags. Im Verhältnis zweier gleichrangiger Normen gilt die Zeitkollisionsregel. Es kommt nicht darauf an, ob die jüngeren Regelungen für die Auszubildenden günstiger oder ungünstiger sind, es sei denn, es würde in unverhältnismäßiger Weise in geschützte Besitzstände der Auszubildenden eingegriffen. Das ist bei Vergütungsansprüchen für die Zukunft nicht anzunehmen.[14] Die tariflichen Ausbildungssätze stellen eine Mindestvergütung dar. Einzelvertraglich kann zugunsten der tarifgebundenen Auszubildenden von den tariflichen Sätzen abgewichen werden (**Günstigkeitsprinzip**, § 4 Abs. 3 TVG). Eine Abweichung von den tariflichen Sätzen nach unten zuungunsten der Auszubildenden ist bei Anwendung des Tarifvertrages aufgrund Tarifbindung in der Regel unzulässig. **19**

Bei fehlender Tarifbindung können **einzelvertraglich die tariflichen Regelungen ganz oder teilweise in Bezug genommen werden**, es kann auf diese **20**

---

13 Vgl. *BAG* 28.3.2000 – 1 ABR 16/99, NZA 2000, 1294.
14 Vgl. *BAG* 13.12.2000 – 5 AZR 336/99.

verwiesen werden. Das ist in der Praxis der häufigste Fall der Tarifanwendung. Die tariflichen Regelungen gelten (im Unterschied zur Tarifbindung nach dem TVG) dann nicht wie Gesetze unmittelbar und zwingend, sondern aufgrund einzelvertraglicher, also freiwilliger Bindung an die Tarifnormen. Die einzelvertragliche Regelung ist aber ebenfalls bindend für die Partner des Berufsausbildungsvertrags. Wie weit die einzelvertragliche Bindung an Tarifverträge reicht, ist bei unklaren Formulierungen im Vertrag eine Frage der Auslegung des Berufsausbildungsvertrags (§§ 133, 157 BGB). So können im Berufsausbildungsvertrag konkret bezifferte Vergütungssätze für das jeweilige Ausbildungsjahr mit dem Zusatz ergänzt werden, dass »mindestens die jeweils gültigen Tarifsätze« gelten sollen. Wird in einem solchen Fall nach Vertragsschluss die tarifliche Ausbildungsvergütung gesenkt, bleibt den Auszubildenden der vertraglich garantierte Anspruch auf die (höhere) Ausbildungsvergütung.[15]

### c. Einzelvertragliche Regelungen der Ausbildungsvergütung

21 Eine einzelvertragliche Regelung der Ausbildungsvergütung muss sich unmittelbar an § 17 Abs. 1 BBiG messen lassen. Die vertragliche Regelung ist nur wirksam, wenn vom Ausbildenden eine »angemessene Vergütung« gewährt wird. Wichtigster Anhaltspunkt für die Angemessenheit sind die **einschlägigen Tarifverträge**. Eine Ausbildungsvergütung, die sich der Höhe nach an einem entsprechenden einschlägigen Tarifvertrag ausrichtet, ist stets angemessen, weil anzunehmen ist, dass bei der tariflichen Regelung die Interessen beider Seiten hinreichend berücksichtigt werden.[16] Ein Tarifvertrag ist einschlägig, wenn beide Vertragsparteien (bei unterstellter Tarifbindung) unter seinen räumlichen, zeitlichen und fachlichen Geltungsbereich fallen.[17] Die einschlägige tarifliche Vergütung bestimmt sich *nicht* danach, für welchen Ausbildungsberuf die Ausbildung erfolgt. Entscheidend ist die fachliche Zuordnung des Ausbildungsbetriebs.[18]

22 Allerdings begründet § 17 Abs. 1 BBiG **keine Rechtspflicht**, die einschlägige tarifliche Ausbildungsvergütung einzelvertraglich zu vereinbaren. Es steht

---

15 Vgl. *BAG* 26.9.2002 – 6 AZR 434/00, NZA 2003, 435.
16 *BAG* 16.5.2017 – 9 AZR 377/16, Rn. 18, NZA 2017, 1129; *BAG* 16.7.2013 – 9 AZR 784/11, Rn. 13, NZA 2013, 1202; *BAG* 16.7.2013 – 9 AZR 784/11, Rn. 13, NZA 2013, 1202; *BAG* 22.1.2008 – 9 AZR 999/06, NZA-RR 2008, 565; *BAG* 15.12.2005 – 6 AZR 224/05, AP BBiG § 10 Nr. 15; *BAG* 8.5.2003 – 6 AZR 191/02, NZA 2003, 1343; *BAG* 24.10.2002 – 6 AZR 626/00, NZA 2003, 1203; *BAG* 25.7.2002 – 6 AZR 311/00, AP BBiG § 10 Nr. 11.
17 *BAG* 16.7.2013 – 9 AZR 784/11, Rn. 16, NZA 2013, 1202; *BAG* 24.10.2002 – 6 AZR 626/00, NZA 2003, 1203.
18 *BAG* 15.12.2005 – 6 AZR 224/05, AP BBiG § 10 Nr. 15; vgl. zur Abgrenzung von industrieller und handwerklicher Fertigung *BAG* 26.3.2013 – 3 AZR 89/11, juris.

## Vergütungsanspruch und Mindestvergütung § 17

den Vertragsparteien des Ausbildungsverhältnisses frei, eine niedrigere oder höhere Vergütung vertraglich zu regeln. Wenn die vereinbarte Ausbildungsvergütung allerdings die Vergütung in einem einschlägigen Tarifvertrag um mehr als 20 Prozent unterschreitet, ist sie nicht angemessen i. S. d. § 17 Abs. 1 BBiG.[19] Auch dann, wenn üblicherweise nur zwischen 80 Prozent und 100 Prozent der tariflichen Ausbildungsvergütung gezahlt werden, ist eine Ausbildungsvergütung, die die Grenze von 80 Prozent unterschreitet, nicht mehr angemessen.[20]

Bei **kirchlichen Unternehmen** oder solchen, die dem Diakonischen Werk oder dem Caritasverband angehören, gelten als Kontrollmaßstab die Ausbildungsvergütungen, die in den Allgemeinen Arbeitsvertragsrichtlinien (AVR) festgelegt sind, die für solche Arbeitgeber Anwendung finden.[21] 23

In **Sonderkonstellationen** gelten Abweichungen (vgl. Rn. 27 ff.). 24

Fehlt eine tarifliche Regelung, sind die **branchenüblichen Sätze** des betreffenden Wirtschaftszweigs zugrunde zu legen.[22] Es kann auch auf die **Empfehlungen der zuständigen Stellen (Kammern)** zurückgegriffen werden.[23] Diese sind zwar nicht verbindlich,[24] jedoch ein wichtiges Indiz für die Angemessenheit. Im Einzelfall kann die angemessene Vergütung auch darunter oder (vor allem bei Empfehlungen, die lange Zeit nicht geändert wurden) darüber liegen.[25] Liegt die Ausbildungsvergütung **um mehr als 20 Prozent** unter den Empfehlungen der zuständigen Kammer, so ist zu vermuten, dass diese nicht mehr angemessen im Sinne des § 17 Abs. 1 BBiG ist.[26] 25

**Zusammenfassend** gilt für die Angemessenheit der Ausbildungsvergütung: Als Vergleichsmaßstab ist auf einschlägige tarifliche Regelungen abzustellen; wenn solche fehlen, auf branchenübliche Sätze oder Empfehlungen der zuständigen Kammern. Eine vertragliche Regelung der Ausbildungsvergütung ist dann nicht mehr angemessen, wenn der jeweils einschlägige **Bezugswert** 26

---

19 *BAG* 16. 5. 2017 – 9 AZR 377/16, Rn. 18, NZA 2017, 1129; *BAG* 29. 4. 2015 – 9 AZR 108/14, Rn. 20, NZA 2015, 1384; *BAG* 16. 7. 2013 – 9 AZR 784/11, Rn. 14, NZA 2013, 1202; *BAG* 22. 1. 2008 – 9 AZR 999/06, NZA-RR 2008, 565; *BAG* 8. 5. 2003 – 6 AZR 191/02, NZA 2003, 1343; *BAG* 25. 7. 2002 – 6 AZR 311/00, AP BBiG § 10 Nr. 11.
20 *BAG* 16. 5. 2017 – 9 AZR 377/16, Rn. 23, NZA 2017, 1129; *BAG* 29. 4. 2015 – 9 AZR 108/14, Rn. 26, NZA 2015, 1384.
21 *BAG* 23. 8. 2011 – 3 AZR 575/09, NZA 2012, 211.
22 *BAG* 17. 3. 2015 – 9 AZR 732/13, Rn. 14; *BAG* 16. 7. 2013 – 9 AZR 784/11, Rn. 13, NZA 2013, 1202; *BAG* 25. 7. 2002 – 6 AZR 311/00, AP BBiG § 10 Nr. 11.
23 *BAG* 17. 3. 2015 – 9 AZR 732/13, Rn. 14; *BAG* 16. 7. 2013 – 9 AZR 784/11, Rn. 17, NZA 2013, 1202; *BAG* 15. 12. 2005 – 6 AZR 224/05, AP BBiG § 10 Nr. 15.
24 Vgl. *BVerwG* 26. 3. 1981 – 5 C 50/80, BVerwGE 62, 117 = NJW 1981, 2209.
25 Vgl. *BAG* 25. 7. 2002 – 6 AZR 311/00, AP BBiG § 10 Nr. 11; *BAG* 30. 9. 1998 – 5 AZR 690/97, NZA 1999, 265.
26 Vgl. *BAG* 16. 7. 2013 – 9 AZR 784/11, Rn. 18, NZA 2013, 1202; *BAG* 30. 9. 1998 – 5 AZR 690/97, NZA 1999, 265.

(Tarifvertrag oder branchenübliche Sätze) **um mehr als 20 Prozent unterschritten** wird. Abzustellen ist dabei auf den Zeitpunkt der Fälligkeit der Ausbildungsvergütung, nicht den Zeitpunkt des Vertragsabschlusses.[27]

**27** Von diesen allgemeinen Grundsätzen duldet die Rechtsprechung in **Sonderfällen** eine **weitergehende Abweichung**.[28] Wird die Ausbildung teilweise oder nahezu vollständig durch **öffentliche Gelder** oder Spenden zur Schaffung zusätzlicher Ausbildungsplätze finanziert, kann eine Ausbildungsvergütung auch bei deutlichem Unterschreiten dieser Grenze noch angemessen sein.[29] Für die Berechtigung, die tarifliche Ausbildungsvergütung erheblich zu unterschreiten, genügt die Gemeinnützigkeit des Ausbildungsträgers nicht. Entscheidend ist der mit der Ausbildung verfolgte Zweck.[30] Wird die Ausbildung zumindest teilweise durch öffentliche Gelder zur Schaffung zusätzlicher Ausbildungsplätze finanziert und ist sie für den Ausbildenden mit keinerlei finanziellen Vorteilen verbunden, rechtfertigen die Begrenztheit der öffentlichen Mittel und das vom Staat verfolgte gesamtgesellschaftliche Interesse, möglichst vielen arbeitslosen Jugendlichen die Möglichkeit einer qualifizierten Berufsausbildung zu verschaffen, auch ein deutliches Unterschreiten der tariflichen Ausbildungssätze.[31] Entscheidend für die Beurteilung der Angemessenheit ist dabei nicht die Förderung durch öffentliche Mittel als solche, sondern die Förderungsvoraussetzungen.[32]

**28** Auch eine durch **Spenden Dritter** finanzierte Ausbildungsvergütung, die mehr als 20 Prozent unter den tariflichen Sätzen liegt, ist nicht zwingend unangemessen. Eine Unterschreitung des Tarifniveaus um mehr als 20 Prozent kann gerechtfertigt sein, wenn der Ausbildende den Zweck verfolgt, die Jugendarbeitslosigkeit zu bekämpfen und auch Jugendlichen eine qualifizierte Ausbildung zu vermitteln, die sie ohne Förderung nicht erlangen könnten.[33] Allerdings rechtfertigt allein der Umstand, dass die Mitglieder eines als Verein organisierten Bildungsträgers zu 100 Prozent Zuschüsse leisten, um (zusätzliche) Ausbildungsplätze zu schaffen, es nicht, bei der Prüfung der Angemessenheit der Ausbildungsvergütung von einer Orientierung an den einschlägigen tariflichen Sätzen abzusehen. Der Abschluss eines Berufsausbildungsvertrags muss einen inneren Zusammenhang zu dem Vereinszweck

---

27 Vgl. *BAG* 25.7.2002 – 6 AZR 311/00, AP BBiG § 10 Nr. 11; *BAG* 30.9.1998 – 5 AZR 690/97, NZA 1999, 265.
28 Zusammenfassend *BAG* 16.5.2017 – 9 AZR 377/16, Rn. 19ff., NZA 2017, 1129; *BAG* 29.4.2015 – 9 AZR 108/14, Rn. 22, NZA 2015, 1384.
29 *BAG* 19.2.2008 – 9 AZR 1091/06, NZA 2008, 828.
30 *BAG* 16.5.2017 – 9 AZR 377/16, Rn. 19, NZA 2017, 1129; *BAG* 29.4.2015 – 9 AZR 108/14, Rn. 22, NZA 2015, 1384.
31 *BAG* 22.1.2008 – 9 AZR 999/06, NZA-RR 2008, 565.
32 *BAG* 16.5.2017 – 9 AZR 377/16, Rn. 20, NZA 2017, 1129; *BAG* 22.1.2008 – 9 AZR 999/06, NZA-RR 2008, 565.
33 *BAG* 19.2.2008 – 9 AZR 1091/06, NZA 2008, 828.

## Vergütungsanspruch und Mindestvergütung § 17

dergestalt aufweisen, dass dem konkreten Auszubildenden eine qualifizierte Ausbildung (und damit ein Zugang zum Erwerbsleben) ermöglicht wird, die ihm anderenfalls verschlossen geblieben wäre. Dazu muss der **Unterstützungs- und Förderungsbedarf gerade in der Person des Auszubildenden** begründet sein.[34] Nur so wird der Gefahr begegnet, dass Jugendliche dem freien Ausbildungsmarkt entzogen, zu weniger günstigen Bedingungen in außerbetriebliche Ausbildungen gedrängt werden und damit gegen die zwingenden gesetzlichen Vorgaben des § 17 BBiG verstoßen wird.[35]

Wenn ausnahmsweise eine Unterschreitung der üblichen Ausbildungsvergütung zulässig war, war nach der Rechtsprechung eine vom konkreten Ausbildungsbetrieb losgelöste Orientierung an den allgemeinen Lebenshaltungskosten vorzunehmen. Hierfür boten die **Förderungssätze nach dem BAföG** einen Anhaltspunkt. Davon ausgehend musste die Ausbildungsvergütung mindestens zwei Drittel des einschlägigen BAföG-Satzes betragen, so dass Ausbildungsvergütungen unterhalb dieser Grenze unzulässig waren.[36] Nach dem seit dem 1.1.2020 geltenden Recht besteht, wenn ein Unterschreiten der angemessenen Vergütung ausnahmsweise zulässig ist, mindestens ein Anspruch auf die **Mindestausbildungsvergütung**. Diese absolute Untergrenze darf nicht unterschritten werden; das gilt auch bei außerbetrieblichen Ausbildungsverhältnissen (vgl. Rn. 49f.). Falls zwei Drittel des einschlägigen BAföG-Satzes höher sind als die Mindestausbildungsvergütung, ist allerdings dieser höhere Betrag maßgeblich, weil in erster Linie auf die angemessene Ausbildungsvergütung nach § 17 Abs. 1 BBiG abzustellen ist. 29

In einem Ausbildungsverhältnis, das vollständig von der Bundesagentur für Arbeit finanziert wird und das zwischen einer überbetrieblichen Bildungseinrichtung und einem beruflichen **Rehabilitanden** nach dem SGB III vereinbart ist (öffentlich finanziertes, dreiseitiges Ausbildungsverhältnis), besteht nach der Rechtsprechung kein Anspruch auf die angemessene Vergütung (§ 17 Abs. 1 BBiG).[37] Allerdings haben diese Personen nach dem SGB III einen Anspruch auf eine öffentlich-rechtliche Förderleistung, die nach dem neuen Recht seit dem 1.1.2020 mindestens nach der **Mindestausbildungsvergütung** (§ 17 Abs. 2 BBiG) zu bemessen ist (vgl. Rn. 50). 30

---

34 Das ist vom Ausbildenden konkret vorzutragen, ansonsten hat der Auszubildende einen Anspruch auf die einschlägige ungekürzte tarifliche Ausbildungsvergütung; vgl. BAG 16.5.2017 – 9 AZR 377/16, Rn. 26ff., NZA 2017, 1129.
35 BAG 16.5.2017 – 9 AZR 377/16, Rn. 21, NZA 2017, 1129.
36 BAG 29.4.2015 – 9 AZR 108/14, Rn. 22, NZA 2015, 1384; BAG 17.3.2015 – 9 AZR 732/13, Rn. 20ff.; BAG 24.10.2002 – 6 AZR 626/00, NZA 2003, 1203.
37 Vgl. BAG 15.11.2000 – 5 AZR 296/99, NZA 2001, 1248; BAG 16.1.2002 – 6 AZR 325/01, AP BBiG § 10 Nr. 13.

#### d. Neuregelung durch das Berufsbildungsmodernisierungsgesetz

**31** § 17 Abs. 4 BBiG sichert **oberhalb der Mindestvergütung** den bestehenden Mechanismus aus der Rechtsprechung zur Bestimmung einer **angemessenen Vergütung** gesetzlich ab.[38] Danach ist die Angemessenheit der vereinbarten Vergütung auch dann, wenn sie die Mindestvergütung nach § 17 Abs. 2 BBiG nicht unterschreitet, in der Regel ausgeschlossen, wenn sie die Höhe der in einem Tarifvertrag geregelten Vergütung, in dessen Geltungsbereich das Ausbildungsverhältnis fällt, an den der Ausbildende aber nicht gebunden ist, um mehr als 20 Prozent unterschreitet. Voraussetzung für das Eingreifen der Regelung ist, dass ein Tarifvertrag eine Ausbildungsvergütung regelt und dieser Tarifvertrag für das in Rede stehende Ausbildungsverhältnis unmittelbar gelten würde, wenn der Ausbildende tarifgebunden wäre (also Mitglied des Arbeitgeberverbandes wäre oder selbst Partei des Tarifvertrages).[39] In einem solchen Fall ist eine vereinbarte Ausbildungsvergütung in der Regel nicht angemessen, wenn sie die in dem einschlägigen **Tarifvertrag geregelte Ausbildungsvergütung um mehr als 20 Prozent unterschreitet**. Das gilt für alle Ausbildungsjahre und auch für das Gebot, dass die Vergütung jährlich ansteigen muss (§ 17 Abs. 1 BBiG). Mit § 17 Abs. 4 BBiG wird die ständige Rechtsprechung des BAG kodifiziert, also in Gesetzesrecht überführt.[40] Die Formulierung »in der Regel« (in § 17 Abs. 4 BBiG) soll nach der Gesetzesbegründung »Spielraum für atypische Konstellationen« geben.[41] Durch das Erfordernis eines Tarifvertrages einerseits und durch den in der Rechtsprechung entwickelten möglichen Abschlag von 20 Prozent gegenüber der tarifvertraglichen Regelung andererseits werde (so die Gesetzesbegründung) ein angemessener und in der Rechtsprechungspraxis etablierter Ausgleich der betroffenen Verfassungsgüter gewählt.[42]

**32** Soweit kein einschlägiger Tarifvertrag besteht, können im Rahmen der Angemessenheitsprüfung oberhalb der Mindestvergütung wie bisher auch andere Kriterien, wie zum Beispiel die **branchenübliche Vergütung**, Maßstab der Angemessenheit sein.[43] Das Überschreiten der Mindestvergütung sei (so die Gesetzesbegründung) eine notwendige, aber nicht automatisch auch eine hinreichende Bedingung für eine angemessene Ausbildungsvergütung. Die einzelfallbezogene Betrachtung zur Prüfung der Angemessenheit ent-

---

38 So die Gesetzesbegründung BT-Drs. 19/10815, S. 58.
39 Gesetzesbegründung BT-Drs. 19/10815, S. 58.
40 Gesetzesbegründung BT-Drs. 19/10815, S. 58; in der Gesetzesbegründung wird verwiesen auf BAG 29.4.2015 – 9 AZR 108/14 und BAG 16.5.2017 – 9 AZR 377/16.
41 Gesetzesbegründung BT-Drs. 19/10815, S. 58.
42 BT-Drs. 19/10815, S. 58.
43 So die Gesetzesbegründung BT-Drs. 19/10815, S. 58 unter Hinweis auf BAG 29.4.2015 – 9 AZR 108/14.

ziehe sich einer über die getroffenen Haltelinien hinausgehenden gesetzlichen Fixierung. Diese Rechtsprechung solle daher »nicht gesetzgeberisch überholt werden«.[44]

Aus der Gesetzesformulierung und Gesetzesbegründung ergibt sich folgende **Schlussfolgerung**: Die oben dargestellte Rechtsprechung zur angemessenen Vergütung ist nach wie vor anzuwenden, und zwar in all ihren Varianten. Vergleichsmaßstab für die Angemessenheit der Vergütung ist ein einschlägiger Tarifvertrag. Wenn ein solcher fehlt, ist auf branchenübliche Sätze oder Empfehlungen der zuständigen Kammern abzustellen. Eine einzelvertragliche Regelung der Ausbildungsvergütung ist nicht mehr angemessen, wenn der einschlägige Bezugswert (Tarifvertrag oder branchenübliche Sätze) **um mehr als 20 Prozent unterschritten** wird. Das gilt »in der Regel« (§ 17 Abs. 4 BBiG), so dass die dargestellten Abweichungen nach unten in Sonderfällen nach wie vor gelten. Neu gibt es als **absolute Mindestgrenze** den Anspruch auf die Mindestvergütung (§ 17 Abs. 2 BBiG). Die Mindestvergütung darf lediglich in einer Fallkonstellation unterschritten werden, nämlich dann, wenn es einen Tarifvertrag nach § 17 Abs. 3 BBiG gibt, also einen Tarifvertrag, an den der Ausbildende normativ gebunden ist (also nicht nur aufgrund einzelvertraglicher Bindung; vgl. näher Rn. 58f.).

33

### e. Rechtsfolgen unangemessener Ausbildungsvergütung

Die Auszubildenden tragen die **Darlegungs- und Beweislast** dafür, dass die vereinbarte Ausbildungsvergütung unangemessen ist. Sie genügen der Darlegungslast in der Regel dadurch, dass sie sich auf die einschlägige tarifliche Vergütung oder, falls es eine solche nicht gibt, auf Empfehlungen von Kammern stützen und darlegen, dass die gezahlte Vergütung um mehr als 20 Prozent darunter liegt.[45] Der Ausbildende kann sich dann nicht auf den Vortrag beschränken, die von ihm gezahlte Vergütung sei angemessen. Er hat substantiiert zu begründen, weshalb im Einzelfall ein von den genannten Grundsätzen abweichender Maßstab gelten soll.[46]

34

Ist die vereinbarte Ausbildungsvergütung nicht angemessen im Sinne des § 17 Abs. 1 BBiG, ist die Vergütungsvereinbarung unwirksam (§ 25 BBiG). Der Ausbildungsvertrag bleibt davon im Übrigen unberührt, also wirksam. Anstelle der unwirksamen vertraglich vereinbarten Vergütung haben die

35

---

44 Gesetzesbegründung BT-Drs. 19/10815, S. 58.
45 BAG 16.5.2017 – 9 AZR 377/16, Rn. 23, NZA 2017, 1129; BAG 16.7.2013 – 9 AZR 784/11, Rn. 14, NZA 2013, 1202; BAG 19.2.2008 – 9 AZR 1091/06, NZA 2008, 828.
46 BAG 16.5.2017 – 9 AZR 377/16, Rn. 23, NZA 2017, 1129; BAG 29.4.2015 – 9 AZR 108/14, Rn. 26, NZA 2015, 1384; BAG 17.3.2015 – 9 AZR 732/13, Rn. 17; BAG 19.2.2008 – 9 AZR 1091/06, Rn. 35, NZA 2008, 828.

Auszubildenden Anspruch auf die angemessene, im Regelfall die tarifliche Ausbildungsvergütung.[47] Die Ausbildungsvergütung wird in einem solchen Fall auch nicht etwa auf 80 Prozent gekürzt. Eine **geltungserhaltende Reduktion** der vertraglichen Regelung bis zur Grenze dessen, was noch als angemessen anzusehen ist, **ist ausgeschlossen**. Dies würde zu einer Begünstigung der Ausbildenden führen, die dem Schutzzweck des § 17 Abs. 1 BBiG widerspräche.[48]

36 Der Anspruch auf eine angemessene Ausbildungsvergütung, der sich an den tariflichen Sätzen orientiert, schließt auch die Gewährung von **Sonderzahlungen** mit ein, wenn diese im einschlägigen Tarifvertrag geregelt sind.[49]

### 3. Vergütungserhöhungen

#### a. Jährliche Erhöhung

37 Die Ausbildungsvergütung ist so zu bemessen, dass sie mit fortschreitender Berufsausbildung, mindestens jährlich, ansteigt (§ 17 Abs. 1 Satz 2 BBiG). Die Norm begründet eine Pflicht, die Vergütung mit fortschreitender Berufsausbildung ansteigen zu lassen; auf das Lebensalter der Auszubildenden kommt es nicht an.[50] Das Erfordernis der jährlichen Erhöhung bezieht sich auf **Ausbildungsjahre**, nicht auf Kalenderjahre. Die Ausbildungsvergütung muss also im zweiten Ausbildungsjahr gegenüber dem ersten ansteigen und dann noch einmal im dritten Ausbildungsjahr. Falls es nach der Ausbildungsordnung ein viertes Ausbildungsjahr gibt, muss eine weitere Erhöhung im vierten Ausbildungsjahr erfolgen. Die **jährliche Steigerung** ist eine Mindestvorgabe. Zugunsten der Auszubildenden können auch kürzere Intervalle vorgesehen werden. Eine Abweichung zum Nachteil des Auszubildenden ist unzulässig. Ein vertraglicher Verzicht auf die jährliche Steigerung wäre unwirksam (§ 25 BBiG).

38 Bei der **Verlängerung der Ausbildungsdauer** im Einzelfall (vgl. § 8 Rn. 17) und nach Nichtbestehen der Abschlussprüfung (vgl. § 21 Rn. 24 ff.) besteht *kein* Anspruch auf eine höhere Ausbildungsvergütung. Die höhere Ausbildungsvergütung für ein weiteres Ausbildungsjahr (z. B. 4. Ausbildungsjahr)

---

47 BAG 16.7.2013 – 9 AZR 784/11, Rn. 19, NZA 2013, 1202; BAG 25.7.2002 – 6 AZR 311/00, AP BBiG § 10 Nr. 11.
48 *BAG* 16.7.2013 – 9 AZR 784/11, Rn. 20, NZA 2013, 1202; *BAG* 25.7.2002 – 6 AZR 311/00, AP BBiG § 10 Nr. 11.
49 *BAG* 16.5.2017 – 9 AZR 377/16, Rn. 36, NZA 2017, 1129; *BAG* 19.2.2008 – 9 AZR 1091/06, NZA 2008, 828.
50 *BAG* 29.4.2015 – 9 AZR 108/14, Rn. 25, NZA 2015, 1384. Das ist nunmehr auch im Gesetzestext dadurch klargestellt, dass das Kriterium »Lebensalter« fortgefallen ist.

## Vergütungsanspruch und Mindestvergütung  § 17

ist nur für die Ausbildungsberufe vorgesehen, die von vornherein länger als drei Jahre dauern.[51]

Es darf wegen einer **Verlängerung** der Ausbildungsdauer aber auch **keine Kürzung** der Ausbildungsvergütung vereinbart werden. Anderslautende einzelvertragliche Vereinbarungen wären unwirksam (§ 25 BBiG). In der Regel ist die Ausbildungsvergütung für das dritte Ausbildungsjahr auch im Falle der Verlängerung zu zahlen. Allein der Umstand, dass sich der Auszubildende in einem nach § 21 Abs. 3 BBiG verlängerten Ausbildungsverhältnis befindet, ist kein sachlicher Grund für eine unterschiedliche Behandlung gegenüber anderen Auszubildenden im dritten Ausbildungsjahr.[52]

39

### b.  Sonstige Erhöhungen

Unabhängig von der Pflicht zur jährlichen Erhöhung der Ausbildungsvergütung kann **einzelvertraglich eine Steigerung der Vergütung vereinbart werden**. Häufig ändert sich die Vergütung durch entsprechende **Tarifsteigerungen**. Findet ein entsprechender Tarifvertrag zwingend auf das Ausbildungsverhältnis Anwendung, haben die Auszubildenden im Fall der Erhöhung der tariflichen Ausbildungsvergütung einen Anspruch auf die Zahlung. Das gilt auch, wenn einzelvertraglich auf entsprechende Tarifverträge Bezug genommen wird. Ein Absenken der tariflichen Ausbildungsvergütung wirkt sich auch bei einzelvertraglicher Bezugnahme auf den Tarifvertrag zu Lasten der Auszubildenden aus. Was anderes gilt allerdings dann, wenn durch eine »Besitzstandsklausel« im Ausbildungsvertrag die Höhe der Vergütung vor einem Absenken gesichert ist oder feste Euro-Beträge vereinbart sind, die mindestens zu zahlen sind.

40

### aa.  Anrechnung beruflicher Vorbildung

Bei einer Anrechnung beruflicher Vorbildung auf die Ausbildungsdauer (§ 7 BBiG) befinden sich die Auszubildenden in einem späteren Ausbildungsabschnitt und haben deshalb Anspruch auf die Vergütung für diesen Ausbildungsabschnitt. Wird z. B. ein ganzes Jahr auf die Ausbildungsdauer angerechnet, haben die Auszubildenden bereits ab Beginn des Ausbildungsverhältnisses Anspruch auf die Vergütung für das zweite Ausbildungsjahr.[53]

41

---

51  Vgl. *BAG* 8.2.1978 – 4 AZR 552/76, AP BBiG § 10 Nr. 1.
52  *LAG Rheinland-Pfalz* 21.8.2009 – 9 Sa 297/09.
53  Vgl. *BAG* 22.9.1982 – 4 AZR 719/79, DB 1983, 51.

### bb. Verkürzung der Ausbildungsdauer im Einzelfall

**42** Bei einer Verkürzung der Ausbildungsdauer im Einzelfall durch die zuständige Stelle gemäß § 8 Abs. 1 BBiG ändert sich (anders als bei einer Anrechnung beruflicher Vorbildung) der Ausbildungsinhalt nicht. Die Verkürzung führt deshalb *nicht* zu einer Vorverlegung des Ausbildungsbeginns mit der Folge eines früheren Anspruchs auf eine für spätere Zeitabschnitte vorgesehene höhere Ausbildungsvergütung.[54]

## 4. Mindestausbildungsvergütung

### a. Grundsätze

**43** Mit dem durch das Berufsbildungsmodernisierungsgesetz zum 1.1.2020 neu eingefügten § 17 Abs. 2 BBiG wird eine Mindestvergütung für Auszubildende gesetzlich festgeschrieben. Die Mindestvergütung soll Auszubildende besser vor Vergütungen schützen, die als nicht mehr angemessen angesehen werden können. Die Mindestvergütung konkretisiert die Pflicht der Ausbildenden, eine angemessene Ausbildungsvergütung zu zahlen.[55]

**44** Die **Übergangsregelung** in § 106 Abs. 1 BBiG stellt klar, dass auf Berufsausbildungsverträge, die bis zum 31.12.2019 abgeschlossen wurden, § 17 BBiG in der bisherigen Fassung anzuwenden ist, das heißt, dass diese Auszubildenden *keinen* Anspruch auf die Mindestvergütung haben, und zwar auch dann nicht, wenn das Ende der Ausbildung erst im Jahre 2020 oder noch später ist. Das ist insofern konsequent, weil § 17 Abs. 2 BBiG für den Anspruch auf die Mindestvergütung jeweils auf den **Beginn der Ausbildung** im Jahr 2020 und in den Folgejahren abstellt. Unabhängig davon besteht der Anspruch auf Zahlung einer angemessenen Ausbildungsvergütung nach § 17 Abs. 1 BBiG, und zwar unabhängig davon, wann die Ausbildung begonnen wird.

**45** Die Höhe der Vergütung muss im Ausbildungsvertrag konkret bestimmt werden (§ 11 Abs. 1 Satz 2 Nr. 6 BBiG), das gilt auch für die Mindestvergütung. Die Vergütung ist **monatlich** zu zahlen, diese bemisst sich (wie es § 18 Abs. 1 Satz 1 BBiG formuliert) nach Monaten. Die Ausbildenden haben die Vergütung für den laufenden Monat spätestens am letzten Arbeitstag des Monats zu zahlen (§ 18 Abs. 2 BBiG).

**46** Der durch das Berufsbildungsmodernisierungsgesetz zum 1.1.2020 neu eingefügte § 18 Abs. 3 BBiG regelt die für die Verhängung eines Bußgeldes erforderliche **Handlungspflicht**: Gilt für Ausbildende nicht nach § 3 Abs. 1 TVG eine tarifvertragliche Vergütungsregelung, sind sie **verpflichtet**, den bei ihnen beschäftigten Auszubildenden spätestens am letzten Arbeitstag des

---

54 Vgl. *BAG* 8.12.1982 – 5 AZR 474/80, AP BBiG § 29 Nr. 1.
55 So die Gesetzesbegründung BT-Drs. 19/10815, S. 57.

## Vergütungsanspruch und Mindestvergütung § 17

Monats die **Mindestvergütung** (nach § 17 Abs. 2 BBiG) **zu zahlen** (§ 18 Abs. 3 Satz 1 BBiG). Bei einer Teilzeitberufsausbildung muss die Vergütungshöhe mindestens dem prozentualen Anteil an der Arbeitszeit entsprechen (§ 18 Abs. 3 Satz 2 BBiG).

Ordnungswidrig handelt, wer entgegen § 18 Abs. 3 BBiG die Mindestvergütung nicht, nicht richtig, nicht vollständig oder nicht rechtzeitig zahlt (§ 101 Abs. 1 Nr. 5 BBiG). Die Ordnungswidrigkeit kann mit einer **Geldbuße** bis zu fünftausend Euro geahndet werden (§ 101 Abs. 2 BBiG). Da die Pflicht zur Zahlung der Mindestvergütung jeden Monat neu entsteht, kann theoretisch für jeden Monat neu von der zuständigen Behörde eine Geldbuße verhängt werden. Unabhängig davon, ob gegen die Ausbildenden eine Geldbuße verhängt wird, haben die Auszubildenden den Anspruch auf Zahlung der Ausbildungsvergütung, mindestens in Höhe der Mindestvergütung. Dieser Anspruch der Auszubildenden verringert sich nicht für Monate, in denen gegen den illegal handelnden Ausbildenden eine Geldbuße verhängt wird.  47

Zusätzlich zur monatlichen Ausbildungsvergütung gewährte sonstige Geldleistungen dürfen *nicht* **auf die Mindestvergütung angerechnet werden.** Soweit in der Gesetzesbegründung ausgeführt wird, dass Jahressonderleistungen allenfalls dann auf die Mindestvergütung angerechnet werden könnten, »wenn sie vertraglich vereinbarte Gegenleistung für geleistete Arbeit sind, monatlich ausgezahlt werden und ohne Bedingung und unwiderruflich vereinbart sind (z. B. nicht umsatzabhängig)«[56], geht das fehl. Die Ausbildungsvergütung ist nämlich keine »Gegenleistung für geleistete Arbeit«. Gesetzliche Zuschläge für Nachtarbeit (§ 6 Abs. 5 ArbZG) dürfen nicht auf die Mindestvergütung angerechnet werden, weil diese Zuschläge einem anderen Zweck dienen (Ausgleich für ungünstige Arbeits-/Ausbildungszeiten).[57] Ob einzelvertraglich oder tarifvertraglich vereinbarte Zulagen oder Zuschläge auf die Mindestvergütung angerechnet werden können, ist abhängig von der individuellen vertraglichen Ausgestaltung. Zulagen sind grundsätzlich *nicht* auf die Mindestvergütung anzurechnen. Ausnahmsweise sind sie anzurechnen, wenn diese als fester Bestandteil der Vergütung von vorneherein und ohne Bedingung vertraglich vereinbart sind und monatlich gezahlt werden.[58]  48

---

[56] Gesetzesbegründung BT-Drs. 19/10815, S. 58.
[57] So im Ergebnis auch zutreffend die Gesetzesbegründung BT-Drs. 19/10815, S. 58.
[58] So die Gesetzesbegründung BT-Drs. 19/10815, S. 58.

### b. Geltung auch für die außerbetriebliche Ausbildung

**49** Die Mindestausbildungsvergütung gilt auch für außerbetriebliche Ausbildungen.[59] Im Zuge der Einführung der Mindestvergütung wurde im SGB III neu geregelt, dass die Agentur für Arbeit bei außerbetrieblicher Ausbildung dem Maßnahmeträger künftig den an den Auszubildenden gezahlten Betrag bis zur Höhe der Mindestausbildungsvergütung zu erstatten hat (§ 79 Abs. 2 SGB III).[60]

**50** Zudem wurde die Einführung der Mindestausbildungsvergütung auch für die Ausbildungsförderung von **Menschen mit Behinderungen** unter Berücksichtigung des bisherigen Leistungssystems und der Möglichkeit der Aufstockung der Bedarfssätze des Ausbildungsgeldes auf die Höhe der Netto-Mindestausbildungsvergütung nachvollzogen.[61] Menschen mit Behinderungen, die eine außerbetriebliche Ausbildung in einem Berufsbildungswerk oder in einer anderen speziell auf die Bedarfe von Menschen mit Behinderungen ausgerichtete Einrichtung absolvieren, erhalten keine Ausbildungsvergütung, sondern ein bedürftigkeitsabhängiges **Ausbildungsgeld** von der Bundesagentur für Arbeit (§§ 122 bis 126 SGB III). Dieses Leistungssystem wird auch nach Einführung der Mindestausbildungsvergütung beibehalten, allerdings wurde für das Ausbildungsgeld eine Bedarfsuntergrenze in Höhe der Netto-Mindestausbildungsvergütung (nach Abzug der Steuern und einer Sozialversicherungspauschale) eingeführt. Liegt die Netto-Mindestausbildungsvergütung über dem jeweiligen Bedarfssatz, wird der Bedarfssatz aufgestockt (die Einzelheiten ergeben sich aus § 123 SGB III).

### c. Stufenweise Einführung

**51** Die Mindestvergütung wird stufenweise eingeführt. Maßgeblich ist, in welchem Jahr die Berufsausbildung begonnen wird. Für das **erste Ausbildungsjahr** gelten als Mindestsatz

| | |
|---|---|
| im Jahr 2020 | 515 Euro, |
| im Jahr 2021 | 550 Euro, |
| im Jahr 2022 | 585 Euro, |
| im Jahr 2023 | 620 Euro. |

---

59 So ausdrücklich Beschlussempfehlung und Bericht des Ausschusses für Bildung, Forschung und Technikfolgenabschätzung, BT-Drs. 19/14431, S. 63.
60 Diese Gesetzesänderungen waren im Gesetzentwurf der Bundesregierung nicht vorgesehen und wurden erst vom zuständigen Bundestagsausschuss vorgeschlagen; zur Begründung vgl. BT-Drs. 19/14431, S. 63 f.
61 Auch diese Gesetzesänderungen waren im Gesetzentwurf der Bundesregierung nicht vorgesehen und wurden erst vom zuständigen Bundestagsausschuss vorgeschlagen; zur Begründung vgl. BT-Drs. 19/14431, S. 64.

## Vergütungsanspruch und Mindestvergütung § 17

### d. Jährliche Erhöhung

Nach § 17 Abs. 2 Satz 1 Nr. 2 bis 4 BBiG wird die Mindestvergütung ab dem zweiten Ausbildungsjahr und mit fortschreitender Berufsausbildung durch steigende Aufschläge ergänzt, »die dem Beitrag der Auszubildenden zur betrieblichen Wertschöpfung angemessen Rechnung tragen«.[62] Die Mindestvergütung beträgt im **zweiten Ausbildungsjahr** 18 Prozent über der Mindestvergütung für das erste Jahr, im **dritten Ausbildungsjahr** 35 Prozent über der Mindestvergütung für das erste Jahr und im **vierten Ausbildungsjahr** 40 Prozent über der Mindestvergütung für das erste Jahr. Basis für die Aufschläge je nach Ausbildungsjahr ist jeweils das Kalenderjahr, in dem die Ausbildung aufgenommen wird.

52

Daraus ergeben sich folgende Zahlenwerte:

53

- Beginnt die Ausbildung im Jahr **2020** mit dem ersten Ausbildungsjahr, beträgt die Mindestvergütung für das erste Jahr 515 Euro, für das zweite Jahr 608 Euro, für das dritte Jahr 695 Euro und für das vierte Jahr 721 Euro.
- Beginnt die Ausbildung im Jahr **2021** mit dem ersten Ausbildungsjahr, beträgt die Mindestvergütung für das erste Jahr 550 Euro, für das zweite Jahr 649 Euro, für das dritte Jahr 743 Euro und für das vierte Jahr 770 Euro.
- Beginnt die Ausbildung im Jahr **2022** mit dem ersten Ausbildungsjahr, beträgt die Mindestvergütung für das erste Jahr 585 Euro, für das zweite Jahr 690 Euro, für das dritte Jahr 790 Euro und für das vierte Jahr 819 Euro.
- Beginnt die Ausbildung im Jahr **2023** mit dem ersten Ausbildungsjahr, beträgt die Mindestvergütung für das erste Jahr 620 Euro, für das zweite Jahr 732 Euro, für das dritte Jahr 837 Euro und für das vierte Jahr 868 Euro.

**Beispiel bei Anrechnung beruflicher Vorbildung auf die Ausbildungsdauer:** Beginnt die Ausbildung im Jahr 2021, jedoch wegen einer Anrechnung nach § 7 Abs. 1 BBiG schon mit dem zweiten Ausbildungsjahr, bemisst sich die Mindestvergütung auf der Basis der Höhe der Mindestvergütung für das erste Ausbildungsjahr im Jahr 2021 zuzüglich des Aufschlages für das zweite Ausbildungsjahr (in Höhe von 18 Prozent), also 649 Euro.[63]

54

### e. Fortschreibung ab dem Jahr 2024

Die Höhe der Mindestvergütung wird (erstmals zum 1.1.2024) zum 1.1. eines jeden Jahres fortgeschrieben (§ 17 Abs. 2 Satz 2 BBiG). Die Fortschreibung entspricht dem rechnerischen Mittel der nach § 88 Abs. 1 Satz 1 Nr. 1 Buchstabe g) BBiG erhobenen Ausbildungsvergütungen im Vergleich der beiden dem Jahr der *Bekanntgabe* für die Anpassung zum nächsten 1. Januar vorausgegangenen Kalenderjahre (§ 17 Abs. 2 Satz 3 BBiG). Die Bekannt-

55

---

62 So die Gesetzesbegründung BT-Drs. 19/10815, S. 57.
63 So die Gesetzesbegründung BT-Drs. 19/10815, S. 57.

gabe der Anpassung erfolgt jeweils durch das Bundesministerium spätestens bis zum 1.11. des Vorjahres (§ 17 Abs. 2 Satz 5 BBiG). Daraus folgt: Für die Festsetzung der Mindestvergütung zum 1.1.2024, die spätestens zum 1.11.2023 bekannt zu machen ist, ist auf das rechnerische Mittel der erhobenen Ausbildungsvergütungen im Vergleich der Jahre 2021 und 2022 abzustellen.[64]

**56** Der sich ergebende Betrag ist bis unter 0,50 Euro abzurunden sowie von 0,50 Euro an aufzurunden (§ 17 Abs. 2 Satz 4 BBiG). Das Bundesministerium für Bildung und Forschung gibt jeweils spätestens bis zum 1.11. eines jeden Kalenderjahres die Höhe der Mindestvergütung, die für das folgende Kalenderjahr maßgebend ist, im **Bundesgesetzblatt** bekannt (§ 17 Abs. 2 Satz 5 BBiG).

**57** Auch bei der Festsetzung der Mindestvergütung für das erste Ausbildungsjahr ab dem Jahr 2024 ist als Basis der Aufschläge für die weiteren Ausbildungsjahre der jeweils fortgeschriebene und im Bundesgesetzblatt bekannt gegebene Betrag für das Kalenderjahr zugrunde zu legen, in dem die Ausbildung begonnen wird, wie sich aus § 17 Abs. 2 Satz 6 und 7 BBiG ergibt. Maßgeblich für die Höhe der Mindestvergütung für die Ausbildungsjahre ist also jeweils der Ausbildungsbeginn, zuzüglich der Zuschlag pro Ausbildungsjahr.

### f. Tariföffnungsklausel

**58** § 17 Abs. 3 Satz 1 BBiG bestimmt, dass auch eine für den Ausbildenden nach § 3 Abs. 1 TVG geltende tarifvertragliche Vergütungsregelung, durch die die in § 17 Abs. 2 BBiG festgelegten Mindestvergütungen unterschritten werden, angemessen ist. Damit erhalten die Tarifvertragsparteien die Möglichkeit, die tarifvertraglich vereinbarten Ausbildungsvergütungen nach Einführung der Mindestausbildungsvergütung nach und nach an diese heranzuführen.[65] Befindet sich ein Tarifvertrag in der Nachwirkung (§ 4 Abs. 5 TVG), gelten nach § 17 Abs. 3 Satz 2 BBiG dessen Vergütungsregelungen für bereits begründete Ausbildungsverhältnisse weiterhin als angemessen, bis sie durch einen neuen oder ablösenden Tarifvertrag ersetzt werden.[66]

**59** Das bedeutet, dass durch einen **Tarifvertrag**, der für den Ausbildenden nach § 3 Abs. 1 TVG gilt, die gesetzlich festgelegte Mindestausbildungsvergütung unterschritten werden darf. Ein Tarifvertrag findet nach § 3 Abs. 1 TVG an sich nur Anwendung, wenn *beide* Parteien des Ausbildungsvertrages an diesen normativ gebunden sind. Das wäre der Fall, wenn der Auszubildende Mitglied der Gewerkschaft ist, die den Tarifvertrag abgeschlossen hat, *und* der Ausbildende Mitglied des Arbeitgeberverbandes, der den Tarifvertrag

---

64 Vgl. die Gesetzesbegründung BT-Drs. 19/10815, S. 58.
65 Gesetzesbegründung BT-Drs. 19/10815, S. 58.
66 Gesetzesbegründung BT-Drs. 19/10815, S. 58.

## Vergütungsanspruch und Mindestvergütung § 17

abgeschlossen hat, oder selbst Partei des Tarifvertrages ist (Firmen- oder Haustarifvertrag). Da § 17 Abs. 3 Satz 1 BBiG ausdrücklich und allein darauf abstellt, dass der Ausbildende nach § 3 Abs. 1 TVG an den Tarifvertrag gebunden ist und die Tarifbindung der Auszubildenden nicht erwähnt wird, muss man das so verstehen, dass es nicht darauf ankommt, ob die Auszubildenden Mitglied der Gewerkschaft sind. Wenn allerdings der Ausbildungsvertrag *keine* Bezugnahmeklausel/Verweisungsklausel auf die einschlägigen Tarifverträge enthält, gilt der entsprechende Tarifvertrag nicht für das Ausbildungsverhältnis.

Das bedeutet: Die Tariföffnungsklausel greift nur, wenn der Ausbildende an den einschlägigen Tarifvertrag normativ, das heißt gemäß § 3 Abs. 1 TVG, gebunden ist (erste Voraussetzung). Hinzukommen muss (zweite Voraussetzung), dass der/die Auszubildende Mitglied der Gewerkschaft ist, die den einschlägigen Tarifvertrag vereinbart hat (dann wäre diese/r normativ tarifgebunden, § 3 Abs. 1 TVG) *oder* zumindest der Ausbildungsvertrag eine Klausel enthält, mit der auf den einschlägigen Tarifvertrag Bezug genommen wird. Der Ausbildende muss also zwingend normativ tarifgebunden sein, für die Auszubildenden genügt (wenn sie nicht Mitglied der Gewerkschaft sind) die vertragliche Bindung an den einschlägigen Tarifvertrag (aufgrund einzelvertraglicher Bezugnahme-/Verweisungsklausel). Das bedeutet umgekehrt: **Ist der Ausbildende nicht (gemäß § 3 Abs. 1 TVG) normativ tarifgebunden**, gilt in keinem Fall ein Tarifvertrag, der die Mindestausbildungsvergütung unterschreitet. In dem Fall gilt zwingend und unmittelbar die gesetzlich festgelegte Mindestausbildungsvergütung in der in § 17 Abs. 2 BBiG festgelegten Höhe.

### 5. Teilzeitberufsausbildung

Die bislang streitige Frage, ob im Falle der Teilzeitberufsausbildung (§ 7a BBiG) die **Ausbildungsvergütung anteilig gekürzt werden darf** (vgl. in der Vorauflage die Kommentierung bei § 8 Rn. 16), ist nunmehr durch den neuen § 17 Abs. 5 BBiG geregelt worden.   60

§ 17 Abs. 5 BBiG regelt nicht nur die zulässige Höhe der *Mindestvergütung* bei einer Teilzeitberufsausbildung. Zwar regelt § 17 Abs. 5 Satz 1 BBiG, dass bei einer Teilzeitberufsausbildung die Mindestausbildungsvergütung (§ 17 Abs. 2 BBiG) unterschritten werden kann. In § 17 Abs. 5 Satz 2 BBiG wird jedoch auch auf § 17 Abs. 4 (und § 17 Abs. 3) BBiG verwiesen. § 17 Abs. 4 BBiG bestimmt: Die Angemessenheit der vereinbarten Vergütung ist auch dann, wenn sie die Mindestvergütung nach § 17 Abs. 2 BBiG nicht unterschreitet, in der Regel ausgeschlossen, wenn sie die Höhe der in einem Tarifvertrag geregelten Vergütung, in dessen Geltungsbereich das Ausbildungsverhältnis fällt, an den der Ausbildende aber nicht gebunden ist, um mehr als 20 Prozent unterschreitet. Damit wird zum einen die ständige Rechtsprechung des BAG zur »Angemessenheit der Ausbildungsvergütung« gesetzlich festgeschrieben und zum anderen gerade auf die Angemessenheit der Vergütung Bezug genommen, die in § 17 Abs. 1 BBiG geregelt ist (während die Mindestausbildungsvergütung in § 17 Abs. 2 BBiG geregelt ist). Dementsprechend trifft § 17 Abs. 5 Satz 2 BBiG folgende Regelung: Die »Angemessenheit der Vergütung« ist ausgeschlossen, wenn die prozentuale Kürzung der Vergütung höher ist als die prozentuale Kürzung der täglichen oder der wöchentlichen Arbeitszeit. Daraus ist der Schluss zu ziehen, dass eine anteilige Kürzung der Mindestausbildungsvergütung zulässig ist, aber auch der Ausbildungsvergütung, die *oberhalb* der Mindestvergütung liegt. Die Ausbildungsvergütung bemisst sich damit entsprechend der prozentualen Kürzung der täglichen oder der wöchentlichen Ausbildungszeit. Da die Kürzung der täglichen oder der wöchentlichen Ausbildungszeit nach § 7a Abs. 1 Satz 3 BBiG auf 50 Prozent begrenzt ist, ist eine **maximale Kürzung der Vergütung um 50 Prozent** zulässig.

61 Zulässig ist eine **anteilige Kürzung der Ausbildungsvergütung** im Verhältnis der Verringerung der täglichen oder wöchentlichen Ausbildungszeit zur Vollzeitausbildung. Maßgeblich ist also die konkrete Teilzeitvereinbarung. Wird zum Beispiel die reguläre tägliche oder wöchentliche Ausbildungszeit um 30 Prozent gekürzt, darf auch die Ausbildungsvergütung um maximal 30 Prozent gekürzt werden. Die Regelung ist allerdings nur einseitig zwingend, das bedeutet: Vertraglich (oder in einem anwendbaren Tarifvertrag) kann auch vereinbart werden, dass die Ausbildungsvergütung wegen der Teilzeit gar nicht oder nur in einem geringeren Umfang gekürzt wird.

62 Da sich die Ausbildungsvergütung **nach Monaten** bemisst (§ 18 Abs. 1 BBiG), ist eine Kürzung der Ausbildungsvergütung nur in den Monaten zulässig, in denen die Berufsausbildung in Teilzeit durchgeführt wird. Da die Teilzeit nicht zwingend für die gesamte Ausbildungsdauer vereinbart werden muss, sondern auch (nur) für einen bestimmten Zeitraum (vgl. § 7a Abs. 1 Satz 2 BBiG), kommt eine Kürzung allenfalls für die Monate in Betracht, in denen die Berufsausbildung in Teilzeit durchgeführt wird, nicht auch anteilig in den anderen Monaten, für die keine Teilzeit vereinbart ist.

63 Da in § 17 Abs. 5 Satz 1 BBiG auch auf § 17 Abs. 3 BBiG verwiesen wird, ist zu beachten, dass durch einen **Tarifvertrag**, der nach § 3 Abs. 1 TVG für den Ausbildenden Anwendung findet, die gesetzlich festgelegte Mindestausbildungsvergütung unterschritten werden darf (vgl. Rn. 58). Ob es die Tariföffnungsklausel zulässt, bei der Teilzeitberufsausbildung von dem Gebot der lediglich anteiligen Kürzung der Ausbildungszeit zu Lasten der Auszubildenden abzuweichen (also eine weitergehende Kürzung zuzulassen), ist nicht ausdrücklich geregelt, aber aufgrund der gesetzlichen Wertung des § 17 Abs. 5 BBiG abzulehnen.

## Vergütungsanspruch und Mindestvergütung § 17

### 6. Sachleistungen als Vergütung

Die Ausbildungsvergütung besteht grundsätzlich in Geld. Sie kann aber auch teilweise als Sachleistung vereinbart werden (z.B. Gewährung von Mahlzeiten, Stellung einer Unterkunft), wie § 17 Abs. 6 BBiG klarstellt. Sachbezüge oder Sachleistungen sind alle Zuwendungen des Ausbildenden, die zwar eine geldwerte Leistung darstellen, aber nicht in Geld erbracht werden. Die gewährten Sachleistungen sind (weil sie an Stelle der Vergütung in Geld treten) auf die Ausbildungsvergütung anzurechnen. Voraussetzung für die Anrechnung ist, dass Ausbildende und Auszubildende eine entsprechende **Vereinbarung** getroffen haben. Die Anrechnungsbefugnis kann auch tarifvertraglich geregelt sein. Gegen den Willen der Auszubildenden und ohne einzel- oder tarifvertragliche Vereinbarung darf der Ausbildende nicht einseitig anrechnen. 64

Ist eine teilweise Vergütung in Sachleistungen wirksam vereinbart, sind die Sachleistungen in Höhe der nach § 17 Abs. 1 Satz 1 Nr. 4 SGB V festgesetzten Sachbezugswerte durch die Sachbezugsverordnung (die Werte werden jährlich angepasst) anzurechnen, jedoch nicht über 75 Prozent der Bruttovergütung hinaus. Die Anrechnungsbefugnis ist gemäß § 17 Abs. 6 BBiG auf 75 Prozent der Bruttovergütung begrenzt. Mindestens 25 Prozent der Ausbildungsvergütung müssen den Auszubildenden also in jedem Falle in Geld ausgezahlt werden. Selbst wenn die Sachbezüge diesen Wert überschreiten würden, ist eine abweichende Anrechnungsregelung zu Lasten der Auszubildenden unzulässig. Wird vertraglich eine höhere Anrechnung vereinbart, ist die Anrechnungsklausel wegen § 25 BBiG unwirksam, der Berufsausbildungsvertrag bleibt im Übrigen wirksam. 65

Eine geltungserhaltende Reduktion der unwirksamen Anrechnungsklausel kommt wegen des Schutzcharakters des § 17 BBiG zugunsten des Auszubildenden nicht in Betracht, es darf dann gar keine Anrechnung erfolgen. Sachbezüge sind heutzutage eher selten, kommen in der Praxis aber durchaus noch vor. Sie beeinträchtigen die Vertragsfreiheit der Auszubildenden insofern, als sie über ihre Vergütung nicht mehr in vollem Umfang frei verfügen können.[67] 66

Wird den Auszubildenden die Vereinbarung von Sachbezügen als Teil der Vergütung angeboten, können sie sich dem in der Praxis häufig nicht entziehen, wenn sie nicht riskieren wollen, dass es gar nicht zum Vertragsabschluss kommt. Deswegen wäre eine weitergehende Einschränkung der Möglichkeit der Vereinbarung von Sachbezügen rechtspolitisch sinnvoll. Im allgemeinen **Arbeitsrecht** ist in § 107 Abs. 2 Satz 1 GewO geregelt, dass die Arbeitsvertragsparteien Sachbezüge als Teil des Arbeitsentgelts nur vereinbaren können, wenn dies dem **Interesse des Arbeitnehmers** oder der **Eigenart des Ar-** 67

---

[67] Vgl. BVerfG 24.2.1992 – 1 BvR 980/88, NJW 1992, 2143.

beitsverhältnisses entspricht. In der Gesetzesbegründung zur Neuregelung der Gewerbeordnung wurde ausgeführt, dass § 107 GewO die Regelung in § 10 (jetzt § 17 BBiG) unberührt lasse.[68] Das führt zu einem **Wertungswiderspruch**. Der Ausbildende könnte mit den rechtlich besonders geschützten Auszubildenden ohne Einschränkung durch dessen Interesse oder die Eigenart des Ausbildungsverhältnisses (Ausbildungsbetriebes) Sachbezüge vereinbaren. Bei einem Arbeitnehmer (gar bei einem leitenden Angestellten) wäre eine solche Vereinbarung nur mit den genannten Einschränkungen zulässig.[69]

**68** Im Interesse der durch Art. 12 Abs. 1 GG gesicherten freien Wahl des Ausbildungsplatzes führt dies dazu, dass § 17 Abs. 6 BBiG einschränkend auszulegen ist und eine Vereinbarung von Sachbezügen im Ausbildungsverhältnis nur unter den zusätzlichen Voraussetzungen des § 107 Abs. 2 Satz 1 GewO zulässig ist.

### 7. Zusätzliche Ausbildungszeit (»Mehrarbeit«)

**69** Eine Beschäftigung, die über die vereinbarte regelmäßige tägliche Ausbildungszeit hinausgeht, ist besonders zu vergüten **oder** durch entsprechende Freizeit auszugleichen (§ 17 Abs. 7 BBiG). Die regelmäßige tägliche Ausbildungszeit ist im Ausbildungsvertrag zu vereinbaren (vgl. § 11 Rn. 15). Wird diese überschritten, so ist die Zeit, die darüber hinausgeht, als zusätzliche Ausbildungszeit anzusehen. Abzustellen ist nicht auf die wöchentliche, sondern auf die regelmäßige »tägliche« Ausbildungszeit. Die Höchstarbeitszeiten für Minderjährige nach dem JArbSchG und für Volljährige nach dem ArbZG (vgl. § 11 Rn. 15) dürfen nicht überschritten werden.

**70** Häufig wird bei Überschreitung der regelmäßigen täglichen Ausbildungszeit auch von »**Mehrarbeit**« gesprochen. Das ist insofern nicht richtig, weil es nicht um die Erbringung von (zusätzlicher) Arbeitsleistung, sondern um Tätigkeiten geht, die im Zusammenhang mit der Ausbildung stehen. Das folgt schon daraus, dass der Auszubildende nur verpflichtet ist, sich ausbilden zu lassen und nur Weisungen folgen muss, die ihm im Rahmen der Berufsausbildung erteilt werden (vgl. § 13 Rn. 6 ff.). Die Anordnung solcher zusätzlichen Ausbildungszeit hat die **Ausnahme** zu bleiben und ist nur zulässig, wenn sie unumgänglich ist, um an dem Tag einen bestimmten Teil der Ausbildung zu Ende zu führen. Normale Arbeiten, die nichts mit der Ausbildung zu tun haben, sind nicht erlaubt. Zudem muss zwingend ein Ausbilder anwesend sein.

**71** Die zusätzliche Ausbildungszeit ist nach der gesetzlichen Vorgabe besonders zu vergüten **oder** durch entsprechende Freizeit auszugleichen. Die beson-

---

68 Vgl. BT-Drs. 14/8796, S. 25.
69 Vgl. *Bauer/Opolony* BB 2002, S. 1590, 1593.

## Vergütungsanspruch und Mindestvergütung § 17

dere **Vergütung** meint, dass diese Ausbildungszeit zusätzlich zu der monatlichen Ausbildungsvergütung zu bezahlen ist. Es ist also die monatliche Ausbildungsvergütung in einen Stundensatz umzurechnen (Bruttomonatsvergütung./. regelmäßige monatliche Ausbildungsstunden) und dieser mit der Zahl der zusätzlich erbrachten Ausbildungsstunden zu multiplizieren und der sich hieraus ergebende Betrag brutto an den Auszubildenden zu zahlen. Die Zahlung hat mit der »normalen« Ausbildungsvergütung spätestens am letzten Arbeitstag des Monats zu erfolgen, in dem die zusätzliche Ausbildungszeit erbracht worden ist. Eine Zuschlagpflicht ist im BBiG nicht geregelt, kann aber einzelvertraglich vereinbart sein oder sich aus einem anwendbaren Tarifvertrag ergeben.

Anstelle der besonderen Vergütung kann der Ausgleich auch durch entsprechende **Freizeitgewährung** erfolgen. Da das Gesetz hier keine weiteren Einschränkungen regelt, hat der Ausbildende ein Wahlrecht, ob er den Ausgleich durch Geldzahlung oder Freizeitgewährung vornimmt. Wegen der Fälligkeit der Vergütung im laufenden Kalendermonat (vgl. § 18 Rn. 5) muss diese Frist auch für die Freizeitgewährung gelten. Das heißt, dass der Freizeitausgleich in dem Monat erfolgen muss, in dem auch die zusätzliche Ausbildungszeit erbracht worden ist. Ist das ausnahmsweise nicht möglich, weil die zusätzliche Ausbildungszeit erst am letzten Arbeitstag erbracht worden ist, muss der Freizeitausgleich im folgenden Kalendermonat gewährt werden. 72

§ 17 Abs. 7 BBiG schafft keine Rechtsgrundlage dafür, dass die Auszubildenden »Mehrarbeit« leisten müssen, sondern regelt nur die Rechtsfolgen. Die Auszubildenden sind im Normalfall nicht verpflichtet, »Mehrarbeit« zu leisten, die über die Ausbildungszeit hinausgeht. Deshalb kann die Verweigerung von Mehrarbeit/Überstunden auch keine Kündigung rechtfertigen (vgl. § 22 Rn. 46). 73

Arbeiten, die den Auszubildenden übertragen werden und die in keinem Sachzusammenhang mit der Ausbildung stehen, sondern einen zusätzlichen Beschäftigungsbedarf im Betrieb abdecken, werden (weil keine Ausbildungszeit) nicht von § 17 Abs. 7 BBiG erfasst. Wenn die Auszubildenden solche Arbeiten erbringen (wozu sie nicht verpflichtet sind), sind sie als normale Arbeitsleistung so zu vergüten, wie üblicherweise solche Arbeiten vergütet werden (§ 612 Abs. 2 BGB), die Vergütung wird also die Ausbildungsvergütung erheblich überschreiten. 74

### 8. Zuschläge/Sonderzahlungen/Gratifikationen

§ 17 BBiG spricht von der »Vergütung« und meint damit die monatliche Vergütung. § 18 Abs. 1 Satz 1 BBiG regelt ausdrücklich, dass sich die Vergütung nach Monaten bemisst. Diese monatliche Vergütung ist unabdingbar im Sinne des § 25 BBiG, das heißt, diese ist in jedem Fall zu gewähren. Zu- 75

## § 17 Vergütungsanspruch und Mindestvergütung

sätzlich zu dieser monatlichen Vergütung können sich weitere Vergütungsbestandteile aus einem anwendbaren Tarifvertrag oder aus dem Ausbildungsvertrag ergeben.

### a. Nachtarbeitszuschläge

76 Ein gesetzlicher Anspruch auf die **Zahlung von Zuschlägen für Nachtarbeit** ergibt sich, soweit keine tarifvertragliche Regelung besteht, aus § 6 Abs. 5 ArbZG. Allerdings sind die gesetzlichen Definitionen zur Nachtarbeit in § 2 ArbZG zu beachten. Auszubildende fallen ausdrücklich auch unter den Anwendungsbereich des ArbZG (§ 2 Abs. 2 ArbZG).[70] Fehlt es an einer tarifvertraglichen Ausgleichsregelung (weil für das Ausbildungsverhältnis kein Tarifvertrag Anwendung findet oder der anwendbare Tarifvertrag keine Ausgleichsregelung enthält) haben die Ausbildenden für die Stunden, die während der Nachtzeit geleistet werden, auf das Bruttoarbeitsentgelt (hier: auf die Ausbildungsvergütung, umgerechnet in einen Stundensatz) eine angemessene Zahl bezahlter freier Tage *oder* einen angemessenen Zuschlag (in Geld) zu gewähren (§ 6 Abs. 5 ArbZG). Der Ausbildende hat ein Wahlrecht, ob er diesen Ausgleichsanspruch durch Zahlung von Geld, durch bezahlte Freistellung oder durch eine Kombination von beidem erfüllt.

77 Erfolgt kein Ausgleich durch bezahlte freie Tage, kann die Zahlung des Zuschlags in unterschiedlicher Art und Weise erfolgen. In erster Linie kommt die Zahlung eines prozentualen Zuschlags zusätzlich zur Ausbildungsvergütung in Frage. In der Regel ist ein Zuschlag von 25 Prozent angemessen.[71] Allerdings kann je nach Einzelfall oder Situation in der Branche auch ein geringerer Prozentsatz noch »angemessen« sein, etwa nur 10 Prozent oder 12 Prozent.[72] Für das Sicherheitsgewerbe wurde für Auszubildende ausdrücklich nur ein Zuschlag von 10 Prozent als angemessen angesehen.[73] Rein wirtschaftliche Erwägungen sind nicht geeignet, eine Abweichung nach unten zu begründen.[74] Ein höherer Prozentsatz (30 Prozent) kann gerechtfertigt sein, wenn Arbeitnehmer nicht in Wechselschicht, sondern in Dauernachtarbeit eingesetzt werden oder der Nachtarbeitszuschlag die Arbeitnehmer gerade dafür entschädigen soll, dass sie wegen der Nachtarbeit nur er-

---

70 Vgl. *LAG Schleswig-Holstein* 7.11.2013 – 4 Sa 254/13.
71 Vgl. für Arbeitsverhältnisse *BAG* 9.12.2015 – 10 AZR 423/14, NZA 2016, 426; *BAG* 11.2.2009 – 5 AZR 148/08, Rn. 19, AP ArbZG § 6 Nr. 9; *BAG* 1.2.2006 – 5 AZR 422/04, Rn. 21, NZA 2006, 494; *BAG* 27.5.2003 – 9 AZR 180/02, AP ArbZG § 6 Nr. 5.
72 Vgl. für Arbeitsverhältnisse *BAG* 31.8.2005 – 5 AZR 545/04, NZA 2006, 324; *BAG* 11.2.2009 – 5 AZR 148/08, AP ArbZG § 6 Nr. 9.
73 *LAG Schleswig-Holstein* 7.11.2013 – 4 Sa 254/13.
74 *BAG* 9.12.2015 – 10 AZR 423/14, Rn. 29, NZA 2016, 426.

**Vergütungsanspruch und Mindestvergütung** § 17

schwert am sozialen Leben teilhaben können.[75] Dass Auszubildende in Dauernachtarbeit eingesetzt werden, dürfte praktisch nicht vorkommen.

### b. Sonderzahlungen/Gratifikationen

In einem anwendbaren Tarifvertrag oder im Ausbildungsvertrag kann die **78** Zahlung eines Urlaubsgeldes, Weihnachtsgeldes oder sonstiger **Sonderzahlungen** (üblich ist auch der Begriff der **Gratifikationen**) vereinbart sein. Bei einem Tarifvertrag, der Sonderzahlungen regelt, ist zu prüfen, ob dieser auch für Auszubildende Anwendung findet. Das ist häufig nicht der Fall. Gilt etwa ein Tarifvertrag für »Arbeitnehmer«, findet dieser in der Regel für Auszubildende *keine* Anwendung, es sei denn, dass sich aus anderen Regelungen des Tarifvertrages oder aus dem Gesamtzusammenhang Anhaltspunkte dafür ergeben, dass Auszubildende mitgemeint sind.[76]

Der Anspruch auf eine angemessene Ausbildungsvergütung (§ 17 Abs. 1 **79** BBiG), der sich an den tariflichen Sätzen orientiert, schließt auch die Gewährung von Sonderzahlungen mit ein, wenn diese im einschlägigen Tarifvertrag geregelt sind.[77] Solche Zahlungen können auch **einzelvertraglich vereinbart** werden (auch mündlich oder konkludent, das heißt durch schlüssiges Handeln). Eine gesetzliche Pflicht, Sonderzahlungen zu vereinbaren, besteht nicht. Werden sie allerdings vereinbart, besteht eine bindende vertragliche Vereinbarung, die gegen den Willen der Auszubildenden nicht geändert werden kann. Unter Umständen kann auch durch die mehrmalige Zahlung ein vertraglicher Zahlungsanspruch für die Zukunft entstehen (betriebliche Übung).

### aa. Gesamtzusage

Denkbar ist eine vertragliche Vereinbarung auch durch eine Gesamtzusage. **80** Eine Gesamtzusage ist die an alle Arbeitnehmer in allgemeiner Form gerichtete Erklärung des Arbeitgebers, zusätzliche Leistungen zu erbringen. Wenn sich aus der Erklärung nicht ausdrücklich etwas anderes ergibt, werden damit in der Regel auch Auszubildende erfasst. Die Arbeitnehmer und Auszubildenden erwerben einen einzelvertraglichen Anspruch auf diese Leistungen, wenn sie die vom Arbeitgeber/Ausbildenden genannten Anspruchsvo-

---

[75] *BAG* 9.12.2015 – 10 AZR 423/14, NZA 2016, 426.
[76] Vgl. *BAG* 18.5.2011 – 10 AZR 360/10: Vom Kläger wurde erfolglos die Zahlung einer tariflichen Jahressonderzahlung geltend gemacht, die in einem Manteltarifvertrag geregelt war und dessen Anwendungsbereich sich auf »Arbeitnehmer« bezog.
[77] *BAG* 16.5.2017 – 9 AZR 377/16, Rn. 36, NZA 2017, 1129; *BAG* 19.2.2008 – 9 AZR 1091/06, NZA 2008, 828.

raussetzungen erfüllen.[78] Im Ergebnis bewirkt eine Gesamtzusage dieselbe vertragliche Bindung wie auch ein schriftlicher Ausbildungs- oder Arbeitsvertrag.

### bb. Betriebliche Übung

81  Im Unterschied zur Gesamtzusage sind bei der betrieblichen Übung die Vertragsbedingungen nicht schriftlich fixiert, sondern ergeben sich aus schlüssigem Handeln. Eine betriebliche Übung ist die regelmäßige Wiederholung bestimmter Verhaltensweisen des Arbeitgebers/Ausbildenden, aus denen die Arbeitnehmer und Auszubildenden schließen können, ihnen solle eine Leistung oder eine Vergünstigung auf Dauer gewährt werden. Aus dem Verhalten des Arbeitgebers, das als Willenserklärung zu werten ist, die von dem Arbeitnehmer/Auszubildenden stillschweigend (§ 151 BGB) angenommen wird, erwachsen vertragliche Ansprüche auf die üblich gewordene Leistung oder Vergünstigung. Unerheblich ist, ob der Arbeitgeber mit einem entsprechenden Verpflichtungswillen gehandelt hat. Die Bindungswirkung tritt ein, wenn die Arbeitnehmer/Auszubildenden aufgrund des Verhaltens des Arbeitgebers darauf vertrauen dürfen, die Leistung solle auch für die Zukunft gewährt werden. Will der Arbeitgeber/Ausbildende verhindern, dass die Arbeitnehmer/Auszubildenden den Schluss auf einen dauerhaften Bindungswillen ziehen, muss ein entsprechender Vorbehalt konkret zum Ausdruck gebracht werden. Da die Vertragsbedingungen, die der betrieblichen Übung zugrunde liegen, vom Arbeitgeber einseitig gesetzt werden und es auf die formale Bezeichnung als »Allgemeine Geschäftsbedingungen (AGB)« nicht ankommt, findet auch auf solche durch betriebliche Übung gesetzte Arbeitsbedingungen die AGB-Kontrolle Anwendung.[79]

82  Ein Anspruch aus einer betrieblichen Übung entsteht in der Regel nur, wenn eine Sonderzahlung drei Jahre hintereinander oder jedenfalls dreimal hintereinander entsprechend dem leistungsbezogenen Anlass (zum Beispiel ein Weihnachtsgeld jeweils im November oder Dezember eines jeden Kalenderjahres) gewährt wird. Aufgrund der zeitlichen Begrenzung des Berufsausbildungsverhältnisses kann bei Ausbildungsverhältnissen eine betriebliche Übung häufig nicht entstehen. Wegen der rechtlichen Unterscheidung zwischen Ausbildungs- und Arbeitsverhältnis kann aus der Handhabung bei Arbeitsverhältnissen nicht zwingend eine entsprechende Verpflichtung in Bezug auf die Ausbildungsverhältnisse angenommen werden. Für den Anspruch aus betrieblicher Übung ist es allerdings unerheblich, ob der betreffende Auszubildende selbst bisher schon in die Übung einbezogen war. Sie

---

78 *BAG* 20.8.2014 – 10 AZR 453/13, NZA 2014, 1333; *BAG* 10.12.2002 – 3 AZR 92/02, NZA 2004, 271.
79 *BAG* 5.8.2009 – 10 AZR 483/08, NZA 2009, 1105.

## Vergütungsanspruch und Mindestvergütung § 17

richtet sich an alle Beschäftigten eines Betriebs oder zumindest kollektiv abgrenzbare Gruppen. Das Vertragsangebot des Arbeitgebers ist so zu verstehen, dass er – vorbehaltlich besonderer Vereinbarungen – alle Arbeitnehmer zu den im Betrieb üblichen Bedingungen beschäftigen will.[80] Ob eine so begründete betriebliche Übung zugunsten von Arbeitnehmern allerdings auch für die Auszubildenden gilt, ist im Einzelfall zu klären.

Ist ein Anspruch auf die Gewährung einer Leistung durch betriebliche Übung entstanden (etwa durch jahrelange vorbehaltlose Zahlung eines »Weihnachtsgeldes«), kann diese nicht durch eine sog. »**gegenläufige betriebliche Übung**« (durch jahrelange Nichtzahlung) beseitigt werden. Dem steht § 308 Nr. 5 BGB entgegen. Der einmal entstandene Anspruch bleibt bestehen, es sei denn, es wird ausdrücklich etwas anderes vertraglich vereinbart.[81] 83

### cc. Schriftformklauseln

Um mündliche abweichende Vereinbarungen zu verhindern, werden vielfach in Arbeits- oder Ausbildungsverträgen Schriftformklauseln vereinbart, nach denen Änderungen oder Ergänzungen des Vertrags der Schriftform bedürfen. Zum Beispiel: *»Änderungen oder Ergänzung dieses Vertrags sind nur wirksam, wenn sie schriftlich erfolgen.«* Häufig gibt es auch **qualifizierte oder doppelte Schriftformklauseln**, durch die auch die Aufhebung der Schriftform wiederum an die Schriftform gebunden werden soll. Zum Beispiel: *»Die Aufhebung, Änderung und Ergänzung dieses Vertrags bedürfen der Schriftform. Mündliche Vereinbarungen, auch die mündliche Vereinbarung über die Aufhebung der Schriftform, sind nichtig.«* 84

Solche vorformulierten Schriftformklauseln können jedoch (wie sich aus § 305b BGB ergibt)[82] gerade nicht verhindern, dass durch eine spätere individuelle Vereinbarung die Schriftformklausel aufgehoben wird. Die Individualvereinbarung – gleichgültig ob mündlich, schriftlich oder durch schlüssiges Handeln (konkludent) – hat Vorrang vor der vorformulierten Vertragsklausel. Die Vertragsparteien können nämlich einen vereinbarten Formzwang jederzeit wieder aufheben, und zwar auch ohne Beachtung einer Schriftform. Eine (stillschweigende) Aufhebung ist anzunehmen, wenn die Vertragsparteien übereinstimmend gewollt haben, dass die mündliche Vereinbarung maßgeblich sein soll. Dies gilt auch dann, wenn sie an den Formzwang nicht gedacht haben. 85

---

80 *BAG* 27.2.2019 – 5 AZR 354/18, Rn. 16, NZA 2019, 989; *BAG* 19.9.2018 – 5 AZR 439/17, Rn. 16, NZA 2019, 106.
81 *BAG* 18.3.2009 – 10 AZR 281/08, NZA 2009, 601.
82 § 305b BGB: *Individuelle Vertragsabreden haben Vorrang vor Allgemeinen Geschäftsbedingungen.*

**§ 17**  **Vergütungsanspruch und Mindestvergütung**

86 Die auf den Vorrang der Individualabrede gemäß § 305b BGB zielende Argumentation ist dahingehend zu ergänzen, dass einfache wie auch qualifizierte **Schriftformklauseln** schon gemäß § 307 Abs. 1 Satz 1 BGB **unwirksam** sind.[83] Sie benachteiligen den Vertragspartner des Verwenders (hier den Auszubildenden) nämlich insofern unangemessen, weil sie geeignet sind, ihn davon abzuhalten, sich auf die Wirksamkeit von mündlichen Vereinbarungen zu berufen, obwohl diese gemäß § 305b BGB den vorformulierten Vertragsbedingungen (Allgemeinen Geschäftsbedingungen) vorgehen.[84]

87 Der Vorrang der Vertragsänderung durch eine konkludente Vereinbarung gilt auch in Bezug auf eine Anspruchsentstehung durch **betriebliche Übung**. Das *BAG* hat in einer älteren Entscheidung vor Ausweitung der AGB-Kontrolle auf Arbeitsverträge gemeint, dass durch eine qualifizierte oder doppelte Schriftformklausel die Vertragsparteien deutlich machten, dass sie auf die Wirksamkeit ihrer Schriftformklausel besonderen Wert legten.[85] Nun hat aber das BAG erkannt, dass eine solche Schriftformklausel zu weit gefasst und daher gemäß § 307 Abs. 1 Satz 1 BGB unwirksam ist. Sie erweckt beim Arbeitnehmer/Auszubildenden entgegen der Schutzvorschrift des § 305b BGB den Eindruck, auch eine mündliche individuelle Vertragsabrede sei wegen Nichteinhaltung der Schriftform unwirksam.[86] Das bedeutet im Ergebnis, dass vorformulierte **Schriftformklauseln** (seien es einfache oder qualifizierte Klauseln) **unwirksam** sind und eine Anspruchsentstehung durch spätere (auch mündliche) Vertragsänderungen, auch durch betriebliche Übung, nicht verhindern können.

### dd. Freiwilligkeitsvorbehalt

88 Häufig wird im Zusammenhang mit Sonderzahlungen/Gratifikationen im Ausbildungsvertrag ein »**Freiwilligkeitsvorbehalt**« vereinbart. Mit einer solchen Freiwilligkeitsklausel will sich der Arbeitgeber/Ausbildende vorbehalten, nach freiem Ermessen zu entscheiden, die Zahlung einer Leistung, die er einmalig oder mehrmals erbracht hat (zum Beispiel eine Gratifikation zu Weihnachten), jederzeit einzustellen, ohne ausdrücklich einen Widerruf erklären zu müssen. Der Arbeitgeber will damit jede Vertragsbindung für die Zukunft verhindern. Vertragsrechtlich ist erforderlich, dass sich aus der Vertragsvereinbarung mit hinreichender Deutlichkeit ergibt, dass eine **Leistung ohne Anerkennung einer Rechtspflicht** gewährt werden soll.

---

83 § 307 Abs. 1 Satz 1 BGB: *Bestimmungen in Allgemeinen Geschäftsbedingungen sind unwirksam, wenn sie den Vertragspartner des Verwenders entgegen den Geboten von Treu und Glauben unangemessen benachteiligen.*
84 *BAG* 20.5.2008 – 9 AZR 382/07, NZA 2008, 1233.
85 *BAG* 24.6.2003 – 9 AZR 302/02, NZA 2003, 1145.
86 *BAG* 20.5.2008 – 9 AZR 382/07, NZA 2008, 1233.

## Vergütungsanspruch und Mindestvergütung § 17

Wichtig ist in diesem Zusammenhang vor allem auch die Beachtung des **89** Transparenzgebots (§ 307 Abs. 1 Satz 2 BGB).[87] Aus der Bezeichnung bestimmter Leistungen als »freiwillige soziale Leistungen« folgt allein kein Freiwilligkeitsvorbehalt. Diese Bezeichnung bringt nicht hinreichend deutlich zum Ausdruck, dass keine Rechtspflicht begründet werden soll.[88] Sie kann auch so verstanden werden, dass sich der Arbeitgeber/Ausbildende »freiwillig« zur Erbringung dieser Leistungen verpflichtet, ohne dazu durch Tarifvertrag, Betriebsvereinbarung oder Gesetz gezwungen zu sein. Will ein Arbeitgeber/Ausbildende jede vertragliche Bindung verhindern und sich die volle Entscheidungsfreiheit vorbehalten, so muss er das in seiner Erklärung unmissverständlich deutlich machen.[89] Zum Beispiel: *»Die Zahlung von Gratifikationen und sonstigen zusätzlichen Leistungen erfolgt freiwillig ohne Anerkennung einer Rechtspflicht. Auch bei wiederholter Zahlung entsteht kein Rechtsanspruch für die Zukunft.«*

Erforderlich ist, dass im Ausbildungsvertrag unmissverständlich geregelt **90** wird, dass es sich etwa bei einer Sonderzuwendung um eine Leistung handelt, die ohne Anerkennung einer Rechtspflicht gezahlt wird.[90] Eine Vertragsklausel, nach der die Zahlung einer Gratifikation unter »Vorbehalt« (ohne nähere Präzisierung) erfolgt, ist zu unbestimmt; das ist kein wirksamer Freiwilligkeits- oder Widerrufsvorbehalt. Unwirksam, weil intransparent, sind Vertragsklauseln, die Freiwilligkeits- und Widerrufsvorbehalte kombinieren (»Die Zahlung erfolgt freiwillig und ist stets widerruflich«).[91]

Ebenso intransparent ist es, eine Sonderzuwendung (etwa Weihnachtsgeld) **91** in einer bestimmten Höhe in einer Vertragsklausel zuzusagen (zum Beispiel: *»Der Auszubildende erhält eine Weihnachtsgratifikation.«* oder *»Der Arbeitgeber gewährt ein Weihnachtsgeld.«* oder *»Der Arbeitgeber zahlt eine Sonderleistung in Höhe von 50 Prozent des Monatsgehalts als Weihnachtsgeld am 1.12. eines jeden Jahres.«*) und in derselben oder einer anderen Vertragsklausel die Zahlung als »freiwillig« oder als »freiwillig, stets widerruflich« zu bezeichnen. In dem Fall besteht ein Anspruch der Auszubildenden auf die Zahlung der Sonderzuwendung.[92]

---

[87] § 307 Abs. 1 Satz 1 BGB: *Eine unangemessene Benachteiligung kann sich auch daraus ergeben, dass die Bestimmung nicht klar und verständlich ist.*
[88] BAG 20.2.2013 – 10 AZR 177/12, NZA 2013, 1015.
[89] BAG 19.5.2005 – 3 AZR 660/03, NZA 2005, 889.
[90] BAG 12.1.2000 – 10 AZR 840/98, NZA 2000, 944; BAG 11.4.2000 – 9 AZR 255/99, NZA 2001, 24.
[91] BAG 14.9.2011 – 10 AZR 526/10, NZA 2012, 81; BAG 8.12.2010 – 10 AZR 671/09, NZA 2011, 628; BAG 30.7.2008 – 10 AZR 606/07, NZA 2008, 1173.
[92] BAG 20.2.2013 – 10 AZR 177/12, NZA 2013, 1015; BAG 10.12.2008 – 10 AZR 1/08, NZA-RR 2009, 576; BAG 30.7.2008 – 10 AZR 606/07, NZA 2008, 1173.

**92** Ist ein Freiwilligkeitsvorbehalt hinreichend klar und verständlich formuliert, ist bei solchen vom Arbeitgeber/Ausbildenden vorformulierten Klauseln zu prüfen, ob sie den Arbeitnehmer/Auszubildenden nicht unangemessen benachteiligen im Sinne des § 307 Abs. 1 BGB. Das BAG hat bezüglich einer »**freiwilligen monatlichen Leistungszulage**« die Vereinbarung, dass kein Rechtsanspruch bestehen soll, als unwirksam gewertet mit der Folge, dass ein unbedingter Rechtsanspruch auf die Zahlung besteht.[93] Freiwilligkeitsvorbehalte bei **Einmalzahlungen** (wie Gratifikationen) wurden vom BAG in der Vergangenheit als zulässig angesehen.[94]

**93** Nach neuerer Rechtsprechung gilt das nicht mehr. Unproblematisch ist eine ausdrückliche **Freiwilligkeitserklärung bei der tatsächlichen Zahlung**. Diese verhindert die Vertragsbindung für die Zukunft und steht dem Entstehen einer »betrieblichen Übung« oder einer vertraglichen Bindung durch schlüssige (konkludente) Willenserklärungen entgegen, und zwar auch bei mehrmaliger Zahlung, wenn die Freiwilligkeitserklärung jeweils wiederholt wird.[95] Der sog. vorbeugende Freiwilligkeitsvorbehalt im Ausbildungsvertrag ist dagegen problematisch. Ein vertraglicher Freiwilligkeitsvorbehalt, der »alle zukünftigen Leistungen« unabhängig von ihrer Art und ihrem Entstehungsgrund erfasst, benachteiligt nämlich den Arbeitnehmer/Auszubildenden unangemessen und ist deshalb unwirksam, weil damit unzulässigerweise auch laufende (monatliche) Leistungen unter den Vorbehalt der Freiwilligkeit gestellt werden.[96] Zudem hat das BAG grundsätzlich Zweifel geäußert, ob der vorbeugende vertragliche Freiwilligkeitsvorbehalt, der später bei der tatsächlichen Zahlung einer Sonderzuwendung nicht wiederholt wird, wirksam sei. Durch die vorbehaltlose Zahlung entstehe nämlich eine vertragliche Bindung, die wegen des Vorrangs der Individualabrede (§ 305b BGB) nicht durch vorbeugende Erklärungen im Arbeitsvertrag antizipierend verhindert werden könne.[97]

Der vorbeugende vertragliche Freiwilligkeitsvorbehalt ist damit als Vertragsgestaltungsinstrument für die Arbeitgeber/Ausbildenden hinfällig. Die einfachste Variante für die Arbeitgeber/Ausbildenden, sich gleichwohl einer Vertragsbindung für die Zukunft zu entziehen, besteht darin, dass die Arbeitgeber/Ausbildenden bei der Zahlung von vertraglich nicht zugesagten Leistungen ausdrücklich erklären, die Leistung erfolge freiwillig ohne Anerkennung einer Rechtspflicht. Eine solche »Freiwilligkeitserklärung bei der tatsächlichen Zahlung« verhindert die Vertragsbindung für die Zukunft und

---

[93] BAG 25.4.2007 – 5 AZR 627/06, NZA 2007, 853.
[94] BAG 18.3.2009 – 10 AZR 289/08, NZA 2009, 535; BAG 21.1.2009 – 10 AZR 219/08, NZA 2009, 310; BAG 30.7.2008 – 10 AZR 606/07, NZA 2008, 1173.
[95] BAG 16.1.2013 – 10 AZR 26/12, Rn. 22, NZA 2013, 1013.
[96] BAG 14.9.2011 – 10 AZR 526/10, NZA 2012, 81.
[97] BAG 14.9.2011 – 10 AZR 526/10, Rn. 31, NZA 2012, 81.

steht dem Entstehen einer »betrieblichen Übung« oder einer vertraglichen Bindung durch schlüssige (konkludente) Willenserklärungen entgegen, und zwar auch bei mehrmaliger Zahlung, wenn die Freiwilligkeitserklärung jeweils wiederholt wird.[98] Vertraglich besteht eine weitere Gestaltungsvariante darin, dass die Arbeitgeber/Ausbildenden die Gewährung einer Sonderzuwendung nicht in festgelegter Höhe zusagen, sondern sich die Leistungsbestimmung nach billigem Ermessen vorbehalten.[99]

## § 18 Bemessung und Fälligkeit der Vergütung

**(1) Die Vergütung bemisst sich nach Monaten. Bei Berechnung der Vergütung für einzelne Tage wird der Monat zu 30 Tagen gerechnet.**
**(2) Ausbildende haben die Vergütung für den laufenden Kalendermonat spätestens am letzten Arbeitstag des Monats zu zahlen.**
**(3) Gilt für Ausbildende nicht nach § 3 Absatz 1 des Tarifvertragsgesetzes eine tarifvertragliche Vergütungsregelung, sind sie verpflichtet, den bei ihnen beschäftigten Auszubildenden spätestens zu dem in Absatz 2 genannten Zeitpunkt eine Vergütung mindestens in der bei Beginn der Berufsausbildung geltenden Höhe der Mindestvergütung nach § 17 Absatz 2 Satz 1 zu zahlen. Satz 1 findet bei einer Teilzeitberufsausbildung mit der Maßgabe Anwendung, dass die Vergütungshöhe mindestens dem prozentualen Anteil an der Arbeitszeit entsprechen muss.**

| Inhaltsübersicht | Rn |
|---|---|
| 1. Bemessung der Vergütung | 1– 3 |
| 2. Berechnung der Vergütung | 4 |
| 3. Auszahlung und Fälligkeit der Vergütung | 5– 9 |
| 4. Bußgeldbewehrte Handlungspflicht | 10 |

### 1. Bemessung der Vergütung

Die Vergütung **bemisst sich nach Monaten** (§ 18 Abs. 1 Satz 1 BBiG). Daraus ergibt sich, dass die Ausbildungsvergütung weder als Stunden- oder Schichtlohn vereinbart werden darf noch die Vergütung vom Betriebsergebnis oder sonstigen Umständen abhängig gestaltet werden kann.[1] Die monatliche Ausbildungsvergütung ist unabdingbar im Sinne des § 25 BBiG, das heißt, diese ist in jedem Fall zu gewähren und sie muss der Höhe nach eindeutig bestimmt sein.

1

---

98 *BAG* 16.1.2013 – 10 AZR 26/12, Rn. 22, NZA 2013, 1013.
99 *BAG* 16.1.2013 – 10 AZR 26/12, NZA 2013, 1013.

1 Vgl. ErfK-*Schlachter* BBiG § 18 Rn. 1.

**2** Zusätzlich zu dieser monatlichen Vergütung können sich weitere Vergütungsbestandteile aus einem anwendbaren Tarifvertrag ergeben. Üblich ist hier kumulativ oder alternativ die Zahlung eines Urlaubsgelds, Weihnachtsgelds oder sonstiger Jahressonderzahlungen. Solche Zahlungen können auch, wenn Tarifverträge keine Anwendung finden, im Ausbildungsvertrag vereinbart werden. In der Praxis kommt es auch vor, dass **Sonderzahlungen** zwar nicht schriftlich vereinbart sind, aber tatsächlich gezahlt werden.

**3** Ob in solchen Fällen, obwohl es an der schriftlichen Fixierung fehlt, ein vertraglicher Anspruch entsteht, ist vom Einzelfall abhängig. Grundsätzlich ist eine schriftliche Vereinbarung aller Vergütungsbestandteile nicht erforderlich, auch eine mündliche Zusage oder eine Vereinbarung durch schlüssiges Verhalten (konkludent) kann ausreichen. Ein Anspruch aus einer so genannten **betrieblichen Übung** entsteht im Regelfall nur, wenn eine solche Sonderzahlung drei Jahre hintereinander gewährt wird.[2] Aufgrund der zeitlichen Begrenzung des Berufsausbildungsverhältnisses ist eine solche Fallkonstellation deshalb häufig nicht gegeben. Wegen der rechtlichen Unterscheidung zwischen Ausbildungs- und Arbeitsverhältnis kann aus der Handhabung bei Arbeitsverhältnissen nicht zwingend eine entsprechende Verpflichtung in Bezug auf die Ausbildungsverhältnisse angenommen werden.

### 2. Berechnung der Vergütung

**4** Die Vergütung bemisst sich grundsätzlich nach vollen Monaten (§ 18 Abs. 1 Satz 1 BBiG). Bisweilen besteht ein Vergütungsanspruch nicht für einen vollen Kalendermonat, wenn etwa das Berufsausbildungsverhältnis vorher endet oder erst zur Monatsmitte beginnt. Bei Berechnung der Vergütung für einzelne Tage **wird der Monat zu 30 Tagen gerechnet** (§ 18 Abs. 1 Satz 2 BBiG). Das gilt auch dann, wenn der Kalendermonat weniger (Februar) oder mehr als 30 Tage hat. Es ist von Kalender-, nicht von Arbeitstagen auszugehen.

Abweichende Regelungen zuungunsten Auszubildender sind gemäß § 25 BBiG unwirksam. Deshalb darf nicht ein höherer Teiler als 1/30 vereinbart werden. Regelungen zugunsten Auszubildender sind dagegen zulässig. Die Vereinbarung eines kleineren Teilers als 1/30 (etwa 1/20 oder 1/25) wäre zulässig.[3]

---

[2] Vgl. *BAG* 28.2.1996 – 10 AZR 516/95.DB 1996, 1242.
[3] Vgl. *Benecke/Hergenröder* BBiG § 18 Rn. 4.

## 3. Auszahlung und Fälligkeit der Vergütung

Die Ausbildenden haben die Vergütung für den laufenden Kalendermonat **spätestens am letzten Arbeitstag** (nicht Kalendertag) des Monats zu zahlen (§ 18 Abs. 2 BBiG). Da die Vergütung spätestens am letzten Arbeitstag »zu zahlen« ist, muss sie dem Auszubildenden an diesem Tag tatsächlich zur Verfügung stehen. Bei unbarer Zahlung (durch Überweisung) muss das Geld an diesem Tag bereits dem Konto des Auszubildenden gutgeschrieben sein, es reicht nicht, dass der Ausbildende an diesem Tag erst die Überweisung veranlasst. Das Risiko des rechtzeitigen Eingangs der Zahlung hat der Ausbildende zu tragen.[4]

Die Vergütung ist an den Auszubildenden zu zahlen, dieser hat den Anspruch auf die Vergütung. Das gilt auch bei **Minderjährigen**. Grundsätzlich sind diese befugt, die Ausbildungsvergütung entgegenzunehmen. Allerdings können die Personensorgeberechtigten die Ermächtigung des Minderjährigen zum Abschluss des Ausbildungsvertrags hinsichtlich der weiteren Rechtsgeschäfte in der Weise beschränken, dass diese nicht persönlich die Ausbildungsvergütung entgegen nehmen dürfen, sondern dass die Ausbildungsvergütung an die Personensorgeberechtigten zu zahlen ist. In solchen Fällen muss der Ausbildende die Vergütung an die Personensorgeberechtigten zahlen.[5]

Vereinbarungen, die zuungunsten Auszubildender von der gesetzlichen Fälligkeitsregelung abweichen, sind gemäß § 25 BBiG unwirksam. Unzulässig wäre eine Vereinbarung, nach der die Ausbildungsvergütung erst am 15. des Folgemonats zu zahlen ist. Zulässig, weil zugunsten Auszubildender, wäre es, die Fälligkeit der Ausbildungsvergütung vorzuziehen, so etwa eine Zahlung bereits am 15. für den laufenden Monat. Aus der Fälligkeitsregelung folgt, dass spätestens zu diesem Zeitpunkt die volle Vergütung für den jeweiligen Kalendermonat zu zahlen ist. Das schließt **Abschlagszahlungen** oder Vorschüsse nicht aus. Eine Zahlung von Restbeträgen erst im Folgemonat oder noch später ist jedoch unzulässig.[6]

Erfolgt die Zahlung der Ausbildungsvergütung verspätet, hat der Ausbildende **Verzugszinsen** in Höhe von fünf Prozentpunkten über dem Basiszinssatz der Europäischen Zentralbank zu zahlen (§ 286 Abs. 1, § 286 Abs. 2 Nr. 1, § 288 Abs. 1 BGB).

§ 18 BBiG regelt nicht die Pflicht zur **Erteilung einer Abrechnung** über die ausgezahlte Vergütung. Diese Pflicht ergibt sich über § 10 Abs. 2 BBiG aus § 108 GewO.[7] Gemäß § 108 Abs. 1 Satz 1 GewO ist dem Auszubildenden bei

---

[4] Vgl. *Leinemann/Taubert* BBiG § 18 Rn. 14.
[5] Vgl. *Benecke/Hergenröder* BBiG § 18 Rn. 10; *Leinemann/Taubert* BBiG § 18 Rn. 16.
[6] Vgl. *Benecke/Hergenröder* BBiG § 18 Rn. 6.
[7] Vgl. *Benecke/Hergenröder* BBiG § 18 Rn. 2.

Zahlung der Ausbildungsvergütung eine Abrechnung in Textform zu erteilen. Die Abrechnung muss mindestens Angaben über Abrechnungszeitraum und Zusammensetzung der Ausbildungsvergütung enthalten (§ 108 Abs. 1 Satz 2 GewO). Hinsichtlich der Zusammensetzung sind Angaben über Art und Höhe der Zuschläge, Zulagen, sonstige Vergütungen, Art und Höhe der Abzüge, Abschlagszahlungen sowie Vorschüsse erforderlich (§ 108 Abs. 1 Satz 3 GewO). Die Verpflichtung zur Abrechnung entfällt, wenn sich die Angaben gegenüber der letzten ordnungsgemäßen Abrechnung nicht geändert haben (§ 108 Abs. 2 GewO).

### 4. Bußgeldbewehrte Handlungspflicht

**10** Der durch das **Berufsbildungsmodernisierungsgesetz** zum 1.1.2020 neu eingefügte § 18 Abs. 3 Satz 1 BBiG regelt die für die Verhängung eines Bußgeldes erforderliche Handlungspflicht: Demnach sind Ausbildende, für die nicht nach § 3 Abs. 1 TVG eine tarifvertragliche Vergütungsregelung gilt, verpflichtet, den bei ihnen beschäftigten Auszubildenden spätestens am letzten Arbeitstag des Monats (§ 18 Abs. 2 BBiG) eine Vergütung mindestens in der bei Beginn der Berufsausbildung geltenden Höhe der Mindestvergütung nach § 17 Abs. 2 Satz 1 BBiG zu zahlen. Bei einer **Teilzeitberufsausbildung** muss die Vergütungshöhe mindestens dem prozentualen Anteil an der Arbeitszeit entsprechen (§ 18 Abs. 3 Satz 2 BBiG). Das entspricht der Regelung in § 17 Abs. 5 BBiG.

Ordnungswidrig handelt, wer entgegen § 18 Abs. 3 BBiG die Mindestvergütung nicht, nicht richtig, nicht vollständig oder nicht rechtzeitig zahlt (§ 101 Abs. 1 Nr. 5 BBiG). Die Ordnungswidrigkeit kann mit einer **Geldbuße** bis zu fünftausend Euro geahndet werden (§ 101 Abs. 2 BBiG).

### § 19 Fortzahlung der Vergütung

(1) Auszubildenden ist die Vergütung auch zu zahlen
1. für die Zeit der Freistellung (§ 15),
2. bis zur Dauer von sechs Wochen, wenn sie
   a) sich für die Berufsausbildung bereithalten, diese aber ausfällt oder
   b) aus einem sonstigen, in ihrer Person liegenden Grund unverschuldet verhindert sind, ihre Pflichten aus dem Berufsausbildungsverhältnis zu erfüllen.

(2) Können Auszubildende während der Zeit, für welche die Vergütung fortzuzahlen ist, aus berechtigtem Grund Sachleistungen nicht abnehmen, so sind diese nach den Sachbezugswerten (§ 17 Absatz 6) abzugelten.

# Fortzahlung der Vergütung § 19

**Inhaltsübersicht** Rn
1. Überblick .................................................. 1
2. Fortzahlung bei Freistellung ............................... 2
3. Fortzahlung bei Ausfall der Berufsausbildung ............... 3– 5
4. Fortzahlung bei persönlicher Verhinderung .................. 6
5. Fortzahlung im Krankheitsfall und ähnlichen Fällen ......... 7–19
6. Fortzahlung bei Urlaub ..................................... 20
7. Fortzahlung an Feiertagen .................................. 21

## 1. Überblick

Die Auszubildenden haben in den in § 19 Abs. 1 BBiG genannten Fällen einen **Anspruch auf Fortzahlung der Vergütung** auch für Zeiten, in denen sie tatsächlich den Ausbildungsvertrag nicht erfüllen. Kann der Auszubildende während der Zeit, für welche die Vergütung fortzuzahlen ist, aus berechtigtem Grund Sachleistungen nicht abnehmen, so sind diese nach den Sachbezugswerten abzugelten (§ 19 Abs. 2 BBiG). Der Katalog des § 19 BBiG ist **nicht abschließend**, er wird gemäß § 10 Abs. 2 BBiG durch andere arbeitsrechtliche Normen ergänzt. Die Ausbildungsvergütung ist auch während des Urlaubs zu zahlen, an Feiertagen und bei Krankheit (vgl. Rn. 7ff.) sowie nach den mutterschutzrechtlichen Vorschriften (§§ 7, 16 MuSchG, Freistellung für Untersuchungen und zum Stillen; Ärztliches Beschäftigungsverbot). Der Anspruch auf Vergütungsfortzahlung ist zum Nachteil des Auszubildenden nicht abdingbar (§ 25 BBiG), das heißt, er kann nicht vertraglich ausgeschlossen oder zeitlich oder der Höhe nach begrenzt werden. Die Norm gilt auch im **Handwerk** (vgl. § 3 Rn. 10). 1

## 2. Fortzahlung bei Freistellung

Den Auszubildenden ist die Vergütung fortzuzahlen für die Zeit der Freistellung gemäß § 15 BBiG. Welche Fallkonstellationen das sind, ergibt sich aus der Kommentierung des § 15 BBiG. Im Gegensatz zu § 19 Abs. 1 Nr. 2 BBiG gibt es allerdings in diesen Fällen **keine zeitliche Begrenzung** der Pflicht zur Fortzahlung der Ausbildungsvergütung.[1] 2
Der Anspruch auf Fortzahlung der Ausbildungsvergütung nach § 19 Abs. 1 Nr. 1 BBiG setzt voraus, dass der Auszubildende **tatsächlich** für die in § 15 BBiG genannten Fallkonstellationen **freigestellt wird**, etwa für die Teilnahme am Berufsschulunterricht. Nach § 19 Abs. 1 Nr. 1 BBiG wird die Ausbildungsvergütung gemäß § 17 BBiG fortgezahlt. Es besteht kein eigenständiger Zahlungsanspruch gegen den Ausbildenden allein wegen der Teilnahme am Berufsschulunterricht.[2] Nimmt ein arbeitsunfähig erkrankter

---

[1] Vgl. *Benecke/Hergenröder* BBiG § 19 Rn. 4; *Leinemann/Taubert* BBiG § 19 Rn. 6.
[2] *LAG Baden-Württemberg* 14.1.2015 – 13 Sa 73/14, NZA-RR 2015, 234.

Auszubildender nach Ablauf der Sechs-Wochen-Frist des § 3 Abs. 1 Satz 1 EFZG (vgl. Rn. 8) trotz fortbestehender Arbeitsunfähigkeit am Berufsschulunterricht teil, kann er mangels Freistellung nach § 15 BBiG für diese Tage keine Fortzahlung nach § 19 Abs. 1 Nr. 1 BBiG verlangen.[3]

Wenn **Teile der Ausbildung im Ausland** gemäß § 2 Abs. 3 BBiG durchgeführt werden, ist die Ausbildungsvergütung fortzuzahlen, entweder gemäß § 17 BBiG, weil das Berufsausbildungsverhältnis durch die Teilausbildung im Ausland nicht unterbrochen wird, oder gemäß § 15 Abs. 1 Satz 2 Nr. 4 BBiG in Verbindung mit § 19 Abs. 1 Nr. 1 BBiG.[4]

### 3. Fortzahlung bei Ausfall der Berufsausbildung

3 Den Auszubildenden ist die Vergütung auch zu zahlen **bis zur Dauer von sechs Wochen** (42 Kalendertage), wenn sie sich für die Berufsausbildung bereithalten, diese aber ausfällt. Es muss sich um Gründe handeln, die in den **Risikobereich des Ausbildenden** fallen, ohne dass es auf ein Verschulden ankommt. In Betracht kommen folgende Konstellationen:[5]

- technische Gründe (z. B.: Maschinenschaden, Stromausfall),
- wirtschaftliche Gründe (z. B.: Auftragsmangel),
- personelle Gründe (z. B.: Erkrankung des Ausbildenden oder des Ausbilders),
- behördliche Auflagen (z. B.: Produktionsverbot, Untersagung der Ausbildung),
- sonstige Gründe (z. B.: Zerstörung der Ausbildungsstätte durch Brand oder sonstige Umstände).

4 Problematisch ist das Verhältnis dieser Regelung zu § 615 Satz 3 BGB, der in den Fällen, in denen der Arbeitgeber das Risiko des Arbeitsausfalls trägt, dem Arbeitnehmer einen zeitlich unbeschränkten Anspruch auf die Vergütung einräumt. Die zeitliche Begrenzung der Vergütungsfortzahlung auf die Dauer von sechs Wochen kann jedenfalls in diesen Fällen nicht gelten, weil sonst Auszubildende schlechter stünden als Arbeitnehmer. Das wäre mit § 10 Abs. 2 BBiG nicht vereinbar. Fällt die Ausbildung aus einem Umstand aus, den der Ausbildende zu vertreten hat (**Betriebs- oder Wirtschaftsrisiko**), haben die betroffenen Auszubildenden einen **zeitlich unbeschränkten Anspruch** auf Vergütungszahlung. Auch bei Nichtausbildung in Folge einer unwirksamen Kündigung durch den Ausbildenden muss § 615 BGB uneingeschränkt Anwendung finden.[6]

---

[3] LAG Baden-Württemberg 14. 1. 2015 – 13 Sa 73/14, NZA-RR 2015, 234.
[4] Vgl. *Hartwich*, NZA 2011, 1267 f.; Schaub/*Vogelsang* § 173 Rn. 10.
[5] Vgl. *Braun/Mühlhausen/Munk/Stück* BBiG § 12 Rn. 16.
[6] Vgl. ErfK-*Schlachter* BBiG § 19 Rn. 1.

## Fortzahlung der Vergütung § 19

Der Vergütungsanspruch besteht nur fort, wenn die Auszubildenden sich für die Berufsausbildung »bereithalten«. Daran fehlt es, wenn der Auszubildende nicht zur Ausbildung erscheinen kann, z. B. wegen Glatteis, Überschwemmung, behördlicher Fahrverbote, Streik der Verkehrsbetriebe. Das so genannte **Wegerisiko** liegt beim Auszubildenden. Erscheint der Auszubildende wegen eines solchen Umstands zu spät oder gar nicht zur Ausbildung, kann die Vergütung für die ausgefallene Zeit gekürzt werden. Das gilt auch, wenn der Auszubildende nicht oder verspätet erscheint wegen eines Umstands, den er selbst zu vertreten hat, weil er z. B. verschläft.

### 4. Fortzahlung bei persönlicher Verhinderung

Den Auszubildenden ist die Vergütung auch zu zahlen bis zur Dauer von sechs Wochen, wenn sie aus einem sonstigen in ihrer Person liegenden Grund **unverschuldet** verhindert sind, ihre Pflichten aus dem Berufsausbildungsverhältnis zu erfüllen. Diese Regelung entspricht § 616 BGB. Der Unterschied ist, dass der Anspruch nach dem BBiG – anders als nach § 616 BGB – gesetzlich bis zur Dauer von sechs Wochen vorgesehen ist und vertraglich nicht eingeschränkt werden darf (§ 25 BBiG). Solche anerkennenswerten persönlichen Gründe der Auszubildenden sind:[7]

- Arztbesuche, soweit sie nicht außerhalb der normalen Ausbildungszeit erledigt werden können,
- schwerwiegende Erkrankung naher Angehörigen, vor allem des eigenen Kindes, sofern keine anderweitige Versorgung besteht,
- eigene Hochzeit,
- Niederkunft der Ehefrau,
- Todesfall bei nahen Angehörigen,
- Wasserschaden in der eigenen Wohnung,
- Vorladung vor Gericht.

### 5. Fortzahlung im Krankheitsfall und ähnlichen Fällen

Den Auszubildenden ist die Vergütung auch zu zahlen, wenn sie infolge
- unverschuldeter Krankheit,
- einer Maßnahme der medizinischen Vorsorge oder Rehabilitation,
- einer Sterilisation oder
- eines Abbruchs der Schwangerschaft durch einen Arzt

an der Berufsausbildung nicht teilnehmen können.
Diese Fälle der Vergütungsfortzahlung ergeben sich nicht aus dem BBiG, sondern aus dem Entgeltfortzahlungsgesetz (EFZG), in dessen Anwen-

---

[7] Vgl. *Braun/Mühlhausen/Munk/Stück* BBiG § 12 Rn. 21.

dungsbereich die Auszubildenden einbezogen sind (§ 1 Abs. 2 EFZG). Wird ein Auszubildender durch Arbeitsunfähigkeit infolge Krankheit an seiner Arbeitsleistung verhindert, ohne dass ihn ein Verschulden trifft, so hat er Anspruch auf Entgeltfortzahlung im Krankheitsfall durch den Ausbildenden für die Zeit der Arbeitsunfähigkeit **bis zur Dauer von sechs Wochen** (§ 3 Abs. 1 Satz 1 EFZG). Wird der Auszubildende infolge derselben Krankheit erneut arbeitsunfähig, so verliert er wegen der erneuten Arbeitsunfähigkeit den Anspruch gemäß § 3 Abs. 1 Satz 1 EFZG für einen weiteren Zeitraum von höchstens sechs Wochen nicht, wenn er vor der erneuten Arbeitsunfähigkeit mindestens sechs Monate nicht infolge derselben Krankheit arbeitsunfähig war oder seit Beginn der ersten Arbeitsunfähigkeit infolge derselben Krankheit eine Frist von zwölf Monaten abgelaufen ist (§ 3 Abs. 1 Satz 2 EFZG). Dieser Entgeltfortzahlungsanspruch entsteht erst nach vierwöchiger ununterbrochener Dauer des Ausbildungsverhältnisses (§ 3 Abs. 3 EFZG).

Der Anspruch auf Entgeltfortzahlung ist auch dann auf die Dauer von sechs Wochen beschränkt, wenn während bestehender Arbeitsunfähigkeit eine neue Krankheit auftritt, die ebenfalls Arbeitsunfähigkeit zur Folge hat (**Grundsatz der Einheit des Verhinderungsfalls**). Ein neuer Entgeltfortzahlungsanspruch entsteht nur, wenn die erste krankheitsbedingte Arbeitsverhinderung bereits zu dem Zeitpunkt beendet war, zu dem die weitere Erkrankung zu einer erneuten Arbeitsunfähigkeit führte.[8] Das ist anzunehmen, wenn der Arbeitnehmer zwischen zwei Krankheiten tatsächlich gearbeitet hat oder jedenfalls arbeitsfähig war, sei es auch nur für wenige außerhalb der Arbeitszeit liegende Stunden. Maßgeblich für die Dauer der Arbeitsunfähigkeit und damit für das Ende des Verhinderungsfalls ist die Entscheidung des Arztes, der Arbeitsunfähigkeit (unabhängig von der individuellen Arbeitszeit des betreffenden Arbeitnehmers) im Zweifel bis zum Ende eines Kalendertags bescheinigen wird. Dabei ist es unerheblich, ob das Ende der Arbeitsunfähigkeit auf einen Arbeits- oder arbeitsfreien Tag fällt.[9]

Ist der Arbeitnehmer krankheitsbedingt arbeitsunfähig und schließt sich daran in engem zeitlichen Zusammenhang eine mit einer »Erstbescheinigung« attestierte weitere Arbeitsunfähigkeit an, hat der Arbeitnehmer (hier: der Auszubildende) im Streitfall darzulegen und zu beweisen, dass die vorangegangene Arbeitsunfähigkeit im Zeitpunkt des Eintritts der weiteren Arbeitsverhinderung beendet war.[10]

---

8 *BAG* 11.12.2019 – 5 AZR 505/18; *BAG* 25.5.2016 – 5 AZR 318/15, NZA 2016, 1076.
9 *BAG* 25.5.2016 – 5 AZR 318/15, Rn. 13, NZA 2016, 1076.
10 *BAG* 11.12.2019 – 5 AZR 505/18.

## Fortzahlung der Vergütung § 19

Mit der von einem Arzt ausgestellten **Arbeitsunfähigkeitsbescheinigung** 9
können grundsätzlich die Voraussetzungen für den Anspruch auf Vergütungsfortzahlung belegt werden. Die ärztliche Bescheinigung hat die Vermutung der Richtigkeit für sich. Der Ausbildende, der das Vorliegen einer durch ärztliche Bescheinigung belegten Arbeitsunfähigkeit bestreiten will, muss Umstände darlegen und gegebenenfalls beweisen, die zu ernsthaften Zweifeln an der Arbeitsunfähigkeit Anlass geben.[11] Einer Arbeitsunfähigkeitsbescheinigung, die in einem EU-Staat oder auch in einem Staat außerhalb der EU ausgestellt wurde, kommt im Allgemeinen der gleiche Beweiswert zu wie einer in Deutschland ausgestellten Bescheinigung. Die Bescheinigung muss jedoch erkennen lassen, dass der ausländische Arzt zwischen einer bloßen Erkrankung und einer mit Arbeitsunfähigkeit verbundenen Krankheit unterschieden und damit eine den Begriffen des deutschen Arbeits- und Sozialversicherungsrechts entsprechende Beurteilung vorgenommen hat.[12]

Wird der Auszubildende infolge derselben Krankheit erneut arbeitsunfähig, 10
so verliert er wegen der erneuten Arbeitsunfähigkeit den Anspruch gemäß § 3 Abs. 1 Satz 1 EFZG für einen weiteren Zeitraum von höchstens sechs Wochen nicht, wenn er vor der erneuten Arbeitsunfähigkeit mindestens sechs Monate nicht infolge derselben Krankheit arbeitsunfähig war *oder* seit Beginn der ersten Arbeitsunfähigkeit infolge derselben Krankheit eine Frist von zwölf Monaten abgelaufen ist (§ 3 Abs. 1 Satz 2 EFZG).

Ist der Auszubildende innerhalb der Zeiträume des § 3 Abs. 1 Satz 2 EFZG länger als sechs Wochen arbeitsunfähig, muss er darlegen, dass keine **Fortsetzungserkrankung** vorliegt. Wird dies vom Ausbildenden bestritten, obliegt dem Auszubildenden die Darlegung der Tatsachen, die den Schluss erlauben, es habe keine Fortsetzungserkrankung vorgelegen. Der Auszubildende hat dabei den Arzt von der Schweigepflicht zu entbinden. Die objektive Beweislast für das Vorliegen einer Fortsetzungserkrankung hat der Ausbildende zu tragen.[13]

Ist eine neue Erkrankung eine Fortsetzung der früheren Erkrankung, weil – trotz verschiedener Krankheitssymptome – die wiederholte Arbeitsunfähigkeit auf demselben nicht behobenen **Grundleiden** beruht, liegt ebenfalls eine Fortsetzungserkrankung vor.[14] Bei einer solchen ist der Arbeitgeber nur dann zur Entgeltfortzahlung verpflichtet, wenn der Arbeitnehmer vor der erneuten Arbeitsunfähigkeit mindestens sechs Monate nicht in Folge derselben Krankheit arbeitsunfähig war *oder* seit Beginn der ersten Arbeitsunfähigkeit in Folge derselben Krankheit eine Frist von zwölf Monaten abgelaufen ist (§ 3 Abs. 1 Satz 2 EFZG).

---

11 *BAG* 15.7.1992 – 5 AZR 312/91, NZA 1993, 23.
12 *BAG* 19.2.1997 – 5 AZR 83/96, NZA 1997, 652.
13 Vgl. *BAG* 13.7.2005 – 5 AZR 389/04, BB 2005, 2642.
14 *BAG* 25.5.2016 – 5 AZR 318/15, NZA 2016, 1076.

**11** Ein »Verschulden« an der Erkrankung, die den Vergütungsfortzahlungsanspruch ausschließt (§ 3 Abs. 1 EFZG), ist nur in besonderen Ausnahmefällen anzunehmen, nämlich dann, wenn ein grober Verstoß gegen das von einem verständigen Menschen im eigenen Interesse zu erwartende Verhalten vorliegt, so genanntes »Verschulden gegen sich selbst«.[15] Dabei ist von einem objektiven Maßstab auszugehen. Erforderlich ist ein grober Verstoß gegen das Eigeninteresse eines verständigen Menschen und damit ein besonders leichtfertiges oder vorsätzliches Verhalten. Normale Fahrlässigkeit genügt nicht. Grundsätzlich kein »Verschulden gegen sich selbst« liegt vor bei »normalen« Erkrankungen, bei »verbreiteten« Krankheiten wie etwa Grippe, Erkältungen, Infektionen. Es muss vielmehr ein besonders leichtfertiges, grob fahrlässiges oder vorsätzliches Verhalten gegeben sein. Das ist nur in Ausnahmefällen anzunehmen. Aus der sprachlichen Fassung des § 3 Abs. 1 Satz 1 EFZG folgt, dass das Risiko der Unaufklärbarkeit der Ursachen einer Krankheit oder Arbeitsunfähigkeit und eines möglichen Verschuldens des Arbeitnehmers daran beim Arbeitgeber/Ausbildenden liegt.[16]

**12** Bei **Arbeitsunfällen** liegt ein Verschulden, das einen Anspruch auf Entgeltfortzahlung ausschließen kann, nur vor, wenn der Auszubildende grob gegen die ihm obliegenden Pflichten verstoßen hat.[17] Das kann etwa gegeben sein, wenn ein Auszubildender trotz Belehrung und Aufforderung erforderliche Sicherheitsmaßnahmen nicht einhält. Voraussetzung ist allerdings, dass die erforderlichen Mittel zur Einhaltung der Sicherungsmaßnahmen, zum Beispiel entsprechende Schutzkleidung, vom Ausbildenden zur Verfügung gestellt werden. Ist das nicht der Fall, kann Auszubildenden deren Nichteinhaltung nicht zugerechnet werden. Ein Verschulden ist zu verneinen, wenn die Verletzung auch bei der Benutzung entsprechender Schutzvorkehrungen eingetreten wäre.

**13** Erkrankt ein Auszubildender, weil er eine **Nebentätigkeit** unter Verstoß gegen die Bestimmungen des Arbeitszeitrechts ausübt, kann das ein Verschulden darstellen. Ansonsten ist die Ausübung von Nebentätigkeiten nicht geeignet, ein Verschulden zu begründen.[18]

**14** Wird ein Auszubildender in Folge einer **Schlägerei** verletzt, bedeutet das nicht automatisch ein Verschulden, das den Entgeltfortzahlungsanspruch ausschließt. Es kommt darauf an, ob der Auszubildende die Schlägerei selbst ausgelöst hat. Das kann der Fall sein, wenn er seine Gegner provoziert, beleidigt oder gekränkt hat.[19]

---

15 Vgl. *BAG* 18.3.2015 – 10 AZR 99/14, NZA 2015, 801; *BAG* 30.3.1988 – 5 AZR 42/87, NZA 1988, 537.
16 *BAG* 18.3.2015 – 10 AZR 99/14, Rn. 16, NZA 2015, 801.
17 *LAG Hamm* 8.2.2006 – 18 Sa 1083/05, NZA-RR 2006, 406.
18 ErfK-*Reinhard* EFZG § 3 Rn. 31.
19 *LAG Hamm* 24.9.2003 – 18 Sa 785/03, NZA-RR 2004, 68.

## Fortzahlung der Vergütung § 19

Ein **Selbstmordversuch** ist in der Regel nicht als selbstverschuldet anzusehen. Das folgt daraus, dass bei Suizidversuchen in der Regel von einem Zustand der verminderten Schuldfähigkeit auszugehen ist.[20]

15

Bei einer **Suchtkrankheit** (z. B. Alkoholabhängigkeit) ist der Betreffende in der Regel nicht schuldfähig; das gilt auch bei einem Rückfall nach einer Therapie.[21] Alkoholismus als Krankheit ist nicht heilbar in dem Sinne, dass die Krankheit und ihre Ursachen ein für alle Mal beseitigt wären. Auch nach durchgeführter Therapie besteht weiter ein Rückfallrisiko. Die Gefahr des Rückfalls und die hohe Zahl der Rückfälle sind Teil des Krankheitsbildes.[22]

16

Bei **Sportunfällen** kann ein grobes Verschulden angenommen werden, wenn eine Sportart ausgeübt wurde, die deutlich die Kräfte oder Fähigkeiten des Auszubildenden übersteigen oder wenn in besonders grober Weise und leichtsinnig gegen anerkannte Regeln der jeweiligen Sportart verstoßen wurde oder wenn eine besonders gefährliche Sportart ausgeübt worden ist. Von einer besonders gefährlichen Sportart ist nur auszugehen, wenn das Verletzungsrisiko bei objektiver Betrachtung so groß ist, dass auch ein gut ausgebildeter Sportler bei sorgfältiger Beachtung aller Regeln dieses Risiko nicht vermeiden kann.[23] In diesem Sinne gefährliche Sportarten gibt es jedoch praktisch kaum. Selbst Sportarten wie Drachenfliegen,[24] Fallschirmspringen, Skispringen oder Bungee-Jumping werden als tolerabel angesehen.[25] In Einzelfällen wurde allerdings ein grobes Verschulden angenommen, so beim Kick-Boxen.[26]

17

Bei **Verkehrsunfällen** kann ein Verschulden vorliegen, wenn zwingende Vorschriften der Straßenverkehrsordnung (StVO) in grober Weise missachtet wurden, zum Beispiel bei Nichtanlegen des Sicherheitsgurts[27] oder bei Fahrten unter Alkoholeinfluss.[28] Auch ein Beifahrer kann seine Arbeitsunfähigkeit selbst verschuldet haben, wenn er bei einem erkennbar fahruntüchtigen Fahrer mitfährt.[29] Ein Fußgänger kann seine Arbeitsunfähigkeit selbst verschuldet haben, wenn er ohne die gebotenen Vorsichtsmaßnahmen eine Fahrbahn überquert hat.[30]

18

---

20 *BAG* 28.2.1979 – 5 AZR 611/77, DB 1979, 1803.
21 *BAG* 18.3.2015 – 10 AZR 99/14, NZA 2015, 801.
22 *BAG* 18.3.2015 – 10 AZR 99/14, Rn. 27, NZA 2015, 801.
23 *BAG* 7.10.1981 – 5 AZR 338/79, DB 1982, 706 = NJW 1982, 1014.
24 *BAG* 7.10.1981 – 5 AZR 338/79, DB 1982, 706 = NJW 1982, 1014.
25 ErfK-*Reinhard* EFZG § 3 Rn. 26.
26 *ArbG Hagen* 15.9.1989 – 4 Ca 648/87, NZA 1990, 311.
27 *BAG* 7.10.1981 – 5 AZR 1113/79, NJW 1982, 1013.
28 *BAG* 30.3.1988 – 5 AZR 42/87, DB 1988, 1403.
29 *LAG Düsseldorf* 2.10.1968 – 3 Sa 185/68, DB 1968, 1908.
30 *LAG Hamm* 5.10.1983 – 7 Sa 549/83, DB 1984, 515.

**19** Bei einer **künstlichen Befruchtung (In-vitro-Fertilisation)** ist wie folgt zu unterscheiden:[31]
- Wird erst durch In-vitro-Fertilisation willentlich und vorhersehbar eine Arbeitsunfähigkeit bedingende Erkrankung herbeigeführt, ist von einem vorsätzlichen Verstoß gegen das Eigeninteresse eines verständigen Menschen auszugehen, die Gesundheit zu erhalten und zur Arbeitsunfähigkeit führende Erkrankungen zu vermeiden. In diesem Fall ist ein Entgeltfortzahlungsanspruch wegen Verschuldens ausgeschlossen.
- Ein Verschulden liegt nicht vor, wenn im Rahmen einer In-vitro-Fertilisation, die nach allgemein anerkannten medizinischen Standards vom Arzt oder auf ärztliche Anordnung vorgenommen wird, eine zur Arbeitsunfähigkeit führende Erkrankung auftritt, mit deren Eintritt nicht gerechnet werden musste.
- Verwirklichen sich Krankheitsrisiken, weil die mit der In-vitro-Fertilisation einhergehenden Maßnahmen und Eingriffe (für die Arbeitnehmerin ohne weiteres erkennbar oder mit ihrem Wissen) nicht nach anerkannten medizinischen Standards vom Arzt oder auf ärztliche Anordnung vorgenommen wurden, ist von einem Verschulden auszugehen.
- Ab dem Zeitpunkt des Embryonentransfers gelten im Hinblick auf ein Verschulden die gleichen Grundsätze wie bei einer durch natürliche Empfängnis herbeigeführten Schwangerschaft (in der Regel kein Verschulden).

### 6. Fortzahlung bei Urlaub

**20** Dem Auszubildenden ist die Vergütung auch zu zahlen, wenn er infolge Urlaubs tatsächlich nicht ausgebildet wird. Insoweit gelten für Minderjährige die gesetzliche Vorschrift des § 19 JArbSchG und für Volljährige die Bestimmungen des BUrlG oder die entsprechenden tarifvertraglichen Regelungen.

### 7. Fortzahlung an Feiertagen

**21** Auszubildenden ist die Vergütung auch zu zahlen, wenn die Ausbildung infolge eines gesetzlichen Feiertags ausfällt (§ 2 Abs. 1 EFZG). Auszubildende, die am letzten Arbeitstag vor oder am ersten Arbeitstag nach Feiertagen unentschuldigt der Ausbildung fernbleiben, haben gemäß § 2 Abs. 3 EFZG keinen Anspruch auf die Bezahlung für diese Feiertage.

---

31 *BAG* 26.10.2016 – 5 AZR 167/16, NZA 2017, 240.

## Unterabschnitt 5
## Beginn und Beendigung des Ausbildungsverhältnisses

### § 20 Probezeit

**Das Berufsausbildungsverhältnis beginnt mit der Probezeit. Sie muss mindestens einen Monat und darf höchstens vier Monate betragen.**

| Inhaltsübersicht | Rn |
|---|---|
| 1. Normzweck | 1, 2 |
| 2. Beginn der Probezeit | 3, 4 |
| 3. Dauer der Probezeit | 5–22 |
|     a. Anrechnung von Zeiten in einem vorherigen Ausbildungsverhältnis | 11–13 |
|     b. Anrechnung von Zeiten in anderen Vertragsverhältnissen | 14–16 |
|     c. Unterbrechung der Probezeit | 17–20 |
|     d. Inhaberwechsel während der Probezeit | 21, 22 |
| 4. Kündigung während der Probezeit | 23 |

### 1. Normzweck

Das Berufsausbildungsverhältnis beginnt zwingend mit der Probezeit. § 20 BBiG gilt auch für Berufsausbildungsverhältnisse im **Handwerk** (vgl. § 3 Rn. 10). Das Berufsausbildungsverhältnis beginnt zwingend mit der Probezeit, wie sich aus § 20 Satz 1 BBiG ergibt. Die Probezeitvereinbarung als solche unterliegt keiner Inhaltskontrolle nach dem AGB-Recht (§§ 307 ff. BGB), weil sie zwingendes Recht ist.[1] Die Probezeit ist **integraler Bestandteil** des Berufsausbildungsverhältnisses, nicht etwa diesem vorgelagert.[2] Deshalb entstehen mit dem Beginn der Probezeit als dem Beginn des Berufsausbildungsverhältnisses auch sämtliche wechselseitigen Rechte und Pflichten aus dem Berufsausbildungsverhältnis. So hat der Auszubildende mit Beginn der Probezeit einen Anspruch auf **Ausbildungsvergütung** gemäß § 17 BBiG. Die Vereinbarung einer geringeren Ausbildungsvergütung für die Probezeit ist wegen § 25 BBiG unwirksam.[3]

**Zweck der Probezeit** ist es zum einen, den Ausbildenden zu ermöglichen, die Auszubildenden zu testen, ob sie für den zu erlernenden Beruf voraussichtlich geeignet sind und sich in das betriebliche Geschehen mit seinen Lernpflichten einordnen können. Zum anderen sollen auch die Auszubildenden für sich klären, ob die Ausbildung ihren Erwartungen und Vorstellungen entspricht. Beide Vertragsparteien sollen Gelegenheit haben, die für die Ausbildung im konkreten Ausbildungsberuf wesentlichen Umstände

1
2

---

[1] BAG 12.2.2015 – 6 AZR 831/13, Rn. 18 ff., NZA 2015, 737.
[2] Vgl. *Leinemann/Taubert* BBiG § 20 Rn. 2.
[3] Vgl. *Leinemann/Taubert* BBiG § 20 Rn. 3.

eingehend zu prüfen.[4] Das sei nur unter den Bedingungen des Berufsausbildungsverhältnisses mit seinen spezifischen Pflichten möglich, weshalb aus Sicht des *BAG* die Anrechnung von Zeiten in einem anderen Rechtsverhältnis (Praktikum, Arbeitsverhältnis) in der Regel nicht in Betracht käme (vgl. Rn. 11 ff.).[5] Fällt die Prüfung negativ aus, sollen sich die Vertragsparteien unproblematisch trennen können. Deshalb kann das Ausbildungsverhältnis während der Probezeit jederzeit ohne Einhalten einer Kündigungsfrist gekündigt werden (vgl. § 22 Rn. 12 ff.).

## 2. Beginn der Probezeit

**3** Die Probezeit beginnt mit dem **Tag des vertraglich vereinbarten Beginns der Berufsausbildung** (§ 11 Abs. 1 Satz 2 Nr. 2 BBiG). Auf die tatsächliche Aufnahme der Ausbildung kommt es nicht an.[6]

**4** Ein Fernbleiben des Auszubildenden etwa wegen Krankheit oder aus sonstigen Gründen hindert den rechtlichen Beginn des Berufsausbildungsverhältnisses und damit auch der Probezeit nicht (vgl. aber Rn. 17 ff.). Das Berufsausbildungsverhältnis und die Probezeit beginnen rechtlich auch dann mit dem vertraglich vereinbarten Zeitpunkt, wenn dieser Tag auf einen arbeitsfreien Sonnabend, Sonn- oder Feiertag fällt. Eine dem Berufsausbildungsverhältnis vorgeschaltete selbständige Probezeit ist, weil es sich um eine objektive Umgehung des § 20 BBiG handeln würde, unzulässig, wie sich auch aus § 25 BBiG ergibt.[7]

## 3. Dauer der Probezeit

**5** Die Probezeit muss **mindestens einen Monat** und darf **höchstens vier Monate** betragen (§ 20 Satz 2 BBiG). **Nach altem Recht** betrug die maximale Dauer der Probezeit drei Monate. Nach dem neuen Recht seit dem 1.4.2005 kann die Probezeit bis zu vier Monate dauern. Maßgeblich ist aber immer die vertragliche Vereinbarung. Das Gesetz schafft einen Rahmen und regelt eine Höchstfrist, gibt aber nicht automatisch vor, dass die Probezeit immer vier Monate beträgt.

**6** Bei der **Stufenausbildung** (vgl. § 5 Rn. 8 ff.) kann nur eine einmalige Probezeit wirksam vereinbart werden. Die Vereinbarung einer (neuen) Probezeit für jede Stufe ist unzulässig.[8]

---

[4] *BAG* 9.6.2016 – 6 AZR 396/15, Rn. 25, NZA 2016, 1406; *BAG* 12.2.2015 – 6 AZR 831/13, Rn. 28, NZA 2015, 737; *BAG* 16.12.2004 – 6 AZR 127/04, NZA 2005, 578.
[5] *BAG* 19.11.2015 – 6 AZR 844/14, NZA 2016, 228.
[6] Vgl. *Leinemann/Taubert* BBiG § 20 Rn. 7.
[7] Vgl. ErfK-*Schlachter* § 20 BBiG Rn. 1.
[8] Vgl. *BAG* 27.11.1991 – 2 AZR 263/91, NZA 1992, 506.

**Probezeit** § 20

In dem gesetzlich vorgegebenen Rahmen (mindestens ein Monat, maximal 7
vier Monate) ist die **Dauer der Probezeit frei vereinbar**. Eine Probezeit im
Umfang der Höchstdauer von vier Monaten ist nicht unangemessen lang.[9]
Die Probezeit kann z. B. auch sechs, sieben oder acht Wochen betragen. Die
Dauer der Probezeit kann entweder in Tagen, Wochen oder Monaten angegeben oder durch Angabe eines Kalenderdatums benannt werden.
Ebenso wie beim Beginn des Berufsausbildungsverhältnisses ist es für das 8
Ende der Probezeit unerheblich, ob das vereinbarte Datum auf einen arbeitsfreien Tag fällt. Die **Höchstgrenze** von vier Monaten ist vor allem für
die Auszubildenden von Bedeutung. Diese sollen innerhalb einer angemessenen Frist Klarheit darüber haben, ob das Berufsausbildungsverhältnis Bestand hat.
Die Vereinbarung einer kürzeren oder längeren Probezeit, als in Satz 2 vor- 9
gegeben, ist wegen § 25 BBiG unwirksam.[10] Ist die **Mindestgrenze** der Probezeit von einem Monat abgelaufen, sind die Vertragsparteien andererseits
frei, eine vorzeitige Abkürzung oder Beendigung einer längeren Probezeitvereinbarung einvernehmlich zu regeln. Ein Anspruch auf eine entsprechende Verkürzung besteht aber nicht.[11]
Die **Probezeit endet** mit Ablauf der vereinbarten Zeit oder des vereinbarten 10
Datums. Überschreitet die vereinbarte Probezeit die zulässige Höchstgrenze,
so ist die Probezeitvereinbarung insoweit nichtig (§ 25 BBiG). An die Stelle
der nichtigen Probezeitvereinbarung tritt eine Probezeit, die vermutlich am
ehesten dem vertraglich Gewollten entspricht. Das dürfte im Regelfall eine
Probezeit von vier Monaten (Höchstgrenze) sein, weil die Vertragsparteien
mit ihrer – nichtigen – Vereinbarung zum Ausdruck gebracht haben, dass sie
eine möglichst lange Probezeit wünschen (Umdeutung gemäß § 140 BGB).

### a. Anrechnung von Zeiten in einem vorherigen Ausbildungsverhältnis

Die Probezeit gilt jeweils für »das« Berufsausbildungsverhältnis. Begrün- 11
det der Auszubildende ein **neues Ausbildungsverhältnis** mit einem anderen
Ausbildenden oder auch mit demselben Ausbildenden, aber für einen anderen Ausbildungsberuf, so kann zulässig eine **neue Probezeit** vereinbart werden.[12] **Unzulässig** ist die erneute Vereinbarung einer Probezeit, wenn zu einem vorherigen Ausbildungsverhältnis derselben Vertragsparteien ein der-

---

9 Auch nicht im Sinne des AGB-Rechts (§ 307 Abs. 1 BGB): *BAG* 9. 6. 2016 – 6 AZR
396/15, Rn. 16, NZA 2016, 1406; *BAG* 12. 2. 2015 – 6 AZR 831/13, Rn. 36 ff., NZA
2015, 737.
10 Vgl. *LAG Baden-Württemberg* 15. 11. 1975 – 6 Sa 68/75, EzB BBiG § 13 Nr. 5.
11 Vgl. *Leinemann/Taubert* BBiG § 20 Rn. 11.
12 Vgl. *Leinemann/Taubert* BBiG § 20 Rn. 20.

art **enger sachlicher Zusammenhang** besteht, dass es sich sachlich um *ein* Berufsausbildungsverhältnis handelt. Ob ein enger sachlicher Zusammenhang besteht, ist anhand der Umstände des Einzelfalls festzustellen. Zu berücksichtigen sind dabei neben der absoluten Dauer der Unterbrechung zwischen den Ausbildungsverhältnissen auch mögliche Besonderheiten des Ausbildungsverhältnisses oder der betreffenden Branche, zudem der Anlass der Unterbrechung und der Neubegründung des Ausbildungsverhältnisses und die Frage, auf wessen Veranlassung die Beendigung des vorherigen Ausbildungsverhältnisses erfolgt ist. Die Darlegungs- und Beweislast für das Vorliegen eines in diesem Sinne tatsächlich einheitlichen Berufsausbildungsverhältnisses trägt der Auszubildende.[13]

12 Eine Kündigung des Berufsausbildungsverhältnisses durch den Ausbildenden und daran anschließend die erneute Begründung eines Ausbildungsverhältnisses mit denselben Vertragspartnern im selben Ausbildungsberuf ist zulässig. Eine neue Probezeitvereinbarung ist aber wegen objektiver Umgehung des § 20 BBiG, der gemäß § 25 BBiG eine Schutznorm zugunsten des Auszubildenden darstellt, unwirksam. Etwas anderes kann allenfalls dann gelten, wenn für die Kündigung bei objektiver Betrachtung der Rechtslage tatsächlich ein hinreichender wichtiger Kündigungsgrund im Sinne des § 22 Abs. 2 Nr. 1 BBiG (vgl. § 22 Rn. 21 ff.) vorgelegen hat.[14] Das *BAG* will generell darauf abstellen, ob zu einem vorherigen Ausbildungsverhältnis derselben Vertragsparteien ein derart enger sachlicher Zusammenhang besteht, dass es sich sachlich um *ein* Berufsausbildungsverhältnis handelt (vgl. Rn. 11).

13 Hat der Auszubildende das Berufsausbildungsverhältnis seinerseits gekündigt, kann im Regelfall bei einer erneuten Begründung eines Berufsausbildungsverhältnisses mit demselben Ausbildenden im selben Ausbildungsberuf eine neue Probezeit vereinbart werden, weil der Auszubildende dann nicht schutzwürdig ist, weil er selbst sein Vertragsverhältnis aufgekündigt hat. Etwas anderes kann aber dann gelten, wenn der Ausbildende veranlasst hat, dass der Auszubildende die Kündigung aussprechen soll. Das *BAG* will generell darauf abstellen, ob ein enger sachlicher Zusammenhang zwischen den Ausbildungsverhältnissen besteht (vgl. Rn. 11).

### b. Anrechnung von Zeiten in anderen Vertragsverhältnissen

14 Ob Zeiten eines **Volontär- oder Praktikantenverhältnisses** auf die Probezeit im Ausbildungsverhältnis in demselben Unternehmen anzurechnen sind, wird unterschiedlich gesehen.[15] Richtigerweise ist von einer Anrech-

---

13 *BAG* 12.2.2015 – 6 AZR 831/13, Rn. 29 ff., NZA 2015, 737.
14 Vgl. *Leinemann/Taubert* BBiG § 20 Rn. 21.
15 Dafür *ArbG Wetzlar* 24.10.1989 – 1 Ca 317/89, EzA BBiG § 15 Nr. 12; dagegen *LAG Berlin* 12.10.1998 – 9 Sa 73/98, LAGE BBiG § 13 Nr. 2.

# Probezeit § 20

nung auszugehen, jedenfalls wenn die vorherige Tätigkeit und das sich anschließende Berufsausbildungsverhältnis in einem inhaltlichen Zusammenhang stehen. Das BAG meint, dass wegen des Zwecks der Probezeit, die auf das konkrete Berufsausbildungsverhältnis bezogen ist, eine Anrechnung von Zeiten in einem anderen Rechtsverhältnis, sei es ein Praktikum oder ein Arbeitsverhältnis, *nicht* in Betracht kommt.[16] Weder eine Einstiegsqualifizierung (§ 54a SGB III) noch eine in der Einstiegsqualifizierung absolvierte Probezeit soll auf die Probezeit in einem nachfolgenden Berufsausbildungsverhältnis anzurechnen sein.[17]

Ein vorheriges »**vorläufiges Arbeitsverhältnis**« ist anzurechnen, wenn die vorherige Tätigkeit und das sich anschließende Berufsausbildungsverhältnis in einem inneren Zusammenhang stehen. In dem Fall ist die Vereinbarung einer Probezeit jedenfalls insoweit unwirksam, als sie die gesetzliche Mindestprobezeit von einem Monat überschreitet.[18] **15**

Ein »normales« vorheriges **Arbeitsverhältnis**, welches nicht im inhaltlichen Zusammenhang mit einer nachfolgenden Ausbildung steht (z.B. Beschäftigung als Hilfskraft), ist **nicht** auf die Probezeit im Ausbildungsverhältnis anzurechnen, auch nicht, wenn die gesetzliche Mindestprobezeit von einem Monat überschritten wird.[19] **16**

## c. Unterbrechung der Probezeit

Die in § 20 Satz 2 BBiG vorgeschriebene Dauer der Probezeit verlängert sich nach der gesetzlichen Regelung **nicht automatisch** um die Dauer einer tatsächlichen Unterbrechung der Ausbildung, gleich aus welchem Grunde diese eintritt (z.B. durch Erkrankung). Allerdings können die Vertragsparteien eine **Verlängerung** der Probezeit **vereinbaren**, auch wenn dadurch die Vier-Monats-Grenze überschritten wird.[20] Die Vereinbarung kann entweder bereits im Berufsausbildungsvertrag oder auch erst während der Probezeit getroffen werden. Dabei soll es nach der Rechtsprechung des BAG zwar grundsätzlich im Ermessen der Parteien liegen, die Dauer einer für die Verlängerung der Probezeit relevanten Unterbrechung zu bestimmen. Geringfügige Unterbrechungen der tatsächlichen Ausbildung/Beschäftigung von wenigen Tagen führen jedoch noch nicht zu einer entsprechenden Verlänge- **17**

---

16 Zum vorherigen Praktikum: BAG 19.11.2015 – 6 AZR 844/14, NZA 2016, 228; zum vorherigen Arbeitsverhältnis: BAG 16.12.2004 – 6 AZR 127/04, NZA 2005, 578.
17 LAG Hamburg 4.11.2015 – 5 Sa 31/15.
18 ArbG Wiesbaden 17.1.1996 – 6 Ca 3242/95, NZA-RR 1997, 6.
19 Vgl. BAG 16.12.2004 – 6 AZR 127/04, NZA 2005, 578.
20 BAG 9.6.2016 – 6 AZR 396/15, Rn. 26ff., NZA 2016, 1406.

rung der Probezeit, vielmehr muss es sich um einen Zeitraum handeln, der im Verhältnis zur vereinbarten Probezeit erheblich ist.[21]

**18** Nach früherem Recht betrug die maximale Dauer der Probezeit drei Monate. Akzeptiert wurde danach eine Vereinbarung, nach der sich die dreimonatige Probezeit bei einer Unterbrechung der Ausbildung um mehr als einen Monat entsprechend verlängerte.[22] Da nach neuem Recht die Probezeit maximal vier Monate betragen kann, wird man eine vertragliche Vereinbarung für zulässig halten dürfen, nach der sich die Probezeit verlängern soll, wenn die Ausbildung (wegen Krankheit oder aus anderen Gründen) um **mehr als ein Drittel** der vereinbarten Probezeit tatsächlich unterbrochen ist oder eine Ausbildung nicht stattfinden kann.[23] Die Probezeit kann sich dann um den Zeitraum der tatsächlichen Unterbrechung der Ausbildung verlängern, maximal um ein Drittel der vereinbarten Probezeit. Der Ausbildende kann sich auf eine solche Verlängerungsvereinbarung jedoch dann nicht berufen, wenn er die Unterbrechung der Ausbildung selbst vertragswidrig herbeigeführt hat.[24]

**19** Zu einer Verlängerung der Probezeit wegen tatsächlicher Unterbrechung der Ausbildung kann es jedoch nur kommen, wenn eine entsprechende Vereinbarung zwischen Ausbildenden und Auszubildenden getroffen worden ist. **Fehlt es an einer entsprechenden Vereinbarung** oder ist diese wegen Überschreitens der genannten Grenzen unwirksam, endet die Probezeit mit dem regulären Ende der Probezeit nach dem Kalender, ohne dass es auf tatsächliche Unterbrechungszeiten ankommt.

**20** Da der Besuch der **Berufsschule** Teil der dualen Berufsausbildung ist, wird das Berufsausbildungsverhältnis und damit auch die Probezeit durch den Besuch der Berufsschule **nicht** unterbrochen. Das gilt auch für den **Blockunterricht**, unabhängig von dessen Dauer.[25]

### d. Inhaberwechsel während der Probezeit

**21** Wechselt der Inhaber des Ausbildungsbetriebs, kommt es zu einem Vertragspartnerwechsel kraft Gesetzes gemäß § 613a BGB (**Betriebsübergang**), der gemäß § 10 Abs. 2 BBiG auch für Berufsausbildungsverhältnisse gilt (vgl. § 10 Rn. 28). Der neue Inhaber des Ausbildungsbetriebs wird neuer Vertragspartner (neuer Ausbildender) des Auszubildenden. Das Berufsausbildungsverhältnis geht auf den neuen Inhaber über, und zwar in dem Zustand, in dem sich das Berufsausbildungsverhältnis im Zeitpunkt des Betriebsüber-

---

21 *BAG* 15.1.1981 – 2 AZR 943/78, DB 1982, 234.
22 *BAG* 15.1.1981 – 2 AZR 943/78, DB 1982, 234.
23 *BAG* 9.6.2016, 6 AZR 396/15, NZA 2016, 1406.
24 *BAG* 15.1.1981 – 2 AZR 943/78, DB 1982, 234.
25 Vgl. *Leinemann/Taubert* BBiG § 20 Rn. 16.

## Beendigung §21

gangs befindet. Der Vertragsinhalt ändert sich durch den Betriebsübergang nicht. Deshalb beginnt auch nicht etwa eine neue Probezeit. Die Probezeit wird durch den Betriebsübergang weder unterbrochen noch verlängert sich diese.[26]

Wenn die Probezeit im Zeitpunkt des Übergangs des Betriebsübergangs bereits beendet ist, darf keine neue Probezeit vereinbart werden. Eine entsprechende Vereinbarung mit dem neuen Inhaber wäre, weil zum Nachteil der Auszubildenden, gemäß § 25 BBiG unwirksam. Will der Auszubildende – aus welchen Gründen auch immer – seinerseits verhindern, dass sein Berufsausbildungsverhältnis auf den neuen Betriebsinhaber übergeht, kann er gemäß § 613a Abs. 6 BGB dem Übergang seines Vertragsverhältnisses widersprechen. 22

### 4. Kündigung während der Probezeit

Während der Probezeit kann das Berufsausbildungsverhältnis jederzeit ohne Einhalten einer Kündigungsfrist von beiden Seiten unter Beachtung der Schriftform gekündigt werden (vgl. § 22 Rn. 10 ff.). 23

## § 21 Beendigung

**(1) Das Berufsausbildungsverhältnis endet mit dem Ablauf der Ausbildungsdauer. Im Falle der Stufenausbildung endet es mit Ablauf der letzten Stufe.**

**(2) Bestehen Auszubildende vor Ablauf der Ausbildungsdauer die Abschlussprüfung, so endet das Berufsausbildungsverhältnis mit Bekanntgabe des Ergebnisses durch den Prüfungsausschuss.**

**(3) Bestehen Auszubildende die Abschlussprüfung nicht, so verlängert sich das Berufsausbildungsverhältnis auf ihr Verlangen bis zur nächstmöglichen Wiederholungsprüfung, höchstens um ein Jahr.**

| Inhaltsübersicht | Rn |
|---|---|
| 1. Überblick | 1, 2 |
| 2. Abgrenzung der Beendigungstatbestände | 3–10 |
|    a. Tod des Auszubildenden | 5 |
|    b. Tod des Ausbildenden | 6, 7 |
|    c. Aufhebungsvertrag | 8, 9 |
|    d. Kündigung | 10 |
| 3. Beendigung durch Zeitablauf | 11–17 |
|    a. Ende der Ausbildungsdauer | 12–16 |
|    b. Stufenausbildung | 17 |
| 4. Vorzeitige Beendigung mit Bestehen der Abschlussprüfung | 18–21 |

---

[26] Vgl. *Leinemann/Taubert* BBiG § 20 Rn. 19.

| | |
|---|---|
| 5. Rechtsfolgen der Beendigung | 22, 23 |
| 6. Verlängerung der Ausbildungsdauer | 24–38 |
|    a. Verlängerung bei Nichtbestehen der Abschlussprüfung | 25–37 |
|       aa. Vergleichbare Fallkonstellationen | 26–28 |
|       bb. »Verlangen« des Auszubildenden | 29–32 |
|       cc. Rechtsfolgen des Verlängerungsverlangens | 33, 34 |
|       dd. Nichtbestehen der Wiederholungsprüfung | 35–37 |
|    b. Verlängerung durch Elternzeit | 38 |

## 1. Überblick

**1** § 21 BBiG gilt auch für Berufsausbildungsverhältnisse im **Handwerk** (vgl. § 3 Rn. 10). § 21 Abs. 1 BBiG enthält neben der Regel, dass das Berufsausbildungsverhältnis mit dem Ablauf der Ausbildungsdauer endet (Satz 1), in Satz 2 eine ausdrückliche Regelung zur Stufenausbildung (vgl. Rn. 17). § 21 Abs. 2 BBiG stellt klar, dass die Abschlussprüfung bestanden ist mit Bekanntgabe des Ergebnisses durch den Prüfungsausschuss (vgl. Rn. 18). § 21 Abs. 3 BBiG enthält bei Nichtbestehen den Anspruch auf Verlängerung des Berufsausbildungsverhältnisses (vgl. Rn. 24 ff.).

**2** Die Überschrift der Norm »Beendigung« ist im doppelten Sinne irreführend. Zum einen regelt § 21 BBiG keineswegs abschließend alle Tatbestände, die zu einer Beendigung des Berufsausbildungsverhältnisses führen können. Zum anderen regelt jedenfalls § 21 Abs. 3 BBiG nicht die Beendigung, sondern im Gegenteil die Verlängerung des Ausbildungsverhältnisses bei Nichtbestehen der Abschlussprüfung.

## 2. Abgrenzung der Beendigungstatbestände

**3** § 21 BBiG normiert, allerdings nicht abschließend, die Beendigung des Berufsausbildungsverhältnisses. Im Regelfall endet es durch Zeitablauf, das heißt mit dem Ende der Ausbildung. Diesen Grundsatz regelt § 21 Abs. 1 BBiG (vgl. Rn. 11 ff.). Es kann früher enden bei vorzeitigem Bestehen der Abschlussprüfung (§ 21 Abs. 2 BBiG; vgl. Rn. 18 ff.). Besteht der Auszubildende die Abschlussprüfung nicht, kann es zur Verlängerung des Berufsausbildungsverhältnisses kommen (§ 21 Abs. 3 BBiG; vgl. Rn. 24 ff.). Vereinbarungen zwischen Auszubildenden und Ausbildenden, die zuungunsten Auszubildender von § 21 BBiG abweichen, sind gemäß § 25 BBiG nichtig.

**4** § 21 BBiG ist insofern nicht abschließend, als es auch andere Beendigungstatbestände gibt. So ist eine vorzeitige Beendigung des Berufsausbildungsverhältnisses möglich durch eine wirksame **Anfechtungserklärung** (§§ 119, 123 BGB) oder durch eine wirksame **Kündigung** (vgl. § 22 BBiG) oder durch Abschluss eines **Aufhebungs- oder Auflösungsvertrags** (vgl. Rn. 8).
Ein Mangel in der Berechtigung, Auszubildende einzustellen oder auszubilden, berührt nicht die Wirksamkeit des Berufsausbildungsvertrags (§ 10

# Beendigung § 21

Abs. 4 BBiG). Vielmehr ist privat-rechtlich eine Beendigung des Berufsausbildungsverhältnisses erforderlich, unter bestimmten Umständen kann der genannte Mangel eine Kündigung rechtfertigen. Genauso wenig bewirkt die **Löschung eines Ausbildungsvertrags aus dem Verzeichnis der Berufsausbildungsverhältnisse** (§ 35 Abs. 2 BBiG) automatisch die Beendigung eines Ausbildungsverhältnisses oder kann als solche eine Kündigung rechtfertigen. Die Löschung wirkt sich auf die Wirksamkeit des Ausbildungsvertrags nicht aus.[1] Vielmehr ist gesondert zu prüfen, ob ein hinreichender Kündigungsgrund vorliegt.

### a. Tod des Auszubildenden

Zur Beendigung des Berufsausbildungsverhältnisses führt auch der **Tod des** 5
**Auszubildenden**. Da es sich um eine höchstpersönliche Verpflichtung handelt, treten nicht etwa die Erben des Auszubildenden in das Berufsausbildungsverhältnis ein.

### b. Tod des Ausbildenden

Der **Tod des Ausbildenden** (sofern es sich um eine natürliche Person handelt) führt im Regelfall dagegen nicht zur Beendigung des Berufsausbildungsverhältnisses, vielmehr geht es auf den oder die Erben über (§ 1922 BGB), die ihrerseits das Berufsausbildungsverhältnis gemäß § 22 BBiG kündigen können, sofern sie den Betrieb nicht fortführen. 6

Eine **juristische Person** stirbt nicht. Ihre rechtliche Existenz endet durch 7
Auflösung der Gesellschaft. Ändert sich bei einer GmbH nur die Zusammensetzung der Gesellschafter oder gar nur der Gesellschaftsanteil einzelner Gesellschafter, handelt es sich um dieselbe juristische Person wie vorher. Geht der Betrieb auf einen anderen Inhaber über, gehen die Arbeitsverhältnisse und auch die Berufsausbildungsverhältnisse auf den neuen Betriebsinhaber gemäß § 613a BGB über (vgl. § 10 Rn. 28).

### c. Aufhebungsvertrag

Im Rahmen der Vertragsfreiheit kann das Berufsausbildungsverhältnis je- 8
derzeit aufgrund einer beiderseitigen Vereinbarung aufgelöst werden, etwa durch einen Aufhebungs- oder Auflösungsvertrag.[2] Die Vereinbarung bedarf (wegen § 10 Abs. 2 BBiG) gemäß § 623 BGB der **Schriftform** und bei Minderjährigen der Zustimmung des gesetzlichen Vertreters (§ 108 BGB).

---

1 *BAG* 22.2.2018 – 6 AZR 50/17, Rn. 28, NZA 2018, 575.
2 Vgl. *LAG Rheinland-Pfalz* 17.3.2016 – 6 Sa 236/15.

Fehlt es an der Schriftform, tritt die gewollte Rechtsfolge (die Beendigung des Vertragsverhältnisses) nicht ein.

9 Bei einem **bedingten Aufhebungsvertrag**, durch den ein Berufsausbildungsvertrag unter eine auflösende Bedingung gestellt wird, ist zu prüfen, ob damit nicht das zwingende Kündigungsschutzrecht umgangen wird. So ist eine einzelvertragliche Vereinbarung, nach welcher ein Berufsausbildungsverhältnis enden soll, wenn das Zeugnis des Auszubildenden für das nächste Berufsschulhalbjahr in einem von bestimmten in der Vereinbarung aufgeführten Fächern die Note »mangelhaft« aufweist, unwirksam, weil ein solcher Umstand für eine Kündigung nach § 22 Abs. 2 Nr. 1 BBiG (vgl. § 22 Rn. 39) jedenfalls im Rahmen der einzelfallbezogenen Interessenabwägung nicht ausreichen könnte.[3]

### d. Kündigung

10 Bezüglich der Kündigung des Berufsausbildungsverhältnisses sind drei Zeiträume zu unterscheiden:
- vor Beginn der Berufsausbildung (vgl. § 22 Rn. 7 ff.),
- während der Probezeit (vgl. § 22 Rn. 10 ff.),
- nach Beendigung der Probezeit (vgl. § 22 Rn. 21 ff.).

### 3. Beendigung durch Zeitablauf

11 Der Berufsausbildungsvertrag ist kraft Gesetzes befristet. Er endet in jedem Falle mit Ablauf der Ausbildungsdauer (§ 21 Abs. 1 BBiG). Einer weiteren Erklärung oder Mitteilung bedarf es nicht.

### a. Ende der Ausbildungsdauer

12 Das Berufsausbildungsverhältnis endet mit dem »Ablauf der Ausbildungsdauer«. Die Ausbildungsdauer ergibt sich aus der Vertragsniederschrift (§ 11 Abs. 1 Nr. 2 BBiG; vgl. § 11 Rn. 12). Im Regelfall entspricht sie den Vorgaben der einschlägigen Ausbildungsordnung. Sie kann aber auch abgekürzt oder verlängert sein.

13 Die Beendigung gilt (wie auch sonst bei einem befristeten Vertrag) unabhängig davon, ob für die Auszubildenden zum Zeitpunkt der Vertragsbeendigung besondere arbeitsrechtliche Schutzvorschriften gelten. Ist eine Auszubildende zum Zeitpunkt des Endes der Ausbildungsdauer schwanger und würde sie deshalb unter das Kündigungsverbot des § 17 MuSchG fallen, so ändert das nichts an der Beendigung des Berufsausbildungsverhältnisses.[4] Es

---

3 Vgl. *BAG* 5. 12. 1985 – 2 AZR 61/85, NZA 1987, 20.
4 Vgl. *Leinemann/Taubert* BBiG § 21 Rn. 5.

## Beendigung § 21

besteht auch allein wegen der Schwangerschaft kein Anspruch auf Weiterbeschäftigung (vgl. § 24 Rn. 4).

Wird der oder die Auszubildende im Anschluss an die Beendigung des Berufsausbildungsverhältnisses tatsächlich **weiterbeschäftigt**, so gilt unter den Voraussetzungen des § 24 BBiG ein Arbeitsverhältnis als begründet. 14

Das Berufsausbildungsverhältnis endet auch dann mit Ablauf der Ausbildungsdauer, wenn die Abschlussprüfung erst zeitlich nach Ende der Ausbildung stattfindet oder wenn der Auszubildende zur Abschlussprüfung nicht zugelassen wird oder er an der Prüfung tatsächlich nicht teilnimmt (vgl. aber Rn. 25 ff.). Etwas anderes kann dann gelten, wenn es **vor** der Beendigung zu einer Verlängerung gemäß § 8 Abs. 2 BBiG kommt. 15

Bei **Nichtbestehen der Abschlussprüfung** endet das Berufsausbildungsverhältnis an sich gemäß § 21 Abs. 1 BBiG, es kann sich aber auf Verlangen des Auszubildenden gemäß § 21 Abs. 3 BBiG verlängern (vgl. Rn. 25 ff.). Verlangt der Auszubildende die Verlängerung nicht, tritt das Ende des Berufsausbildungsverhältnisses mit Ablauf der Ausbildungsdauer ein. Weiterer Erklärungen, wie einer Kündigung, bedarf es nicht. 16

### b. Stufenausbildung

Die Möglichkeit einer Stufenausbildjung muss sich aus der Ausbildungsordnung für den jeweiligen Ausbildungsberuf ergeben. Nur wenn in der einschlägigen Ausbildungsordnung eine Stufenausbildung vorgesehen ist, können die Vertragspartner eine solche vereinbaren. Ist in der einschlägigen Ausbildungsordnung eine Stufenausbildung vorgesehen, stellt sich die Frage der privat-rechtlichen Folgen der Stufenausbildung für den Abschluss eines Berufsausbildungsvertrags. 17

§ 21 Abs. 1 Satz 2 BBiG regelt ausdrücklich, dass bei der Stufenausbildung das Berufsausbildungsverhältnis mit Ablauf der »letzten Stufe« endet. Da gemäß § 25 BBiG eine Vereinbarung nichtig ist, die zuungunsten Auszubildender von den Vorschriften der §§ 10 ff. BBiG abweicht, darf damit zulässigerweise im Falle der Stufenausbildung nur ein Ausbildungsvertrag für die gesamte Ausbildungsdauer (also für alle Stufen zusammengenommen) vereinbart werden (Langvertrag). Damit ist für die Auszubildenden gesichert, dass sie nach dem erfolgreichen Abschluss der ersten Stufe die Ausbildung fortsetzen können. Ihre Berufsfreiheit (Art. 12 Abs. 1 GG) wird dadurch gewahrt, dass sie gemäß § 22 Abs. 2 Nr. 2 BBiG von sich aus das Berufsausbildungsverhältnis kündigen können, wenn sie die (weitere) Berufsausbildung aufgeben oder sich für eine andere Berufstätigkeit ausbilden lassen wollen. Diese Kündigungsmöglichkeit steht den Ausbildenden nicht zu.

### 4. Vorzeitige Beendigung mit Bestehen der Abschlussprüfung

18 Bestehen Auszubildende bereits vor Ablauf der regulären Ausbildungsdauer die Abschlussprüfung, so endet das Berufsausbildungsverhältnis **mit Bekanntgabe des Ergebnisses durch den Prüfungsausschuss** (§ 21 Abs. 2 BBiG).

19 Findet die Abschlussprüfung an einen bestimmten Tag statt, wird das Ergebnis aber erst später bekannt gegeben, endet das Berufsausbildungsverhältnis erst mit Ablauf des Tages der Bekanntgabe des Ergebnisses. Maßgeblich ist allein die Bekanntgabe des Ergebnisses »durch den Prüfungsausschuss«, also durch das Gremium, das die Prüfung abgenommen hat. Die Beendigung des Berufsausbildungsverhältnisses durch Bestehen der Abschlussprüfung tritt nur dann ein, wenn das Prüfungsverfahren abgeschlossen und dem Auszubildenden das Ergebnis der Prüfung mitgeteilt worden ist. Es genügt nicht, wenn der Auszubildende zwar die Prüfungsleistungen vor Ende der Ausbildung erbracht hat, ihm das Ergebnis jedoch noch nicht verbindlich mitgeteilt worden ist.[5]

Ist für das Bestehen der Abschlussprüfung nur noch die erfolgreiche Ablegung einer mündlichen Ergänzungsprüfung in einem einzelnen Prüfungsbereich erforderlich, tritt das vorzeitige Ende des Berufsausbildungsverhältnisses mit der **verbindlichen Mitteilung des Gesamtergebnisses** in diesem Fach ein.[6]

20 Den Ausbildenden werden auf deren Verlangen von der zuständigen Stelle die **Ergebnisse der Abschlussprüfung** der Auszubildenden **übermittelt** (§ 37 Abs. 2 Satz 2 BBiG). Der Ausbildende hat also einen Anspruch auf Übermittlung des Prüfungsergebnisses gegenüber der zuständigen Stelle, er muss es aber ausdrücklich verlangen. Dadurch ist gesichert, dass der Ausbildende von dem Ergebnis der Abschlussprüfung und damit dem Ende des Berufsausbildungsverhältnisses Kenntnis erhält.

21 Davon unabhängig ist auch der Auszubildende verpflichtet, dem Ausbildenden das Prüfungsergebnis mitzuteilen. Diese Verpflichtung ergibt sich jedenfalls als Nebenpflicht aus dem Berufsausbildungsverhältnis. Auch im Berufsausbildungsverhältnis besteht wie in jedem Vertragsverhältnis die Pflicht zur Rücksichtnahme auf die berechtigten Interessen der anderen Vertragspartei (vgl. § 241 Abs. 2 BGB).

### 5. Rechtsfolgen der Beendigung

22 Bei einer wirksamen Beendigung des Berufsausbildungsverhältnisses enden die vertraglichen Beziehungen zwischen Auszubildenden und Ausbildenden

---

[5] *BAG* 20.3.2018 – 9 AZR 479/17, Rn. 20, NZA 2018, 943.
[6] *BAG* 20.3.2018 – 9 AZR 479/17, Rn. 20, NZA 2018, 943.

# Beendigung § 21

(zur Übernahme in ein Arbeitsverhältnis vgl. § 24 BBiG). Bei einer vorzeitigen Beendigung des Berufsausbildungsverhältnisses kann ein **Schadensersatzanspruch** gegenüber dem vertragsbrüchigen Vertragspartner bestehen (§ 23 BBiG).

In jedem Falle hat der Auszubildende einen **Abrechnungs- und Zeugnisanspruch**. Der Ausbildende muss das Berufsausbildungsverhältnis vollständig abrechnen, noch offene Vergütungsansprüche ausgleichen und erforderlichenfalls die notwendigen Arbeitspapiere und die Lohnsteuerkarte aushändigen. Zugunsten des Auszubildenden besteht ein Anspruch auf ein Zeugnis (§ 16 BBiG). 23

## 6. Verlängerung der Ausbildungsdauer

Eine Verlängerung der Ausbildungsdauer ist möglich 24
- im Einzelfall auf Antrag Auszubildender (vgl. § 8 Rn. 14ff.),
- bei Nichtbestehen der Abschlussprüfung (vgl. Rn. 25ff.),
- wenn Elternzeit in Anspruch genommen wird oder bei der Ableistung von Wehr- oder Zivildienst (vgl. § 8 Rn. 22).

### a. Verlängerung bei Nichtbestehen der Abschlussprüfung

Bei Nichtbestehen der Abschlussprüfung endet an sich gemäß § 21 Abs. 1 BBiG mit Ablauf der Ausbildungsdauer das Berufsausbildungsverhältnis (vgl. Rn. 12). Zum **Schutz der Auszubildenden**, denen die Möglichkeit gegeben werden soll, die begonnene Berufsausbildung abzuschließen, sieht § 21 Abs. 3 BBiG vor, dass sich das Berufsausbildungsverhältnis auf Verlangen des Auszubildenden bis zur nächstmöglichen Wiederholungsprüfung verlängert, höchstens jedoch um ein Jahr. 25

#### aa. Vergleichbare Fallkonstellationen

Keine ausdrückliche Regelung enthält das Gesetz, ob sich das Berufsausbildungsverhältnis auch dann auf Verlangen der Auszubildenden verlängert, wenn diese **aus persönlichen Gründen** (etwa Krankheit) **an der Teilnahme an der Abschlussprüfung verhindert** sind. Das *BAG* geht von einer entsprechenden (analogen) Anwendung des § 21 Abs. 3 BBiG aus, so dass sich das Ausbildungsverhältnis auf Verlangen des Auszubildenden entsprechend verlängert.[7] 26

Nicht ausdrücklich gesetzlich geregelt ist auch der Fall, dass die **Abschlussprüfung** erst **nach dem** ursprünglich vereinbarten **Ende des Ausbildungs-** 27

---

7 Vgl. *BAG* 30.9.1998 – 5 AZR 58/98, NZA 1999, 434.

verhältnisses stattfindet. Da der Zeitpunkt der Abschlussprüfung nicht durch den Auszubildenden beeinflussbar ist und es sich bei § 21 Abs. 3 BBiG um eine Schutzvorschrift zugunsten der Auszubildenden handelt, muss den Auszubildenden ein Anspruch auf Verlängerung des Berufsausbildungsverhältnisses zustehen.

28 Dabei ist davon auszugehen, dass der Auszubildende zunächst einen Anspruch darauf hat, dass das Berufsausbildungsverhältnis bis zum Zeitpunkt der Abschlussprüfung verlängert wird. Besteht er die Abschlussprüfung, endet das Berufsausbildungsverhältnis. Besteht er die Abschlussprüfung nicht, hat er einen Anspruch auf Verlängerung in den Grenzen des § 21 Abs. 3 BBiG, gerechnet ab dem Zeitpunkt des Nichtbestehens. Ist der Auszubildende zwischenzeitlich schon ein anderes Ausbildungs- oder Arbeitsverhältnis mit einem anderen Arbeitgeber eingegangen, bleibt ihm gleichwohl das Recht nach § 21 Abs. 3 BBiG. Er kann in dem Fall das andere Ausbildungs- und Arbeitsverhältnis gemäß § 22 BBiG oder § 626 BGB kündigen. Das *BAG* sieht das allerdings anders: Findet die Abschlussprüfung erst nach dem Ende der Ausbildung statt, so führe das nicht zu einer Verlängerung der Ausbildung.[8]

### bb. »Verlangen« des Auszubildenden

29 Die Verlängerung tritt nicht automatisch ein, sondern nur auf Verlangen des Auszubildenden. Verlangt der Auszubildende die Fortsetzung, verlängert sich das Berufsausbildungsverhältnis aufgrund der **einseitigen Erklärung des Auszubildenden**. Eine Willenserklärung des Ausbildenden bedarf es nicht, sie kann also gegebenenfalls auch gegen dessen Willen erfolgen.[9] Es kommt auch nicht darauf an, ob zu erwarten ist, der Auszubildende werde die Wiederholungsprüfung bestehen.

30 Für das »Verlangen« besteht **keine Formvorschrift**. Es kann also schriftlich, aber auch mündlich oder durch schlüssiges Verhalten (konkludent) erfolgen, muss aber dem Ausbildenden in jedem Fall zur Kenntnis gelangen. Da es sich um eine Schutzvorschrift zugunsten der Auszubildenden handelt, sind an die Eindeutigkeit des Verlangens keine übertriebenen Anforderungen zu stellen. Im Zweifel ist das Begehren des Auszubildenden so auszulegen, dass dieser die Fortsetzung der Ausbildung wünscht. Verbleiben beim Ausbildenden Zweifel, muss er den Auszubildenden auffordern, sich ausdrücklich zu erklären.

31 Eine Frist oder zeitliche Grenze, binnen derer der Auszubildende sein Fortsetzungsverlangen kundtun muss, sieht das Gesetz nicht vor. Es ist indes

---

8 *BAG* 14.1.2009 – 3 AZR 427/07, NZA 2009, 738; *BAG* 13.3.2007 – 9 AZR 494/06, AP BBiG § 14 Nr. 13.
9 Vgl. *BAG* 15.3.2000 – 5 AZR 622/98, NZA 2001, 214.

## Beendigung §21

auch das Interesse des Ausbildenden zu beachten, dass dieser möglichst zeitnah wissen will, ob der Auszubildende im Betrieb verbleibt oder ob er anderweitig disponieren kann.

Das *BAG* meint, dass der **Anspruch** des Auszubildenden **auf Verlängerung** **32**
**des Ausbildungsverhältnisses** mit der **Kenntnis vom Nichtbestehen** der Abschlussprüfung entstehe.[10] Eine Verlängerung setze – so das *BAG* – demnach voraus, dass sie in einem engen zeitlichen Zusammenhang mit dem bestehenden Rechtsverhältnis erfolge. Andernfalls werde ein neues Rechtsverhältnis begründet. Es ist wie folgt zu differenzieren: Der Anspruch auf Verlängerung des Berufsausbildungsverhältnisses gemäß § 21 Abs. 3 BBiG entsteht mit Kenntnis des Auszubildenden vom Nichtbestehen der Abschlussprüfung. **Vor Ablauf der** im Berufsausbildungsvertrag vereinbarten **Ausbildungsdauer** ist die Geltendmachung des Verlängerungsanspruchs **nicht fristgebunden**. Macht der Auszubildende einen während des Berufsausbildungsverhältnisses entstandenen Anspruch auf Verlängerung erst **nach Ende der vereinbarten Ausbildungsdauer** geltend, verlängert sich das Berufsausbildungsverhältnis nur dann bis zur nächstmöglichen Wiederholungsprüfung, wenn das Verlangen **unverzüglich** erklärt wird.[11]

### cc. Rechtsfolgen des Verlängerungsverlangens

Verlangt der Auszubildende die Fortsetzung, verlängert sich das Berufsaus- **33**
bildungsverhältnis kraft Gesetzes aufgrund einseitiger Erklärung ohne jede Willenserklärung des Ausbildenden. Die »Verlängerung« hat zur Folge, dass das Berufsausbildungsverhältnis mit den Rechten und Pflichten fortgesetzt wird, wie sie zum Zeitpunkt des Fortsetzungsverlangens bestanden haben. Ein Anspruch auf eine höhere Ausbildungsvergütung besteht nicht (vgl. § 17 Rn. 25). Es darf wegen der Verlängerung aber andererseits auch keine Kürzung der Ausbildungsvergütung vereinbart werden. Anderslautende einzelvertragliche Vereinbarungen wären gemäß § 25 BBiG unwirksam. In der Regel ist die Ausbildungsvergütung für das dritte Ausbildungsjahr auch im Falle der Verlängerung zu zahlen. Allein der Umstand, dass sich der Auszubildende in einem nach § 21 Abs. 3 BBiG verlängerten Ausbildungsverhältnis befindet, ist kein sachlicher Grund für eine unterschiedliche Behandlung gegenüber anderen Auszubildenden im dritten Ausbildungsjahr.[12]

Die Verlängerung erfolgt **bis zur nächstmöglichen Wiederholungsprü- 34
fung**, höchstens aber um ein Jahr. Wird die Wiederholungsprüfung bestanden, endet das Ausbildungsverhältnis. Gleiches gilt, wenn sie nicht be-

---

10 *BAG* 23.9.2004 – 6 AZR 519/03, NZA 2005, 413.
11 *BAG* 23.9.2004 – 6 AZR 519/03, NZA 2005, 413.
12 *LAG Rheinland-Pfalz* 21.8.2009 – 9 Sa 297/09.

### dd. Nichtbestehen der Wiederholungsprüfung

**35** Fraglich ist, ob sich das Berufsausbildungsverhältnis nochmals auf Verlangen des Auszubildenden verlängert, wenn dieser auch die **Wiederholungsprüfung nicht besteht.** Die Frage stellt sich deshalb, weil die Abschlussprüfung zweimal wiederholt werden kann (§ 37 Abs. 1 Satz 2 BBiG). Nach der Rechtsprechung des BAG verlängert sich das Berufsausbildungsverhältnis auf ein Verlängerungsverlangen des Auszubildenden auch **bis zur zweiten Wiederholungsprüfung,** aber nur wenn diese noch innerhalb der **Höchstfrist von einem Jahr** nach Ablauf der vertraglich vorgesehenen Ausbildungsdauer abgelegt wird. Die Beendigungswirkung tritt unabhängig davon ein, ob die zweite Wiederholungsprüfung bestanden oder nicht bestanden wird.[13]

**36** Nach dem Gesetz besteht für die Verlängerungsmöglichkeit also eine **Höchstfrist von einem Jahr.** Darüber hinaus hat der Auszubildende keinen gesetzlichen Anspruch auf Verlängerung des Berufsausbildungsverhältnisses. Einzelvertraglich könnte aber zugunsten des Auszubildenden durchaus eine weitere Verlängerung vereinbart werden. Praktisch relevant ist dies indes nur für solche Fälle, in denen der Auszubildende die erste Wiederholungsprüfung nicht bestanden hat und die zweite Wiederholungsprüfung erst nach Ende der Jahresfrist liegt.

**37** Liegt die **zweite Wiederholungsprüfung** noch innerhalb der Jahresfrist, stellt sich die Frage einer weiteren Verlängerung des Berufsausbildungsverhältnisses bei Nichtbestehen dieser zweiten Wiederholungsprüfung faktisch nicht, weil der Auszubildende ohnedies die Berufsausbildung nicht mehr erfolgreich abschließen kann, weil eine weitere Wiederholungsmöglichkeit nicht besteht.

### b. Verlängerung durch Elternzeit

**38** Zu einer Verlängerung des Berufsausbildungsverhältnisses kann es zudem kommen, wenn der oder die Auszubildende **Elternzeit** in Anspruch nimmt. § 20 Abs. 1 Satz 2 BEEG bestimmt, dass die Elternzeit nicht auf Berufsbildungszeiten angerechnet wird. Während der Elternzeit ruht das Berufsausbildungsverhältnis. Durch die Nichtanrechnung der Elternzeit auf die Zeit des Berufsausbildungsverhältnisses verlängert sich das Berufsausbildungsverhältnis automatisch ohne weiteres Zutun der Vertragsparteien um die

---

13 Vgl. BAG 15. 3. 2000 – 5 AZR 622/98, NZA 2001, 214.

# Kündigung § 22

Zeit der Elternzeit. Es bedarf keiner Verlängerungserklärung oder -vereinbarung der Vertragspartner oder der zuständigen Stelle.

## § 22 Kündigung

(1) Während der Probezeit kann das Berufsausbildungsverhältnis jederzeit ohne Einhalten einer Kündigungsfrist gekündigt werden.

(2) Nach der Probezeit kann das Berufsausbildungsverhältnis nur gekündigt werden
1. aus einem wichtigen Grund ohne Einhalten einer Kündigungsfrist,
2. von Auszubildenden mit einer Kündigungsfrist von vier Wochen, wenn sie die Berufsausbildung aufgeben oder sich für eine andere Berufstätigkeit ausbilden lassen wollen.

(3) Die Kündigung muss schriftlich und in den Fällen des Absatzes 2 unter Angabe der Kündigungsgründe erfolgen.

(4) Eine Kündigung aus einem wichtigen Grund ist unwirksam, wenn die ihr zugrunde liegenden Tatsachen dem zur Kündigung Berechtigten länger als zwei Wochen bekannt sind. Ist ein vorgesehenes Güteverfahren vor einer außergerichtlichen Stelle eingeleitet, so wird bis zu dessen Beendigung der Lauf dieser Frist gehemmt.

| Inhaltsübersicht | Rn |
|---|---|
| 1. Überblick | 1 |
| 2. Besonderheiten bei minderjährigen Auszubildenden | 2– 6 |
|    a. Kündigung durch minderjährige Auszubildende | 2– 4 |
|    b. Kündigung gegenüber minderjährigen Auszubildenden | 5, 6 |
| 3. Kündigung vor Beginn der Berufsausbildung | 7– 9 |
| 4. Kündigung während der Probezeit | 10–20 |
|    a. Kein Kündigungsgrund erforderlich | 11 |
|    b. »Während« der Probezeit | 12 |
|    c. Auslauffrist | 13–15 |
|    d. Schriftform | 16–18 |
|    e. Geltung sonstiger Kündigungsschutznormen | 19, 20 |
| 5. Kündigung nach der Probezeit durch die Ausbildenden | 21–69 |
|    a. Grundsätzliche Anforderungen an den Kündigungsgrund | 22–26 |
|    b. Verhaltensbedingte Kündigungsgründe | 27–48 |
|      aa. Verhältnismäßigkeitsgrundsatz | 27–33 |
|      bb. Typische Fallkonstellationen | 34–48 |
|    c. Personenbedingte Kündigungsgründe | 49 |
|    d. Betriebsbedingte Kündigungsgründe | 50 |
|    e. Qualifizierte Schriftform | 51–56 |
|    f. Zwei-Wochen-Frist | 57–59 |
|    g. Geltung besonderer Kündigungsschutznormen | 60, 61 |
|    h. Rechtsschutz gegen die Kündigung | 62–69 |
|      aa. Klagefrist | 63–65 |
|      bb. Anspruch auf die weitere Ausbildung | 66–68 |

cc. Kein Anspruch auf Zahlung einer Abfindung. . . . . . . . . . 69
6. Kündigung nach der Probezeit durch die Auszubildenden . . . . . . . . 70–73
   a. Kündigungsmöglichkeit zum Schutz der Berufsfreiheit der Auszubildenden . . . . . . . . . . . . . . . . . . . . . . . . . . . . . . . . . . . . . 70, 71
   b. Kündigung aus einem »wichtigen Grund« . . . . . . . . . . . . . . 72
   c. Qualifizierte Schriftform . . . . . . . . . . . . . . . . . . . . . . . . 73

## 1. Überblick

1 § 22 BBiG regelt, allerdings nicht abschließend, die Kündigung des Berufsausbildungsverhältnisses. Zum Schutze der Auszubildenden soll die Kündigung zwar während der Probezeit problemlos möglich sein, danach aber nur ausnahmsweise. Die Norm gilt auch für Berufsausbildungsverhältnisse im **Handwerk** (vgl. § 3 Rn. 10). Neben § 22 BBiG gibt es auch andere Beendigungstatbestände (vgl. § 21 Rn. 1 ff.).

Ein Mangel in der Berechtigung, Auszubildende einzustellen oder auszubilden, berührt nicht die Wirksamkeit des Berufsausbildungsvertrags (§ 10 Abs. 4 BBiG), kann allerdings unter bestimmten Umständen eine Kündigung rechtfertigen. Genauso wenig bewirkt die **Löschung eines Ausbildungsvertrags aus dem Verzeichnis der Berufsausbildungsverhältnisse** (§ 35 Abs. 2 BBiG) automatisch die Beendigung des Ausbildungsverhältnisses oder kann als solche eine Kündigung rechtfertigen. Die Löschung wirkt sich auf die Wirksamkeit des Ausbildungsvertrags nicht aus.[1] Vielmehr ist gesondert zu prüfen, ob ein hinreichender Kündigungsgrund vorliegt.

## 2. Besonderheiten bei minderjährigen Auszubildenden

### a. Kündigung durch minderjährige Auszubildende

2 Für eine wirksame Kündigungserklärung ist grundsätzlich Voraussetzung, dass sowohl derjenige, der die Kündigung erklärt, als auch der Erklärungsempfänger volljährig ist. Der Minderjährige ist nur **beschränkt geschäftsfähig** (§ 106 BGB). Der Minderjährige kann deshalb wirksam nur mit Einwilligung des gesetzlichen Vertreters kündigen. »Einwilligung« ist die vorherige Zustimmung, also die zeitlich vor Ausspruch der Kündigungserklärung erteilte Zustimmung (§ 183 BGB). Wenn die gesetzlichen Vertreter ein Kündigungsschreiben des Minderjährigen mit unterschreiben, liegt die Einwilligung vor.[2] In Einzelfällen kann problematisch sein, wer »gesetzlicher Vertreter« ist (vgl. § 10 Rn. 11 ff.). Ein einseitiges Rechtsgeschäft (wie die Kündigung), das der Minderjährige ohne die erforderliche Einwilligung des gesetzlichen Vertreters vornimmt, ist unwirksam (§ 111 Satz 1 BGB).

---

1 *BAG* 22.2.2018 – 6 AZR 50/17, Rn. 28, NZA 2018, 575.
2 *BAG* 22.2.2018 – 6 AZR 50/17, Rn. 13, NZA 2018, 575.

# Kündigung § 22

Nimmt der Minderjährige mit Einwilligung der gesetzlichen Vertreter ein solches Rechtsgeschäft (Kündigung) einem anderen gegenüber vor, so ist das Rechtsgeschäft (die Kündigung) unwirksam, wenn der Minderjährige die **Einwilligung** nicht **in schriftlicher Form** vorlegt **und** der andere das Rechtsgeschäft (die Kündigung) aus diesem Grunde zurückweist (§ 111 Satz 2 BGB). Liegt die Einwilligung tatsächlich (wenn auch nicht schriftlich) vor und weist der Kündigungsempfänger die Kündigung **nicht** zurück, ist die Kündigung wirksam. Liegt die Einwilligung tatsächlich nicht vor, macht der Kündigungsempfänger gleichwohl von seinem Zurückweisungsrecht keinen Gebrauch, kann die Kündigung vom gesetzlichen Vertreter noch genehmigt werden. **Genehmigung** ist die nachträgliche Zustimmung. Mit Erteilung der Genehmigung wird die Kündigung wirksam (§ 184 Abs. 1 BGB). Verweigert der gesetzliche Vertreter die Genehmigung, ist die Kündigung endgültig unwirksam. 3

Um eine Zurückweisung der Kündigung gemäß § 111 Satz 2 BGB zu vermeiden, empfiehlt es sich, stets eine **schriftliche Einwilligung** vorzulegen. Die Zurückweisung der Kündigung wegen Fehlens einer schriftlichen Einwilligungserklärung ist allerdings gemäß § 111 Satz 3 BGB ausgeschlossen, wenn der gesetzliche Vertreter den anderen (also den Kündigungsempfänger) von der Einwilligung in **Kenntnis** gesetzt hatte. 4

## b. Kündigung gegenüber minderjährigen Auszubildenden

Ist der oder die Auszubildende zum Zeitpunkt des Ausspruchs der Kündigungserklärung minderjährig, dann ist die Kündigung gegenüber dem gesetzlichen Vertreter des Minderjährigen zu erklären (§ 131 BGB). Eine gegenüber dem Minderjährigen erklärte Kündigung ist unwirksam. Die Kündigung wird erst **mit Zugang beim gesetzlichen Vertreter wirksam**.[3] Obwohl grundsätzlich das Kind durch die Eltern gemeinschaftlich vertreten wird, genügt der Zugang der Kündigung bei einem Elternteil (§ 1629 Abs. 1 Satz 2 BGB). 5

Eine gegenüber einem Minderjährigen abgegebene schriftliche Willenserklärung geht zu und wird wirksam (§ 131 Abs. 2 Satz 1 BGB), wenn sie mit dem erkennbaren Willen abgegeben worden ist, dass sie seinen gesetzlichen Vertreter erreicht, und wenn sie tatsächlich in den Herrschaftsbereich des Vertreters gelangt. Sie muss mit Willen des Erklärenden in Richtung auf den gesetzlichen Vertreter in den Verkehr gelangt sein und der Erklärende muss damit gerechnet haben können und gerechnet haben, sie werde (und sei es auf Umwegen) den von ihm bestimmten Empfänger erreichen.[4]

---

3 *BAG* 8.12.2011 – 6 AZR 354/10, NZA 2012, 495.
4 *BAG* 8.12.2011 – 6 AZR 354/10, Rn. 19, NZA 2012, 495.

Wird ein Kündigungsschreiben an den Auszubildenden, gesetzlich vertreten durch seine Eltern, adressiert, lässt dies den Willen des Ausbildenden, dass das Kündigungsschreiben die Eltern des Minderjährigen als dessen gesetzliche Vertreter erreichen soll, noch hinreichend erkennen. Der Ausbildende trägt allerdings bei einer solchen Adressierung das Risiko, dass bei postalischer Übermittlung die Zusteller ein solches Schreiben in einen eventuell vorhandenen eigenen Briefkasten des Minderjährigen einwerfen. Will der Ausbildende dieses Risiko vermeiden, muss er das Kündigungsschreiben an die Eltern als gesetzliche Vertreter des Auszubildenden adressieren.[5]

Der Zugang einer Kündigungserklärung kann auch durch Dritte, auf Seiten des Erklärenden durch sogenannte Erklärungsboten, vermittelt werden. Der Bote muss nicht geschäftsfähig sein. Übergibt ein Ausbildender einem minderjährigen Auszubildenden das an die Eltern gerichtete Kündigungsschreiben mit der Bitte, dieses den Eltern zu übergeben, handelt der Minderjährige als Erklärungsbote des Ausbildenden.[6]

6 Dem gesetzlichen Vertreter des oder der Minderjährigen sind auch die **Kündigungsgründe** gemäß § 22 Abs. 3 BBiG (vgl. Rn. 51 ff.) mitzuteilen, ansonsten ist die Kündigung unwirksam. Es reicht nicht, wenn nur dem Minderjährigen selbst die Kündigungsgründe mitgeteilt werden.[7]

### 3. Kündigung vor Beginn der Berufsausbildung

7 Die Kündigung während und nach der Probezeit ist in § 22 BBiG ausdrücklich gesetzlich geregelt, nicht aber die Kündigung **vor** Beginn der Berufsausbildung. Eine solche Kündigung kann aber für beide Seiten notwendig werden, vor allem dann, wenn zwischen dem Abschluss des Ausbildungsvertrags und dem vereinbarten Beginn der Ausbildung mehrere Monate liegen. Dann mag aufgrund neuerer Entwicklungen eine der Vertragsparteien nicht mehr an der Vertragsbindung festhalten wollen. Der Auszubildende hat z. B. eine andere Ausbildungsstelle gefunden, die ihm attraktiver erscheint oder er hat sich entschlossen, doch einen anderen Ausbildungsberuf zu wählen. Der Ausbildende etwa gibt seine Betriebstätigkeit auf oder er erhält doch nicht die Subventionen, die er sich bei der Einstellung Auszubildender erhofft hatte.

8 In der Rechtsprechung ist anerkannt, dass auch bereits vor Beginn der Ausbildung das Berufsausbildungsverhältnis von beiden Vertragsparteien ordentlich entfristet, also ohne Beachtung einer Kündigungsfrist (wie wäh-

---

5 *BAG* 8.12.2011 – 6 AZR 354/10, Rn. 24/25, NZA 2012, 495.
6 *LAG Schleswig-Holstein* 20.3.2008 – 2 Ta 45/08.
7 Vgl. *BAG* 25.11.1976 – 2 AZR 751/75, AP BBiG § 15 Nr. 4; *LAG Nürnberg* 21.6.1994 – 2 (4) Sa 510/91, LAGE BBiG § 15 Nr. 8.

# Kündigung § 22

rend der Probezeit) gekündigt werden kann.[8] Die Kündigung ist jederzeit vor Beginn der Ausbildung zulässig, es ist aber das **Schriftformerfordernis** (vgl. Rn. 16) zu beachten. Es muss nicht der Beginn der vereinbarten Ausbildung abgewartet werden, um erst dann (innerhalb der Probezeit) kündigen zu können.

Eine **Ausnahme** von dieser Kündigungsbefugnis vor Ausbildungsbeginn besteht nur dann, wenn die Vertragsparteien ausdrücklich eine abweichende Regelung vereinbart haben oder sich eine solche aus den konkreten Umständen des Einzelfalls ergibt, z. B. bei Vereinbarung oder dem ersichtlichen gemeinsamen Interesse, die Ausbildung jedenfalls für einen Teil der Probezeit tatsächlich durchzuführen.[9]   9

Das ist in der Regel nicht anzunehmen. Faktisch führt dies dazu, dass die Vertragsparteien bis zum Beginn der Ausbildung das Risiko haben, ob die Vertragsbeziehung tatsächlich durchgeführt wird. Selbst wenn die Ausbildung aufgenommen wird, bleibt das Risiko, ob es nicht innerhalb der Probezeit »von heute auf morgen« gekündigt wird.

## 4. Kündigung während der Probezeit

Während der Probezeit kann das Berufsausbildungsverhältnis **jederzeit ohne Einhalten einer Kündigungsfrist** von beiden Seiten gekündigt werden (§ 22 Abs. 1 BBiG).   10

### a. Kein Kündigungsgrund erforderlich

Die Probezeit hat – wie der Begriff schon zum Ausdruck bringt – die Funktion der Erprobung für beide Vertragspartner (vgl. § 20 Rn. 2). Deshalb besteht in dieser Zeit diese vereinfachte Kündigungsmöglichkeit. Besonderer Gründe bedarf es für die Kündigung während dieser Zeit nicht. Es besteht »Kündigungsfreiheit«.[10] Gegen diese gesetzlich ausdrücklich zugelassene vereinfachte Kündigungsmöglichkeit bestehen rechtlich keine, auch keine verfassungsrechtlichen Bedenken.[11]   11

### b. »Während« der Probezeit

Die erleichterte Kündigungsmöglichkeit besteht »während« der Probezeit. Deshalb muss die **schriftliche** Kündigung noch während dieser Zeit erklärt werden und dem Erklärungsempfänger noch innerhalb der Probezeit zuge-   12

---

8 *LAG Düsseldorf* 16.9.2011 – 6 Sa 909/11, NZA-RR 2012, 127.
9 Vgl. *BAG* 17.9.1987 – 2 AZR 654/86, NZA 1988, 735.
10 *BAG* 8.12.2011 – 6 AZR 354/10, Rn. 43, NZA 2012, 495.
11 Vgl. *BAG* 16.12.2004 – 6 AZR 127/04, NZA 2005, 578.

hen. Ist der Auszubildende noch minderjährig, muss den Eltern die Kündigung rechtzeitig zugehen.[12] Wenn die Kündigung auch nur einen Tag später zugeht, ist die Kündigung nur wirksam, wenn die erschwerten Voraussetzungen der Kündigung nach der Probezeit vorliegen (vgl. Rn. 21 ff.).
Eine Kündigung des Berufsausbildungsverhältnisses durch den Ausbildenden und daran anschließend die erneute Begründung eines Ausbildungsverhältnisses mit denselben Vertragspartnern im selben Ausbildungsberuf ist zwar zulässig. Eine neue Probezeitvereinbarung ist aber unwirksam wegen objektiver Umgehung des § 20 BBiG, der gemäß § 25 BBiG eine Schutznorm zugunsten des Auszubildenden darstellt. Etwas anderes kann allenfalls dann gelten, wenn für die Kündigung bei objektiver Betrachtung der Rechtslage tatsächlich ein hinreichend wichtiger Kündigungsgrund im Sinne des § 22 Abs. 2 Nr. 1 BBiG vorgelegen hat.[13] Das *BAG* will generell darauf abstellen, ob zu einem vorherigen Ausbildungsverhältnis derselben Vertragsparteien ein derart enger sachlicher Zusammenhang besteht, dass es sich sachlich um *ein* Berufsausbildungsverhältnis handelt.[14]

### c. Auslauffrist

13 Nach dem Gesetz ist eine Kündigungsfrist nicht vorgesehen. Es ist indes anerkannt, dass während der Probezeit auch unter Zubilligung einer Auslauffrist wirksam gekündigt werden kann. Die Auslauffrist muss allerdings so bemessen sein, dass sie nicht zu einer unangemessen langen Fortsetzung des Berufsausbildungsvertrags führt, der nach dem endgültigen Entschluss des Kündigenden nicht bis zur Beendigung der Ausbildung durchgeführt werden soll.[15]

14 Unproblematisch ist es, die Kündigung erst zum Monatsende auszusprechen, um zu einem »runden Ende« zu kommen. Problematisch ist es, eine längere Auslauffrist zu gewähren. Da der ausdrücklich erklärte Willen aber jedenfalls darauf zielt, das Berufsausbildungsverhältnis während der Probezeit zu beenden, kann die Gewährung einer zu langen Auslauffrist nicht dazu führen, dass die Kündigung unwirksam ist, vielmehr endet das Berufsausbildungsverhältnis bereits mit Zugang der Kündigung, wenn der Kündigungsempfänger das wünscht. Der gesetzlich vorgesehene Regelfall ist, dass bei einer Kündigung während der Probezeit das Berufsausbildungsverhältnis mit Zugang der Kündigung sofort endet.

15 **Problematisch** ist vor allem folgende Konstellation: Der Ausbildende erklärt dem Auszubildende am letzten Tag der Probezeit eine Kündigung zum

---

12 *BAG* 8.12.2011 – 6 AZR 354/10, NZA 2012, 495.
13 *Leinemann/Taubert* BBiG § 20 Rn. 21.
14 *BAG* 12.2.2015 – 6 AZR 831/13, Rn. 29 ff., NZA 2015, 737.
15 Vgl. *BAG* 10.11.1988 – 2 AZR 26/88, NZA 1989, 268.

# Kündigung § 22

nächsten Monatsende, der bereits außerhalb der Probezeit liegt. Eine solche Kündigung dürfte unwirksam sein. Sie ist zwar noch während der Probezeit erklärt, das Berufsausbildungsverhältnis soll aber nach dem ausdrücklich erklärten Willen des Kündigenden erst zu einem Zeitpunkt enden, der nicht mehr »während der Probezeit« ist. Es handelt sich in dem Fall daher um eine Kündigung »nach der Probezeit«, für die verschärfte Voraussetzungen gelten. In diesem Fall wäre die Kündigung schon deshalb unwirksam, weil in dem Schreiben die Kündigungsgründe nicht angegeben sind (vgl. Rn. 51 ff.). Das *BAG* hat einen vergleichbaren Fall allerdings anders entschieden und die Kündigung für wirksam erachtet.[16]

### d. Schriftform

Auch die Kündigung während der Probezeit muss gemäß § 22 Abs. 3 BBiG **16** **schriftlich** erfolgen. Eine mündliche Kündigung ist unwirksam. Einer Angabe von Kündigungsgründen in dem Kündigungsschreiben bedarf es zu ihrer Wirksamkeit nicht – anders als nach der Probezeit (vgl. Rn. 51 ff.) –, weil es ja gerade um eine »freie«, nicht begründungsbedürftige Kündigungsmöglichkeit während dieser Zeit geht.

Für die Schriftform gilt § 126 BGB. Die Kündigung muss vom Aussteller **17** (dem, der die Kündigung erklärt) eigenhändig handschriftlich (im Original) durch Namensunterschrift unterzeichnet werden. Bei einer Gesellschaft bürgerlichen Rechts (GbR) muss die Kündigung von allen Gesellschaftern persönlich unterzeichnet oder gegebenenfalls die Vertretung für andere offengelegt sein.[17]

Das Kündigungsschreiben muss nicht handschriftlich sein. Es kann auch **18** mit dem PC geschrieben, gedruckt oder vervielfältigt sein. Nur die Unterschrift muss eigenhändig geschrieben sein. Die in § 126b BGB geregelte Textform, bei der es keiner Originalunterschrift bedarf, genügt nicht, weil § 22 Abs. 3 ausdrücklich verlangt, dass die Kündigung »schriftlich« erfolgen muss. Der Schriftform genügt **nicht** eine Kündigung per E-Mail, SMS oder durch Telefax. Auch die elektronische Form gemäß § 126a BGB (mit einer qualifizierten elektronischen Signatur) ist – entsprechend wie bei § 623 BGB – ausgeschlossen.

### e. Geltung sonstiger Kündigungsschutznormen

Ausnahmsweise kann die Kündigung während der Probezeit gegen die guten **19** Sitten (§ 138 BGB) oder gegen den Grundsatz von Treu und Glauben (§ 242 BGB) verstoßen – das wird nur in krassen Ausnahmefällen relevant sein.

---

16 Vgl. *BAG* 10.11.1988 – 2 AZR 26/88, NZA 1989, 268.
17 Vgl. *BAG* 21.4.2005 – 2 AZR 162/04, NZA 2005, 865.

Auch für die Kündigung während der Probezeit sind neben den Bestimmungen des BBiG die sonstigen Kündigungsregelungen in anderen Gesetzen zu beachten. Besteht ein **Betriebsrat**, ist dieser vor Ausspruch der Kündigung zu hören (vgl. § 10 Rn. 53), das gilt auch bei einer Kündigung während der Probezeit.[18] Auch die **Sonderkündigungsschutznormen** sind zu beachten, vor allem das Kündigungsverbot zugunsten von Frauen während der **Schwangerschaft** und bis zum Ablauf von vier Monaten nach der Entbindung gemäß § 17 MuSchG.[19]

20 Die Sonderregelungen zugunsten von **schwerbehinderten Menschen**, die vorsehen, dass das Integrationsamt einer solchen Kündigung vor deren Ausspruch zustimmen muss (§§ 168 ff.) SGB IX), entfällt allerdings bei einer Kündigung während der Probezeit in der Regel, weil dieser Schutz erst eingreift, wenn das Vertragsverhältnis länger als sechs Monate besteht (§ 173 Abs. 1 Nr. 1 SGB IX).

### 5. Kündigung nach der Probezeit durch die Ausbildenden

21 Das Berufsausbildungsverhältnis kann nach der Probezeit von den Ausbildenden nur »**aus einem wichtigen Grund**« ohne Einhalten einer Kündigungsfrist gekündigt werden (§ 22 Abs. 2 Nr. 1 BBiG).

#### a. Grundsätzliche Anforderungen an den Kündigungsgrund

22 Ausgehend von dem Zweck des Berufsausbildungsverhältnisses, den Auszubildenden das Erlernen eines Berufs zu ermöglichen, und der ohnehin begrenzten zeitlichen Bindung, sind an die Kündigung eines Berufsausbildungsverhältnisses nach der Probezeit besonders **hohe Anforderungen** zu stellen.[20]

23 Gründe, die in einem Arbeitsverhältnis eine außerordentliche Kündigung rechtfertigen würden, müssen nicht gleichfalls für ein Berufsausbildungsverhältnis gelten. Bei der Abwägung, ob bei Berücksichtigung der Interessen beider Vertragsparteien ein wichtiger Grund für die vorzeitige Beendigung des Berufsausbildungsverhältnisses besteht, ist auch die im Zeitpunkt der

---

18 *LAG Rheinland-Pfalz* 30.11.2011 – 8 Sa 408/11.
19 Vgl. *LAG Berlin* 1.7.1985 – 9 Sa 28/85, BB 1986, 62.
20 Vgl. *BAG* 1.7.1999 – 2 AZR 676/98, NZA 1999, 1270; *BAG* 10.5.1973 – 2 AZR 328/72, AP BBiG § 15 Nr. 3; *LAG Berlin-Brandenburg* 17.12.2015 – 10 Sa 1300/15; *LAG Köln* 11.8.1995 – 12 Sa 426/95, NZA-RR 1996, 128; *LAG Berlin* 9.6.1986 – 9 Sa 27/86, LAGE BBiG § 15 Nr. 2.

# Kündigung § 22

Kündigung bereits **zurückgelegte Ausbildungszeit** im Verhältnis zur Gesamtdauer der Ausbildung zu berücksichtigen.[21]

Neben der Dauer der Ausbildung ist auch zu beachten, dass die Auszubildenden in der Regel noch am **Anfang des Berufslebens** stehen und deshalb häufig noch nicht ausreichend die für einen geregelten Betriebsablauf notwendigen Verhaltensweisen internalisiert haben. Auch das **Alter** der Auszubildenden ist gegebenenfalls zu ihren Gunsten zu berücksichtigen, das gilt vor allem bei Minderjährigen und jungen Volljährigen, deren Persönlichkeitsentwicklung noch nicht abgeschlossen ist. In der Regel sind als wichtiger Grund für eine Kündigung nur solche Umstände geeignet, die bei objektivierender Vorausschau ergeben, dass das Ausbildungsziel erheblich gefährdet oder nicht mehr zu erreichen ist.[22] 24

Je mehr sich das Berufsausbildungsverhältnis seinem Ende, der Abschlussprüfung nähert, desto schärfer sind die Anforderungen an den wichtigen Grund. Im letzten Ausbildungsjahr, erst recht kurz vor dem **Prüfungstermin** wird eine fristlose Kündigung durch die Ausbildenden nur in besonderen Ausnahmefällen zulässig sein.[23] 25

Grundsätzlich kann man auch bei der Kündigung eines Berufsausbildungsverhältnisses **verhaltens-, personen- und betriebsbedingte Gründe** unterscheiden. Stets ist bei der Abwägung, ob ein hinreichend wichtiger Grund für die Kündigung vorliegt, auf die **Umstände des Einzelfalls** abzustellen, so dass generalisierende Aussagen, in welchen Fällen ein Kündigungsgrund vorliegt, schwer möglich sind. Stets ist zu fragen, ob erstens »an sich« ein wichtiger Grund für die Kündigung eines Berufsausbildungsverhältnisses vorliegt und dieser zweitens auch unter Berücksichtigung der Besonderheiten des Einzelfalls die Kündigung rechtfertigen kann. Insofern ist stets eine abschließende **Interessenabwägung** erforderlich, für die es keine generellen Maßstäbe gibt, sondern die gerade die Besonderheiten des Einzelfalls berücksichtigen soll. 26

### b. Verhaltensbedingte Kündigungsgründe

### aa. Verhältnismäßigkeitsgrundsatz

Verhaltensbedingte Kündigungsgründe liegen vor bei besonders groben oder wiederholten Verstößen (trotz vorheriger Abmahnungen) gegen Pflichten aus dem Berufsausbildungsverhältnis oder sonstigen Verhaltenspflichten, deren Einhaltung für eine gedeihliche Zusammenarbeit unabän- 27

---

21 Vgl. *BAG* 10.5.1973 – 2 AZR 328/72, AP BBiG § 15 Nr. 3; *LAG Düsseldorf* 15.4.1993 – 5 Sa 220/93, EzB BBiG § 15 Abs. 2 Nr. 1, Nr. 76.
22 Vgl. *LAG Köln* 25.6.1987 – 10 Sa 223/87, LAGE BBiG § 15 Nr. 4.
23 *LAG Köln* 22.1.2013 – 11 Sa 783/12.

derlich notwendig ist. Bevor eine Kündigung zulässig ist, ist zunächst – soweit zumutbar und Erfolg versprechend – mit erzieherischen Mitteln oder mit Abmahnungen auf die Auszubildenden einzuwirken.[24]

**28** Falls das nichts bewirken oder von vornherein aussichtslos oder der Pflichtenverstoß so schwerwiegend sein sollte, dass nicht erwartet werden kann, der Ausbildende werde diesen hinnehmen, darf zulässigerweise – gleichsam als »letztes Mittel« (ultima-ratio-Prinzip) – eine Kündigung ausgesprochen werden. Da die Beendigung des Berufsausbildungsverhältnisses wegen eines Pflichtenverstoßes die schärfste Sanktion darstellt, ist es notwendig, dass der Ausbildende zunächst versucht, mit anderen Mitteln auf den Auszubildenden einzuwirken, wenn dies Erfolg versprechend ist (**Verhältnismäßigkeitsgrundsatz**). Das gilt grundsätzlich auch bei Verstößen der Auszubildenden gegen ihre Pflichten während der Berufsausbildung gemäß § 13. Deshalb bedarf es im Regelfall bei verhaltensbedingten Gründen der vorherigen **Abmahnung**.[25]

**29** Bei **minderjährigen** Auszubildenden muss die Abmahnung auch dem gesetzlichen Vertreter zur Kenntnis gebracht werden.[26]

**30** Zu den unverzichtbaren Voraussetzungen einer ordnungsgemäßen Abmahnung gehört die konkrete Feststellung des zu beanstandenden Verhaltens, die exakte Rüge der genau zu bezeichnenden Pflichtverletzung, die eindringliche Aufforderung, sich zukünftig vertragstreu zu verhalten sowie der Hinweis, dass im Wiederholungsfall mit einer Kündigung zu rechnen ist.

**31** Es gibt – entgegen landläufiger Vorstellung – keinen Grundsatz, dass stets dreimal abzumahnen wäre, bevor wirksam gekündigt werden kann. Für die Zahl der erforderlichen Abmahnungen besteht keine generelle Regel. Je nach Schwere des in Rede stehenden Pflichtenverstoßes kann eine einmalige Abmahnung reichen, aber auch eine mehrmalige Abmahnung erforderlich sein. Das Instrument der Abmahnung soll sich aber selbstredend auch nicht »abnutzen«. Bei wiederholten Pflichtenverstößen kann es den Ausbildenden nicht »bis in alle Ewigkeit« angedient werden, sie mögen abmahnen, ohne dass weitere Sanktionen zulässig wären.

**32** **Funktion der Abmahnung** ist es, den Auszubildenden deutlich zu machen, dass ihr konkretes Verhalten nicht hinnehmbar ist, im Wiederholungsfall der Bestand des Vertragsverhältnisses gefährdet ist und sie sich deshalb zukünftig vertragsgemäß verhalten mögen. Dieser Funktion würde es nicht gerecht, wenn stets mehrmalige Abmahnungen verlangt würden. Bei Pflichtverstößen »mittlerer Art und Güte« dürften zweimalige Abmahnungen hin-

---

24 Vgl. *LAG Baden-Württemberg* 31.10.1996 – 6 Sa 10/96, NZA-RR 1997, 288.
25 Vgl. *LAG Rheinland-Pfalz* 25.4.2013 – 10 Sa 518/12, NZA-RR 2013, 406; *LAG Hessen* 3.11.1997 – 16 Sa 657/97, LAGE BBiG § 15 Nr. 12.
26 Vgl. *Braun/Mühlhausen/Munk/Stück* BBiG § 15 Rn. 48; *Leinemann/Taubert* BBiG § 22 Rn. 36.

# Kündigung § 22

reichen. Zu beachten ist aber, dass eine Kündigung bei einem weiteren Wiederholungsfall nur zulässig ist, wenn die zuvor abgemahnten Verhaltensweisen einen **vergleichbaren Pflichtenkreis** betrafen. So stellt z.B. die verspätete Vorlage der Bescheinigung über eine Arbeitsunfähigkeit eine andere Pflichtverletzung dar als das Zuspätkommen.

Bei **besonders schweren Pflichtverletzungen**, deren Pflichtwidrigkeit den 33 Auszubildenden ohne weiteres erkennbar und eine Hinnahme durch die Ausbildenden offensichtlich ausgeschlossen ist, ist allerdings auch im Ausbildungsverhältnis eine Abmahnung entbehrlich, weil in diesen Fällen regelmäßig davon auszugehen ist, dass das pflichtwidrige Verhalten auch das für ein Ausbildungsverhältnis notwendige Vertrauen auf Dauer zerstört hat.[27]

### bb. Typische Fallkonstellationen

Unter dem Vorbehalt, dass es stets auf eine Abwägung im Einzelfall an- 34 kommt, ob eine Kündigung des Berufsausbildungsverhältnisses gerechtfertigt ist, kann auf folgende typische Fallkonstellationen hingewiesen werden:

Die Nichteinhaltung der für die Ausbildungsstätte geltenden Ordnung kann 35 zumeist erst nach erfolglosen Abmahnungen eine Kündigung rechtfertigen. Das gilt z.B. für häufiges **Zuspätkommen** und wiederholtes unentschuldigtes **Fernbleiben**.[28]

Pflichtverletzungen im Zusammenhang mit **Erkrankungen**, die dazu füh- 36 ren, dass der Auszubildende nicht in der Lage ist, im Ausbildungsbetrieb oder in der Berufsschule zu erscheinen, können allenfalls nach vorherigen Abmahnungen eine Kündigung rechtfertigen. Zu beachten ist, dass für Auszubildende insoweit dieselben **Anzeige- und Nachweispflichten** wie für Arbeitnehmer gemäß § 5 Abs. 1 EFZG gelten. Der Auszubildende ist also verpflichtet, dem Ausbildenden die »Arbeitsunfähigkeit« und deren voraussichtliche Dauer unverzüglich anzuzeigen. Dauert die »Arbeitsunfähigkeit« länger als drei Kalendertage, haben die Auszubildenden eine ärztliche Bescheinigung über das Bestehen der »Arbeitsunfähigkeit« sowie deren voraussichtliche Dauer spätestens an dem folgenden Arbeitstag vorzulegen. Der Ausbildende ist berechtigt, die Vorlage der ärztlichen Bescheinigung früher zu verlangen. Dauert die »Arbeitsunfähigkeit« länger als in der Bescheinigung angegeben, sind die Auszubildenden verpflichtet, eine neue ärztliche Bescheinigung vorzulegen. Bei (wiederholten) Verstößen gegen die Anzeige- oder Nachweispflichten kann nach vorherigen Abmahnungen eine Kündigung in Betracht kommen.[29]

---

27 Vgl. *BAG* 1.7.1999 – 2 AZR 676/98, NZA 1999, 1270.
28 Vgl. *Braun/Mühlhausen/Munk/Stück* BBiG § 15 Rn. 109, 115.
29 Vgl. DDZ-*Wroblewski* § 22 BBiG Rn. 21.

**§ 22**                                                        **Kündigung**

**37**    Strenger sind die Maßstäbe bei einer **Manipulation der Zeitkontrolle** oder einem **eigenmächtigen Urlaubsantritt** oder dem eigenmächtigen Überschreiten des gewährten Urlaubs durch den Auszubildenden. Es muss jedem Auszubildenden gewahr sein, dass der Ausbildende ein solches Verhalten nicht hinnehmen muss und es deshalb nicht etwa einer vorherigen Abmahnung bedarf, sondern bereits der einmalige Verstoß, vorbehaltlich besonderer Umstände des Einzelfalls, eine Kündigung rechtfertigen kann.[30]

Bei der **privaten Nutzung des Internets** durch den Auszubildenden sind folgende kündigungsrelevanten Verhaltensweisen zu unterscheiden, wobei stets eine Abwägung im Einzelfall erforderlich ist, ob die Pflichtverletzung so erheblich ist, dass sie eine Kündigung rechtfertigt:[31]

- Das Herunterladen einer erheblichen Menge von Daten aus dem Internet auf betriebliche Datensysteme (»unbefugter Download«), vor allem wenn damit die Gefahr möglicher Vireninfizierungen oder anderer Störungen verbunden sein kann; oder das Herunterladen solcher Daten, bei deren Rückverfolgung es zu möglichen Rufschädigungen des Ausbildenden kommen kann, beispielsweise, weil strafbare Inhalte oder pornografische Darstellungen heruntergeladen werden.
- Die private Nutzung des vom Ausbildenden zur Verfügung gestellten Internets oder anderer Arbeitsmittel *während* der Arbeitszeit (Ausbildungszeit), weil der Auszubildende während des Surfens im Internet oder des Spielens oder der Betrachtung von Filmen zu privaten Zwecken seiner Ausbildungspflicht nicht nachkommt.
- Die private Nutzung als solche (auch in Pausen), weil dadurch dem Ausbildenden möglicherweise (zusätzliche) Kosten entstehen können und der Auszubildende jedenfalls die Betriebsmittel (unberechtigterweise) in Anspruch nimmt.
- In den beiden zuletzt genannten Konstellationen ist in der Regel erforderlich, dass die private Nutzung des Internets klar und eindeutig vom Ausbildenden generell untersagt ist oder nur in einem bestimmten Zeitumfang zugebilligt und dieser überschritten wird. Ähnliche Maßstäbe gelten, wenn der Auszubildende während Arbeitszeit (Ausbildungszeit) **private Telefonate** führt oder privat ein **Smartphone** (Handy) nutzt.[32]

**38**    Auch das wiederholte verspätete Abliefern oder das Nichtführen der schriftlichen **Ausbildungsnachweise** (Berichtshefte) ist – nach erfolgloser vorheriger Abmahnung – als durchaus hinreichend für eine Kündigung angesehen worden.[33]

---

30 Vgl. *DDZ-Wroblewski* § 22 BBiG Rn. 20; *Leinemann/Taubert* BBiG § 22 Rn. 45.
31 Vgl. für Arbeitsverhältnisse *BAG* 31. 5. 2007 – 2 AZR 200/06, NZA 2007, 922.
32 Vgl. für Privattelefonate *LAG Rheinland-Pfalz* 23. 9. 2004 – 4 Sa 462/04.
33 Vgl. *LAG Hessen* 3. 11. 1997 – 16 Sa 657/97, LAGE BBiG § 15 Nr. 12; *ArbG Wesel* 4. 11. 1996 – 6 Ca 3726/96, NZA-RR 1997, 291.

## Kündigung § 22

**Mangelhafte Leistungen** (sowohl im Betrieb wie auch in der Berufsschule) 39
können in der Regel deshalb die Kündigung **nicht** rechtfertigen, weil die Abschlussprüfung erweisen wird, ob der Auszubildende über die erforderlichen Kenntnisse und Fertigkeiten verfügt. Die Möglichkeit zur Teilnahme an dieser sollte ihm nicht genommen werden.[34]

Ob die (wiederholte) Verletzung der **Pflicht zum Berufsschulbesuch** die 40
Kündigung rechtfertigen kann, ist umstritten. Da der Auszubildende gemäß § 13 Satz 2 Nr. 2 BBiG in Verbindung mit § 15 BBiG verpflichtet ist, am Berufsschulunterricht teilzunehmen, stellt sich die Nichtteilnahme auch als eine Verletzung seiner Pflichten aus dem privat-rechtlichen Berufsausbildungsverhältnis dar und kann daher – wenn dies wiederholt nach Abmahnung erfolgt – durchaus die Kündigung rechtfertigen.[35]

Eine Weitergabe von **Betriebs- oder Geschäftsgeheimnissen** (§ 13 Satz 2 41
Nr. 6 BBiG) an Dritte kann, wenn dem Auszubildenden hinreichend klar war, auf welche Umstände im Einzelnen sich die Pflicht zum Stillschweigen bezieht, eine Kündigung rechtfertigen.

**Straftaten** zu Lasten des Ausbildenden oder auch anderer Arbeitskolle- 42
gen (zum Beispiel Diebstahl, Unterschlagung oder gar Gewaltanwendung) rechtfertigen im Regelfall die Kündigung eines Ausbildungsverhältnisses, ebenso sexuelle Belästigungen.[36] Beim Diebstahl kommt es auf den Wert des Gegenstandes nicht an. Rechtswidrige und vorsätzliche Handlungen des Auszubildenden, die sich unmittelbar gegen das Vermögen des Ausbildenden richten, können auch dann ein wichtiger Grund zur außerordentlichen Kündigung sein, wenn die Pflichtverletzung **Sachen von nur geringem Wert** betrifft oder nur zu einem geringfügigen, möglicherweise gar keinem Schaden geführt hat.[37] Entscheidend ist der Vertrauensverlust. Der Ausbildende muss sich darauf verlassen können, dass die Auszubildenden nicht ihr Eigentumsrecht und ihre legitimen Vermögensinteressen verletzen. Allerdings bedarf es stets einer umfassenden, auf den Einzelfall bezogenen Prüfung und Interessenabwägung dahingehend, ob dem Ausbildenden die Fortsetzung des Ausbildungsverhältnisses trotz der eingetretenen Vertrauensstörung zumutbar ist oder nicht.[38] Das ist für Arbeitsverhältnisse von der neueren Rechtsprechung des *BAG* ausdrücklich herausgestellt worden und gilt für

---

[34] Vgl. DDZ-*Wroblewski* § 22 BBiG Rn. 21.
[35] Vgl. *LAG Düsseldorf* 15.4.1993 – 5 Sa 220/93, EzB BBiG § 15 Abs. 2 Nr. 1, Nr. 76; *Braun/Mühlhausen/Munk/Stück* BBiG § 15 Rn. 74.
[36] Vgl. für Arbeitsverhältnisse *BAG* 29.6.2017 – 2 AZR 302/16, NZA 2017, 1121; *BAG* 20.11.2014 – 2 AZR 651/13, NZA 2015, 294; *BAG* 9.6.2011 – 2 AZR 323/10, NZA 2011, 1342.
[37] Vgl. für Arbeitsverhältnisse *BAG* 21.6.2012 – 2 AZR 153/11, NZA 2012, 1025; *BAG* 10.6.2010 – 2 AZR 541/09, NZA 2010, 1227.
[38] So selbst für Arbeitsverhältnisse *BAG* 10.6.2010 – 2 AZR 541/09, NZA 2010, 1227.

Ausbildungsverhältnisse umso mehr. Der Aspekt, der bei Arbeitsverhältnissen gegebenenfalls besonders zu beachten ist, nämlich eine langjährige (beanstandungsfreie) Beschäftigungsdauer, ist allerdings wegen der zeitlichen Begrenzung bei Ausbildungsverhältnissen von untergeordneter Bedeutung. Bei diesen ist aber zu berücksichtigen, dass in aller Regel die Auszubildenden Gelegenheit erhalten sollen, die Ausbildung regulär zu beenden, so dass häufig ein Diebstahl von geringwertigen Sachen die Kündigung eines Ausbildungsverhältnisses nicht rechtfertigen kann; einzuräumen ist, dass klare Maßstäbe dafür fehlen, wo genau die Wertgrenze zu ziehen ist.

Beispiel aus der Rechtsprechung: Der Versuch, Baumaterial im Wert von rund 40 Euro zu entwenden, kann jedenfalls dann eine außerordentliche Kündigung des Ausbildungsverhältnisses rechtfertigen, wenn der Auszubildende dabei noch aktiv versucht hat, seine Tat zu vertuschen.[39]

Straftaten, die **außerhalb des Berufsausbildungsverhältnisses** begangen werden, können – sofern sie sich nicht auf das Ausbildungsverhältnis auswirken – keine Kündigung rechtfertigen.[40] Der Auszubildende schuldet keine »tadellose Lebensführung«. Eine Kündigung kann in Betracht kommen, wenn ein Bezug zum Ausbildungsberuf besteht. Ein Vermögensdelikt zu Lasten Dritter rechtfertigt durchaus die Kündigung eines Auszubildenden, der im Ausbildungsberuf bestimmungsgemäß mit den Vermögensinteressen etwa von Kunden zu tun hat, z.B. bei der Ausbildung zum Bankkaufmann.[41]

**43** **Tätlichkeiten** gegenüber anderen Auszubildenden oder Mitarbeitern sind schwerwiegende Pflichtverletzungen. Der Ausbildende ist nicht nur allen Mitarbeitern verpflichtet, dafür Sorge zu tragen, dass sie keinen Tätlichkeiten ausgesetzt sind. Er hat auch ein eigenes Interesse daran, dass die betriebliche Zusammenarbeit nicht durch tätliche Auseinandersetzungen beeinträchtigt wird und nicht durch Verletzungen Arbeitskräfte ausfallen. Bei Tätlichkeiten bedarf es vor Ausspruch einer Kündigung in der Regel keiner Abmahnung.[42]

Auch eine grobe **Beleidigung** des Ausbildenden oder Ausbilders oder auch von Arbeitskollegen oder gar von Kunden, die nach Form und Inhalt eine erhebliche Ehrverletzung für den Betroffenen bedeuten, kann eine Kündigung rechtfertigen. Das gilt auch für entsprechende Äußerungen in sozialen Netzwerken, wie »facebook«.[43] Bei der rechtlichen Würdigung sind allerdings die Umstände zu berücksichtigen, unter denen diffamierende oder ehrverlet-

---

39 *LAG Mecklenburg-Vorpommern* 5.4.2016 – 2 Sa 84/15.
40 Maßgeblich sind die Umstände des Einzelfalls; vgl. *LAG Berlin-Brandenburg* 13.11.2009 – 13 Sa 1766/09.
41 Vgl. *DDZ-Wroblewski* § 22 BBiG Rn. 25.
42 Vgl. für Arbeitsverhältnisse *BAG* 6.10.2005 – 2 AZR 280/04, NZA 2006, 431.
43 Vgl. *LAG Hamm* 10.10.2012 – 3 Sa 644/12.

## Kündigung § 22

zende Äußerungen gefallen sind. Geschah dies in vertraulichen Gesprächen unter Arbeitskollegen, vermögen sie eine Kündigung nicht ohne weiteres zu rechtfertigen.[44]

Bei (vermeintlich unangemessenen) **Äußerungen in sozialen Netzwerken, in persönlichen Gesprächen, gegenüber dem Ausbilder oder Ausbildenden** ist generell zu beachten, dass die durch das Grundgesetz geschützte Meinungsfreiheit (Art. 5 Abs. 1 GG) zu Gunsten der Auszubildenden zu berücksichtigen ist.[45] Bewusst falsche Tatsachenbehauptungen unterfallen allerdings nicht dem Schutzbereich des Grundrechts. Anderes gilt für Äußerungen, die nicht Tatsachenbehauptungen, sondern ein Werturteil enthalten. Sie fallen in den Schutzbereich des Rechts auf Meinungsfreiheit. Dasselbe gilt für Äußerungen, in denen sich Tatsachen und Meinungen vermengen, sofern sie durch die Elemente der Stellungnahme, des Dafürhaltens oder Meinens geprägt sind. Der Grundrechtsschutz besteht dabei unabhängig davon, welches Medium der Auszubildende für seine Meinungsäußerung nutzt und ob diese rational oder emotional, begründet oder unbegründet ist. Vom Grundrecht der Meinungsfreiheit umfasste Äußerungen verlieren den sich daraus ergebenden Schutz selbst dann nicht, wenn sie scharf oder überzogen geäußert werden.[46] Das Grundrecht der Meinungsfreiheit ist allerdings nicht schrankenlos gewährleistet. Es ist gemäß Art. 5 Abs. 2 GG durch die allgemeinen Gesetze und das Recht der persönlichen Ehre beschränkt. Zwischen der Meinungsfreiheit und dem Persönlichkeitsrecht der kritisierten Person hat eine Abwägung zu erfolgen.[47]

Bei minderjährigen Auszubildenden ist möglicherweise deren »Unreife« bzw. ihre allgemeine (noch nicht ausgereifte) Persönlichkeitsentwicklung zu ihren Gunsten zu berücksichtigen, kann aber sicherlich nicht jedes ungebührliche Benehmen rechtfertigen.[48]

Eine Kündigung wegen des **äußeren Erscheinungsbildes** des Auszubildenden, seiner Haartracht oder Kleidung, ist allenfalls nach einer vorherigen Abmahnung denkbar und nur dann, wenn dies aus Gründen des Arbeitsschutzes oder zur Unfallverhütung notwendig ist oder deswegen, weil ansonsten eine spürbare Beeinträchtigung des Geschäftsbetriebes zu besorgen ist. Das kann indes nur gelten, soweit der Beruf, für den ausgebildet werden soll, ein bestimmtes äußeres Auftreten verlangt oder üblicherweise (auch von den Arbeitnehmern des Betriebs) erwartet wird, wie z. B. bei Bankkaufleuten. Beim Tragen eines **Kopftuchs** durch eine Muslimin, die sich aus re-

**44**

---

44 Vgl. für Arbeitsverhältnisse *BAG* 10. 12. 2009 – 2 AZR 534/08, NZA 2010, 698.
45 *LAG Rheinland-Pfalz* 2. 3. 2017 – 5 Sa 251/16.
46 Vgl. für Arbeitsverhältnisse (für Ausbildungsverhältnisse kann nichts anderes gelten): *BAG* 18. 12. 2014 – 2 AZR 265/14, Rn. 17, NZA 2015, 797.
47 Vgl. *BAG* 18. 12. 2014 – 2 AZR 265/14, Rn. 18, NZA 2015, 797.
48 Vgl. *Braun/Mühlhausen/Munk/Stück* BBiG § 15 Rn. 71.

ligiösen Gründen hierzu verpflichtet sieht, ist zudem die grundrechtlich geschützte Glaubens- und Religionsfreiheit (Art. 4 Abs. 1 GG) zu beachten.[49]

**45** **Rassistisches Verhalten** eines Auszubildenden gegenüber dem Ausbildenden oder anderen Auszubildenden oder Arbeitnehmern oder gegenüber Kunden während der Ausbildungszeit kann als schwerwiegende vorsätzliche Nebenpflichtverletzung eine Kündigung rechtfertigen.[50] Entsprechendes kann bei **rechtsradikalen Äußerungen**, etwa im Intranet, gelten.[51] Allerdings ist – wie stets – auf die Umstände des Einzelfalls abzustellen und die durch das Grundgesetz geschützte Meinungsfreiheit (Art. 5 Abs. 1 GG) zu beachten (die auch für rechtsradikale Äußerungen gilt) sowie ggf. die Unreife des Auszubildenden zu beachten. Rechtsradikale Äußerungen oder Betätigungen außerhalb des Ausbildungsverhältnisses in der Freizeit können, sofern sie nicht strafbar sind, in aller Regel nicht ohne weiteres eine Kündigung rechtfertigen.[52]

**46** Weigert sich der Auszubildende, Mehrarbeit (**Überstunden**) zu leisten, kann das kein Grund für eine Kündigung sein. Eine Verpflichtung des Auszubildenden, Überstunden zu leisten, besteht nämlich allenfalls in Ausnahmefällen, denn es ist nicht erkennbar, dass die Ableistung von Überstunden zur Erreichung des Ausbildungsziels notwendig ist. Die Literatur ist hier bereitwilliger, einen Kündigungsgrund anzunehmen.[53]

**47** Das **außerbetriebliche Verhalten** des Auszubildenden stellt im Regelfall keinen Kündigungsgrund dar, weil der Auszubildende keine »tadellosen Lebenswandel« schuldet. Anders kann es sein, wenn das außerbetriebliche Verhalten überstrahlt in den betrieblichen Bereich.[54] Allerdings ist eine Kündigung wegen »**Stalkings**« unter bestimmten Umständen zulässig. Ein schwerwiegender Verstoß eines Auszubildenden gegen die vertragliche Nebenpflicht, die Privatsphäre und den deutlichen Wunsch einer Arbeitskollegin zu respektieren, nicht-dienstliche Kontaktaufnahmen mit ihr zu unterlassen, kann die außerordentliche Kündigung des Ausbildungsverhältnisses rechtfertigen. Ob es zuvor einer einschlägigen Abmahnung bedarf, hängt von den Umständen des Einzelfalls ab.[55]

---

49 Vgl. bezüglich einer Verkäuferin: *BAG* 10.10.2002 – 2 AZR 472/01, NZA 2003, 483; *BVerfG* 30.7.2003 – 1 BvR 792/03, NZA 2003, 959.
50 Vgl. *BAG* 1.7.1999 – 2 AZR 676/98, NZA 1999, 1270.
51 *LAG Köln* 11.8.1995 – 12 Sa 426/95, NZA-RR 1996, 128.
52 Vgl. zu Tätigkeiten für die NPD als Grund für die Kündigung eines Arbeitsverhältnisses *BAG* 6.9.2012 – 2 AZR 372/11, NZA-RR 2013, 441; *BAG* 12.5.2011 – 2 AZR 479/09, NZA-RR 2012, 43.
53 Vgl. *Braun/Mühlhausen/Munk/Stück* BBiG § 15 Rn. 92.
54 Vgl. *Braun/Mühlhausen/Munk/Stück* BBiG § 15 Rn. 69.
55 Vgl. für Arbeitsverhältnisse *BAG* 19.4.2012 – 2 AZR 258/11, NZA-RR 2012, 567.

## Kündigung § 22

Im allgemeinen Arbeitsrecht ist unter besonderen Voraussetzungen eine **48**
**Verdachtskündigung** zulässig, wenn der Verdacht einer schweren Verfehlung oder einer Straftat besteht, der Arbeitgeber den Sachverhalt umfassend aufgeklärt hat und gewichtige Anhaltspunkte bestehen, dass der Arbeitnehmer sich pflichtwidrig verhalten hat. Im Berufsausbildungsverhältnis sind dagegen Verdachtskündigungen grundsätzlich nicht zuzulassen. Eine nur in einem sehr engen Rahmen denkbare Ausnahme ist möglich, wenn der besondere Charakter des Ausbildungsverhältnisses eine vertiefte Vertrauensbasis zwischen den Vertragspartnern erfordert.[56] In einem normalen Ausbildungsverhältnis ohne besondere Vertrauenssituation reicht der bloße Verdacht, der Auszubildende habe eine schwere Pflichtenverletzung oder eine Straftat begangen, nicht aus. Eine Tatkündigung ist möglich, ein bloßer Verdacht genügt dagegen nicht.

Nach Auffassung des *BAG* kann eine Verdachtskündigung gegenüber einem Auszubildenden gerechtfertigt sein, wenn der Verdacht auch bei Berücksichtigung der Besonderheiten des Ausbildungsverhältnisses dem Ausbildenden die Fortsetzung der Ausbildung objektiv unzumutbar macht.[57] Allerdings ist die enge Bindung der Parteien des Berufsausbildungsvertrags bei der Prüfung der Voraussetzungen einer Verdachtskündigung im Einzelfall zu berücksichtigen. Dabei ist dem Umstand Sorge zu tragen, dass es sich bei Auszubildenden typischerweise um Personen mit geringer Lebens- und Berufserfahrung handelt und den Ausbildenden besondere »Fürsorgepflichten« sowohl in charakterlicher als auch körperlicher Hinsicht treffen (vgl. § 14 Abs. 1 Nr. 5, § 14 Abs. 2). Ein Tatverdacht kann nur dann einen wichtigen Grund (§ 22 Abs. 2 Nr. 1) zur Kündigung darstellen, wenn der Verdacht auch bei Berücksichtigung der Besonderheiten des Ausbildungsverhältnisses dem Ausbildenden die Fortsetzung der Ausbildung objektiv unzumutbar macht. Dies bedarf einer Würdigung der Umstände im Einzelfall.[58]

Der Ausbildende muss alles ihm Zumutbare zur Aufklärung des Sachverhalts unternehmen. Dazu gehört die **Anhörung des Auszubildenden** zum Sachverhalt. Die Anhörung soll den Ausbildenden vor voreiligen Entscheidungen bewahren und der Gefahr begegnen, dass ein Unschuldiger von der Kündigung betroffen wird. Der Auszubildende muss die Möglichkeit haben, bestimmte, zeitlich und räumlich eingegrenzte Tatsachen ggf. zu bestreiten oder den Verdacht entkräftende Tatsachen aufzuzeigen und so zur Aufhellung der für den Ausbildenden im Dunkeln liegenden Geschehnisse beizu-

---

56 *LAG Köln* 19.9.2006 – 9 Sa 1555/05, LAGE § 22 BBiG 2005 Nr. 1; *Benecke/Hergenröder* BBiG § 22 Rn. 22; *Leinemann/Taubert* BBiG § 22 Rn. 62.
57 *BAG* 12.2.2015 – 6 AZR 845/13, NZA 2015, 741. In dem Fall wurde eine Kündigung als wirksam erachtet beim Verdacht eines Diebstahls oder einer Unterschlagung von 500 Euro bei einem Auszubildenden zum Bankkaufmann.
58 *BAG* 12.2.2015 – 6 AZR 845/13, Rn. 41, NZA 2015, 741.

tragen.⁵⁹ Sowohl bei der Vorbereitung als auch bei der Durchführung der Anhörung hat der Ausbildende auf die typischerweise bestehende Unerfahrenheit des Auszubildenden und die daraus resultierende Gefahr einer Überforderung Rücksicht zu nehmen. Die Anhörung eines psychisch blockierten Auszubildenden kann ihren Zweck nicht erreichen. Zudem besteht bei einem Auszubildenden eher als bei einem berufserfahrenen Arbeitnehmer das Risiko der Einräumung einer nicht begangenen Tat, um sich damit der Situation zu entziehen. Auch mag ein Auszubildender sensibler auf eine Überzahl an Vertretern des Ausbildungsbetriebs reagieren als ein lebens- und berufserfahrener Arbeitnehmer mit größerem Selbstbewusstsein. Maßgeblich sind jedoch durchweg die Umstände des Einzelfalls. Dabei ist ein objektiver Maßstab aus Sicht eines verständigen Ausbildenden zugrunde zu legen.⁶⁰ Das *BAG* meint, dass es grundsätzlich nicht erforderlich sei, den Auszubildenden vor Durchführung einer Anhörung über den beabsichtigten Gesprächsinhalt zu unterrichten.⁶¹ Allerdings ist zu berücksichtigen, dass die Gesprächssituation den Auszubildenden erkennbar überfordern kann – sei es in psychischer Hinsicht oder wegen der Komplexität des Sachverhalts. Es entspricht dann der Pflicht zur Rücksichtnahme des Ausbildenden, das Gespräch von sich aus oder auf Wunsch des Auszubildenden abzubrechen und eine erneute Anhörung anzuberaumen, wenn der Auszubildende grundsätzlich zu einer inhaltlichen Auseinandersetzung mit den Verdachtsmomenten bereit ist. Damit erhält der Auszubildende die ggf. erforderliche Vorbereitungszeit. Diese muss abhängig von den Umständen des Einzelfalls eine angemessene Dauer aufweisen. Die Unterbrechung der Anhörung ist auch geboten, wenn der Auszubildende die Beratung mit einer Vertrauensperson verlangt. Der Ausbildende ist jedoch nicht verpflichtet, den Auszubildenden auf die Möglichkeit der Kontaktierung eines Rechtsanwalts hinzuweisen. Dies gilt auch bezüglich sonstiger Vertrauenspersonen.⁶²

### c. Personenbedingte Kündigungsgründe

**49** Personenbedingte Gründe, wie vor allem die **Erkrankung** Auszubildender, können nur ausnahmsweise die Kündigung eines Ausbildungsverhältnisses rechtfertigen, weil es in der Regel an den notwendigen betrieblichen Beeinträchtigungen fehlen wird. Das gilt vor bei einer Kündigung wegen häufiger Kurzerkrankungen. Eine langanhaltende Krankheit kann, wenn überhaupt, nur dann die Kündigung rechtfertigen, wenn im Zeitpunkt des Kündigungs-

---

59 *BAG* 12.2.2015 – 6 AZR 845/13, Rn. 56, NZA 2015, 741.
60 *BAG* 12.2.2015 – 6 AZR 845/13, Rn. 57, NZA 2015, 741.
61 *BAG* 12.2.2015 – 6 AZR 845/13, Rn. 58 ff., NZA 2015, 741.
62 *BAG* 12.2.2015 – 6 AZR 845/13, Rn. 62, NZA 2015, 741.

# Kündigung § 22

ausspruchs eine Wiedergenesung bis zum regulären Ende des Ausbildungsverhältnisses nicht zu erwarten ist.[63]

### d. Betriebsbedingte Kündigungsgründe

Betriebsbedingte Gründe, die die Kündigung eines Ausbildungsverhältnisses rechtfertigen könnten, liegen nur dann vor, wenn es an einer tatsächlichen weiteren Ausbildungsmöglichkeit fehlt, wie z. B. bei einer **Betriebsstilllegung**. Bei einer Stilllegung nur von Betriebsteilen oder einer Betriebseinschränkung ist es im Regelfall zumutbar, die Ausbildung fortzusetzen, es sei denn, für den konkreten Ausbildungsberuf gibt es im gesamten Betrieb keine Ausbildungsmöglichkeiten mehr.[64]

50

Nicht ausdrücklich geregelt ist die Frage der Kündigungsmöglichkeit eines Berufsausbildungsverhältnisses im Falle der **Insolvenz** (früher: Konkurs) des Ausbildenden. Die Insolvenz als solche ist jedenfalls kein Kündigungsgrund. Zur Konkursordnung (§ 22 KO) hat das BAG entschieden, dass das Ausbildungsverhältnis bei Konkurs des Ausbildenden für den Regelfall nicht außerordentlich, sondern nur unter Einhaltung einer ordentlichen Kündigungsfrist vom Insolvenzverwalter gekündigt werden konnte.[65] In entsprechender Anwendung des § 622 BGB war dabei die Kündigungsfrist einzuhalten, die für das Arbeitsverhältnis gelten würde, wenn die Ausbildung zu dem erstrebten Beruf geführt hätte. Im Anwendungsbereich des nunmehr geltenden § 113 InsO ist davon auszugehen, dass das Ausbildungsverhältnis – wie auch das Arbeitsverhältnis – nicht außerordentlich gekündigt werden kann, sondern nur unter Beachtung der nunmehr im Gesetz ausdrücklich vorgesehenen Kündigungsfrist von drei Monaten zum Monatsende. Voraussetzung für die Kündigung ist allerdings, dass tatsächlich eine Ausbildungsmöglichkeit nicht mehr besteht, wie im Falle der Betriebsstilllegung. Wird der Betrieb (teilweise) fortgeführt oder geht er auf einen Erwerber über, fällt die Ausbildungsmöglichkeit nicht weg und damit kann der Berufsausbildungsvertrag erfüllt werden, so dass kein Raum für eine Kündigung bleibt.

### e. Qualifizierte Schriftform

Die Kündigung muss gemäß § 22 Abs. 3 BBiG

51

- schriftlich und
- unter Angabe der Kündigungsgründe erfolgen (qualifizierte Schriftform).

---

63 Vgl. APS-*Biebl* Kündigungsrecht § 22 BBiG Rn. 18; *Leinemann/Taubert* BBiG § 22 Rn. 70 ff.
64 Vgl. DDZ-*Wroblewski* § 22 BBiG Rn. 29 ff.; *Leinemann/Taubert* BBiG § 22 Rn. 78 ff.
65 *BAG* 27. 5. 1993 – 2 AZR 601/92, NZA 1993, 845.

Die Regelung soll die kündigende Vertragspartei vor Übereilung bewahren und zum anderen der Rechtsklarheit und der Beweissicherung dienen. Auch soll dem Kündigungsempfänger verständlich gemacht werden, worin der Grund für die Kündigung liegt, um ihm eine Überprüfung der Wirksamkeit der Kündigung zu ermöglichen.[66]

52 Für die **Schriftform** gilt § 126 BGB. Die Kündigung muss vom Aussteller (dem, der die Kündigung ausspricht) eigenhändig handschriftlich (im Original) durch Namensunterschrift unterzeichnet werden. Eine mündliche Kündigung ist ebenso unwirksam wie eine Kündigung durch E-Mail, SMS oder per Telefax.

53 Die Kündigung ist nicht nur unwirksam, wenn die Schriftform nicht eingehalten wird, sondern auch dann, wenn die **Kündigungsgründe** nicht oder nicht hinreichend in dem Kündigungsschreiben angegeben werden. Zwar kann der Ausbildende an sich erneut formwirksam kündigen, doch dürfte die Wirksamkeit einer solchen Kündigung häufig daran scheitern, dass mittlerweile die Zwei-Wochen-Frist des § 22 Abs. 4 BBiG abgelaufen ist (vgl. Rn. 57).

54 An die Einhaltung der qualifizierten Schriftform der Kündigung werden **strenge Anforderungen** gestellt. Dabei ist zu beachten, dass die fehlende Angabe der Kündigungsgründe nicht etwa dadurch »geheilt« werden kann, dass diese später, etwa in einem Rechtstreit um die Wirksamkeit der Kündigung, nachgeholt wird.[67] Nicht ausreichend ist die bloße Bezugnahme auf die dem Gekündigten vorher *mündlich* mitgeteilten Kündigungsgründe, ohne diese im Kündigungsschreiben näher zu erläutern, oder der Hinweis auf die »Ihnen bekannten Gründe«.[68]

55 Die Kündigungsgründe müssen im Kündigungsschreiben so genau bezeichnet werden, dass der Kündigungsempfänger eindeutig erkennen kann, um welche konkreten Vorfälle es sich handelt, denn nur dann kann er sich darüber schlüssig werden, ob er die Kündigung anerkennen will oder nicht.[69]

56 Der Kündigende muss in dem Kündigungsschreiben die **Tatsachen** mitteilen, die für die Kündigung maßgebend sind. Pauschale Schlagworte oder **Werturteile** wie »mangelhaftes Benehmen« oder »Störung des Betriebsfriedens« genügen nicht.[70] Wie genau die Kündigungsgründe in tatsächlicher Hinsicht geschildert werden müssen, ist eine Frage des Einzelfalls, ein allgemeiner Maßstab lässt sich nicht aufstellen.[71] Der Ausbildende darf sich im

---

66 Vgl. *BAG* 22.2.1972 – 2 AZR 205/71, AP BBiG § 15 Nr. 1.
67 *BAG* 23.7.2015 – 6 AZR 490/14, Rn. 22, NZA-RR 2015, 628.
68 Vgl. *LAG Köln* 26.1.1982 – 1/8 Sa 710/81, LAGE BBiG § 15 Nr. 1.
69 Vgl. *BAG* 22.2.1972 – 2 AZR 205/71, AP BBiG § 15 Nr. 1.
70 *BAG* 12.2.2015 – 6 AZR 845/13, Rn. 91, NZA 2015, 741.
71 Vgl. *BAG* 17.6.1998 – 2 AZR 741/97; *BAG* 25.11.1976, – 2 AZR 751/75, AP BBiG § 15 Nr. 4.

Kündigungsschutzprozess nicht auf Gründe stützen, die er im Kündigungsschreiben nicht genannt hat.[72]

### f. Zwei-Wochen-Frist

Eine Kündigung aus einem wichtigen Grund ist unwirksam, wenn die ihr zugrunde liegenden Tatsachen dem zur Kündigung Berechtigten länger als zwei Wochen bekannt sind (§ 22 Abs. 4 Satz 1 BBiG).[73] Die Vorschrift entspricht nach Inhalt und Zweck § 626 Abs. 2 BGB. Dementsprechend beginnt auch die Frist des § 22 Abs. 4 Satz 1 BBiG mit dem Zeitpunkt, in dem der Kündigungsberechtigte von den für die Kündigung maßgebenden Tatsachen Kenntnis erlangt. Dies ist der Fall, sobald er eine zuverlässige und möglichst vollständige Kenntnis der einschlägigen Tatsachen hat, die ihm die Entscheidung darüber ermöglicht, ob er das Ausbildungsverhältnis fortsetzen soll oder nicht. Zu den maßgebenden Tatsachen gehören sowohl die für als auch die gegen eine Kündigung sprechenden Umstände. Der Kündigungsberechtigte, der bislang nur Anhaltspunkte für einen Sachverhalt hat, der zur außerordentlichen Kündigung berechtigen könnte, kann nach pflichtgemäßem Ermessen weitere Ermittlungen anstellen und den Betroffenen anhören, ohne dass die Frist zu laufen begänne. Dies gilt allerdings nur so lange, wie er aus verständigen Gründen mit der gebotenen Eile Ermittlungen durchführt, die ihm eine umfassende und zuverlässige Kenntnis des Kündigungssachverhalts verschaffen sollen. Soll der Kündigungsgegner angehört werden, muss dies innerhalb einer kurzen Frist erfolgen. Sie darf im Allgemeinen nicht mehr als eine Woche betragen. Bei Vorliegen besonderer Umstände darf sie auch überschritten werden.[74]

Kaum nachvollziehbar ist die Regelung in § 22 Abs. 4 Satz 2 BBiG: Ist ein vorgesehenes Güteverfahren vor einer außergerichtlichen Stelle eingeleitet, so wird nach dieser Regelung bis zu dessen Beendigung der Lauf dieser Frist gehemmt. Es ist schon nicht verständlich, welches »Güteverfahren vor einer außergerichtlichen Stelle« hier gemeint sein soll. Das Verfahren vor dem Schlichtungsausschuss (vgl. § 10 Rn. 55 ff.) kann hiermit nicht gemeint sein, weil es zu diesem Verfahren (wenn ein Schlichtungsausschuss überhaupt besteht) erst kommt, wenn eine Kündigung bereits ausgesprochen ist. In der Literatur wird davon ausgegangen, dass eine entsprechende »Gütestelle« im Sinne des § 22 Abs. 4 Satz 2 BBiG im Berufsausbildungsvertrag, in einer kol-

---

72 *BAG* 12.2.2015 – 6 AZR 845/13, Rn. 91, NZA 2015, 741; *LAG Rheinland-Pfalz* 17.1.2008 – 10 Sa 845/06.
73 Vgl. *Leinemann/Taubert* BBiG § 22 Rn. 98 ff.
74 Vgl. *BAG* 12.2.2015 – 6 AZR 845/13, Rn. 94, NZA 2015, 741.

**§ 22**                                                                      Kündigung

lektivrechtlichen Vereinbarung (Betriebsvereinbarung, Tarifvertrag) oder in einer Satzung der zuständigen Stelle oder Innung geregelt sein könne.[75]

**59** In der Praxis sind solche Regelungen unbekannt. Deshalb ist auf die gesetzliche **Zwei-Wochen-Frist** abzustellen, die mit Kenntnis der Tatsachen beginnt, die die Kündigung rechtfertigen sollen. Innerhalb dieser Frist ist gegebenenfalls der Betriebsrat anzuhören (vgl. § 10 Rn. 53). Die Kündigungserklärung, die der qualifizierten Schriftform des § 22 Abs. 3 BBiG genügen muss (vgl. Rn. 51 ff.), muss innerhalb der Zwei-Wochen-Frist dem Auszubildenden zugehen. Wird die Frist, aus welchen Gründen auch immer, nicht eingehalten, ist die Kündigung unwirksam, selbst wenn ein wichtiger Grund für diese an sich vorgelegen haben mag. Das gilt entsprechend für den Auszubildenden, wenn dieser aus einem wichtigen Grund kündigen will (vgl. Rn. 72).

### g. Geltung besonderer Kündigungsschutznormen

**60** Die Ausbildenden haben bei der Kündigung Auszubildender neben den Bestimmungen des BBiG alle sonstigen Kündigungsschutzregelungen in anderen Gesetzen zu beachten. Besteht ein **Betriebsrat**, ist dieser vor der Kündigung zu anzuhören (§ 102 BetrVG; vgl. § 10 Rn. 53).[76]

Auch die sonstigen Kündigungsschutzvorschriften des allgemeinen Arbeitsrechts sind zu beachten, vor allem das Kündigungsverbot zugunsten von Personen, die in **Elternzeit** sind (§ 18 BEEG) und das Kündigungsverbot zugunsten von (werdenden) Müttern während der **Schwangerschaft** und bis zum Ablauf von vier Monaten nach der Entbindung (§ 17 MuSchG).[77] Diese Personen können wirksam nur nach vorheriger Zustimmung der zuständigen Arbeitsschutzbehörde gekündigt werden.

**61** Sonderregelungen gelten auch zugunsten von **schwerbehinderten Menschen**. Deren Kündigung ist im Regelfall nur zulässig, wenn das zuständige Integrationsamt einer solchen Kündigung vor deren Ausspruch zugestimmt hat (§§ 168 ff. SGB IX).

Ein besonderer Kündigungsschutz gilt auch für die in § 15 KSchG genannten Mandatsträger, vor allem **Mitglieder eines Betriebsrats oder einer Jugend- und Auszubildendenvertretung**.

### h. Rechtschutz gegen die Kündigung

**62** Die Auszubildenden, die eine Kündigungserklärung erhalten, aber mit dieser nicht einverstanden sind, können hiergegen vorgehen. Besteht ein

---

75 Vgl. *Braun/Mühlhausen/Munk/Stück* BBiG § 15 Rn. 177 ff.; *Leinemann/Taubert* BBiG § 22 Rn. 107 ff.
76 *BAG* 12.2.2015 – 6 AZR 845/13, Rn. 96 ff., NZA 2015, 741.
77 Vgl. *LAG Berlin* 1.7.1985 – 9 Sa 28/85, BB 1986, 62.

# Kündigung § 22

Schlichtungsausschuss gemäß § 111 Abs. 2 ArbGG (vgl. § 10 Rn. 55ff.), ist zunächst dieser anzurufen, ansonsten direkt das Arbeitsgericht (vgl. § 10 Rn. 69ff.).

### aa. Klagefrist

Fraglich ist, ob die Klagefrist nach dem KSchG von drei Wochen nach Zugang der schriftlichen Kündigung (§ 4 KSchG) bei Streitigkeiten über die Wirksamkeit einer Kündigung des Berufsausbildungsverhältnisses gilt: 63

- Besteht ein **Schlichtungsausschuss** gemäß § 111 Abs. 2 ArbGG (vgl. § 10 Rn. 55ff.), ist unmittelbar der Ausschuss, nicht das Arbeitsgericht anzurufen. Die Drei-Wochen-Frist des § 4 KSchG findet **keine** Anwendung, weil § 111 Abs. 2 ArbGG eine solche Frist nicht vorsieht.[78] Allenfalls kann eine Verwirkung des Rechts, die Unwirksamkeit der Kündigung geltend zu machen, in Betracht kommen. Eine Verwirkung ist allerdings nur ausnahmsweise anzunehmen.[79]
- Besteht **kein Schlichtungsausschuss**, ist unmittelbar **Klage** vor dem **Arbeitsgericht** zu erheben und es gilt gemäß § 13 Abs. 1 Satz 2 KSchG die **Drei-Wochen-Frist** des § 4 KSchG für die Kündigungsschutzklage.[80]

Diese unterschiedliche Rechtslage, je nachdem, ob ein Schlichtungsausschuss besteht oder nicht, ist zwar misslich, folgt allerdings aus dem geltenden Recht und ist verfassungsrechtlich nicht zu beanstanden.[81]

Gegebenenfalls muss sich der Betroffene nach Erhalt einer Kündigung bei der zuständigen Stelle erkundigen, ob ein Schlichtungsausschuss gebildet ist. In Zweifelsfällen empfiehlt sich, innerhalb der dreiwöchigen Klagefrist Klage beim Arbeitsgericht zu erheben, und, falls sich herausstellt, dass doch ein Schlichtungsausschuss besteht, die Aussetzung des Klageverfahrens beim Arbeitsgericht zu beantragen, bis das Schlichtungsverfahren abgeschlossen ist. Versäumt der Auszubildende nach Erhalt einer Kündigung die Frist für die Klageerhebung beim Arbeitsgericht, weil er nicht zügig Erkundigungen einholt, ob ein Schlichtungsausschuss besteht, geht dies zu seinen Lasten.[82] 64

Allerdings soll nach der Rechtsprechung des BAG bei **Nichteinhaltung der Klagefrist** eine großzügige Anwendung der Möglichkeit der nachträglichen 65

---

[78] Vgl. *BAG* 23.7.2015 – 6 AZR 490/14, NZA-RR 2015, 628; *BAG* 13.4.1989 – 2 AZR 441/88, NZA 1990, 395.

[79] Vgl. *BAG* 23.7.2015 – 6 AZR 490/14, Rn. 64ff., NZA-RR 2015, 628.

[80] Vgl. *BAG* 5.7.1990 – 2 AZR 53/90, NZA 1991, 671; *BAG* 26.1.1999 – 2 AZR 134/98, NZA 1999, 934.

[81] Ausführlich *BAG* 23.7.2015 – 6 AZR 490/14, NZA-RR 2015, 628.

[82] Vgl. *LAG Berlin* 30.6.2003 – 6 Ta 1276/03, MDR 2004, 160.

Klagezulassung gemäß § 5 KSchG geboten sein.[83] Zu berücksichtigen seien das jugendliche Alter und die Unerfahrenheit der Auszubildenden im Arbeitsleben.[84]

### bb. Anspruch auf die weitere Ausbildung

**66** Bis zum rechtskräftigen Abschluss des Kündigungsschutzverfahrens kann dem Auszubildenden ein Anspruch auf die tatsächliche weitere Ausbildung zustehen. Dies gilt jedenfalls dann, wenn die erste Instanz, das Arbeitsgericht, die Kündigung für unwirksam erklärt hat **oder** die Kündigung offensichtlich unwirksam ist, etwa wegen eines Verstoßes gegen die qualifizierte Schriftform des § 22 Abs. 3 BBiG (vgl. Rn. 51 ff.).[85]

**67** Zum Teil wird auch darauf abgestellt, dass im Berufsausbildungsverhältnis wegen des Ausbildungszwecks ein besonderes Interesse an der tatsächlichen Ausbildung existiere, so dass stets ein entsprechender Anspruch des Auszubildenden bestehe, selbst wenn die Kündigung nicht offensichtlich unwirksam ist.[86] Jedenfalls im letzten Ausbildungsjahr soll Maßstab für die vorläufige Beschäftigung bis zur erstinstanzlichen Entscheidung im Kündigungsschutzprozess nicht eine offenkundig unwirksame Kündigung, sondern eine überwiegend wahrscheinlich unwirksame Kündigung sein.[87]

**68** Hierbei ist es erforderlich, dass zumindest eine überwiegende Wahrscheinlichkeit für die Rechtsunwirksamkeit der Kündigung spricht und nicht besonders schützenswerte Interessen des Ausbildenden entgegenstehen (z. B. beim Vorwurf einer schweren Straftat im Rahmen der betrieblichen Ausbildung). Dies könnte vorliegen, wenn durch den Zwang zur Ausbildung trotz Ausspruchs einer Kündigung in die Rechtssphäre des Ausbildenden eingegriffen wird. Die Durchsetzung des Weiterbeschäftigungsanspruchs kommt auch vor Erlass eines Urteils erster Instanz im Wege der **einstweiligen Verfügung** in Betracht, wenn ausnahmsweise ein entsprechender Anspruch besteht.[88]

### cc. Kein Anspruch auf Zahlung einer Abfindung

**69** Die Zahlung einer Abfindung als Ausgleich für den Verlust des Ausbildungsplatzes kann lediglich im Wege eines Vergleichs vereinbart, nicht durch gerichtliche Entscheidung erreicht werden. Die Vorschrift des § 13 Abs. 1 Satz 3

---

83 *BAG* 23. 7. 2015 – 6 AZR 490/14, Rn. 60, NZA-RR 2015, 628.
84 Vgl. *BAG* 26. 1. 1999 – 2 AZR 134/98, NZA 1999, 934.
85 Vgl. *BAG* 11. 8. 1987 – 8 AZR 93/85, NZA 1988, 93.
86 Vgl. DDZ-*Wroblewski* § 22 BBiG Rn. 53.
87 So *ArbG Kiel* 30. 12. 2009 – 1 Ga 34 a/09.
88 Vgl. *LAG Berlin* 22. 2. 1991 – 2 Sa 35/90, NZA 1991, 472.

# Kündigung § 22

KSchG über die Auflösung des Arbeitsverhältnisses und Verurteilung des Arbeitgebers zur Zahlung einer angemessenen Abfindung ist auf das Berufsausbildungsverhältnis nicht anwendbar.[89]

### 6. Kündigung nach der Probezeit durch die Auszubildenden

#### a. Kündigungsmöglichkeit zum Schutz der Berufsfreiheit der Auszubildenden

Die Auszubildenden haben zum Schutz ihrer Berufsfreiheit (Art. 12 Abs. 1 GG) ein Sonderkündigungsrecht gemäß § 22 Abs. 2 Nr. 2 BBiG. Danach können Auszubildende mit einer **Kündigungsfrist von vier Wochen** kündigen, wenn sie 70
- die Berufsausbildung aufgeben oder
- sich für eine andere Berufstätigkeit ausbilden lassen wollen.

Die Kündigungsfrist von vier Wochen ist eine Mindestkündigungsfrist und keine zwingende Vorgabe, die vom Auszubildenden nicht überschritten werden darf. Deshalb darf der Auszubildende in solchen Fällen das Ausbildungsverhältnis zu dem von ihm beabsichtigten Zeitpunkt der Aufgabe der Berufsausbildung auch mit einer längeren als der gesetzlich normierten Frist von vier Wochen kündigen.[90] Unproblematisch ist es, wenn der Auszubildende etwa zum Monatsende kündigt (vier Wochen entspricht nicht einem Monat), um zu einem »runden Ende« zu kommen (in dem entschiedenen Fall hatte der Auszubildende mit Schreiben vom 4.1.2016 zum 29.2.2016 gekündigt). Der Ausbildende erscheint auch nicht schutzwürdig, hat es doch der Auszubildende ohnehin in der Hand, wann er die Kündigung schriftlich erklärt, um so die Vier-Wochen-Kündigungsfrist einzuhalten.

Der bloße Wechsel der Ausbildungsstelle fällt nicht hierunter.[91] Das ist einseitig über eine Kündigung nur möglich, wenn Auszubildende einen wichtigen Grund haben. Allein die Tatsache, dass in einem anderen Ausbildungsbetrieb die Vergütung höher ist, stellt keinen wichtigen Grund für eine Kündigung dar. 71

#### b. Kündigung aus einem »wichtigen Grund«

Die Auszubildenden können – wie die Ausbildenden – aus einem wichtigen Grund ohne Einhalten einer Kündigungsfrist kündigen (§ 22 Abs. 2 Nr. 1 BBiG). In dem Fall ist die **Zwei-Wochen-Frist** des § 22 Abs. 4 BBiG einzuhalten (vgl. Rn. 57). Für die Kündigung durch die Auszubildenden gelten 72

---

89 Vgl. *BAG* 29.11.1984 – 2 AZR 354/83, NZA 1986, 230.
90 *BAG* 22.2.2018 – 6 AZR 50/17, NZA 2018, 575.
91 *BAG* 9.6.2016 – 6 AZR 396/15, Rn. 21, NZA 2016, 1406.

hinsichtlich des »wichtigen Grundes« keine geringeren Anforderungen als bei der Kündigung durch die Ausbildenden. Zudem wird man auch vom Auszubildenden verlangen müssen, dass er vor Ausspruch einer Kündigung den Ausbildenden zur Unterlassung bestimmter Verhaltensweisen auffordert, ihn also abmahnt.[92] **Wichtige Gründe**, die die Auszubildenden nach § 22 Abs. 2 Nr. 1 BBiG zur Kündigung berechtigen, sind z. B.:[93]
- die nicht vorhandene Berechtigung des Ausbildenden zum Einstellen oder Ausbilden,
- die mehrmalige Nichtzahlung der Ausbildungsvergütung nach vorheriger Abmahnung,[94]
- die Anwendung von Gewalt gegenüber dem Auszubildenden,
- sexuelle Belästigungen durch den Ausbildenden, Ausbilder oder Arbeitskollegen,
- Beleidigungen durch den Ausbildenden oder Ausbilder.

Häufig steht den Auszubildenden in diesen Fällen ein Anspruch auf Schadensersatz wegen der vorzeitigen Beendigung des Ausbildungsverhältnisses zu (vgl. § 23 BBiG).

### c. Qualifizierte Schriftform

**73** Für die Kündigung durch die Auszubildenden gilt (wie für die Ausbildenden), dass diese
- schriftlich und
- unter Angabe der Kündigungsgründe erfolgen muss (§ 22 Abs. 3 BBiG; vgl. Rn. 51 ff.).

Für die Kündigung durch die Auszubildenden gelten hinsichtlich der Einhaltung dieser Formerfordernisse keine geringeren Anforderungen als bei der Kündigung durch die Ausbildenden.[95] Bei einer Kündigung wegen Aufgabe der Berufsausbildung genügt es, diese Absicht als Grund für die Kündigung anzugeben. Damit wird das Formerfordernis gewahrt.[96]

---

92 *LAG Rheinland-Pfalz* 19.4.2017 – 4 Sa 307/16; *LAG Baden-Württemberg* 24.7.2015 – 17 Sa 33/15; *LAG Hamburg* 20.7.2010 – 2 Sa 24/10.
93 Vgl. *Leinemann/Taubert* BBiG § 22 Rn. 85 ff.
94 *ArbG Trier* 15.8.2013 – 3 Ca 403/13, NZA-RR 2014, 17.
95 *LAG Rheinland-Pfalz* 19.4.2017 – 4 Sa 307/16; *LAG Baden-Württemberg* 24.7.2015 – 17 Sa 33/15.
96 *BAG* 22.2.2018 – 6 AZR 50/17, Rn. 14, NZA 2018, 575.

## § 23 Schadensersatz bei vorzeitiger Beendigung

(1) Wird das Berufsausbildungsverhältnis nach der Probezeit vorzeitig gelöst, so können Ausbildende oder Auszubildende Ersatz des Schadens verlangen, wenn die andere Person den Grund für die Auflösung zu vertreten hat. Dies gilt nicht im Falle des § 22 Abs. 2 Nr. 2.

(2) Der Anspruch erlischt, wenn er nicht innerhalb von drei Monaten nach Beendigung des Berufsausbildungsverhältnisses geltend gemacht wird.

| Inhaltsübersicht | Rn |
|---|---|
| 1. Überblick | 1 |
| 2. Schadensersatz bei vorzeitiger Beendigung | 2–23 |
|    a. »Nach der Probezeit« | 8 |
|    b. Vorzeitige »Lösung« des Berufsausbildungsverhältnisses | 9–11 |
|    c. Schuldhafte Herbeiführung der Auflösung | 12–19 |
|    d. Frist zur Geltendmachung | 20–23 |
| 3. Rechtsfolge: Schadensersatz | 24–34 |
|    a. Schadensersatzpflicht der Ausbildenden | 28–32 |
|    b. Schadensersatzpflicht der Auszubildenden | 33, 34 |
| 4. Gerichtliche Geltendmachung | 35–37 |

### 1. Überblick

§ 23 BBiG regelt zugunsten beider Vertragsparteien einen Schadensersatzanspruch bei vorzeitiger Auflösung des Berufsausbildungsverhältnisses. Voraussetzung ist ein Verschulden der anderen Vertragspartei. Die Norm gilt auch für Berufsausbildungsverhältnisse im **Handwerk** (vgl. § 3 Rn. 10). 1

### 2. Schadensersatz bei vorzeitiger Beendigung

Wird das Berufsausbildungsverhältnis nach der Probezeit vorzeitig gelöst, so können Ausbildende oder Auszubildende Ersatz des Schadens verlangen, wenn der andere den Grund für die Auflösung zu vertreten hat (§ 23 Abs. 1 Satz 1 BBiG). § 23 BBiG verdrängt als **Spezialvorschrift** die für die schuldhafte Lösung von Arbeitsverhältnissen geltende Norm des § 628 BGB.[1] 2

Erfasst wird das so genannte **Auflösungsverschulden**, also der Schaden, der durch die vorzeitige Beendigung des Berufsausbildungsverhältnisses entsteht.[2] 3

---

[1] Vgl. *BAG* 16.7.2013 – 9 AZR 784/11, Rn. 37, NZA 2013, 1202; *BAG* 8.5.2007 – 9 AZR 527/06, NJW 2007, 3594; *BAG* 17.7.1997 – 8 AZR 257/96, NZA 1997, 1224.

[2] *BAG* 16.7.2013 – 9 AZR 784/11, Rn. 40, NZA 2013, 1202; *BAG* 17.7.1997 – 8 AZR 257/96, NZA 1997, 1224; *LAG Köln* 30.10.1998 – 11 Sa 180/98, NZA 1999, 317.

**§ 23**                          Schadensersatz bei vorzeitiger Beendigung

4 **Schadensersatzansprüche aus einem Grund** (etwa wegen einer unerlaubten Handlung gemäß den §§ 823 ff. BGB, wegen Verletzung vorvertraglicher Pflichten, wegen Verletzung von Vertragspflichten während des bestehenden Berufsausbildungsverhältnisses) oder gegen den Insolvenzverwalter wegen der vorzeitigen Beendigung des Vertragsverhältnisses (§ 113 Satz 3 InsO) bleiben unberührt.

5 Die **Schadensersatzpflicht** gilt zugunsten des vertragstreuen Vertragspartners, unabhängig davon, wer das Berufsausbildungsverhältnis in welcher Weise aufgelöst hat. Allerdings muss der andere Vertragspartner die Vertragsauflösung verschuldet haben (vgl. Rn. 12 ff.) und der Anspruchsteller muss die in § 23 Abs. 2 BBiG geregelte Drei-Monats-Frist für die Geltendmachung einhalten (vgl. Rn. 20 ff.), ansonsten erlischt der Anspruch.

6 Unwirksam ist eine Vereinbarung zwischen Auszubildenden und Ausbildenden über den **Ausschluss oder die Beschränkung des Schadensersatzanspruchs** (§ 12 Abs. 2 Nr. 3 BBiG). Auch die Festsetzung der Höhe des Schadensersatzes in einem Pauschbetrag ist unzulässig (§ 12 Abs. 2 Nr. 4 BBiG; vgl. § 12 Rn. 30).

7 Die **Pflicht zum Schadensersatz** ist gemäß § 23 Abs. 1 Satz 2 BBiG **ausgeschlossen**, wenn der Auszubildende gemäß § 22 Abs. 2 Nr. 2 BBiG gekündigt hat, weil er die Berufsausbildung aufgeben oder sich für eine andere Berufstätigkeit ausbilden lassen will. Da diese Kündigungsmöglichkeit dem **Schutz der Berufsfreiheit** (Art. 12 Abs. 1 GG) des Auszubildenden dient, ist in dem Falle konsequent eine Schadensersatzverpflichtung ausgeschlossen.

### a. »Nach der Probezeit«

8 Ein Schadensersatzanspruch wegen »Auflösungsverschuldens« kommt nur in Betracht, wenn das Berufsausbildungsverhältnis »**nach der Probezeit**« aufgelöst wird. Während der Probezeit (vgl. § 20 BBiG) sollen die Vertragsparteien unbelastet von etwaigen Schadensersatzpflichten klären können, ob sie eine längere Vertragsbindung eingehen wollen. Das gleiche gilt bei einer Lösung vom Berufsausbildungsverhältnis **vor Beginn der Ausbildung**. Deshalb besteht keine Schadensersatzpflicht, wenn der Auszubildende die Ausbildung gar nicht erst antritt. Auch eine **Vertragsstrafe** kann wegen § 12 Abs. 2 Nr. 2 BBiG nicht wirksam vereinbart werden (vgl. § 12 Rn. 27).

### b. Vorzeitige »Lösung« des Berufsausbildungsverhältnisses

9 Die Schadensersatzpflicht setzt die vorzeitige Lösung des Berufsausbildungsverhältnisses voraus. Der Begriff der »Lösung« ist weit zu verstehen und erfasst jeden Fall der tatsächlichen Beendigung des Berufsausbildungsverhältnisses vor dem regulären Ende. Eine Kündigung oder eine sonstige Willenserklärung ist nicht erforderlich, vielmehr kommt es allein auf die

**Schadensersatz bei vorzeitiger Beendigung** § 23

faktische Lösung (auf die tatsächliche, nicht die rechtliche Beendigung) vom Berufsausbildungsverhältnis an.[3]

Eine Lösung vom Berufsausbildungsverhältnis liegt vor, wenn  10
- ein Vertragspartner schuldhaft einen wichtigen Kündigungsgrund für den anderen Vertragspartner gesetzt hat, oder
- wenn der eine Vertragspartner kündigt und die Erfüllung der Vertragspflichten verweigert, obwohl ein Kündigungsgrund nicht vorliegt, oder
- wenn der eine Vertragspartner ohne Ausspruch einer Kündigung rein tatsächlich (faktisch) die Vertragserfüllung verweigert, etwa indem der Auszubildende der Ausbildung einfach fernbleibt.[4]

Auch die **Anfechtung** eines Ausbildungsvertrags gemäß den §§ 119ff. BGB  11
stellte eine »Lösung« dar.[5] Die »Lösung« vom Berufsausbildungsverhältnis kann auch im Abschluss eines **Aufhebungs- oder Auflösungsvertrags** liegen, wobei dann allerdings zu prüfen ist, ob die Parteien, wenn es an einer ausdrücklichen Regelung fehlt, nicht zumindest konkludent (schlüssig) auf die Geltendmachung von Schadensersatzansprüchen verzichtet haben.

### c. Schuldhafte Herbeiführung der Auflösung

Der andere Vertragsteil muss den Grund für die Auflösung zu vertreten haben. Der »andere« Vertragsteil ist der **Anspruchsgegner**, der die Lösung vom Berufsausbildungsverhältnis rechtlich zu vertreten, das heißt verschuldet hat.  12

Zu »vertreten« ist **vorsätzliches und fahrlässiges Handeln** gemäß den  13
§§ 276, 278 BGB.[6] Fahrlässig handelt, wer die im Verkehr erforderliche Sorgfalt außer Acht lässt (§ 276 Abs. 2 BGB). Der Ausbildende hat eigenes wie auch das Verschulden eines Erfüllungsgehilfen (z. B. des Ausbilders) zu vertreten (vgl. § 14 Rn. 3).

Nicht entscheidend ist, welcher Vertragsteil sich im Ergebnis vom Berufs-  14
ausbildungsverhältnis gelöst hat (z. B. durch Kündigung), sondern wer den **Grund für die vorzeitige Vertragslösung** gesetzt hat. Kündigt der Auszubildende rechtmäßig, kann der Ausbildende ersatzpflichtig sein, wenn er sich vertragswidrig verhalten hat. Umgekehrt kann der Auszubildende ersatzpflichtig sein, wenn der Ausbildende rechtmäßig wegen einer Vertragsverletzung des Auszubildenden gekündigt hat.

Kündigt etwa der Auszubildende das Berufsausbildungsverhältnis rechtmä-  15
ßig wegen solcher Umstände, die in der Sphäre des Ausbildenden liegen (vgl.

---

3 *BAG* 17.7.2007 – 9 AZR 103/07, DB 2008, 709; *BAG* 17.8.2000 – 8 AZR 578/99, NZA 2001, 150.
4 *BAG* 17.8.2000 – 8 AZR 578/99, NZA 2001, 150.
5 Vgl. *Leinemann/Taubert* BBiG § 23 Rn. 8.
6 Vgl. *LAG Schleswig-Holstein* 9.11.1984 – 3 Sa 470/83, EzB § 16 BBiG Nr. 10.

§ 22 Rn. 72), wird häufig ein **Verschulden des Ausbildenden** vorliegen. Davon ist auszugehen, wenn der Auszubildende das Berufsausbildungsverhältnis zu Recht kündigt, weil ein geeigneter Ausbilder fehlt. Der Ausbildende hat in einem solchen Fall die Vertragsauflösung zu vertreten, weil dieser für eine ordnungsgemäße Ausbildung gemäß § 14 BBiG (vgl. § 14 Rn. 2) einzustehen hat.[7] Dies gilt entsprechend, wenn wegen einer dauernden Arbeitsunfähigkeit des Ausbildenden, der keinen zusätzlichen Ausbilder eingestellt hat, die Ausbildung nicht stattfinden kann, und vor allem, wenn dem Ausbildenden das Ausbilden untersagt worden ist (§ 33 BBiG).

**16** Es wird auch vertreten, dass es bei solchen Umständen, die im Bereich des **Betriebsrisikos des Ausbildenden** liegen, auf ein Verschulden nicht ankomme.[8] Das ist insofern unpräzise, weil zunächst zu klären ist, ob der Ausbildende nicht rechtlich für einen bestimmten Standard (z. B. die faktische Durchführung der Ausbildung) einzustehen hat. Ist dies der Fall, hat er etwaige Mängel im Rechtssinne zu »vertreten« und damit mindestens fahrlässig verschuldet.

**17** Ein Verschulden ist regelmäßig ausgeschlossen, wenn die Ausbildung wegen der **Betriebsstilllegung** des gesamten Betriebs nicht stattfinden kann und deshalb der Ausbildende das Berufsausbildungsverhältnis rechtmäßig kündigt (vgl. § 22 Rn. 50). Etwas anderes kann allenfalls dann gelten, wenn der Ausbildende bereits bei Vertragsschluss positiv wusste, dass die Ausbildung wegen einer prekären wirtschaftlichen Lage nicht durchgeführt werden kann.[9]

**18** Bei einer Kündigung des Berufsausbildungsverhältnisses durch den Ausbildenden wegen eines Fehlverhaltens des Auszubildenden (vgl. § 22 Rn. 27 ff.) kommt es für das **Verschulden des Auszubildenden** darauf an, ob die Kündigung zu Recht erfolgt ist und ob der Auszubildende zumindest fahrlässig sein Fehlverhalten zu vertreten hat, was bei einer rechtmäßigen verhaltensbedingten Kündigung im Regelfall gegeben sein dürfte. Bei einem personenbedingten Kündigungsgrund (vgl. § 22 Rn. 49) fehlt es am Verschulden des Auszubildenden.[10] Bleibt der Auszubildende der weiteren Ausbildung einfach fern, ohne eine rechtmäßige Kündigung auszusprechen, ist ebenfalls von einem Verschulden auszugehen.

**19** Schadensersatz kann nur verlangt werden, wenn der von der anderen Seite zu vertretende **Auflösungsgrund kausal (ursächlich) für die vorzeitige Auflösung** des Berufsausbildungsverhältnisses war. Daran fehlt es, wenn der Auszubildende kündigt und sich dabei auf Gründe aus der Sphäre des Ausbildenden beruft, er aber in Wahrheit deshalb kündigt, weil er die Ausbil-

---

7 Vgl. ErfK-*Schlachter* § 23 BBiG Rn. 2.
8 Vgl. *Leinemann/Taubert* BBiG § 23 Rn. 12.
9 *Leinemann/Taubert* BBiG § 23 Rn. 17.
10 Vgl. *Leinemann/Taubert* BBiG § 23 Rn. 13.

## Schadensersatz bei vorzeitiger Beendigung § 23

dung ganz aufgeben, den Ausbildungsberuf wechseln will oder schlicht einen anderen Ausbildungsbetrieb bevorzugt.[11] In der Praxis lässt sich dies indes selten nachweisen.

### d. Frist zur Geltendmachung

§ 23 Abs. 2 BBiG regelt eine besondere **Ausschlussfrist**. Danach erlischt der 20
Schadensersatzanspruch, wenn er nicht innerhalb von **drei Monaten nach Beendigung des Berufsausbildungsverhältnisses** geltend gemacht wird. Maßgeblich für den Beginn der Ausschlussfrist ist das vertragsgemäße rechtliche Ende des Berufsausbildungsverhältnisses, nicht etwa das (vorzeitige) tatsächliche Ende.[12] Das folgt schon aus dem Wortlaut der Vorschrift. Danach erlischt der Anspruch, wenn er nicht innerhalb von drei Monaten nach »Beendigung des Berufsausbildungsverhältnisses« geltend gemacht wird. Die Beendigung des Berufsausbildungsverhältnisses ist in § 21 BBiG geregelt. Es endet gemäß § 21 Abs. 1 BBiG in der Regel (erst) mit dem Ende der Ausbildung. § 23 Abs. 2 BBiG enthält keinen eigenständigen, von § 21 BBiG abweichenden Begriff der Beendigung des Berufsausbildungsverhältnisses. Zudem differenziert § 23 BBiG ausdrücklich zwischen dem Lösen vom Berufsausbildungsverhältnis in § 23 Abs. 1 BBiG und der Beendigung in § 23 Abs. 2 BBiG. Deshalb knüpft die Ausschlussfrist nach ihrem Wortlaut weder an die vorzeitige tatsächliche Beendigung der Ausbildung noch an die vorzeitige rechtliche Beendigung des Berufsausbildungsverhältnisses an. Das tatsächliche Ende des Berufsausbildungsverhältnisses ist auch aus Gründen der Rechtssicherheit als Anknüpfungspunkt für den Beginn der Ausschlussfrist des § 23 Abs. 2 BBiG ungeeignet. Dem steht nicht entgegen, dass die Schadensersatzpflicht des § 23 Abs. 1 BBiG auch schon bei tatsächlicher Beendigung der Ausbildungspflichten im fortbestehenden Berufsausbildungsverhältnis gegeben sein kann. Der Lauf der Ausschlussfrist beginnt in solchen Fällen erst mit dem Ende der im Ausbildungsvertrag vereinbarten Dauer des Berufsausbildungsverhältnisses (§ 21 Abs. 1 BBiG).

Diese gesetzliche Frist ist von den Arbeitsgerichten von Amts wegen zu beachten und gilt unabhängig davon, ob die Vertragsparteien von ihr Kenntnis haben oder nicht. Eine Wiedereinsetzung in den vorigen Stand bei unverschuldeter Versäumnis der Frist sieht das Gesetz nicht vor.[13]

Innerhalb der **Drei-Monats-Frist** ist – wie auch bei einer tariflichen Aus- 21
schlussfrist – klarzustellen, ob und inwieweit noch Ansprüche erhoben werden. Der Anspruch muss dabei dem Grunde nach individualisiert werden, so dass der Anspruchsgegner erkennen kann, welche Forderungen erhoben

---

11 Vgl. *Leinemann/Taubert* BBiG § 23 Rn. 18.
12 *BAG* 17.7.2007 – 9 AZR 103/07, DB 2008, 709.
13 Vgl. *Leinemann/Taubert* BBiG § 23 Rn. 34.

werden. Die Höhe der Forderung ist – soweit möglich – wenigstens annähernd anzugeben.[14] Indes ist zu beachten, dass der Umfang des Schadensersatzanspruches, soweit er in die Zukunft reicht (vor allem wegen verzögerter Ausbildungsfortführung oder zukünftigen Verdienstausfalls, vgl. Rn. 28 ff.), nur dem Grunde nach angegeben werden kann. Da § 23 Abs. 2 BBiG nur verlangt, dass der »Anspruch« als solcher geltend gemacht wird, muss es ausreichen, wenn in der Geltendmachung, soweit es um den Umfang des Schadensersatzes für die Zukunft geht, der Ersatzanspruch dem Grunde nach geltend und soweit wie möglich konkretisiert wird. Mangels näherer gesetzlicher Vorgaben sind keine zu hohen Anforderungen an den Inhalt der Geltendmachung zu stellen.[15]

22 Für die Geltendmachung ist **keine Form** vorgeschrieben, sie kann daher auch mündlich oder durch schlüssiges Verhalten (konkludent) erfolgen. Aus **Beweisgründen** ist die **Schriftform** zu empfehlen. Eine gerichtliche Geltendmachung innerhalb der Frist ist nicht erforderlich.

23 Die Ausschlussfrist des § 23 Abs. 2 BBiG gilt nur für Ersatzansprüche nach dieser Norm, nicht für andere vertragliche oder Schadensersatzansprüche. Für solche gelten nur die allgemeinen Regeln der Verwirkung und Verjährung.

### 3. Rechtsfolge: Schadensersatz

24 Hat die eine Vertragspartei schuldhaft die Ursache für die vorzeitige Lösung des Berufsausbildungsverhältnisses gesetzt, ist diese zum Schadensersatz verpflichtet. Erfasst wird die Verletzung des bestehenden Vertrags, die zur Erstattung des Erfüllungsschadens verpflichtet. Es ist der Schaden zu ersetzen, der infolge der vorzeitigen Beendigung des Berufsausbildungsverhältnisses entsteht. Maßgeblich ist der **Vergleich des vorzeitig beendeten mit einem ordnungsgemäß erfüllten Berufsausbildungsverhältnis**.[16] Der Schaden besteht in der Differenz zwischen der Vermögenslage, die eingetreten wäre, wenn der Schuldner ordnungsgemäß erfüllt hätte und der durch die Nichterfüllung tatsächlich entstandenen Vermögenslage.[17]

25 Es ist der Zustand herzustellen, der bestehen würde, wenn der zum Ersatz verpflichtende Umstand nicht eingetreten wäre (§ 249 Abs. 1 BGB). Soweit die Herstellung nicht möglich oder zur Entschädigung nicht genügend war, ist der Geschädigte in Geld zu entschädigen (§ 251 Abs. 1 BGB). In Betracht

---

14 Vgl. *BAG* 11.8.1987 – 8 AZR 93/85, NZA 1988, 93.
15 Vgl. *Leinemann/Taubert* BBiG § 23 Rn. 37.
16 *BAG* 16.7.2013 – 9 AZR 784/11, Rn. 40, NZA 2013, 1202; *BAG* 17.7.2007 – 9 AZR 103/07, DB 2008, 709; *BAG* 8.5.2007 – 9 AZR 527/06, NJW 2007, 3594; *BAG* 17.8.2000 – 8 AZR 578/99, NZA 2001, 150.
17 *BAG* 8.5.2007 – 9 AZR 527/06, NJW 2007, 3594.

## Schadensersatz bei vorzeitiger Beendigung § 23

kommt auch der **Ersatz eines entgangenen Gewinns** (§ 252 BGB). Die Ersatzpflicht erstreckt sich auf Aufwendungen des Geschädigten, soweit er sie nach den Umständen des Falls als notwendig ansehen durfte. Die Grenze der Erstattung richtet sich danach, was ein vernünftiger, wirtschaftlich denkender Mensch nach den Umständen des Falls zur Beseitigung der Störung oder zur Schadensverhütung nicht nur als zweckmäßig, sondern als erforderlich unternommen hätte; dabei ist auf den Zeitpunkt abzustellen, zu dem die Maßnahme zu treffen war, auf das zu diesem Zeitpunkt Mögliche und Zumutbare.[18]

**Mitverschulden** der anderen Seite ist gemäß § 254 BGB zu berücksichtigen.[19] 26

§ 23 BBiG umfasst nur den **Auflösungsschaden**, das heißt den durch die 27 »vorzeitige« Vertragsbeendigung eingetretenen Schaden, also etwa nicht den durch unzureichende Ausbildung entstandenen Schaden (sog. Verfrühungsschaden). Dieser ist aus der Differenz der Vermögenslage des Geschädigten zu berechnen, wie sie ohne die vorzeitige Auflösung des Berufsausbildungsverhältnisses bestanden hätte und der Vermögenslage, die aufgrund der vorzeitigen Auflösung besteht.[20] Ein Verdienstausfallschaden ist dementsprechend begrenzt auf den Zeitraum, um den sich die Ausbildung konkret verlängert.[21]

Von dem Auflösungsschaden **abzugrenzen** ist ein Schaden, der durch eine **unzureichende Ausbildung** entstanden ist, dieser fällt nicht unter § 23 BBiG.[22] Insoweit kann aber eine Schadensersatzpflicht wegen Verletzung der Vertragspflichten im bestehenden Berufsausbildungsverhältnis bestehen (vgl. § 14 Rn. 24).

### a. Schadensersatzpflicht der Ausbildenden

Ist der **Ausbildende ersatzpflichtig**, kann der Auszubildende Ersatz des gesamten Schadens verlangen, der ihm durch die vorzeitige Lösung des Berufsausbildungsverhältnisses entstanden ist.[23] Der nach § 23 BBiG dem Auszubildenden zu ersetzende Schaden umfasst jedoch **keine Abfindung** entsprechend den §§ 9, 10 KSchG.[24] 28

---

18 Vgl. *BAG* 17. 8. 2000 – 8 AZR 578/99, NZA 2001, 150 m. w. N.
19 *Leinemann/Taubert* BBiG § 23 Rn. 19.
20 *BAG* 8. 5. 2007 – 9 AZR 527/06, NJW 2007, 3594. 3595.
21 *LAG Niedersachsen* 14. 8. 2006 – 11 Sa 1899/05, NZA-RR 2007, 348.
22 *LAG Köln* 30. 10. 1998 – 11 Sa 180/98, NZA 1999, 317.
23 *BAG* 16. 7. 2013 – 9 AZR 784/11, Rn. 40, NZA 2013, 1202.
24 Das Ausbildungsverhältnis ist nämlich kein Arbeitsverhältnis i. S. d. KSchG: *BAG* 16. 7. 2013 – 9 AZR 784/11, NZA 2013, 1202.

**29** Der Schadensersatzanspruch umfasst die **Aufwendungen**, die notwendig sind, um die Ausbildung in einer anderen Ausbildungsstätte fortzusetzen.[25] Dazu gehören **Aufwendungen für die Begründung eines neuen Berufsausbildungsverhältnisses**, vor allem die Bewerbungskosten (Portokosten, Aufwendungen für Kopien sowie Fahrtkosten für Vorstellungsgespräche, soweit sie nicht anderweitig erstattet werden). Ersatzpflichtig sind auch die **Mehrkosten**, die durch die Ausbildung an einem anderen Ort verursacht werden, auch, soweit sie vor der rechtlichen Beendigung des alten Berufsausbildungsverhältnisses entstanden sind.[26] Auch notwendige Umzugskosten können erstattungspflichtig sein.[27]

**30** Ungeachtet der besonderen Funktionen der **Ausbildungsvergütung** hat der zum Schadensersatz verpflichtete Ausbildende den Auszubildenden die Ausbildungsvergütung bis zur Aufnahme einer neuen Ausbildung oder ggf. eines Arbeitsverhältnisses weiterzuzahlen.[28] Kommt es erst später zur Begründung eines neuen Berufsausbildungsverhältnisses, hat der ersatzpflichtige Ausbildende auch die Ausbildungsvergütung bis zur Aufnahme einer neuen Ausbildung zu zahlen und zudem etwaige **Vergütungsdifferenzen** zwischen der alten und neuen Ausbildungsvergütung.[29] Auszugleichen sind auch etwaige Differenzen, die dadurch verursacht sind, dass der Auszubildende erst zu einem späteren Zeitpunkt Anspruch auf die steigende Ausbildungsvergütung gemäß § 17 Abs. 1 BBiG hat.[30] Die Auszubildenden müssen sich auf den Ersatzanspruch **anderweitigen Verdienst anrechnen lassen**.[31]

**31** Kann der Auszubildende wegen der Vertragsauflösung und der notwendigen Neubegründung eines Berufsausbildungsverhältnis die **Ausbildung erst verspätet beenden**, kann er vom ersatzpflichtigen Ausbildenden auch den Ausgleich der Vergütungsdifferenz zur entsprechenden Facharbeitervergütung, die der Auszubildende erst verspätet erzielen konnte, verlangen.[32] Dies setzt aber voraus, dass der ehemalige Auszubildende belegen kann, dass er bei regulärer Vertragsdurchführung aufgrund der Arbeitsmarktsituation und seiner Qualifikation auch bereits früher als gelernte Fachkraft oder als Geselle eingestellt worden wäre.[33]

---

25 *BAG* 16.7.2013 – 9 AZR 784/11, Rn. 40, NZA 2013, 1202.
26 Vgl. *BAG* 17.7.2007 – 9 AZR 103/07, DB 2008, 709; *BAG* 8.5.2007 – 9 AZR 527/06, NJW 2007, 3594. 3595.
27 *LAG Rheinland-Pfalz* 8.5.2014 – 2 Sa 33/13.
28 *BAG* 16.7.2013 – 9 AZR 784/11, Rn. 40, NZA 2013, 1202.
29 *BAG* 8.5.2007 – 9 AZR 527/06, NJW 2007, 3594. 3595.
30 Vgl. *Leinemann/Taubert* BBiG § 23 Rn. 25.
31 *BAG* 16.7.2013 – 9 AZR 784/11, Rn. 30, NZA 2013, 1202; *BAG* 17.7.2007 – 9 AZR 103/07, DB 2008, 709.
32 Vgl. *Leinemann/Taubert* BBiG § 23 Rn. 26.
33 Vgl. *DDZ-Wroblewski* § 23 BBiG Rn. 9.

## Schadensersatz bei vorzeitiger Beendigung § 23

Der Schadensersatzanspruch des Auszubildenden gemäß § 23 BBiG ist ein **32**
**Bruttoanspruch**. Er ist grundsätzlich aus der Differenz zwischen der erzielten Bruttovergütung und der Bruttovergütung zu ermitteln, die ohne das zum Schadensersatz verpflichtende Verhalten in der maßgeblichen Zeit erzielt worden wäre.[34]

### b. Schadensersatzpflicht der Auszubildenden

Ist der **Auszubildende ersatzpflichtig**, so kann der Ausbildende Ersatz der **33**
Aufwendungen verlangen, die er nach den Umständen für erforderlich halten durfte. Dazu gehören nicht die Aufwendungen für die ersatzweise Beschäftigung eines ausgebildeten Arbeitnehmers. Ausbildungsverhältnis und Arbeitsverhältnis können wegen der unterschiedlichen Pflichtenbindung nicht gleichgesetzt werden.[35] Der Ausbildende kann auch keinen Schadensersatz mit der Begründung verlangen, die Arbeitsleistung entspreche nicht der Ausbildungsvergütung, weil Arbeitsleistung und Vergütung im Berufsausbildungsverhältnis nicht im Austauschverhältnis stehen.[36]

Zu den vom Auszubildenden zu erstattenden Aufwendungen können solche **34**
gehören, die dem Ausbildenden durch den Abschluss eines neuen Ausbildungsvertrags entstehen. **Inseratskosten** können aber nur verlangt werden, wenn sie auch bei einem rechtmäßigen Alternativverhalten des Auszubildenden entstanden wären.[37]

### 4. Gerichtliche Geltendmachung

Für die gerichtliche Geltendmachung des Schadensersatzanspruchs ist der **35**
Rechtsweg zu den Arbeitsgerichten gegeben. Der Schlichtungsausschuss für Berufsausbildungsstreitigkeiten (vgl. § 10 Rn. 57) ist nicht zuständig, weil es sich nicht um eine Streitigkeit aus einem »bestehenden« Berufsausbildungsverhältnis handelt.[38]

Soweit der Ersatzanspruch der Höhe nach (für die Vergangenheit) bereits **36**
bezifferbar ist, ist ein entsprechender **Zahlungsantrag** zu stellen. Soweit der Umfang des Ersatzanspruchs abhängig ist von Entwicklungen in der Zukunft (z. B.: verspätete Aufnahme eines Arbeitsverhältnisses infolge vorzeitiger Beendigung des Berufsausbildungsverhältnisses) kann ein **Feststellungsantrag** mit dem Ziel gestellt werden, den Anspruchsgegner zu ver-

---

34 Vgl. *LAG Nürnberg* 27.10.1987 – 7 Sa 90/86, LAGE BBiG § 16 Nr. 1.
35 Vgl. *BAG* 17.8.2000 – 8 AZR 578/99, NZA 2001, 150.
36 Vgl. *LAG Düsseldorf* 26.6.1984 – 8 Sa 617/84, EzB BBiG § 16 Nr. 9.
37 Vgl. für das Arbeitsverhältnis: *BAG* 23.3.1984 – 7 AZR 37/81, NZA 1984, 122; ähnlich DDZ-*Wroblewski* § 23 BBiG Rn. 10.
38 Vgl. *LAG Düsseldorf* 26.6.1984 – 8 Sa 617/84, EzB § 16 BBiG Nr. 9.

pflichten, alle künftigen Schäden wegen der vorzeitigen Lösung des Berufsausbildungsverhältnisses zu ersetzen.[39]

37 Die **Darlegungs- und Beweislast** für die Voraussetzungen des Schadensersatzanspruchs und die Höhe des Schadens liegen beim Anspruchssteller, also je danach, wer den Anspruch geltend macht, beim Auszubildenden oder beim Ausbildenden. Die Darlegungs- und Beweislast vor allem hinsichtlich der Höhe des Schadens wird erleichtert durch § 252 BGB und durch § 287 ZPO, wonach gegebenenfalls die Schadenshöhe vom Gericht geschätzt werden kann.[40] Für ein Mitverschulden des Anspruchstellers beim Schadenseintritt oder hinsichtlich der Schadenshöhe ist der Ersatzpflichtige darlegungs- und beweispflichtig.

# Unterabschnitt 6
# Sonstige Vorschriften

## § 24 Weiterarbeit

**Werden Auszubildende im Anschluss an das Berufsausbildungsverhältnis beschäftigt, ohne dass hierüber ausdrücklich etwas vereinbart worden ist, so gilt ein Arbeitsverhältnis auf unbestimmte Zeit als begründet.**

| Inhaltsübersicht | Rn |
|---|---|
| 1. Überblick | 1 |
| 2. Vereinbarungen über die Übernahme in ein Arbeitsverhältnis | 2–5 |
|    a. Vertragliche Vereinbarungen | 2 |
|    b. Willkürkontrolle | 3 |
|    c. Sonderfall: Schwangere Auszubildende | 4 |
|    d. Tarifvertragliche Regelungen | 5 |
| 3. Begründung eines Arbeitsverhältnisses gemäß § 24 BBiG | 6–19 |
|    a. Tatsächliche Beschäftigung ohne Unterbrechung | 6–10 |
|    b. Fehlen einer abweichenden Vereinbarung, kein Widerspruch | 11–16 |
|    c. Rechtsfolge: Unbefristetes Arbeitsverhältnis | 17–19 |
| 4. Mitbestimmung des Betriebsrats/Personalrats | 20 |

## 1. Überblick

1 Nach Beendigung des Berufsausbildungsverhältnisses besteht grundsätzlich **kein Anspruch auf Übernahme** in ein Arbeitsverhältnis.[1] Aus dem Grund-

---

39 Vgl. *Leinemann/Taubert* BBiG § 23 Rn. 40.
40 Vgl. *Leinemann/Taubert* BBiG § 23 Rn. 41 ff.

1 Vgl. *Lakies/Malottke* BBiG § 24 Rn. 2 m. w. N.

# Weiterarbeit § 24

satz der Vertragsfreiheit folgt für beide Vertragspartner die Freiheit, ein Arbeitsverhältnis im Anschluss an die Berufsausbildung zu vereinbaren oder auch nicht. Ein Arbeitsverhältnis kommt dementsprechend durch eine ausdrückliche oder konkludente (schlüssige) Vereinbarung zustande (zu »Weiterarbeitsklauseln« im Ausbildungsvertrag vgl. § 12 Rn. 9 ff.). § 24 BBiG stellt demgegenüber eine **Ausnahmeregelung** dar, die an die tatsächliche Weiterbeschäftigung über das Ausbildungsende hinaus anknüpft. In dem Fall wird, wenn es an abweichenden Vereinbarungen fehlt, das Zustandekommen eines Arbeitsverhältnisses fingiert (vgl. Rn. 6ff.). Die Norm gilt auch im **Handwerk** (vgl. § 3 Rn. 10). Ein weitergehender Schutz gilt für **Mandatsträger** gemäß § 78a BetrVG.[2]

## 2. Vereinbarungen über die Übernahme in ein Arbeitsverhältnis

### a. Vertragliche Vereinbarungen

Vom Grundsatz her unproblematisch sind **Vereinbarungen** innerhalb der letzten sechs Monate vor Ende der Ausbildung und auch nach Ende der Ausbildung über die Begründung eines Arbeitsverhältnisses im Anschluss an die Ausbildung. Möglich ist dabei der Abschluss eines unbefristeten, aber auch eines befristeten Arbeitsvertrags.[3]

Wird ein **unbefristetes Arbeitsverhältnis** vereinbart, besteht im betrieblichen Anwendungsbereich des KSchG für die weiterbeschäftigten Auszubildenden, wegen der Anrechnung der Ausbildung auf die Wartezeit des § 1 Abs. 1 KSchG, bereits mit Beginn des Arbeitsverhältnisses **Kündigungsschutz**.[4] Auch bei der Berechnung der Beschäftigungsdauer für die **Kündigungsfrist** gemäß § 622 Abs. 2 BGB im Falle einer Kündigung des späteren Arbeitsverhältnisses ist die Ausbildungszeit mit zu berücksichtigen.[5]

Auch die Wartezeit des § 3 Abs. 3 EFZG von vier Wochen für die Entstehung des Anspruchs auf **Entgeltfortzahlung im Krankheitsfalle** muss von einem (ehemaligen) Auszubildenden, der unmittelbar im Anschluss an die Berufsausbildung als Arbeitnehmer weiterbeschäftigt wird, nicht erneut erfüllt werden. Vielmehr wird die vorherige Zeit der Berufsausbildung auf die Wartezeit angerechnet.[6]

Für den **Urlaubsanspruch** gilt folgendes: Schließt sich an ein Berufsausbildungsverhältnis unmittelbar ein Arbeitsverhältnis zum gleichen Arbeitgeber an, gibt es keine Urlaubsabgeltung (Auszahlung in Geld) für eventuell

---

2 Vgl. *Lakies/Malottke* BBiG § 24 Rn. 35 ff. m. w. N.
3 Vgl. *Lakies/Malottke* BBiG § 24 Rn. 4 ff.
4 Vgl. *BAG* 18.11.1999 – 2 AZR 89/99, NZA 2000, 529, 530.
5 *BAG* 2.12.1999 – 2 AZR 139/99, NZA 2000, 720.
6 *BAG* 20.8.2003 – 5 AZR 436/02, NZA 2004, 205.

nicht erfüllte Urlaubsansprüche aus dem Ausbildungsverhältnis. Vielmehr sind die Urlaubsansprüche in dem sich anschließenden Arbeitsverhältnis nach den für das Arbeitsverhältnis maßgebenden Regelungen zu erfüllen.[7] Die Wartezeit von sechs Monaten für den vollen Urlaubsanspruch (§ 4 BUrlG) gilt wegen der Anrechnung der Ausbildungszeit als erfüllt, so dass der ehemalige Auszubildende, jetzt Arbeitnehmer, mit Beginn des Arbeitsverhältnisses einen Anspruch auf den vollen Jahresurlaub hat, und zwar in dem Umfang, wie für das Arbeitsverhältnis maßgebend. Für die Berechnung des Urlaubsentgelts (§ 11 BUrlG) ist maßgebend die Arbeitsvergütung aus dem Arbeitsverhältnis, nicht die vorherige Ausbildungsvergütung.

Für die **Befristung** im Anschluss an die Berufsausbildung gelten die allgemeinen arbeitsrechtlichen Vorschriften des Teilzeit- und Befristungsgesetzes (TzBfG). Zu beachten ist, dass die Befristung eines Arbeitsvertrages zu ihrer Wirksamkeit der **Schriftform** bedarf (§ 14 Abs. 4 TzBfG). Auszubildende können nach Ende der Ausbildung **befristet ohne Sachgrund** gemäß § 14 Abs. 2 Satz 1 TzBfG für die Dauer von maximal zwei Jahren eingestellt werden. Zwar ist gemäß § 14 Abs. 2 Satz 2 TzBfG eine Befristung ohne Sachgrund unzulässig, wenn bereits zuvor ein »Arbeitsverhältnis« bestanden hat. Ein Berufsausbildungsverhältnis ist aber kein Arbeitsverhältnis im Sinne des § 14 Abs. 2 Satz 2 TzBfG.[8] Allerdings muss der befristete Vertrag spätestens am Tage nach Beendigung des Ausbildungsverhältnisses unter Beachtung der Schriftform des § 14 Abs. 4 TzBfG begründet werden. Bei tatsächlicher Weiterbeschäftigung ohne schriftliche Befristungsabrede greift ansonsten die Fiktion des § 24 BBiG und es gilt ein unbefristetes Arbeitsverhältnis als begründet.

### b. Willkürkontrolle

3 Die Entscheidung des Ausbildenden, einen Auszubildenden im Anschluss an die Ausbildung **nicht** in ein Arbeitsverhältnis zu übernehmen, kann gemäß § 75 BetrVG unter Berücksichtigung bestehender betrieblicher Auswahlrichtlinien (§ 95 BetrVG) dahin überprüft werden, ob sie willkürlich ist oder den Grundsätzen von Recht und Billigkeit entspricht. Man kann insofern von einer **Willkürkontrolle** sprechen.[9] So darf der Arbeitgeber die Übernahme in ein Arbeitsverhältnis nicht etwa deshalb ablehnen, weil der Auszubildende in zulässiger Weise von seiner verfassungsrechtlich geschützten

---

[7] *BAG* 29.11.1984 – 6 AZR 238/82, NZA 1985, 598.
[8] *BAG* 21.9.2011 – 7 AZR 375/10, NZA 2012, 255; **a.A.**: DDZ-*Wroblewski* § 14 TzBfG Rn. 202; *Schlachter*, NZA 2003, 1180ff.
[9] Vgl. *BAG* 20.11.2003 – 8 AZR 439/02, AP BGB § 611 Haftung des Arbeitgebers Nr. 28; *BAG* 5.4.1984 – 2 AZR 513/82, NZA 1985, 329.

# Weiterarbeit § 24

Meinungsfreiheit Gebrauch gemacht hat.[10] Auch kann die Ablehnung der Übernahme in ein Arbeitsverhältnis eine **unzulässige Maßregelung** im Sinne des § 612a BGB sein. Im Einzelfall kann dies einen Einstellungs- bzw. Weiterbeschäftigungsanspruch begründen.

### c. Sonderfall: Schwangere Auszubildende

Auch **schwangere Auszubildende** haben am Ende der Ausbildung grund- 4
sätzlich keinen Anspruch auf Übernahme in ein Arbeitsverhältnis.[11] Wenn der Arbeitgeber die Übernahme in ein Arbeitsverhältnis jedoch allein wegen der Schwangerschaft ablehnt, liegt hierin eine Diskriminierung (Benachteiligung) wegen des Geschlechts gemäß § 7 Abs. 1 AGG. Diese Benachteiligung begründet jedoch keinen Einstellungsanspruch zugunsten der Benachteiligten, sondern lediglich einen Anspruch auf angemessene **Entschädigung in Geld** (§ 15 Abs. 6 AGG). Gleiches gilt, wenn die Übernahme in ein Arbeitsverhältnis nur wegen des **Geschlechts** abgelehnt wird.[12]

### d. Tarifvertragliche Regelungen

Bisweilen sehen **Regelungen in Tarifverträgen** eine »**Übernahmegarantie**« 5
(zumindest für einen befristeten Vertrag) vor.[13] Diese sind jedoch stets hinsichtlich ihrer **Anspruchsqualität** zu überprüfen. Maßgeblich sind insoweit die im Tarifvertrag geregelten Voraussetzungen und Ausschlusstatbestände. Wird aufgrund tariflicher Regelungen ein Arbeitsverhältnis begründet, kann dieses nicht nach § 78a Abs. 4 BetrVG aufgelöst werden.[14] Tarifliche Regelungen, die vorsehen, dass der Ausbildende in einem bestimmten Zeitraum vor dem Ende der Ausbildung dem Auszubildenden eine schriftliche Mitteilung zu machen hat, ob er ihn nach Beendigung des Ausbildungsverhältnisses in ein Arbeitsverhältnis übernehmen will, begründen noch keine vertragliche Bindung auf Abschluss eines Arbeitsvertrags.[15] Tarifverträge, die »im Grundsatz« eine Übernahme in ein Arbeitsverhältnis nach erfolgreich bestandener Abschlussprüfung »für mindestens sechs Monate« vorsehen, verpflichten den Arbeitgeber nach der *BAG*-Rechtsprechung lediglich, dem Auszubildenden die Übernahme in ein sich unmittelbar anschließendes Ar-

---

10 Vgl. *BVerfG* 19.5.1992 – 1 BvR 126/85, BVerfGE 86, 122.
11 Vgl. *Leinemann/Taubert* BBiG § 24 Rn. 6.
12 Vgl. *Leinemann/Taubert* BBiG § 24 Rn. 6.
13 Vgl. *Kohte*, NZA 1997, 457 ff.; *Schulze*, NZA 2007, 1329 ff.; zur tariflichen Praxis vgl. *Bispinck/Schweizer/Kirsch*, WSI-Mitteilungen 2002, 213 ff.
14 *BAG* 8.9.2010 – 7 ABR 33/09, Rn. 37, NZA 2011, 221.
15 Vgl. *BAG* 5.4.1984 – 2 AZR 513/82, NZA 1985, 329; *BAG* 30.11.1984 – 7 AZR 539/83, DB 1985, 2304.

beitsverhältnis für die Dauer von sechs Monaten anzubieten, sofern kein tariflicher Ausnahmetatbestand gegeben ist.[16] Die Nichterfüllung dieser Pflicht kann den Arbeitgeber zum Schadensersatz verpflichten, die allerdings nur auf Entschädigung in Geld geht und nicht auf tatsächliche Übernahme in ein Arbeitsverhältnis, das erst später beginnt.[17]

### 3. Begründung eines Arbeitsverhältnisses gemäß § 24 BBiG

#### a. Tatsächliche Beschäftigung ohne Unterbrechung

6 Der Auszubildende muss **im Anschluss** an das Berufsausbildungsverhältnis **tatsächlich beschäftigt** werden. Davon ist auszugehen, wenn der Auszubildende an dem (auf die rechtliche Beendigung des Berufsausbildungsverhältnisses folgenden) Arbeitstag erscheint und auf Weisung oder mit Wissen und Willen des Arbeitgebers (ehemaligen Ausbildenden) oder einer zur Vertretung berechtigten Person tätig wird.[18]

7 Da der Auszubildende **tatsächlich beschäftigt** werden muss, reicht das Anbieten der Arbeitskraft, ohne dass tatsächlich Arbeitsleistung erbracht wird, nicht aus. Erforderlich ist die Beschäftigung »im Anschluss« an das Berufsausbildungsverhältnis, also **ohne zeitliche Unterbrechung**. Eine Unterbrechung ist auch gegeben im Fall der Nichtarbeit aufgrund Arbeitsunfähigkeit infolge Erkrankung. Deshalb führt eine Weiterarbeit erst nach Ende der Arbeitsunfähigkeit nicht zur Fiktion des § 24 BBiG.[19] Im **Anschluss »an das Berufsausbildungsverhältnis«** meint im Anschluss an das Ende des Berufsausbildungsverhältnisses. Das Berufsausbildungsverhältnis endet mit Ablauf der Ausbildungszeit (vgl. § 21 Rn. 12). Entscheidend ist also, ob der Auszubildende (unabhängig vom Termin der Abschlussprüfung) nach dem Ende der Ausbildung weiterbeschäftigt wird. Findet die Abschlussprüfung erst nach Ende der Ausbildungszeit statt und wird der Auszubildende – gleichwohl – über das Ende der Ausbildungszeit hinaus weiterbeschäftigt, kommt ein Arbeitsverhältnis gemäß § 24 BBiG zustande. Das Vorliegen einer abweichenden Vereinbarung, etwa über die Begründung eines Arbeitsverhältnisses nur bis zur Abschlussprüfung, muss derjenige dartun und beweisen, der sich darauf beruft.[20]

---

16 Vgl. *BAG* 14.5.1997 – 7 AZR 159/96, NZA 1998, 50; *BAG* 14.10.1997 – 7 AZR 298/96, NZA 1998, 775.
17 Vgl. *BAG* 14.10.1997 – 7 AZR 811/96, NZA 1998, 778.
18 Vgl. *BAG* 8.2.1978 – 4 AZR 552/76, DB 1978, 1039; *LAG Hamm* 14.7.1976 – 2 Sa 662/76, DB 1977, 126.
19 Vgl. KR-*Fischermeier* § 24 BBiG Rn. 7; **a.A.:** DDZ-*Wroblewski* § 24 BBiG Rn. 2; *Leinemann/Taubert* BBiG § 24 Rn. 11.
20 Vgl. *LAG Hamm* 13.8.1980 – 12 Sa 550/80, EzB § 17 BBiG Nr. 11.

## Weiterarbeit § 24

Die Tätigkeit muss erfolgen **mit Wissen des Ausbildenden** oder einer zur 8
Vertretung berechtigten Person. Diese Person muss grundsätzlich auch
Kenntnis davon haben, dass die Beschäftigung im Anschluss an das Berufsausbildungsverhältnis erfolgt, also das Berufsausbildungsverhältnis beendet
ist.[21] Da hinsichtlich des Bestehens der Abschlussprüfung gemäß § 21 Abs. 2
BBiG ausdrücklich auf die Bekanntgabe des Ergebnisses durch den Prüfungsausschuss abgestellt wird (vgl. § 21 Rn. 18), reicht es insoweit, wenn
der Ausbildende durch eine Nachfrage bei der zuständigen Stelle vom Bestehen der Prüfung erfährt. Hat der Ausbildende keine Kenntnis von der Bekanntgabe des Ergebnisses der Abschlussprüfung und der dadurch eingetretenen Beendigung des Berufsausbildungsverhältnisses, tritt die Fiktion des
§ 24 BBiG mangels Kenntnis vom Ende der Ausbildung nicht ein. Dies gilt
jedoch nicht uneingeschränkt. Besteht der Auszubildende die Abschlussprüfung vor Ende der Ausbildung und endet das Berufsausbildungsverhältnis
nach § 21 Abs. 2 BBiG mit Bekanntgabe des Ergebnisses durch den Prüfungsausschuss, muss der Ausbildende keine vollständige Kenntnis von den
die Beendigung des Berufsausbildungsverhältnisses bedingenden Umständen haben. In diesem Fall ist es erforderlich und ausreichend, wenn er weiß,
dass die vom Auszubildenden erzielten Prüfungsergebnisse zum Bestehen
der Abschlussprüfung ausreichen.[22]
Da § 37 Abs. 2 Satz 2 den Ausbildenden einen Anspruch gegen die zuständige Stelle auf Übermittlung der Prüfungsergebnisse gibt, ist zudem zu erwägen, die fahrlässige Unkenntnis vom Bestehen der Abschlussprüfung der
Kenntnis gleichzustellen.[23]

Erlangt der Ausbildende oder sein Vertreter erst nach Aufnahme der Arbeit 9
davon Kenntnis, dass der Auszubildende vorzeitig die Abschlussprüfung be-
standen hat und damit die Ausbildung beendet worden ist, muss er der
Weiterbeschäftigung **unverzüglich widersprechen**, um die Folgen des § 24
BBiG abzuwenden.[24] Der Widerspruch kann auch schon vor dem Ende des
Berufsausbildungsverhältnisses erfolgen (vgl. Rn. 16).

Bei **juristischen Personen** (wie einer GmbH, GmbH & Co. KG oder einer 10
Aktiengesellschaft [AG]) ist bei der **Kenntnis** von der tatsächlichen Beschäftigung und der Beendigung des Ausbildungsverhältnisses auf die vertre-
tungsberechtigten natürlichen Personen abzustellen. Neben dem Geschäftsführer (oder Vorstand) sind das alle Personen, die personalrechtliche Befugnisse haben, also zur Einstellung von Arbeitnehmern befugt sind. Die
Kenntnis eines Vorgesetzten, der solche Befugnisse nicht hat, reicht nicht.[25]

---

21 *BAG* 20.3.2018 – 9 AZR 479/17, Rn. 24, NZA 2018, 943.
22 *BAG* 20.3.2018 – 9 AZR 479/17, Rn. 22, NZA 2018, 943.
23 Vgl. DDZ-*Wroblewski* § 24 BBiG Rn. 4.
24 Vgl. *Leinemann/Taubert* BBiG § 24 Rn. 14.
25 *BAG* 20.3.2018 – 9 AZR 479/17, Rn. 31, NZA 2018, 943.

Der Ausbildende muss sich jedoch ausnahmsweise die Kenntnis solcher Personen nach Treu und Glauben zurechnen lassen. Dazu müssen diese Personen eine **herausgehobene Position und Funktion** im Betrieb oder in der Verwaltung haben und in einer ähnlich selbstständigen Stellung wie ein gesetzlicher oder rechtsgeschäftlicher Vertreter des Ausbildenden sein. Voraussetzung dafür, dass die Kenntnisse dieser Personen dem Ausbildenden zuzurechnen sind, ist ferner, dass die Verzögerung bei der Kenntniserlangung in dessen eigener Person auf einer unsachgemäßen Organisation des Betriebs oder der Verwaltung beruht.[26]

Der Auszubildende hat die **Darlegungs- und Beweislast** dafür, dass der Ausbildende ihn in Kenntnis der bestandenen Abschlussprüfung weiterbeschäftigt hat. Dabei gelten jedoch die Grundsätze der abgestuften Darlegungs- und Beweislast. Es genügt zunächst, dass der Auszubildende einen Sachverhalt vorträgt, der das Vorliegen einer entsprechenden Kenntnis des Ausbildenden indiziert. Dieser muss sich sodann im Einzelnen auf diesen Vortrag einlassen. Er kann einzelne Tatsachen konkret bestreiten oder Umstände vortragen, welche den Sachverhalt in einem anderen Licht erscheinen lassen. Trägt der Ausbildende nichts vor oder lässt er sich nicht substantiiert ein, gilt der schlüssige Sachvortrag des Auszubildenden als zugestanden. Gelingt es dem Ausbildenden, die vom Auszubildenden vorgetragenen Indizien für eine Kenntnis von dem Bestehen der Abschlussprüfung und der sich anschließenden Weiterbeschäftigung zu erschüttern, bleibt es bei dem Grundsatz, dass der Auszubildende die subjektiven Tatbestandsmerkmale des § 24 BBiG darlegen und beweisen muss.[27]

### b. Fehlen einer abweichenden Vereinbarung, kein Widerspruch

11 Die Weiterbeschäftigung muss erfolgen, »ohne dass hierüber ausdrücklich etwas vereinbart worden ist«. Liegt eine »Vereinbarung« über die Weiterbeschäftigung vor, geht diese der Fiktion des § 24 BBiG vor. Hinsichtlich der möglichen Vereinbarung ist § 12 BBiG zu beachten, der Vereinbarungen während des Laufs des Berufsausbildungsverhältnisses bestimmte Grenzen setzt. Auch unterliegt die »Vereinbarung« gegebenenfalls ihrerseits der Rechtskontrolle. Bei Vereinbarung eines befristeten Arbeitsverhältnisses sind etwa die Vorgaben des TzBfG zu beachten.

12 Vom Grundsatz her unproblematisch sind Vereinbarungen **innerhalb der letzten sechs Monate vor Ende der Ausbildung** und auch nach Ende der Ausbildung über die Begründung eines Arbeitsverhältnisses im Anschluss an die Ausbildung (vgl. § 12 Rn. 13 ff.). Möglich ist dabei der Abschluss eines

---

26 *BAG* 20.3.2018 – 9 AZR 479/17, Rn. 31, NZA 2018, 943. Im Streitfall ging es um die Kenntnis einer Ausbildungsleiterin.
27 *BAG* 20.3.2018 – 9 AZR 479/17, Rn. 32, NZA 2018, 943.

## Weiterarbeit §24

unbefristeten, aber auch eines befristeten Arbeitsvertrags. Für die **Befristung** im Anschluss an die Berufsausbildung gelten die allgemeinen arbeitsrechtlichen Vorschriften des TzBfG. Allerdings muss der befristete Vertrag vor der tatsächlichen Arbeitsaufnahme nach Beendigung der Ausbildung unter Beachtung der Schriftform des § 14 Abs. 4 TzBfG vereinbart sein. Erfolgt die tatsächliche Weiterbeschäftigung, ohne dass eine wirksame schriftliche Befristungsvereinbarung vorliegt, greift ansonsten die Fiktion des § 24 BBiG und es gilt ein unbefristetes Arbeitsverhältnis als begründet. Für die in einem Ausbildungsverhältnis stehenden Mitglieder einer Jugend- und Auszubildendenvertretung gilt § 78a BetrVG, der einen Anspruch auf Übernahme in ein unbefristetes Arbeitsverhältnis gibt (vgl. Rn. 1).

Gemäß § 24 BBiG muss die Vereinbarung »**ausdrücklich**« erfolgen. Der Begriff der »ausdrücklichen« Vereinbarung hindert allerdings nicht die Annahme, dass die Vertragsparteien eine abweichende vertragliche Regelung durch schlüssiges Verhalten (konkludent) geschlossen haben,[28] insoweit ist von einem Widerspruch gegen die Begründung eines unbefristeten Arbeitsverhältnisses auszugehen (vgl. Rn. 15). Erforderlich ist eine Vereinbarung über das »Ob« der Weiterarbeit, nicht über die einzelnen Vertragsbedingungen. Deshalb liegt eine »Vereinbarung« etwa auch dann vor, wenn die Vertragsparteien – schriftlich (§ 14 Abs. 4 TzBfG) – ein befristetes Arbeitsverhältnis im Anschluss an die Ausbildung vereinbart haben, ohne bereits die einzelnen Vertragsbedingungen (Vergütung, Urlaub usw.) festgelegt zu haben.

13

Der vorliegenden **Rechtsprechung** kann nur bedingt gefolgt werden. So ist angenommen worden, die Mitteilung des Ausbildenden, er lehne eine Übernahme ab, sei aber bereit, den Auszubildenden aus sozialen Gründen für zwei Monate weiter zu beschäftigen, stelle keine ausdrückliche Vereinbarung dar, die der Fiktion des § 24 BBiG entgegenstehe.[29] Eine solche Vereinbarung wurde aber angenommen, wenn dem Auszubildenden bereits vor der Abschlussprüfung gesagt wurde, dass er nach dem Ende der Ausbildung nicht weiterbeschäftigt werden könne und er hiergegen nichts eingewendet hat[30] oder wenn der Ausbildende zuvor ausdrücklich erklärt hatte, sich nach Bestehen der Abschlussprüfung vom Auszubildenden trennen zu wollen.[31]

14

Bei dieser Rechtsprechung wird zum Teil übersehen, dass § 24 BBiG das Entstehen eines unbefristeten Arbeitsverhältnisses fingiert. Für die Fiktion ist kein Raum, wenn sich aus den Erklärungen einer Vertragspartei ergibt (die auch durch schlüssiges Handeln erfolgen können), dass die Begründung eines Arbeitsverhältnisses nicht gewollt ist. Die Fiktionswirkung des § 24

15

---

28 Vgl. *Leinemann/Taubert* BBiG § 24 Rn. 17.
29 Vgl. LAG Düsseldorf 22.10.1985 – 8 Sa 1132/85, EzB § 17 BBiG Nr. 15.
30 Vgl. ArbG Emden 10.1.1977 – 1 Ca 864/77, EzB § 17 BBiG Nr. 6.
31 Vgl. LAG Hessen 14.6.1982 – 11 Sa 141/81, EzB BBiG § 14 Abs. 2 Nr. 13.

BBiG tritt deshalb nicht ein bei einem (unverzüglichen) **Widerspruch** des Ausbildenden gegen die Weiterbeschäftigung.[32] Der Arbeitgeber muss deutlich machen, dass durch die Weiterbeschäftigung kein Arbeitsverhältnis auf unbestimmte Zeit begründet werden soll. Einem solchen Widerspruch steht nicht § 25 BBiG entgegen, nach dem eine Vereinbarung, die zuungunsten Auszubildender von § 24 BBiG abweicht, nichtig ist. Mit einem solchen Widerspruch wird nicht vorab die Rechtsnorm des § 24 BBiG vertraglich ausgeschlossen, sondern es soll nur zu dem Zeitpunkt, zu dem mangels entgegenstehender Vereinbarungen die Rechtwirkungen des § 24 BBiG eintreten würden, der Eintritt der Rechtsfolge dieser Norm (unbefristetes Arbeitsverhältnis) verhindert werden. Das ist im Rahmen der Vertragsfreiheit zulässig. Nach dem Ende des Ausbildungsverhältnisses ist der ehemalige Auszubildende nicht mehr durch die Normen des BBiG vor arbeitsrechtlichen Gestaltungsmöglichkeiten geschützt.

**16** Der **Widerspruch** kann auch schon **vor dem Ende des Berufsausbildungsverhältnisses** erfolgen.[33] Erklärt der Ausbildende bereits vor der Abschlussprüfung, dass der Auszubildende nach dem Ende der Ausbildung nicht weiterbeschäftigt werden könne oder dass man sich nach der Abschlussprüfung vom Auszubildenden trennen wolle, so liegt darin ein Widerspruch, der der Begründung eines Arbeitsverhältnisses gemäß § 24 BBiG entgegensteht. Eine Erklärung des Ausbildenden, er lehne eine Übernahme des Auszubildenden ab, sei aber bereit, diesen aus sozialen Gründen für zwei Monate weiter zu beschäftigen, ist als Widerspruch gegen das Zustandekommen eines unbefristeten Arbeitsverhältnisses anzusehen, mit dem aber zugleich der Abschluss eines befristeten Arbeitsvertrags angeboten wird. Eine solche Befristungsvereinbarung bedarf der Schriftform (§ 14 Abs. 4 TzBfG). Fehlt es an der Schriftform, kommt ein unbefristetes Arbeitsverhältnis zustande (§ 16 Satz 1 TzBfG).

### c. Rechtsfolge: Unbefristetes Arbeitsverhältnis

**17** Liegen die dargestellten Voraussetzungen des § 24 BBiG vor, so gilt ein Arbeitsverhältnis auf unbestimmte Zeit als begründet. Es kommt also ein **unbefristetes Arbeitsverhältnis** zustande, und zwar zu den in der Branche üblichen Bedingungen bzw. bei Tarifbindung zu diesen Bedingungen. Hinsichtlich der Höhe der Arbeitsvergütung gilt bei fehlender Tarifbindung § 612 BGB, wonach die »übliche«, also im Regelfall die tarifliche Vergütung geschuldet wird.[34] Im Normalfall kommt ein unbefristetes **Vollzeitarbeits-**

---

32 Vgl. DDZ-*Wroblewski* § 24 BBiG Rn. 5.
33 Vgl. *LAG Hessen* 14.6.1982 – 11 Sa 141/81, EzB BBiG § 14 Abs. 2 Nr. 13.
34 Vgl. *BAG* 16.6.2005 – 6 AZR 411/04, NZA 2006, 680.

## Weiterarbeit § 24

verhältnis zustande.³⁵ Soll das Arbeitsverhältnis nur befristet oder als Teilzeitarbeitsverhältnis begründet werden, so bedarf es hierzu einer ausdrücklichen Vereinbarung.³⁶ Wird der bisherige Auszubildende allerdings auf einer **Teilzeitstelle** und auch nur in diesem Umfang tatsächlich weiterbeschäftigt, so gilt nur ein Teilzeitarbeitsverhältnis gemäß § 24 BBiG als begründet.³⁷ Im betrieblichen Anwendungsbereich des KSchG besteht für den weiterbeschäftigten Auszubildenden wegen der Anrechnung der Ausbildungszeit auf die Wartezeit des § 1 Abs. 1 KSchG bereits mit Beginn des Arbeitsverhältnisses **Kündigungsschutz** (vgl. § 12 Rn. 14).

Ist der Auszubildende zum Zeitpunkt der Weiterarbeit noch **minderjährig**, hindert dies nicht das Entstehen eines Arbeitsverhältnisses gemäß § 24 BBiG.³⁸ Zum einen ist davon auszugehen, dass die Zustimmung der Personensorgeberechtigten zur Eingehung eines Berufsausbildungsverhältnisses die Billigung zum Abschluss eines Arbeitsvertrags (§ 113 BGB) umfasst und zum anderen erlangt der Minderjährige durch die Begründung eines Arbeitsverhältnisses einen rechtlichen Vorteil. Bei der abweichenden Vereinbarung, die den Eintritt der Fiktion des § 24 BBiG hindert, ist allerdings, da für den Minderjährigen nachteilig, die Zustimmung der gesetzlichen Vertreter erforderlich. **18**

Ist im Einzelfall streitig, ob die Voraussetzungen des § 24 BBiG erfüllt sind und damit ein Arbeitsverhältnis begründet worden ist, muss der ehemalige Auszubildende, der sich auf die Rechtswirkungen des § 24 BBiG beruft, dieses durch **Klage vor dem Arbeitsgericht** geltend machen. Da es sich nicht um eine Streitigkeit aus dem Berufsausbildungsverhältnis handelt, sondern um das Bestehen oder Nichtbestehen eines Arbeitsverhältnisses, ist der Schlichtungsausschuss nicht zuständig (vgl. § 10 Rn. 59). Zulässige Klageart ist eine entsprechende Feststellungsklage auf das Bestehen eines Arbeitsverhältnisses, eine Leistungsklage auf tatsächliche Beschäftigung in einem Arbeitsverhältnis oder auf Zahlung der Arbeitsvergütung aus dem Gesichtspunkt des Annahmeverzugs gemäß § 615 BGB.³⁹ Die Darlegungs- und Beweislast für das Zustandekommen eines Arbeitsverhältnisses gemäß § 24 liegt beim ehemaligen Auszubildenden und nunmehrigen vermeintlichen Arbeitnehmer, weil dieser sich damit auf die Rechtswirkungen einer für ihn positiven Norm beruft. **19**

---

35 Vgl. *Leinemann/Taubert* BBiG § 24 Rn. 21.
36 Vgl. *LAG Düsseldorf* 22.10.1985 – 8 Sa 1132/85, EzB § 17 BBiG Nr. 15.
37 Vgl. *DDZ-Wroblewski* § 24 BBiG Rn. 7.
38 Vgl. *DDZ-Wroblewski* § 24 BBiG Rn. 12; *Leinemann/Taubert* BBiG § 24 Rn. 16; a. A.: KR-*Fischermeier* § 24 BBiG Rn. 4, der auf die Kenntnis des gesetzlichen Vertreters von der Weiterarbeit abstellt.
39 Vgl. *Leinemann/Taubert* BBiG § 24 Rn. 14.

### 4. Mitbestimmung des Betriebsrats/Personalrats

20 Die Übernahme eines Auszubildenden im Anschluss an die Ausbildung stellt eine **Einstellung** im Sinne des § 99 Abs. 1 BetrVG dar und bedarf daher der Mitbestimmung des Betriebsrats.[40] Zwar ist ein ohne Zustimmung des Betriebsrats zustande gekommener Arbeitsvertrag wirksam. Für die »Einstellung« im Sinne der Mitbestimmungsvorschriften kommt es aber auf die tatsächliche Eingliederung in den Betrieb an. Der Arbeitnehmer darf deshalb tatsächlich nur beschäftigt werden, wenn die Zustimmung des Betriebsrats vorliegt.[41] Das hindert allerdings nicht das Entstehen eines Arbeitsverhältnisses gemäß § 24 BBiG, wenn der Auszubildende im Anschluss an die Ausbildung tatsächlich beschäftigt wird, obwohl der Betriebsrat nicht zugestimmt hat. Der Mitbestimmung des Betriebsrats unterliegt auch die **Eingruppierung** des ehemaligen Auszubildenden, der nunmehr als Arbeitnehmer tätig ist, in eine bei dem Arbeitgeber anzuwendende Vergütungsgruppenordnung (§ 99 BetrVG).

Entsprechendes gilt im **öffentlichen Dienst** für die Mitbestimmungsrechte des Personalrats bei der Einstellung und Eingruppierung gemäß § 75 Abs. 1 Nr. 1 BPersVG oder nach den Landespersonalvertretungsgesetzen.

## § 25 Unabdingbarkeit

**Eine Vereinbarung, die zuungunsten Auszubildender von den Vorschriften dieses Teils des Gesetzes abweicht, ist nichtig.**

1 § 25 BBiG sichert zugunsten der Auszubildenden den **zwingenden Charakter der vertragsrechtlichen Vorschriften** des BBiG, also der §§ 10 bis 24 BBiG. Von den gesetzlichen Vorgaben darf nicht abgewichen werden. Geschieht dies gleichwohl, sind die abweichenden Vereinbarungen, soweit die Abweichung zuungunsten der Auszubildenden wirkt, nichtig (unwirksam). Die Vertragsfreiheit wird zugunsten des Schutzes der schwächeren Vertragspartei, der Auszubildenden, beschränkt. Die Folgen im Einzelnen sind bei den einzelnen gesetzlichen Vorschriften beschrieben.

2 Man muss sich deutlich machen, dass abweichende vertragliche Vereinbarungen an sich unwirksam sind, dies aber gegebenenfalls im Einzelfall von den Auszubildenden durchgesetzt werden müsste. Wird etwa eine nicht angemessene Vergütung (§ 17 BBiG) vereinbart oder faktisch nur gezahlt, steht dem Auszubildenden zwar eine höhere Vergütung kraft Gesetzes zu,

---

40 Vgl. *LAG Hamm* 14.7.1982 – 12 TaBV 27/82, EzB § 99 BetrVG Nr. 3; KR-*Fischermeier*, § 24 BBiG Rn. 10; DDZ-*Wroblewski* § 24 BBiG Rn. 13; *Leinemann/Taubert* BBiG § 24 Rn. 28.
41 Vgl. *BAG* 2.7.1980 – 5 AZR 1241/79, AP GG Art. 33 Abs. 2 Nr. 9.

## Andere Vertragsverhältnisse §26

er müsste sie aber im Einzelfall einklagen. Ein Verbandsklagerecht, etwa der Gewerkschaften, besteht nicht.

Unwirksam sind alle Vereinbarungen, die »zuungunsten« Auszubildender von den §§ 10 bis 24 abweichen. Das sind nicht nur individualvertragliche Vereinbarungen, sondern auch kollektivvertragliche, also **Betriebsvereinbarungen, Dienstvereinbarungen** und **Tarifverträge**. Eine **Abweichung zugunsten Auszubildender** ist jedoch **zulässig** (vgl. im Einzelnen die Kommentierung der Vorschriften). 3

§ 25 BBiG regelt die Unabdingbarkeit der vertragsrechtlichen Normen des BBiG. Die anderen Regelungen, über die Ordnung der Berufsausbildung, die Anerkennung von Ausbildungsberufen, die Eignung von Ausbildungsstätte und Ausbildungspersonal, das Verzeichnis der Berufsausbildungsverhältnisse, das Prüfungswesen und die Organisation der Berufsbildung, sind ohnedies nicht der vertraglichen Vereinbarung zugänglich, weil es sich um zwingende Normen des öffentlichen Rechts handelt, über die die Bürger als Normunterworfene nicht disponieren können. 4

## § 26 Andere Vertragsverhältnisse

**Soweit nicht ein Arbeitsverhältnis vereinbart ist, gelten für Personen, die eingestellt werden, um berufliche Fertigkeiten, Kenntnisse, Fähigkeiten oder berufliche Erfahrungen zu erwerben, ohne dass es sich um eine Berufsausbildung im Sinne dieses Gesetzes handelt, die §§ 10 bis 16 und § 17 Absatz 1, 6 und 7 sowie die §§ 18 bis 23 und 25 mit der Maßgabe, dass die gesetzliche Probezeit abgekürzt, auf die Vertragsniederschrift verzichtet und bei vorzeitiger Lösung des Vertragsverhältnisses nach Ablauf der Probezeit abweichend von § 23 Abs. 1 Satz 1 Schadensersatz nicht verlangt werden kann.**

| Inhaltsübersicht | Rn |
|---|---|
| 1. Überblick | 1 |
| 2. Erfasste Vertragsverhältnisse | 2–13 |
| 3. Partielle Anwendbarkeit des BBiG | 14 |
| 4. Mindestlohn für Praktikanten | 15–23 |

### 1. Überblick

§ 26 BBiG enthält eine Sonderregelung für so genannte andere Vertragsverhältnisse. Die Regelung gilt für Personen, die eingestellt werden, um berufliche Fertigkeiten, Kenntnisse, Fähigkeiten oder berufliche Erfahrungen zu erwerben, wobei es sich allerdings nicht um eine Berufsausbildung im Sinne des BBiG handelt. Für Berufsausbildungsverhältnisse gilt nämlich unmittelbar das BBiG. Zudem darf auch nicht ein Arbeitsverhältnis vereinbart sein. In dem Fall gelten unmittelbar die arbeitsrechtlichen Normen. 1

## 2. Erfasste Vertragsverhältnisse

**2** § 26 BBiG gilt für Personen, die eingestellt werden, um berufliche Fertigkeiten, Kenntnisse, Fähigkeiten oder berufliche Erfahrungen zu erwerben, ohne dass es sich um eine Berufsausbildung i. S. d. BBiG handelt. Für Berufsausbildungsverhältnisse gilt unmittelbar das BBiG. Zudem darf auch nicht ein Arbeitsverhältnis vereinbart sein. In dem Fall gelten die arbeitsrechtlichen Normen. Es geht also um Personen, die **weder Arbeitnehmer noch Auszubildende** sind. § 26 BBiG betrifft:
- Personen, die eingestellt werden, um berufliche Fertigkeiten, Kenntnisse, Fähigkeiten oder berufliche Erfahrungen zu erwerben,
- ohne dass es sich um eine Berufsausbildung handelt (§ 1 Abs. 3, § 10 BBiG) und
- es darf kein Arbeitsverhältnis vereinbart sein.

Ein anderes Vertragsverhältnis besteht nach dem Eingangssatzteil von § 26 BBiG **nicht**, wenn die Parteien ein **Arbeitsverhältnis** vereinbart haben. Die Vorschrift gilt deshalb nur für solche Personen, die sich nicht wie in einem Arbeitsverhältnis überwiegend zur Leistung von Arbeit nach Weisung des Arbeitgebers verpflichtet haben, sondern bei denen der **Lernzweck** (Ausbildungszweck) im Vordergrund steht.

**3** **Arbeitnehmer** ist, wer aufgrund eines privatrechtlichen Vertrags im Dienst eines anderen zur Leistung weisungsgebundener, fremdbestimmter Arbeit in persönlicher Abhängigkeit verpflichtet ist. Der Arbeitnehmer erbringt seine vertraglich geschuldete Leistung im Rahmen einer von Dritten bestimmten Arbeitsorganisation. Seine Eingliederung in die Arbeitsorganisation zeigt sich vor allem darin, dass er einem Weisungsrecht unterliegt, das Inhalt, Durchführung, Zeit, Dauer und Ort der Tätigkeit betreffen kann. Demgegenüber ist ein **Praktikant** in aller Regel vorübergehend in einem Betrieb praktisch tätig, um sich die zur Vorbereitung auf einen Beruf notwendigen praktischen Kenntnisse und Erfahrungen anzueignen. Allerdings findet in einem Praktikantenverhältnis keine systematische Berufsausbildung statt. Vielmehr ist ein Praktikum häufig Teil einer Gesamtausbildung und wird beispielsweise für die Zulassung zum Studium oder Beruf benötigt. Demnach steht bei einem Praktikantenverhältnis ein **Ausbildungszweck** im Vordergrund.[1] Die Vergütung ist der Höhe nach deshalb auch eher eine Aufwandsentschädigung oder Beihilfe zum Lebensunterhalt.[2]

Zwar stellen auch die zur Ausbildung eingestellten Personen in einem gewissen Umfang ihre Arbeitskraft nach Weisung des Arbeitgebers zur Verfügung;

---

1 *BAG* 29.4.2015 – 9 AZR 78/14, Rn. 18, AP BBiG § 26 Nr. 1; *BAG* 13.3.2003 – 6 AZR 564/01.
2 *BAG* 13.3.2003 – 6 AZR 564/01; *LAG Köln* 31.5.2006 – 3 Sa 225/06, NZA-RR 2006, 525.

## Andere Vertragsverhältnisse § 26

wesentlicher Inhalt und Schwerpunkt ihres Vertragsverhältnisses ist jedoch die Ausbildung für eine spätere qualifiziertere Tätigkeit. Es kommt auf die Gewichtung der vertraglichen Pflichten an. Überwiegt die Pflicht zu Erbringung der vertraglich geschuldeten **Arbeitsleistung**, handelt es sich um ein Arbeitsverhältnis, für das die arbeitsrechtlichen Bestimmungen unmittelbar gelten, und nicht um ein anderes Vertragsverhältnis im Sinne des § 26 BBiG.[3]

Für die Abgrenzung eines Arbeitsverhältnisses von einem anderen Vertragsverhältnis im Sinne des § 26 BBiG ist nicht die Bezeichnung des Vertragsverhältnisses maßgeblich, sondern der Zweck der Tätigkeit und die tatsächliche Vertragshandhabung. Ist die Person (ob sie nun als »Volontär« oder »Praktikant« oder was auch immer bezeichnet wird) nach der tatsächlichen Vertragshandhabung wie ein **Arbeitnehmer** in das betriebliche Geschehen eingegliedert und unterliegt die Person wie ein Arbeitnehmer einem Weisungsrecht des Vertragspartners, ist derjenige nach der objektiven Rechtslage als Arbeitnehmer anzusehen, mit der Folge, dass alle arbeitsrechtlichen Schutznormen anzuwenden sind. Der Vergütungsanspruch ergibt sich in solchen Fällen aus § 612 Abs. 1 BGB (Anspruch auf die »übliche Vergütung«). Das gilt entsprechend, wenn ein **Praktikant höherwertige Dienste verrichtet** als die, die er nach dem vereinbarten Inhalt des Praktikums zu erbringen hat. Die Vergütungsvereinbarung des Praktikumsvertrags ist dann insoweit unwirksam und die Vergütung für die höherwertigen Leistungen, die nicht vom Praktikumsvertrag abgedeckt sind, hat gemäß § 612 Abs. 1 BGB zu erfolgen.[4]

Überwiegt der **Ausbildungszweck**, ohne dass es sich um eine Berufsausbildung im Sinne des § 1 Abs. 3 BBiG handelt, wird das Vertragsverhältnis von § 26 BBiG erfasst. Denkbar sind auch sonstige »Ausbildungsverhältnisse«, die nicht eine berufliche Erstausbildung zum Ziel haben oder nicht auf einen staatlich anerkannten Ausbildungsberuf (§ 4 BBiG) zielen, für die jedoch ein sonstiger Ausbildungszweck bestimmend ist. Diese fallen unter § 26 BBiG. Das wurde etwa für die Ausbildung zum Operationstechnischen Assistenten nach Empfehlungen der Deutschen Krankenhaus Gesellschaft (DKG)[5] oder den praktischen Teil der Ausbildung zum Rettungsassistenten angenommen.[6] Die Ausbildung zur Operationstechnischen Assistentin, zum Operati-   4

---

3 Vgl. *BAG* 1.12.2004 – 7 AZR 129/04, NZA 2005, 779.
4 *BAG* 10.2.2015 – 9 AZR 289/13, AP BBiG § 26 Nr. 1.
5 *LAG Berlin-Brandenburg* 18.1.2007 – 18 Sa 1600/06.
6 *BAG* 12.4.2016 – 9 AZR 744/14, AP BBiG § 17 Nr. 14; *BAG* 29.4.2015 – 9 AZR 78/14, AP BBiG § 26 Nr. 1.

onstechnischen Assistenten wird zum 1.1.2022 in einem speziellen Gesetz geregelt, so dass kein Raum mehr für die Anwendung des § 26 BBiG ist.[7] Sogenannte »Trainees« sind in aller Regel Arbeitnehmer und fallen deshalb nicht unter § 26 BBiG.[8] **Traineeprogramme** richten sich zumeist an Hochschulabsolventen, die keine oder wenig Berufserfahrung haben. Anders als »Schnupperpraktika«, die meist nur mehrere Wochen dauern, sind Traineeprogramme in der Regel auf mehrere Monate, gar auf ein Jahr oder länger, angelegt. Trotz begleitender Qualifizierungsangebote steht die Arbeitsleistung, nicht der Ausbildungszweck, im Vordergrund.

5 Bei den anderen Vertragsverhältnissen im Sinne des § 26 BBiG geht es vor allem um die Rechtsverhältnisse von Anlernlingen, Praktikanten oder Volontären. Da diese Personen gemäß § 26 BBiG »eingestellt« werden müssen, ist in jedem Fall erforderlich, dass sie einem gewissen Mindestmaß am Betriebszweck mitwirken.[9] Es genügt nicht, wenn Personen im Betrieb nur betreut und über Betriebsabläufe allgemein informiert werden.[10]

6 **Anlernlinge** sind Personen, die in einem engeren Fachgebiet eine Spezialausbildung erhalten. In Abgrenzung zu Auszubildenden ist die Ausbildung des Anlernlings kürzer, seine persönliche Anbindung an den Ausbildenden geringer. Die **Ausbildung für einen anerkannten Ausbildungsberuf** darf gemäß § 4 Abs. 2 BBiG nur nach der Ausbildungsordnung durchgeführt werden. Das hat zur Folge, dass für einen anerkannten Ausbildungsberuf die Ausbildung zwingend in einem **Berufsausbildungsverhältnis** stattzufinden hat; es dürfen nicht etwa andere Vertragsverhältnisse, ein »Anlernvertrag« oder ähnliches vereinbart werden. Gleichwohl vereinbarte »**Anlernverträge**« für einen anerkannten Ausbildungsberuf sind entsprechend den Regeln über das Arbeitsverhältnis auf fehlerhafter Vertragsgrundlage (sog. faktisches Arbeitsverhältnis) wie ein Arbeitsverhältnis zu behandeln, mit den entsprechenden vergütungsrechtlichen Konsequenzen (ortsübliche Vergütung wie im Arbeitsverhältnis, § 612 Abs. 2 BGB).[11] Geht es um die **Einarbeitung** auf einen bestimmten Arbeitsplatz im Rahmen eines Arbeitsverhältnisses, liegt ein Arbeitsverhältnis vor und kein Vertragsverhältnis im Sinne des § 26 BBiG.[12]

7 **Praktikanten** sind Personen, die sich, ohne eine systematische Berufsausbildung zu erhalten, einer bestimmten betrieblichen Tätigkeit und Ausbildung

---

7 Gesetz über die Ausbildung zur Anästhesietechnische Assistentin und zum Anästhesietechnischen Assistenten und über die Ausbildung zur Operationstechnischen Assistentin und zum Operationstechnischen Assistenten vom 14.12.2019 (BGBl. I S. 2768), das im Wesentlichen zum 1.1.2022 in Kraft tritt.
8 Vgl. *Picker/Sausmikat*, NZA 2014, 942, 947.
9 *BAG* 17.7.2007 – 9 AZR 1031/06, NZA 2008, 416.
10 Vgl. *Benecke/Hergenröder* BBiG § 26 Rn. 4.
11 *BAG* 27.7.2010 – 3 AZR 317/08, DB 2011, 943.
12 Vgl. *Benecke/Hergenröder* BBiG § 26 Rn. 19.

## Andere Vertragsverhältnisse § 26

im Rahmen einer anderweitigen Gesamtausbildung unterziehen.[13] Ist die praktische Ausbildung Teil eines Hochschul- oder Universitätsstudiums, findet § 26 BBiG **keine** Anwendung.[14] § 26 BBiG findet auch keine Anwendung auf das sog. **Betriebs- oder Schülerpraktikum.** Derartige Praktika werden nach Erlassen der Schulverwaltungen in allen Bundesländern durchgeführt. Bei diesen Betriebspraktika handelt es sich um Schulveranstaltungen, die in dem Betrieb als Unterrichtsort durchgeführt werden und die weder ein Ausbildungs- noch ein Beschäftigungsverhältnis des Schülers zu dem Betriebsinhaber begründen. Die Einzelheiten der mit der Durchführung verbundenen Pflichten und Rechtsbeziehungen ergeben sich aus dem Schulrecht und den für Betriebspraktika erlassenen Richtlinien. Für Praktika, die *nicht* Teil der Schulausbildung oder des Hochschul- oder Universitätsstudiums sind, gilt allerdings § 26 BBiG, gegebenenfalls auch der gesetzliche Mindestlohn (vgl. Rn. 15ff.).

Im Zusammenhang mit der Diskussion um die »**Generation Praktikum**« wird über eine spezielle gesetzliche Normierung von Praktikumsverhältnissen nachgedacht. Nach geltendem Recht ist vor allem die Abgrenzung zum »verschleierten« Arbeitsverhältnis von Bedeutung. Ist der »Praktikant« nach der tatsächlichen Vertragshandhabung als Arbeitnehmer in das betriebliche Geschehen eingegliedert und unterliegt er faktisch wie ein Arbeitnehmer einem Weisungsrecht des Vertragspartners, ist er als Arbeitnehmer anzusehen mit der Folge, dass alle arbeitsrechtlichen Schutznormen zu seinen Gunsten anzuwenden sind.

Im Zusammenhang mit der Regelung eines Mindestlohns auch für Praktikanten (vgl. Rn. 15ff.) wurde ausdrücklich eine **Nachweispflicht hinsichtlich der wesentlichen Vertragsbedingungen** für Praktikanten in das NachwG eingefügt. Praktikanten, die gemäß § 22 Abs. 1 MiLoG als Arbeitnehmer gelten, sind in den Geltungsbereich des NachwG einbezogen (§ 1 Satz 2 NachwG). Wer einen Praktikanten einstellt, hat unverzüglich nach Abschluss des Praktikumsvertrages, spätestens vor Aufnahme der Praktikantentätigkeit, die wesentlichen Vertragsbedingungen **schriftlich niederzulegen**, die Niederschrift zu unterzeichnen und dem Praktikanten auszuhändigen (§ 2 Abs. 1a Satz 1 NachwG). In die Niederschrift sind gemäß § 2 Abs. 1a Satz 2 Nr. 1 bis Nr. 7 NachwG mindestens aufzunehmen:

8

- der Name und die Anschrift der Vertragsparteien,
- die mit dem Praktikum verfolgten Lern- und Ausbildungsziele,
- Beginn und Dauer des Praktikums,
- Dauer der regelmäßigen täglichen Praktikumszeit,
- Zahlung und Höhe der Vergütung,

---

13 Vgl. ErfK-*Schlachter* § 26 BBiG Rn. 3f.
14 Vgl. *BAG* 19.6.1974 – 4 AZR 436/73, AP BAT § 3 Nr. 3; *BAG* 25.3.1981 – 5 AZR 353/79, AP BBiG § 19 Nr. 1.

- Dauer des Urlaubs,
- ein in allgemeiner Form gehaltener Hinweis auf die Tarifverträge, Betriebs- oder Dienstvereinbarungen, die auf das Praktikumsverhältnis anzuwenden sind.

9 **Volontäre** sind Personen, die sich gegenüber dem Vertragspartner (als Quasi-Ausbildenden) zur Leistung von Diensten verpflichten, während sich der Vertragspartner zur Ausbildung verpflichtet, ohne dass mit der Ausbildung eine vollständig abgeschlossene Fachausbildung in einem anerkannten Ausbildungsberuf beabsichtigt ist.[15] Volontäre können sich in einem Arbeitsverhältnis, aber auch in einem anderen Vertragsverhältnis im Sinne des § 26 BBiG befinden. Ein Volontariat als anderes Vertragsverhältnis gemäß § 26 BBiG liegt vor, wenn auf Grund Ausbildungsvertrag oder einschlägigen tariflichen Vorschriften ein geordneter Ausbildungsgang vorgeschrieben ist und die Dauer der Ausbildung der gesetzlichen Mindestanforderung für staatlich anerkannte Ausbildungsberufe von mindestens zwei Jahren entspricht.[16]

10 Ein anderes Vertragsverhältnis im Sinne des § 26 BBiG besteht bei der betrieblichen **Berufsausbildungsvorbereitung** (vgl. § 68 Rn. 9). Für die berufliche **Fortbildung** und die berufliche **Umschulung** findet § 26 BBiG dagegen **keine** Anwendung, weil die Norm in erster Linie solche Vertragsverhältnisse erfasst, in denen **erstmals** berufliche Fertigkeiten, Kenntnisse, Fähigkeiten angeeignet werden sollen. Das ist bei der Fortbildung und Umschulung gerade nicht der Fall.[17]

11 Eine besondere Vertragsvariante im Rahmen des § 26 BBiG ist die **betriebliche Einstiegsqualifizierung**, die gemäß § 54a SGB III durch die Bundesagentur für Arbeit finanziell gefördert werden kann. Die betriebliche Einstiegsqualifizierung dient der **Vorbereitung auf einen anerkannten Ausbildungsberuf** (§ 54a Abs. 2 Nr. 2 SGB III). Es ist gesetzlich ausdrücklich geregelt, dass eine Förderung durch die Agentur für Arbeit nur erfolgen kann, wenn diese auf der Grundlage eines Vertrags nach § 26 BBiG durchgeführt wird (§ 54a Abs. 2 Nr. 1 SGB III). Der Abschluss des Vertrages ist der nach dem Berufsbildungsgesetz (im Falle der Vorbereitung auf einen nach dem Altenpflegegesetz anerkannten Ausbildungsberuf der nach Landesrecht) zuständigen Stelle anzuzeigen (§ 54a Abs. 3 Satz 1 SGB III). Die vermittelten Fertigkeiten, Kenntnisse und Fähigkeiten sind vom Betrieb zu bescheinigen (§ 54a Abs. 3 Satz 2 SGB III). Die zuständige Stelle stellt über die erfolgreich durchgeführte betriebliche Einstiegsqualifizierung ein Zertifikat aus (§ 54a Abs. 3 Satz 3 SGB III). Erfolgt im Anschluss an die betriebliche Einstiegsqualifizierung eine Ausbildung für einen anerkannten Ausbildungsberuf, ist ein

---

15 Vgl. ErfK-*Schlachter* § 26 BBiG Rn. 2.
16 Vgl. *BAG* 1.12.2004 – 7 AZR 129/04, NZA 2005, 779.
17 Vgl. *BAG* 15.3.1991 – 2 AZR 516/90, NZA 1992, 452.

## Andere Vertragsverhältnisse § 26

Berufsausbildungsvertrag zu vereinbaren. Eine Anrechnungsmöglichkeit der betrieblichen Einstiegsqualifizierung auf die reguläre Ausbildungsdauer nach der Ausbildungsordnung ist gesetzlich nicht geregelt. Möglich ist deshalb nur eine Kürzung im Einzelfall gemäß § 8 Abs. 1 BBiG.

Die Berufsausbildungsvorbereitung (§ 68 BBiG) oder die betriebliche Einstiegsqualifizierung (§ 54a SGB III), die vom »Arbeitgeber« durchführt wird, ist zu unterscheiden von berufsvorbereitenden Bildungsmaßnahmen, die von der Agentur für Arbeit oder von diesen beauftragten Bildungsträgern durchgeführt werden (§ 51 SGB III). In diesen Fällen wird kein Vertragsverhältnis nach § 26 BBiG begründet; vielmehr stehen die Personen, die an **öffentlich geförderten berufsvorbereitenden Maßnahmen** teilnehmen, im Regelfall zur Arbeitsverwaltung in einem öffentlich-rechtlichen Leistungsverhältnis (vgl. § 68 Rn. 8). Häufig handelt es sich um einen dreiseitigen Vertrag, an dem (1.) die Person beteiligt ist, die im Rahmen einer berufsvorbereitenden Bildungsmaßnahme nach § 51 SGB III gefördert wird, und (2.) die Agentur für Arbeit sowie (3.) der Bildungsträger, der die Bildungsmaßnahme durchführt. Wenn im Rahmen von berufsvorbereitenden Bildungsmaßnahmen, die von der Agentur für Arbeit gefördert werden (§ 51 Abs. 1 SGB III), **betriebliche Praktika** durchgeführt werden (§ 51 Abs. 4 SGB III), wird in der Regel – weil es sich lediglich um einen Teil der öffentlich-rechtlichen Leistungsbeziehung zur Agentur für Arbeit handelt – kein Rechtsverhältnis zum Unternehmen/Betrieb, in dem das Praktikum durchgeführt wird, begründet.[18]

Gesonderter Betrachtung bedarf die **Assistierte Ausbildung**.[19] Gemäß § 130 Abs. 1 Satz 1 SGB III kann die Agentur für Arbeit förderungsbedürftige junge Menschen und deren Ausbildungsbetriebe während einer betrieblichen Berufsausbildung (ausbildungsbegleitende Phase) durch Maßnahmen der Assistierten Ausbildung mit dem Ziel des erfolgreichen Abschlusses der Berufsausbildung unterstützen. Voraussetzung ist in dem Fall das Bestehen eines »normalen« Berufsausbildungsverhältnisses; dies hat also mit Berufsausbildungsvorbereitung nichts zu tun. Allerdings kann diese Maßnahme gemäß § 130 Abs. 1 Satz 2 SGB III auch eine **vorgeschaltete ausbildungsvorbereitende Phase** enthalten. Im Rahmen der ausbildungsvorbereitenden Phase können **betriebliche Praktika** vorgesehen werden (§ 130 Abs. 5 Satz 5

12

13

---

18  Jedenfalls wird kein Arbeitsverhältnis begründet; vgl. LAG Hamm 5.12.2014 – 1 Sa 1152/14, NZA-RR 2015, 117.

19  Die Assistierte Ausbildung gemäß § 130 SGB III ist mit Wirkung vom 1.5.2015 durch Artikel 1b des Fünften Gesetzes zur Änderung des Vierten Buches Sozialgesetzbuch und anderer Gesetze vom 15.4.2015 (BGBl. I S. 583) neu in das SGB III eingefügt worden.

SGB III). Nach dem ausdrücklichen Willen des Gesetzgebers soll in dem Fall **kein Anspruch auf eine Ausbildungsvergütung** bestehen.[20]

### 3. Partielle Anwendbarkeit des BBiG

**14** Besteht ein anderes Vertragsverhältnis im Sinne des § 26 BBiG, geht das Gesetz von einem Schutzbedürfnis der betreffenden Personen aus. Deshalb finden die Schutznormen für die Auszubildenden, nämlich die §§ 10 bis 16 und § 17 Abs. 1, 6 und 7 sowie die §§ 18 bis 23 und 25, mit bestimmten Maßgaben Anwendung. Daraus folgt:

- § 10 BBiG (Vertrag) und § 11 BBiG (Vertragsniederschrift) finden Anwendung. Auf die Vertragsniederschrift kann allerdings verzichtet werden.
- § 12 BBiG (Nichtige Vereinbarungen) findet Anwendung. Vereinbarungen im Sinne des § 12 BBiG (z. B. Vertragsstrafen) sind unwirksam.
- Die Regelungen über die Pflichten der »Auszubildenden« und der »Ausbildenden« finden entsprechende Anwendung (§ 13, § 14 BBiG).
- Es bestehen die Freistellungsansprüche gemäß § 15 BBiG.
- Es besteht ein Anspruch auf ein Zeugnis (§ 16 BBiG).
- Es besteht ein **Anspruch auf eine angemessene Vergütung** gemäß §§ 17 Abs. 1, § 18 und ein Anspruch auf Fortzahlung der Vergütung gemäß § 19 BBiG; ein Anspruch auf die in § 17 Abs. 2 BBiG geregelte Mindestausbildungsvergütung besteht *nicht* (zum Mindestlohn für Praktikanten vgl. Rn. 15 ff.).
- § 20 BBiG (Probezeit) findet Anwendung, die Probezeit kann aber abgekürzt werden (eine untere Grenze schreibt das Gesetz nicht vor).
- Die Regelung über die Beendigung des Vertragsverhältnisses (§ 21 BBiG) findet an sich Anwendung, die Vorschriften greifen aber häufig bei anderen Vertragsverhältnissen im Sinne des § 26 BBiG von der Sache her nicht.
- Eine Kündigung ist nur eingeschränkt gemäß § 22 BBiG zulässig.
- Bei vorzeitiger Lösung des Vertragsverhältnisses nach Ablauf der Probezeit kann abweichend von § 23 Abs. 1 Satz 1 BBiG Schadensersatz **nicht** verlangt werden.
- Die Regelung über die Weiterarbeit nach dem Ende des Vertragsverhältnisses gemäß § 24 BBiG findet ausdrücklich **keine** Anwendung.
- Die anwendbaren Vorschriften sind gemäß § 25 BBiG unabdingbar.

---

20 So ausdrücklich die Gesetzesbegründung des Ausschusses für Arbeit und Soziales, BT-Drs. 18/4114, S. 29.

## Andere Vertragsverhältnisse § 26

### 4. Mindestlohn für Praktikanten

Für Praktikanten enthält das Mindestlohngesetz (MiLoG) eine Sonderregelung. Danach gelten Praktikanten (i. S. d. § 26 BBiG) grundsätzlich als Arbeitnehmer i. S. d. MiLoG (§ 22 Abs. 1 Satz 2 MiLoG). Im ersten Satzteil wird dies ausdrücklich als Grundsatz geregelt, von dem im zweiten Satzteil Ausnahmen benannt werden (»es sei denn«). Praktikanten werden also, von den ausdrücklich im Gesetz genannten Ausnahmen abgesehen, vom Anwendungsbereich des MiLoG erfasst, so dass **Praktikanten grundsätzlich einen Anspruch auf den Mindestlohn haben**. Mit der Formulierung »es sei denn« wird dieses Regel-Ausnahme-Verhältnis deutlich herausgestellt. 15

Zusammenfassend und vereinfacht gesagt (vgl. zu den Ausnahmen Rn. 20 ff.): Der Mindestlohn gilt *nicht* für **Pflichtpraktika** während der Schul-, Hochschul- oder Berufsausbildung und für **freiwillige Praktika** während der Schul-, Hochschul- oder Berufsausbildung oder Orientierungspraktika vor der Ausbildung jeweils bis zu einer Dauer von drei Monaten. Für ein **Praktikum nach Abschluss einer Berufs- oder Hochschulausbildung** *besteht* ab dem ersten Tag der Anspruch auf den Mindestlohn.[21] Das gilt auch für »Praktika« nach dem **Bachelor**-Abschluss, weil es sich dabei bereits um einen vollwertigen Hochschulabschluss handelt. Die Drei-Monats-Grenze des § 22 Abs. 1 Satz 2 Nr. 2 und Nr. 3 MiLoG gilt nur für Praktika vor oder während einer Berufs- oder Hochschulausbildung. Ein **Praktikum zwischen Abschluss des Bachelor-Studiums und Beginn des Master-Studiums** kann allerdings unter die Ausnahmevorschrift des § 22 Abs. 1 Satz 2 Nr. 3 MiLoG fallen (vgl. Rn. 22). Ist nach der Masterstudienordnung ein vorheriges Praktikum verpflichtend vorgeschrieben, gilt die Ausnahmevorschrift des § 22 Abs. 1 Satz 2 Nr. 1 MiLoG (vgl. Rn. 20). 16

In § 22 Abs. 1 Satz 3 MiLoG wird das **Praktikumsverhältnis definiert**: Praktikantin/Praktikant ist unabhängig von der Bezeichnung des Rechtsverhältnisses, wer sich nach der tatsächlichen Ausgestaltung und Durchführung des Vertragsverhältnisses für eine begrenzte Dauer zum Erwerb praktischer Kenntnisse und Erfahrungen einer bestimmten betrieblichen Tätigkeit zur Vorbereitung auf eine berufliche Tätigkeit unterzieht, ohne dass es sich dabei um eine Berufsausbildung i. S. d. BBiG oder um eine damit vergleichbare praktische Ausbildung handelt. 17

In **Abgrenzung** dazu wird in der Gesetzesbegründung ausdrücklich ausgeführt, dass Rechtsverhältnisse i. S. d. § 26 BBiG, die auf eine praktische Ausbildung abzielen, welche mit der Berufsausbildung i. S. d. BBiG vergleichbar ist, weder Arbeitsverhältnisse noch Praktikumsverhältnisse sind. Damit fallen etwa **Volontariate** *nicht* unter den Anwendungsbereich des MiLoG.[22]

---

21 Vgl *Picker/Sausmikat*, NZA 2014, 942, 947.
22 BT-Drs. 18/2010 (neu), S. 24.

Das ist auch rechtssystematisch stimmig, weil »andere Vertragsverhältnisse« i. S. d. § 26 BBiG vom Schutzbedürfnis her **mit Auszubildenden vergleichbar** sind, die auch keinen Anspruch auf den Mindestlohn haben (§ 22 Abs. 3 MiLoG), sondern den Anspruch auf eine angemessene Ausbildungsvergütung gemäß § 17 BBiG.

18  Mit der gesetzlichen Definition, dass **Praktikanten** als Arbeitnehmer »gelten« (§ 22 Abs. 1 Satz 2 MiLoG), wird zugleich klargestellt, dass Praktikanten **keine Arbeitnehmer** sind. Das folgt auch daraus, dass für Praktikanten ausdrücklich auf § 26 BBiG Bezug genommen wird (»im Sinne des«). Die »anderen Vertragsverhältnisse« i. S. d. § 26 BBiG sind nämlich keine Arbeitsverhältnisse (vgl. Rn. 2 ff.). Ohne die ausdrückliche gesetzliche Anordnung in § 22 Abs. 1 Satz 2 MiLoG hätten Praktikanten, da keine Arbeitnehmer, keinen Anspruch auf den Mindestlohn. Neben der gesetzlichen Definition des Praktikantenverhältnisses wurde zudem für Praktikanten ausdrücklich eine Nachweispflicht hinsichtlich der wesentlichen Vertragsbedingungen neu in das NachwG eingefügt (vgl. Rn. 8).

19  Die Fallkonstellationen, in denen der Mindestlohn für Praktikanten *nicht* gilt, werden in § 22 Abs. 1 Satz 2 Nr. 1 bis 4 MiLoG abschließend aufgezählt. Diese Praktikanten haben aber, soweit sie unter § 26 BBiG fallen, einen Anspruch auf eine »angemessene« Vergütung gemäß § 17 BBiG.

20  Der Mindestlohn gilt gemäß § 22 Abs. 1 Satz 2 Nr. 1 MiLoG *nicht* für ein Praktikum, das **verpflichtend** auf Grund
- einer schulrechtlichen Bestimmung,
- einer Ausbildungsordnung,
- einer hochschulrechtlichen Bestimmung oder
- im Rahmen einer Ausbildung an einer gesetzlichen geregelten Berufsakademie geleistet wird.

Die umfangreiche Aufzählung und die offenen Formulierungen machen deutlich, dass ausbildungsbegleitende Pflichtpraktika aller Art erfasst werden und für diese kein Anspruch auf Zahlung des Mindestlohns besteht. Schon für § 26 BBiG wurde stets angenommen, dass für Praktika, die Teil eines Hochschul- oder Universitätsstudiums sind, die Norm *keine* Anwendung findet und damit kein Vergütungsanspruch, auch nicht gemäß § 17 BBiG, besteht (vgl. Rn. 16).

Unter den Begriff der »**schulrechtlichen Bestimmung**« fallen etwa die üblichen Betriebspraktika, die von Schülern geleistet werden. Auch insoweit wurde bereits in der Vergangenheit davon ausgegangen, dass § 26 auf **Betriebs- oder Schülerpraktika** keine Anwendung findet und deshalb kein Vergütungsanspruch, auch nicht gemäß § 17, besteht (vgl. Rn. 7). Sofern die Praktikanten **minderjährig** sind, hätten sie auch gemäß § 22 Abs. 2 MiLoG keinen Anspruch auf den Mindestlohn.

Unter den Begriff der »**hochschulrechtlichen Bestimmung**« (§ 22 Abs. 1 Satz 2 Nr. 1 MiLoG) fallen neben Studien- und Prüfungsordnungen auch

## Andere Vertragsverhältnisse § 26

Zulassungsordnungen, die das Absolvieren eines Praktikums als Voraussetzung zur Aufnahme eines bestimmten Studiums verpflichtend vorschreiben (sog. **Vorpraktika**). Ferner sind damit auch Praktika umfasst, die auf der Grundlage des jeweiligen Hochschulgesetzes eines Landes erfolgen.[23] Ein Praktikum wird ebenso verpflichtend auf Grund einer hochschulrechtlichen Bestimmung geleistet, wenn es im Rahmen von Kooperationsverträgen zwischen Hochschulen und Unternehmen erfolgt. Damit sind auch Praktika, die im Rahmen von **dualen Studiengängen** absolviert werden, vom Anwendungsbereich des Mindestlohns ausgenommen.[24]

Der Mindestlohn gilt gemäß § 22 Abs. 1 Satz 2 Nr. 2 MiLoG *nicht* für ein **21** **Praktikum von bis zu drei Monaten** (nicht *Kalender*monate) **zur Orientierung** für eine Berufsausbildung oder für die Aufnahme eines Studiums, auch als »**Schnupperpraktika**« bezeichnet.[25] Abzustellen ist auf »Monate«, nicht auf *Kalender*monate. Deswegen muss ein solches Praktikum nicht etwa mit dem 1. eines Monats beginnen. Auch eine Dauer beispielsweise vom 15.4. bis 14.7. wäre zulässig.

Als Ausnahmevorschrift ist die Regelung eng auszulegen. Das bedeutet, dass bei einem Praktikum, das für einen längeren Zeitraum als drei Monate vereinbart wird, ab dem ersten Tag ein Anspruch auf den Mindestlohn besteht und nicht erst nach Ablauf von drei Monaten.[26] Das folgt bereits aus dem gegenüber § 22 Abs. 4 MiLoG unterschiedlichem Wortlaut. Es heißt nämlich nicht, dass der Mindestlohn »in den ersten drei Monaten« des Praktikums nicht gilt, sondern bei einem Praktikum »von bis zu drei Monaten«.

Wird ein solches Praktikum, das zunächst auf drei Monate angelegt war, über diese Zeit hinaus verlängert oder tatsächlich fortgeführt, besteht rückwirkend ab dem ersten Tag des Praktikums (und nicht erst ab dem Zeitpunkt der Verlängerung) der Anspruch auf den Mindestlohn. Ansonsten ließe sich die Mindestlohnpflicht leicht umgehen, indem zunächst stets nur Drei-Monats-Praktika vereinbart werden.

Der Mindestlohn gilt gemäß § 22 Abs. 1 Satz 2 Nr. 3 MiLoG *nicht* für ein **22** Praktikum **von bis zu drei Monaten** (nicht *Kalender*monate), das **begleitend zu einer Berufs- oder Hochschulausbildung** geleistet wird, wenn nicht zuvor ein solches Praktikumsverhältnis mit demselben Ausbildenden bestanden hat. In Abgrenzung zu § 22 Abs. 1 Satz 2 Nr. 1 MiLoG, nach denen Pflichtpraktika vom Mindestlohn ausgenommen sind, geht es bei § 22 Abs. 1 Satz 2 Nr. 3 MiLoG um **freiwillige Praktika**, für die ebenfalls der Mindestlohn nicht gilt, allerdings nur, wenn diese von vornherein auf drei Monate begrenzt sind (zur Auslegung der Drei-Monats-Grenze vgl. Rn. 16).

---

23 BT-Drs. 18/2010 (neu), S. 24.
24 BT-Drs. 18/2010 (neu), S. 24.
25 Vgl. *Ulber*, AuR 2014, 404, 405.
26 Vgl. *Lakies*, MiLoG § 22 Rn. 37 m.w.N.

Unter § 22 Abs. 1 Satz 2 Nr. 3 MiLoG kann auch ein **Praktikum zwischen Abschluss des Bachelor-Studiums und Beginn des Master-Studiums** fallen, da die Hochschulausbildung insoweit als eine Einheit gesehen werden muss. Ist nach der Masterstudienordnung ein vorheriges Praktikum verpflichtend vorgeschrieben, gilt die Ausnahmevorschrift des § 22 Abs. 1 Satz 2 Nr. 1 MiLoG (vgl. Rn. 20).

Um Umgehungen zu verhindern, gilt diese Ausnahme jedoch nur, »**wenn nicht zuvor ein solches Praktikumsverhältnis mit demselben Ausbildenden bestanden hat**«. Da diese Formulierung sich nur auf Praktika gemäß § 22 Abs. 1 Satz 2 Nr. 3 MiLoG bezieht, können zuvor andere Praktika durchaus absolviert worden sein. Unschädlich ist es also, wenn bei »demselben Ausbildenden« zuvor ein bezahltes oder unbezahltes Praktikum anderer Art (z. B. ein Pflicht- oder Orientierungspraktikum) oder eine Berufsausbildung i. S. d. BBiG absolviert wurde oder zuvor ein Arbeitsverhältnis bestanden hat.

23 Der Mindestlohn gilt gemäß § 22 Abs. 1 Satz 2 Nr. 4 MiLoG *nicht* für Personen, die an einer **Einstiegsqualifizierung** nach § 54a SGB III (vgl. Rn. 11) oder an einer **Berufsausbildungsvorbereitung** (§ 68) teilnehmen. Die genannten Personen haben aber, wenn sie unter § 26 BBiG fallen, einen Anspruch auf eine angemessene Ausbildungsvergütung nach § 17 Abs. 1 BBiG.

## Abschnitt 3
## Eignung von Ausbildungsstätte und Ausbildungspersonal

### § 27 Eignung der Ausbildungsstätte

(1) Auszubildende dürfen nur eingestellt und ausgebildet werden, wenn
1. die Ausbildungsstätte nach Art und Einrichtung für die Berufsausbildung geeignet ist und
2. die Zahl der Auszubildenden in einem angemessenen Verhältnis zur Zahl der Ausbildungsplätze oder zur Zahl der beschäftigten Fachkräfte steht, es sei denn, dass anderenfalls die Berufsausbildung nicht gefährdet wird.

(2) Eine Ausbildungsstätte, in der die erforderlichen beruflichen Fertigkeiten, Kenntnisse und Fähigkeiten nicht im vollen Umfang vermittelt werden können, gilt als geeignet, wenn diese durch Ausbildungsmaßnahmen außerhalb der Ausbildungsstätte vermittelt werden.

(3) Eine Ausbildungsstätte ist nach Art und Einrichtung für die Berufsausbildung in Berufen der Landwirtschaft, einschließlich der ländlichen Hauswirtschaft, nur geeignet, wenn sie von der nach Landesrecht zustän-

digen Behörde als Ausbildungsstätte anerkannt ist. Das Bundesministerium für Ernährung und Landwirtschaft kann im Einvernehmen mit dem Bundesministerium für Bildung und Forschung nach Anhörung des Hauptausschusses des Bundesinstituts für Berufsbildung durch Rechtsverordnung, die nicht der Zustimmung des Bundesrates bedarf, Mindestanforderungen für die Größe, die Einrichtung und den Bewirtschaftungszustand der Ausbildungsstätte festsetzen.

(4) Eine Ausbildungsstätte ist nach Art und Einrichtung für die Berufsausbildung in Berufen der Hauswirtschaft nur geeignet, wenn sie von der nach Landesrecht zuständigen Behörde als Ausbildungsstätte anerkannt ist. Das Bundesministerium für Wirtschaft und Energie kann im Einvernehmen mit dem Bundesministerium für Bildung und Forschung nach Anhörung des Hauptausschusses des Bundesinstituts für Berufsbildung durch Rechtsverordnung, die nicht der Zustimmung des Bundesrates bedarf, Mindestanforderungen für die Größe, die Einrichtung und den Bewirtschaftungszustand der Ausbildungsstätte festsetzen.

**Inhaltsübersicht** Rn
1. Überblick . . . . . . . . . . . . . . . . . . . . . . . . . . . . . . . . . . 1
2. Eignung der Ausbildungsstätte . . . . . . . . . . . . . . . . . . . . . . 2– 5
3. Angemessenes Zahlenverhältnis Auszubildende – Fachkräfte . . . . . . 6– 9
4. Ausbildungsmaßnahmen außerhalb der Ausbildungsstätte . . . . . . . 10
5. Berufsausbildung in Berufen der Landwirtschaft und Hauswirtschaft . 11
6. Überwachungspflicht . . . . . . . . . . . . . . . . . . . . . . . . . . . 12

## 1. Überblick

Ein Ausbildungsbetrieb hat besonderen Anforderungen gerecht zu werden. 1
Abschnitt 3 (§ 27 bis § 33 BBiG) regelt die Eignung von Ausbildungsstätte und Ausbildungspersonal. § 27 BBiG bezieht sich auf die Eignung der Ausbildungsstätte. Die entsprechende Regelung für das **Handwerk** findet sich in § 21 HwO. Die Norm wird ergänzt durch Regelungen über die persönliche und fachliche Eignung von Ausbildenden und Ausbildern (§ 28 bis § 31 BBiG), die Überwachung der Eignung (§ 32 BBiG) und Sanktionen bei fehlender Eignung (§ 33 BBiG). Der Bundesausschuss für Berufsbildung hat am 28./29.3.1972 eine Empfehlung über die Eignung der Ausbildungsstätten beschlossen, die weiterhin als Grundlage für die Überprüfung der Eignung verwendet werden kann.[1]

---
1 Abgedruckt bei *Lakies/Malottke* BBiG § 27 Rn. 17.

## 2. Eignung der Ausbildungsstätte

**2** Auszubildende dürfen nur eingestellt und ausgebildet werden, wenn die Voraussetzungen gemäß § 27 Abs. 1 BBiG vorliegen. Die Eignungsmerkmale nach Nr. 1 und Nr. 2 müssen kumulativ vorliegen. Die Ausbildungsstätte muss geeignet sein und es müssen genügend Fachkräfte vorhanden sein, die für eine hinreichende Qualität der Ausbildung einstehen können. Sind die Voraussetzungen nicht gegeben, kann eine Eintragung des Berufsausbildungsvertrags in das Verzeichnis der Berufsausbildungsverhältnisse nicht erfolgen (§ 35 Abs. 1 Nr. 2 BBiG). Der abgeschlossene Ausbildungsvertrag ist gleichwohl zustande gekommen und muss ggf. gekündigt werden.[2] Hat der Ausbildende den Eignungsmangel verschwiegen, ist er ggf. gegenüber dem Auszubildenden zum Schadensersatz verpflichtet (§ 23 BBiG).

**3** Die Ausbildungsstätte muss nach Art und Einrichtung für die Berufsausbildung geeignet sein (§ 27 Abs. 1 Nr. 1 BBiG). Nach der Art ist eine Ausbildungsstätte zur Berufsausbildung geeignet, wenn sie von ihrer Funktion her dafür in Betracht kommt. Zu unterscheiden sind Ausbildungsstätten mit betrieblicher, überbetrieblicher und außerbetrieblicher Ausbildung.

**4** Die Ausbildungsstätte muss auch der Einrichtung nach für die Vermittlung der vorgesehenen Kompetenzen über eine ausreichende Einrichtung und Ausstattung verfügen. Dazu gehört nicht nur eine Grundausstattung an Maschinen, Werkzeugen, Apparaten oder Geräten, sondern auch Ausbildungsmittel wie Computersoftware oder Übungsstücke. Die Ausbildungsstätte muss so eingerichtet sein, dass die Durchführung einer geordneten Ausbildung nach Maßgabe des Ausbildungsberufs und Ausbildungsrahmenplans gewährleistet ist.

**5** In der Ausbildungsstätte sind die Bestimmungen des Jugendarbeitsschutzgesetzes (JArbSchG), der Arbeitsstättenverordnung (ArbStättVO), die Arbeitsschutzbestimmungen und die Unfallverhütungsvorschriften der Berufsgenossenschaft einzuhalten. Aus dem Ausbildungsberufsbild ergeben sich zusätzliche Kriterien, unter welchen Voraussetzungen eine Einrichtung als Ausbildungsstätte geeignet ist.

## 3. Angemessenes Zahlenverhältnis Auszubildende – Fachkräfte

**6** Ein **Ausbildungsplatz** ist ein Ort im Ausbildungsbetrieb, an dem ein Auszubildender im Ausbildungsberuf ausgebildet werden kann. Dies können speziell eingerichtete Räume sein, etwa Ausbildungswerkstätten, Ausbildungslabors oder Übungsräume. Es können aber auch besondere Ausbildungsplätze innerhalb der bestehenden betriebsorganisatorischen Struktur – etwa in der Werkhalle oder im Büro – eingerichtet sein, die über die üblichen

---

2 Vgl. *Leinemann/Taubert* BBiG § 27 Rn. 4.

## Eignung der Ausbildungsstätte § 27

Werkzeuge, Geräte, Bildschirme und Materialien verfügen, an denen jedoch auch eine Betreuung durch den Ausbilder sichergestellt ist.

»**Fachkräfte**« sind diejenigen im Betrieb beschäftigten Personen, die qualifiziert sind, für den jeweiligen Ausbildungsberuf auszubilden. Sie müssen über eine dem Berufsbild entsprechende Abschlussprüfung oder über eine gleichwertige Qualifikation verfügen. 7

Die **Zahl der Auszubildenden** muss in einem **angemessenen Verhältnis zur Zahl der Ausbildungsplätze** oder zur Zahl der Fachkräfte stehen, es sei denn, dass andernfalls die Berufsausbildung nicht gefährdet wird (§ 27 Abs. 1 Nr. 2 BBiG). Unter welchen Voraussetzungen von einem angemessenen Verhältnis der Zahl der Auszubildenden zur Zahl der Fachkräfte ausgegangen werden kann, ist im Gesetz nicht explizit geregelt. Im Allgemeinen wird von folgenden Zahlenverhältnissen ausgegangen:[3] 8

| 1–2 Fachkräfte | 1 Auszubildender |
|---|---|
| 3–5 Fachkräfte | 2 Auszubildende |
| 6–8 Fachkräfte | 3 Auszubildende |
| je weitere 3 Fachkräfte | 1 weiterer Auszubildender |

Steht die Zahl der Auszubildenden in keinem angemessenen Verhältnis zur Zahl der Ausbildungsplätze oder zur Zahl der Fachkräfte, steht dies der Ausbildung nur dann entgegen, wenn die Berufsausbildung durch den Mangel gefährdet wird (§ 27 Abs. 1 Nr. 2 Halbsatz 2 BBiG). Es ist Aufgabe der zuständigen Stelle, im Rahmen ihrer Überprüfung der Eignungsvoraussetzungen gemäß § 32 BBiG zu kontrollieren, ob eine Gefährdung der Ausbildung vorliegt. Im Einzelfall ist die Entscheidung Tat- und Rechtsfrage. Das VG Freiburg[4] hat die Berufsausbildung im Ausbildungsberuf »Gehilfin in wirtschafts- und steuerberatenden Berufen« als gefährdet angesehen, wenn der Auszubildende ohne Beschäftigung zusätzlicher Fachkräfte mehr als einen Auszubildenden gleichzeitig ausbildet.[5] 9

### 4. Ausbildungsmaßnahmen außerhalb der Ausbildungsstätte

Eine Ausbildungsstätte, in der die erforderlichen Fertigkeiten, Kenntnisse und Fähigkeiten nicht im vollen Umfang vermittelt werden können, gilt als geeignet, wenn diese durch Ausbildungsmaßnahmen außerhalb der Ausbildungsstätte vermittelt werden (§ 27 Abs. 2 BBiG). Die Vorschrift hat nur die Behebung einer Lücke zum Gegenstand, wenn die erforderlichen Ausbil- 10

---

[3] Vgl. *Lakies/Malottke* BBiG § 27 Rn. 8; *Leinemann/Taubert* BBiG § 27 Rn. 22.
[4] *VG Freiburg* 26.8.1976, EzB BBiG § 22 Nr. 5.
[5] Vgl. *Herkert/Töltl* BBiG § 27 Rn. 21.

dungsinhalte »nicht im vollen Umfang« vermittelt werden können. Eine außerhalb der Ausbildungsstätte durchgeführte Ausbildungsmaßnahme darf nur eine Ergänzung sein, da die Ausbildungsstätte überwiegend für die Berufsausbildung geeignet sein muss.[6]

### 5. Berufsausbildung in Berufen der Landwirtschaft und Hauswirtschaft

**11** Sonderregelungen gelten gemäß § 27 Abs. 3 und Abs. 4 BBiG für Ausbildungsstätten, in denen die Ausbildung in Berufen der Landwirtschaft und Hauswirtschaft durchgeführt wird. Diese Ausbildungsstätten müssen von der nach Landesrecht zuständigen Behörde als Ausbildungsstätte anerkannt sein. Die zuständige Behörde hat die zuständige Stelle bei der Anerkennung nicht anzuhören.[7] Die Anerkennung erfolgt bei Vorliegen der Voraussetzungen durch Verwaltungsakt der nach Landesrecht zuständigen Behörde. Ist eine Einrichtung als Ausbildungsstätte geeignet, besteht ein Rechtsanspruch auf Anerkennung. Um Mindestanforderungen für die Größe, die Einrichtung und den Bewirtschaftungszustand der Ausbildungsstätte festzusetzen, kann das zuständige Bundesministerium im Einvernehmen mit dem Bundesministerium für Bildung und Forschung und nach Anhörung des Hauptausschusses des BiBB entsprechende Rechtsverordnungen erlassen.

### 6. Überwachungspflicht

**12** Die **Eignungsfeststellung** obliegt der zuständigen Stelle. Diese hat darüber zu wachen, dass die Eignung der Ausbildungsstätte sowie die persönliche und fachliche Eignung vorliegen und bei Eignungsmängeln einzuschreiten (vgl. § 32 BBiG). Die Überwachungspflicht erstreckt sich auf die gesamte Dauer des Ausbildungsverhältnisses. Der nach Landesrecht zuständigen Behörde obliegt gegebenenfalls die **Untersagung des Einstellens und Ausbildens** (vgl. § 33 BBiG). § 104 BBiG sieht vor, dass durch Rechtsverordnung der Länder die Überwachungsaufgaben der Landesbehörden nach den §§ 27, 30, 32 und 33 BBiG auf die zuständigen Stellen (Kammern) übertragen werden können.

---

6 Vgl. *Herkert/Töltl* BBiG § 27 Rn. 27.
7 Vgl. *Herkert/Töltl* BBiG § 27 Rn. 32 f.

## § 28 Eignung von Ausbildenden und Ausbildern oder Ausbilderinnen

(1) Auszubildende darf nur einstellen, wer persönlich geeignet ist. Auszubildende darf nur ausbilden, wer persönlich und fachlich geeignet ist.

(2) Wer fachlich nicht geeignet ist oder wer nicht selbst ausbildet, darf Auszubildende nur dann einstellen, wenn er persönlich und fachlich geeignete Ausbilder oder Ausbilderinnen bestellt, die die Ausbildungsinhalte in der Ausbildungsstätte unmittelbar, verantwortlich und in wesentlichem Umfang vermitteln.

(3) Unter der Verantwortung des Ausbilders oder der Ausbilderin kann bei der Berufsausbildung mitwirken, wer selbst nicht Ausbilder oder Ausbilderin ist, aber abweichend von den besonderen Voraussetzungen des § 30 die für die Vermittlung von Ausbildungsinhalten erforderlichen beruflichen Fertigkeiten, Kenntnisse und Fähigkeiten besitzt und persönlich geeignet ist.

| Inhaltsübersicht | Rn |
|---|---|
| 1. Einstellungs- und Ausbildungsberechtigung | 1–3 |
| 2. Ausbildungsberechtigte | 4–5 |

### 1. Einstellungs- und Ausbildungsberechtigung

Die entsprechende Norm für die Ausbildung im **Handwerk** findet sich in 1
§ 22 HwO. Auszubildende **einstellen** darf nur, wer persönlich geeignet ist
(§ 28 Abs. 1 Satz 1 BBiG). »Einstellen« meint die rechtliche Begründung
des Berufsausbildungsverhältnisses, den Abschluss des Ausbildungsvertrags.
Demgegenüber meint »ausbilden« die tatsächliche Durchführung der Ausbildung. Dafür ist wesentlich die fachliche Eignung: **Ausbilden** darf nur, wer
persönlich und fachlich geeignet ist (§ 28 Abs. 1 Satz 2 BBiG). Wer fachlich
nicht geeignet ist oder wer nicht selbst ausbildet, darf Auszubildende nur
dann einstellen, wenn er persönlich und fachlich geeignete Ausbilder oder
Ausbilderinnen bestellt, die die Ausbildungsinhalte in der Ausbildungsstätte
unmittelbar, verantwortlich und in wesentlichem Umfang vermitteln (§ 28
Abs. 2 BBiG).

Unter der Verantwortung des Ausbilders oder der Ausbilderin kann **bei der** 2
**Berufsausbildung mitwirken**, wer selbst nicht Ausbilder oder Ausbilderin
ist, aber abweichend von den besonderen Voraussetzungen des § 30 die für
die Vermittlung von Ausbildungsinhalten erforderlichen beruflichen Fertigkeiten, Kenntnisse und Fähigkeiten besitzt und persönlich geeignet ist
(Abs. 3).

Wer Auszubildende einstellt oder ausbildet, obwohl er nach § 28 Abs. 1 oder 3
2 persönlich oder fachlich nicht geeignet ist, handelt ordnungswidrig. Das

kann mit einer **Geldbuße** bis zu 5000 Euro geahndet werden (§ 101 Abs. 1 Nr. 5, Abs. 2).

## 2. Ausbildungsberechtigte

4 Zur Ausbildung befugt ist an sich nur, wer persönlich und fachlich geeignet ist. »**Ausbilden**« bedeutet die Vermittlung der beruflichen Fertigkeiten, Kenntnisse, Fähigkeiten und Erfahrungen, die erforderlich sind, um das Ausbildungsziel zu erreichen, durch die betreffende Ausbildungsperson. Bestelltes Ausbildungspersonal muss auch wirklich ausbilden und nicht nur gelegentlich »nach dem Rechten sehen«.[1]

5 Der Kreis der Ausbildungsberechtigten wird gemäß Abs. 3 um Personen erweitert, die – unter der Verantwortung des Ausbilders, der Ausbilderin – bei der Berufsausbildung »mitwirken«. Diese müssen nicht selbst Ausbilder sein und nicht die Voraussetzungen des § 30 BBiG erfüllen, aber über die für die Vermittlung von Ausbildungsinhalten erforderlichen Kompetenzen verfügen und persönlich geeignet sein.

## § 29 Persönliche Eignung

**Persönlich nicht geeignet ist insbesondere, wer**
1. **Kinder und Jugendliche nicht beschäftigen darf oder**
2. **wiederholt oder schwer gegen dieses Gesetz oder die auf Grund dieses Gesetzes erlassenen Vorschriften und Bestimmungen verstoßen hat.**

1 Für das **Handwerk** gilt die Parallelvorschrift in § 22a HwO. **Persönlich nicht geeignet** ist, wer Kinder und Jugendliche nicht beschäftigen darf oder wiederholt oder schwer gegen das BBiG oder die auf Grund des BBiG erlassenen Vorschriften und Bestimmungen verstoßen hat.

2 **Beispiele aus der Rechtsprechung**
- Ein schwerer Verstoß liegt vor, wenn Auszubildende beschäftigt werden, obwohl über einen Zeitraum von sechs Monaten ein fachlich geeigneter Ausbilder nicht vorhanden war.[1]
- Ein Bilanzbuchhalter, der wegen gewerbsmäßigen Betrugs in 23 Fällen, Unterschlagung, vorsätzlicher Insolvenzverschleppung und vorsätzlicher Verletzung der Buchführungspflicht zu einer Freiheitsstrafe von drei Jahren und einem Monat verurteilt worden ist, ist zur Ausbildung ungeeignet.[2]

---

1 Vgl. *Lakies/Malottke* BBiG § 28 Rn. 3.
1 Vgl. *BVerwG* 20.12.1985 – 1 C 42/84, GewArch 1986, 95.
2 *VG Gelsenkirchen* 31.10.2012 – 7 K 1351/12.

**Fachliche Eignung** § 30

- Ein Ausbilder ist persönlich ungeeignet, wenn er die Menschenwürde und speziell die Intim- und Privatsphäre der Auszubildenden verletzt; auf die Strafbarkeit seines Verhaltens kommt es nicht an.[3]
- Eine Nötigung zur Duldung sexueller Handlungen führt zur persönlichen Ungeeignetheit und rechtfertigt eine Untersagung gemäß § 33 Abs. 2.[4]
- Wer als Ausbilder eine Entschädigung für die Ausbildung vereinbart, begeht einen schwerwiegenden Rechtsverstoß, so dass er als ungeeignet anzusehen ist.[5]
- Ein Ausbilder ist für die Einstellung und Ausbildung von Auszubildenden persönlich ungeeignet, wenn er unter gezieltem Einsatz seiner wirtschaftlichen Überlegenheit und seines Direktionsrechts als Arbeitgeber seine Auszubildenden sexuell belästigt. Ein solches Verhalten lässt eine Bereitschaft zum Missbrauch des Ausbildungsverhältnisses zu eigenen Zwecken erkennen. Für die Annahme einer sexuellen Belästigung können schon Bemerkungen sexuellen Inhalts ausreichen. Verliert ein Ausbilder aufgrund der sexuellen Belästigung weiblicher Auszubildender und seines schwerwiegenden und beharrlichen Verhaltens seine Vorbildfunktion auch gegenüber den männlichen Auszubildenden, ist ein Einstellungsverbot, das nicht zwischen weiblichen und männlichen Auszubildenden differenziert, verhältnismäßig.[6]
- Die Einstellung eines Strafverfahrens oder eines Bußgeldverfahrens wegen des Vorwurfs eines Fehlverhaltens als Ausbildender oder Ausbilder ist für die Beurteilung der persönlichen Eignung zum Einstellen und Ausbilden von Lehrlingen oder Auszubildenden nicht ausschlaggebend.[7]

### § 30 Fachliche Eignung

**(1) Fachlich geeignet ist, wer die beruflichen sowie die berufs- und arbeitspädagogischen Fertigkeiten, Kenntnisse und Fähigkeiten besitzt, die für die Vermittlung der Ausbildungsinhalte erforderlich sind.**

**(2) Die erforderlichen beruflichen Fertigkeiten, Kenntnisse und Fähigkeiten besitzt, wer**
1. **die Abschlussprüfung in einer dem Ausbildungsberuf entsprechenden Fachrichtung bestanden hat,**
2. **eine anerkannte Prüfung an einer Ausbildungsstätte oder vor einer Prüfungsbehörde oder eine Abschlussprüfung an einer staatlichen**

---

3 VG Trier 3.5.2007 – 5 K 72/07.TR.
4 VG Gelsenkirchen 1.9.2010 – 7 K 903/09.
5 VG Berlin 26.10.2011 – 3 K 320/10.
6 OVG NW 23.10.2015 – 4 B 348/15.
7 VGH Baden-Württemberg 9.10.1987 – 14 S 2104/87.

oder staatlich anerkannten Schule in einer dem Ausbildungsberuf entsprechenden Fachrichtung bestanden hat,
3. eine Abschlussprüfung an einer deutschen Hochschule in einer dem Ausbildungsberuf entsprechenden Fachrichtung bestanden hat oder
4. im Ausland einen Bildungsabschluss in einer dem Ausbildungsberuf entsprechenden Fachrichtung erworben hat, dessen Gleichwertigkeit nach dem Berufsqualifikationsfeststellungsgesetz oder anderen rechtlichen Regelungen festgestellt worden ist

und eine angemessene Zeit in seinem Beruf praktisch tätig gewesen ist.

(3) Das Bundesministerium für Wirtschaft und Energie oder das sonst zuständige Fachministerium kann im Einvernehmen mit dem Bundesministerium für Bildung und Forschung nach Anhörung des Hauptausschusses des Bundesinstituts für Berufsbildung durch Rechtsverordnung, die nicht der Zustimmung des Bundesrates bedarf, in den Fällen des Absatzes 2 Nr. 2 bestimmen, welche Prüfungen für welche Ausbildungsberufe anerkannt werden.

(4) Das Bundesministerium für Wirtschaft und Energie oder das sonst zuständige Fachministerium kann im Einvernehmen mit dem Bundesministerium für Bildung und Forschung nach Anhörung des Hauptausschusses des Bundesinstituts für Berufsbildung durch Rechtsverordnung, die nicht der Zustimmung des Bundesrates bedarf, für einzelne Ausbildungsberufe bestimmen, dass abweichend von Absatz 2 die für die fachliche Eignung erforderlichen beruflichen Fertigkeiten, Kenntnisse und Fähigkeiten nur besitzt, wer

1. die Voraussetzungen des Absatzes 2 Nr. 2 oder 3 erfüllt und eine angemessene Zeit in seinem Beruf praktisch tätig gewesen ist oder
2. die Voraussetzungen des Absatzes 2 Nr. 3 erfüllt und eine angemessene Zeit in seinem Beruf praktisch tätig gewesen ist oder
3. für die Ausübung eines freien Berufes zugelassen oder in ein öffentliches Amt bestellt ist.

(5) Das Bundesministerium für Bildung und Forschung kann nach Anhörung des Hauptausschusses des Bundesinstituts für Berufsbildung durch Rechtsverordnung, die nicht der Zustimmung des Bundesrates bedarf, bestimmen, dass der Erwerb berufs- und arbeitspädagogischer Fertigkeiten, Kenntnisse und Fähigkeiten gesondert nachzuweisen ist. Dabei können Inhalt, Umfang und Abschluss der Maßnahmen für den Nachweis geregelt werden.

(6) Die nach Landesrecht zuständige Behörde kann Personen, die die Voraussetzungen des Absatzes 2, 4 oder 5 nicht erfüllen, die fachliche Eignung nach Anhörung der zuständigen Stelle widerruflich zuerkennen.

# Fachliche Eignung § 30

**Inhaltsübersicht** Rn
1. Überblick .................................... 1–3
2. Text der Ausbilder-Eignungsverordnung .................. 4

## 1. Überblick

Für das **Handwerk** gilt die Parallelvorschrift in § 22b HwO. **Fachlich geeig-** 1
**net** ist, wer die beruflichen sowie die berufs- und arbeitspädagogischen Fertigkeiten, Kenntnisse und Fähigkeiten besitzt, die für die Vermittlung der Ausbildungsinhalte erforderlich sind (§ 30 Abs. 1 BBiG). Die erforderlichen beruflichen Fertigkeiten, Kenntnisse und Fähigkeiten besitzt (§ 30 Abs. 2 Nr. 1 bis 4 BBiG), wer

- die Abschlussprüfung in einer dem Ausbildungsberuf entsprechenden Fachrichtung bestanden hat, oder
- eine anerkannte Prüfung an einer Ausbildungsstätte oder vor einer Prüfungsbehörde oder eine Abschlussprüfung an einer staatlichen oder staatlich anerkannten Schule in einer dem Ausbildungsberuf entsprechenden Fachrichtung bestanden hat, oder
- eine Abschlussprüfung an einer deutschen Hochschule in einer dem Ausbildungsberuf entsprechenden Fachrichtung bestanden hat,
- im Ausland einen Bildungsabschluss in einer dem Ausbildungsberuf entsprechenden Fachrichtung erworben hat, dessen Gleichwertigkeit nach dem Berufsqualifikationsfeststellungsgesetz oder anderen rechtlichen Regelungen festgestellt worden ist

**und** eine angemessene Zeit in seinem Beruf praktisch tätig gewesen ist. Selbst wenn die Voraussetzungen nach § 30 Abs. 2 Nr. 1 bis 4 BBiG vorliegen, muss stets in allen Fällen hinzukommen, dass die betreffende Person **eine angemessene Zeit in seinem Beruf praktisch tätig** gewesen ist.

Die näheren Einzelheiten hierzu können gemäß § 30 Abs. 3 und Abs. 4 BBiG durch Rechtsverordnung geregelt werden.

Gemäß § 30 Abs. 5 BBiG kann nach näherer Maßgabe das Bundesministe- 2
rium für Bildung und Forschung durch Rechtsverordnung bestimmen, dass der Erwerb berufs- und arbeitspädagogischer Fertigkeiten, Kenntnisse und Fähigkeiten gesondert nachzuweisen ist. Näheres ergibt sich aus der **Ausbilder-Eignungsverordnung (AEVO)** vom 21.1.2009[1]. Der Text der AEVO ist abgedruckt unter Rn. 4. Für die Praxis von besonderer Bedeutung ist die **Lehrgangsdauer.** Nach der Empfehlung des Hauptausschusses des Bundesinstituts für Berufsbildung (BiBB) zum Rahmenplan für die Ausbildung der Ausbilder und Ausbilderinnen vom 25.6.2009 gilt folgendes: »Die Lehrgangsdauer, die benötigt wird, um die erforderlichen Ausbilderkompetenzen zu erwerben, beträgt 115 Unterrichtsstunden. Die methodischen Ausge-

---

1 BGBl. I S. 88.

staltungen der Lernzeiten obliegen dem Anbieter und können zielgruppenspezifisch angepasst werden. Eine Maßnahme kann unter dem Einsatz von geeigneten Medien mit Selbstlernphasen organisiert und durchgeführt werden, so dass die Präsenzphasen auf nicht weniger als 90 Unterrichtsstunden verkürzt werden können. Es muss seitens des Bildungsträgers sichergestellt werden, dass der Selbstlernprozess aktiv gesteuert und der Lernfortschritt durch die Konzeption der Präsenzphasen überprüfbar ist. Alle Qualifikationsinhalte sind prüfungsrelevant – unabhängig von der Vermittlungsform bzw. der Vorbereitungsart.«[2]

3 Darüber hinaus kann die nach Landesrecht zuständige Behörde Personen, die die Voraussetzungen des § 30 Abs. 2, Abs. 4 oder Abs. 5 BBiG nicht erfüllen, die fachliche Eignung nach Anhörung der zuständigen Stellen widerruflich zuerkennen (§ 30 Abs. 6 BBiG). Die Entscheidung über die Anerkennung von Befähigungsnachweisen eines Mitgliedsstaates der Europäischen Union trifft nach näherer Maßgabe des § 31 BBiG die zuständige Stelle.

## 2. Text der Ausbilder-Eignungsverordnung

4 Ausbilder-Eignungsverordnung vom 21.1.2009 (BGBl. I S. 88)

### § 1 Geltungsbereich
Ausbilder und Ausbilderinnen haben für die Ausbildung in anerkannten Ausbildungsberufen nach dem Berufsbildungsgesetz den Erwerb der berufs- und arbeitspädagogischen Fertigkeiten, Kenntnisse und Fähigkeiten nach dieser Verordnung nachzuweisen. Dies gilt nicht für die Ausbildung im Bereich der Angehörigen der freien Berufe.

### § 2 Berufs- und arbeitspädagogische Eignung
Die berufs- und arbeitspädagogische Eignung umfasst die Kompetenz zum selbstständigen Planen, Durchführen und Kontrollieren der Berufsausbildung in den Handlungsfeldern:
1. Ausbildungsvoraussetzungen prüfen und Ausbildung planen,
2. Ausbildung vorbereiten und bei der Einstellung von Auszubildenden mitwirken,
3. Ausbildung durchführen und
4. Ausbildung abschließen.

### § 3 Handlungsfelder
(1) Das Handlungsfeld nach § 2 Nummer 1 umfasst die berufs- und arbeitspädagogische Eignung, Ausbildungsvoraussetzungen zu prüfen und Ausbildung zu planen. Die Ausbilder und Ausbilderinnen sind dabei in der Lage,
1. die Vorteile und den Nutzen betrieblicher Ausbildung darstellen und begründen zu können,

---

2 Vgl. BIBB-Pressemitteilung Nr. 22 vom 3.7.2009. Die Empfehlung ist vollständig abgedruckt in: »Berufsbildung in Wissenschaft und Praxis«, BWP Nr. 4/2009, im Internet: *http://www.bibb.de/dokumente/pdf/empfehlung_135_rahmenplan_aevo.pdf.*

## Fachliche Eignung § 30

2. bei den Planungen und Entscheidungen hinsichtlich des betrieblichen Ausbildungsbedarfs auf der Grundlage der rechtlichen, tarifvertraglichen und betrieblichen Rahmenbedingungen mitzuwirken,
3. die Strukturen des Berufsbildungssystems und seine Schnittstellen darzustellen,
4. Ausbildungsberufe für den Betrieb auszuwählen und dies zu begründen,
5. die Eignung des Betriebes für die Ausbildung in dem angestrebten Ausbildungsberuf zu prüfen sowie ob und inwieweit Ausbildungsinhalte durch Maßnahmen außerhalb der Ausbildungsstätte, insbesondere Ausbildung im Verbund, überbetriebliche und außerbetriebliche Ausbildung, vermittelt werden können,
6. die Möglichkeiten des Einsatzes von auf die Berufsausbildung vorbereitenden Maßnahmen einzuschätzen sowie
7. im Betrieb die Aufgaben der an der Ausbildung Mitwirkenden unter Berücksichtigung ihrer Funktionen und Qualifikationen abzustimmen.

(2) Das Handlungsfeld nach § 2 Nummer 2 umfasst die berufs- und arbeitspädagogische Eignung, die Ausbildung unter Berücksichtigung organisatorischer sowie rechtlicher Aspekte vorzubereiten. Die Ausbilder und Ausbilderinnen sind dabei in der Lage,

1. auf der Grundlage einer Ausbildungsordnung einen betrieblichen Ausbildungsplan zu erstellen, der sich insbesondere an berufstypischen Arbeits- und Geschäftsprozessen orientiert,
2. die Möglichkeiten der Mitwirkung und Mitbestimmung der betrieblichen Interessenvertretungen in der Berufsbildung zu berücksichtigen,
3. den Kooperationsbedarf zu ermitteln und sich inhaltlich sowie organisatorisch mit den Kooperationspartnern, insbesondere der Berufsschule, abzustimmen,
4. Kriterien und Verfahren zur Auswahl von Auszubildenden auch unter Berücksichtigung ihrer Verschiedenartigkeit anzuwenden,
5. den Berufsausbildungsvertrag vorzubereiten und die Eintragung des Vertrages bei der zuständigen Stelle zu veranlassen sowie
6. die Möglichkeiten zu prüfen, ob Teile der Berufsausbildung im Ausland durchgeführt werden können.

(3) Das Handlungsfeld nach § 2 Nummer 3 umfasst die berufs- und arbeitspädagogische Eignung, selbstständiges Lernen in berufstypischen Arbeits- und Geschäftsprozessen handlungsorientiert zu fördern. Die Ausbilder und Ausbilderinnen sind dabei in der Lage,

1. lernförderliche Bedingungen und eine motivierende Lernkultur zu schaffen, Rückmeldungen zu geben und zu empfangen,
2. die Probezeit zu organisieren, zu gestalten und zu bewerten,
3. aus dem betrieblichen Ausbildungsplan und den berufstypischen Arbeits- und Geschäftsprozessen betriebliche Lern- und Arbeitsaufgaben zu entwickeln und zu gestalten,
4. Ausbildungsmethoden und -medien zielgruppengerecht auszuwählen und situationsspezifisch einzusetzen,
5. Auszubildende bei Lernschwierigkeiten durch individuelle Gestaltung der Ausbildung und Lernberatung zu unterstützen, bei Bedarf ausbildungsunterstützende Hilfen einzusetzen und die Möglichkeit zur Verlängerung der Ausbildungszeit zu prüfen,
6. Auszubildenden zusätzliche Ausbildungsangebote, insbesondere in Form von Zusatzqualifikationen, zu machen und die Möglichkeit der Verkürzung der Ausbildungsdauer und die der vorzeitigen Zulassung zur Abschlussprüfung zu prüfen,
7. die soziale und persönliche Entwicklung von Auszubildenden zu fördern, Probleme und Konflikte rechtzeitig zu erkennen sowie auf eine Lösung hinzuwirken,

8. Leistungen festzustellen und zu bewerten, Leistungsbeurteilungen Dritter und Prüfungsergebnisse auszuwerten, Beurteilungsgespräche zu führen, Rückschlüsse für den weiteren Ausbildungsverlauf zu ziehen sowie
9. interkulturelle Kompetenzen zu fördern.

(4) Das Handlungsfeld nach § 2 Nummer 4 umfasst die berufs- und arbeitspädagogische Eignung, die Ausbildung zu einem erfolgreichen Abschluss zu führen und dem Auszubildenden Perspektiven für seine berufliche Weiterentwicklung aufzuzeigen. Die Ausbilder und Ausbilderinnen sind dabei in der Lage,
1. Auszubildende auf die Abschluss- oder Gesellenprüfung unter Berücksichtigung der Prüfungstermine vorzubereiten und die Ausbildung zu einem erfolgreichen Abschluss zu führen,
2. für die Anmeldung der Auszubildenden zu Prüfungen bei der zuständigen Stelle zu sorgen und diese auf durchführungsrelevante Besonderheiten hinzuweisen,
3. an der Erstellung eines schriftlichen Zeugnisses auf der Grundlage von Leistungsbeurteilungen mitzuwirken sowie
4. Auszubildende über betriebliche Entwicklungswege und berufliche Weiterbildungsmöglichkeiten zu informieren und zu beraten.

### § 4 Nachweis der Eignung

(1) Die Eignung nach § 2 ist in einer Prüfung nachzuweisen. Die Prüfung besteht aus einem schriftlichen und einem praktischen Teil. Die Prüfung ist bestanden, wenn jeder Prüfungsteil mit mindestens »ausreichend« bewertet wurde. Innerhalb eines Prüfungsverfahrens kann eine nicht bestandene Prüfung zweimal wiederholt werden. Ein bestandener Prüfungsteil kann dabei angerechnet werden. (2) Im schriftlichen Teil der Prüfung sind fallbezogene Aufgaben aus allen Handlungsfeldern zu bearbeiten. Die schriftliche Prüfung soll drei Stunden dauern. (3) Der praktische Teil der Prüfung besteht aus der Präsentation einer Ausbildungssituation und einem Fachgespräch mit einer Dauer von insgesamt höchstens 30 Minuten. Hierfür wählt der Prüfungsteilnehmer eine berufstypische Ausbildungssituation aus. Die Präsentation soll 15 Minuten nicht überschreiten. Die Auswahl und Gestaltung der Ausbildungssituation sind im Fachgespräch zu erläutern. Anstelle der Präsentation kann eine Ausbildungssituation auch praktisch durchgeführt werden.
(4) Im Bereich der Landwirtschaft und im Bereich der Hauswirtschaft besteht der praktische Teil aus der Durchführung einer vom Prüfungsteilnehmer in Abstimmung mit dem Prüfungsausschuss auszuwählenden Ausbildungssituation und einem Fachgespräch, in dem die Auswahl und Gestaltung der Ausbildungssituation zu begründen sind. Die Prüfung im praktischen Teil soll höchstens 60 Minuten dauern. (5) Für die Abnahme der Prüfung errichtet die zuständige Stelle einen Prüfungsausschuss. § 37 Absatz 2 und 3, § 39 Absatz 1 Satz 2, die §§ 40 bis 42, 46 und 47 des Berufsbildungsgesetzes gelten entsprechend.

### § 5 Zeugnis

Über die bestandene Prüfung ist jeweils ein Zeugnis nach den Anlagen 1 und 2 auszustellen.[3]

---

3 Anmerkung: Die Anlagen sind hier nicht abgedruckt.

### § 6 Andere Nachweise

(1) Wer die Prüfung nach einer vor Inkrafttreten dieser Verordnung geltenden Ausbilder-Eignungsverordnung bestanden hat, die auf Grund des Berufsbildungsgesetzes erlassen worden ist, gilt für die Berufsausbildung als im Sinne dieser Verordnung berufs- und arbeitspädagogisch geeignet. (2) Wer durch eine Meisterprüfung oder eine andere Prüfung der beruflichen Fortbildung nach der Handwerksordnung oder dem Berufsbildungsgesetz eine berufs- und arbeitspädagogische Eignung nachgewiesen hat, gilt für die Berufsausbildung als im Sinne dieser Verordnung berufs- und arbeitspädagogisch geeignet. (3) Wer eine sonstige staatliche, staatlich anerkannte oder von einer öffentlich rechtlichen Körperschaft abgenommene Prüfung bestanden hat, deren Inhalt den in § 3 genannten Anforderungen ganz oder teilweise entspricht, kann von der zuständigen Stelle auf Antrag ganz oder teilweise von der Prüfung nach § 4 befreit werden. Die zuständige Stelle erteilt darüber eine Bescheinigung. (4) Die zuständige Stelle kann von der Vorlage des Nachweises über den Erwerb der berufs- und arbeitspädagogischen Fertigkeiten, Kenntnisse und Fähigkeiten auf Antrag befreien, wenn das Vorliegen berufs- und arbeitspädagogischer Eignung auf andere Weise glaubhaft gemacht wird und die ordnungsgemäße Ausbildung sichergestellt ist. Die zuständige Stelle kann Auflagen erteilen. Auf Antrag erteilt die zuständige Stelle hierüber eine Bescheinigung.

### § 7 Fortführen der Ausbildertätigkeit

Wer vor dem 1. August 2009 als Ausbilder im Sinne des § 28 Absatz 1 Satz 2 des Berufsbildungsgesetzes tätig war, ist vom Nachweis nach den §§ 5 und 6 dieser Verordnung befreit, es sei denn, dass die bisherige Ausbildertätigkeit zu Beanstandungen mit einer Aufforderung zur Mängelbeseitigung durch die zuständige Stelle geführt hat. Sind nach Aufforderung die Mängel beseitigt worden und Gefährdungen für eine ordnungsgemäße Ausbildung nicht zu erwarten, kann die zuständige Stelle vom Nachweis nach den §§ 5 und 6 befreien; sie kann dabei Auflagen erteilen.

### § 8 Übergangsregelung

Begonnene Prüfungsverfahren können bis zum Ablauf des 31. Juli 2010 nach den bisherigen Vorschriften zu Ende geführt werden. Die zuständige Stelle kann auf Antrag des Prüfungsteilnehmers oder der Prüfungsteilnehmerin die Wiederholungsprüfung nach dieser Verordnung durchführen; § 4 Absatz 1 Satz 5 findet in diesem Fall keine Anwendung. Im Übrigen kann bei der Anmeldung zur Prüfung bis zum Ablauf des 30. April 2010 die Anwendung der bisherigen Vorschriften beantragt werden.

### § 9 Inkrafttreten, Außerkrafttreten

Diese Verordnung tritt am 1. August 2009 in Kraft. Gleichzeitig tritt die Ausbilder-Eignungsverordnung vom 16. Februar 1999 (BGBl. I S. 157, 700), die zuletzt durch die Verordnung vom 14. Mai 2008 (BGBl. I S. 854) geändert worden ist, außer Kraft.

## § 31 Europaklausel

(1) In den Fällen des § 30 Abs. 2 und 4 besitzt die für die fachliche Eignung erforderlichen beruflichen Fertigkeiten, Kenntnisse und Fähigkeiten auch, wer die Voraussetzungen für die Anerkennung seiner Berufsqualifikation nach der Richtlinie 2005/36/EG des Europäischen Parlaments und des Rates vom 7. September 2005 über die Anerkennung von

Berufsqualifikationen (ABl. EU Nr. L 255 S. 22) erfüllt, sofern er eine angemessene Zeit in seinem Beruf praktisch tätig gewesen ist. § 30 Abs. 4 Nr. 3 bleibt unberührt.
(2) Die Anerkennung kann unter den in Artikel 14 der in Absatz 1 genannten Richtlinie aufgeführten Voraussetzungen davon abhängig gemacht werden, dass der Antragsteller oder die Antragstellerin zunächst einen höchstens dreijährigen Anpassungslehrgang ableistet oder eine Eignungsprüfung ablegt.
(3) Die Entscheidung über die Anerkennung trifft die zuständige Stelle. Sie kann die Durchführung von Anpassungslehrgängen und Eignungsprüfungen regeln.

### § 31a Sonstige ausländische Vorqualifikationen

In den Fällen des § 30 Absatz 2 und 4 besitzt die für die fachliche Eignung erforderlichen Fertigkeiten, Kenntnisse und Fähigkeiten, wer die Voraussetzungen von § 2 Absatz 1 in Verbindung mit § 9 des Berufsqualifikationsfeststellungsgesetzes erfüllt und nicht in einem anderen Mitgliedstaat der Europäischen Union oder einem anderen Vertragsstaat des Europäischen Wirtschaftsraums oder der Schweiz seinen Befähigungsnachweis erworben hat, sofern er eine angemessene Zeit in seinem Beruf praktisch tätig gewesen ist. § 30 Absatz 4 Nummer 3 bleibt unberührt.

1 Das Gesetz über die Feststellung der Gleichwertigkeit von Berufsqualifikationen (**Berufsqualifikationsfeststellungsgesetz – BQFG**) dient der besseren Nutzung von im Ausland erworbenen Berufsqualifikationen für den deutschen Arbeitsmarkt, um eine qualifikationsnahe Beschäftigung zu ermöglichen. Über die Einzelheiten der Anerkennung ausländischer Berufsabschlüsse informiert das Informationsportal *www.anerkennung-in-deutschland.de*.

### § 32 Überwachung der Eignung

(1) Die zuständige Stelle hat darüber zu wachen, dass die Eignung der Ausbildungsstätte sowie die persönliche und fachliche Eignung vorliegen.
(2) Werden Mängel der Eignung festgestellt, so hat die zuständige Stelle, falls der Mangel zu beheben und eine Gefährdung Auszubildender nicht zu erwarten ist, Ausbildende aufzufordern, innerhalb einer von ihr gesetzten Frist den Mangel zu beseitigen. Ist der Mangel der Eignung nicht zu beheben oder ist eine Gefährdung Auszubildender zu erwarten oder wird der Mangel nicht innerhalb der gesetzten Frist beseitigt, so hat die

# Überwachung der Eignung § 32

zuständige Stelle dies der nach Landesrecht zuständigen Behörde mitzuteilen.

| Inhaltsübersicht | Rn |
|---|---|
| 1. Überwachungspflicht | 1 |
| 2. Maßnahmen bei Mängeln | 2, 3 |

## 1. Überwachungspflicht

Die Feststellung der Eignung und Überwachung der Eignung obliegt der zuständigen Stelle (§ 71 BBiG). Für das **Handwerk** gilt die Parallelvorschrift in § 23 HwO. Die zuständige Stelle hat darüber zu wachen, dass die Eignung der Ausbildungsstätte sowie die persönliche und fachliche Eignung vorliegen (§ 32 Abs. 1 BBiG). Werden Mängel der Eignung festgestellt, hat die zuständige Stelle, falls der Mangel zu beheben und eine Gefährdung Auszubildender nicht zu erwarten ist, Ausbildende aufzufordern, innerhalb einer von ihr gesetzten Frist den Mangel zu beseitigen (§ 32 Abs. 2 Satz 1 BBiG).

## 2. Maßnahmen bei Mängeln

Die Aufforderung der zuständigen Stelle zur Beseitigung von Mängeln, die unter Fristsetzung zu ergehen hat, ist ein Verwaltungsakt (Bescheid). Gegen diesen kann der Ausbildende Widerspruch einlegen. Dieser hat aufschiebende Wirkung, es sei denn, die zuständige Stelle hat die sofortige Vollziehung ihres Bescheides angeordnet (§ 80 Abs. 2 Nr. 4 VwGO).

Je nach Qualität des festgestellten Mangels gilt ein abgestufter Maßnahmenkatalog (§ 32 Abs. 2 BBiG):

- Werden Mängel der Eignung festgestellt (und sind diese zu beheben und ist eine Gefährdung Auszubildender nicht zu erwarten), so hat die zuständige Stelle die Ausbildenden **aufzufordern**, innerhalb einer bestimmten **Frist den Mangel zu beseitigen**. Wird zum Beispiel die Ausbildungsvergütung wiederholt nicht rechtzeitig ausgezahlt, ist eine Auflage rechtmäßig, vom Ausbildenden den Nachweis der fristgerechten Zahlung zu fordern.[1] Ist der Mangel zu beheben und ist eine Gefährdung Auszubildender nicht zu erwarten, hat die zuständige Stelle zunächst abzuwarten, wie die Ausbildenden auf die Aufforderung mit Fristsetzung reagieren. Wird der Mangel *nicht* innerhalb der gesetzten Frist beseitigt, so hat die zuständige Stelle dies der nach Landesrecht zuständigen Behörde mitzuteilen (§ 32 Abs. 2 Satz 1 BBiG).
- Ist der Mangel nicht zu beheben oder ist eine Gefährdung Auszubildender zu erwarten, entfällt die Pflicht, die Ausbildenden zur Mängelbeseitigung

---

[1] *VG Münster* 9.2.2009 – 5 L 703/08.

aufzufordern. Vielmehr hat in diesen Fällen die zuständige Stelle die nach Landesrecht zuständige Behörde unverzüglich über die festgestellten Mängel zu informieren (§ 32 Abs. 2 Satz 2 BBiG).
Die nach Landesrecht zuständige Behörde hat über die weiteren Maßnahmen zu entscheiden. Ihr obliegt dann gegebenenfalls die **Untersagung des Einstellens und Ausbildens** (§ 33 BBiG).

## § 33 Untersagung des Einstellens und Ausbildens

**(1) Die nach Landesrecht zuständige Behörde kann für eine bestimmte Ausbildungsstätte das Einstellen und Ausbilden untersagen, wenn die Voraussetzungen nach § 27 nicht oder nicht mehr vorliegen.**

**(2) Die nach Landesrecht zuständige Behörde hat das Einstellen und Ausbilden zu untersagen, wenn die persönliche oder fachliche Eignung nicht oder nicht mehr vorliegt.**

**(3) Vor der Untersagung sind die Beteiligten und die zuständige Stelle zu hören. Dies gilt nicht im Fall des § 29 Nr. 1.**

| Inhaltsübersicht | Rn |
|---|---|
| 1. Überblick | 1 |
| 2. Mängel der Ausbildungsstätte | 2, 3 |
| 3. Fehlende persönliche oder fachliche Eignung | 4, 5 |
| 4. Verwaltungsverfahren | 6, 7 |

### 1. Überblick

1 Der nach Landesrecht zuständigen Behörde obliegt die Kompetenz zur **Untersagung des Einstellens und Ausbildens**. Diese kann für eine bestimmte Ausbildungsstätte das Einstellen und Ausbilden untersagen, wenn die Eignung nach § 27 BBiG nicht oder nicht mehr vorliegt (§ 33 Abs. 1 BBiG). Die nach Landesrecht zuständige Behörde hat das Einstellen und Ausbilden gemäß § 33 Abs. 2 BBiG zu untersagen, wenn die persönliche oder fachliche Eignung nicht oder nicht mehr vorliegt.[1] Die in § 33 BBiG vorgesehenen Maßnahmen gelten als »*ultima-ratio*« (letztes Mittel) des Berufsausbildungswesens.[2] Zur Vermeidung solcher behördlichen Eingriffe haben die zuständigen Stellen gemäß § 76 BBiG im Rahmen ihrer Überwachungs- und Beratungspflicht dafür Sorge zu tragen, dass erkannte und behebbare Män-

---

[1] Vgl. *OVG Nordrhein-Westfalen* 10.10.1994 – 23 B 2878/93, EzB BBiG §§ 23, 24 Nr. 11 (Eignungsmangel bei Scientology-Angehörigen); *VGH München* 12.8.2004 – 22 CS 04.1679, GewArch 2005, 36 = NVwZ-RR 2005, 49 (Eignungsmangel bei sexueller Belästigung von Auszubildenden).
[2] *Benecke/Hergenröder* BBiG § 33 Rn. 3; *Leinemann/Taubert* BBiG § 33 Rn. 5.

## Untersagung des Einstellens und Ausbildens § 33

gel möglichst behoben werden. Für das **Handwerk** gilt die Parallelvorschrift in § 24 HwO.

Wer einer vollziehbaren Untersagungsanordnung nach § 33 Abs. 1 oder 2 zuwiderhandelt, handelt ordnungswidrig. Das kann mit einer **Geldbuße** bis zu 5000 Euro geahndet werden (§ 101 Abs. 1 Nr. 6, Abs. 2).

### 2. Mängel der Ausbildungsstätte

Liegt der Ausbildungsmangel in der fehlenden Eignung der Ausbildungsstätte (§ 27 BBiG), steht es im **Ermessen** der nach Landesrecht zuständigen Behörde, ob sie das Einstellen und/oder das Ausbilden untersagt (§ 33 Abs. 1 BBiG: »kann ... untersagen«). Die Regelung unterscheidet sich insoweit von den Fällen fehlender persönlicher oder fachlicher Eignung (vgl. Rn. 4). Die Prüfung der Geeignetheit (§ 27 BBiG) und auch die Untersagung kann nur gegenüber einer **bestimmten Ausbildungsstätte** ausgesprochen werden. Betreibt ein Unternehmen in mehreren Betrieben Ausbildungsstätten, hat die Prüfung und Untersagung für jede einzelne Ausbildungsstätte zu erfolgen. **Adressat der Untersagungsverfügung** ist der Rechtsträger der Ausbildungsstätte, das heißt derjenige, der diese betreibt, also eine Einzelperson oder eine juristische Person (diese vertreten durch den gesetzlichen Vertreter; so wird die GmbH, die eine Ausbildungsstätte unterhält/betreibt, durch den Geschäftsführer vertreten). 2

Das Ermessen bezieht sich darauf, *ob* die Behörde handelt (sogenanntes Entschließungsermessen) und *wie* sie handelt. Die Behörde kann kumulativ oder alternativ das Einstellen und /oder Ausbilden untersagen. Beides kann auf unbestimmte Zeit oder befristet erfolgen oder mit Auflagen versehen werden.[3] Gemäß § 40 VwVfG muss die Behörde ihr Ermessen entsprechend dem Zweck der Ermächtigung ausüben und die Grenzen des Ermessens einhalten. Ansonsten handelt sie ermessensfehlerhaft. Für Fälle fehlender Eignung der Ausbildungsstätte bedeutet das, dass die Behörde das Einstellen und Ausbilden nur untersagen darf, wenn die Voraussetzungen nach § 27 BBiG (Eignung der Ausbildungsstätte) nicht oder nicht mehr vorliegen *und* wenn keine weniger einschneidenden Maßnahmen möglich sind, um den Mangel zu beheben. Denkbar sind etwa Auflagen, nach denen es dem Ausbildenden untersagt wird, weitere Auszubildende einzustellen oder aufgegeben wird, zusätzliche Fachkräfte einzustellen oder Räumlichkeiten in bestimmter Art einzurichten. In Frage kommt auch die Anordnung einer befristeten außerbetrieblichen Ausbildungsmaßnahme.[4] 3

---

3 *Benecke/Hergenröder* BBiG § 33 Rn. 6.
4 *Benecke/Hergenröder* BBiG § 33 Rn. 7; *Leinemann/Taubert* BBiG § 33 Rn. 9.

### 3. Fehlende persönliche oder fachliche Eignung

4 Wenn die persönliche Eignung (§ 29 BBiG) oder die fachliche Eignung (§ 30 BBiG) nicht oder nicht mehr vorliegt, hat die nach Landesrecht zuständige Behörde kein Ermessen, sondern sie muss das Einstellen und Ausbilden untersagen (§ 33 Abs. 2 BBiG: »hat ... zu untersagen«). Es handelt sich um eine sogenannte gebundene Entscheidung.

5 Solche Unterlassungsanordnungen können sowohl gegen Ausbildende als auch gegen Ausbilder ausgesprochen werden.[5] Die zuständige Behörde muss entscheiden, ob sie gegen den Ausbildenden wegen dessen fehlender persönlicher Eignung oder gegen den Ausbilder wegen dessen fehlender persönlicher oder fachlicher Eignung vorgehen will. Bildet der Ausbildende selbst aus und fehlt ihm die persönliche Eignung, muss ihm das Einstellen und das Ausbilden untersagt werden, weil die persönliche Eignung nach § 28 Abs. 1 BBiG sowohl beim Einstellen als auch beim Ausbilden vorausgesetzt wird.[6] Bildet ein persönlich geeigneter Ausbildender nicht selbst aus (§ 28 Abs. 2 BBiG), hat die zuständige Behörde ihm das Einstellen Auszubildender auch dann zu verbieten, wenn dem bestellten Ausbilder die persönliche Eignung fehlt und kein anderer persönlich geeigneter Ausbilder zur Verfügung steht. Überdies muss sie dem persönlich ungeeigneten Ausbilder das Ausbilden untersagen.[7] Ist der Ausbildende persönlich ungeeignet und steht kein geeigneter Ausbilder zur Verfügung, muss die Behörde dem Ausbildenden auch das Einstellen verbieten.[8]

### 4. Verwaltungsverfahren

6 Zuständig ist die nach Landesrecht zuständige Behörde. Das ist in der Regel die höhere Verwaltungsbehörde (Bezirksregierung, Regierungspräsidium). Vor der Untersagung sind die Beteiligten und die zuständige Stelle zu hören (§ 33 Abs. 3 Satz 1 BBiG). Die Pflicht zur vorherigen Anhörung gilt nicht, wenn die Person Kinder und Jugendliche nicht beschäftigen darf (§ 33a Abs. 3 Satz 2 in Verbindung mit § 29 Nr. 1 BBiG). Beteiligte sind die zuständigen Stellen nach § 32 BBiG und die unmittelbar von der Untersagung betroffenen Ausbildenden oder Ausbilder sowie auch die im Betrieb beschäftigten Auszubildenden, deren Ausbildungsplätze von einer Untersagung betroffen wären, und bei minderjährigen Auszubildenden deren gesetzliche Vertreter.[9] Für die Auszubildenden hat die Untersagung die Streichung ih-

---

5 *Leinemann/Taubert* BBiG § 33 Rn. 13.
6 *Leinemann/Taubert* BBiG § 33 Rn. 15.
7 *Leinemann/Taubert* BBiG § 33 Rn. 16.
8 *Leinemann/Taubert* BBiG § 33 Rn. 17.
9 *Benecke/Hergenröder* BBiG § 33 Rn. 15; *Leinemann/Taubert* BBiG § 33 Rn. 19.

**Einrichten, Führen** § 34

res Ausbildungsverhältnisses aus dem Verzeichnis der anerkannten Ausbildungsberufe (§ 32 Abs. 1 Nr. 2 und Abs. 2 Satz 1 BBiG; § 29 Abs. 1 Nr. 2 und Abs. 2 HwO) zur Folge. Sie haben deshalb ein rechtliches Interesse am Ausgang des Verfahrens.[10]

Die **Untersagungsverfügung** ist ein **Verwaltungsakt** (§ 35 VwVfG). Er kann im Verwaltungsrechtsweg mittels Anfechtungsklage (§ 42 VwGO) angegriffen werden. Gegebenenfalls muss vor Klageerhebung ein Widerspruchsverfahren nach § 68 VwGO durchgeführt werden, soweit davon nicht durch Gesetz abgesehen wurde.[11]  7


## Abschnitt 4
## Verzeichnis der Berufsausbildungsverhältnisse

### § 34  Einrichten, Führen

(1) Die zuständige Stelle hat für anerkannte Ausbildungsberufe ein Verzeichnis der Berufsausbildungsverhältnisse einzurichten und zu führen, in das der Berufsausbildungsvertrag einzutragen ist. Die Eintragung ist für Auszubildende gebührenfrei.

(2) Die Eintragung umfasst für jedes Berufsausbildungsverhältnis
1. Name, Vorname, Geburtsdatum, Anschrift der Auszubildenden,
2. Geschlecht, Staatsangehörigkeit, allgemeinbildender Schulabschluss, vorausgegangene Teilnahme an berufsvorbereitender Qualifizierung oder beruflicher Grundbildung, vorherige Berufsausbildung sowie vorheriges Studium, Anschlussvertrag bei Anrechnung einer zuvor absolvierten dualen Berufsausbildung nach diesem Gesetz oder nach der Handwerksordnung einschließlich Ausbildungsberuf,
3. Name, Vorname und Anschrift der gesetzlichen Vertreter und Vertreterinnen,
4. Ausbildungsberuf einschließlich Fachrichtung,
5. Berufsausbildung im Rahmen eines ausbildungsintegrierenden dualen Studiums,
6. Tag, Monat und Jahr des Abschlusses des Ausbildungsvertrages, Ausbildungsdauer, Dauer der Probezeit, Verkürzung der Ausbildungsdauer, Teilzeitberufsausbildung,
7. die bei Abschluss des Berufsausbildungsvertrages vereinbarte Vergütung für jedes Ausbildungsjahr,

---

10 *Leinemann/Taubert* BBiG § 33 Rn. 20.
11 *Leinemann/Taubert* BBiG § 33 Rn. 25.

8. Tag, Monat und Jahr des vertraglich vereinbarten Beginns und Endes der Berufsausbildung sowie Tag, Monat und Jahr einer vorzeitigen Auflösung des Ausbildungsverhältnisses,
9. Art der Förderung bei überwiegend öffentlich, insbesondere auf Grund des Dritten Buches Sozialgesetzbuch geförderten Berufsausbildungsverhältnissen,
10. Name und Anschrift der Ausbildenden, Anschrift und amtliche Gemeindeschlüssel der Ausbildungsstätte, Wirtschaftszweig, Betriebsnummer der Ausbildungsstätte nach § 18i Absatz 1 oder § 18k Absatz 1 des Vierten Buches Sozialgesetzbuch, Zugehörigkeit zum öffentlichen Dienst,
11. Name, Vorname, Geschlecht und Art der fachlichen Eignung der Ausbilder und Ausbilderinnen.

1 Die zuständige Stelle hat für anerkannte Ausbildungsberufe ein Verzeichnis der Berufsausbildungsverhältnisse einzurichten und zu führen, das heißt auf dem aktuellen Stand zu halten. In das Verzeichnis ist der wesentliche Inhalt des Berufsausbildungsvertrags einzutragen. In der **Handwerksordnung** wird von der »**Lehrlingsrolle**« gesprochen (§ 28 HwO). Die Eintragung ist für die Auszubildenden gebührenfrei (§ 34 Abs. 1 Satz 2 BBiG). Die **Eintragung** in das Verzeichnis der Berufsausbildungsverhältnisse ist grundsätzlich **Voraussetzung für die Zulassung zur Abschlussprüfung** (§ 43 Abs. 1 Nr. 3 BBiG). Der »wesentliche« Inhalt, der einzutragen ist, ist abschließend in § 34 Abs. 2 Nr. 1 bis 11 BBiG festgelegt. Die Angaben sind auch für die Berufsbildungsstatistik von Bedeutung (§ 88 BBiG).
§ 34 BBiG ist hinsichtlich der Daten, die in das Berufsausbildungsverzeichnis eingetragen werden müssen, durch das **Berufsbildungsmodernisierungsgesetz** teilweise geändert worden. § 34 BBiG ist im Zusammenhang mit der (ebenfalls geänderten) Norm zur Bundesstatistik in § 88 BBiG zu sehen. § 88 BBiG regelt, welche Merkmale die jährliche Bundesstatistik erfasst. Um den Aufwand für die auskunftspflichtigen zuständigen Stellen zu begrenzen, sollen alle zu meldenden Merkmale, die in § 88 BBiG geregelt sind, im Verzeichnis der Berufsausbildungsverhältnisse enthalten sein. Die Angaben nach § 34 BBiG stellen die wesentliche Grundlage für die Erhebungen nach § 88 BBiG dar. Daher wurden die beiden Vorschriften harmonisiert. Die in § 34 Abs. 2 BBiG vorgenommenen Änderungen spiegeln die Merkmale in § 88 BBiG einschließlich der dort mit neu aufgenommenen Merkmale wider.[1]
Wegen der besonderen **Übergangsregelung** in § 106 Abs. 2 BBiG gelten die Änderungen bei der Eintragung in das Verzeichnis der Berufsausbildungsverhältnisse erst für Berufsausbildungsverträge, die ab 1. 1. 2021 abgeschlos-

---

1 Vgl. die Gesetzesbegründung BT-Drs. 19/10815, S. 60.

sen werden. Abweichend davon gilt das neu aufgenommene Merkmal der bei Vertragsabschluss vereinbarten Ausbildungsvergütung für jedes Ausbildungsjahr (§ 34 Abs. 2 Nr. 7 BBiG) bereits für Berufsausbildungsverträge mit Ausbildungsbeginn ab dem 1.1.2020.

## § 35 Eintragen, Ändern, Löschen

(1) Ein Berufsausbildungsvertrag und Änderungen seines wesentlichen Inhalts sind in das Verzeichnis einzutragen, wenn
1. der Berufsausbildungsvertrag diesem Gesetz und der Ausbildungsordnung entspricht,
2. die persönliche und fachliche Eignung sowie die Eignung der Ausbildungsstätte für das Einstellen und Ausbilden vorliegen und
3. für Auszubildende unter 18 Jahren die ärztliche Bescheinigung über die Erstuntersuchung nach § 32 Abs. 1 des Jugendarbeitsschutzgesetzes zur Einsicht vorgelegt wird.

(2) Die Eintragung ist abzulehnen oder zu löschen, wenn die Eintragungsvoraussetzungen nicht vorliegen und der Mangel nicht nach § 32 Abs. 2 behoben wird. Die Eintragung ist ferner zu löschen, wenn die ärztliche Bescheinigung über die erste Nachuntersuchung nach § 33 Abs. 1 des Jugendarbeitsschutzgesetzes nicht spätestens am Tage der Anmeldung der Auszubildenden zur Zwischenprüfung oder zum ersten Teil der Abschlussprüfung zur Einsicht vorgelegt und der Mangel nicht nach § 32 Abs. 2 behoben wird.

(3) Die nach § 34 Absatz 2 Nummer 1, 4, 8 und 10 erhobenen Daten werden zur Verbesserung der Ausbildungsvermittlung, zur Verbesserung der Zuverlässigkeit und Aktualität der Ausbildungsvermittlungsstatistik sowie zur Verbesserung der Feststellung von Angebot und Nachfrage auf dem Ausbildungsmarkt an die Bundesagentur für Arbeit übermittelt. Bei der Datenübermittlung sind dem jeweiligen Stand der Technik entsprechende Maßnahmen zur Sicherstellung von Datenschutz und Datensicherheit insbesondere nach den Artikeln 24, 25 und 32 der Verordnung (EU) 2016/679 des Europäischen Parlaments und des Rates vom 27. April 2016 zum Schutz natürlicher Personen bei der Verarbeitung personenbezogener Daten, zum freien Datenverkehr und zur Aufhebung der Richtlinie 95/46/EG (Datenschutz-Grundverordnung) (ABl. L 119 vom 4.5.2016, S. 1) zu treffen, die insbesondere die Vertraulichkeit, Unversehrtheit und Zurechenbarkeit der Daten gewährleisten.

| Inhaltsübersicht | Rn |
|---|---|
| 1. Eintragungsvoraussetzungen | 1–5 |
| 2. Entscheidung der zuständigen Stelle und Rechtsschutz | 6, 7 |
| 3. Datenübermittlung | 8 |

# § 35 Eintragen, Ändern, Löschen

## 1. Eintragungsvoraussetzungen

1 Ein Berufsausbildungsvertrag und Änderungen seines wesentlichen Inhalts sind in das Verzeichnis der Berufsausbildungsverhältnisse einzutragen, wenn die abschließend in § 35 Abs. 1 Nr. 1 bis 3 BBiG genannten Voraussetzungen gegeben sind. Für **Handwerksberufe** gilt die Parallelvorschrift in § 29 HwO.
Die Voraussetzungen sind, dass der Berufsausbildungsvertrag diesem Gesetz und der Ausbildungsordnung entspricht (Nr. 1) und dass die persönliche und fachliche Eignung sowie die Eignung der Ausbildungsstätte für das Einstellen und Ausbilden vorliegen (Nr. 2). Für Auszubildende unter 18 Jahren ist zudem erforderlich, dass die ärztliche Bescheinigung über die Erstuntersuchung nach § 32 Abs. 1 JArbSchG zur Einsicht vorgelegt wird.
Die **Eintragung ist abzulehnen oder zu löschen**, wenn die Eintragungsvoraussetzungen nicht vorliegen und der Mangel nicht nach § 32 Abs. 2 BBiG behoben wird (§ 35 Abs. 2 Satz 1 BBiG). Die Eintragung ist ferner zu löschen, wenn die ärztliche Bescheinigung über die erste Nachuntersuchung nach § 33 Abs. 1 JArbSchG nicht spätestens am Tage der Anmeldung des Auszubildenden zur Zwischenprüfung oder zum ersten Teil der Abschlussprüfung zur Einsicht vorgelegt und der Mangel nicht nach § 32 Abs. 2 BBiG behoben wird (§ 35 Abs. 2 Satz 2 BBiG). Die zuletzt genannte Norm greift nur, wenn der Auszubildende zum maßgeblichen Datum noch minderjährig ist, ansonsten fällt er nicht unter den Anwendungsbereich des JArbSchG.

2 Die Eintragungsvoraussetzungen sind in § 35 BBiG **abschließend geregelt**. Deshalb ist die zuständige Stelle nicht befugt, von sich aus weitergehende Eintragungsvoraussetzungen zu normieren. So kann etwa nicht verlangt werden, dass in jedem Falle ein von ihr herausgegebenes Vertragsformular für den Berufsausbildungsvertrag zu benutzen ist.[1]

3 Nach dem alten BBiG war die Rechtsprechung davon ausgegangen, dass es an der Eintragungsvoraussetzung gemäß § 35 Abs. 1 Nr. 1 (Übereinstimmung des Berufsausbildungsvertrags mit dem BBiG) fehlt, wenn die nach dem Vertrag vorgesehene **Ausbildungsvergütung** im Sinne des § 17 Abs. 1 BBiG nicht angemessen ist. Die Prüfungsmöglichkeiten für die zuständige Stelle waren insoweit eingeschränkt, als diese nicht im Rahmen einer ihr eingeräumten Beurteilungsermächtigung befugt war, verbindliche Mindestsätze für die Ausbildungsvergütung festzusetzen und die Eintragung in das Verzeichnis von der Anerkennung der von ihr festgelegten oder zukünftig beschlossenen Mindestsätze abhängig zu machen. Die »Angemessenheit«

---

[1] Vgl. *OVG Rheinland-Pfalz* 10.4.1974 – 2 A 83/73, BB 1974, 788.

# Eintragen, Ändern, Löschen § 35

der Vergütung sei vielmehr nach der Verkehrsauffassung zu beurteilen gewesen.[2]

Nach § 35 BBiG ist davon auszugehen, dass die zuständige Stelle nicht befugt ist, die Angemessenheit der Ausbildungsvergütung zu prüfen, weil diese nicht als »wesentlicher Inhalt« der einzutragenden Daten gemäß § 34 Abs. 2 genannt ist. Vielmehr obliegt es den Vertragsparteien (Auszubildenden und Ausbildenden), im Rahmen ihrer privat-rechtlichen Beziehung die Höhe der Ausbildungsvergütung zu vereinbaren. Eintragungspflichtig ist gemäß § 34 Abs. 2 Nr. 7 BBiG lediglich die »vereinbarte« Vergütung. Ob diese »angemessen« ist im Sinne des § 17 Abs. 1 BBiG, unterliegt der (gerichtlichen) Prüfung, allerdings nur, wenn der Auszubildende einen Rechtsstreit (vor dem Arbeitsgericht) einleitet. 4

Eine Berufsausbildung, die **neben dem Besuch einer allgemeinbildenden Schule** stattfinden soll, gewährleistet nicht den Erwerb der erforderlichen Berufserfahrungen in einem geordneten Ausbildungsgang. Sie ist deswegen nicht mit § 1 Abs. 3 BBiG vereinbar und darf deshalb gemäß § 35 Abs. 1 Nr. 1 BBiG **nicht** in das Verzeichnis der Berufsausbildungsverhältnisse eingetragen werden.[3] 5

Auf ein parallel betriebenes **Studium** soll das nicht übertragbar sein. Anders als bei dem Besuch einer allgemeinbildenden Schule, bei der aufgrund der Schulpflicht eine Anwesenheitspflicht besteht, könne ein Studium – auch in den eher »verschulten« Bachelorstudiengängen – wesentlich freier geplant werden. Da eine Anwesenheit bei Pflichtveranstaltungen regelmäßig nur in einem geringen Umfang bestehe und das Selbststudium ohne weiteres auf die Abendstunden und/oder das Wochenende gelegt werden könne, sei es nicht ausgeschlossen, dass parallel zum Studium eine ordnungsgemäße (Vollzeit-)Ausbildung stattfinde.[4]

## 2. Entscheidung der zuständigen Stelle und Rechtsschutz

Die Entscheidung der zuständigen Stelle über die Eintragung oder Nichteintragung in das Verzeichnis der Berufsausbildungsverhältnisse ist ein **Verwaltungsakt**. Die Eintragung kann (nach erfolglosem Widerspruchsverfahren) 6

---

2 Vgl. BVerwG 26.3.1981 – 5 C 50/80, BVerwGE 62, 117; BVerwG 20.5.1986 – 1 C 12/86, NVwZ 1987, 411.
3 Vgl. BVerwG 25.2.1982 – 5 C 1/81, BVerwGE 65, 109.
4 Die Löschung aus dem Verzeichnis der Berufsausbildungsverträge wegen eines parallel betriebenen Studiums wurde deshalb auf die Klage der betreffenden Auszubildenden aufgehoben: VG Aachen 3.12.2015 – 6 K 1400/15.

sowohl vom Auszubildenden als auch vom Ausbildenden mit der Verpflichtungsklage (§ 42 Abs. 2 VwGO) geltend gemacht werden.[5]

**7** Gegen eine Löschung der Eintragung kann mit der Anfechtungsklage (§ 42 Abs. 1 VwGO) vorgegangen werden. Gegebenenfalls kann auch einstweiliger Rechtsschutz beantragt werden, denn die Sache ist insofern eilbedürftig, weil die Eintragung Voraussetzung für die Zulassung zur Abschlussprüfung ist (§ 43 Abs. 1 Nr. 3).

### 3. Datenübermittlung

**8** § 35 Abs. 3 BBiG gestattet es, bestimmte Daten aus dem Verzeichnis der Berufsausbildungsverhältnisse an die Bundesagentur für Arbeit zu übermitteln. Dort dürfen die Daten zu den gesetzlich in § 35 Abs. 3 BBiG besonders benannten Zwecken verwendet werden. Auf die Beachtung des Datenschutzes weist § 35 Abs. 3 Satz 2 BBiG gesondert hin.

## § 36 Antrag und Mitteilungspflichten

**(1) Ausbildende haben unverzüglich nach Abschluss des Berufsausbildungsvertrages die Eintragung in das Verzeichnis zu beantragen. Der Antrag kann schriftlich oder elektronisch gestellt werden; eine Kopie der Vertragsniederschrift ist jeweils beizufügen. Auf einen betrieblichen Ausbildungsplan im Sinne von § 11 Absatz 1 Satz 2 Nummer 1, der der zuständigen Stelle bereits vorliegt, kann dabei Bezug genommen werden. Entsprechendes gilt bei Änderungen des wesentlichen Vertragsinhalts.**
**(2) Ausbildende und Auszubildende sind verpflichtet, den zuständigen Stellen die zur Eintragung nach § 34 erforderlichen Tatsachen auf Verlangen mitzuteilen.**

**Inhaltsübersicht** Rn
1. Antrags- und Anzeigepflicht der Ausbildenden . . . . . . . . . . . . . . 1–4
2. Mitteilungspflichten . . . . . . . . . . . . . . . . . . . . . . . . . . . . . . 5

### 1. Antrags- und Anzeigepflicht der Ausbildenden

**1** Der Ausbildende hat gemäß § 36 Abs. 1 Satz 1 BBiG unverzüglich nach Abschluss des Berufsausbildungsvertrags die Eintragung in das Verzeichnis zu beantragen (**Antragspflicht**). Der Antrag kann schriftlich oder elektronisch gestellt werden; eine Kopie der Vertragsniederschrift ist jeweils beizufügen (§ 36 Abs. 1 Satz 2 BBiG). Auf einen betrieblichen Ausbildungsplan im Sinne

---

5 Vgl. *BVerwG* 25. 2. 1982 – 5 C 1/81, BVerwGE 65, 109; *OVG Nordrhein-Westfalen* 25. 1. 1980 – 13 A 1620/78, DB 1980, 983.

# Abschlussprüfung § 37

von § 11 Abs. 1 Satz 2 Nr. 1 BBiG, der der zuständigen Stelle bereits vorliegt, kann dabei Bezug genommen werden (§ 36 Abs. 1 Satz 3 BBiG). Die genannten Vorgaben gelten entsprechend bei Änderungen des wesentlichen Vertragsinhalts (§ 36 Abs. 1 Satz 4 BBiG). Für **Handwerksberufe** gilt die Parallelvorschrift in § 30 HwO.

Wird entgegen § 36 BBiG die Eintragung in das Verzeichnis nicht oder nicht rechtzeitig beantragt oder eine Ausfertigung der Vertragsniederschrift nicht beifügt, so liegt eine **Ordnungswidrigkeit** vor, die mit einer Geldbuße bis zu 1000 Euro geahndet werden kann (§ 101 Abs. 1 Nr. 7, Abs. 2 BBiG).  2

Neben der Antragspflicht des Ausbildenden besteht für den Auszubildenden ein Antragsrecht, weil seine Rechtssphäre von der Eintragung unmittelbar berührt wird.  3

Die Ausbildenden haben zudem bestimmte **Anzeigepflichten**. Sie haben eine vorausgegangene allgemeine und berufliche Ausbildung des Auszubildenden anzuzeigen (§ 36 Abs. 2 Nr. 1 BBiG). Damit soll erreicht werden, dass die zuständige Stelle prüfen kann, ob eine Anrechnungspflicht oder eine Anrechnungsmöglichkeit gemäß § 8 BBiG besteht. Die Ausbildenden haben zudem die Bestellung von Ausbildern oder Ausbilderinnen anzuzeigen (§ 36 Abs. 2 Nr. 2 BBiG). Das ist im Zusammenhang zu sehen mit der Überwachungspflicht der zuständigen Stelle im Hinblick auf die Berechtigung zum Ausbilden (vgl. § 32 BBiG).  4

## 2. Mitteilungspflichten

Nicht nur die Ausbildenden haben bestimmte Anzeigepflichten. Vielmehr sind **beide Vertragspartner** verpflichtet, den zuständigen Stellen die nach § 34 BBiG zur Eintragung erforderlichen Tatsachen mitzuteilen. Das gilt allerdings nur auf ausdrückliches **Verlangen der zuständigen Stelle**.  5

## Abschnitt 5
## Prüfungswesen

### § 37 Abschlussprüfung

(1) In den anerkannten Ausbildungsberufen sind Abschlussprüfungen durchzuführen. Die Abschlussprüfung kann im Falle des Nichtbestehens zweimal wiederholt werden. Sofern die Abschlussprüfung in zwei zeitlich auseinander fallenden Teilen durchgeführt wird, ist der erste Teil der Abschlussprüfung nicht eigenständig wiederholbar.

(2) Dem Prüfling ist ein Zeugnis auszustellen. Ausbildenden werden auf deren Verlangen die Ergebnisse der Abschlussprüfung der Auszubilden-

den übermittelt. Sofern die Abschlussprüfung in zwei zeitlich auseinanderfallenden Teilen durchgeführt wird, ist das Ergebnis der Prüfungsleistungen im ersten Teil der Abschlussprüfung dem Prüfling schriftlich mitzuteilen.

(3) Dem Zeugnis ist auf Antrag der Auszubildenden eine englischsprachige und eine französischsprachige Übersetzung beizufügen. Auf Antrag der Auszubildenden ist das Ergebnis berufsschulischer Leistungsfeststellungen auf dem Zeugnis auszuweisen. Der Auszubildende hat den Nachweis der berufsschulischen Leistungsfeststellungen dem Antrag beizufügen.

(4) Die Abschlussprüfung ist für Auszubildende gebührenfrei.

**Inhaltsübersicht** Rn
1. Überblick .................................... 1– 3
2. Zulassung zur Abschlussprüfung ................. 4
3. Bewertung der Abschlussprüfung ................ 5–12
   a. Bestehen der Abschlussprüfung ............... 6– 8
   b. Nichtbestehen der Abschlussprüfung .......... 9
   c. Gerichtliche Kontrolle ...................... 10–12

## 1. Überblick

1 Um festzustellen, ob die Berufsausbildung erfolgreich war und die berufliche Handlungsfähigkeit (§ 1 Abs. 3 BBiG) erworben worden ist, findet am Ende der Ausbildung eine Abschlussprüfung statt. Eine Parallelvorschrift für das **Handwerk** enthält § 31 HwO. Die zuständige Stelle ist zur Durchführung der Abschlussprüfung verpflichtet. Die Auszubildenden erhalten bei erfolgreichem Abschluss ein Prüfungszeugnis. (§ 37 Abs. 2 BBiG).

2 Die Abschlussprüfung ist für die Auszubildenden **gebührenfrei** (§ 37 Abs. 4 BBiG). Das gilt auch für Wiederholungsprüfungen.

3 Im Abschnitt 5 (§§ 37–50 BBiG) werden die Regelungen über das Prüfungswesen zusammenfassend geregelt. Die Vorschriften regeln vor allem die Zulassung zu Prüfungen, deren Durchführung, den Gegenstand und den Abschluss. Sie gelten grundsätzlich auch für Zwischenprüfungen (§ 48 BBiG) sowie für die berufliche Fortbildung (§ 56 BBiG) und die Umschulung (§ 62 BBiG).

## 2. Zulassung zur Abschlussprüfung

4 Über die Zulassung zur Abschlussprüfung entscheidet die zuständige Stelle, in Zweifelsfällen der Prüfungsausschuss, durch Verwaltungsakt (vgl. § 46 Rn. 1f.). Der Regelfall der Zulassung zur Abschlussprüfung ist der nach Absolvierung einer betrieblichen Ausbildung (vgl. zu den Zulassungsvoraussetzungen § 43 BBiG). Es besteht ausnahmsweise auch die Möglichkeit der Zu-

## Abschlussprüfung § 37

lassung nach einer vollzeitschulischen Ausbildung (»Berufsfachschule plus«). Daneben besteht die Möglichkeit der Externenzulassung (vgl. § 45 Rn. 4).

### 3. Bewertung der Abschlussprüfung

Beschlüsse über die Noten zur Bewertung einzelner Prüfungsleistungen, der 5
Prüfung insgesamt sowie über das Bestehen und Nichtbestehen der Abschlussprüfung werden durch den Prüfungsausschuss gefasst (vgl. § 42 BBiG).

### a. Bestehen der Abschlussprüfung

Mit dem Bestehen der Abschlussprüfung endet die Ausbildung (vgl. § 21 6
Abs. 1 BBiG). Eine Wiederholung der Abschlussprüfung zum Zwecke der Notenverbesserung sieht das Gesetz nicht vor. Die Abschlussprüfung kann vielmehr nur wiederholt werden, wenn sie nicht bestanden worden ist (»im Fall des Nichtbestehens«, § 37 Abs. 1 Satz 2 BBiG).
Bei Bestehen der Prüfung ist dem Prüfling ein **Prüfungszeugnis** auszustellen 7
(§ 37 Abs. 2 Satz 1 BBiG). Dem Zeugnis ist **auf Antrag der Auszubildenden eine englischsprachige und eine französischsprachige Übersetzung** beizufügen (§ 37 Abs. 3 Satz 1 BBiG). Das BBiG sieht seit seiner Neufassung vom 23.3.2005 (BGBl. I S. 931) die Pflicht vor, dass dem Zeugnis auf Antrag des Auszubildenden eine englisch- und eine französischsprachige Übersetzung beizufügen ist. Für die Zeugnisse, die davor erteilt wurden, soll keine Pflicht bestehen, nachträglich eine englisch- und eine französischsprachige Übersetzung zu erstellen.[1]
Auf Antrag der Auszubildenden ist das Ergebnis berufsschulischer Leistungsfeststellungen auf dem Zeugnis auszuweisen (§ 37 Abs. 3 Satz 2 BBiG). Es besteht **kein Ermessen** der zuständigen Stelle. Das ist durch die Neufassung der Norm durch das Berufsbildungsmodernisierungsgesetz zum 1.1.2020 klargestellt worden. Da keine Pflicht der Berufsschulen zur Übermittlung besteht, hat der Auszubildende den Nachweis der berufsschulischen Leistungsfeststellungen dem Antrag beizufügen (§ 37 Abs. 3 Satz 3 BBiG).
Das Zeugnis über das Bestehen der Abschlussprüfung ist eine **öffentlich-rechtliche Urkunde**, das von dem Zeugnis gemäß § 16 BBiG zu unterscheiden ist, das der Ausbildende zu erteilen hat.
Den Ausbildenden werden auf deren Verlangen die Ergebnisse der Ab- 8
schlussprüfung der Auszubildenden übermittelt (§ 37 Abs. 2 Satz 2 BBiG). Sofern die Abschlussprüfung in zwei Teilen durchgeführt wird, die zeitlich

---

1 VG München 6.8.2012 – M 16 K 12.1696.

auseinanderfallen, ist das Ergebnis der Prüfungsleistungen im ersten Teil der Abschlussprüfung dem Prüfling schriftlich mitzuteilen (§ 37 Abs. 2 Satz 3 BBiG).

### b. Nichtbestehen der Abschlussprüfung

9 Die Abschlussprüfung kann im Fall des Nichtbestehens zweimal wiederholt werden (§ 37 Abs. 1 Satz 2 BBiG). Unter den Voraussetzungen des § 21 Abs. 3 verlängert sich in dem Fall auch das Berufsausbildungsverhältnis (vgl. § 21 Rn. 25ff.). Sofern die Abschlussprüfung in zwei Teilen durchgeführt wird, die zeitlich auseinanderfallen, ist der erste Teil der Abschlussprüfung nicht eigenständig wiederholbar (§ 37 Abs. 1 Satz 3 BBiG).

### c. Gerichtliche Kontrolle

10 Die Entscheidung über das Bestehen oder Nichtbestehen der Prüfung ist ein **Verwaltungsakt**. Die Bewertung einzelner Prüfungsleistungen und das Ergebnis der Abschlussprüfung sind gerichtlich vor den Verwaltungsgerichten überprüfbar.[2] Die Klage hat sich gegen die zuständige Stelle, nicht den Prüfungsausschuss zu richten. Zuvor ist gemäß den §§ 68ff. ein Widerspruchsverfahren durchzuführen, in dem die zuständige Stelle als Widerspruchsbehörde zunächst ihre eigene Entscheidung zu überprüfen hat.

11 Aus der Rechtsprechung des *BVerfG* ergibt sich, dass berufsbezogene Prüfungsverfahren so gestaltet sein müssen, dass das Grundrecht der Berufsfreiheit (Art. 12 Abs. 1 GG) effektiv geschützt wird. Prüflinge müssen deshalb das Recht haben, Einwände gegen ihre Abschlussnoten wirksam vorzubringen. Hinsichtlich prüfungsspezifischer Wertungen besteht ein **Beurteilungsspielraum des Prüfungsausschusses**. Hingegen sind fachliche Meinungsverschiedenheiten zwischen Prüfer und Prüfling der gerichtlichen Kontrolle nicht generell entzogen.[3]

Bei materiellen **Bewertungsfehlern** besteht in der Regel ein Anspruch darauf, dass die Prüfungsleistung neu bewertet wird. Bei Fehlern im Ablauf des Prüfungsverfahrens besteht dieser Anspruch nicht. Ein solcher Fehler bei der Ermittlung der Kenntnisse und Fähigkeiten der Prüflinge, der – wie z.B. die Wahl einer unzulässigen Prüfungsaufgabe – zu einem verfälschten Prüfungsergebnis führt, kann gerade nicht durch eine Neubewertung ausgeglichen werden. In diesem Fall besteht ein Anspruch auf Wiederholung des Prüfungsverfahrens.[4]

---

2 Vgl. *VG Braunschweig* 3.2.1999 – 1 A 1131/97, AuR 1999, 493 = AiB 1999, 594.
3 Vgl. *BVerfG* 17.4.1991 – 1 BvR 419/81 u. 213/83, BVerfGE 84, 34, 45f.
4 Vgl. *Lakies/Malottke* BBiG § 37 Rn. 45 m.w.N.

## Prüfungsgegenstand § 38

Maßstab für die gerichtliche Kontrolle ist,[5] ob der Prüfungsausschuss 12
- allgemeingültige Bewertungsgrundsätze beachtet und
- die Verfahrensvorschriften eingehalten hat,
- seiner Entscheidung einen zutreffenden und vollständigen Sachverhalt und
- nicht sachfremde Erwägungen zugrunde gelegt hat.

Die Prüfer haben die Gebote der Sachlichkeit und Chancengleichheit zu wahren. Der Prüfungsausschuss muss ordnungsgemäß besetzt sein. Es darf kein Prüfer mitwirken, bei dem die begründete Besorgnis der Befangenheit besteht.[6]

### § 38 Prüfungsgegenstand

**Durch die Abschlussprüfung ist festzustellen, ob der Prüfling die berufliche Handlungsfähigkeit erworben hat. In ihr soll der Prüfling nachweisen, dass er die erforderlichen beruflichen Fertigkeiten beherrscht, die notwendigen beruflichen Kenntnisse und Fähigkeiten besitzt und mit dem im Berufsschulunterricht zu vermittelnden, für die Berufsausbildung wesentlichen Lehrstoff vertraut ist. Die Ausbildungsordnung ist zugrunde zu legen.**

Die erforderlichen Fertigkeiten, Kenntnisse und Fähigkeiten (Qualifikationen), die die berufliche Handlungsfähigkeit ausmachen (§ 1 Abs. 2 BBiG), sind Gegenstand der Prüfungen und werden durch die beschriebenen Lerninhalte in den jeweiligen Ausbildungsrahmenplänen bestimmt. Der Lehrstoff, der im Berufsschulunterricht zu vermitteln ist (§ 38 Satz 2 BBiG), ergibt sich aus dem Rahmenlehrplan, dabei kann auch der in allgemeinbildenden und berufsfeldübergreifenden Fächern vermittelte Stoff Prüfungsgegenstand sein, soweit er für die Berufsausbildung wesentlich ist. 1

Schulzeugnisse oder Ausbildungsnachweise fließen in das Ergebnis der Abschlussprüfung nicht ein, sondern allein die während der Prüfung gezeigten Leistungen. Der Verweis auf die zugrunde zu legende Ausbildungsordnung in Satz 3 soll die Einheitlichkeit und Vergleichbarkeit der Prüfungen sichern. Zur gerichtlichen Kontrolle der Prüfungsleistungen vgl. § 37 Rn. 10 ff. § 38 BBiG gilt entsprechend für Zwischenprüfungen (§ 48 BBiG). Im **Handwerk** gilt § 32 HwO (dort heißt die Abschlussprüfung »Gesellenprüfung«). 2

---

5 Vgl. *Lakies/Malottke* BBiG § 37 Rn. 37 ff.
6 Vgl. *Leinemann/Taubert* BBiG § 41 Rn. 25 ff.

## § 39 Prüfungsausschüsse, Prüferdelegationen

(1) Für die Durchführung der Abschlussprüfung errichtet die zuständige Stelle Prüfungsausschüsse. Mehrere zuständige Stellen können bei einer von ihnen gemeinsame Prüfungsausschüsse errichten.

(2) Prüfungsausschüsse oder Prüferdelegationen nach § 42 Absatz 2 nehmen die Prüfungsleistungen ab.

(3) Prüfungsausschüsse oder Prüferdelegationen nach § 42 Absatz 2 können zur Bewertung einzelner, nicht mündlich zu erbringender Prüfungsleistungen gutachterliche Stellungnahmen Dritter, insbesondere berufsbildender Schulen, einholen. Im Rahmen der Begutachtung sind die wesentlichen Abläufe zu dokumentieren und die für die Bewertung erheblichen Tatsachen festzuhalten.

| Inhaltsübersicht | Rn |
|---|---|
| 1. Überblick | 1 |
| 2. Prüfungsausschüsse als Organ der zuständigen Stelle | 2 |
| 3. »Durchführung« der Abschlussprüfung | 3 |
| 4. Kollegialprinzip | 4 |
| 5. Prüferdelegationen | 5 |

### 1. Überblick

**1** Für die Durchführung der Abschlussprüfung haben die zuständigen Stellen Prüfungsausschüsse zu errichten (§ 39 Abs. 1 Satz 1 BBiG), wobei mehrere zuständige Stellen bei einer von ihnen gemeinsame Prüfungsausschüsse errichten können (§ 39 Abs. 1 Satz 2 BBiG). Eine entsprechende Regelung für das **Handwerk** findet sich in § 33 HwO.

Die Zusammensetzung der Prüfungsausschüsse ist in § 40 BBiG, der Vorsitz, Beschlussfähigkeit und Abstimmung in § 41 BBiG und die Beschlussfassung in § 42 BBiG geregelt. Das Verfahren zur Errichtung der Ausschüsse und zur Bestimmung ihrer Kompetenzen kann, soweit keine vorrangigen gesetzlichen Vorgaben bestehen, der Berufsbildungsausschuss durch Rechtsvorschrift bestimmen (§ 79 Abs. 4 BBiG).

Die Vorschrift ist durch das **Berufsbildungsmodernisierungsgesetz** zum 1.1.2020 neu gefasst worden, so wurde die Möglichkeit der Delegation der Prüfung (**Prüferdelegationen**) neu eingeführt (vgl. Rn. 5).

### 2. Prüfungsausschüsse als Organ der zuständigen Stelle

**2** Die Prüfungsausschüsse sind Teil (internes Organ) der zuständigen Stelle. Sie haben aber innerhalb der zuständigen Stelle hinsichtlich der Abnahme der Prüfungen eine eigenständige, gesetzlich geregelte Befugnis und sind insofern nicht weisungsgebunden gegenüber der zuständigen Stelle, soweit sie

## Prüfungsausschüsse, Prüferdelegationen § 39

im Rahmen ihrer Zuständigkeit nach den Prüfungsvorschriften handeln. Die Entscheidung des Prüfungsausschusses ist für die zuständige Stelle bindend, sofern sie nicht offensichtlich rechtswidrig ist (was praktisch kaum vorkommen dürfte). So hat die zuständige Stelle bei der Ausstellung des Prüfungszeugnisses die Ergebnisse und das Gesamtergebnis zugrunde zu legen, die der Prüfungsausschuss festgestellt hat.

### 3. »Durchführung« der Abschlussprüfung

Mit der »Durchführung« der Abschlussprüfung ist das **gesamte Prüfungsverfahren** gemeint, also nicht nur die mündliche Prüfung und das Ermitteln und Bewerten der Leistung, sondern auch das Erstellen und die Auswahl von Prüfungsaufgaben für die Prüfung. 3

### 4. Kollegialprinzip

Für den Prüfungsausschuss gilt das »**Kollegialprinzip**«, das heißt, der Ausschuss als Ganzes hat über die Bewertung der Prüfung zu entscheiden. Zwar kann der Prüfungsausschuss nach § 39 Abs. 2 BBiG zur Bewertung einzelner, nicht mündlich zu erbringender Prüfungsleistungen gutachterliche **Stellungnahmen Dritter**, vor allem berufsbildender Schulen, einholen. Aber auch in dem Fall bleibt die Letztbewertung dem Prüfungsausschuss vorbehalten. Der Prüfungsausschuss kann demnach vorgeschlagene Bewertungen ändern. Um dem Prüfungsausschuss die selbständige Abschlussbewertung zu ermöglichen, sind im Rahmen der Begutachtung gemäß § 39 Abs. 3 Satz 1 BBiG die wesentlichen Abläufe zu dokumentieren und die für die Bewertung erheblichen Tatsachen festzuhalten (§ 39 Abs. 3 Satz 2 BBiG). 4

### 5. Prüferdelegationen

Durch das Berufsbildungsmodernisierungsgesetz wurde zum 1.1.2020 die Möglichkeit der Delegation der Prüfung (**Prüferdelegationen**) eingeführt. 5
Bei Prüfungen musste bislang jede Prüfungsleistung durch den gesamten Prüfungsausschuss unabhängig und eigenständig bewertet werden. Dadurch war es ausgeschlossen, Ergebnisse anderer (externer) Prüfungen in die Bewertung der Abschlussprüfung aufzunehmen. Durch die BBiG-Novelle 2005 wurden Möglichkeiten der Delegation im Rahmen der Prüfung geschaffen. Zum einen wurde die Möglichkeit eröffnet, die Vorbewertung nicht mündlicher Prüfungsleistungen durch den Vorsitz auf zwei Mitglieder des Prüfungsausschusses zu delegieren (Berichterstatterprinzip). Zum anderen wurde die Vorbewertung nicht mündlich erbrachter Prüfungsleistungen durch gutachterliche Stellungnahme Dritter ermöglicht. Das Letztentschei-

dungsrecht und die Letztentscheidungspflicht zu jeder einzelnen (Teil-)Bewertung verblieben jedoch beim Prüfungsausschuss als Gesamtheit.[1]
Durch die Neuregelung in § 39 Abs. 2 BBiG wird eine neue, zusätzliche Möglichkeit der Organisation bei der Abnahme von Prüfungsleistungen geschaffen. Zwar kann der Prüfungsausschuss (wie bislang) die gesamte Abschlussprüfung selbst abnehmen. Die zuständige Stelle kann aber alternativ zukünftig die Abnahme von Prüfungsleistungen im Einvernehmen mit den Mitgliedern des Prüfungsausschusses ganz oder in Teilen an eine Prüferdelegation übertragen, die die jeweiligen Prüfungsleistungen abschließend bewertet. Im Gegensatz zur früheren Rechtslage liegt in diesen Fällen nicht mehr das abschließende Bewertungsrecht bezogen auf diese konkreten Prüfungsleistungen beim Prüfungsausschuss, sondern die Prüferdelegation entscheidet insoweit selbst abschließend.[2]
§ 39 Abs. 3 BBiG regelt die Möglichkeit der gutachtlichen Stellungnahme Dritter. Neben dem Prüfungsausschuss kann auch eine Prüferdelegation hiervon Gebrauch machen. Dabei geht es um Vorschläge beziehungsweise vorbereitende Handlungen für die Bewertung, an die die Prüfenden nicht gebunden sind. Die Dritten sind im Unterschied zu den Personen im Prüfungsausschuss oder in den Prüferdelegationen keine Prüfenden. Diese Dritten können vor allem aus den berufsbildenden Schulen stammen. Insoweit können bei der Leistungsermittlung des Prüflings auch Berufsschulleistungen, sofern diese in unmittelbarem zeitlichem und sachlichem Zusammenhang mit der Abschlussprüfung stehen, einbezogen werden. Aber auch das Ausbildungspersonal in Betrieben kommt für die gutachterlichen Stellungnahmen in Betracht, etwa bei praktischen Prüfungsaufgaben in Form eines betrieblichen Auftrags.[3]

### § 40 Zusammensetzung, Berufung

**(1) Der Prüfungsausschuss besteht aus mindestens drei Mitgliedern. Die Mitglieder müssen für die Prüfungsgebiete sachkundig und für die Mitwirkung im Prüfungswesen geeignet sein.**

**(2) Dem Prüfungsausschuss müssen als Mitglieder Beauftragte der Arbeitgeber und der Arbeitnehmer in gleicher Zahl sowie mindestens eine Lehrkraft einer berufsbildenden Schule angehören. Mindestens zwei Drittel der Gesamtzahl der Mitglieder müssen Beauftragte der Arbeitgeber und der Arbeitnehmer sein. Die Mitglieder haben Stellvertreter oder Stellvertreterinnen.**

---

1 Vgl. die Gesetzesbegründung BT-Drs. 19/10815, S. 61.
2 Vgl. die Gesetzesbegründung BT-Drs. 19/10815, S. 61.
3 Vgl. die Gesetzesbegründung BT-Drs. 19/10815, S. 61.

## Zusammensetzung, Berufung § 40

(3) Die Mitglieder werden von der zuständigen Stelle längstens für fünf Jahre berufen. Die Beauftragten der Arbeitnehmer werden auf Vorschlag der im Bezirk der zuständigen Stelle bestehenden Gewerkschaften und selbständigen Vereinigungen von Arbeitnehmern mit sozial- oder berufspolitischer Zwecksetzung berufen. Die Lehrkraft einer berufsbildenden Schule wird im Einvernehmen mit der Schulaufsichtsbehörde oder der von ihr bestimmten Stelle berufen. Werden Mitglieder nicht oder nicht in ausreichender Zahl innerhalb einer von der zuständigen Stelle gesetzten angemessenen Frist vorgeschlagen, so beruft die zuständige Stelle insoweit nach pflichtgemäßem Ermessen. Die Mitglieder der Prüfungsausschüsse können nach Anhören der an ihrer Berufung Beteiligten aus wichtigem Grund abberufen werden. Die Sätze 1 bis 5 gelten für die stellvertretenden Mitglieder entsprechend.

(4) Die zuständige Stelle kann weitere Prüfende für den Einsatz in Prüferdelegationen nach § 42 Absatz 2 berufen. Die Berufung weiterer Prüfender kann auf bestimmte Prüf- oder Fachgebiete beschränkt werden. Absatz 3 ist entsprechend anzuwenden.

(5) Die für die Berufung von Prüfungsausschussmitgliedern Vorschlagsberechtigten sind über die Anzahl und die Größe der einzurichtenden Prüfungsausschüsse sowie über die Zahl der von ihnen vorzuschlagenden weiteren Prüfenden zu unterrichten. Die Vorschlagsberechtigten werden von der zuständigen Stelle darüber unterrichtet, welche der von ihnen vorgeschlagenen Mitglieder, Stellvertreter und Stellvertreterinnen sowie weiteren Prüfenden berufen wurden.

(6) Die Tätigkeit im Prüfungsausschuss oder in einer Prüferdelegation ist ehrenamtlich. Für bare Auslagen und für Zeitversäumnis ist, soweit eine Entschädigung nicht von anderer Seite gewährt wird, eine angemessene Entschädigung zu zahlen, deren Höhe von der zuständigen Stelle mit Genehmigung der obersten Landesbehörde festgesetzt wird. Die Entschädigung für Zeitversäumnis hat mindestens im Umfang von § 16 des Justizvergütungs- und -entschädigungsgesetzes in der jeweils geltenden Fassung zu erfolgen.

(6a) Prüfende sind von ihrem Arbeitgeber von der Erbringung der Arbeitsleistung freizustellen, wenn

1. es zur ordnungsgemäßen Durchführung der ihnen durch das Gesetz zugewiesenen Aufgaben erforderlich ist und
2. wichtige betriebliche Gründe nicht entgegenstehen.

(7) Von Absatz 2 darf nur abgewichen werden, wenn anderenfalls die erforderliche Zahl von Mitgliedern des Prüfungsausschusses nicht berufen werden kann.

# § 40 Zusammensetzung, Berufung

| Inhaltsübersicht | Rn |
|---|---|
| 1. Überblick | 1 |
| 2. Größe und Zusammensetzung | 2– 5 |
| 3. Berufung der Mitglieder und Stellvertreter | 6–12 |
| 4. Berufung und Qualifikation von zusätzlichen Prüfenden | 13 |
| 5. Ehrenamtlichkeit, Anspruch auf Entschädigung, Freistellungsanspruch | 14 |

## 1. Überblick

**1** § 40 BBiG regelt die Zusammensetzung der Prüfungsausschüsse und die Berufung der Mitglieder. Die Vorschrift ist durch das Berufsbildungsmodernisierungsgesetz zum 1.1.2020 teilweise geändert worden. Die Parallelvorschrift für das **Handwerk**, mit teilweise abweichendem Inhalt, findet sich in § 34 HwO. Die paritätische Besetzung der Prüfungsausschüsse mit Arbeitnehmer- und Arbeitgebervertretern wird dabei als ein wesentliches Element für eine ausgewogene Leistungsbeurteilung angesehen.[1]

## 2. Größe und Zusammensetzung

**2** Ein Prüfungsausschuss besteht aus **mindestens drei Mitgliedern**, und zwar einer gleichen Anzahl von Beauftragten der Arbeitgeber und der Arbeitnehmer sowie mindestens einer Lehrkraft einer berufsbildenden Schule. Die gesetzliche **Mindestmitgliederzahl** kann überschritten werden, was aber generell durch die **Prüfungsordnung** (§ 47 BBiG) zu regeln ist. Davon darf auch im Einzelfall nicht abgewichen werden. Bei der Festlegung der Mitgliederzahl ist zu bedenken, dass mit zunehmender Größe die Funktionsfähigkeit tendenziell abnimmt.

**3** Mindestens zwei Drittel der Gesamtzahl der Mitglieder müssen Beauftragte der Arbeitgeber und Arbeitnehmer sein. Es sind also folgende Zusammensetzungen denkbar (Arbeitgeber–Arbeitnehmer–Lehrer): 1–1–1, 2–2–1, 2–2–2.

**4** Von den gesetzlichen Vorgaben darf gemäß § 40 Abs. 7 BBiG nur abgewichen werden, wenn andernfalls die erforderliche Zahl von Mitgliedern des Prüfungsausschusses nicht berufen werden kann.

**5** Die Mitglieder (und Stellvertreter) müssen für die Prüfungsgebiete **sachkundig** und für die Mitwirkung im Prüfungswesen **geeignet** sein. Das erfordert neben Kenntnissen der Ausbildungsordnung und des Prüfungswesens die Fähigkeit des Prüfers, sich auf die Ausnahmesituation des Prüflings einzustellen. Das Gesetz setzt allerdings nicht voraus, dass der Prüfer die für einen Ausbilder vorgesehenen Prüfungen abgelegt haben muss oder dass er den konkreten Ausbildungsgang absolviert hat, in dessen Rahmen der Prü-

---

[1] So *BVerwG* 20.7.1984 – 7 C 28/83, BVerwGE 70, 4.

## 3. Berufung der Mitglieder und Stellvertreter

Die Mitglieder der Prüfungsausschüsse (sowie die Stellvertreter) werden von der zuständigen Stelle für **längstens fünf Jahre** berufen (§ 40 Abs. 3 Satz 1 BBiG). **6**

Die **Beauftragten der Arbeitnehmer** werden auf Vorschlag der im Bezirk der zuständigen Stelle bestehenden Gewerkschaften und selbständigen Vereinigungen von Arbeitnehmern mit sozial- oder berufspolitischer Zwecksetzung berufen (§ 40 Abs. 3 Satz 2 BBiG). Die zuständige Stelle ist grundsätzlich an die Vorschläge und die Reihenfolge der Vorschläge gebunden. Gehen mehr Vorschläge ein als Mitglieder benötigt werden, so entscheidet die zuständige Stelle nach pflichtgemäßem Ermessen, hat dabei aber Gewerkschaften und Vereinigungen anteilmäßig nach ihrer Stärke (Mitgliederzahl) zu berücksichtigen. Eine Gewerkschaft kann bei nicht ausreichender Berücksichtigung ihrer Vorschläge den Verwaltungsrechtsweg beschreiten.[2] **7**

Die **Beauftragten der Arbeitgeber** werden, mangels näherer gesetzlicher Vorgaben, unmittelbar von der zuständigen Stelle berufen. Die **Lehrkraft** einer berufsbildenden Schule wird im Einvernehmen mit der Schulaufsichtsbehörde oder der von ihr bestimmten Stelle berufen (§ 40 Abs. 3 Satz 3 BBiG). **8**

Werden Mitglieder nicht oder nicht in ausreichender Zahl innerhalb einer von der zuständigen Stelle gesetzten angemessenen Frist vorgeschlagen, so beruft die zuständige Stelle insoweit nach pflichtgemäßem Ermessen (§ 40 Abs. 3 Satz 4 BBiG). **9**

Die Mitglieder der Prüfungsausschüsse können nach Anhörung der an ihrer Berufung Beteiligten aus wichtigem Grund **abberufen** werden (§ 40 Abs. 3 Satz 5 BBiG). Ein wichtiger Grund liegt etwa beim Wegfall der persönlichen Eignung nach § 29 BBiG vor. **10**

Die genannten Vorgaben gelten für die stellvertretenden Mitglieder entsprechend (§ 40 Abs. 3 Satz 6 BBiG). Ein **Stellvertreter** darf nur im Fall der Verhinderung des ordentlichen Mitglieds tätig werden. **11**

Mit § 40 Abs. 5 BBiG soll die Transparenz bei der Berufung von Mitgliedern eines Prüfungsausschusses für die Vorschlagsberechtigten erhöht werden. Eine Unterrichtung der Vorschlagsberechtigten hat dabei sowohl vor der Berufung als auch nach der Berufung von Prüfenden durch die zuständige Stelle zu erfolgen. **12**

---

[2] Vgl. *VG Stuttgart* 5.12.1989, EzB BBiG § 37 Nr. 26; **a.A.**: *VG Düsseldorf* 29.1.1982 – 15 K 3673/81, EzB BBiG § 36 Nr. 5.

## 4. Berufung und Qualifikation von zusätzlichen Prüfenden

13 § 40 Abs. 4 BBiG regelt die Berufung und Qualifikation von zusätzlichen Prüfenden. Für die Berufung dieser weiteren Prüfenden gilt § 40 Abs. 3 BBiG entsprechend (§ 40 Abs. 4 Satz 3 BBiG).
Die Mitglieder in Prüferdelegationen gemäß § 42 Abs. 2 BBiG können, müssen aber nicht gleichzeitig Mitglied des Prüfungsausschusses sein. Durch die Möglichkeit der Begrenzung auf bestimmte Prüf- oder Fachgebiete (§ 40 Abs. 4 Satz 2 BBiG) soll nach der Gesetzesbegründung die Rekrutierung von ehrenamtlichen Prüfern und Prüferinnen erleichtert werden. Zugleich wird mit dieser Ergänzung das notwendige Zeitbudget für ein ehrenamtliches Engagement als Prüfer und Prüferin flexibilisiert. Man kann sich auch als Prüfer oder als Prüferin bestellen lassen, wenn familiäre oder betriebliche Verantwortungen nur ein begrenztes Zeitbudget ermöglichen. Dadurch soll die Möglichkeit, Prüfer zu gewinnen, für die zuständigen Stellen verbreitert werden.[3]

## 5. Ehrenamtlichkeit, Anspruch auf Entschädigung, Freistellungsanspruch

14 Die Tätigkeit im Prüfungsausschuss ist **ehrenamtlich** (§ 40 Abs. 6 Satz 1 BBiG). Für bare Auslagen und für Zeitversäumnisse ist, soweit eine **Entschädigung** nicht von anderer Seite gewährt wird, eine angemessene Entschädigung zu zahlen, deren Höhe von der zuständigen Stelle mit Genehmigung der obersten Landesbehörde festgesetzt wird (§ 40 Abs. 6 Satz 2 BBiG). Für die Höhe der Entschädigung ist unter Verweis auf § 16 Justizvergütungs- und -entschädigungsgesetz (JVEG) in der jeweils geltenden Fassung eine **Mindesthöhe** bestimmt, die nicht unterschritten darf (aktuell 6 Euro je Stunde).
Wird von anderer Seite Entschädigung gewährt (etwa durch Lohn- oder Gehaltsfortzahlung) kommt eine Entschädigung insoweit nicht in Betracht. Typische Adressaten der Entschädigung für Zeitversäumnis sind Selbständige, Prüfende ohne Erwerbstätigkeit oder wenn die Prüfertätigkeit in der Freizeit stattfindet.
Schon bisher galt, dass Prüfende für die Prüfertätigkeit von ihrem Arbeitgeber unter Fortzahlung der Bezüge freizustellen sind (§ 616 Abs. 1 BGB). § 40 Abs. 6a BBiG regelt nunmehr ausdrücklich gesetzlich einen **Rechtsanspruch auf Freistellung** unter den dort genannten Voraussetzungen. Da der Freistellungsanspruch aus einer öffentlich-rechtlichen Norm folgt, kann dieser einzelvertraglich nicht ausgeschlossen werden, da die Tätigkeit im öffentli-

---

3 Gesetzesbegründung BT-Drs.19/10815, S. 62.

# Vorsitz, Beschlussfähigkeit, Abstimmung § 41

chen Interesse liegt und eine Pflichtenkollision begründet, so dass die Nichtleistung der Arbeit unverschuldet ist.

## § 41 Vorsitz, Beschlussfähigkeit, Abstimmung

(1) Der Prüfungsausschuss wählt ein Mitglied, das den Vorsitz führt, und ein weiteres Mitglied, das den Vorsitz stellvertretend übernimmt. Der Vorsitz und das ihn stellvertretende Mitglied sollen nicht derselben Mitgliedergruppe angehören.

(2) Der Prüfungsausschuss ist beschlussfähig, wenn zwei Drittel der Mitglieder, mindestens drei, mitwirken. Er beschließt mit der Mehrheit der abgegebenen Stimmen. Bei Stimmengleichheit gibt die Stimme des vorsitzenden Mitglieds den Ausschlag.

Der Prüfungsausschuss hat einen **Vorsitzenden** und einen **Stellvertreter** zu wählen (§ 41 Abs. 1 Satz 1 BBiG), die nicht derselben Mitgliedergruppe angehören »sollen« (§ 41 Abs. 1 Satz 2 BBiG). Entsprechendes ist für das **Handwerk** in § 35 HwO geregelt. Von der Sollvorschrift des § 41 Abs. 1 Satz 2 BBiG darf nur aus zwingenden Gründen und mit Zustimmung aller Mitgliedergruppen abgewichen werden.[1] Mangels näherer gesetzlicher Festlegungen kann auch ein Lehrer Vorsitzender oder Stellvertreter werden. In der Regel werden der Vorsitzende und Stellvertreter für eine Amtszeit gewählt, jedoch ist auch mangels näherer Festlegungen ein vorzeitiger Wechsel zulässig. Ggf. können nähere Festlegungen in der Prüfungsordnung getroffen werden (§ 47 BBiG), dann sind die dortigen Regelungen maßgeblich. Fehlt es an solchen Vorgaben, entscheidet der Prüfungsausschuss autonom. 1

Wird ein ordentliches Prüfungsausschussmitglied durch einen Stellvertreter vertreten, so hat der Stellvertreter für diese Sitzung dieselben Rechte wie das ordentliche Mitglied, da er an dessen Stelle tritt. 2

Der Prüfungsausschuss ist **beschlussfähig**, wenn zwei Drittel der Mitglieder, mindestens drei, mitwirken (§ 41 Abs. 2 Satz 1 BBiG). Ist der Prüfungsausschuss nur mit drei Mitgliedern besetzt, ist zu seiner Beschlussfähigkeit die Anwesenheit aller notwendig. Beschlüsse werden mit der **Mehrheit** der abgegebenen Stimmen gefasst (§ 41 Abs. 2 Satz 2 BBiG). Stimmenthaltungen sind möglich, werden aber bei der Berechnung der Mehrheit nicht berücksichtigt.[2] Bei **Stimmengleichheit** gibt die Stimme des Vorsitzenden den Ausschlag (§ 41 Abs. 2 Satz 3 BBiG). 3

---

1 Vgl. ErfK-*Schlachter* § 41 Rn. 1.
2 Vgl. ErfK-*Schlachter* § 41 Rn. 1.

## § 42 Beschlussfassung, Bewertung der Abschlussprüfung

(1) Der Prüfungsausschuss fasst die Beschlüsse über
1. die Noten zur Bewertung einzelner Prüfungsleistungen, die er selbst abgenommen hat,
2. die Noten zur Bewertung der Prüfung insgesamt sowie
3. das Bestehen oder Nichtbestehen der Abschlussprüfung.

(2) Die zuständige Stelle kann im Einvernehmen mit den Mitgliedern des Prüfungsausschusses die Abnahme und abschließende Bewertung von Prüfungsleistungen auf Prüferdelegationen übertragen. Für die Zusammensetzung von Prüferdelegationen und für die Abstimmungen in der Prüferdelegation sind § 40 Absatz 1 und 2 sowie § 41 Absatz 2 entsprechend anzuwenden. Mitglieder von Prüferdelegationen können die Mitglieder des Prüfungsausschusses, deren Stellvertreter und Stellvertreterinnen sowie weitere Prüfende sein, die durch die zuständige Stelle nach § 40 Absatz 4 berufen worden sind.

(3) Die zuständige Stelle hat vor Beginn der Prüfung über die Bildung von Prüferdelegationen, über deren Mitglieder sowie über deren Stellvertreter und Stellvertreterinnen zu entscheiden. Prüfende können Mitglieder mehrerer Prüferdelegationen sein. Sind verschiedene Prüfungsleistungen derart aufeinander bezogen, dass deren Beurteilung nur einheitlich erfolgen kann, so müssen diese Prüfungsleistungen von denselben Prüfenden abgenommen werden.

(4) Nach § 47 Absatz 2 Satz 2 erstellte oder ausgewählte Antwort-Wahl-Aufgaben können automatisiert ausgewertet werden, wenn das Aufgabenerstellungs- oder Aufgabenauswahlgremium festgelegt hat, welche Antworten als zutreffend anerkannt werden. Die Ergebnisse sind vom Prüfungsausschuss zu übernehmen.

(5) Der Prüfungsausschuss oder die Prüferdelegation kann einvernehmlich die Abnahme und Bewertung einzelner schriftlicher oder sonstiger Prüfungsleistungen, deren Bewertung unabhängig von der Anwesenheit bei der Erbringung erfolgen kann, so vornehmen, dass zwei seiner oder ihrer Mitglieder die Prüfungsleistungen selbständig und unabhängig bewerten. Weichen die auf der Grundlage des in der Prüfungsordnung vorgesehenen Bewertungsschlüssels erfolgten Bewertungen der beiden Prüfenden um nicht mehr als 10 Prozent der erreichbaren Punkte voneinander ab, so errechnet sich die endgültige Bewertung aus dem Durchschnitt der beiden Bewertungen. Bei einer größeren Abweichung erfolgt die endgültige Bewertung durch ein vorab bestimmtes weiteres Mitglied des Prüfungsausschusses oder der Prüferdelegation.

(6) Sieht die Ausbildungsordnung vor, dass Auszubildende bei erfolgreichem Abschluss eines zweijährigen Ausbildungsberufs vom ersten Teil der Abschlussprüfung eines darauf aufbauenden drei- oder dreieinhalb-

## Beschlussfassung, Bewertung der Abschlussprüfung § 42

jährigen Ausbildungsberufs befreit sind, so ist das Ergebnis der Abschlussprüfung des zweijährigen Ausbildungsberufs vom Prüfungsausschuss als das Ergebnis des ersten Teils der Abschlussprüfung des auf dem zweijährigen Ausbildungsberuf aufbauenden drei- oder dreieinhalbjährigen Ausbildungsberufs zu übernehmen.

§ 42 BBiG ist durch das Berufsbildungsmodernisierungsgesetz zum 1.1.2020 neu geregelt worden und präzisiert u. a. die durch § 39 Abs. 2 BBiG eröffnete Möglichkeit, Prüfungsleistungen neben dem Prüfungsausschuss auch durch Prüferdelegationen abnehmen zu lassen. Für das **Handwerk** gilt die Parallelvorschrift des § 35a HwO. 1

Gemäß § 42 Abs. 1 BBiG fasst der Prüfungsausschuss als Ganzes Beschlüsse über die Noten zur Bewertung einzelner Prüfungsleistungen nur, wenn er diese auch selbst abgenommen hat. Demgegenüber muss er die Beschlüsse über die Note zur Gesamtbewertung sowie über Bestehen oder Nichtbestehen der Abschlussprüfung in seiner Gesamtheit fassen. Grundsätzlich gilt also das »**Kollegialprinzip**«. Der Prüfungsausschuss als Ganzes hat über die Bewertung der Prüfung zu entscheiden. 2

§ 42 Abs. 2 BBiG regelt (abweichend vom »**Kollegialprinzip**« des § 42 Abs. 1 BBiG) die **Delegation der Abnahme von Prüfungsleistungen** sowie die Zusammensetzung und Berufung von Prüferdelegationen. Die Übertragung erfolgt durch die zuständige Stelle im Einvernehmen mit den Mitgliedern des Prüfungsausschusses. Die abschließenden Teil-Bewertungen von Prüferdelegationen werden nicht zertifiziert und sind auch nicht gesondert verwertbar. § 42 Abs. 2 BBiG ist auch im Falle der gestreckten Abschlussprüfung anwendbar. Hier können der erste und der zweite Teil der Abschlussprüfung von unterschiedlichen Prüfergremien abgenommen werden. Als Mitglieder solcher Prüferdelegationen kommen neben Mitgliedern des Prüfungsausschusses vor allem deren Stellvertreter in Betracht. Daneben können weitere Prüfende im Sinne von § 40 Abs. 4 BBiG berufen werden. Der Ausfall eines Mitglieds des Prüfungsausschusses selbst kann in diesem Falle durch seinen Stellvertreter oder seiner Stellvertreterin rechtskonform kompensiert werden. 3

§ 42 Abs. 3 BBiG regelt den Zeitpunkt der Delegierung sowie deren inhaltliche Grenzen. Zur Wahrung der Chancengleichheit der Prüflinge muss die Entscheidung zur Bildung von Prüferdelegationen vor Beginn einer Prüfung getroffen werden. Aufeinander bezogene Prüfungsteile müssen von den gleichen Prüfenden abgenommen werden. 4

§ 42 Abs. 4 BBiG ermöglicht die **Übernahme von automatisiert ermittelten Ergebnissen** durch den Prüfungsausschuss ohne erneute Überprüfung, wenn die Aufgaben und das Bewertungsraster durch einen überregionalen, paritätisch besetzten Aufgabenerstellungsausschuss erstellt worden sind. 5

**§ 43**  **Zulassung zur Abschlussprüfung**

6  § 42 Abs. 5 BBiG sieht als weitere Flexibilisierung die **Abnahme einzelner Prüfungsleistungen durch zwei Prüfende** vor, wenn es sich um Prüfungsleistungen handelt, bei denen die Erbringung und Bewertung ohne Verlust an Erkenntnis zeitlich auseinanderfallen kann. Hierunter fallen schriftliche Prüfungsleistungen, aber auch praktische Prüfungsleistungen ohne flüchtige Anteile. Mündliche Prüfungsleistungen dagegen sowie praktische Prüfungsleistungen mit situativen Anteilen, die nicht reproduzierbar sind, müssen stets von drei Prüfenden abgenommen werden. Es handelt sich hier um kein neues Prüfergremium, das von der zuständigen Stelle berufen werden müsste, sondern um eine Verfahrensvorschrift für bereits eingesetzte Prüfungsausschüsse bzw. Prüferdelegationen. Bei geringer Differenz der Voten beider Prüfer wird die endgültige Bewertung mathematisch gemittelt. Nur bei einer Abweichung der Bewertungen der beiden Prüfenden um mehr als 10 Prozent der gemäß des Bewertungsschlüssels der Prüfungsordnung zu erreichenden Punkte muss ein dritter Prüfender abschließend bewerten, um Fehler im Bewertungsprozess auszuschließen.

7  § 42 Abs. 6 BBiG ist eine Folgeänderung der Neuregelung in § 5 Abs. 2 Satz 1 Nummer 2b) BBiG. Diese sieht vor, dass in der Ausbildungsordnung geregelt werden kann, dass Auszubildende beim erfolgreichen Abschluss eines zweijährigen Ausbildungsberufs vom ersten Teil der Abschlussprüfung eines darauf aufbauenden drei- oder dreieinhalbjährigen Ausbildungsberufs befreit sind. In dem Fall ist das Ergebnis der Abschlussprüfung des zweijährigen Ausbildungsberufs vom Prüfungsausschuss als das Ergebnis des ersten Teils der Abschlussprüfung des darauf aufbauenden Ausbildungsberufs zu übernehmen. Damit wird klargestellt, dass in diesem Fall eine abschließende Bewertung von Prüfungsleistungen vorliegt, an die der Prüfungsausschuss gebunden ist.

### § 43  Zulassung zur Abschlussprüfung

(1) Zur Abschlussprüfung ist zuzulassen,
1. wer die Ausbildungsdauer zurückgelegt hat oder wessen Ausbildungsdauer nicht später als zwei Monate nach dem Prüfungstermin endet,
2. wer an vorgeschriebenen Zwischenprüfungen teilgenommen sowie einen vom Ausbilder und Auszubildenden unterzeichneten Ausbildungsnachweis nach § 13 Satz 2 Nummer 7 vorgelegt hat und
3. wessen Berufsausbildungsverhältnis in das Verzeichnis der Berufsausbildungsverhältnisse eingetragen oder aus einem Grund nicht eingetragen ist, den weder die Auszubildenden noch deren gesetzliche Vertreter oder Vertreterinnen zu vertreten haben.

(2) Zur Abschlussprüfung ist ferner zuzulassen, wer in einer berufsbildenden Schule oder einer sonstigen Berufsbildungseinrichtung ausgebil-

# Zulassung zur Abschlussprüfung § 43

det worden ist, wenn dieser Bildungsgang der Berufsausbildung in einem anerkannten Ausbildungsberuf entspricht. Ein Bildungsgang entspricht der Berufsausbildung in einem anerkannten Ausbildungsberuf, wenn er
1. nach Inhalt, Anforderung und zeitlichem Umfang der jeweiligen Ausbildungsordnung gleichwertig ist,
2. systematisch, insbesondere im Rahmen einer sachlichen und zeitlichen Gliederung, durchgeführt wird und
3. durch Lernortkooperation einen angemessenen Anteil an fachpraktischer Ausbildung gewährleistet.

**Inhaltsübersicht** Rn
1. Überblick .................................. 1–3
2. Betriebliche Ausbildung ........................ 4–6
3. Schulische Ausbildungsgänge. ................... 7

## 1. Überblick

§ 43 BBiG regelt die Zulassungsvoraussetzungen zur Abschlussprüfung. **1**
Sonderfälle erfassen § 44 BBiG und § 45 BBiG. Weitere formelle Zulassungsvoraussetzungen kann die Prüfungsordnung gemäß § 47 BBiG vorsehen. Die Zulassungsvoraussetzungen sind abschließend gesetzlich geregelt. Die Parallelvorschrift für das **Handwerk** ist § 36 HwO.

Über die **Zulassung zur Abschlussprüfung** entscheidet die zuständige **2**
Stelle, in Zweifelsfällen der Prüfungsausschuss, durch Verwaltungsakt (§ 46 Abs. 1 BBiG). Die Entscheidung der zuständigen Stelle über die Zulassung ist eine gebundene Entscheidung, das heißt, es besteht ein **Anspruch auf Zulassung**, wenn die im Gesetz geregelten Zulassungsvoraussetzungen vorliegen.

Wird die Zulassung zur Abschlussprüfung abgelehnt, kann der betroffene **3**
Auszubildende hiergegen gerichtlich vorgehen. Wegen der besonderen Eilbedürftigkeit kann die Zulassung auch im Wege der **einstweiligen Anordnung** vor dem Verwaltungsgericht durchgesetzt werden.[1]

## 2. Betriebliche Ausbildung

Gemäß § 43 Abs. 1 Nr. 1 bis 3 BBiG ist zur Abschlussprüfung zuzulassen, **4**
- wer die Ausbildungsdauer zurückgelegt hat oder wessen Ausbildungsdauer nicht später als zwei Monate nach dem Prüfungstermin endet,
- wer an vorgeschriebenen Zwischenprüfungen teilgenommen sowie einen vom Ausbilder und Auszubildenden unterzeichneten Ausbildungsnachweis nach § 13 Satz 2 Nr. 7 BBiG vorgelegt hat und

---

1 Vgl. *VG Stuttgart* 14.11.1994 – 10 K 4658/94, AiB 1995, 60.

- wessen Berufsausbildungsverhältnis in das Verzeichnis der Berufsausbildungsverhältnisse eingetragen oder aus einem Grund nicht eingetragen ist, den weder die Auszubildenden noch deren gesetzlichen Vertreter zu vertreten haben.

5 Bei der »zurückgelegten« Ausbildungsdauer ist auf die vertragsgemäß vorgesehene Ausbildungsdauer abzustellen und nicht darauf, ob die Ausbildung während dieser Zeit auch tatsächlich absolviert wurde oder der Auszubildende etwa wegen Krankheit zeitweise, oder auch längere Zeit, gefehlt hat.[2] Nach anderer Auffassung besteht kein Anspruch auf Zulassung zur Abschlussprüfung bei **erheblichen Fehlzeiten**. Denn das Ziel der Berufsausbildung, die für die Ausübung einer qualifizierten beruflichen Tätigkeit in einer sich wandelnden Arbeitswelt notwendigen beruflichen Fertigkeiten, Kenntnisse und Fähigkeiten (berufliche Handlungsfähigkeit, § 1 Abs. 3 Satz 1 BBiG) in einem geordneten Ausbildungsgang zu vermitteln und den Erwerb der erforderlichen Berufserfahrung zu ermöglichen (§ 1 Abs. 3 Satz 2 BBiG), werde regelmäßig nur erreicht, wenn eine tatsächlich aktive Ausbildung erfolge. Mit Blick darauf stünden lediglich geringfügige Fehlzeiten einer Zulassung zur Abschlussprüfung nicht entgegen.[3] Bei einem Anteil von über 30 Prozent Fehlzeiten sollen »erhebliche Fehlzeiten« vorliegen, die der Zulassung zur Abschlussprüfung entgegenstehen sollen.[4] Auch 25 Prozent Fehlzeiten wurden für ausreichend gehalten, um die Zulassung zur Abschlussprüfung zu versagen.[5] Andererseits wird angenommen, dass es eine starre zeitliche Grenze, bei deren Überschreiten Fehlzeiten stets als erheblich anzusehen seien, nicht gebe. Es komme vielmehr darauf an, ob die Fehlzeiten im konkreten Einzelfall das Erreichen des Ausbildungsziels nicht beeinträchtigen.[6]

6 Auszubildenden, die **Elternzeit** in Anspruch genommen haben, darf hieraus kein Nachteil erwachsen, sofern die übrigen in § 43 Abs. 1 Nr. 1 bis 3 BBiG genannten Voraussetzungen erfüllt sind (§ 46 Abs. 2 BBiG).

## 3. Schulische Ausbildungsgänge

7 Zur Abschlussprüfung ist auch zuzulassen, wer in einer berufsbildenden Schule oder einer sonstigen Berufsbildungseinrichtung ausgebildet worden

---

2 Vgl. *VG Stuttgart* 14.11.1994 – 10 K 4658/94, AiB 1995, 60.
3 *OVG NRW* 31.5.2016 – 4 E 1096/15; *VG Berlin* 25.4.2016 – 3 L 151/16; *VG Bremen* 24.11.2015 – 1 V 2359/15; *OVG NRW* 5.12.2007 – 19 B 1523/07, 19 E 974/07.
4 *VG Bremen* 24.11.2015 – 1 V 2359/15; *VG Berlin* 11.6.2010 – 3 L 237/10.
5 *VG Würzburg* 6.5.2013 – W 6 E 13.379.
6 *OVG NRW* 5.12.2007 – 19 B 1523/07, 19 E 974/07.

## Zulassung zur Abschlussprüfung § 44

ist, wenn dieser Bildungsgang der Berufsausbildung in einem anerkannten Ausbildungsberuf entspricht (§ 43 Abs. 2 Satz 1 BBiG).

Die Möglichkeit, durch Zulassung zur Abschlussprüfung einen Ausbildungsabschluss zu erlangen, ohne eine praktische Ausbildung im Betrieb absolviert zu haben, stellt einen Bruch im System der dualen Berufsausbildung dar. Dieser wird dadurch gemildert, dass in § 43 Abs. 2 Satz 2 Nr. 1 bis 3 BBiG näher definiert wird unter welchen Voraussetzungen ein solcher Bildungsgang der Berufsausbildung in einem anerkannten Ausbildungsberuf entspricht, nämlich wenn er 8

- nach Inhalt, Anforderung und zeitlichen Umfang der jeweiligen Ausbildungsordnung gleichwertig ist,
- systematisch, insbesondere im Rahmen einer sachlichen und zeitlichen Gliederung durchgeführt wird, und
- durch Lernortkooperation einen angemessenen Anteil an fachpraktischer Ausbildung gewährleistet.

Die Zulassungsentscheidung ist ein Verwaltungsakt, der gerichtlich überprüfbar ist. Bei Ablehnung der Zulassung kann die betreffende Person Verpflichtungsklage beim Verwaltungsgericht erheben, gegebenenfalls auch einen Antrag auf Erlass einer einstweiligen Anordnung stellen (vgl. Rn. 3).

## § 44 Zulassung zur Abschlussprüfung bei zeitlich auseinanderfallenden Teilen

**(1) Sofern die Abschlussprüfung in zwei zeitlich auseinanderfallenden Teilen durchgeführt wird, ist über die Zulassung jeweils gesondert zu entscheiden.**

**(2) Zum ersten Teil der Abschlussprüfung ist zuzulassen, wer die in der Ausbildungsordnung vorgeschriebene, erforderliche Ausbildungsdauer zurückgelegt hat und die Voraussetzungen des § 43 Abs. 1 Nr. 2 und 3 erfüllt.**

**(3) Zum zweiten Teil der Abschlussprüfung ist zuzulassen, wer**
1. **über die Voraussetzungen in § 43 Absatz 1 hinaus am ersten Teil der Abschlussprüfung teilgenommen hat,**
2. **auf Grund einer Rechtsverordnung nach § 5 Absatz 2 Satz 1 Nummer 2b von der Ablegung des ersten Teils der Abschlussprüfung befreit ist oder**
3. **aus Gründen, die er nicht zu vertreten hat, am ersten Teil der Abschlussprüfung nicht teilgenommen hat.**

**Im Fall des Satzes 1 Nummer 3 ist der erste Teil der Abschlussprüfung zusammen mit dem zweiten Teil abzulegen.**

Ist in der Ausbildungsordnung eine gestreckte Abschlussprüfung vorgesehen (§ 5 Abs. 2 Nr. 2 BBiG), besteht diese Prüfung aus zwei Teilen. Über die Zu- 1 lassung zu den zwei zeitlich auseinanderfallenden Teilen ist jeweils gesondert zu entscheiden (§ 44 Abs. 1 BBiG). Die Parallelvorschrift für das **Handwerk** ist § 36a HwO.

2 Zum ersten Teil der Abschlussprüfung ist gemäß § 44 Abs. 2 BBiG zuzulassen,
- wer die in der Ausbildungsordnung vorgeschriebene, erforderliche Ausbildungsdauer zurückgelegt,
- wer einen vom Ausbilder und Auszubildenden unterzeichneten Ausbildungsnachweis vorgelegt hat und
- wessen Berufsausbildungsverhältnis in das Verzeichnis der Berufsausbildungsverhältnisse eingetragen oder aus einem Grund nicht eingetragen ist, den weder die Auszubildenden noch deren gesetzlichen Vertreter zu vertreten haben.

3 Zum zweiten Teil der Abschlussprüfung ist zuzulassen, wer über die Voraussetzungen in § 43 Abs. 1 BBiG hinaus am ersten Teil der Abschlussprüfung teilgenommen hat (§ 44 Abs. 3 Satz 1 Nr. 1 BBiG). Das gilt nicht, wenn Auszubildende aus Gründen, die sie nicht zu vertreten haben, am ersten Teil der Abschlussprüfung nicht teilgenommen haben (§ 44 Abs. 3 Satz 1 Nr. 3 BBiG). In diesem Fall ist der erste Teil der Abschlussprüfung zusammen mit dem zweiten Teil abzulegen (§ 44 Abs. 3 Satz 2 BBiG).

Zum zweiten Teil der Abschlussprüfung ist zudem zuzulassen, wer auf Grund einer Rechtsverordnung nach § 5 Abs. 2 Satz 1 Nummer 2b) BBiG von der Ablegung des ersten Teils der Abschlussprüfung befreit ist (§ 44 Abs. 3 Satz 1 Nr. 2 BBiG). § 5 Abs. 2 Satz 1 Nummer 2b) BBiG sieht vor, dass in der Ausbildungsordnung geregelt werden kann, dass Auszubildende bei erfolgreichem Abschluss eines zweijährigen Ausbildungsberufs vom ersten Teil der Abschlussprüfung oder einer Zwischenprüfung eines darauf aufbauenden drei- oder dreieinhalbjährigen Ausbildungsberufs befreit sind. Gibt es eine entsprechende Ausbildungsordnung, sind die betreffenden Auszubildenden also zum zweiten Teil der Abschlussprüfung zuzulassen.

### § 45 Zulassung in besonderen Fällen

**(1) Auszubildende können nach Anhörung der Ausbildenden und der Berufsschule vor Ablauf ihrer Ausbildungszeit zur Abschlussprüfung zugelassen werden, wenn ihre Leistungen dies rechtfertigen.**

**(2) Zur Abschlussprüfung ist auch zuzulassen, wer nachweist, dass er mindestens das Eineinhalbfache der Zeit, die als Ausbildungsdauer vorgeschrieben ist, in dem Beruf tätig gewesen ist, in dem die Prüfung abgelegt werden soll. Als Zeiten der Berufstätigkeit gelten auch Ausbildungszeiten in einem anderen, einschlägigen Ausbildungsberuf. Vom Nachweis der Mindestzeit nach Satz 1 kann ganz oder teilweise abgesehen werden, wenn durch Vorlage von Zeugnissen oder auf andere Weise glaubhaft gemacht**

# Zulassung in besonderen Fällen § 45

wird, dass der Bewerber oder die Bewerberin die berufliche Handlungsfähigkeit erworben hat, die die Zulassung zur Prüfung rechtfertigt. Ausländische Bildungsabschlüsse und Zeiten der Berufstätigkeit im Ausland sind dabei zu berücksichtigen.

(3) Soldaten oder Soldatinnen auf Zeit und ehemalige Soldaten oder Soldatinnen sind nach Absatz 2 Satz 3 zur Abschlussprüfung zuzulassen, wenn das Bundesministerium der Verteidigung oder die von ihm bestimmte Stelle bescheinigt, dass der Bewerber oder die Bewerberin berufliche Fertigkeiten, Kenntnisse und Fähigkeiten erworben hat, welche die Zulassung zur Prüfung rechtfertigen.

| Inhaltsübersicht | Rn |
|---|---|
| 1. Überblick | 1 |
| 2. Vorzeitige Zulassung | 2, 3 |
| 3. Externen-Zulassung | 4–7 |
| 4. Zulassung von Soldaten | 8 |

## 1. Überblick

§ 45 BBiG regelt abweichend von § 43 BBiG die Zulassung zur Abschlussprüfung in drei besonderen Fällen. Die Parallelvorschrift für das **Handwerk** ist § 37 HwO.    1

## 2. Vorzeitige Zulassung

Auszubildende können nach Anhörung der Ausbildenden und der Berufsschule **vor Ablauf ihrer Ausbildungszeit** vorzeitig zur Abschlussprüfung zugelassen werden, wenn ihre Leistungen dies rechtfertigen (§ 45 Abs. 1 BBiG). Es handelt sich um eine **Ermessensentscheidung** der zuständigen Stelle im Einzelfall und eine Ausnahmevorschrift.    2

Die vorzeitige Zulassung setzt voraus, dass **überdurchschnittliche**, mindestens gute **Leistungen** in der betrieblichen *und* der schulischen Ausbildung vorliegen und deshalb zu erwarten ist, dass der Auszubildende die Abschlussprüfung bereits vor dem regulären Ende der Ausbildung bestehen wird. Der Hauptausschuss des BiBB hat am 27.6.2008 eine Empfehlung unter anderem zur vorzeitigen Zulassung zur Abschlussprüfung beschlossen. Auf diese wird hinsichtlich der maßgeblichen Kriterien verwiesen (vgl. § 8 Rn. 26).    3

## 3. Externen-Zulassung

Zur Abschlussprüfung ist gemäß § 45 Abs. 2 Satz 1 BBiG auch zuzulassen, wer nachweist, dass er mindestens das Eineinhalbfache der Zeit, die als Ausbildungsdauer vorgeschrieben ist, in dem Beruf tätig gewesen ist, in dem die Prüfung abgelegt werden soll.    4

**5** Der erforderliche Nachweis kann unter anderem durch Auskünfte jeder Art, schriftliche Äußerungen oder durch die Anhörung von Beteiligten und Zeugen und durch Urkunden erbracht werden. Gemäß § 45 Abs. 2 Satz 2 BBiG zählen zu den anrechnungsfähigen Zeiten nicht nur Zeiten praktischer Berufstätigkeit in dem konkreten Ausbildungsberuf, sondern auch Ausbildungszeiten in einem anderen, einschlägigen Ausbildungsberuf. Damit werden Absolventen von Berufen mit zweijähriger Ausbildungsdauer profitieren, die nach entsprechender Berufstätigkeit von weiteren 2,5 Jahren die Zulassung zur Abschlussprüfung in einem verwandten Beruf mit dreijähriger Ausbildung verlangen können.[1]

**6** Vom Nachweis der Mindestzeit kann ganz oder teilweise abgesehen werden, wenn durch Vorlage von Zeugnissen oder auf andere Weise glaubhaft gemacht wird, dass der Bewerber die berufliche Handlungsfähigkeit erworben hat, die die Zulassung zur Prüfung rechtfertigt (§ 45 Abs. 2 Satz 3 BBiG). Ausländische Bildungsabschlüsse und Zeiten der Berufstätigkeit im Ausland sind dabei zu berücksichtigen (§ 45 Abs. 2 Satz 4 BBiG).

**7** Bei der Zulassung nach § 45 Abs. 2 Satz 1 BBiG geht es um eine gebundene Entscheidung, das heißt, die Zulassung hat zu erfolgen, wenn die genannte Voraussetzung gegeben ist. Bei § 45 Abs. 2 Satz 3 BBiG geht es dagegen um eine Ermessensentscheidung der zuständigen Stelle (»kann ... abgesehen werden«).

### 4. Zulassung von Soldaten

**8** Eine Sonderregelung gilt für Soldaten oder Soldatinnen auf Zeit und ehemalige Soldaten und Soldatinnen. Diese sind zur Abschlussprüfung zuzulassen, wenn das Bundesministerium der Verteidigung oder die von ihm bestimmte Stelle bescheinigt, dass der Bewerber oder die Bewerberin berufliche Fertigkeiten, Kenntnisse und Fähigkeiten erworben hat, welche die Zulassung zur Prüfung rechtfertigen (§ 45 Abs. 3 BBiG).

### § 46 Entscheidung über die Zulassung

**(1) Über die Zulassung zur Abschlussprüfung entscheidet die zuständige Stelle. Hält sie die Zulassungsvoraussetzungen nicht für gegeben, so entscheidet der Prüfungsausschuss.**

**(2) Auszubildenden, die Elternzeit in Anspruch genommen haben, darf bei der Entscheidung über die Zulassung hieraus kein Nachteil erwachsen.**

---

1 Vgl. ErfK-*Schlachter* § 45 Rn. 2.

## Entscheidung über die Zulassung § 46

**Inhaltsübersicht** Rn
1. Entscheidende Stelle .......................... 1, 2
2. Gebundene Verwaltungsentscheidung ............. 3, 4
3. Benachteiligungsverbot bei Elternzeit .......... 5

### 1. Entscheidende Stelle

Über die Zulassung zur Abschlussprüfung entscheidet gemäß § 46 Abs. 1 **1**
Satz 1 BBiG die »zuständige Stelle«, ohne näher festzulegen, welche Person
hierfür konkret zuständig ist. In der Parallelvorschrift für das **Handwerk**
heißt es in § 37a HwO, dass der Vorsitzende des Prüfungsausschusses entscheidet. Eine entsprechende Regelung wäre auch außerhalb des Handwerks
möglich und sinnvoll, und zwar in der Prüfungsordnung gemäß § 47 BBiG
oder in einer sonstigen Rechtsvorschrift gemäß § 79 Abs. 4 BBiG.

Zwingend gesetzlich vorgeschrieben ist jedenfalls, dass dann (aber auch nur **2**
dann), wenn die »zuständige Stelle« (bzw. die zuständige Person) die Zulassungsvoraussetzungen nicht für gegeben hält, der »Prüfungsausschuss« zu
entscheiden hat, das heißt als Kollegialorgan. Hält die zuständige Stelle (bzw.
die zuständige Person) die Zulassungsvoraussetzungen für gegeben, ist der
Auszubildende zur Abschlussprüfung zuzulassen, die Entscheidung des Prüfungsausschusses als Kollegialorgan ist in diesem Fall ohne Bedeutung.

### 2. Gebundene Verwaltungsentscheidung

Es darf nicht verkannt werden, dass die Entscheidung über die Zulassung im **3**
Regelfall eine gebundene Verwaltungsentscheidung ist. Das heißt: liegen die
Zulassungsvoraussetzungen gemäß § 43 BBiG oder § 44 BBiG vor, haben die
Auszubildenden einen Rechtsanspruch auf Zulassung, ohne dass ein Entscheidungsermessen für die zuständige Stelle (oder den Prüfungsausschuss)
verbleibt (zu Sonderfällen vgl. § 45).

Die Entscheidung über die Zulassung oder Nichtzulassung ergeht durch **4**
**Verwaltungsakt (Bescheid)**. Bei Nichtzulassung können die betroffenen
Auszubildenden hiergegen **Widerspruch** einlegen. Die zuständige Stelle
kann dem Widerspruch folgen (§ 72 VwGO), indem sie die Zulassung zur
Abschlussprüfung ausspricht. Andernfalls ergeht ein ablehnender Widerspruchsbescheid, gegen den die **Verpflichtungsklage** vor dem Verwaltungsgericht möglich ist. Da die Frage der Zulassung zur Abschlussprüfung in der
Regel eilbedürftig ist, kann die Zulassung auch im Wege der **einstweiligen
Anordnung** gemäß § 123 VwGO vor dem Verwaltungsgericht durchgesetzt
werden.

### 3. Benachteiligungsverbot bei Elternzeit

5 Auszubildenden, die Elternzeit in Anspruch genommen haben, darf bei der Entscheidung über die Zulassung hieraus kein Nachteil erwachsen (§ 46 Abs. 2 BBiG), sofern die anderen Zulassungsvoraussetzungen vorliegen. Gemäß § 20 Abs. 1 Satz 2 BEEG wird die Elternzeit nicht auf Berufsbildungszeiten angerechnet. Gleichwohl können die betreffenden Auszubildenden, wenn die übrigen Zulassungsvoraussetzungen vorliegen, auch während der Elternzeit an der Abschlussprüfung teilnehmen.

## § 47 Prüfungsordnung

(1) Die zuständige Stelle hat eine Prüfungsordnung für die Abschlussprüfung zu erlassen. Die Prüfungsordnung bedarf der Genehmigung der zuständigen obersten Landesbehörde.

(2) Die Prüfungsordnung muss die Zulassung, die Gliederung der Prüfung, die Bewertungsmaßstäbe, die Erteilung der Prüfungszeugnisse, die Folgen von Verstößen gegen die Prüfungsordnung und die Wiederholungsprüfung regeln. Sie kann vorsehen, dass Prüfungsaufgaben, die überregional oder von einem Aufgabenerstellungsausschuss bei der zuständigen Stelle erstellt oder ausgewählt werden, zu übernehmen sind, sofern diese Aufgaben von Gremien erstellt oder ausgewählt werden, die entsprechend § 40 Abs. 2 zusammengesetzt sind.

(3) Im Fall des § 73 Absatz 1 erlässt das Bundesministerium des Innern, für Bau und Heimat oder das sonst zuständige Fachministerium die Prüfungsordnung durch Rechtsverordnung, die nicht der Zustimmung des Bundesrates bedarf. Das Bundesministerium des Innern, für Bau und Heimat oder das sonst zuständige Fachministerium kann die Ermächtigung nach Satz 1 durch Rechtsverordnung auf die von ihm bestimmte zuständige Stelle übertragen.

(4) Im Fall des § 73 Absatz 2 erlässt die zuständige Landesregierung die Prüfungsordnung durch Rechtsverordnung. Die Ermächtigung nach Satz 1 kann durch Rechtsverordnung auf die von ihr bestimmte zuständige Stelle übertragen werden.

(5) Wird im Fall des § 71 Absatz 8 die zuständige Stelle durch das Land bestimmt, so erlässt die zuständige Landesregierung die Prüfungsordnung durch Rechtsverordnung. Die Ermächtigung nach Satz 1 kann durch Rechtsverordnung auf die von ihr bestimmte zuständige Stelle übertragen werden.

(6) Der Hauptausschuss des Bundesinstituts für Berufsbildung erlässt für die Prüfungsordnung Richtlinien.

# Prüfungsordnung § 47

**Inhaltsübersicht** Rn
1. Pflicht zum Erlass einer Prüfungsordnung.................. 1
2. Inhalt und Verbindlichkeit ........................ 2–4
3. Richtlinien des Hauptausschusses des BiBB ................ 5

## 1. Pflicht zum Erlass einer Prüfungsordnung

Gemäß § 47 Abs. 1 Satz 1 BBiG »hat« die jeweilige zuständige Stelle eine Prüfungsordnung für die Abschlussprüfung zu erlassen. Durch das Berufsbildungsmodernisierungsgesetz wurde zum 1. 1. 2020 in § 47 Abs. 3 bis 5 in Abweichung von § 47 Abs. 1 geregelt, wer für den Erlass der Prüfungsordnung in Sonderfällen zuständig ist (vor allem im öffentlichen Dienst). 1

Die Parallelvorschrift für das **Handwerk** ist § 38 HwO. § 47 BBiG gilt entsprechend auch für die berufliche Fortbildung (§ 56 Abs. 1 BBiG) und die berufliche Umschulung (§ 62 Abs. 3 BBiG).

## 2. Inhalt und Verbindlichkeit

Die Prüfungsordnung hat einen obligatorischen und einen fakultativen Inhalt. Die in § 47 Abs. 2 Satz 1 BBiG benannten Gegenstände sind vollständig zu regeln, so dass die Auszubildenden und Prüflinge der Prüfungsordnung Ablauf und Inhalt des Prüfungsverfahrens entnehmen können. Die Prüfungsordnung muss folgende Punkte regeln: 2
- die Zulassung,
- die Gliederung der Prüfung,
- die Bewertungsmaßstäbe,
- die Erteilung der Prüfungszeugnisse,
- die Folgen von Verstößen gegen die Prüfungsordnung,
- die Wiederholungsprüfung.

Die Prüfungsordnung kann (muss aber nicht) regeln, dass Prüfungsaufgaben, die überregional oder von einem Aufgabenerstellungsausschuss bei der zuständigen Stelle erstellt oder ausgewählt werden, zu übernehmen sind, aber nur unter der Voraussetzung (»sofern«), dass diese Aufgaben von Gremien erstellt oder ausgewählt werden, die entsprechend § 40 Abs. 2 BBiG zusammengesetzt sind. Es muss also ein paritätisch aus Arbeitnehmer- und Arbeitgeberbeauftragten zusammengesetztes Gremium mit mindestens einer Lehrkraft zuvor hinsichtlich der Erstellung oder Auswahl der Aufgaben tätig gewesen sein. 3

Ist die »zuständige Stelle« eine Kammer, wird die Prüfungsordnung als **Satzung** erlassen. Als Satzungsrecht ist die Prüfungsordnung dem Gesetz nachgeordnet; sie muss mindestens den Inhalt der § 47 und § 48 BBiG haben. Unter dieser Voraussetzung kann die Prüfungsordnung auch in § 47 Abs. 2 BBiG nicht angesprochene Punkte regeln. Insofern bleibt die umfassende 4

Kompetenz des Berufsbildungsausschusses zum Erlass von Rechtsvorschriften gemäß § 79 Abs. 4 BBiG bestehen, die durch § 47 BBiG nicht eingeschränkt wird. Verbindlich ist die Prüfungsordnung, wenn sie vom Berufsbildungsausschuss der zuständigen Stelle beschlossen, von der zuständigen Stelle erlassen, verkündet (veröffentlicht) und von der zuständigen obersten Landesbehörde gemäß § 47 Abs. 1 Satz 2 BBiG genehmigt wird.

### 3. Richtlinien des Hauptausschusses des BiBB

5 Der Hauptausschuss des BIBB erlässt nach § 47 Abs. 6 BBiG Richtlinien für die Prüfungsordnung. Es sind lediglich »Richtlinien«, an die sich die zuständigen Stellen orientieren können, aber stellen weder selbst Satzungsrecht dar noch entfalten sie sonst irgendeine Bindungswirkung. Die Richtlinie oder Richtlinien sollen nur Orientierungshilfe geben, um die Prüfungsordnungen zu vereinheitlichen.

### § 48 Zwischenprüfungen

**(1) Während der Berufsausbildung ist zur Ermittlung des Ausbildungsstandes eine Zwischenprüfung entsprechend der Ausbildungsordnung durchzuführen. Die §§ 37 bis 39 gelten entsprechend.**
**(2) Die Zwischenprüfung entfällt, sofern**
  **1. die Ausbildungsordnung vorsieht, dass die Abschlussprüfung in zwei zeitlich auseinanderfallenden Teilen durchgeführt wird, oder**
  **2. die Ausbildungsordnung vorsieht, dass auf die Dauer der durch die Ausbildungsordnung geregelten Berufsausbildung die Dauer einer anderen abgeschlossenen Berufsausbildung im Umfang von mindestens zwei Jahren anzurechnen ist, und die Vertragsparteien die Anrechnung mit mindestens dieser Dauer vereinbart haben.**
**(3) Umzuschulende sind auf ihren Antrag zur Zwischenprüfung zuzulassen.**

1 Durch die Zwischenprüfung soll der Ausbildungsstand des Auszubildenden ermittelt werden. Die Parallelvorschrift für das **Handwerk** ist § 39 HwO.
2 Zwar gelten gemäß § 48 Abs. 1 Satz 2 BBiG die Regelungen über die Abschlussprüfung, Prüfungsgegenstand und Prüfungsausschüsse (§§ 37 bis 39 BBiG) entsprechend, gleichwohl ist die Zwischenprüfung nicht Teil der Abschlussprüfung und das Ergebnis der Zwischenprüfung darf deshalb auch nicht in das Ergebnis der Abschlussprüfung einfließen. Die Teilnahme an der Zwischenprüfung ist aber in der Regel Voraussetzung für die Zulassung zur Abschlussprüfung (§ 43 Abs. 1 Nr. 2 BBiG).
3 **Gegenstand der Zwischenprüfung** sind die in der Ausbildungsordnung vorgesehenen, bis zu diesem Zeitpunkt vermittelten Fertigkeiten und Kennt-

nisse sowie der im Berufsschulunterricht zu vermittelnde, für die Berufsausbildung wesentliche Lehrstoff. Die Ausbildungsordnung kann statt einer auch mehrere Zwischenprüfungen vorschreiben.

Sofern die Ausbildungsordnung eine **gestreckte Abschlussprüfung** (§ 5 Abs. 2 Nr. 2 BBiG) vorsieht, findet keine Zwischenprüfung statt (§ 48 Abs. 2 Nr. BBiG). An die Stelle der Zwischenprüfung tritt der erste Teil der Abschlussprüfung (vgl. § 44). 4

§ 48 Abs. 2 Nr. 2 BBiG ergänzt § 5 Abs. 2 Satz 1 Nr. 2a) und Nr. 2b) sowie Nr. 4 BBiG. Erfolgt eine zeitliche Anrechnung einer Ausbildung auf eine andere durch die Ausbildungsordnung in einem Umfang von zwei Jahren oder mehr, so ist die Ablegung einer Zwischenprüfung in der Ausbildung, auf die angerechnet wird, inhaltlich redundant und praktisch in der Regel nicht mehr durchführbar, da zum dann nächsten Prüfungstermin in der neuen Ausbildung bereits die Abschlussprüfung ansteht. Für diese Konstellationen ist daher gesetzlich klargestellt, dass eine Zwischenprüfung nicht mehr durchzuführen ist und der Verordnungsgeber dies bei der Ausgestaltung einer zeitlichen Anrechnung nach § 5 Abs. 2 Satz 1 Nr. 4 BBiG im entsprechenden Umfang zu beachten hat.

## § 49 Zusatzqualifikationen

(1) **Zusätzliche berufliche Fertigkeiten, Kenntnisse und Fähigkeiten nach § 5 Abs. 2 Nr. 5 werden gesondert geprüft und bescheinigt. Das Ergebnis der Prüfung nach § 37 bleibt unberührt.**

(2) **§ 37 Abs. 3 und 4 sowie die §§ 39 bis 42 und 47 gelten entsprechend.**

Die Ausbildungsordnungen können gemäß § 5 Abs. 2 Nr. 5 BBiG vorsehen, dass über die notwendigen Mindestqualifikationen hinausgehende weitere berufliche Fertigkeiten, Kenntnisse und Fähigkeiten vermittelt werden. Damit die Auszubildenden ihre Einsetzbarkeit am Arbeitsmarkt durch solide Zusatzqualifikationen verbessern, müssen diese auch geprüft und entsprechend nachweisbar werden. Die Parallelvorschrift für das **Handwerk** ist § 39 HwO. 1

Es handelt sich um »zusätzliche« Fertigkeiten, Kenntnisse und Fähigkeiten sowie eine gesonderte Prüfung und Bescheinigung, so dass diese auf das Ergebnis der Abschlussprüfung keinen Einfluss nehmen darf (§ 49 Abs. 1 Satz 2 BBiG). Gleichwohl kann die gesonderte Prüfung im zeitlichen Zusammenhang mit der Abschlussprüfung vom selben Prüfungsausschuss abgenommen werden kann.[1] 2

---

1 Vgl. ErfK-*Schlachter* § 49 Rn. 1.

### § 50 Gleichstellung von Prüfungszeugnissen

3 Gemäß § 49 Abs. 2 BBiG finden auf die Zusatzprüfung die Bestimmungen über Zusammensetzung und Beschlussfassung der Prüfungsausschüsse, die Prüfungsordnungen, die Gebührenfreiheit für Auszubildende und über eine mögliche Übersetzung der Prüfungsbescheinigung entsprechende Anwendung.

### § 50 Gleichstellung von Prüfungszeugnissen

(1) Das Bundesministerium für Wirtschaft und Energie oder das sonst zuständige Fachministerium kann im Einvernehmen mit dem Bundesministerium für Bildung und Forschung nach Anhörung des Hauptausschusses des Bundesinstituts für Berufsbildung durch Rechtsverordnung außerhalb des Anwendungsbereichs dieses Gesetzes erworbene Prüfungszeugnisse den entsprechenden Zeugnissen über das Bestehen der Abschlussprüfung gleichstellen, wenn die Berufsausbildung und die in der Prüfung nachzuweisenden beruflichen Fertigkeiten, Kenntnisse und Fähigkeiten gleichwertig sind.

(2) Das Bundesministerium für Wirtschaft und Energie oder das sonst zuständige Fachministerium kann im Einvernehmen mit dem Bundesministerium für Bildung und Forschung nach Anhörung des Hauptausschusses des Bundesinstituts für Berufsbildung durch Rechtsverordnung im Ausland erworbene Prüfungszeugnisse den entsprechenden Zeugnissen über das Bestehen der Abschlussprüfung gleichstellen, wenn die in der Prüfung nachzuweisenden beruflichen Fertigkeiten, Kenntnisse und Fähigkeiten gleichwertig sind.

1 § 50 betrifft die Gleichstellung von Prüfungszeugnissen. Die Parallelvorschrift für das **Handwerk** ist § 40 HwO. § 50 BBiG enthält eine Rechtsverordnungsermächtigung. Die Reichweite und der Umfang der Gleichstellung folgen aus den entsprechenden Rechtsverordnungen, nicht aus der Gesetzesnorm selbst. Sofern es keine entsprechenden Rechtsverordnungen gibt, ist eine Gleichstellung von Prüfungszeugnissen nicht zulässig. Für die Gleichstellung von Abschlusszeugnissen der DDR im Rahmen der deutschen Einheit gilt § 103 BBiG.

2 § 50 Abs. 1 BBiG enthält eine Rechtsverordnungsermächtigung für die Gleichstellung *inländischer* Prüfungszeugnisse, soweit sie sachlich nicht dem BBiG unterliegen. Prüfungszeugnisse von Ausbildungsstätten (z.B. Umschulungs- oder Rehabilitationseinrichtungen) oder von Prüfungsbehörden (etwa Berufsfachschulen) können gleichgestellt werden, wenn die Ausbildung der betrieblichen gleichwertig ist und die Prüfungsanforderungen derjenigen nach dem BBiG vergleichbar sind.

3 § 50 Abs. 2 BBiG enthält eine Rechtsverordnungsermächtigung für die Gleichstellung *ausländischer* Prüfungszeugnisse. Sie setzt gleichwertige An-

# Interessenvertretung § 51

forderungen in den Abschlussprüfungen voraus, die durch Vergleich der Prüfungsordnungen festzustellen ist. Gleichwertigkeit ist zu bejahen, wenn Inhalt, Umfang und Schwierigkeitsgrad der Prüfungen vergleichbar sind. Auf die Gleichwertigkeit der Ausbildung kommt es hier (anders als gemäß § 50 Abs. 1 BBiG) nicht an.

## § 50a Gleichwertigkeit ausländischer Berufsqualifikationen

**Ausländische Berufsqualifikationen stehen einer bestandenen Aus- oder Fortbildungsprüfung nach diesem Gesetz gleich, wenn die Gleichwertigkeit der beruflichen Fertigkeiten, Kenntnisse und Fähigkeiten nach dem Berufsqualifikationsfeststellungsgesetz festgestellt wurde.**

Das Gesetz über die Feststellung der Gleichwertigkeit von Berufsqualifikationen (**Berufsqualifikationsfeststellungsgesetz – BQFG**) dient der besseren Nutzung von im Ausland erworbenen Berufsqualifikationen für den deutschen Arbeitsmarkt, um eine qualifikationsnahe Beschäftigung zu ermöglichen. Über die Einzelheiten der Anerkennung ausländischer Berufsabschlüsse informiert das Informationsportal *www.anerkennung-in-deutschland.de*. 1

## Abschnitt 6
## Interessenvertretung

### § 51 Interessenvertretung

**(1) Auszubildende, deren praktische Berufsbildung in einer sonstigen Berufsbildungseinrichtung außerhalb der schulischen und betrieblichen Berufsbildung (§ 2 Abs. 1 Nr. 3) mit in der Regel mindestens fünf Auszubildenden stattfindet und die nicht wahlberechtigt zum Betriebsrat nach § 7 des Betriebsverfassungsgesetzes, zur Jugend- und Auszubildendenvertretung nach § 60 des Betriebsverfassungsgesetzes oder zur Mitwirkungsvertretung nach § 52 des Neunten Buches Sozialgesetzbuch sind (außerbetriebliche Auszubildende), wählen eine besondere Interessenvertretung.**
**(2) Absatz 1 findet keine Anwendung auf Berufsbildungseinrichtungen von Religionsgemeinschaften sowie auf andere Berufsbildungseinrichtungen, soweit sie eigene gleichwertige Regelungen getroffen haben.**

Zur Vertretung der Interessen der Arbeitnehmer können in Betrieben mit in der Regel mindestens fünf wahlberechtigten Arbeitnehmern, von denen drei wählbar sind, Betriebsräte gewählt werden. Die Betriebsräte haben bestimmte gesetzlich festgelegte Rechte, zu denen auch Fragen der Berufsbildung gehören (vgl. § 10 Rn. 35 ff.). Als spezielle Interessenvertretung für Ju- 1 gendliche und Auszubildende werden in Betrieben, in denen ein Betriebsrat besteht, nach näherer Maßgabe der §§ 60 ff. BetrVG Jugend- und Auszubildendenvertretungen (JAV) gewählt. Zu den Arbeitnehmern im Sinne des § 5 Abs. 1 BetrVG gehören auch die zu ihrer **Berufsausbildung Beschäftigten.** Deshalb hat der Betriebsrat auch die Interessen der Auszubildenden zu vertreten, diese sind umgekehrt grundsätzlich auch wahlberechtigt zum Betriebsrat und zur Jugend- und Auszubildendenvertretung.

2 Eine **Ausnahme** gilt nach der Rechtsprechung des BAG in **reinen Ausbildungsbetrieben.** Die Auszubildenden in solchen Ausbildungsstätten gehören nicht zur Belegschaft des Ausbildungsbetriebes und sind folglich keine Arbeitnehmer im Sinne des BetrVG, weil sie – anders als bei der betrieblichen Berufsbildung – nicht im Rahmen des arbeitstechnischen Zwecks des Betriebs ausgebildet werden. Ihre Berufsausbildung ist vielmehr selbst Gegenstand des Betriebszwecks und der betrieblichen Tätigkeit.[1]

3 Dem wird dadurch Rechnung getragen, dass eine Beteiligungsmöglichkeit auch für diese Auszubildenden durch eine besondere Interessenvertretung geschaffen worden ist. Erstmals mit dem Gesetz zur Änderung des Berufsbildungsgesetzes und des Arbeitsgerichtsgesetzes vom 8.8.2002 (BGBl. I, S. 3140) wurde mit Wirkung vom 15.8.2002 eine **besondere Interessenvertretung für außerbetriebliche Auszubildende** im Gesetz verankert. Die Regelung wurde durch das Berufsbildungsreformgesetz im Wesentlichen unverändert in den §§ 51, 52 übernommen. Auszubildende, deren praktische Berufsbildung in einer **sonstigen Berufsbildungseinrichtung** außerhalb der schulischen und betrieblichen Berufsbildung (§ 2 Abs. 1 Nr. 3 BBiG) stattfindet und die nicht wahlberechtigt sind zum Betriebsrat nach § 7 BetrVG, zur Jugend- und Auszubildendenvertretung nach § 60 BetrVG oder zur Mitwirkungsvertretung nach § 52 SGB IX, wählen gemäß § 51 Abs. 1 BBiG eine besondere Interessenvertretung. Das Gesetz definiert diese Auszubildenden als außerbetriebliche Auszubildende. Die Wahl dieser besonderen Interessenvertretung findet nur statt, wenn in der Regel **mindestens fünf Auszubildende** beschäftigt werden.

4 Diese Interessenvertretung soll sich nach der gesetzlichen Intention an den Möglichkeiten und Aufgabenbereichen der Jugend- und Auszubildendenvertretung orientieren. Die nähere Ausgestaltung der Interessenvertretung kann durch eine **Rechtsverordnung** gemäß § 52 BBiG geregelt werden.

5 Gemäß § 51 Abs. 2 BBiG ist eine solche besondere Interessenvertretung nicht zu bilden in entsprechenden Berufsbildungseinrichtungen von Religionsgemeinschaften sowie in anderen Berufsbildungseinrichtungen, soweit sie eigene gleichwertige Regelungen getroffen haben.

---

1 Vgl. *BAG* 21.7.1993 – 7 ABR 35/92, NZA 1994, 713; *BAG* 12.9.1996 – 7 ABR 61/95, NZA 1997, 273.

## § 52 Verordnungsermächtigung

Das Bundesministerium für Bildung und Forschung kann durch Rechtsverordnung, die nicht der Zustimmung des Bundesrates bedarf, die Fragen bestimmen, auf die sich die Beteiligung erstreckt, die Zusammensetzung und die Amtszeit der Interessenvertretung, die Durchführung der Wahl, insbesondere die Feststellung der Wahlberechtigung und der Wählbarkeit sowie Art und Umfang der Beteiligung.

Ein entsprechender Entwurf für eine »Verordnung über die Vertretung von Interessen der Auszubildenden in sonstigen Berufsbildungseinrichtungen außerhalb der schulischen und betrieblichen Berufsbildung« (IVVO) vom 17.4.2002 (BR-Drs. 339/02) scheiterte daran, dass der Bundesrat der Verordnung die Zustimmung, die gemäß § 18b BBiG a. F. erforderlich war, versagte. Da der Bundesrat nach der neuen Gesetzesfassung nicht mehr zustimmen muss, steht dem Erlass einer entsprechenden Rechtsverordnung nichts im Wege. Bislang liegt sie aber nicht vor. 1

## Kapitel 2
## Berufliche Fortbildung

## Abschnitt 1
## Fortbildungsordnungen des Bundes

### § 53 Fortbildungsordnungen der höherqualifizierenden Berufsbildung

(1) Als Grundlage für eine einheitliche höherqualifizierende Berufsbildung kann das Bundesministerium für Bildung und Forschung im Einvernehmen mit dem Bundesministerium für Wirtschaft und Energie oder mit dem sonst zuständigen Fachministerium nach Anhörung des Hauptausschusses des Bundesinstituts für Berufsbildung durch Rechtsverordnung, die nicht der Zustimmung des Bundesrates bedarf, Abschlüsse der höherqualifizierenden Berufsbildung anerkennen und hierfür Prüfungsregelungen erlassen (Fortbildungsordnungen).

(2) Die Fortbildungsordnungen haben festzulegen
1. die Bezeichnung des Fortbildungsabschlusses,
2. die Fortbildungsstufe,
3. das Ziel, den Inhalt und die Anforderungen der Prüfung,
4. die Zulassungsvoraussetzungen für die Prüfung und
5. das Prüfungsverfahren.

### § 53 Fortbildungsordnungen der höherqualifizierenden Berufsbildung

(3) Abweichend von Absatz 1 werden Fortbildungsordnungen
1. in den Berufen der Landwirtschaft, einschließlich der ländlichen Hauswirtschaft, durch das Bundesministerium für Ernährung und Landwirtschaft im Einvernehmen mit dem Bundesministerium für Bildung und Forschung erlassen und
2. in Berufen der Hauswirtschaft durch das Bundesministerium für Wirtschaft und Energie im Einvernehmen mit dem Bundesministerium für Bildung und Forschung erlassen.

**Inhaltsübersicht** Rn
1. Gesamtzusammenhang .................................. 1– 3
2. Reform durch das Berufsbildungsmodernisierungsgesetz ........ 4, 5
3. Exkurs: Was ist der Deutsche Qualifikationsrahmen (DQR)? ...... 6–13
4. Neue Abschlussbezeichnungen nach dem
   Berufsbildungsmodernisierungsgesetz .................... 14–19
5. Struktur der Fortbildungsordnungen des Bundes ............. 20–25
6. Übergangsregelung .................................. 26

### 1. Gesamtzusammenhang

1 In der Praxis spielen Maßnahmen der Fort- und Weiterbildung eine erhebliche Rolle. Es geht darum, die beruflichen Kenntnisse und Fertigkeiten zu erhalten, zu erweitern und der technischen und sonstigen Entwicklung anzupassen. Jenseits der Definition des § 1 Abs. 3 BBiG kann man allgemein von beruflicher **Weiterbildung** sprechen. Solche Maßnahmen können von unterschiedlicher Intensität und Dauer sein, mit oder ohne Prüfungen abschließen. Dabei ist auch und gerade die öffentliche Verantwortung in der Weiterbildung zu betonen.

2 Bei **Weiterbildungsmaßnahmen im Arbeitsverhältnis** verbindet der Arbeitgeber mit der Weiterbildung und gegebenenfalls der Übernahme der Kosten in der Regel die Erwartung, der Arbeitnehmer werde die Kenntnisse und Fähigkeiten zu seinen Gunsten nutzen, also im Arbeitsverhältnis verbleiben. Erfüllt sich diese Erwartung nicht, geht das Interesse der Arbeitgeber dahin, die entstandenen Kosten zumindest zum Teil von den Arbeitnehmern zurückzuerhalten. Häufig werden deshalb auf Veranlassung der Arbeitgeber einzelvertraglich Regelungen getroffen, die die Arbeitnehmer zur Rückzahlung der vom Arbeitgeber aufgewandten Kosten verpflichten, jedenfalls wenn die Arbeitnehmer vor Ablauf bestimmter Fristen aus dem Arbeitsverhältnis ausscheiden.[1]

3 Die berufliche Fortbildung (§ 1 Abs. 4 BBiG) soll es ermöglichen, die berufliche Handlungsfähigkeit zu erhalten und anzupassen oder zu erweitern und beruflich aufzusteigen. Sie kann stattfinden

---

1 Vgl. *Lakies/Malottke* BBiG § 53 Rn. 8 ff.

### Fortbildungsordnungen der höherqualifizierenden Berufsbildung § 53

- als Teil des fortbestehenden Arbeitsverhältnisses oder
- in einem gesonderten Vertragsverhältnis oder
- berufsbegleitend in gesonderten Fortbildungsmaßnahmen entsprechender Fortbildungsträger.

### 2. Reform durch das Berufsbildungsmodernisierungsgesetz

Durch das Berufsbildungsmodernisierungsgesetz wurde zum 1.1.2020 der 4
gesamte Abschnitt zur Beruflichen Fortbildung (§ 53 bis § 57 BBiG) neu geregelt. Ziel ist eine Stärkung der höherqualifizierenden Berufsbildung. So werden drei berufliche Fortbildungsstufen unmittelbar im BBiG und der HwO verankert. Diese Stufen werden bei der bundesweiten Anerkennung eines Abschlusses durch Rechtsverordnung mit den einheitlichen, eigenständigen und dabei unmittelbar die Gleichwertigkeit mit hochschulischen Abschlüssen aufzeigenden Abschlussbezeichnungen »Geprüfte/r Berufsspezialist/in«, »Bachelor Professional« und »Master Professional« versehen.[2] Diese Abschlussbezeichnungen sind zertifiziert und es darf sie nur führen, wer die entsprechenden Voraussetzungen erfüllt. Wer entgegen der gesetzlichen Vorgaben eine solche Abschlussbezeichnung führt, handelt ordnungswidrig. Das kann mit einer **Geldbuße** bis zu 1000 Euro geahndet werden (§ 101 Abs. 1 Nr. 9, Abs. 2 BBiG).

Die drei Stufen entsprechen den Kriterien des Deutschen Qualifikationsrah- 5
mens (DQR) für ein Einstufen auf dem Niveau 5 (»Geprüfte/r Berufsspezialist/in«), 6 (»Bachelor Professional in …«; gleichwertig einem akademischen Bachelorabschluss) und 7 (»Master Professional in …«; gleichwertig einem akademischen Masterabschluss). Der »Meister« und vergleichbare eingeübte Marken bleiben erhalten und diese werden (so die Gesetzesbegründung) zusätzlich dadurch gestärkt, dass sie durch die neue einheitliche Abschlussbezeichnung ergänzt werden können, die die Gleichwertigkeit des Meisters gegenüber einem ersten Hochschulabschluss unmittelbar verdeutliche.[3]

### 3. Exkurs: Was ist der Deutsche Qualifikationsrahmen (DQR)?

Mit dem DQR[4] wird auf nationaler Ebene eine Empfehlung des Europäi- 6
schen Parlaments und des Rates vom April 2008 zur Einrichtung eines Europäischen Qualifikationsrahmens (EQR) für lebenslanges Lernen umgesetzt. Der DQR ist ein Instrument zur Einordnung der Qualifikationen des deutschen Bildungssystems. Er soll zum einen die Orientierung im deutschen Bildungssystem erleichtern und zum anderen zur Vergleichbarkeit

---

2 Gesetzesbegründung BT-Drs. 19/10815, S. 45.
3 Gesetzesbegründung BT-Drs. 19/10815, S. 45.
4 Siehe dqr.de.

## § 53 Fortbildungsordnungen der höherqualifizierenden Berufsbildung

deutscher Qualifikationen in Europa beitragen. Um transparenter zu machen, welche Kompetenzen im deutschen Bildungssystem erworben werden, werden acht Niveaus definiert, die den acht Niveaus des Europäischen Qualifikationsrahmens (EQR) zugeordnet werden können. Der EQR dient als Übersetzungsinstrument, das hilft, nationale Qualifikationen europaweit besser verständlich zu machen. Die Entwicklung des DQR erfolgte unter Federführung von Bund und Ländern in einem mehrjährigen Prozess unter kontinuierlicher Mitwirkung von Arbeitgeberverbänden, Gewerkschaften und Wirtschaftsorganisationen sowie Experten aus Wissenschaft und Praxis. Mit der Unterzeichnung eines gemeinsamen Beschlusses zum Deutschen Qualifikationsrahmen wurde die Grundlage dafür geschaffen, schrittweise ab dem Sommer 2013 erworbene Qualifikationen einem DQR-Niveau zuzuordnen und dieses auf den Qualifikationsbescheinigungen auszuweisen. So wird beispielsweise eine dreijährige Berufsausbildung dem Niveau 4 zugeordnet, ein Abschluss als Bachelor, Meister oder Techniker entspricht Niveau 6.

7 Der DQR wurde entwickelt, um das deutsche Bildungssystem transparenter zu machen. Er ordnet die Qualifikationen der verschiedenen Bildungsbereiche acht Niveaus zu, die durch Lernergebnisse beschrieben werden. »Lernergebnisse« (learning outcomes) bezeichnen das, was Lernende wissen, verstehen und in der Lage sind zu tun, nachdem sie einen Lernprozess abgeschlossen haben. Durch die Kopplung des DQR an den Europäischen Qualifikationsrahmen (EQR) wird es leichter, Qualifikationen in Europa und in Deutschland zu vergleichen. Der DQR kann dazu beitragen
- die Gleichwertigkeit von allgemeiner, beruflicher und hochschulischer Bildung zu verdeutlichen,
- die Orientierung der Qualifikationen an Kompetenzen zu fördern,
- die Orientierung der Qualifizierungsprozesse an Lernergebnissen zu fördern,
- Durchlässigkeit und Qualitätssicherung im deutschen Bildungssystem zu unterstützen,
- Möglichkeiten der Anerkennung und Anrechnung von nicht-formal und informell erworbenen Kompetenzen zu verbessern sowie
- lebenslanges Lernen zu stärken.

8 Indem der DQR ein System für die Zuordnung von Qualifikationen zu Kompetenzniveaus anbietet, hilft er, Unterschiede und Gemeinsamkeiten von Qualifikationen besser sichtbar zu machen. Er ist offen für die Zuordnung von Qualifikationen
- der Allgemeinbildung,
- der beruflichen Bildung und
- der Hochschulbildung

jeweils einschließlich der Weiterbildung.

## Fortbildungsordnungen der höherqualifizierenden Berufsbildung § 53

Dem DQR können grundsätzlich nicht nur formale Qualifikationen zugeordnet werden, also solche Qualifikationen, deren Rechtsgrundlagen (z. B. Prüfungsordnung, Ausbildungsordnung, Curriculum) durch eine staatliche bzw. hoheitlich handelnde öffentlich-rechtliche Institution geregelt sind. Es sollen vielmehr auch nicht-formale Qualifikationen gleichberechtigt Eingang in den DQR finden können. Unter welchen Voraussetzungen dies realisierbar ist, wird derzeit erprobt.

Der DQR wurde am 1.5.2013 eingeführt. Dies erfolgte auf der Grundlage des Gemeinsamen Beschlusses zum Deutschen Qualifikationsrahmen des Bundesministeriums für Bildung und Forschung, des Bundesministeriums für Wirtschaft und Energie, der Kultusministerkonferenz und der Wirtschaftsministerkonferenz. Die Ausweisung der DQR-/EQR-Niveaus auf neu ausgestellten Qualifikationsbescheinigungen erfolgt seit 2014 schrittweise. Eine rückwirkende Ausweisung auf Zeugnissen, die vorher vergeben wurden, ist nicht möglich. Der DQR hat orientierenden Charakter, keine regulierende Funktion. Das System der Zugangsberechtigungen in Deutschland ändert sich durch den DQR nicht. Zugangsregelungen beziehen sich auf Qualifikationen, nicht auf DQR-Niveaus. Das Erreichen eines bestimmten DQR-Niveaus verschafft nicht automatisch Zugang zum jeweils »nächsten Niveau«.

Der DQR beschreibt auf acht Niveaus fachliche und personale Kompetenzen, an denen sich die Einordnung der Qualifikationen orientiert, die in der allgemeinen, der Hochschulbildung und der beruflichen Bildung erworben werden. Die Niveaus haben eine einheitliche Struktur. Sie beschreiben jeweils die Kompetenzen, die für die Erlangung einer Qualifikation erforderlich sind. Der DQR unterscheidet dabei zwei Kompetenzkategorien: »Fachkompetenz«, unterteilt in »Wissen« und »Fertigkeiten«, und »Personale Kompetenz«, unterteilt in »Sozialkompetenz« und »Selbständigkeit«.

Der DQR beschreibt **acht Kompetenzniveaus**, denen sich die Qualifikationen des deutschen Bildungssystems zuordnen lassen. Jedem Niveau ist ein kurzer Text vorangestellt, der die Anforderungsstruktur des jeweiligen Niveaus beschreibt. Dieser »Niveauindikator« beschreibt allgemein die Anforderungen, die erfüllt werden müssen, wenn eine Qualifikation des entsprechenden Niveaus erworben wurde. Dabei geht es vor allem darum, in welchem Grad die Absolventinnen und Absolventen in der Lage sind, mit Komplexität und unvorhersehbaren Veränderungen umzugehen, und mit welchem Grad von Selbständigkeit sie in einem beruflichen Tätigkeitsfeld oder in einem wissenschaftlichen Fach agieren können. Bei der **Fachkompetenz** geht es darum, in welcher Breite und Tiefe Wissen erworben wurde und in welcher Ausprägung die Absolventinnen und Absolventen über Fertigkeiten verfügen. Damit ist die Fähigkeit gemeint, Instrumente und Methoden einzusetzen und zu entwickeln. Dazu gehört auch die Fähigkeit, Arbeitsergebnisse zu beurteilen. **Personale Kompetenz** schließt soziale Aspekte ein: Team- und Führungsfähig-

## § 53 Fortbildungsordnungen der höherqualifizierenden Berufsbildung

keit, die Fähigkeit, das eigene Lern- oder Arbeitsumfeld mitzugestalten, und Kommunikationsfähigkeit. Hinzu kommen Eigenständigkeit und Verantwortung, die Fähigkeit zur Reflexion und Lernkompetenz.

13 Der DQR unterscheidet acht Niveaus zur allgemeinen Beschreibung der Kompetenzen, die im deutschen Bildungssystem erworben werden:

**Niveau 1**
beschreibt Kompetenzen zur Erfüllung einfacher Anforderungen in einem überschaubar und stabil strukturierten Lern- oder Arbeitsbereich. Die Erfüllung der Aufgaben erfolgt unter Anleitung.

**Niveau 2**
beschreibt Kompetenzen zur fachgerechten Erfüllung grundlegender Anforderungen in einem überschaubar und stabil strukturierten Lern- oder Arbeitsbereich. Die Erfüllung der Aufgaben erfolgt weitgehend unter Anleitung.

**Niveau 3**
beschreibt Kompetenzen zur selbständigen Erfüllung fachlicher Anforderungen in einem noch überschaubaren und zum Teil offen strukturierten Lernbereich oder beruflichen Tätigkeitsfeld.

**Niveau 4**
beschreibt Kompetenzen zur selbständigen Planung und Bearbeitung fachlicher Aufgabenstellungen in einem umfassenden, sich verändernden Lernbereich oder beruflichen Tätigkeitsfeld.

**Niveau 5**
beschreibt Kompetenzen zur selbständigen Planung und Bearbeitung umfassender fachlicher Aufgabenstellungen in einem komplexen, spezialisierten, sich verändernden Lernbereich oder beruflichen Tätigkeitsfeld.

**Niveau 6**
beschreibt Kompetenzen zur Planung, Bearbeitung und Auswertung von umfassenden fachlichen Aufgaben- und Problemstellungen sowie zur eigenverantwortlichen Steuerung von Prozessen in Teilbereichen eines wissenschaftlichen Faches oder in einem beruflichen Tätigkeitsfeld. Die Anforderungsstruktur ist durch Komplexität und häufige Veränderungen gekennzeichnet.

**Niveau 7**
beschreibt Kompetenzen zur Bearbeitung von neuen komplexen Aufgaben- und Problemstellungen sowie zur eigenverantwortlichen Steuerung von Prozessen in einem wissenschaftlichen Fach oder in einem strategieorientierten beruflichen Tätigkeitsfeld. Die Anforderungsstruktur ist durch häufige und unvorhersehbare Veränderungen gekennzeichnet.

**Niveau 8**
beschreibt Kompetenzen zur Gewinnung von Forschungserkenntnissen in einem wissenschaftlichen Fach oder zur Entwicklung innovativer Lösungen und Verfahren in einem beruflichen Tätigkeitsfeld. Die Anforderungsstruktur ist durch neuartige und unklare Problemlagen gekennzeichnet.

## 4. Neue Abschlussbezeichnungen nach dem Berufsbildungsmodernisierungsgesetz

Mit den drei Abschlussbezeichnungen, die (so die Gesetzesbegründung) Eigenständigkeit dokumentieren und zugleich die Gleichwertigkeit zu sonstigen Bachelor- oder Masterabschlüssen transportieren, werde ein deutliches Zeichen für die Gleichwertigkeit der beruflichen Bildung gesetzt. Schulabsolventen und Schulabsolventinnen, ihren Eltern und Lehrkräften ebenso wie Ein-, Auf- und Umsteigern der beruflichen Bildung werde (so die Gesetzesbegründung) ein konkurrenzfähiges Angebot bei Qualifizierungsentscheidungen gemacht.[5] Ziel war es zudem, die Attraktivität und »Erklärbarkeit« der Abschlüsse für junge Menschen mit der Wahl zwischen Berufsbildungskarriere und Studium zu steigern. Wettbewerbsnachteile der beruflichen Bildung gegenüber dem akademischen Qualifizierungssystem würden abgebaut. Die nationalen und internationalen Karriere-, Arbeitsmarkt- und Mobilitätschancen von Absolventen und Absolventinnen der höherqualifizierenden Berufsbildung könnten gesteigert werden. Die Chancen vor allem der mittelständischen Unternehmen, ihren Bedarf an beruflich qualifizierten Fach- und Führungskräften adäquat zu sichern, würden erhöht.[6]

14

Vor allem die Einführung der Abschlussbezeichnungen »**Bachelor Professional**« und »**Master Professional**« waren im Gesetzgebungsverfahren umstritten. Der Bundesrat hatte gemeint, es müsse sichergestellt sein, Verwechselungen mit akademischen Abschlüssen auszuschließen.[7] So waren die Hochschulrektorenkonferenz und auch die Kultusministerkonferenz gegen die Einführung dieser Abschlussbezeichnungen. Teilweise wurden gar verfassungsrechtliche Bedenken geltend gemacht. Der Bund sei über den Kompetenztitel »Recht der Wirtschaft« (Art. 74 Abs. 1 Nr. 11 GG) nicht befugt, solche Abschlussbezeichnungen einzuführen. Der Ausschuss für Kulturfragen des Bundesrates hatte letztlich sogar vorgeschlagen, dem Gesetz, das der Bundestag am 24.10.2019 verabschiedet hatte, nicht zuzustimmen, sondern den Vermittlungsausschuss einzuberufen.[8] Trotz der Bedenken hat der Bundesrat letztlich dem Gesetz am 29.11.2019 zugestimmt.[9]

15

Das Kapitel 2 (Berufliche Fortbildung, § 53 bis § 57 BBiG) wurde durch das Berufsbildungsmodernisierungsgesetz neu gefasst. Grundsätzlich wurde das bestehende Regelungssystem mit der Möglichkeit einer bundeseinheitlichen Regelung durch Rechtsverordnung sowie der Gestaltung von sonstigen Fortbildungsprüfungsregelungen durch die zuständigen Stellen beibehalten.[10]

16

---

5  Gesetzesbegründung BT-Drs. 19/10815, S. 45.
6  Gesetzesbegründung BT-Drs. 19/10815, S. 45.
7  Stellungnahme des Bundesrates, BT-Drs. 19/12798, S. 14.
8  Bundesrat Drucksache 559/1/19.
9  Bundesrat Drucksache 559/19 (Beschluss).
10 Gesetzesbegründung BT-Drs. 19/10815, S. 64.

## § 53 Fortbildungsordnungen der höherqualifizierenden Berufsbildung

Ziel der Reform ist die Aufwertung und Stärkung der bisherigen »Aufstiegsfortbildungen« als höherqualifizierende Berufsbildung. Durch die Etablierung dieser gesetzlichen »Marke« und ihre Positionierung in der Öffentlichkeit sollen die Chancen und Möglichkeiten, die eine Qualifizierungskarriere in der beruflichen Bildung bieten, gesetzlich systematisiert und damit zugleich als attraktives Angebot mit einer klaren Markensprache für eine breitere Zielgruppe etabliert werden.[11]

17 Die berufliche Bildung verfügt mit den »Aufstiegsfortbildungen« nach dem BBiG (und der HwO) über ein eigenständiges System für die formale Höherqualifizierung im tertiären Bereich von Menschen mit einer abgeschlossenen Berufsausbildung (Gesellen, Facharbeiter etc.). Dennoch hätten (so die Gesetzesbegründung) berufliche Aufstiegsfortbildungen im Wettbewerb der tertiären Qualifizierungsangebote erhebliche Wettbewerbsnachteile und stünden vor großen Herausforderungen auf dem nationalen und internationalen Qualifizierungs- und Arbeitsmarkt.[12] Mit dem Abschnitt zur »höherqualifizierenden Berufsbildung« wurde (so die Zielsetzung laut der Gesetzesbegründung) das Regelungssystem der Fortbildungsregelungen durch bundeseinheitliche Rechtsverordnungen weiterentwickelt, indem drei transparente berufliche Fortbildungsstufen mit »einheitlichen, attraktiven und international verständlichen Abschlussbezeichnungen gesetzlich definiert werden«.[13]

18 Da jede Fortbildungsstufe inhaltlich auf einer abgeschlossenen Berufsausbildung und/oder dem Abschluss der vorherigen Fortbildungsstufe und einer mehrjährigen Praxis, aber keiner Studienbefähigung aufbaut, öffne die höherqualifizierende Berufsbildung den Tertiärbereich für alle Auszubildenden, unabhängig davon, ob sie ausschließlich über eine berufliche Grundbildung oder zusätzlich auch über eine Studienberechtigung verfügen. Hierzu trage auch die »Einführung von attraktiven und klaren Abschlussbezeichnungen bei«.[14]

19 Vor allem durch die Einführung der Abschlussbezeichnungen »Bachelor Professional« und »Master Professional« werde die Gleichwertigkeit der akademischen und beruflichen Abschlüsse entsprechend ihrer Einstufung nach dem Deutschen Qualifikationsrahmen (DQR) unterstrichen und eine internationale Vergleichbarkeit auf dem Arbeitsmarkt erzielt.[15] Dabei werde durch den unterscheidungskräftigen beschreibenden Zusatz »Professional« eine Verwechslung mit den hochschulischen Graden Bachelor und Master ausgeschlossen, weil dem unbefangenen Betrachter, der die hochschulischen

---

11 Gesetzesbegründung BT-Drs. 19/10815, S. 64f.
12 Ausführlich hierzu die Gesetzesbegründung BT-Drs. 19/10815, S. 65f.
13 Gesetzesbegründung BT-Drs. 19/10815, S. 66.
14 Gesetzesbegründung BT-Drs. 19/10815, S. 66.
15 Gesetzesbegründung BT-Drs. 19/10815, S. 66.

## Fortbildungsordnungen der höherqualifizierenden Berufsbildung § 53

Bezeichnungen kennt, nicht der Eindruck eines Hochschulabschlusses vermittelt werde.[16] Hierzu verweist die Gesetzesbegründung darauf, dass die hochschulischen Bezeichnungen nach dem Beschluss der Kultusministerkonferenz vom 10.10.2003 grundsätzlich (bis auf Weiterbildungsstudiengänge und nicht-konsekutive Masterstudiengänge)[17] ohne fachliche Zusätze vergeben würden. Auch schließe ein erfolgreiches Studium in Deutschland nicht notwendigerweise mit dem Bachelor oder Master ab, sondern könne auch mit einer staatlichen Prüfung enden. Zudem werde auch Berufsakademien nach Maßgabe des jeweiligen Landesrechts zugestanden, Bachelor- und Masterabschlüsse als staatliche Abschlussbezeichnung zu vergeben. Letztlich könnten auch Diplomabschlüsse nicht nur von Hochschulen als akademischer Grad, sondern auch von staatlichen und nichtstaatlichen Stellen als Abschlussbezeichnung vergeben werden.[18]

### 5. Struktur der Fortbildungsordnungen des Bundes

Zur Berufsbildung im Sinne des BBiG gehört die berufliche Fortbildung. Die Rahmenbedingungen sind in Kapitel 2 (§ 53 bis § 57 BBiG) näher umschrieben. Für das **Handwerk** gelten die entsprechenden Regelungen in § 42 bis § 42i HwO. Die näheren Regelungen zu den Fortbildungsregelungen des Bundes ergeben sich aus den § 53 bis § 53e BBiG. Die Fortbildungsprüfungsregelungen der zuständigen Stellen sind in § 54 BBiG geregelt. Die § 55 bis § 57 BBiG enthalten Regelungen zu ausländischen Vorqualifikationen, Fortbildungsprüfungen und Gleichstellung von Prüfungszeugnissen. 20

Als Grundlage für eine einheitliche höherqualifizierende Berufsbildung kann gemäß § 53 Abs. 1 BBiG das Bundesministerium für Bildung und Forschung im Einvernehmen mit dem Bundesministerium für Wirtschaft und Energie oder dem sonst zuständigen Fachministerium nach Anhörung des Hauptausschusses des Bundesinstituts für Berufsbildung durch **Rechtsverordnung**, die nicht der Zustimmung des Bundesrats bedarf, Abschlüsse der höherqualifizierenden Berufsbildung anerkennen und hierfür Prüfungsre- 21

---

16 Gesetzesbegründung BT-Drs. 19/10815, S. 66.
17 Ein konsekutiver Studiengang ist ein Studiengang in einer richtigen Aufeinanderfolge: Das Wort konsekutiv ist abgeleitet vom lateinischen consecutio, das Folge bedeutet. Mit dem Begriff wird ein Studienprogramm bezeichnet, das aus einem Bachelor und einem darauf aufbauenden Master besteht. Der Bachelor ist dabei ein grundständiges Studium, der Master ein anschließendes postgraduales Studium. Zwischen dem Bachelor und dem Master besteht ein fachlicher Zusammenhang, sie bauen inhaltlich aufeinander auf, im Gegensatz zu einem nicht-konsekutiven Masterstudiengang sowie einem weiterbildenden Masterstudiengang.
18 Gesetzesbegründung BT-Drs. 19/10815, S. 66.

## § 53 Fortbildungsordnungen der höherqualifizierenden Berufsbildung

gelungen erlassen (**Fortbildungsordnungen**). Die Inhalte der Fortbildungsordnungen sind in § 53 Abs. 2 Nr. 1 bis 5 BBiG festgelegt.

22 § 53 BBiG führt den in § 1 Abs. 4 BBiG eingeführten Begriff der »höherqualifizierenden Berufsbildung« näher aus. Im Hinblick auf die Vielfalt von Formen und Wegen der in Deutschland etablierten beruflichen (Aufstiegs-)Fortbildungen schaffe die gesetzliche Normierung der »höherqualifizierenden Berufsbildung« (so die Gesetzesbegründung) Transparenz durch klare Strukturen und Begrifflichkeiten. Sie schaffe eine klare Abgrenzung zur Hochschulbildung, die die Eigenständigkeit der jeweiligen Säulen ebenso betone wie sie die Gleichwertigkeit vermittle. Damit werde das System der beruflichen Fortbildung zukunftsfähig weiterentwickelt.[19]

23 Der Verordnungsgeber (das Bundesministerium für Bildung und Forschung) hat gemäß § 53 Abs. 1 BBiG die Befugnis, Abschlüsse der höherqualifizierenden Berufsbildung anzuerkennen und zudem Prüfungsregelungen zu erlassen. Anforderungen an die Qualifikation der Lehrkräfte ebenso wie Anforderungen an die Fortbildungsstätte fallen nicht unter die Regelungsbefugnis und können lediglich über die Prüfungsregelungen beeinflusst werden.

24 § 53 Abs. 2 BBiG zählt fünf Elemente auf, die in den Fortbildungsordnungen zu regeln sind: die Bezeichnung des Fortbildungsabschlusses, die Fortbildungsstufe, Ziel, Inhalt und Anforderungen der Prüfung, die Zulassungsvoraussetzungen für die Prüfung sowie das Prüfungsverfahren. Für die **Fortbildungsstufen** (es gibt drei Fortbildungsstufen) sind § 53a BBiG und wegen der näheren Ausgestaltung § 53b BBiG (Geprüfte Berufsspezialisten), § 53c BBiG (Bachelor Professional) und § 53d BBiG (Master Professional) zu beachten.

25 § 53 Abs. 3 BBiG sieht besondere Regelungen für den Erlass von Fortbildungsordnungen in Berufen der **Landwirtschaft**, einschließlich der ländlichen Hauswirtschaft vor. Die entsprechenden Rechtsvorschriften für diese Berufe werden vom Bundesministerium für Ernährung und Landwirtschaft im Einvernehmen mit dem Bundesministerium für Bildung und Forschung erlassen. Zur ländlichen Hauswirtschaft gehören diejenigen Teile der landwirtschaftlichen Betriebe, bei denen es um die Versorgung der im landwirtschaftlichen Betrieb lebenden Menschen geht. Für Fortbildungsordnungen für Berufe der sonstigen **Hauswirtschaft** ist der Verordnungsgeber das Bundesministerium für Wirtschaft im Einvernehmen mit dem Bundesministerium für Bildung und Forschung.

---

19 Gesetzesbegründung BT-Drs. 19/10815, S. 66.

## 6. Übergangsregelung

Für die Fortbildungsordnungen gibt es in § 106 Abs. 3 BBiG eine besondere Übergangsregelung. Auf der Grundlage des bisherigen Rechts rechtmäßig erlassene Rechtsverordnungen gelten fort. Die geänderten Ermächtigungsnormen (§ 53 BBiG, § 54 BBiG) bieten zusätzliche Optionen und erfassen auch die durch die bisherigen Ermächtigungsgrundlagen geregelten Sachverhalte, so dass eine Änderung der bisherigen Rechtsverordnungen auf der Grundlage der neuen Ermächtigungsnormen möglich bleibt.[20]

26

## § 53a Fortbildungsstufen

(1) **Die Fortbildungsstufen der höherqualifizierenden Berufsbildung sind**
1. **als erste Fortbildungsstufe der Geprüfte Berufsspezialist und die Geprüfte Berufsspezialistin,**
2. **als zweite Fortbildungsstufe der Bachelor Professional und**
3. **als dritte Fortbildungsstufe der Master Professional.**

(2) **Jede Fortbildungsordnung, die eine höherqualifizierende Berufsbildung der ersten Fortbildungsstufe regelt, soll auf einen Abschluss der zweiten Fortbildungsstufe hinführen.**

§ 53a BBiG enthält nähere Regelungen zu den Fortbildungsstufen, die in den Fortbildungsordnungen festzulegen sind (§ 53 Abs. 2 Nr. 2 BBiG). Für das **Handwerk** gilt § 42a HwO. § 53a Abs. 1 BBiG regelt die Zuordnung von Fortbildungsordnungen zu einer der drei Fortbildungsstufen der höherqualifizierenden Berufsbildung: § 53b BBiG (Geprüfte Berufsspezialisten), § 53c BBiG (Bachelor Professional), § 53d BBiG (Master Professional).

1

§ 53a Abs. 2 BBiG legt fest, dass jede Fortbildungsordnung der höherqualifizierenden Berufsbildung auf den Abschluss der zweiten Fortbildungsstufe hinführen soll. So soll verhindert werden, dass »Karrierewege« durch eine Rechtsverordnung erwogen werden, die mit der ersten Stufe enden.[1] Hier wurde ein beschränktes Ermessen gewählt (»soll«), da der Verordnungsgeber für atypische Konstellationen einen Handlungskorridor erhalten sollte.[2] Abschlüsse mit dem Ziel »Geprüfte Berufsspezialist/in« sind in der Regel im Zusammenhang mit einem Fortbildungsabschluss der zweiten Fortbildungsstufe zu entwickeln und zu verordnen. Auf der anderen Seite verlangt § 53a BBiG nicht, dass jede Fortbildungsordnung die erste Stufe enthalten muss. Diese soll nur bei einem klaren Bedarf auf dem Arbeitsmarkt zum

2

---

20 Gesetzesbegründung BT-Drs. 19/10815, S. 76.
1 Gesetzesbegründung BT-Drs. 19/10815, S. 66.
2 Gesetzesbegründung BT-Drs. 19/10815, S. 66.

Einsatz kommen. So werde einerseits das Alleinstellungsmerkmal der beruflichen Fortbildung durch ein strukturiertes Angebot auf einer Stufe unterhalb des »Bachelor Niveaus« gestärkt, andererseits aber garantiert, dass dieses Angebot mit weiteren Aufstiegs- und Entfaltungsmöglichkeiten im Sinne eines »Berufslaufbahnkonzepts« gedacht und verbunden werde.[3]

## § 53b Geprüfter Berufsspezialist und Geprüfte Berufsspezialistin

(1) Den Fortbildungsabschluss des Geprüften Berufsspezialisten oder der Geprüften Berufsspezialistin erlangt, wer eine Prüfung der ersten beruflichen Fortbildungsstufe besteht.

(2) In der Fortbildungsprüfung der ersten beruflichen Fortbildungsstufe wird festgestellt, ob der Prüfling
1. die Fertigkeiten, Kenntnisse und Fähigkeiten, die er in der Regel im Rahmen der Berufsausbildung erworben hat, vertieft hat und
2. die in der Regel im Rahmen der Berufsausbildung erworbene berufliche Handlungsfähigkeit um neue Fertigkeiten, Kenntnisse und Fähigkeiten ergänzt hat.

Der Lernumfang für den Erwerb dieser Fertigkeiten, Kenntnisse und Fähigkeiten soll mindestens 400 Stunden betragen.

(3) Als Voraussetzung zur Zulassung für eine Prüfung der ersten beruflichen Fortbildungsstufe ist als Regelzugang der Abschluss in einem anerkannten Ausbildungsberuf vorzusehen.

(4) Die Bezeichnung eines Fortbildungsabschlusses der ersten beruflichen Fortbildungsstufe beginnt mit den Wörtern »Geprüfter Berufsspezialist für« oder »Geprüfte Berufsspezialistin für«. Die Fortbildungsordnung kann vorsehen, dass dieser Abschlussbezeichnung eine weitere Abschlussbezeichnung vorangestellt wird. Die Abschlussbezeichnung der ersten beruflichen Fortbildungsstufe darf nur führen, wer
1. die Prüfung der ersten beruflichen Fortbildungsstufe bestanden hat oder
2. die Prüfung einer gleichwertigen beruflichen Fortbildung auf der Grundlage bundes- oder landesrechtlicher Regelungen, die diese Abschlussbezeichnung vorsehen, bestanden hat.

1 § 53b BBiG regelt die erste berufliche Fortbildungsstufe (Geprüfter Berufsspezialist/Geprüfte Berufsspezialistin). Für das **Handwerk** gilt § 42b HwO. § 53b Abs. 1 BBiG regelt die Voraussetzungen für den Erwerb des Fortbildungsabschlusses. § 53b Abs. 2 BBiG regelt die inhaltliche Anforderung an eine Fortbildungsprüfung für die erste Fortbildungsstufe.

---

3 Gesetzesbegründung BT-Drs. 19/10815, S. 66f.

Fortbildungsprüfungen der ersten Fortbildungsstufe setzen eine regelmäßig 2
durch Berufsausbildung erworbene berufliche Handlungsfähigkeit im Sinne
des § 1 Abs. 3 BBiG voraus. Durch die Fortbildungsprüfung soll eine **Vertiefung** der durch die Berufsausbildung erworbenen und darüber hinaus eine **Ergänzung** durch neue Fertigkeiten, Kenntnisse und Fähigkeiten festgestellt
werden, die dem Spezialisierungsgrad auf dem Niveau 5 des Deutschen
Qualifikationsrahmens (DQR) entsprechen sollen.[1]

Der Gesetzgeber geht davon aus, dass die Fertigkeiten, Kenntnisse und 3
Fähigkeiten einen zeitlichen Mindestlernumfang von nicht weniger als
400 Stunden erfordern. Eine Differenzierung zwischen Unterricht und
Selbstlernen oder Praxis ist hierbei nicht vorgesehen. Der Gesetzgeber
meinte, eine solche Differenzierung im BBiG wäre systemwidrig, da die Art
des Lernens (Lehrgang, E-Learning, Lernen im Arbeitsprozess oder Ähnliches) nicht Gegenstand von Prüfungsregelungen sei oder sein könne. Auf
letztere ist das BBiG und damit der Verordnungsgeber mit Blick auf den
wettbewerblichen und damit verfassungsrechtlich geschützten Vorbereitungs- und Lehrgangsmarkt (Art. 12 GG) im Fortbildungsbereich beschränkt.[2] Die Lehrgangsteilnahme sei in der Systematik der beruflichen
Fortbildung nach dem BBiG und der HwO daher auch keine Voraussetzung
für die Prüfungszulassung. Quantitative und qualitative Anforderungen an
derartige Angebote würden nicht im Zusammenhang mit dem ordnungsrechtlichen Rahmen, sondern vielmehr dort geregelt, wo die öffentliche
Hand derartige Angebote fördere und damit refinanziere (Aufstiegsfortbildungsförderungsgesetz [AFBG], Umsetzung des SGB III etc.).[3] Regelungsadressat des § 53b BBiG sei nicht etwa ein Lehrgangsanbieter o. ä., sondern
der Verordnungsgeber, der für die entsprechende Fortbildungsstufe ein typisiertes Mindestvorbereitungsvolumen mit seinen Prüfungszielen, Prüfungsinhalten und Prüfungsanforderungen zu sichern habe.[4]

Nach § 53b Abs. 3 BBiG ist als Zulassungsvoraussetzung zur ersten Fort- 4
bildungsstufe in der Fortbildungsverordnung der Abschluss in einem anerkannten Ausbildungsberuf als Regelzugang vorzusehen. Damit wird die Aufnahme anderer Zugangsformen in der Verordnung nicht ausgeschlossen;
diese habe aber zumindest den entsprechenden Regelzugang zu verordnen.[5]

§ 53b Abs. 4 Satz 1 BBiG regelt die Abschlussbezeichnung. § 53b Abs. 4 Satz 2 5
BBiG regelt die Möglichkeit, zusätzliche Bezeichnungen voranzustellen.
§ 53b Abs. 4 Satz 3 BBiG regelt eine dem Titelschutz bei hochschulischen

---

1 Gesetzesbegründung BT-Drs. 19/10815, S. 67.
2 Gesetzesbegründung BT-Drs. 19/10815, S. 67.
3 Gesetzesbegründung BT-Drs. 19/10815, S. 67.
4 Gesetzesbegründung BT-Drs. 19/10815, S. 67.
5 Gesetzesbegründung BT-Drs. 19/10815, S. 67.

Abschlüssen vergleichbare Regelung, um eine missbräuchliche Führung der neuen Abschlussbezeichnungen der höherqualifizierenden Berufsbildung zu verhindern. Wer entgegen der gesetzlichen Vorgaben eine solche Abschlussbezeichnung führt, handelt ordnungswidrig. Das kann mit einer **Geldbuße** bis zu 1000 Euro geahndet werden (§ 101 Abs. 1 Nr. 9, Abs. 2 BBiG).

## § 53c Bachelor Professional

(1) Den Fortbildungsabschluss Bachelor Professional erlangt, wer eine Prüfung der zweiten beruflichen Fortbildungsstufe erfolgreich besteht.

(2) In der Fortbildungsprüfung der zweiten beruflichen Fortbildungsstufe wird festgestellt, ob der Prüfling in der Lage ist, Fach- und Führungsfunktionen zu übernehmen, in denen zu verantwortende Leitungsprozesse von Organisationen eigenständig gesteuert werden, eigenständig ausgeführt werden und dafür Mitarbeiter und Mitarbeiterinnen geführt werden. Der Lernumfang für den Erwerb dieser Fertigkeiten, Kenntnisse und Fähigkeiten soll mindestens 1200 Stunden betragen.

(3) Als Voraussetzung zur Zulassung für eine Prüfung der zweiten beruflichen Fortbildungsstufe ist als Regelzugang vorzusehen:

1. der Abschluss in einem anerkannten Ausbildungsberuf oder
2. ein Abschluss der ersten beruflichen Fortbildungsstufe.

(4) Die Bezeichnung eines Fortbildungsabschlusses der zweiten beruflichen Fortbildungsstufe beginnt mit den Wörtern »Bachelor Professional in«. Die Fortbildungsordnung kann vorsehen, dass dieser Abschlussbezeichnung eine weitere Abschlussbezeichnung vorangestellt wird. Die Abschlussbezeichnung der zweiten beruflichen Fortbildungsstufe darf nur führen, wer

1. die Prüfung der zweiten beruflichen Fortbildungsstufe bestanden hat oder
2. die Prüfung einer gleichwertigen beruflichen Fortbildung auf der Grundlage bundes- oder landesrechtlicher Regelungen, die diese Abschlussbezeichnung vorsehen, bestanden hat.

**1** § 53c BBiG regelt die zweite berufliche Fortbildungsstufe (Bachelor Professional). Für das **Handwerk** gilt § 42c HwO. Für das Handwerk ist zusätzlich zu beachten, dass die **Meisterprüfung** weiterhin erhalten bleibt. Durch die Meisterprüfung ist festzustellen, ob der Prüfling befähigt ist, ein zulassungspflichtiges Handwerk meisterhaft auszuüben und selbständig zu führen sowie Lehrlinge ordnungsgemäß auszubilden (§ 45 Abs. 2 Satz 1 HwO). Wer die Meisterprüfung bestanden hat, hat damit auch den Fortbildungsabschluss Bachelor Professional erlangt (§ 45 Abs. 2 Satz 2 HwO).

§ 53c Abs. 1 BBiG regelt die Voraussetzungen für den Erwerb des Fortbildungsabschlusses. § 53c Abs. 2 BBiG regelt die inhaltlichen Voraussetzungen der Fortbildungsprüfung für die zweite Fortbildungsstufe. Fortbildungsprüfungen der zweiten Fortbildungsstufe stellen den Erwerb von Fertigkeiten, Kenntnissen und Fähigkeiten fest, die dem Kompetenzniveau auf dem Niveau 6 des Deutschen Qualifikationsrahmens (DQR) entsprechen sollen. Dazu werden neben entsprechenden Fachkenntnissen Eigenständigkeit und die Befähigung zur Übernahme von Führungsverantwortung verlangt. Der Gesetzgeber geht davon aus, dass der Erwerb entsprechender Fertigkeiten, Kenntnisse und Fähigkeiten einen zeitlichen Mindestlernumfang von nicht weniger als 1200 Stunden voraussetzt. Eine Differenzierung zwischen Unterricht und Selbstlernen oder Praxis ist (wie bei § 53b BBiG aus denselben Erwägungen) nicht vorgesehen.[1]

§ 53c Abs. 3 BBiG regelt als Zulassungsvoraussetzung zur zweiten beruflichen Fortbildungsstufe in der Fortbildungsverordnung den Abschluss in einem anerkannten Ausbildungsberuf *oder* einen Abschluss der ersten Fortbildungsstufe als Regelzugang. § 53c Abs. 4 Satz 1 BBiG regelt die Abschlussbezeichnung. § 53c Abs. 4 Satz 2 BBiG regelt die Möglichkeit, zusätzliche Bezeichnungen voranzustellen. § 53c Abs. 4 Satz 3 BBiG enthält eine dem Titelschutz bei hochschulischen Abschlüssen vergleichbare Regelung, um eine missbräuchliche Führung der neuen Abschlussbezeichnungen der höherqualifizierenden Berufsbildung zu verhindern. Wer entgegen der gesetzlichen Vorgaben eine solche Abschlussbezeichnung führt, handelt ordnungswidrig. Das kann mit einer **Geldbuße** bis zu 1000 Euro geahndet werden (§ 101 Abs. 1 Nr. 9, Abs. 2 BBiG).

## § 53d Master Professional

(1) Den Fortbildungsabschluss Master Professional erlangt, wer die Prüfung der dritten beruflichen Fortbildungsstufe erfolgreich besteht.

(2) In der Fortbildungsprüfung der dritten beruflichen Fortbildungsstufe wird festgestellt, ob der Prüfling

1. die Fertigkeiten, Kenntnisse und Fähigkeiten, die er in der Regel mit der Vorbereitung auf eine Fortbildungsprüfung der zweiten Fortbildungsstufe erworben hat, vertieft hat und
2. neue Fertigkeiten, Kenntnisse und Fähigkeiten erworben hat, die erforderlich sind für die verantwortliche Führung von Organisationen oder zur Bearbeitung von neuen, komplexen Aufgaben- und Problemstellungen wie der Entwicklung von Verfahren und Produkten.

---

[1] Gesetzesbegründung BT-Drs. 19/10815, S. 67f.

Der Lernumfang für den Erwerb dieser Fertigkeiten, Kenntnisse und Fähigkeiten soll mindestens 1600 Stunden betragen.

(3) Als Voraussetzung zur Zulassung für eine Prüfung der dritten beruflichen Fortbildungsstufe ist als Regelzugang ein Abschluss auf der zweiten beruflichen Fortbildungsstufe vorzusehen.

(4) Die Bezeichnung eines Fortbildungsabschlusses der dritten beruflichen Fortbildungsstufe beginnt mit den Wörtern »Master Professional in«. Die Fortbildungsordnung kann vorsehen, dass dieser Abschlussbezeichnung eine weitere Abschlussbezeichnung vorangestellt wird. Die Abschlussbezeichnung der dritten beruflichen Fortbildungsstufe darf nur führen, wer

1. die Prüfung der dritten beruflichen Fortbildungsstufe bestanden hat oder
2. die Prüfung einer gleichwertigen beruflichen Fortbildung auf der Grundlage bundes- oder landesrechtlicher Regelungen, die diese Abschlussbezeichnung vorsehen, bestanden hat.

1 § 53d BBiG regelt die dritte berufliche Fortbildungsstufe (Master Professional). Für das **Handwerk** gilt § 42d HwO. § 53d Abs. 1 BBiG regelt die Voraussetzungen für den Erwerb des Fortbildungsabschlusses. § 53d Abs. 2 BBiG regelt die inhaltlichen Voraussetzungen der Fortbildungsprüfung für die dritte Fortbildungsstufe.

2 Fortbildungsprüfungen der dritten Fortbildungsstufe stellen den Erwerb von Fertigkeiten, Kenntnissen und Fähigkeiten fest, die die mit der zweiten Fortbildungsstufe erworbenen Fertigkeiten, Kenntnisse und Fähigkeiten vertiefen und um neue Fertigkeiten, Kenntnisse und Fähigkeiten ergänzen, die dem Kompetenzniveau auf dem Niveau 7 des Deutschen Qualifikationsrahmens (DQR) entsprechen sollen. Dazu wird neben entsprechenden Fachkenntnissen die Fähigkeit zur Bearbeitung von neuen komplexen Aufgaben- und Problemstellungen oder zur verantwortlichen Leitung von Organisationen verlangt. Der Gesetzgeber geht dabei davon aus, dass der Erwerb entsprechender Fertigkeiten, Kenntnisse und Fähigkeiten einen zeitlichen Mindestlernumfang von nicht weniger als 1600 Stunden voraussetzt. Eine Differenzierung zwischen Unterricht und Selbstlernen oder Praxis ist hierbei (wie bei § 53b BBiG und § 53c BBiG aus denselben Erwägungen) nicht vorgesehen.[1]

3 § 53d Abs. 3 BBiG regelt als Zulassungsvoraussetzung zur dritten beruflichen Fortbildungsstufe in der Fortbildungsverordnung einen Abschluss der zweiten Fortbildungsstufe als Regelzugang. Damit wird die Aufnahme ande-

---

1 Gesetzesbegründung BT-Drs. 19/10815, S. 68.

rer Zugangsformen in der Verordnung nicht ausgeschlossen; diese hat aber zumindest den Regelzugang zu verordnen.[2]

§ 53d Abs. 4 Satz 1 BBiG regelt die Abschlussbezeichnung. § 53d Abs. 4 Satz 2 BBiG regelt die Möglichkeit, zusätzliche Bezeichnungen voranzustellen. § 53d Abs. 4 Satz 3 BBiG enthält eine dem Titelschutz bei hochschulischen Abschlüssen vergleichbare Regelung, um eine missbräuchliche Führung der neuen Abschlussbezeichnungen der höherqualifizierenden Berufsbildung zu verhindern. Wer entgegen der gesetzlichen Vorgaben eine solche Abschlussbezeichnung führt, handelt ordnungswidrig. Das kann mit einer **Geldbuße** bis zu 1000 Euro geahndet werden (§ 101 Abs. 1 Nr. 9, Abs. 2 BBiG).

## § 53e Anpassungsfortbildungsordnungen

**(1) Als Grundlage für eine einheitliche Anpassungsfortbildung kann das Bundesministerium für Bildung und Forschung im Einvernehmen mit dem Bundesministerium für Wirtschaft und Energie oder dem sonst zuständigen Fachministerium nach Anhörung des Hauptausschusses des Bundesinstituts für Berufsbildung durch Rechtsverordnung, die nicht der Zustimmung des Bundesrates bedarf, Fortbildungsabschlüsse anerkennen und hierfür Prüfungsregelungen erlassen (Anpassungsfortbildungsordnungen).**

**(2) Die Anpassungsfortbildungsordnungen haben festzulegen:**
1. **die Bezeichnung des Fortbildungsabschlusses,**
2. **das Ziel, den Inhalt und die Anforderungen der Prüfung,**
3. **die Zulassungsvoraussetzungen und**
4. **das Prüfungsverfahren.**

**(3) Abweichend von Absatz 1 werden Anpassungsfortbildungsordnungen**
1. **in den Berufen der Landwirtschaft, einschließlich der ländlichen Hauswirtschaft, durch das Bundesministerium für Ernährung und Landwirtschaft im Einvernehmen mit dem Bundesministerium für Bildung und Forschung erlassen und**
2. **in Berufen der Hauswirtschaft durch das Bundesministerium für Wirtschaft und Energie im Einvernehmen mit dem Bundesministerium für Bildung und Forschung erlassen.**

§ 53e BBiG übernimmt teilweise die Regelungen des § 53 BBiG a. F., soweit es um Anpassungsfortbildungen geht. Für das **Handwerk** gilt § 42e HwO. Die Möglichkeit einer bundeseinheitlichen Regelung der beruflichen Fortbil-

---

[2] Gesetzesbegründung BT-Drs. 19/10815, S. 68.

dung durch Rechtsverordnung im Sinne der Anpassungsfortbildung besteht neben der Möglichkeit einer bundeseinheitlichen Regelung der beruflichen Fortbildung durch Fortbildungsordnungen der höherqualifizierenden Berufsbildung. Eine besondere Betonung dieser bisher durch den Verordnungsgeber nicht genutzten Möglichkeit soll damit nicht verbunden sein.[1]

## Abschnitt 2
## Fortbildungsprüfungsregelungen der zuständigen Stellen

### § 54  Fortbildungsprüfungsregelungen der zuständigen Stellen

(1) Sofern für einen Fortbildungsabschluss weder eine Fortbildungsordnung noch eine Anpassungsfortbildungsordnung erlassen worden ist, kann die zuständige Stelle Fortbildungsprüfungsregelungen erlassen. Wird im Fall des § 71 Absatz 8 als zuständige Stelle eine Landesbehörde bestimmt, so erlässt die zuständige Landesregierung die Fortbildungsprüfungsregelungen durch Rechtsverordnung. Die Ermächtigung nach Satz 2 kann durch Rechtsverordnung auf die von ihr bestimmte zuständige Stelle übertragen werden.

(2) Die Fortbildungsprüfungsregelungen haben festzulegen
1. die Bezeichnung des Fortbildungsabschlusses,
2. das Ziel, den Inhalt und die Anforderungen der Prüfungen,
3. die Zulassungsvoraussetzungen für die Prüfung und
4. das Prüfungsverfahren.

(3) Bestätigt die zuständige oberste Landesbehörde,
1. dass die Fortbildungsprüfungsregelungen die Voraussetzungen des § 53b Absatz 2 und 3 sowie des § 53a Absatz 2 erfüllen, so beginnt die Bezeichnung des Fortbildungsabschlusses mit den Wörtern »Geprüfter Berufsspezialist für« oder »Geprüfte Berufsspezialistin für«,
2. dass die Fortbildungsprüfungsregelungen die Voraussetzungen des § 53c Absatz 2 und 3 erfüllen, so beginnt die Bezeichnung des Fortbildungsabschlusses mit den Wörtern »Bachelor Professional in«,
3. dass die Fortbildungsprüfungsregelungen die Voraussetzungen des § 53d Absatz 2 und 3 erfüllen, so beginnt die Bezeichnung des Fortbildungsabschlusses mit den Wörtern »Master Professional in«.

Der Abschlussbezeichnung nach Satz 1 ist in Klammern ein Zusatz beizufügen, aus dem sich zweifelsfrei die zuständige Stelle ergibt, die die Fortbildungsprüfungsregelungen erlassen hat. Die Fortbildungsprüfungsre-

---

[1] Gesetzesbegründung BT-Drs. 19/10815, S. 69.

## Fortbildungsprüfungsregelungen der zuständigen Stellen § 54

gelungen können vorsehen, dass dieser Abschlussbezeichnung eine weitere Abschlussbezeichnung vorangestellt wird.

(4) Eine Abschlussbezeichnung, die in einer von der zuständigen obersten Landesbehörde bestätigten Fortbildungsprüfungsregelung enthalten ist, darf nur führen, wer die Prüfung bestanden hat.

Abschnitt 2 mit § 54 BBiG regelt die Fortbildungsprüfungsregelungen der zuständigen Stellen (§ 71 BBiG). Für das **Handwerk** gilt § 42f HwO. Soweit Rechtsverordnungen nach § 53 bis § 53e BBiG nicht erlassen sind, kann gemäß § 54 BBiG die zuständige Stelle Fortbildungsprüfungsregelungen erlassen. Die zuständige Stelle regelt die Bezeichnung des Fortbildungsabschlusses, Ziel, Inhalt und Anforderungen der Prüfungen, die Zulassungsvoraussetzungen sowie das Prüfungsverfahren. Den zuständigen Stellen wird damit ermöglicht, auf der Grundlage solcher Fortbildungsprüfungsregelungen öffentlich-rechtliche Prüfungen durchzuführen. Sie sind regional ausgerichtet. Der Berufsbildungsausschuss der zuständigen Stelle ist zuständig für den Erlass von Fortbildungsprüfungsregelungen. Er entscheidet selbst, welche Rechtsvorschriften hierzu zu erlassen sind. Es gilt die subsidiäre Allzuständigkeit des Berufsbildungsausschusses (vgl. § 79 Rn. 15). 1

§ 54 Abs. 1 und Abs. 2 BBiG übernehmen die Regelungen des bisherigen § 54 BBiG zu den Fortbildungsprüfungsregelungen der zuständigen Stellen. § 54 Abs. 3 BBiG regelt die Voraussetzungen für die Vergabe von Abschlussbezeichnungen der höherqualifizierenden Berufsbildung durch eine Fortbildungsprüfungsregelung der zuständigen Stellen. Neben den inhaltlichen Voraussetzungen der Regelungen in § 53b, § 53c und § 53d BBiG setzt die Vergabe einer Abschlussbezeichnung durch die zuständige Stelle nach § 54 Abs. 3 BBiG voraus, dass die zuständige oberste Landesbehörde bestätigt, dass die Fortbildungsprüfungsregelung die Voraussetzungen der Absätze 2 und 3 der § 53b, 53c oder 53d (sowie des § 53a Abs. 2 BBiG) erfüllt. Die Bestätigung durch die Aufsichtsbehörde ist im Hinblick auf die qualitative Weiterentwicklung der beruflichen Fortbildung durch Stufen mit einheitlichen, attraktiven und international verständlichen Abschlussbezeichnungen, die durch eine gesonderte Regelung vor missbräuchlicher Verwendung geschützt werden, zum Schutz der höherqualifizierenden Berufsbildung und zur Herstellung eines strukturellen qualitätssichernden Gleichgewichts zur Akkreditierung von Studiengängen erforderlich. Dabei schreibt das Gesetz nicht vor, wie die zuständige oberste Landesbehörde die Expertise für die notwendige Prüfung erlangt. Hierzu können etwa auch Dritte wie das BiBB gutachterlich eingebunden werden.[1] 2

---

1 Gesetzesbegründung BT-Drs. 19/10815, S. 69.

**3** § 54 Abs. 3 Satz 2 BBiG schreibt vor, dass zur Unterscheidung von Abschlussbezeichnungen, die nach einer Rechtsverordnung vergeben werden, die durch eine Fortbildungsprüfungsregelung einer zuständigen Stelle erworbenen Abschlussbezeichnungen mit einem Klammerzusatz zu versehen sind. Dieser Zusatz muss die zuständige Stelle, die die Prüfungsregelungen erlassen hat, in der Abschlussbezeichnung zweifelsfrei erkennbar machen. So soll sichergestellt werden, dass örtliche Regelungen »auf den ersten Blick« von bundesrechtlichen Regelungen abgegrenzt werden können.[2]

**4** § 54 Abs. 3 Satz 3 BBiG regelt die Möglichkeit, eine weitere Bezeichnung voranzustellen entsprechend den Möglichkeiten für Rechtsverordnungen des Bundes. Um auch (nach Prüfung der Fortbildungsprüfungsregelung durch die zuständige oberste Landesbehörde) von der zuständigen Stelle vergebene Abschlussbezeichnungen zu schützen, enthält § 54 Abs. 4 BBiG eine dem Titelschutz bei hochschulischen Abschlüssen vergleichbare Regelung.[3]

## Abschnitt 3
## Ausländische Vorqualifikationen, Prüfungen

### § 55 Berücksichtigung ausländischer Vorqualifikationen

Sofern Fortbildungsordnungen, Anpassungsfortbildungsordnungen oder Fortbildungsprüfungsregelungen nach § 54 Zulassungsvoraussetzungen zu Prüfungen vorsehen, sind ausländische Bildungsabschlüsse und Zeiten der Berufstätigkeit im Ausland zu berücksichtigen.

### § 56 Fortbildungsprüfungen

(1) Für die Durchführung von Prüfungen im Bereich der beruflichen Fortbildung errichtet die zuständige Stelle Prüfungsausschüsse. § 37 Absatz 2 Satz 1 und 2 und Absatz 3 Satz 1 sowie § 39 Absatz 1 Satz 2, Absatz 2 und 3 und die §§ 40 bis 42, 46 und 47 sind entsprechend anzuwenden.

(2) Der Prüfling ist auf Antrag von der Ablegung einzelner Prüfungsbestandteile durch die zuständige Stelle zu befreien, wenn
1. er eine andere vergleichbare Prüfung vor einer öffentlichen oder einer staatlich anerkannten Bildungseinrichtung oder vor einem staatlichen Prüfungsausschuss erfolgreich abgelegt hat und
2. die Anmeldung zur Fortbildungsprüfung innerhalb von zehn Jahren nach der Bekanntgabe des Bestehens der Prüfung erfolgt.

---

2 Gesetzesbegründung BT-Drs. 19/10815, S. 69.
3 Gesetzesbegründung BT-Drs. 19/10815, S. 69.

### § 57 Gleichstellung von Prüfungszeugnissen

Das Bundesministerium für Wirtschaft und Energie oder das sonst zuständige Fachministerium kann im Einvernehmen mit dem Bundesministerium für Bildung und Forschung nach Anhörung des Hauptausschusses des Bundesinstituts für Berufsbildung durch Rechtsverordnung Prüfungszeugnisse, die außerhalb des Anwendungsbereichs dieses Gesetzes oder im Ausland erworben worden sind, den entsprechenden Zeugnissen über das Bestehen einer Fortbildungsprüfung auf der Grundlage der §§ 53b bis 53e und 54 gleichstellen, wenn die in der Prüfung nachzuweisenden beruflichen Fertigkeiten, Kenntnisse und Fähigkeiten gleichwertig sind.

## Kapitel 3
## Berufliche Umschulung

### § 58 Umschulungsordnung

Als Grundlage für eine geordnete und einheitliche berufliche Umschulung kann das Bundesministerium für Bildung und Forschung im Einvernehmen mit dem Bundesministerium für Wirtschaft und Energie oder dem sonst zuständigen Fachministerium nach Anhörung des Hauptausschusses des Bundesinstituts für Berufsbildung durch Rechtsverordnung, die nicht der Zustimmung des Bundesrates bedarf,
1. die Bezeichnung des Umschulungsabschlusses,
2. das Ziel, den Inhalt, die Art und Dauer der Umschulung,
3. die Anforderungen der Umschulungsprüfung und die Zulassungsvoraussetzungen sowie
4. das Prüfungsverfahren der Umschulung

unter Berücksichtigung der besonderen Erfordernisse der beruflichen Erwachsenenbildung bestimmen (Umschulungsordnung).

**Inhaltsübersicht** Rn
1. Gesamtkontext . . . . . . . . . . . . . . . . . . . . . . . . . . . . . . 1–3
2. Umschulungsordnung . . . . . . . . . . . . . . . . . . . . . . . . . . 4–6

### 1. Gesamtkontext

In der **Praxis** spielen Maßnahmen der beruflichen Umschulung durchaus 1
eine bedeutende Rolle. Die Regelungen im BBiG sind nur **fragmentarisch**.
Eine umfassende gesetzliche Regelung der beruflichen Umschulung fehlt
ebenso wie ein Weiterbildungsgesetz (vgl. § 53 Rn. 4). Die berufliche **Um-**

## § 58 Umschulungsordnung

schulung (§ 1 Abs. 5 BBiG) soll zu einer anderen als der zuvor erlernten beruflichen Tätigkeit befähigen. Der Begriff der »Umschulung« setzt nicht zwingend eine vorherige Ausbildung des Umzuschulenden voraus (vgl. § 1 Rn. 15). Anders als die Erstausbildung ist die Umschulung auf eine schnelle Wiedereingliederung des Umschülers in den Arbeitsprozess angelegt.

2 Umschulungsmaßnahmen können stattfinden in überbetrieblichen Einrichtungen wie auch auf der Grundlage vertraglicher Regelungen mit Unternehmen. Auf **betriebliche Umschulungsverhältnisse** sind die Vorschriften über das Berufsausbildungsverhältnis *nicht* anwendbar.[1] Deshalb sind die Vertragsparteien bei der Gestaltung des Inhalts des Umschulungsvertrags weitgehend frei. Kommt es zu Leistungsstörungen, wie etwa einer längeren Erkrankung oder häufigen Kurzerkrankungen des Umzuschulenden, müssen die Vertragsparteien die Folgen selbständig regeln, etwa eine Verlängerung des Umschulungsvertrages. Aus dem BBiG ergeben sich keine Vorgaben. Auch die zuständigen Stellen (§ 71 BBiG) haben hier keine Regelungskompetenzen, auch nicht über Umschulungsprüfungsregelungen gemäß § 59 BBiG. Eine Kompetenz zur Verlängerung der Umschulungszeit durch die zuständige Stelle, wie in § 8 BBiG für die Ausbildungsdauer vorgesehen, ergibt sich aus den §§ 58 bis 63 BBiG nicht.[2]

Erfolgt die Umschulung im Rahmen eines Arbeitsverhältnisses, gelten unter Berücksichtigung der gleichzeitig übernommenen Umschulungsverpflichtung die allgemeinen arbeitsrechtlichen Bestimmungen. Gleichwohl ist der Umschulungsvertrag kein Arbeitsvertrag, weil nicht die Arbeitsleistung, sondern der Umschulungszweck im Vordergrund steht.[3] Schließt der Arbeitnehmer mit seinem Arbeitgeber einen Umschulungsvertrag, ohne dass das Arbeitsverhältnis gekündigt oder in sonstiger Weise beendet wird, so ruht das Arbeitsverhältnis für die Dauer der Umschulung und lebt nach Beendigung der Umschulung automatisch wieder auf.[4]

3 Ein Umschulungsvertrag endet grundsätzlich erst mit Zweckerfüllung, das heißt mit dem erfolgreichen Abschluss der Umschulung. Ist der Umschulungsvertrag für eine bestimmte Zeit geschlossen, endet er mit deren Ablauf (§ 620 BGB). Ein Recht zur ordentlichen Kündigung ist in der Regel ausgeschlossen. Der Umschulungsvertrag kann ausnahmsweise bei Vorliegen eines wichtigen Grundes im Sinne des § 626 BGB fristlos gekündigt werden.[5]

---

1 BAG 12.2.2013 – 3 AZR 120/11, NZA 2014, 31; BAG 19.1.2006 – 6 AZR 638/04, DB 2006, 1739.
2 Im Ergebnis ebenso, mit anderer Begründung: VG Darmstadt 18.9.2003 – 3 E 409/03.
3 BAG 19.1.2006 – 6 AZR 638/04, DB 2006, 1739.
4 BAG 19.1.2006 – 6 AZR 638/04, DB 2006, 1739.
5 Vgl. BAG 19.1.2006 – 6 AZR 638/04, DB 2006, 1739; BAG 15.3.1991 – 2 AZR 516/90, NZA 1992, 452.

## Umschulungsordnung § 58

Die gesetzliche Schriftform des § 623 BGB für Arbeitsverhältnisse gilt *nicht* für die Kündigung eines Umschulungsvertrags, weil es sich eben gerade nicht um ein Arbeitsverhältnis handelt.[6]

### 2. Umschulungsordnung

Als Grundlage für eine geordnete und einheitliche berufliche Umschulung kann das Bundesministerium für Bildung und Forschung im Einvernehmen mit dem Bundesministerium für Wirtschaft und Energie oder dem sonst zuständigen Fachministerium nach Anhörung des Hauptausschusses des Bundesinstituts für Berufsbildung gemäß § 58 BBiG durch **Rechtsverordnung**, die nicht der Zustimmung des Bundesrats bedarf,

- die Bezeichnung des Umschulungsabschlusses,
- das Ziel, den Inhalt, die Art und Dauer der Umschulung,
- die Anforderungen der Umschulungsprüfung und die Zulassungsvoraussetzungen sowie
- das Prüfungsverfahren der Umschulung

unter Berücksichtigung der besonderen Erfordernisse der beruflichen Erwachsenenbildung bestimmen (**Umschulungsordnung**). Von der Struktur her lehnt sich die Regelung zur Umschulung an die Vorschriften zur beruflichen Fortbildung an. Für das **Handwerk** gilt die entsprechende Vorschrift des § 42e HwO. Die **Überwachungs- und Beratungsfunktion** der zuständigen Stelle für die Durchführung von Umschulungsmaßnahmen ist in § 76 BBiG geregelt.

Das Ziel der Maßnahme muss präzise und mit Angaben der Abschlussberechtigung festgelegt werden, um die Befähigung für eine andere Tätigkeit zu gewährleisten. Die Umschulung richtet sich vorwiegend an Erwachsene, die bereits Berufs- und Lebenserfahrung besitzen. Die inhaltliche und methodische Ausrichtung von Umschulungen muss deshalb den besonderen Erfordernissen beruflicher Erwachsenenbildung Rechnung tragen. Zu Maßnahmen der Umschulung zählen nicht nur Umschulungen einzelner Personen, sondern auch Lehrgänge, Kurse oder Seminare für mehrere Personen.

Die Dauer der Umschulung hat den Belangen beruflicher Erwachsenenbildung zu entsprechen. Sie soll den Teilnehmenden die Möglichkeit geben, die Umschulung mit guten Ergebnissen abzuschließen und möglichst übergangslos in einem neuen Beruf arbeiten zu können.

---

6 Vgl. *BAG* 19.1.2006 – 6 AZR 638/04, DB 2006, 1739.

## § 59 Umschulungsprüfungsregelungen der zuständigen Stellen

Soweit Rechtsverordnungen nach § 58 nicht erlassen sind, kann die zuständige Stelle Umschulungsprüfungsregelungen erlassen. Wird im Fall des § 71 Absatz 8 als zuständige Stelle eine Landesbehörde bestimmt, so erlässt die zuständige Landesregierung die Umschulungsprüfungsregelungen durch Rechtsverordnung. Die Ermächtigung nach Satz 2 kann durch Rechtsverordnung auf die ihr bestimmte zuständige Stelle übertragen werden. Die zuständige Stelle regelt die Bezeichnung des Umschulungsabschlusses, Ziel, Inhalt und Anforderungen der Prüfungen, die Zulassungsvoraussetzungen sowie das Prüfungsverfahren unter Berücksichtigung der besonderen Erfordernisse beruflicher Erwachsenenbildung.

1 Die zuständigen Stellen haben gemäß § 59 BBiG die Möglichkeit, eigene Umschulungsprüfungsregelungen zu erlassen, soweit keine bundeseinheitlichen Vorgaben bestehen. Sie sind regional ausgerichtet. Die Umschulungsprüfungsregelungen bestimmen die Bezeichnung des Umschulungsabschlusses, Ziel, Inhalt und Anforderungen der Prüfungen, die Zulassungsvoraussetzungen sowie das Prüfungsverfahren. Für das **Handwerk** gilt die entsprechende Regelung des § 42f HwO.

2 Soweit Rechtsverordnungen nach § 58 BBiG nicht erlassen sind, kann gemäß § 59 BBiG die zuständige Stelle Umschulungsprüfungsregelungen erlassen. Die zuständige Stelle regelt die Bezeichnung des Umschulungsabschlusses, Ziel, Inhalt und Anforderungen der Prüfungen, die Zulassungsvoraussetzungen sowie das Prüfungsverfahren. Umschulungsprüfungsregelungen sollen die besonderen Erfordernisse der beruflichen Erwachsenenbildung berücksichtigen. Den zuständigen Stellen wird damit ermöglicht, auf der Grundlage solcher Umschulungsprüfungsregelungen öffentlich-rechtliche Prüfungen durchzuführen. Sie sind regional ausgerichtet.

3 Der Berufsbildungsausschuss der zuständigen Stelle ist zuständig für den Erlass von Umschulungsprüfungsregelungen. Er entscheidet selbst, welche Rechtsvorschriften hierzu zu erlassen sind. Es gilt die subsidiäre Allzuständigkeit des Berufsbildungsausschusses (vgl. § 79 Rn. 15).

## § 60 Umschulung für einen anerkannten Ausbildungsberuf

Sofern sich die Umschulungsordnung (§ 58) oder eine Regelung der zuständigen Stelle (§ 59) auf die Umschulung für einen anerkannten Ausbildungsberuf richtet, sind das Ausbildungsberufsbild (§ 5 Abs. 1 Nr. 3), der Ausbildungsrahmenplan (§ 5 Abs. 1 Nr. 4) und die Prüfungsanforderungen (§ 5 Abs. 1 Nr. 5) zugrunde zu legen. Die §§ 27 bis 33 gelten entsprechend.

# Umschulungsmaßnahmen; Umschulungsprüfungen § 62

Bei der Umschulung für einen anerkannten Ausbildungsberuf sind die Anforderungen des entsprechenden Berufsbildes zu erfüllen. Deshalb wird ausdrücklich auf das Ausbildungsberufsbild, den Ausbildungsrahmenplan und die Prüfungsanforderungen gemäß § 5 Abs. 1 Nr. 3, 4 und 5 BBiG verwiesen. Damit werden Qualitätskriterien zugrunde gelegt wie in der regulären Berufsausbildung. Darüber hinaus müssen die Träger von Umschulungsmaßnahmen über die Eignungsvoraussetzungen verfügen, wie sie auch für Ausbildungsstätten und Ausbildungspersonal im Rahmen der Berufsausbildung gelten (§§ 27 bis 33 BBiG). Die besonderen Erfordernisse der beruflichen Erwachsenenbildung sind zu berücksichtigen. Für das **Handwerk** gilt die entsprechende Vorschrift des § 42 g HwO.

## § 61 Berücksichtigung ausländischer Vorqualifikationen

**Sofern die Umschulungsordnung (§ 58) oder eine Regelung der zuständigen Stelle (§ 59) Zulassungsvoraussetzungen vorsieht, sind ausländische Bildungsabschlüsse und Zeiten der Berufstätigkeit im Ausland zu berücksichtigen.**

Bei der Prüfung von Zulassungsvoraussetzungen für die Umschulungsordnung (§ 58 BBiG) und für Regelungen der zuständigen Stelle (§ 59 BBiG) sind die im Ausland erworbenen Kompetenzen ganz oder teilweise anzuerkennen. Sachlich entspricht die Vorschrift § 55 BBiG. Für das **Handwerk** gilt die entsprechende Vorschrift § 42h HwO.

## § 62 Umschulungsmaßnahmen; Umschulungsprüfungen

**(1) Maßnahmen der beruflichen Umschulung müssen nach Inhalt, Art, Ziel und Dauer den besonderen Erfordernissen der beruflichen Erwachsenenbildung entsprechen.**

**(2) Umschulende haben die Durchführung der beruflichen Umschulung vor Beginn der Maßnahme der zuständigen Stelle schriftlich anzuzeigen. Die Anzeigepflicht erstreckt sich auf den wesentlichen Inhalt des Umschulungsverhältnisses. Bei Abschluss eines Umschulungsvertrages ist eine Ausfertigung der Vertragsniederschrift beizufügen.**

**(3) Für die Durchführung von Prüfungen im Bereich der beruflichen Umschulung errichtet die zuständige Stelle Prüfungsausschüsse. § 37 Absatz 2 und 3 sowie § 39 Absatz 2 und die §§ 40 bis 42, 46 und 47 gelten entsprechend.**

**(4) Der Prüfling ist auf Antrag von der Ablegung einzelner Prüfungsbestandteile durch die zuständige Stelle zu befreien, wenn er eine andere vergleichbare Prüfung vor einer öffentlichen oder staatlich anerkannten Bildungseinrichtung oder vor einem staatlichen Prüfungsausschuss er-**

# § 62 Umschulungsmaßnahmen; Umschulungsprüfungen

folgreich abgelegt hat und die Anmeldung zur Umschulungsprüfung innerhalb von zehn Jahren nach der Bekanntgabe des Bestehens der anderen Prüfung erfolgt.

**Inhaltsübersicht** Rn
1. Übersicht. . . . . . . . . . . . . . . . . . . . . . . . . . . . . . . . . . . . 1
2. Maßnahmen der beruflichen Umschulung . . . . . . . . . . . . . . . . 2
3. Anzeigepflicht gegenüber der zuständigen Stelle . . . . . . . . . . . . 3
4. Errichtung von Prüfungsausschüssen . . . . . . . . . . . . . . . . . . . 4
5. Befreiung von einzelnen Prüfungsteilen. . . . . . . . . . . . . . . . . . 5

## 1. Übersicht

1 Die Vorschrift verlangt besondere Voraussetzungen für Maßnahmen der beruflichen Umschulung mit Erwachsenen. Die Maßnahmen müssen nach Inhalt, Art, Ziel und Dauer den besonderen Erfordernissen der beruflichen Erwachsenenbildung entsprechen. Darüber hinaus werden die Aufgaben der zuständigen Stellen im Zusammenhang mit Maßnahmen der beruflichen Umschulung beschrieben. Für das **Handwerk** gilt die entsprechende Vorschrift des § 42i HwO.

## 2. Maßnahmen der beruflichen Umschulung

2 § 62 Abs. 1 BBiG weist auf die besondere Zielgruppe von Umschulungsmaßnahmen hin. Die Maßnahmen für Erwachsene müssen methodisch und inhaltlich anders ausgerichtet sein als die Berufsausbildung für junge Menschen. Ziel der Maßnahmen muss sein, die langfristige Beschäftigungsfähigkeit zu unterstützen. Inhalt, Art und Dauer der Maßnahmen sind entsprechend zu gestalten. Unter den Begriff der Maßnahme fallen sowohl Gruppenmaßnahmen als auch Einzelmaßnahmen.

## 3. Anzeigepflicht gegenüber der zuständigen Stelle

3 Teilnehmende an Umschulungsmaßnahmen müssen die zuständige Stelle vor Beginn der beruflichen Umschulungsmaßnahme über ihre Teilnahme schriftlich informieren. Die zuständige Stelle muss informiert sein, wo die Umschulung stattfindet und auf welcher Grundlage umgeschult wird, um ihrer Verpflichtung zur Überwachung nachkommen zu können. Sofern ein schriftlicher Vertrag über die Umschulungsmaßnahme abgeschlossen wurde, ist dieser der zuständigen Stelle in Kopie vorzulegen.

# Gleichstellung von Prüfungszeugnissen § 63

## 4. Errichtung von Prüfungsausschüssen

Für die Durchführung von Prüfungen im Bereich der beruflichen Umschulung errichtet die zuständige Stelle gemäß § 62 Abs. 3 Satz 1 BBiG Prüfungsausschüsse. Bestimmte Regelungen über die Abschlussprüfung bei der Berufsausbildung gelten gemäß § 62 Abs. 3 Satz 2 BBiG entsprechend, nämlich die Regelungen über

- das Prüfungszeugnis (§ 37 Abs. 2 und 3 BBiG),
- die Abnahme von Prüfungen (§ 39 Abs. 2 BBiG),
- die Zusammensetzung und Berufung des Prüfungsausschusses (§ 40 BBiG),
- den Vorsitz, die Beschlussfähigkeit und Abstimmung im Prüfungsausschuss (§ 41 BBiG),
- die Beschlussfassung im Prüfungsausschuss und Bewertung der Abschlussprüfung (§ 42 BBiG),
- die Entscheidung über die Zulassung zur Prüfung (§ 46 BBiG) und über,
- den Erlass einer Prüfungsordnung (§ 47 BBiG).

## 5. Befreiung von einzelnen Prüfungsteilen

Der Prüfling ist auf Antrag von der Ablegung einzelner Prüfungsbestandteile durch die zuständige Stelle zu befreien, wenn er eine andere vergleichbare Prüfung vor einer öffentlichen oder staatlich anerkannten Bildungseinrichtung oder vor einem staatlichen Prüfungsausschuss erfolgreich abgelegt hat und die Anmeldung zur Umschulungsprüfung innerhalb von zehn Jahren nach der Bekanntgabe des Bestehens der anderen Prüfung erfolgt (§ 62 Abs. 4 BBiG).

## § 63 Gleichstellung von Prüfungszeugnissen

**Das Bundesministerium für Wirtschaft und Energie oder das sonst zuständige Fachministerium kann im Einvernehmen mit dem Bundesministerium für Bildung und Forschung nach Anhörung des Hauptausschusses des Bundesinstituts für Berufsbildung durch Rechtsverordnung außerhalb des Anwendungsbereichs dieses Gesetzes oder im Ausland erworbene Prüfungszeugnisse den entsprechenden Zeugnissen über das Bestehen einer Umschulungsprüfung auf der Grundlage der §§ 58 und 59 gleichstellen, wenn die in der Prüfung nachzuweisenden beruflichen Fertigkeiten, Kenntnisse und Fähigkeiten gleichwertig sind.**

Das Bundesministerium für Wirtschaft und Energie kann bestimmen, welche Prüfungszeugnisse den Zeugnissen über das Bestehen einer Umschulungsprüfung gleichgestellt werden. Die Vorschrift entspricht sachlich § 57 BBiG. Für das **Handwerk** gilt § 42j HwO.

# Kapitel 4
# Berufsbildung für besondere Personengruppen

## Abschnitt 1
## Berufsbildung behinderter Menschen

### § 64 Berufsausbildung

**Behinderte Menschen (§ 2 Abs. 1 Satz 1 des Neunten Buches Sozialgesetzbuch) sollen in anerkannten Ausbildungsberufen ausgebildet werden.**

1 Behinderte – ebenso wie nicht behinderte – Menschen sollen in anerkannten Ausbildungsberufen nach der für alle geltenden Ausbildungsordnung gemäß § 4 BBiG ausgebildet werden. Eine Unterscheidung findet grundsätzlich nicht statt. Behinderte Menschen sollen in der Regel gemäß den allgemein gültigen Vorschriften des Berufsbildungsgesetzes ausgebildet werden. Nur soweit dies nach Art und Schwere der Behinderung nicht möglich ist, finden die Ausnahmen nach § 66 und § 67 Anwendung. § 64 knüpft an die Regelung des Art. 3 Abs. 3 Satz 2 GG an, dass niemand wegen seiner Behinderung benachteiligt werden darf. Für das **Handwerk** gilt die entsprechende Vorschrift des § 42k HwO.

2 Die Ausbildung nach allgemein gültigen Regeln sollen die Arbeitsmarktchancen für Menschen mit Behinderung verbessern. Derzeit existieren bundesweit über 900 Sonderausbildungsregelungen für Menschen mit Behinderung, die nur eingeschränkte Beschäftigungsmöglichkeiten bieten. Ausgehend von anerkannten Ausbildungsordnungen sollen bundesweit gültige Durchführungsregelungen erarbeitet werden, die die besonderen Verhältnisse behinderter Menschen berücksichtigen (vgl. § 65).

3 In § 64 BBiG wird ausdrücklich auf § 2 Abs. 1 Satz 1 SGB IX verwiesen, so dass die dortige **Begriffsdefinition der Behinderung** auch für § 64 BBiG maßgeblich ist. Danach sind Menschen mit Behinderungen Menschen, die körperliche, seelische, geistige oder Sinnesbeeinträchtigungen haben, die sie in Wechselwirkung mit einstellungs- und umweltbedingten Barrieren an der gleichberechtigten Teilhabe an der Gesellschaft mit hoher Wahrscheinlichkeit länger als sechs Monate hindern können. Vorausgesetzt wird ein Grad der Behinderung von wenigstens 50, der durch das Versorgungsamt festzustellen ist (§ 152 SGB IX]). Da in § 64 BBiG ausdrücklich nur auf § 2 Abs. 1 Satz 1 SGB IX Bezug genommen wird, fallen Menschen, die »von Behinderung bedroht sind« (§ 2 Abs. 1 Satz 3 SGB IX) nicht in den Anwendungsbereich des § 64. Wegen des Verweises auf § 2 Abs. 1 Satz 1 SGB IX sind auch die den schwerbehinderten Menschen gleichgestellten Personen (was ab einem Grad der Behinderung von 30 möglich ist) gemäß § 2 Abs. 3, § 151

Abs. 3 SGB IX *nicht* in den Anwendungsbereich des § 64 BBiG einbezogen.
Für Ausbildungsverträge mit behinderten Menschen gelten **privatrechtlich** 4
**keine Besonderheiten**, die §§ 10 bis 26 BBiG sind anwendbar.

## § 65 Berufsausbildung in anerkannten Ausbildungsberufen

(1) Regelungen nach den §§ 9 und 47 sollen die besonderen Verhältnisse behinderter Menschen berücksichtigen. Dies gilt insbesondere für die zeitliche und sachliche Gliederung der Ausbildung, die Dauer von Prüfungszeiten, die Zulassung von Hilfsmitteln und die Inanspruchnahme von Hilfeleistungen Dritter wie Gebärdensprachdolmetscher für hörbehinderte Menschen.

(2) Der Berufsausbildungsvertrag mit einem behinderten Menschen ist in das Verzeichnis der Berufsausbildungsverhältnisse (§ 34) einzutragen. Der behinderte Mensch ist zur Abschlussprüfung auch zuzulassen, wenn die Voraussetzungen des § 43 Abs. 1 Nr. 2 und 3 nicht vorliegen.

Die zuständigen Stellen regeln gemäß § 9 BBiG die Durchführung der Berufsausbildung, soweit keine Vorschriften bestehen. Sie sollen dabei gemäß § 65 BBiG die **besonderen Verhältnisse behinderter Menschen berücksichtigen**. Obwohl diese Vorschrift als Soll-Vorschrift formuliert wurde, ist § 65 BBiG als Pflichtauftrag für die zuständigen Stellen anzusehen.[1] 1

Auch **Prüfungsordnungen** gemäß § 47 BBiG sollen die besonderen Verhältnisse behinderter Menschen berücksichtigen. Dies gilt vor allem für die zeitliche und sachliche Gliederung der Ausbildung, die Dauer von Prüfungszeiten sowie die Zulassung von Hilfsmitteln und die Inanspruchnahme von Hilfeleistungen Dritter wie Gebärdensprachdolmetscher für hörbehinderte Menschen. Je nach Ausbildungsberuf und Art der Behinderung kann die Gewährung einer Kompensation (»Nachteilsausgleich«) wegen einer körperlichen oder einer anderen Beeinträchtigung etwa durch eine zeitliche Verlängerung der Prüfungszeit oder die Gewährung zusätzlicher Pausen während der Prüfung angezeigt sein.[2] 2

Die Berücksichtigung der besonderen Verhältnisse behinderter Menschen bei Prüfungsordnungen berechtigt nicht dazu, geringere Leistungen als in den Prüfungsanforderungen vorgesehen zu verlangen oder eine günstigere Beurteilung der Prüfungsleistung vorzunehmen.[3] 3

Der Berufsausbildungsvertrag mit einem behinderten Menschen ist gemäß 4
§ 65 Abs. 2 Satz 1 BBiG in das **Verzeichnis der Berufsausbildungsverhält-**

---
1 Vgl. *Benecke/Hergenröder* BBiG § 65 Rn. 3; *Leinemann/Taubert* BBiG § 65 Rn. 3.
2 Vgl. *VG Saarland* 5. 3. 2009 – 1 K 643/08.
3 Vgl. *VGH Baden-Württemberg* 31. 3. 1977, EzB §§ 48, 49 BBiG Nr. 1.

nisse (§ 34 BBiG) einzutragen. Die **Eintragungspflicht** ist zwingend.[4] Diese gilt auch dann, wenn die Ausbildung in außerbetrieblichen Ausbildungsstätten, etwa in Einrichtungen der beruflichen Rehabilitation (Berufsbildungswerke für Behinderte), durchgeführt wird.[5]

5 Die **Zulassung zur Abschlussprüfung** regelt sich gemäß § 43 Abs. 1 BBiG, wobei § 65 Abs. 2 Satz 2 BBiG Abweichungen zulässt. Auch behinderte Menschen müssen gemäß § 43 Abs. 1 Nr. 1 BBiG die Ausbildungsdauer zurückgelegt haben oder ihre Ausbildung darf nicht später als zwei Monate nach dem Prüfungstermin enden (vgl. § 43 Rn. 4). Die Zulassungsvoraussetzungen gemäß § 43 Abs. 1 Nr. 2 und Nr. 3 BBiG (vgl. § 43 Rn. 1) müssen jedoch bei behinderten Menschen nicht zwingend vorliegen.

## § 66 Ausbildungsregelungen der zuständigen Stellen

**(1) Für behinderte Menschen, für die wegen Art und Schwere ihrer Behinderung eine Ausbildung in einem anerkannten Ausbildungsberuf nicht in Betracht kommt, treffen die zuständigen Stellen auf Antrag der behinderten Menschen oder ihrer gesetzlichen Vertreter oder Vertreterinnen Ausbildungsregelungen entsprechend den Empfehlungen des Hauptausschusses des Bundesinstituts für Berufsbildung. Die Ausbildungsinhalte sollen unter Berücksichtigung von Lage und Entwicklung des allgemeinen Arbeitsmarktes aus den Inhalten anerkannter Ausbildungsberufe entwickelt werden. Im Antrag nach Satz 1 ist eine Ausbildungsmöglichkeit in dem angestrebten Ausbildungsgang nachzuweisen.**
**(2) § 65 Abs. 2 Satz 1 gilt entsprechend.**

1 Nur soweit es nach Art und Schwere der Behinderung nicht möglich ist, behinderte Menschen gemäß den allgemein gültigen Ausbildungsvorschriften auszubilden, findet § 66 BBiG Anwendung. Die zuständigen Stellen treffen in diesen Fällen besondere Ausbildungsregelungen auf der Grundlage der Empfehlungen des Hauptausschusses beim Bundesinstitut für Berufsbildung. Die entsprechenden Ausbildungsregelungen und -angebote müssen den Neigungen und Fähigkeiten von behinderten Menschen entsprechen, um ihnen dadurch Chancen auf dem allgemeinen Arbeitsmarkt und zum lebenslangen Lernen zu eröffnen. Für das **Handwerk** gilt die entsprechende Vorschrift des § 42 m HwO. Der Berufsausbildungsvertrag im Sinne des § 66 BBiG ist ebenfalls in das **Verzeichnis der Berufsausbildungsverhältnisse** (§ 34 BBiG) einzutragen, wie sich aus § 66 Abs. 2 BBiG mit dem Verweis auf die entsprechende Anwendung des § 65 Abs. 2 Satz 1 BBiG ergibt. Die **Eintragungspflicht** ist zwingend.

---

4 Vgl. *Benecke/Hergenröder* BBiG § 65 Rn. 6.
5 Vgl. *Leinemann/Taubert* BBiG § 65 Rn. 9.

## Berufliche Fortbildung, berufliche Umschulung § 67

Auf **Antrag** von Menschen mit Behinderung sind zuständige Stellen gehalten, besondere Ausbildungsregelungen festzulegen. Es liegt nicht im Ermessen der zuständigen Stellen zu entscheiden, ob sie besondere Ausbildungsregelungen treffen, sie müssen bei Vorliegen eines Antrages handeln. Andererseits dürfen sie entsprechende Regelungen auch nur treffen, wenn ein solcher Antrag vorliegt. Anträge können nur von Einzelpersonen gestellt werden. Im Antrag ist eine Ausbildungsmöglichkeit in dem angestrebten Ausbildungsgang nachzuweisen. Hiermit soll sichergestellt werden, dass die angestrebte Ausbildung auch tatsächlich absolviert werden kann.

2

Der Erlass einer Ausbildungsregelung nach § 66 BBiG (§ 42 m HwO) ist als wichtige Angelegenheit nach § 79 anzusehen. Der Berufsbildungsausschuss ist insofern über Ausbildungsregelungen gemäß § 66 BBiG (§ 42 m HwO) zu unterrichten und anzuhören.

3

Der Hauptausschuss des Bundesinstituts für Berufsbildung (BIBB) hat die Empfehlung »Rahmenregelung für Ausbildungsregelungen für behinderte Menschen gemäß § 66 BBiG/§ 42m HwO« verabschiedet (Beschluss vom 17.12.2009, geändert am 15.12.2010; *http://www.bibb.de/dokumente/pdf/HA136.pdf*).

4

Die Rahmenregelung beinhaltet gesonderte Anforderungen an die Ausbilder und Ausbilderinnen. Hierzu hat der Hauptausschuss des BiBB am 21.6.2012 eine Empfehlung für ein »Rahmencurriculum für eine Rehabilitationspädagogische Zusatzqualifikation für Ausbilderinnen und Ausbilder (ReZA)« beschlossen *(http://www.bibb.de/dokumente/pdf/HA154.pdf)*.

## § 67 Berufliche Fortbildung, berufliche Umschulung

**Für die berufliche Fortbildung und die berufliche Umschulung behinderter Menschen gelten die §§ 64 bis 66 entsprechend, soweit es Art und Schwere der Behinderung erfordern.**

Durch die Vorschrift gelten die Bestimmungen der §§ 64 bis 66 BBiG auch für die berufliche Fortbildung und die berufliche Umschulung, allerdings nur soweit es Art und Schwere der Behinderung erfordern. Für das **Handwerk** gilt die entsprechende Vorschrift des § 42n HwO.

1

# Abschnitt 2
# Berufsausbildungsvorbereitung

## § 68 Personenkreis und Anforderungen

(1) Die Berufsausbildungsvorbereitung richtet sich an lernbeeinträchtigte oder sozial benachteiligte Personen, deren Entwicklungsstand eine erfolgreiche Ausbildung in einem anerkannten Ausbildungsberuf noch nicht erwarten lässt. Sie muss nach Inhalt, Art, Ziel und Dauer den besonderen Erfordernissen des in Satz 1 genannten Personenkreises entsprechen und durch umfassende sozialpädagogische Betreuung und Unterstützung begleitet werden.

(2) Für die Berufsausbildungsvorbereitung, die nicht im Rahmen des Dritten Buches Sozialgesetzbuch oder anderer vergleichbarer, öffentlich geförderter Maßnahmen durchgeführt wird, gelten die §§ 27 bis 33 entsprechend.

| Inhaltsübersicht | Rn |
|---|---|
| 1. Normkontext | 1–3 |
| 2. Regelungsinhalt | 4–7 |
|    a. Personenkreis | 4 |
|    b. Anforderungen an die Maßnahmen der Berufsausbildungsvorbereitung | 5, 6 |
|    c. Anzuwendende Vorschriften | 7 |
| 3. Anbieter der Berufsausbildungsvorbereitung | 8 |
| 4. Betriebliche Berufsausbildungsvorbereitung | 9, 10 |

## 1. Normkontext

**1** Die Berufsausbildungsvorbereitung dient dem Ziel, durch die Vermittlung von Grundlagen für den Erwerb beruflicher Handlungsfähigkeit an eine Berufsausbildung in einem anerkannten Ausbildungsberuf heranzuführen (§ 1 Abs. 2 BBiG). Für das **Handwerk** gilt die Parallelvorschrift in § 42o HwO. Die Berufsausbildungsvorbereitung richtet sich an **Zielgruppen mit besonderem Förderbedarf**, die aufgrund persönlicher oder sozialer »Defizite« einer besonderen Förderung bedürfen und mit dieser eine berufliche **Teilqualifizierung** erhalten sollen. Durch die Aufnahme der Berufsausbildungsvorbereitung in das BBiG soll die Bedeutung ausbildungsvorbereitender Bildungsmaßnahmen hervorgehoben und eine engere inhaltliche und organisatorische Orientierung auf eine anschließende reguläre Berufsausbildung erreicht werden. Die Berufsausbildungsvorbereitung ist aber – wie die Zielbestimmung in § 1 Abs. 2 BBiG deutlich macht – ausdrücklich von der Be-

## Personenkreis und Anforderungen §68

rufsausbildung (§ 1 Abs. 3 BBiG) abgegrenzt.[1] Sie dient der **Heranführung an eine reguläre Berufsausbildung** in einem anerkannten Ausbildungsberuf nach dem BBiG. Die **Agentur für Arbeit** kann förderungsbedürftige junge Menschen durch **berufsvorbereitende Bildungsmaßnahmen** fördern, um sie auf die Aufnahme einer Berufsausbildung vorzubereiten oder um ihnen die berufliche Eingliederung zu erleichtern, wenn die Aufnahme einer Berufsausbildung wegen in ihrer Person liegender Gründe nicht möglich ist (§ 51 Abs. 1 SGB III). Im Rahmen dessen können abgestimmt auf den individuellen Förderungsbedarf in angemessenem Umfang **betriebliche Praktika** vorgesehen werden (§ 51 Abs. 4 SGB III).

Bei den ausbildungsvorbereitenden Maßnahmen soll es sich vor allem um solche Maßnahmen handeln, die durch die Bundesagentur für Arbeit gefördert werden.[2] Die Berufsausbildungsvorbereitung im Sinne des BBiG ist enger zu verstehen als die Berufsvorbereitung im Sinne des SGB III, da berufsvorbereitende Bildungsmaßnahmen nach den §§ 51 ff. SGB III neben der Vorbereitung auf die Aufnahme einer Ausbildung auch der beruflichen Eingliederung dienen können.[3]   2

Die Berufsausbildungsvorbereitung soll die **Persönlichkeitsentwicklung fördern** und **Defizite ausgleichen.** In erster Linie wird das dadurch praktiziert, dass auf der Grundlage bestehender Ausbildungsordnungen **Qualifizierungsbausteine** entwickelt werden. Jugendliche und junge Erwachsene, die auf der Grundlage der Berufsausbildungsvorbereitung den Übergang in eine reguläre Berufsausbildung nicht oder noch nicht bewältigen, sollen durch die Berufsausbildungsvorbereitung bessere Chancen auf dem Arbeitsmarkt eröffnet werden.[4]   3

### 2. Regelungsinhalt

#### a. Personenkreis

Die Berufsausbildungsvorbereitung richtet sich gemäß § 68 Abs. 1 Satz 1 BBiG an **lernbeeinträchtigte oder sozial benachteiligte Personen,** deren Entwicklungsstand eine erfolgreiche Ausbildung in einem anerkannten Ausbildungsberuf noch nicht erwarten lässt. Gemeint sind damit vor allem Personen mit schwachem oder fehlendem Hauptschul- oder vergleichbarem Abschluss bei Beendigung der allgemeinen Schulpflicht sowie Jugendliche, für die Hilfe zur Erziehung nach den §§ 27 ff. SGB VIII geleistet wird, ehemals drogenabhängige Jugendliche, strafentlassene Jugendliche oder junge   4

---

1 Vgl. *Natzel,* DB 2002, 719.
2 Vgl. die Gesetzesbegründung, BT-Drs. 15/26, S. 29.
3 Vgl. die Gesetzesbegründung, BT-Drs. 15/26, S. 29.
4 Vgl. die Gesetzesbegründung, BT-Drs. 15/26, S. 29.

Strafgefangene, jugendliche Spätaussiedler oder ausländische Jugendliche mit Sprachdefiziten.[5] Es ist aber nicht so, dass ausschließlich bei Vorliegen einer besonderen sozialen Indikation (z. B. Drogenabhängigkeit) eine Berufsausbildungsvorbereitung möglich oder angezeigt ist. Vielmehr richtet sich diese allgemein an Jugendliche, die aufgrund schulischer oder in der Person liegender oder sozialisationsbedingter Mängel unzureichend auf die Aufnahme eines Berufsausbildungsverhältnisses vorbereitet sind.[6]

### b. Anforderungen an die Maßnahmen der Berufsausbildungsvorbereitung

5 Die Maßnahmen der Berufsausbildungsvorbereitung müssen nach **Inhalt, Art, Ziel und Dauer** den besonderen Erfordernissen des in § 68 Abs. 1 Satz 1 BBiG genannten Personenkreises entsprechen und durch **umfassende sozialpädagogische Betreuung und Unterstützung** begleitet werden (§ 68 Abs. 1 Satz 2 BBiG). Sie dienen der Vermittlung von Grundlagen für den Erwerb beruflicher Handlungsfähigkeit, die neben dem Erlernen fachspezifischer Fertigkeiten auch eine Verbesserung der bildungsmäßigen Voraussetzungen (wie etwa das Nachholen des Hauptschulabschlusses) und eine Verstärkung sozialer Kompetenzen (Teamfähigkeit, Kommunikationsfähigkeit) umfassen kann.[7] Grundlegendes Ziel ist die spätere Aufnahme einer Berufsausbildung.

6 Ob die verpflichtend ausgestaltete Anforderung an die Berufsausbildungsvorbereitung, dass diese »durch umfassende sozialpädagogische Betreuung und Unterstützung begleitet werden« »muss«, in jedem Fall anzunehmen ist, scheint zweifelhaft.[8] Man wird die gesetzliche Regelung dahin interpretieren können, dass die sozialpädagogische Betreuung nur soweit »umfassend« sein muss, wie dies im Einzelfall auch wirklich erforderlich ist. Die Verpflichtung zur sozialpädagogischen Betreuung und Unterstützung wird also durch den Grundsatz der Erforderlichkeit beschränkt.

### c. Anzuwendende Vorschriften

7 Für die Berufsausbildungsvorbereitung, die nicht im Rahmen des SGB III oder anderer vergleichbarer, öffentlich geförderter Maßnahmen durchgeführt wird, sondern im **Betrieb**, gelten die Regelungen des BBiG über die

---

5 Vgl. die Gesetzesbegründung, BT-Drs. 15/26, S. 30.
6 Vgl. *Natzel*, DB 2002, 719.
7 Vgl. die Gesetzesbegründung, BT-Drs. 15/26, S. 30.
8 Skeptisch auch *Natzel*, DB 2002, 719, der diese Verpflichtung als »zu weitgehend« und »aufgrund ihrer Kostenträchtigkeit geradezu kontraproduktiv« ansieht.

## Personenkreis und Anforderungen § 68

Eignung von Ausbildungsstätte und Ausbildungspersonal (§§ 27 bis 33 BBiG) entsprechend (§ 68 Abs. 2 BBiG).

### 3. Anbieter der Berufsausbildungsvorbereitung

Anbieter der Berufsausbildungsvorbereitung können Bildungsträger sein, die (im Regelfall nach dem SGB III geförderte) entsprechende Maßnahmen anbieten, aber auch – insoweit abweichend von der Förderung nach dem SGB III – Unternehmen (Betriebe). Die Personen, die an öffentlich geförderten Maßnahmen bei Bildungsträgern teilnehmen, stehen im Regelfall zur Arbeitsverwaltung in einem öffentlich-rechtlichen Leistungsverhältnis. Ein gesonderter Vergütungsanspruch (etwa gemäß § 26 i. V. m. § 17 BBiG) besteht in diesen Fällen nicht. Durch die Teilnahme an entsprechenden Maßnahmen werden weder ein Arbeitsverhältnis noch ein Ausbildungsvertrag oder ein anderes Vertragsverhältnis i. S. d. § 26 BBiG begründet.[9]  8

Häufig handelt es sich um einen dreiseitigen Vertrag, an dem erstens die Person beteiligt ist, die im Rahmen einer berufsvorbereitenden Bildungsmaßnahme nach § 51 SGB III gefördert wird, zweitens die Agentur für Arbeit und drittens der Bildungsträger, der die Bildungsmaßnahme durchführt. Wenn im Rahmen von **berufsvorbereitenden Bildungsmaßnahmen**, die von der **Agentur für Arbeit** gefördert werden (§ 51 Abs. 1 SGB III), **betriebliche Praktika** durchgeführt werden (§ 51 Abs. 4 SGB III), wird in der Regel ein Rechtsverhältnis zum Unternehmen/Betrieb, in dem das Praktikum durchgeführt wird, nicht begründet, weil es sich lediglich um einen Teil der öffentlich-rechtlichen Leistungsbeziehung zur Agentur für Arbeit handelt.[10]

### 4. Betriebliche Berufsausbildungsvorbereitung

Bei der betrieblichen Berufsausbildungsvorbereitung wird zwischen dem Unternehmensträger und dem jungen Menschen ein **privat-rechtlicher Qualifizierungsvertrag** geschlossen. Es handelt sich weder um ein Berufsausbildungsverhältnis noch um ein Arbeitsverhältnis, sondern um ein »anderes Vertragsverhältnis« im Sinne des § 26 BBiG,[11] so dass die für die Berufsausbildung geltenden Schutznormen, die §§ 10 bis 23 BBiG und § 25 BBiG nach näherer Maßgabe des § 26 BBiG anzuwenden sind.  9

---

9 Vgl. *LAG Hamm* 24. 2. 2000 – 17 Sa 1654/99.
10 Jedenfalls wird kein Arbeitsverhältnis begründet; vgl. *LAG Hamm* 5. 12. 2014 – 1 Sa 1152/14, NZA-RR 2015, 117.
11 Vgl. die Gesetzesbegründung, BT-Drs. 15/26, S. 30; zweifelnd *Natzel*, DB 2002, 719 [720f.].

Wenn Arbeitgeber eine **betriebliche Einstiegsqualifizierung** durchführen, können diese durch die Agentur für Arbeit durch Zuschüsse zur Vergütung finanziell gefördert werden. Für diesen Fall ist gesetzlich ausdrücklich geregelt, dass eine Förderung durch die Agentur für Arbeit nur erfolgen kann, wenn diese auf der Grundlage eines Vertrages nach § 26 BBiG durchgeführt wird (§ 54a Abs. 2 Nr. 1 SGB III).

10 So besteht ein **Anspruch auf eine angemessene Vergütung** (§ 17 i. V. m. § 26 BBiG). Maßstab für die »Angemessenheit« der Vergütung ist allerdings nicht die reguläre Ausbildungsvergütung, weil es sich bei der Berufsausbildungsvorbereitung gerade nicht um ein Berufsausbildungsverhältnis handelt. Zudem gilt auch der besondere **Kündigungsschutz** gemäß § 22 BBiG. Für **Rechtsstreitigkeiten** aus einem betrieblichen Berufsausbildungsvorbereitungsvertrag ist der Rechtsweg zu den Arbeitsgerichten gegeben (entsprechend § 5 Abs. 1 Satz 1 ArbGG). Der Schlichtungsausschuss für Streitigkeiten aus dem Berufsausbildungsverhältnis (vgl. § 10 Rn. 55ff.) ist nicht zuständig, da eben gerade kein Berufsausbildungsverhältnis besteht.

Gemäß § 130 Abs. 1 Satz 1 SGB III kann die Agentur für Arbeit förderungsbedürftige junge Menschen und deren Ausbildungsbetriebe während einer betrieblichen Berufsausbildung (ausbildungsbegleitende Phase) durch **Maßnahmen der Assistierten Ausbildung** mit dem Ziel des erfolgreichen Abschlusses der Berufsausbildung unterstützen.[12] Voraussetzung ist in dem Fall das Bestehen eines Berufsausbildungsverhältnisses; dies hat also mit einer Berufsausbildungsvorbereitung nichts zu tun. Allerdings kann die Maßnahme der assistierten Ausbildung gemäß § 130 Abs. 1 Satz 2 SGB III auch eine **vorgeschaltete ausbildungsvorbereitende Phase** enthalten. Im Rahmen der ausbildungsvorbereitenden Phase können **betriebliche Praktika** vorgesehen werden (§ 130 Abs. 5 Satz 5 SGB III). Nach dem ausdrücklichen Willen des Gesetzgebers soll in dem Fall kein Anspruch auf eine Ausbildungsvergütung bestehen.[13]

### § 69 Qualifizierungsbausteine, Bescheinigung

**(1) Die Vermittlung von Grundlagen für den Erwerb beruflicher Handlungsfähigkeit (§ 1 Abs. 2) kann insbesondere durch inhaltlich und zeitlich abgegrenzte Lerneinheiten erfolgen, die aus den Inhalten anerkannter Ausbildungsberufe entwickelt werden (Qualifizierungsbausteine).**

---

12 Die Assistierte Ausbildung gemäß § 130 SGB III ist mit Wirkung vom 1.5.2015 durch Artikel 1b des Fünften Gesetzes zur Änderung des Vierten Buches Sozialgesetzbuch und anderer Gesetze vom 15.4.2015 (BGBl. I S. 583) neu in das SGB III eingefügt worden.

13 So ausdrücklich die Gesetzesbegründung des Ausschusses für Arbeit und Soziales, BT-Drs. 18/4114, S. 29.

## Qualifizierungsbausteine, Bescheinigung § 69

(2) Über vermittelte Grundlagen für den Erwerb beruflicher Handlungsfähigkeit stellt der Anbieter der Berufsausbildungsvorbereitung eine Bescheinigung aus. Das Nähere regelt das Bundesministerium für Bildung und Forschung im Einvernehmen mit den für den Erlass von Ausbildungsordnungen zuständigen Fachministerien nach Anhörung des Hauptausschusses des Bundesinstituts für Berufsbildung durch Rechtsverordnung, die nicht der Zustimmung des Bundesrates bedarf.

| Inhaltsübersicht | Rn |
|---|---|
| 1. Qualifizierungsbausteine | 1, 2 |
| 2. Bescheinigung über vermittelte Lerneinheiten | 3–5 |
| 3. Zeugnisanspruch | 6 |
| 4. Text der Berufsausbildungsvorbereitungs-Bescheinigungsverordnung – BAVBVO | 7 |

### 1. Qualifizierungsbausteine

Für das **Handwerk** gilt die Parallelvorschrift in § 42p HwO. Die Vermittlung 1
von Grundlagen für den Erwerb beruflicher Handlungsfähigkeit (§ 1 Abs. 2 BBiG) kann »insbesondere« gemäß § 69 Abs. 1 BBiG durch inhaltlich und zeitlich abgegrenzte Lerneinheiten erfolgen, die aus den Inhalten anerkannter Ausbildungsberufe entwickelt werden (Qualifizierungsbausteine). Es geht dabei um inhaltlich und zeitlich abgegrenzte Lerneinheiten, die sich einerseits an bestehende Ausbildungsordnungen anlehnen, weil die Berufsausbildungsvorbereitung auf eine reguläre Berufsausbildung hinführen soll. Andererseits geht es um abgegrenzte Lerneinheiten, weil die Zielgruppen der Berufsausbildungsvorbereitung in ihrer Persönlichkeitsentwicklung usw. noch nicht hinreichend ausgeprägt sind, dass sie bereits eine reguläre Berufsausbildung absolvieren könnten. Die Bausteine können aus demselben oder auch aus verschiedenen Ausbildungsberufen entnommen werden.[1]

Neben den Qualifizierungsbausteinen bleiben aber andere mögliche Be- 2
standteile der Berufsausbildungsvorbereitung (»**insbesondere**«) bestehen, etwa die Möglichkeit des nachträglichen Erwerbs des Hauptschulabschlusses. Damit kann die Berufsausbildungsvorbereitung inhaltlich wie zeitlich individuell auf die verschiedenen Bedürfnisse der betreffenden Personengruppen angepasst werden.[2]

### 2. Bescheinigung über vermittelte Lerneinheiten

Über vermittelte Grundlagen für den Erwerb beruflicher Handlungsfähig- 3
keit stellt der Anbieter der Berufsausbildungsvorbereitung eine **Bescheini-**

---

1 Vgl. *Natzel*, DB 2002, 719.
2 Vgl. *Natzel*, DB 2002, 719.

gung aus (§ 69 Abs. 2 Satz 1 BBiG). Das Gesetz sieht somit als Regelfall vor, die Berufsausbildungsvorbereitung mit einer Bescheinigung abzuschließen. Diese soll die Anrechnung der Ausbildungsvorbereitung auf eine anschließende reguläre Berufsausbildung erleichtern.

**4** Bei nachgewiesenem erfolgreichem Erwerb ausbildungsbezogener Qualifikationen im Rahmen der Berufsausbildungsvorbereitung kommt im Falle einer einschlägigen anschließenden regulären Berufsausbildung eine **Verkürzung der Ausbildungsdauer** gemäß § 8 Abs. 1 BBiG in Betracht.

**5** § 69 Abs. 2 Satz 2 BBiG enthält eine **Verordnungsermächtigung**. Das Nähere hinsichtlich der Bescheinigung der Lerneinheiten regelt das Bundesministerium für Bildung und Forschung im Einvernehmen mit den für den Erlass von Ausbildungsordnungen zuständigen Fachministerien nach Anhörung des Hauptausschusses des Bundesinstituts für Berufsbildung durch **Rechtsverordnung**, die nicht der Zustimmung des Bundesrats bedarf. Insoweit gilt die Verordnung über die Bescheinigung von Grundlagen beruflicher Handlungsfähigkeit im Rahmen der Berufsausbildungsvorbereitung (**Berufsausbildungsvorbereitungs-Bescheinigungsverordnung** – BAVBVO) vom 16.7.2003 (BGBl. I, S. 1472), die durch das Berufsbildungsreformgesetz nicht aufgehoben worden ist (vgl. Rn. 7).

### 3. Zeugnisanspruch

**6** Unabhängig von dem Anspruch auf die Bescheinigung gemäß § 69 Abs. 2 BBiG besteht im Falle betrieblicher Berufsausbildungsvorbereitung gegenüber dem Anbieter der Berufsausbildungsvorbereitung ein Anspruch auf ein **Zeugnis**. Das folgt aus § 16 i. V. m. § 26 BBiG. Die Konstellation ist vergleichbar mit dem Anspruch auf ein Zeugnis über die Abschlussprüfung bei anerkannten Ausbildungsberufen (§ 37 Abs. 2 BBiG). Auch in dem Fall besteht unabhängig von diesem Anspruch der Zeugnisanspruch gegenüber dem Ausbildenden. Im Falle der Berufsausbildungsvorbereitung kann entsprechend nichts anderes gelten.

### 4. Text der Berufsausbildungsvorbereitungs-Bescheinigungsverordnung – BAVBVO

**7** Verordnung über die Bescheinigung von Grundlagen beruflicher Handlungsfähigkeit im Rahmen der Berufsausbildungsvorbereitung (Berufsausbildungsvorbereitungs-Bescheinigungsverordnung – BAVBVO)

Vom 16. Juli 2003 (BGBl. I S. 1472)
Auf Grund des § 51 Abs. 2 Satz 2 in Verbindung mit Satz 1 und Absatz 1 sowie mit § 50 Abs. 2 des Berufsbildungsgesetzes vom 14. August 1969 (BGBl. I S. 1112), die durch Artikel 9 des Gesetzes vom 23. Dezember 2002 (BGBl. I S. 4621) eingefügt worden

## Qualifizierungsbausteine, Bescheinigung § 69

sind, verordnet das Bundesministerium für Bildung und Forschung nach Anhörung des Ständigen Ausschusses des Bundesinstituts für Berufsbildung im Einvernehmen mit dem Bundesministerium des Inneren, dem Bundesministerium der Justiz, dem Bundesministerium für Wirtschaft und Arbeit, dem Bundesministerium für Verbraucherschutz, Ernährung und Landwirtschaft, dem Bundesministerium für Gesundheit und Soziale Sicherung, dem Bundesministerium für Verkehr, Bau- und Wohnungswesen und dem Bundesministerium für Umwelt, Naturschutz und Reaktorsicherheit:

### § 1 Anwendungsbereich
Diese Verordnung regelt die Ausstellung der Bescheinigung über die im Rahmen einer Berufsausbildungsvorbereitung nach dem Berufsbildungsgesetz erworbenen Grundlagen beruflicher Handlungsfähigkeit (§ 51 Abs. 2 Satz 1 des Berufsbildungsgesetzes).

### § 2 Allgemeine Anforderungen an die Bescheinigung
Die Bescheinigung über die in der Berufsausbildungsvorbereitung erworbenen Grundlagen beruflicher Handlungsfähigkeit enthält mindestens Angaben über
1. den Namen und die Anschrift des Anbieters der Berufsausbildungsvorbereitung,
2. den Namen und die Anschrift der teilnehmenden Person,
3. die Dauer der Maßnahme und
4. die Beschreibung der vermittelten Inhalte.

### § 3 Bescheinigung und Dokumentation von Qualifizierungsbausteinen
(1) Soweit die Vermittlung von Grundlagen beruflicher Handlungsfähigkeit durch Qualifizierungsbausteine (§ 51 Abs. 1 des Berufsbildungsgesetzes) erfolgt, die als inhaltlich und zeitlich abgegrenzte Lerneinheiten
1. zur Ausübung einer Tätigkeit befähigen, die Teil einer Ausbildung in einem anerkannten Ausbildungsberuf oder einer gleichwertigen Berufsausbildung ist (Qualifizierungsziel),
2. einen verbindlichen Bezug zu den im Ausbildungsrahmenplan der entsprechenden Ausbildungsordnung enthaltenen Fertigkeiten und Kenntnissen oder zu den Ausbildungsinhalten einer gleichwertigen Berufsausbildung aufweisen,
3. einen Vermittlungsumfang von wenigstens 140 und höchstens 420 Zeitstunden umfassen sollen und
4. durch eine Leistungsfeststellung abgeschlossen werden,

richtet sich ihre Bescheinigung nach den Vorschriften der §§ 4 bis 7.
(2) Für jeden Qualifizierungsbaustein hat der Anbieter eine Beschreibung nach Maßgabe der Anlage 1 zu erstellen, in der die Bezeichnung des Bausteins, der zugrunde liegende Ausbildungsberuf, das Qualifizierungsziel, die hierfür zu vermittelnden Tätigkeiten unter Bezugnahme auf die im Ausbildungsrahmenplan der entsprechenden Ausbildungsordnung enthaltenen Fertigkeiten und Kenntnisse oder die Ausbildungsinhalte einer gleichwertigen Berufsausbildung, die Dauer der Vermittlung sowie die Art der Leistungsfeststellung festzuhalten sind (Qualifizierungsbild).

### § 4 Bestätigung des Qualifizierungsbildes
Auf Antrag des Anbieters der Berufsausbildungsvorbereitung bestätigt die zuständige Stelle die Übereinstimmung des Qualifizierungsbildes mit den Vorgaben des § 3. Die Bestätigung ist auf der nach § 7 Abs. 3 beizufügenden Abschrift des Qualifizierungsbildes aufzuführen.

### § 5 Ermittlung der Befähigung

(1) Zur Ermittlung der Befähigung bei Beendigung eines Qualifizierungsbausteins hat der Anbieter der Berufsausbildungsvorbereitung durch eine Leistungsfeststellung zu beurteilen, ob und mit welchem Erfolg die teilnehmende Person das Qualifizierungsziel erreicht hat.

(2) Die Leistungsfeststellung erstreckt sich auf die im Qualifizierungsbild niedergelegten Fertigkeiten und Kenntnisse.

### § 6 Leistungsbewertung

Hat die teilnehmende Person das Qualifizierungsziel erreicht, gelten folgende Bewertungen:
1. »hat das Qualifizierungsziel mit gutem Erfolg erreicht«, wenn die Leistung den Anforderungen voll entspricht,
2. »hat das Qualifizierungsziel mit Erfolg erreicht«, wenn die Leistung den Anforderungen auch unter Berücksichtigung von Mängeln im Allgemeinen entspricht.

### § 7 Zeugnis und Teilnahmebescheinigung

(1) Über das Ergebnis der Leistungsfeststellung nach Maßgabe des § 5 stellt der Anbieter der Berufsausbildungsvorbereitung bei Erreichen des Qualifizierungsziels ein Zeugnis gemäß der Anlage 2 aus.

(2) Erreicht die teilnehmende Person das Qualifizierungsziel nicht, stellt der Anbieter der Berufsausbildungsvorbereitung über die Teilnahme eine Bescheinigung gemäß der Anlage 3 aus.

(3) Den Nachweisen der Absätze 1 und 2 ist eine Abschrift des Qualifizierungsbildes beizufügen.

### § 8 Inkrafttreten

Diese Verordnung tritt am Tage nach der Verkündung in Kraft.
Bonn, den 16. Juli 2003

# Qualifizierungsbausteine, Bescheinigung § 69

**Anlage 1**
(zu § 3 Abs. 2)

...

...

(Name und Anschrift des Betriebes, Trägers oder
sonstigen Anbieters der Berufsausbildungsvorbereitung)
Qualifizierungsbild des Qualifizierungsbausteins

...

(Bezeichnung des Qualifizierungsbausteins)

### 1. Zugrunde liegender Ausbildungsberuf:

...

(Bezeichnung, Datum der Anerkennung, Fundstelle der Ausbildungsordnung im Bundesgesetzblatt/Bundesanzeiger)

### 2. Qualifizierungsziel:

...

...

(Allgemeine, übergreifende Beschreibung der zu erwerbenden Qualifikationen und ausgeübten Tätigkeiten)

### 3. Dauer der Vermittlung:

...

(Angabe der Dauer in Zeitstunden bzw. Wochen mit Wochenstundenangabe)

### 4. Zu vermittelnde Tätigkeiten, Fertigkeiten und Kenntnisse:
Zu vermittelnde Tätigkeiten
Zuordnung zu den Fertigkeiten und Kenntnissen des Ausbildungsrahmenplans

### 5. Leistungsfeststellung:

...

(Beschreibung der Art der Leistungsfeststellung, etwa Prüfgespräch, schriftlicher Test, kontinuierliche Tätigkeitsbewertung)
Die Übereinstimmung dieses Qualifizierungsbildes mit den Vorgaben des § 3 der Berufsausbildungsvorbereitungs-Bescheinigungsverordnung wird durch

...

(Bezeichnung und Anschrift der zuständigen Stelle)
bestätigt. (ggf. streichen)
Datum ... (Siegel)

...

(Unterschrift)

## § 69 Qualifizierungsbausteine, Bescheinigung

**Anlage 2**
(zu § 7 Abs. 1)

...

...

(Name und Anschrift des Betriebes, Trägers
oder sonstigen Anbieters der Berufsausbildungsvorbereitung)

**Zeugnis**
nach § 7 der Berufsausbildungsvorbereitungs-Bescheinigungsverordnung über die Leistungsfeststellung zum Abschluss des Qualifizierungsbausteins
...
(Bezeichnung des Qualifizierungsbausteins)
Herr/Frau
..., ...
(Anschrift der teilnehmenden Person)
geboren am ..., in ...
hat vom ..., bis ...
(Dauer)
im Rahmen ...
(Art der berufsausbildungsvorbereitenden Maßnahme)
an dem Qualifizierungsbaustein ...
(Bezeichnung des Qualifizierungsbausteins)
teilgenommen und das Qualifizierungsziel mit
... Erfolg (Einordnung gem. § 6)
erreicht.
Das Qualifizierungsziel umfasst:
...
(Angaben zum Qualifizierungsziel)
Der Qualifizierungsbaustein ist dem anerkannten Ausbildungsberuf
...
(Bezeichnung des Ausbildungsberufes)
zuzuordnen.
Die fachlichen Bestandteile des Qualifizierungsbausteins sind dem beigefügten Qualifizierungsbild zu entnehmen.
Datum ...
Unterschrift(en) ...
...
(Betrieb, Träger oder sonstiger Anbieter der Berufsausbildungsvorbereitung)

## Qualifizierungsbausteine, Bescheinigung § 69

**Anlage 3**
(zu § 7 Abs. 2)

...

...

(Name und Anschrift des Betriebes, Trägers
oder sonstigen Anbieters der Berufsausbildungsvorbereitung)

**Teilnahmebescheinigung**
nach § 7 der Berufsausbildungsvorbereitungs-Bescheinigungsverordnung über die
Teilnahme an dem Qualifizierungsbaustein

...

(Bezeichnung des Qualifizierungsbausteins)
Herr/Frau
..., ...
(Anschrift der teilnehmenden Person)
geboren am ..., in ...
hat vom ..., bis ...
(Dauer)
im Rahmen ...
(Art der berufsausbildungsvorbereitenden Maßnahme)
an dem Qualifizierungsbaustein ...
(Bezeichnung des Qualifizierungsbausteins)
teilgenommen und das Qualifizierungsziel mit
... Erfolg (Einordnung gem. § 6)
erreicht.
Das Qualifizierungsziel umfasst:
...
(Angaben zum Qualifizierungsziel)
Der Qualifizierungsbaustein ist dem anerkannten Ausbildungsberuf
...
(Bezeichnung des Ausbildungsberufes)
zuzuordnen.
Die fachlichen Bestandteile des Qualifizierungsbausteins sind dem beigefügten Qualifizierungsbild zu entnehmen.
Datum ...
Unterschrift(en) ...
...
(Betrieb, Träger oder sonstiger Anbieter der Berufsausbildungsvorbereitung)

## § 70 Überwachung, Beratung

(1) Die nach Landesrecht zuständige Behörde hat die Berufsausbildungsvorbereitung zu untersagen, wenn die Voraussetzungen des § 68 Abs. 1 nicht vorliegen.

(2) Der Anbieter hat die Durchführung von Maßnahmen der Berufsausbildungsvorbereitung vor Beginn der Maßnahme der zuständigen Stelle schriftlich anzuzeigen. Die Anzeigepflicht erstreckt sich auf den wesentlichen Inhalt des Qualifizierungsvertrages.

(3) Die Absätze 1 und 2 sowie § 76 finden keine Anwendung, soweit die Berufsausbildungsvorbereitung im Rahmen des Dritten Buches Sozialgesetzbuch oder anderer vergleichbarer, öffentlich geförderter Maßnahmen durchgeführt wird.

**Inhaltsübersicht** Rn
1. Untersagung bei Fehlen der Voraussetzungen. . . . . . . . . . . . . . . . 1
2. Allgemeine Aufgaben der zuständigen Stelle . . . . . . . . . . . . . . . . 2
3. Anzeigepflicht der Anbieter von Maßnahmen der Berufsausbildungsvorbereitung. . . . . . . . . . . . . . . . . . . . . . . . . . . . . . . . . . . . . . 3
4. Nichtanwendung des § 70 BBiG. . . . . . . . . . . . . . . . . . . . . . . . 4

### 1. Untersagung bei Fehlen der Voraussetzungen

1 Für das **Handwerk** gilt die Parallelvorschrift in § 42q HwO. Die nach Landesrecht zuständige Behörde hat gemäß § 70 Abs. 1 BBiG die Berufsausbildungsvorbereitung zu untersagen, wenn die Voraussetzungen des § 68 Abs. 1 BBiG (vgl. § 68 Rn. 5 ff.) nicht vorliegen.

### 2. Allgemeine Aufgaben der zuständigen Stelle

2 Die (nach den §§ 71 bis 75 BBiG) zuständige Stelle hat, wie sich aus § 76 BBiG ergibt, die Durchführung der Berufsausbildungsvorbereitung zu **überwachen** und diese **durch Beratung** der beteiligten Personen **zu fördern**. Die zuständige Stelle hat zu diesem Zweck **Berater** oder Beraterinnen zu bestellen (§ 76 Abs. 1 Satz 2 BBiG). Anbieter von Maßnahmen der Berufsausbildungsvorbereitung sind auf Verlangen verpflichtet, die für die Überwachung notwendigen Auskünfte zu erteilen und Unterlagen vorzulegen sowie die Besichtigung des Betriebs zu gestatten (§ 76 Abs. 2 BBiG). Auskunftspflichtige können die Auskunft auf solche Fragen verweigern, deren Beantwortung sie selbst oder einen der in § 52 StPO bezeichneten Angehörigen der Gefahr strafgerichtlicher Verfolgung oder eines Verfahrens nach dem OWiG aussetzen würde (§ 76 Abs. 4 BBiG).

# Überwachung, Beratung § 70

## 3. Anzeigepflicht der Anbieter von Maßnahmen der Berufsausbildungsvorbereitung

Damit die zuständigen Stellen Kenntnis davon erlangen, wo, mit welchen Personen und mit welchem Ziel die Berufsausbildungsvorbereitung durchgeführt wird, haben die Anbieter der betrieblichen Berufsausbildungsvorbereitung die Durchführung von entsprechenden Maßnahmen vor ihrem Beginn der zuständigen Stelle schriftlich anzuzeigen (§ 70 Abs. 2 Satz 1 BBiG). Die Anzeigepflicht erstreckt sich auf den wesentlichen Inhalt des Qualifizierungsvertrags (§ 70 Abs. 2 Satz 2 BBiG).

## 4. Nichtanwendung des § 70 BBiG

Diese Überwachungs- und Beratungsaufgaben finden **keine Anwendung**, soweit die **Berufsausbildungsvorbereitung im Rahmen** des SGB III oder anderer vergleichbarer, **öffentlich geförderter Maßnahmen** durchgeführt wird (§ 70 Abs. 3 BBiG).

# Teil 3
# Organisation der Berufsbildung

## Kapitel 1
## Zuständige Stellen; zuständige Behörden

## Abschnitt 1
## Bestimmung der zuständigen Stelle

### § 71 Zuständige Stellen

(1) Für die Berufsbildung in Berufen der Handwerksordnung ist die Handwerkskammer zuständige Stelle im Sinne dieses Gesetzes.
(2) Für die Berufsbildung in nichthandwerklichen Gewerbeberufen ist die Industrie- und Handelskammer zuständige Stelle im Sinne dieses Gesetzes.
(3) Für die Berufsbildung in Berufen der Landwirtschaft, einschließlich der ländlichen Hauswirtschaft, ist die Landwirtschaftskammer zuständige Stelle im Sinne dieses Gesetzes.
(4) Für die Berufsbildung der Fachangestellten im Bereich der Rechtspflege sind jeweils für ihren Bereich die Rechtsanwalts-, Patentanwalts- und Notarkammern und für ihren Tätigkeitsbereich die Notarkassen zuständige Stelle im Sinne dieses Gesetzes.
(5) Für die Berufsbildung der Fachangestellten im Bereich der Wirtschaftsprüfung und Steuerberatung sind jeweils für ihren Bereich die Wirtschaftsprüferkammern und die Steuerberaterkammern zuständige Stelle im Sinne dieses Gesetzes.
(6) Für die Berufsbildung der Fachangestellten im Bereich der Gesundheitsdienstberufe sind jeweils für ihren Bereich die Ärzte-, Zahnärzte-, Tierärzte- und Apothekerkammern zuständige Stelle im Sinne dieses Gesetzes.
(7) Soweit die Berufsausbildungsvorbereitung, die Berufsausbildung und die berufliche Umschulung in Betrieben zulassungspflichtiger Handwerke, zulassungsfreier Handwerke und handwerksähnlicher Gewerbe durchgeführt wird, ist abweichend von den Absätzen 2 bis 6 die Handwerkskammer zuständige Stelle im Sinne dieses Gesetzes.
(8) Soweit Kammern für einzelne Berufsbereiche der Absätze 1 bis 6 nicht bestehen, bestimmt das Land die zuständige Stelle.
(9) Zuständige Stellen können vereinbaren, dass die ihnen jeweils durch Gesetz zugewiesenen Aufgaben im Bereich der Berufsbildung durch eine

## Zuständige Stellen § 71

von ihnen für die Beteiligten wahrgenommen werden. Die Vereinbarung bedarf der Genehmigung durch die zuständigen obersten Bundes- oder Landesbehörden.

**Inhaltsübersicht** Rn
1. Bedeutung der »zuständigen Stellen« .................. 1
2. Bestimmung der »zuständigen Stellen« ................. 2
3. Grundsätzlich Berufsprinzip, im Handwerk Ausbildungsstättenprinzip 3, 4
4. Sonderregelungen. ............................. 5, 6

### 1. Bedeutung der »zuständigen Stellen«

Von zentraler Bedeutung für die Ordnung und Überwachung der Berufsbildung sind die im BBiG mehrmals erwähnten »zuständigen Stellen«. Diese sind um öffentlich-rechtliche Körperschaften. Auf ihre Verwaltungstätigkeit ist das Verwaltungsverfahrensgesetz (VwVfG) anzuwenden. Die Entscheidungen, die die zuständigen Stellen in Erfüllung der ihnen zugewiesenen Aufgaben im Einzelfall treffen, sind Verwaltungsakte. Für Rechtsstreitigkeiten, die dieses Verwaltungshandeln betreffen, ist der Rechtsweg zu den Verwaltungsgerichten gegeben. Grundsätzlich ist vorweg das Widerspruchsverfahren gemäß den §§ 68 ff. Verwaltungsgerichtsordnung (VwGO) durchzuführen. 1

Äußerungen der Kammern als öffentlich-rechtliche Körperschaften müssen das höchstmögliche Maß an Objektivität walten lassen. Das setzt voraus, dass die Äußerungen der Kammern sachlich sind und die notwendige Zurückhaltung wahren. Die notwendige Objektivität verlangt auch eine Argumentation mit sachbezogenen Kriterien und ggf. die Darstellung von Minderheitenpositionen. Erklärungen und Stellungnahmen der Kammer sind zudem nur dann zulässig, wenn sie unter Einhaltung des dafür vorgesehenen Verfahrens (z. B. Einbeziehung des Berufsbildungsausschusses) zustande gekommen sind.[1]

### 2. Bestimmung der »zuständigen Stellen«

Wer die »zuständige Stelle« ist, wird für die einzelnen Branchen in den §§ 71 bis 75 BBiG geregelt. Die hoheitlichen Aufgaben, die durch das BBiG auf die zuständige Stelle übertragen werden (u. a. das Führen des Ausbildungsverzeichnisses, die Überwachung der Eignung von Ausbildungsbetrieb und 2

---

[1] Vgl. BVerwG 23.6.2010 – 8 C 20/09, BVerwGE 137, 171 = NVwZ-RR 2010, 882 zur »Limburger Erklärung«.

Ausbildungspersonal, die Überwachung der Ausbildung gemäß § 76 BBiG), dürfen von dieser nicht auf private Dritte übertragen werden.[2]
Die örtlich jeweils zuständigen Stellen ergeben sich aus em Verzeichnis der zuständigen Stellen. Es handelt sich um die

- Handwerkskammern für Berufe der Handwerksordnung,
- Industrie- und Handelskammern (IHK) für nichthandwerkliche Gewerbeberufe,
- Landwirtschaftskammern für Berufe der Landwirtschaft, einschließlich der ländlichen Hauswirtschaft,
- Rechtsanwalts-, Patentanwalts- und Notarkammern für Fachangestellte im Bereich der Rechtspflege,
- Wirtschaftsprüfer- und Steuerberaterkammern für Fachangestellte im Bereich der Wirtschaftsprüfung und Steuerberatung,
- Ärzte-, Zahnärzte-, Tierärzte- und Apothekerkammern für Gesundheitsdienstberufe.

### 3. Grundsätzlich Berufsprinzip, im Handwerk Ausbildungsstättenprinzip

3 Die Zuordnung knüpft an den **Ausbildungsberuf** an und gilt unabhängig von der Kammerzugehörigkeit der Ausbildenden und hat zur Folge, dass für die Berufsausbildung in nichthandwerklichen Gewerbeberufen, auch wenn sie etwa bei Angehörigen der freien Berufe durchgeführt wird, die Industrie- und Handelskammer (IHK) zuständige Stelle im Sinne des BBiG ist.[3]

4 Das **Berufsprinzip** wird für den Bereich des **Handwerks** gemäß § 71 Abs. 7 BBiG durch das **Ausbildungsstättenprinzip** durchbrochen. Wird die Berufsausbildung in Handwerksbetrieben durchgeführt, ist – unabhängig vom Ausbildungsberuf – die Handwerkskammer die zuständige Stelle im Sinne des BBiG.

### 4. Sonderregelungen

5 Soweit Kammern für einzelne Berufsbereiche nicht bestehen, bestimmt das Land die zuständige Stelle (§ 71 Abs. 8 BBiG). Zuständige Stellen können gemäß § 71 Abs. 9 BBiG vereinbaren, dass die ihnen jeweils durch Gesetz zugewiesenen Aufgaben im Bereich der Berufsbildung durch eine von ihnen für die Beteiligten wahrgenommen werden. Die Vereinbarung bedarf der

---

2 Vgl. *BGH* 10. 3. 2014 – AnwZ (Brfg) 67/12, NJW-RR 2014, 943: Eine Rechtsanwaltskammer ist nicht berechtigt, die Erledigung von Verwaltungsaufgaben im Rahmen der beruflichen Bildung auf privatrechtlich organisierte Anwaltsvereine zu delegieren.
3 So ausdrücklich die Gesetzesbegründung, BT-Drs. 15/3980, S. 57.

# Erweiterte Zuständigkeit § 74

Genehmigung durch die zuständigen obersten Bundes- oder Landesbehörden.

Sonderregelungen für die Bestimmung der zuständigen Stellen gibt es für Berufsbereiche, die durch § 71 BBiG nicht geregelt sind (§ 72 BBiG), sowie für den öffentlichen Dienst (§ 73,§ 74 BBiG) und die Kirchen und sonstigen Religionsgemeinschaften des öffentlichen Rechts (§ 75 BBiG).

## § 72 Bestimmung durch Rechtsverordnung

Das zuständige Fachministerium kann im Einvernehmen mit dem Bundesministerium für Bildung und Forschung durch Rechtsverordnung mit Zustimmung des Bundesrates für Berufsbereiche, die durch § 71 nicht geregelt sind, die zuständige Stelle bestimmen.

## § 73 Zuständige Stellen im Bereich des öffentlichen Dienstes

(1) Im öffentlichen Dienst bestimmt für den Bund die oberste Bundesbehörde für ihren Geschäftsbereich die zuständige Stelle
1. in den Fällen der §§ 32, 33 und 76 sowie der §§ 23, 24 und 41a der Handwerksordnung,
2. für die Berufsbildung in anderen als den durch die §§ 71 und 72 erfassten Berufsbereichen;

dies gilt auch für die der Aufsicht des Bundes unterstehenden Körperschaften, Anstalten und Stiftungen des öffentlichen Rechts.

(2) Im öffentlichen Dienst bestimmen die Länder für ihren Bereich sowie für die Gemeinden und Gemeindeverbände die zuständige Stelle für die Berufsbildung in anderen als den durch die §§ 71 und 72 erfassten Berufsbereichen. Dies gilt auch für die der Aufsicht der Länder unterstehenden Körperschaften, Anstalten und Stiftungen des öffentlichen Rechts.

(3) § 71 Absatz 9 gilt entsprechend.

## § 74 Erweiterte Zuständigkeit

§ 73 gilt entsprechend für Ausbildungsberufe, in denen im Bereich der Kirchen und sonstigen Religionsgemeinschaften des öffentlichen Rechts oder außerhalb des öffentlichen Dienstes nach Ausbildungsordnungen des öffentlichen Dienstes ausgebildet wird.

### § 75 Zuständige Stellen im Bereich der Kirchen und sonstigen Religionsgemeinschaften des öffentlichen Rechts

Die Kirchen und sonstigen Religionsgemeinschaften des öffentlichen Rechts bestimmen für ihren Bereich die zuständige Stelle für die Berufsbildung in anderen als den durch die §§ 71, 72 und 74 erfassten Berufsbereichen. Die §§ 77 bis 80 finden keine Anwendung.

## Abschnitt 2
## Überwachung der Berufsbildung

### § 76 Überwachung, Beratung

(1) Die zuständige Stelle überwacht die Durchführung
1. der Berufsausbildungsvorbereitung,
2. der Berufsausbildung und
3. der beruflichen Umschulung

und fördert diese durch Beratung der an der Berufsbildung beteiligten Personen. Sie hat zu diesem Zweck Berater oder Beraterinnen zu bestellen.

(2) Ausbildende, Umschulende und Anbieter von Maßnahmen der Berufsausbildungsvorbereitung sind auf Verlangen verpflichtet, die für die Überwachung notwendigen Auskünfte zu erteilen und Unterlagen vorzulegen sowie die Besichtigung der Ausbildungsstätten zu gestatten.

(3) Die Durchführung von Auslandsaufenthalten nach § 2 Abs. 3 überwacht und fördert die zuständige Stelle in geeigneter Weise. Beträgt die Dauer eines Ausbildungsabschnitts im Ausland mehr als acht Wochen, ist hierfür ein mit der zuständigen Stelle abgestimmter Plan erforderlich.

(4) Auskunftspflichtige können die Auskunft auf solche Fragen verweigern, deren Beantwortung sie selbst oder einen der in § 52 der Strafprozessordnung bezeichneten Angehörigen der Gefahr strafgerichtlicher Verfolgung oder eines Verfahrens nach dem Gesetz über Ordnungswidrigkeiten aussetzen würde.

(5) Die zuständige Stelle teilt der Aufsichtsbehörde nach dem Jugendarbeitsschutzgesetz Wahrnehmungen mit, die für die Durchführung des Jugendarbeitsschutzgesetzes von Bedeutung sein können.

| Inhaltsübersicht | Rn |
|---|---|
| 1. Überwachungs- und Beratungspflichten der zuständigen Stellen | 1–6 |
| 2. Mitwirkungspflichten der Ausbildenden | 7, 8 |
| 3. Auslandsaufenthalte | 9 |
| 4. Auskunftsverweigerungsrecht | 10 |
| 5. Mitwirkung beim Jugendarbeitsschutz | 11 |

# Überwachung, Beratung § 76

## 1. Überwachungs- und Beratungspflichten der zuständigen Stellen

Die zuständigen Stellen (vgl. § 71 BBiG) haben gemäß § 76 Abs. 1 Satz 1 **1**
BBiG die Durchführung der Berufsausbildungsvorbereitung, der Berufsausbildung und der beruflichen Umschulung zu überwachen und diese durch Beratung der an der Berufsbildung beteiligten Personen zu fördern. Sie haben zu diesem Zweck Berater oder Beraterinnen (**Ausbildungsberater**) zu bestellen (§ 76 Abs. 1 Satz 2 BBiG). Die Parallelvorschrift für das **Handwerk** findet sich in § 41a, § 111 HwO.

Weitere spezielle Pflichten der zuständigen Stellen ergeben sich aus den anderen Bestimmungen des BBiG. So regeln die zuständigen Stellen die Durchführung der Berufsausbildung im Rahmen des BBiG, soweit spezielle Vorschriften nicht bestehen (§ 9 BBiG). Darüber hinaus sind sie in den Fällen zuständig, in denen dies ausdrücklich im BBiG bestimmt ist, für die Überwachung der Eignung von Ausbildungsstätte und Ausbildungspersonal (§§ 27 bis 33 BBiG), die Führung des Verzeichnisses der Berufsausbildungsverhältnisse (§§ 34 bis 36 BBiG) und das Prüfungswesen (§§ 37 bis 50 BBiG).

Durch die Überwachung der Durchführung der Berufsbildung soll sichergestellt werden, dass diese entsprechend den Vorschriften des BBiG und der **2**
auf Basis des BBiG erlassenen Vorschriften (Ausbildungsordnungen, Satzungsrecht, Empfehlungen) durchgeführt wird. Der Gesetzgeber vertraut insoweit nicht allein auf die Gesetzestreue der Ausbildenden, sondern schafft mit § 76 BBiG eine Kontrollinstanz, die zu überwachen hat, dass die gesetzlichen Vorgaben beachtet werden. Es handelt sich um eine **Pflichtaufgabe der zuständigen Stelle**, die dies wahrnehmen muss. Gegenüber den Ausbildenden, Umschulenden und Anbietern von Maßnahmen handelt es sich um ein Überwachungsrecht, das durch den **Auskunftsanspruch** der zuständigen Stelle sowie durch ein **Zutrittsrecht** zu den Ausbildungsstätten gem. § 76 Abs. 2 BBiG abgesichert wird.[1]

Die Überwachungspflicht bezieht sich auf die »Durchführung« der Berufsbildung, dazu gehört die **tatsächliche Gestaltung und die praktische Umsetzung** der Berufsbildung. Dem Zweck der Regelung nach gehört auch **3**
die Aufnahme von Vertragsverhandlungen mit zukünftigen Auszubildenden zur Durchführung der Berufsbildung, wenn der Betrieb bislang nicht ausgebildet hat. Die Überwachungspflicht soll dazu führen, dass der Berufsausbildungsvertrag nach den Vorschriften des BBiG abgeschlossen wird. Die Überwachung setzt nicht nur dann ein, wenn die Tätigkeit im Bereich der Berufsbildung vom Betrieb der zuständigen Stelle angezeigt wurde. Die zuständige Stelle hat auch tätig zu werden, wenn der begründete Verdacht besteht, dass ein Betrieb ausbildet, an der Ausbildungsvorbereitung teilnimmt

---

[1] *Lakies/Malottke* BBiG § 76 Rn. 4.

oder umschult. Das Gleiche gilt für den Fall, dass ein Betrieb beabsichtigt, zukünftig auszubilden.[2] Die Aufgabe, die Berufsbildung zu überwachen, darf nicht auf private Dritte übertragen werden.[3]

4 Die zuständige Stelle entscheidet nach pflichtgemäßem Ermessen, welche Maßnahmen sie trifft, um ihrer Überwachungspflicht nachzukommen. Mögliche **Informationsquellen** sind Betriebsbegehungen, persönliche Gespräche mit Ausbildenden, Ausbildern, Auszubildenden, Betriebsräten oder Jugend- und Auszubildendenvertretungen, Sprechtage und Fachveranstaltungen. Schriftliche Informationsquellen können sowohl Auskünfte der Ausbildenden als auch Berichtshefte der Auszubildenden sein. Hält die zuständige Stelle andere Informationsquellen für geeignet, kann sie auf diese zurückgreifen. Die Überwachungspflicht beinhaltet, dass methodisch und planmäßig kontrolliert wird, ob die Berufsbildung ordnungsgemäß durchgeführt wird. Nicht ausreichend ist, wenn die zuständige Stelle lediglich darauf wartet, dass ihr Missstände bekannt gegeben werden. Methodisches oder planmäßiges Vorgehen kann z. B. durch Stichproben oder Regelmäßigkeiten bei Gesprächen oder Betriebsbesichtigungen erreicht werden.[4]

5 Gleichberechtigt neben der Überwachungspflicht steht nach § 76 Abs. 1 Satz 1 BBiG die **Beratungspflicht** der zuständigen Stellen. Diese sind verpflichtet, die Durchführung der Berufsbildung durch Beratung der an der Berufsbildung beteiligten Personen zu fördern. Die Beratungspflicht besteht gegenüber allen an der Berufsbildung beteiligten Personen. Dies sind sowohl die Ausbildenden und Umschulenden sowie die Veranstalter von Maßnahmen der Berufsausbildungsvorbereitung als auch deren Teilnehmer, Auszubildende und Umschüler.

Ziel der Beratung ist die **Förderung der Berufsausbildungsvorbereitung, der Berufsausbildung sowie der Umschulung**. Die Förderung kann sich sowohl auf die **Quantität**, also die Zahl der Ausbildungsplätze in einem Betrieb oder das Finden weiterer ausbildungswilliger Betriebe, als auch auf die **Qualität** der Ausbildung, Berufsausbildungsvorbereitung und Umschulung beziehen. Wie die Beratung erfolgt, steht im pflichtgemäßen Ermessen der zuständigen Stelle. Denkbar sind sowohl Beratungsangebote, die sich an eine Vielzahl von Adressaten richten (wie Broschüren oder Internetseiten) als auch Gespräche oder andere persönliche Informationen. Ergibt sich im Rahmen der Überwachung, dass Ausbildungsmängel vorliegen, kann das Ermessen der zuständigen Stelle bei der Beratung dahingehend eingeschränkt sein, dass ein Beratungsgespräch mit dem Ausbildenden über die Verbesserung der Ausbildungsqualität geführt werden muss.[5]

---

2 *Lakies/Malottke* BBiG § 76 Rn. 5.
3 *BGH* 10. 3. 2014 – AnwZ (Brfg) 67/12; NJW-RR 2014, 943.
4 *Lakies/Malottke* BBiG § 76 Rn. 6.
5 *Lakies/Malottke* BBiG § 76 Rn. 8.

## Überwachung, Beratung § 76

Die zuständigen Stellen müssen Berater bestellen. Soweit das Gesetz die Bestellung von »Beratern« anstelle von »Ausbildungsberatern« (so § 45 BBiG 1969) verlangt, ergibt sich dies daraus, dass die Berater seit dem Berufsbildungsreformgesetz nicht mehr nur für die Beratung bei der Berufsausbildung, sondern auch für die Berufsausbildungsvorbereitung und die Umschulung zuständig sind.[6]

6

§ 76 Abs. 1 Satz 2 BBiG regelt nicht, welche Anforderungen an die Berater zu stellen sind. Die Anforderungen ergeben sich damit aus der Aufgabe gemäß § 76 Abs. 1 Satz 1 BBiG: Die Berater müssen in der Lage sein, zur Berufsausbildungsvorbereitung, zur Berufsausbildung sowie zur Umschulung allgemein und individuell zu beraten. Dabei wird es sowohl auf eine Sach- als auch auf eine Beratungskompetenz ankommen. Bevorzugt sollten die Berater hauptberuflich als Angestellte der zuständigen Stelle tätig werden. Eine nebenberufliche oder gar ehrenamtliche Tätigkeit kommt allenfalls ausnahmsweise in Betracht.[7]

Das Gesetz trifft keine Aussage darüber, wie viele Berater die zuständige Stelle zu bestellen hat. Der Bundesausschuss für Berufsbildung hat am 24.8.1973 die »Grundsätze für die Beratung und Überwachung der Ausbildungsstätten durch Ausbildungsberater« beschlossen; darin wird empfohlen, die Zahl der Ausbildungsberater so festzusetzen, dass jede Ausbildungsstätte **mindestens einmal im Jahr** aufgesucht und überprüft werden kann und Beratungs- und Überwachungsaufgaben wahrgenommen werden können.[8]

### 2. Mitwirkungspflichten der Ausbildenden

Ausbildende, Umschulende und Anbieter von Maßnahmen der Berufsausbildungsvorbereitung sind gemäß § 76 Abs. 2 BBiG auf Verlangen verpflichtet, die für die Überwachung notwendigen **Auskünfte zu erteilen** und **Unterlagen vorzulegen** sowie die **Besichtigung der Ausbildungsstätte zu gestatten**. Voraussetzung ist jeweils ein entsprechendes **Verlangen** der zuständigen Stelle. Das Verlangen ist nur rechtmäßig, wenn es für die Überwachung gem. § 76 Abs. 1 BBiG notwendig ist. § 76 Abs. 2 BBiG verpflichtet die Ausbildenden, Umschulenden und die Anbieter von Berufsausbildungsvorbereitungsmaßnahmen bzw. jeweils deren gesetzliche Vertreter. Die Auskünfte müssen allerdings nicht persönlich erteilt werden, ebenso wenig müssen die Unterlagen persönlich ausgehändigt werden oder die Verpflichteten selbst bei einer Betriebsbegehung anwesend sein. Andere Personen

7

---

6 *Lakies/Malottke* BBiG § 76 Rn. 11.
7 *Lakies/Malottke* BBiG § 76 Rn. 12.
8 Abgedruckt bei *Lakies/Malottke* BBiG § 76 Rn. 13.

können mit der Erfüllung der Pflichten beauftragt werden. Die Verpflichteten bleiben jedoch dafür verantwortlich, dass die Pflicht erfüllt wird.[9]

**Auskünfte** sind alle Informationen, die die Berufsausbildung, Umschulung oder das Berufsausbildungsvorbereitungsverhältnis betreffen. Nicht erheblich ist, ob es sich um konkrete Berufsbildungsverhältnisse oder um die allgemeinen Rahmenbedingungen wie die Eignung von Ausbildungsstätte oder Ausbildungspersonal handelt. Die Auskunftspflicht der Ausbildenden, Umschulenden und Träger der Berufsausbildungsvorbereitungsmaßnahmen beschränkt nicht die Möglichkeit der zuständigen Stelle, bei anderen betrieblichen Stellen Auskünfte einzuholen. Das Auskunftsrecht der zuständigen Stelle gegenüber Betriebsrat, einzelnen Auszubildenden, Jugend- und Auszubildendenvertretung, Ausbildern sowie Ausbildungsmitwirkenden bleibt bestehen.[10]

**Unterlagen** sind Informationsquellen, die für die Berufsbildung im Zuständigkeitsbereich der zuständigen Stelle **wesentlich** sind, d.h. ohne die die Überwachungstätigkeit nicht angemessen und ausreichend wahrgenommen werden kann. Mit »Unterlagen« sind nicht nur schriftlich fixierte Informationen gemeint, sondern auch Aufzeichnungen auf digitalen Medien.[11]

**Ausbildungsstätte** meint die räumlichen Einheiten, in denen die Ausbildung stattfindet. Dies können sowohl Ausbildungswerkstätten sein als auch (wenn die Ausbildung im gesamten Betrieb stattfindet) der Betrieb.[12]

8 Wer entgegen § 76 Abs. 2 BBiG eine Auskunft nicht, nicht richtig, nicht vollständig oder nicht rechtzeitig erteilt, eine Unterlage nicht, nicht richtig, nicht vollständig oder nicht rechtzeitig vorlegt oder eine Besichtigung nicht oder nicht rechtzeitig gestattet, begeht eine Ordnungswidrigkeit, was mit einer **Geldbuße** bis zu 1000 Euro geahndet werden kann (§ 101 Abs. 1 Nr. 8, Abs. 2).

### 3. Auslandsaufenthalte

9 Die Durchführung von Auslandsaufenthalten nach § 2 Abs. 3 BBiG überwacht und fördert die zuständige Stelle in geeigneter Weise (§ 76 Abs. 3 Satz 1 BBiG). Es ist nicht zu verkennen, dass die Möglichkeiten der zuständigen Stelle, ihre grundsätzlich bestehenden Überwachungspflichten nach § 76 Abs. 1 BBiG wahrzunehmen, bei Auslandsaufenthalten begrenzt sind. Dies ergibt sich zum einen aus der fehlenden Hoheitsgewalt der zuständigen Stelle im Ausland. Zum anderen ist praktisch das Überwachen, Prüfen und Betreuen vor Ort im Ausland kaum möglich. § 76 Abs. 3 BBiG sieht daher im

---

9 *Lakies/Malottke* BBiG § 76 Rn. 20.
10 *Lakies/Malottke* BBiG § 76 Rn. 21.
11 *Lakies/Malottke* BBiG § 76 Rn. 22.
12 *Lakies/Malottke* BBiG § 76 Rn. 22.

Unterschied zu § 76 Abs. 1 BBiG vor, dass die zuständige Stelle die Ausbildung im Ausland lediglich »in geeigneter Weise« zu überwachen und fördern hat.[13]

Die Anforderungen an eine Überwachung steigen mit der Länge eines Auslandsaufenthaltes. Für Auslandsaufenthalte über acht Wochen ist daher ein mit der zuständigen Stelle abgestimmter Plan erforderlich (§ 76 Abs. 3 Satz 2 BBiG).[14] Der Begriff »Plan« wurde vom Gesetzgeber bewusst offen formuliert, um den zuständigen Stellen Spielraum zu geben.

Aus der Überwachungspflicht ergibt sich zwingend eine **Informationspflicht** des Ausbildenden gegenüber der zuständigen Stelle, wenn er einen Auslandsaufenthalt für die Auszubildenden plant. Nur so kann die zuständige Stelle abwägen, wie sie den Auslandsaufenthalt in geeigneter Weise überwacht. Die Information muss der Ausbildende der zuständigen Stelle als Teil seines Ausbildungsplans oder als Änderung seines Ausbildungsplans gemäß § 35 BBiG vorlegen, damit die zuständige Stelle überprüfen kann, ob die Ausbildung auch mit dem Auslandaufenthalt den Vorschriften des BBiG und der Ausbildungsordnung entspricht.[15]

### 4. Auskunftsverweigerungsrecht

Auskunftspflichtige können gemäß § 76 Abs. 4 BBiG die Auskunft auf solche Fragen verweigern, deren Beantwortung sie selbst oder einen der in § 52 Strafprozessordnung (StPO) bezeichneten Angehörigen der Gefahr strafgerichtlicher Verfolgung oder eines Verfahrens nach dem Gesetz über Ordnungswidrigkeiten (OWiG) aussetzen würde.

### 5. Mitwirkung beim Jugendarbeitsschutz

Die zuständige Stelle teilt gemäß § 76 Abs. 5 BBiG der Aufsichtsbehörde nach dem Jugendarbeitsschutzgesetz (JArbSchG) Wahrnehmungen mit, die für die Durchführung des JArbSchG von Bedeutung sein können.

---

13 *Lakies/Malottke* BBiG § 76 Rn. 14.
14 Durch das Berufsbildungsmodernisierungsgesetz wurde zum 1.1.2020 auf acht Wochen abgestellt (vorher vier Wochen). Dadurch soll der administrative Aufwand für die Unternehmen reduziert werden; zudem gehe es um Entbürokratisierung und Entlastung der zuständigen Stelle; vgl. die Gesetzesbegründung BT-Drs. 19/10815, S. 71.
15 *Lakies/Malottke* BBiG § 76 Rn. 17.

## Abschnitt 3
## Berufsbildungsausschuss der zuständigen Stelle

### § 77 Errichtung

(1) Die zuständige Stelle errichtet einen Berufsbildungsausschuss. Ihm gehören sechs Beauftragte der Arbeitgeber, sechs Beauftragte der Arbeitnehmer und sechs Lehrkräfte an berufsbildenden Schulen an, die Lehrkräfte mit beratender Stimme.

(2) Die Beauftragten der Arbeitgeber werden auf Vorschlag der zuständigen Stelle, die Beauftragten der Arbeitnehmer auf Vorschlag der im Bezirk der zuständigen Stelle bestehenden Gewerkschaften und selbständigen Vereinigungen von Arbeitnehmern mit sozial- oder berufspolitischer Zwecksetzung, die Lehrkräfte an berufsbildenden Schulen von der nach Landesrecht zuständigen Behörde längstens für vier Jahre als Mitglieder berufen.

(3) Die Tätigkeit im Berufsbildungsausschuss ist ehrenamtlich. Für bare Auslagen und für Zeitversäumnis ist, soweit eine Entschädigung nicht von anderer Seite gewährt wird, eine angemessene Entschädigung zu zahlen, deren Höhe von der zuständigen Stelle mit Genehmigung der obersten Landesbehörde festgesetzt wird.

(4) Die Mitglieder können nach Anhören der an ihrer Berufung Beteiligten aus wichtigem Grund abberufen werden.

(5) Die Mitglieder haben Stellvertreter oder Stellvertreterinnen. Die Absätze 1 bis 4 gelten für die Stellvertreter und Stellvertreterinnen entsprechend.

(6) Der Berufsbildungsausschuss wählt ein Mitglied, das den Vorsitz führt, und ein weiteres Mitglied, das den Vorsitz stellvertretend übernimmt. Der Vorsitz und seine Stellvertretung sollen nicht derselben Mitgliedergruppe angehören.

| Inhaltsübersicht | Rn |
|---|---|
| 1. Übersicht. | 1– 5 |
| 2. Besetzung | 6, 7 |
| 3. Berufung der Mitglieder | 8–15 |
| 4. Ehrenamtliche Tätigkeit | 16 |
| 5. Abberufung von Mitgliedern des Berufsbildungsausschusses | 17–19 |
| 6. Stellvertreter | 20 |
| 7. Vorsitzender und stellvertretender Vorsitzender | 21 |

### 1. Übersicht

1 Die zuständigen Stellen (vgl. §§ 71 bis 75 BBiG) haben zwingend einen Berufsbildungsausschuss einzurichten (§ 77 Abs. 1 Satz 1 BBiG). Der Berufs-

## Errichtung §77

bildungsausschuss der zuständigen Stelle hat im Hinblick auf die Durchführung der beruflichen Bildung – neben den Prüfungsausschüssen – eine hervorragende Bedeutung.[1] Als Organ der zuständigen Stelle hat er wichtige Mitwirkungs- und Entscheidungsbefugnisse. Seine Zusammensetzung spiegelt den »gesellschaftlich begründeten Paritätsgedanken« wider, dem im Recht der beruflichen Bildung eine besondere Bedeutung zukommt.[2]

Der Berufsbildungsausschuss ist ein **Organ der zuständigen Stelle**.[3] Im Rahmen der übertragenen Aufgaben wird der Berufsbildungsausschuss aber autonom und weisungsfrei tätig. Die sonstigen Gremien der zuständigen Stelle (z. B. der Kammer) haben weder ein Weisungsrecht gegenüber dem Berufsbildungsausschuss noch können sie dessen Aufgaben an sich ziehen. Die Errichtung und die Kompetenzen des Ausschusses ergeben sich vielmehr abschließend und zwingend aus dem BBiG. Die einzelnen Mitglieder eines Berufsausbildungsausschusses haben als solche aber keine eigenständige Rechtsposition. Sie haben deshalb keinen Anspruch darauf, dass ihnen die zuständige Stelle Auskunft darüber erteilt, wer als Prüfer in Prüfungsausschüsse berufen ist und wie viele Prüfungsausschüsse für welchen Ausbildungsberuf bestehen.[4]  2

Der Berufsbildungsausschuss besteht bei der zuständigen Stelle neben den sonstigen Fachausschüssen. Er hat aber viel weitreichendere Befugnisse als die Fachausschüsse, da er auch Rechtsvorschriften erlassen kann. Soweit dem Berufsbildungsausschuss eigene Entscheidungskompetenzen zustehen (vgl. § 79 BBiG), entscheidet er selbstständig, unabhängig weisungsfrei und arbeitet im Rahmen gesetzlicher Vorgaben auf der Grundlage seiner eigenen Geschäftsordnung.[5]  3

Gemäß § 75 Abs. 2 BBiG finden die §§ 77 bis 80 BBiG keine Anwendung, soweit die Berufsausbildung im Bereich der **Kirchen** und sonstigen Religionsgemeinschaften des öffentlichen Rechts durchgeführt wird (vgl. § 75 BBiG).  4

Für das **Handwerk** gilt § 43 HwO, der teilweise abweichende Regelungen enthält. Die Handwerkskammer errichtet einen Berufsbildungsausschuss. Ihm gehören sechs Arbeitgeber, sechs Arbeitnehmer und sechs Lehrer an berufsbildenden Schulen an, die Lehrer mit beratender Stimme. Die Vertreter der Arbeitgeber werden von der Gruppe der Arbeitgeber, die Vertreter der  5

---

1 Vgl. *Lakies/Malottke* BBiG § 77 Rn. 1.
2 So BVerwG 20.7.1984, DVBl. 1984, 59 im Zusammenhang mit Prüfungsausschüssen.
3 Vgl. *Benecke/Hergenröder* BBiG § 77 Rn. 2; *Leinemann/Taubert* BBiG § 77 Rn. 2; zurückhaltender, aber in der Tendenz ebenso [»als Bestandteil« der zuständigen Stelle »in deren Gesamtorganisation eingegliedert«] BVerwG 13.9.1977, NJW 1978, 233.
4 *VG Karlsruhe* 27.1.1983, EzB BBiG § 58 Nr. 7.
5 Vgl. *Leinemann/Taubert* BBiG § 77 Rn. 3.

Arbeitnehmer von der Gruppe der Vertreter der Gesellen und der anderen Arbeitnehmer mit einer abgeschlossenen Berufsausbildung in der Vollversammlung gewählt. Die Lehrer an berufsbildenden Schulen werden von der nach Landesrecht zuständigen Behörde als Mitglieder berufen. Die Amtszeit der Mitglieder beträgt längstens fünf Jahre.

## 2. Besetzung

6 Dem Berufsbildungsausschuss gehören sechs Beauftragte der Arbeitgeber, sechs Beauftragte der Arbeitnehmer und sechs Lehrkräfte an berufsbildenden Schulen an (§ 77 Abs. 1 Satz 2 BBiG), insgesamt also 18 Personen. Mit der Einbeziehung der Lehrkräfte hat der Gesetzgeber berücksichtigt, dass die berufsbildende Schule als Lernort (§ 2 Abs. 1 Nr. 2 BBiG) Teil des dualen Systems der Berufsbildung ist. Die im Ausschuss vertretenen **Lehrer** haben lediglich eine **beratende** Stimme. Ein Recht abzustimmen haben sie nicht. Dadurch wird der Grundsatz der paritätischen Besetzung von Ausschüssen im Bereich der betrieblichen Berufsausbildung umgesetzt.

7 Der Berufsbildungsausschuss kann die Bildung von **Unterausschüssen** vorsehen und insoweit auch regeln, dass diesen nicht nur Mitglieder des Berufsbildungsausschusses angehören (vgl. § 80 Satz 2 BBiG).

## 3. Berufung der Mitglieder

8 Alle Mitglieder des Ausschusses werden von der nach Landesrecht zuständigen Behörde in den Ausschuss berufen. Der Unterschied besteht darin, wem bzw. welcher Stelle das Vorschlagsrecht für die jeweilige Personengruppe zusteht. Durch die Verlagerung des Berufungsverfahrens auf die Behörde, die nach Landesrecht zuständig ist, soll der Eindruck eines besonderen Näheverhältnisses zwischen den Ausschussmitgliedern und der zuständigen Stelle vermieden werden. Die Unabhängigkeit und Weisungsungebundenheit der Ausschussmitglieder soll sichergestellt werden.[6]

9 Die Dauer der Berufung beträgt längstens **vier Jahre**. Scheidet ein Mitglied vorzeitig aus, kann die Berufung eines neuen Mitglieds für den Rest der Amtszeit des Berufsbildungsausschusses erfolgen. Mit der Festlegung der Dauer der Berufung für »längstens« vier Jahre ist nicht ausgeschlossen, dass Ausschussmitglieder mehrfach, z.B. mehrfach hintereinander, in den Berufsbildungsausschuss berufen werden. Eine Wiederberufung ist also nicht ausgeschlossen.

10 An die Mitglieder im Berufsbildungsausschuss werden keine besonderen fachlichen oder persönlichen Anforderungen gestellt. Es wird darauf ver-

---

[6] *Lakies/Malottke* BBiG § 77 Rn. 3 m.w.N.

## Errichtung §77

traut, dass die vorschlagenden Organisationen ohnehin sachkundige Personen benennen.[7]

Die Berufungsverfahren für die jeweiligen Beauftragten sind unterschiedlich geregelt. Die **Beauftragten der Arbeitgeber** werden auf Vorschlag der zuständigen Stelle berufen. Die Ausübung des Vorschlagsrechts richtet sich nach den für die Kammer gültigen Satzungsbestimmungen. 11

**Lehrkräfte** an berufsbildenden Schulen werden unmittelbar durch die nach Landesrecht zuständige Stelle berufen. Durch die gesetzliche Vorgabe, dass es »Lehrkräfte an berufsbildenden Schulen« sein müssen, ist es ausgeschlossen, Mitarbeiter der Schulverwaltung, der Schulaufsichtsbehörde oder Lehrkräfte im Ruhestand zu berufen.[8] 12

Die **Beauftragten der Arbeitnehmer** werden auf Vorschlag der im Bezirk der zuständigen Stelle bestehenden Gewerkschaften und selbständigen Vereinigungen von Arbeitnehmern mit sozial- oder berufspolitischer Zwecksetzung berufen (vgl. § 40 Rn. 7). Die berufende Behörde ist an die Vorschläge und ihre darin enthaltene **Rangfolge der Vorgeschlagenen** gebunden. Übertrifft die Zahl der Vorschläge die Zahl der zu berufenden Mitglieder, muss die Behörde eine Auswahl vornehmen. Hierbei kann sie die vorgeschlagenen Organisationen nach Größe und Bedeutung unterscheiden und nach ihrem pflichtgemäßen Ermessen eine Entscheidung treffen.[9] 13

Die Berufung der Ausschussmitglieder durch die nach Landesrecht zuständige Behörde ist ein **Verwaltungsakt**. Dieser kann durch Widerspruch und Klage angegriffen werden, wenn z. B. eine vorschlagsberechtigte Organisation meint, in eigenen Rechten durch die Berufung oder Nichtberufung verletzt zu sein. Die nach Landesrecht zuständige Behörde wird, da ihr eine Ermessensentscheidung zusteht, im Rahmen der gerichtlichen Verpflichtung lediglich zur Neubescheidung unter Berücksichtigung der Rechtsauffassung des Gerichts verpflichtet werden. 14

Ein Beschäftigter bei der zuständigen Stelle kann als in der Verwaltung Tätiger wegen der Rechtssetzungsbefugnis des Berufsbildungsausschusses (§ 79 Abs. 4 BBiG) nicht gleichzeitig auch Mitglied dieses Ausschusses sein. Das gilt sowohl für Arbeitgeber- als auch für Arbeitnehmervertreter. Die **Unabhängigkeit** der Mitglieder des Ausschusses von der zuständigen Stelle muss gegeben sein, da der Berufsbildungsausschuss Regelungen für die zuständige Stelle schafft und teilweise die Tätigkeit der zuständigen Stelle im Bereich der Berufsbildung überwacht. Personen, denen diese Unabhängigkeit von der zuständigen Stelle fehlt, können zwar vorgeschlagen, nicht jedoch beru- 15

---

7 *Lakies/Malottke* BBiG § 77 Rn. 6 m. w. N.
8 Vgl. *Lakies/Malottke* BBiG § 77 Rn. 4.
9 Vgl. *Lakies/Malottke* BBiG § 77 Rn. 7; *Leinemann/Taubert* BBiG § 77 Rn. 15.

fen werden. Dies gilt z. B. für solche Personen, die in einem Beschäftigungsverhältnis mit der zuständigen Stelle stehen.[10]

### 4. Ehrenamtliche Tätigkeit

**16** Die Tätigkeit der Mitglieder in Berufsbildungsausschüssen ist ehrenamtlich. Die Regelung entspricht § 40 Abs. 4 BBiG für Mitglieder in Prüfungsausschüssen und § 82 Abs. 2 BBiG für Mitglieder des Landesausschusses für Berufsbildung. (vgl. § 40 Rn. 12). Die Höhe der Entschädigung wird von der zuständigen Stelle mit Genehmigung der obersten Landesbehörde festgesetzt. Auch für die Freistellung und Entgeltfortzahlung durch die Arbeitgeber gelten die Erläuterungen zu den Bestimmungen für Prüfungsausschussmitglieder entsprechend (vgl. § 40 Rn. 12).

### 5. Abberufung von Mitgliedern des Berufsbildungsausschusses

**17** Mitglieder von Berufsbildungsausschüssen können aus wichtigem Grund nach Anhörung der an ihrer Berufung Beteiligten abberufen werden. Die Regelung entspricht § 40 Abs. 3 Satz 5 BBiG für die Abberufung der Mitglieder des Prüfungsausschusses und § 82 Abs. 2 Satz 4 BBiG für die Abberufung der Mitglieder des Landesausschusses für Berufsbildung (vgl. § 40 Rn. 10). Fraglich ist, wann ein »wichtiger Grund« zur Abberufung vorliegt. Negativ lässt sich das dahin abgrenzen, dass jedenfalls der Verlust der Zugehörigkeit zur vorschlagsberechtigten Gewerkschaft bzw. Arbeitnehmervereinigung *kein* wichtiger Grund ist, soweit die Arbeitnehmereigenschaft erhalten bleibt.[11]

**18** Der »wichtige Grund« muss **in der Person der Ausschussmitglieds** liegen und zu einer Unzumutbarkeit der weiteren Arbeit im Ausschuss führen.[12] Als wichtige Gründe für ein Abberufung kommen in Betracht die mangelnde persönliche Eignung im Sinne des § 29 BBiG, schwer wiegende Pflichtverletzungen in Ausübung des Ehrenamtes bei der zuständigen Stelle, regelmäßiges oder sehr häufiges Versäumen der Ausschusssitzungen, dauerhafte Verhinderung in Ausübung der Mitgliedschaft etwa aufgrund einer dauerhaften Krankheit.[13] Eine Erkrankung kann erst dann als wichtiger Grund angesehen werden, wenn feststeht, dass der Betreffende seine Tätigkeit im Ausschuss auf unabsehbare Zeit nicht mehr ausüben kann, ansonsten handelt es sich jeweils um einen Verhinderungsfall.[14]

---

10 Vgl. *Lakies/Malottke* BBiG § 77 Rn. 6.
11 Vgl. *Lakies/Malottke* BBiG § 77 Rn. 12.
12 Vgl. *Lakies/Malottke* BBiG § 77 Rn. 12 m. w. N.
13 Vgl. *Lakies/Malottke* BBiG § 77 Rn. 12.
14 Vgl. *Leinemann/Taubert* BBiG § 77 Rn. 22.

# Errichtung §77

Die **Initiative zur Abberufung** kann von der zuständigen Stelle, von der 19
vorschlagenden Organisation oder auch von anderen Ausschussmitgliedern
ausgehen. **Zuständig** für die Abberufung ist die nach dem jeweiligen Landesrecht zuständige Behörde, die die Berufung vorgenommen hat. Vor einer Abberufung müssen die an der Berufung Beteiligten gehört werden. Die
Pflicht zur Anhörung gilt auch für das betroffene Ausschussmitglied.[15] Die
Abberufung ist ein anfechtbarer **Verwaltungsakt**. Er ist rechtsfehlerhaft,
wenn ein wichtiger Grund nicht vorliegt oder die Anhörung unterblieben
ist.[16]

## 6. Stellvertreter

Die Stellvertreter werden in entsprechender Anwendung de § 77 Abs. 1 bis 20
4 BBiG berufen. Damit gilt bei ihnen das Verfahren wie bei Vollmitgliedern.
§ 77 Abs. 5 Satz 1 BBiG bestimmt, dass »die Mitglieder« Stellvertreter haben,
es hat also nicht jedes Mitglied einen bestimmten Stellvertreter. Vielmehr
können im Verhinderungsfall die Stellvertreter innerhalb der jeweiligen
Gruppe nach pflichtgemäßem Ermessen herangezogen werden. Es gilt der
Grundsatz der **Gruppenstellvertretung**.[17]

## 7. Vorsitzender und stellvertretender Vorsitzender

Der Berufsbildungsausschuss wählt aus seiner Mitte einen Vorsitzenden und 21
dessen Stellvertreter. Der Vorsitzende und dessen Stellvertreter sollen nicht
derselben Gruppe angehören. § 77 Abs. 6 BBiG ist im Wesentlichen wort-
gleich mit § 41 Abs. 1 BBiG, insoweit wird auf die dortigen Erläuterungen
verwiesen (§ 41 Rn. 1). Eine Abweichung ergibt sich hinsichtlich des akti-
ven Wahlrechts der Lehrkräfte. Lehrkräfte gehören dem Berufsbildungsausschuss nur mit beratender Stimme an (§ 77 Abs. 1 BBiG) und haben kein aktives Wahlrecht. Umstritten ist, ob sie ein passives Wahlrecht besitzen, das
heißt, ob sie zum Vorsitzenden oder Stellvertreter gewählt werden können.
Der Gesetzeswortlaut schließt das nicht aus. Es dürfte jedoch weder dem Ge-
setzeszweck entsprechen noch in der Praxis vorkommen.[18]

---

15 Vgl. *Lakies/Malottke* BBiG § 77 Rn. 13.
16 Vgl. *Lakies/Malottke* BBiG § 77 Rn. 13.
17 Vgl. *Lakies/Malottke* BBiG § 77 Rn. 11.
18 Vgl. *Leinemann/Taubert* BBiG § 77 Rn. 31.

## § 78 Beschlussfähigkeit, Abstimmung

(1) Der Berufsbildungsausschuss ist beschlussfähig, wenn mehr als die Hälfte seiner stimmberechtigten Mitglieder anwesend ist. Er beschließt mit der Mehrheit der abgegebenen Stimmen.

(2) Zur Wirksamkeit eines Beschlusses ist es erforderlich, dass der Gegenstand bei der Einberufung des Ausschusses bezeichnet ist, es sei denn, dass er mit Zustimmung von zwei Dritteln der stimmberechtigten Mitglieder nachträglich auf die Tagesordnung gesetzt wird.

| Inhaltsübersicht | Rn |
|---|---|
| 1. Übersicht. . . . . . . . . . . . . . . . . . . . . . . . . . . . . . . . . . . . . | 1 |
| 2. Beschlussfähigkeit . . . . . . . . . . . . . . . . . . . . . . . . . . . . . . | 2, 3 |
| 3. Beschlussfassung. . . . . . . . . . . . . . . . . . . . . . . . . . . . . . . . | 4 |
| 4. Einberufung mit Tagesordnung . . . . . . . . . . . . . . . . . . . . . | 5 |
| 5. Nachträgliche Tagesordnungspunkte . . . . . . . . . . . . . . . . . | 6, 7 |

### 1. Übersicht

1 Die Vorschrift regelt die Modalitäten der Beschlussfassung im Berufsbildungsausschuss. Sie weichen von den für den Prüfungsausschuss und den Landesausschuss für Berufsbildung geltenden Vorschriften ab. Bei der Beschlussfähigkeit wird der Unterschied zwischen stimmberechtigten Mitgliedern (Beauftragte der Gruppe der Arbeitgeber und der Arbeitnehmer) und teilnahmeberechtigten Mitgliedern (Lehrern) besonders deutlich. Für das **Handwerk** gilt die entsprechende Vorschrift des § 44a HwO.

### 2. Beschlussfähigkeit

2 Der Berufsbildungsausschuss ist beschlussfähig, wenn mehr als die Hälfte seiner stimmberechtigten Mitglieder anwesend sind (§ 78 Abs. 1 Satz 1 BBiG). Stimmberechtigte Mitglieder sind die sechs Beauftragten der Gruppe der Arbeitgeber und die sechs Beauftragten der Gruppe der Arbeitnehmer, also zwölf Personen. Es ist nicht erforderlich, dass diese Ausgewogenheit für die Beschlussfähigkeit erhalten bleiben muss. Beschlussfähigkeit liegt damit auch vor, wenn die eine Gruppe vollständig anwesend ist, von der anderen Gruppe jedoch nur ein Vertreter an der Sitzung teilnimmt. Wenn allerdings nur eine Gruppe vollständig anwesend ist und von der anderen Gruppe niemand, ist der Berufsbildungsausschuss beschlussunfähig. Zieht eine stimmberechtigte Gruppe vollständig aus der Sitzung aus, kann sie so einen Beschluss verhindern.

Die Lehrkräfte sind bei der Feststellung der Beschlussfähigkeit nicht mitzuzählen. Denn es kommt auf die »stimmberechtigten« Mitglieder an; die Lehrkräfte haben gemäß § 77 Abs. 1 BBiG eine »beratende Stimme«, also

## Beschlussfähigkeit, Abstimmung § 78

kein Stimmrecht. Abweichend davon haben sie gemäß § 79 Abs. 6 BBiG in den dort angesprochenen Fragen ausnahmsweise ein Stimmrecht (vgl. § 79 Rn. 27). Für Beschlüsse nach § 79 Abs. 6 BBiG ist dann gegebenenfalls gesondert die Beschlussfähigkeit festzustellen und die Lehrer stimmen (nur) in diesen Fällen mit ab; sie sind dann insoweit »stimmberechtigte Mitglieder«, was auch bei § 78 Abs. 2 BBiG zu beachten ist. Das konkrete Verfahren ist in der Geschäftsordnung festzulegen (vgl. § 80).

Bei Verhinderung eines Ausschussmitgliedes oder mehrerer Ausschussmitglieder nehmen die Stellvertreter an der Sitzung und Abstimmung teil (vgl. § 77 Abs. 5 BBiG). Sie müssen rechtzeitig geladen werden und über den Gegenstand der Abstimmung informiert sein. Abstimmungen können auch stattfinden, wenn das Verhältnis der stimmberechtigten Mitglieder unausgewogen ist, von einer Gruppe also alle stimmberechtigten Mitglieder anwesend sind und nur ein Mitglied von der anderen stimmberechtigten Gruppe. Rechtlich ist nur entscheidend, dass die Beschlussfähigkeit gegeben ist.

3

### 3. Beschlussfassung

Der Berufsbildungsausschuss beschließt mit der Mehrheit der abgegebenen Stimmen. Endet eine Abstimmung mit Stimmengleichheit, gilt ein Antrag als abgelehnt. Die Stimme des Vorsitzenden gibt (anders als gemäß § 41 Abs. 2 Satz 3 BBiG) nicht den Ausschlag. »Abgegebene Stimmen« sind nur Ja- und Nein-Stimmen, Enthaltungen sind nicht abgegebene Stimmen und deshalb bei der Feststellung der Mehrheit nicht mitzuzählen, weil diese Mitglieder weder für noch gegen den zur Abstimmung gestellten Antrag stimmen.[1]

4

Ein Beschluss ist also auch dann wirksam gefasst, wenn bei der Abstimmung lediglich **ein stimmberechtigtes Mitglied** für den Antrag stimmt, alle anderen sich jedoch enthalten. Auch nach einem solchen Beschlussergebnis ist der Antrag abschließend behandelt, so dass kein Raum für weitere Beratungen besteht, wenn der Antrag nicht erneut und nach den in der Geschäftsordnung festgelegten Formalien oder mit Zustimmung von zwei Dritteln der stimmberechtigten Mitglieder auf die Tagesordnung gesetzt wird.[2]

Das Gesetz sieht für die Beschlussfassung keine bestimmte Form vor. Beschlüsse können daher in **offener Abstimmung** gefasst werden. Auf § 92 Abs. 1 Satz 2 VwVfG (Bund) kann entsprechend zurückgegriffen werden, so dass zumindest bei Wahlen auf Verlangen eines stimmberechtigten Mitglieds geheim abzustimmen ist.[3]

---

1 Vgl. *Benecke/Hergenröder* BBiG § 78 Rn. 4; *Leinemann/Taubert* BBiG § 78 Rn. 6.
2 Vgl. *Lakies/Malottke* BBiG § 78 Rn. 7.
3 Vgl. *Lakies/Malottke* BBiG § 78 Rn. 7.

Nach § 7 der Mustergeschäftsordnung für Berufsbildungsausschüsse (vgl. § 80 Rn. 4) sollen Beschlüsse, Anhörungen und Unterrichtungen im **schriftlichen Umlaufverfahren** möglich sein, wenn die Angelegenheit eilt. Das Umlaufverfahren wird entweder mit der Mehrheit der Stimmen in einer Ausschusssitzung beschlossen oder bei Einigkeit zwischen Vorsitz und Stellvertretung angewendet. Diese Praxis ist bedenklich. Beschlüsse können im Umlaufverfahren nicht wirksam gefasst werden. Denn Beschlüsse erfordern Beschlussfähigkeit, also die Mehrheit der »anwesenden« Mitglieder (§ 78 Abs. 1 BBiG). Sind **keine Mitglieder** anwesend, dürfen Beschlüsse nicht gefasst werden. Die Abstimmung bei **körperlicher Anwesenheit** ist in den Abstimmungsverfahren erforderlich, in denen auf die Mehrheit der Anwesenden abgestellt wird und in denen nicht ausdrücklich eine Ausnahme geregelt ist.[4]

Demgegenüber können **Anhörungen und Unterrichtungen** schriftlich erfolgen, da es hierfür nicht auf Beschlüsse und demzufolge auch nicht auf anwesende Mitglieder ankommt. Bei Anhörungen ist jedoch darauf zu achten, dass der Ausschuss als Ganzes ebenso wie die einzelnen Mitglieder die Gelegenheit haben, der zuständigen Stelle ihre **Meinung** zu der Angelegenheit kundzutun. Anderenfalls handelt es sich nicht um eine Anhörung, sondern um eine Unterrichtung. Da der Gesetzgeber zwischen diese beiden Rechten in § 79 Abs. 2 und Abs. 3 BBiG unterscheidet, genügt eine Anhörung, ohne eine Möglichkeit, gehört zu werden, nicht den Anforderungen des Gesetzes.[5]

### 4. Einberufung mit Tagesordnung

5 Der Gegenstand oder die Gegenstände, über die beschlossen werden soll, müssen bei der Einberufung des Ausschusses bezeichnet sein. Die Tagesordnung muss deutlich über einen zu beratenden Gegenstand Auskunft geben, damit sich die Ausschussmitglieder ausreichend vorbereiten können.[6] Eine ausreichende Vorbereitung erfordert eine rechtzeitige Zustellung der Tagesordnung. Das Gesetz gibt keine Zeitvorgaben, sie sollten daher in der Geschäftsordnung geregelt werden. Die Vorbereitungszeit muss jedenfalls angemessen sein (etwa zwei Wochen), um eine entsprechende Vorbereitung zu ermöglichen.[7] Die rechtzeitige Zustellung der Ladung mit der Tagesordnung gilt auch für die Stellvertreter im Falle der Verhinderung von Ausschussmitgliedern.

---

4 Vgl. *Lakies/Malottke* BBiG § 78 Rn. 4.
5 Vgl. *Lakies/Malottke* BBiG § 78 Rn. 4.
6 Vgl. *Lakies/Malottke* BBiG § 78 Rn. 8.
7 Vgl. *Herkert/Töltl* BBiG § 78 Rn. 4.

## Aufgaben §79

### 5. Nachträgliche Tagesordnungspunkte

Mit Zustimmung von zwei Dritteln der stimmberechtigten Mitglieder kann 6
ein Beratungsgegenstand, über den beschlossen werden soll, nachträglich
auf die Tagesordnung gesetzt werden. Es müssen also mindestens acht
stimmberechtigte Mitglieder zustimmen (zwei Drittel von zwölf). Die erforderlichen zwei Drittel beziehen sich auf die Gesamtzahl der stimmberechtigten, nicht nur auf die anwesenden Mitglieder. Da es um die Beschlussfassung
zur Tagesordnung geht, sind die Lehrkräfte im Falle eines nachträglichen Tagesordnungspunktes entsprechend § 78 Abs. 1 BBiG nur stimmberechtigt,
wenn Beschlüsse gemäß § 79 Abs. 6 BBiG gefasst werden.[8]

Es wird die Auffassung vertreten, dass das Fehlen einer gesonderten Abstim- 7
mung über die Aufnahme eines neuen Tagesordnungspunkts unbeachtlich
sei, wenn in der Sache selbst ein Beschluss mit mindestens acht zustimmenden Stimmen gefasst werde.[9] Diese Auffassung kann nicht geteilt werden. In
diesem Fall fehlt es nämlich an der **ausdrücklichen Zustimmung** von zwei
Dritten der Stimmberechtigten, die nach dem Sinn und Zweck der Bestimmung erforderlich ist.

### § 79 Aufgaben

(1) Der Berufsbildungsausschuss ist in allen wichtigen Angelegenheiten
der beruflichen Bildung zu unterrichten und zu hören. Er hat im Rahmen
seiner Aufgaben auf eine stetige Entwicklung der Qualität der beruflichen
Bildung hinzuwirken.

(2) Wichtige Angelegenheiten, in denen der Berufsbildungsausschuss
anzuhören ist, sind insbesondere:

1. Erlass von Verwaltungsgrundsätzen über die Eignung von Ausbildungs- und Umschulungsstätten, für das Führen von Ausbildungsnachweisen nach § 13 Satz 2 Nummer 7, für die Verkürzung der Ausbildungsdauer, für die vorzeitige Zulassung zur Abschlussprüfung, für die Durchführung der Prüfungen, zur Durchführung von über- und außerbetrieblicher Ausbildung sowie Verwaltungsrichtlinien zur beruflichen Bildung,
2. Umsetzung der vom Landesausschuss für Berufsbildung empfohlenen Maßnahmen,
3. wesentliche inhaltliche Änderungen des Ausbildungsvertragsmusters.

(3) Wichtige Angelegenheiten, in denen der Berufsbildungsausschuss zu
unterrichten ist, sind insbesondere:

---

8 Vgl. *Lakies/Malottke* BBiG § 78 Rn. 10.
9 So *Benecke/Hergenröder* BBiG § 78 Rn. 5; *Leinemann/Taubert* BBiG § 78 Rn. 14.

## § 79 Aufgaben

1. Zahl und Art der der zuständigen Stelle angezeigten Maßnahmen der Berufsausbildungsvorbereitung und beruflichen Umschulung sowie der eingetragenen Berufsausbildungsverhältnisse,
2. Zahl und Ergebnisse von durchgeführten Prüfungen sowie hierbei gewonnene Erfahrungen,
3. Tätigkeit der Berater und Beraterinnen nach § 76 Abs. 1 Satz 2,
4. für den räumlichen und fachlichen Zuständigkeitsbereich der zuständigen Stelle neue Formen, Inhalte und Methoden der Berufsbildung,
5. Stellungnahmen oder Vorschläge der zuständigen Stelle gegenüber anderen Stellen und Behörden, soweit sie sich auf die Durchführung dieses Gesetzes oder der auf Grund dieses Gesetzes erlassenen Rechtsvorschriften beziehen,
6. Bau eigener überbetrieblicher Berufsbildungsstätten,
7. Beschlüsse nach Absatz 5 sowie beschlossene Haushaltsansätze zur Durchführung der Berufsbildung mit Ausnahme der Personalkosten,
8. Verfahren zur Beilegung von Streitigkeiten aus Ausbildungsverhältnissen,
9. Arbeitsmarktfragen, soweit sie die Berufsbildung im Zuständigkeitsbereich der zuständigen Stelle berühren.

(4) Der Berufsbildungsausschuss hat die auf Grund dieses Gesetzes von der zuständigen Stelle zu erlassenden Rechtsvorschriften für die Durchführung der Berufsbildung zu beschließen. Gegen Beschlüsse, die gegen Gesetz oder Satzung verstoßen, kann die zur Vertretung der zuständigen Stelle berechtigte Person innerhalb einer Woche Einspruch einlegen. Der Einspruch ist zu begründen und hat aufschiebende Wirkung. Der Berufsbildungsausschuss hat seinen Beschluss zu überprüfen und erneut zu beschließen.

(5) Beschlüsse, zu deren Durchführung die für Berufsbildung im laufenden Haushalt vorgesehenen Mittel nicht ausreichen, bedürfen für ihre Wirksamkeit der Zustimmung der für den Haushaltsplan zuständigen Organe. Das Gleiche gilt für Beschlüsse, zu deren Durchführung in folgenden Haushaltsjahren Mittel bereitgestellt werden müssen, die die Ausgaben für Berufsbildung des laufenden Haushalts nicht unwesentlich übersteigen.

(6) Abweichend von § 77 Abs. 1 haben die Lehrkräfte Stimmrecht bei Beschlüssen zu Angelegenheiten der Berufsausbildungsvorbereitung und Berufsausbildung, soweit sich die Beschlüsse unmittelbar auf die Organisation der schulischen Berufsbildung auswirken.

| Inhaltsübersicht | Rn |
|---|---|
| 1. Übersicht. | 1– 3 |
| 2. Unterrichtung und Anhörung des Berufsbildungsausschusses | 4–13 |
|    a. Wichtige Angelegenheiten | 5– 7 |
|    b. Qualitätsentwicklung | 8 |
|    c. Begriff der »Unterrichtung« und »Anhörung« | 9–13 |

**Aufgaben** § 79

3. Erlass von Rechtsvorschriften .................... 14–24
   a. Beschlusskompetenz ........................ 14–19
   b. Einspruch der zuständigen Stelle ................. 20–24
4. Beschlüsse mit Wirkungen auf Haushaltsmittel ............ 25, 26
5. Eingeschränktes Stimmrecht der Lehrkräfte .............. 27

## 1. Übersicht

§ 79 BBiG regelt die Aufgaben und Befugnisse des Berufsbildungsausschus- 1
ses der zuständigen Stelle. Abs. 1 Satz 1 bestimmt, dass der Berufsbildungsausschuss in »allen wichtigen« Angelegenheiten der beruflichen Bildung
(im Sinne des § 1 Abs. 1 BBiG) zu unterrichten und zu hören ist; Qualitätssicherung wird dabei als eine ständige Aufgabe ausdrücklich benannt (§ 79
Abs. 1 Satz 2 BBiG). § 79 Abs. 2 Nr. 1 bis 3 BBiG zählt – nicht abschließend
(»insbesondere«) – »wichtige« Angelegenheiten auf, in denen der Berufsbildungsausschuss »anzuhören« ist. § 79 Abs. 3 Nr. 1 bis 9 BBiG zählt – nicht
abschließend (»insbesondere«) – »wichtige« Angelegenheiten auf, in denen
der Berufsbildungsausschuss »zu unterrichten« ist. § 79 Abs. 4 BBiG regelt
die Normsetzungsbefugnis des Berufsbildungsausschusses. § 79 Abs. 5 BBiG
verankert einen »Haushaltsvorbehalt«. § 79 Abs. 6 BBiG regelt das ausnahmsweise (abweichend von § 77 Abs. 1 BBiG) bestehende Stimmrecht der
Lehrkräfte.

Die Ausgestaltung der Rechte des Ausschusses macht diesen zum zentralen 2
Beratungs- und Beschlussgremium im Anwendungsbereich des BBiG. Die
anderen Organe der zuständigen Stelle, wie die Vollversammlungen bei den
Industrie- und Handelskammern, das Präsidium, die Geschäftsführung und
die Prüfungsausschüsse, müssen die dem Berufsbildungsausschuss verliehenen Befugnisse beachten.

Für das **Handwerk** (§ 44 HwO) sind abweichende Regelungen zu beachten. 3
Der Berufsbildungsausschuss im Bereich des Handwerks erstellt Stellungnahmen, die von der Vollversammlung der Handwerkskammer beschlossen werden. Seine Vorschläge gelten von der Vollversammlung als angenommen, wenn sie nicht mit einer Dreiviertelmehrheit in der Vollversammlung
geändert bzw. abgelehnt werden.

## 2. Unterrichtung und Anhörung des Berufsbildungsausschusses

Der Berufsbildungsausschuss ist in allen wichtigen Angelegenheiten der be- 4
ruflichen Bildung zu unterrichten und zu hören. Die Unterrichtungs- und
Anhörungspflicht gegenüber den Organen der zuständigen Stellen wie der
Vollversammlung, dem Präsidium oder der Geschäftsführung umfasst alle
wichtigen Angelegenheiten der beruflichen Bildung, wie der Berufsausbildung, der beruflichen Fortbildung und der beruflichen Umschulung.

### a. Wichtige Angelegenheiten

**5** Der Gesetzgeber hat mit dem Begriff »wichtige Angelegenheiten« einen unbestimmten Rechtsbegriff gewählt. Dieser ist wegen der subsidiären Allzuständigkeit des Berufsbildungsausschusses[1] weit auszulegen. Wichtig im Sinne des § 79 Abs. 1 BBiG sind zunächst alle Angelegenheiten, die Gegenstand der Beschlussfassung des Berufsbildungsausschusses sein können oder ihrer Vorbereitung dienen.[2] Die Wichtigkeit kann sich auch daraus ergeben, dass die Angelegenheit eine Vielzahl von Fällen betrifft. Auch Einzelfälle, die exemplarischen Charakter haben, sind als »wichtige Angelegenheit« anzusehen.[3]

**6** Der Berufsbildungsausschuss ist auch dann zu unterrichten und zu hören, wenn eine Regelung durch ihn selbst nicht in Betracht kommt, es aber um eine wichtige Maßnahme oder Stellungnahme der Kammer als für die Berufsbildung zuständige Stelle geht.[4] Wegen der subsidiären Allzuständigkeit des Berufsbildungsausschusses ist diesem ein umfassendes Unterrichtungs- und Anhörungsrecht einzuräumen. Das Unterrichtungs- und Anhörungsrecht bezieht sich auf über den Einzelfall hinausgehende allgemeine grundsätzliche Fragen der Berufsbildung.

**7** Ob es sich um eine »wichtige Angelegenheit« handelt, beurteilt sich *nicht* aus der Sicht der Geschäftsführung der zuständigen Stelle bzw. Kammerverwaltung.[5] Der Geschäftsführung steht auch nicht etwa insoweit ein gerichtlich nicht nachprüfbarer Beurteilungsspielraum bei der Interpretation zu, ob eine bestimmte Frage eine »wichtige Angelegenheit« der beruflichen Bildung ist. Besteht Streit, ob es sich um eine »wichtige Angelegenheit« handelt, kann vielmehr auch eine gerichtliche Klärung herbeigeführt werden. Zulässige Klageart ist die Feststellungsklage, für die bei Wiederholungsgefahr das Rechtsschutzinteresse zu bejahen ist.[6]

### b. Qualitätsentwicklung

**8** Im Rahmen seiner Aufgaben ist der Berufsbildungsausschuss gemäß § 79 Abs. 1 Satz 2 BBiG verpflichtet, auf eine stetige Entwicklung der Qualität der beruflichen Bildung hinzuwirken. Damit wird die Bedeutung der Qualitätssicherung und -entwicklung für die Berufsbildung unterstrichen und eine Leitlinie für die Wahrnehmung der gesetzlichen Aufgaben durch den Berufs-

---

1 Vgl. *BVerfG* 14. 5. 1986 – 2 BvL 19/84, NJW 1987, 427.
2 Vgl. *Leinemann/Taubert* BBiG § 79 Rn. 9.
3 Vgl. *Lakies/Malottke* BBiG § 79 Rn. 5.
4 Vgl. *BVerwG* 23. 6. 2010 – 8 C 20/09, BVerwGE 137, 171 = NVwZ-RR 2010, 882 zur »Limburger Erklärung«.
5 Vgl. *Lakies/Malottke* BBiG § 79 Rn. 6.
6 Vgl. *Herkert/Töltl* BBiG § 79 Rn. 5.

# Aufgaben § 79

bildungsausschuss formuliert.[7] Der Berufsbildungsausschuss kann zu diesem Thema einen Unterausschuss gemäß § 80 Satz 2 und 3 BBiG bilden.[8]

### c. Begriff der »Unterrichtung« und »Anhörung«

Anhörung (§ 79 Abs. 2 BBiG) geht begrifflich weiter als Unterrichtung (§ 79 Abs. 3 BBiG), da dem Ausschuss bei der Anhörung nicht nur Informationen gegeben werden müssen, sondern dem Berufsbildungsausschuss auch das Recht zur Stellungnahme gegeben werden muss. Formuliert der Berufsbildungsausschuss im Rahmen der **Anhörung** Bedenken gegen eine Maßnahme und gibt Anregungen, so muss sich die Geschäftsführung der zuständigen Stelle pflichtgemäß mit den Bedenken auseinandersetzen. Die Geschäftsführung darf solche Bedenken oder Anregungen nur übergehen, wenn hierfür beachtliche sachliche Gründe vorliegen; man wird von einer entsprechenden Begründungspflicht ausgehen müssen.[9] Bei der **Unterrichtung** muss der Berufsbildungsausschuss so informiert werden, dass er sich ein eigenes Bild der Angelegenheit machen kann, ohne dass weitere Nachfragen erforderlich sind.[10]

Die wichtigen Angelegenheiten, in denen der Berufsbildungsausschuss anzuhören und zu unterrichten ist, werden in § 79 Abs. 2 und 3 BBiG beispielhaft aufgeführt. Es handelt sich um keine abschließende Auflistung (»insbesondere«), so dass auch Angelegenheiten, die dort nicht genannt sind, vom Berufsbildungsausschuss behandelt werden können.

Der Berufsbildungsausschuss muss durch die Unterrichtung in die Lage versetzt werden, Angelegenheiten gemäß § 79 BBiG sachverständig zu erörtern und gegebenenfalls seine Position zu formulieren. Die Information muss deshalb ausreichend detailliert sein. Über die Geeignetheit entscheidet der Ausschuss.[11] Es gilt der **Grundsatz der erschöpfenden Unterrichtung**. Es muss eine der Sache und den Umständen nach erschöpfende, gegebenenfalls fortlaufende bzw. periodisch wiederkehrende Unterrichtung gewährleistet werden.[12]

Der Berufsbildungsausschuss hat einen Anspruch darauf, dass die zuständige Stelle tätig wird, um die erforderlichen Informationen zum Zwecke der Unterrichtung des Ausschusses zu erheben. Die anderen Organe der zuständigen Stelle haben für die Erfüllung der zu Gunsten des Ausschusses bestehenden Verpflichtungen Sorge zu tragen.

---

7 Vgl. *Lakies/Malottke* BBiG § 79 Rn. 20.
8 Vgl. *Lakies/Malottke* BBiG § 79 Rn. 22.
9 Vgl. *Herkert/Töltl* BBiG § 79 Rn. 14.
10 Vgl. *Lakies/Malottke* BBiG § 79 Rn. 18.
11 Vgl. *Lakies/Malottke* BBiG § 79 Rn. 19.
12 Vgl. *Herkert/Töltl* BBiG § 79 Rn. 12.

**13** Datenschutzrechtliche Bedenken bezüglich einer umfassenden Information des Berufsbildungsausschusses bei der Unterrichtung und Anhörung bestehen nicht. Der Berufsbildungsausschuss ist Teil der zuständigen Stelle.[13] Die Beachtung von Landesdatenschutzgesetzen führt nicht zur Unzulässigkeit solcher Maßnahmen, die die Erfüllung von Aufgaben der zuständigen Stelle dienen und daher im Rahmen eines datenschutzrechtlichen Erlaubnistatbestands durchgeführt werden.

### 3. Erlass von Rechtsvorschriften

#### a. Beschlusskompetenz

**14** Der Berufsbildungsausschuss hat die auf Grundlage des BBiG zu erlassenden Rechtsvorschriften für die Durchführung der Berufsbildung zu beschließen. Soweit keine gesetzlichen Regelungen bestehen, umfasst die Beschlusskompetenz neben dem Erlass von Prüfungsordnungen u. a. den Erlass von Rechtsvorschriften zur Eignung des Ausbildungspersonals und der Ausbildungsstätten, Kürzung oder Verlängerung der Ausbildungsdauer, Förderung der Berufsausbildung, Beilegung von Streitigkeiten aus Ausbildungsverhältnissen und zu Tätigkeiten und Anzahl der zu bestellenden Ausbildungsberater.

**15** Der Berufsbildungsausschuss hat eine Regelungskompetenz im Sinne einer **subsidiären Allzuständigkeit** im Rahmen des vorgegebenen Gesetzes- und Verordnungsrechts zur Durchführung der beruflichen Bildung.[14] Diese Kompetenz erstreckt sich nicht nur auf den organisatorischen Vollzug, sondern auch auf die inhaltliche Gestaltung der Ausbildung.[15]

**16** Der Erlass entsprechender Rechtsnormen schafft statutarisches Recht (vgl. § 9 Rn. 6, 7). Dabei handelt es sich um Satzungsrecht, das von einer juristischen Person des öffentlichen Rechts im Rahmen der ihr gesetzlich verliehenen Autonomie (§ 79 Abs. 4 Satz 1 BBiG) erlassen wird.

**17** **Verwaltungsrichtlinien** oder **Verwaltungsgrundsätze** können, soweit der Berufsbildungsausschuss keine Rechtsvorschrift will, grundsätzlich durch die Geschäftsführung der zuständigen Stelle erlassen werden. Insoweit handelt es sich aber immer um eine wichtige Angelegenheit im Sinne des § 79 Abs. 2 Nr. 1 BBiG. Der Berufsbildungsausschuss ist hier anzuhören (vgl. Rn. 10). Dem Berufsbildungsausschuss bleibt unabhängig davon die Kompetenz zum Erlass von Rechtsvorschriften gemäß § 79 Abs. 4 Satz 1 BBiG.

---

13 Vgl. *Lakies/Malottke* BBiG § 79 Rn. 18.
14 So ausdrücklich *BVerfG* 14.5.1986 – 2 BvL 19/84, NJW 1987, 427.
15 Vgl. *Leinemann/Taubert* BBiG § 79 Rn. 29.

**Aufgaben** § 79

Eine Beschlusskompetenz des Ausschusses besteht nur soweit, wie nicht 18
durch Gesetzesvorschriften oder Verordnungsrecht die einschlägige Frage
abschließend geregelt ist (vgl. z.B. § 7, § 43 Abs. 2, § 53 BBiG).

Auch im Bereich des **öffentlichen Dienstes** gilt, dass die vom Berufsbil- 19
dungsausschuss beschlossenen Rechtsvorschriften die Ausbildungsbetriebe
unmittelbar verpflichten.

### b. Einspruch der zuständigen Stelle

Die zur Vertretung der zuständigen Stelle berechtigte Person kann gegen 20
Beschlüsse des Berufsbildungsausschusses Einspruch einlegen (§ 79 Abs. 4
Satz 2 BBiG). Das Einspruchsrecht besteht nur, wenn und soweit ein Beschluss gegen Gesetzes- oder Satzungsrecht verstößt. Die Beschlüsse des Berufsbildungsausschusses müssen mit höherrangigem Gesetzesrecht vereinbar sein. Dabei geht es nicht nur um die Vereinbarkeit mit dem BBiG, sondern mit sämtlichen Bundes- und Landesgesetzen. Der Begriff der Satzung ist für die zuständigen Stellen so auszulegen, wie das für die Errichtung der zuständigen Stelle zugrunde liegende Gesetz diesen Begriff verwendet.[16]
Weiteres statuarisches Recht fällt rein begrifflich nicht unter Satzung, sondern wird in den zugrundeliegenden Rechtsvorschriften in der Regel als Ordnung bezeichnet.[17]

Wer zur Vertretung der zuständigen Stelle berechtigt ist, ergibt sich aus in- 21
nerorganisatorischen Regeln – regelmäßig aus der Satzung – der zuständigen Stelle. Dies kann der Vorstand, Geschäftsführer oder Behördenleiter sein. Der Einspruch muss **innerhalb einer Woche** eingelegt werden. Dabei handelt es sich um eine Ausschlussfrist.[18] Hinsichtlich der Fristberechnung gelten die §§ 186 bis 188 BGB. Wann die Frist beginnt, ist gesetzlich nicht geregelt. Es ist davon auszugehen, dass die Frist erst beginnt, wenn die zur Vertretung berechtigte Person der zuständigen Stelle von dem Beschluss Kenntnis erhält.[19]

Der Einspruch muss **begründet** werden (§ 79 Abs. 4 Satz 3 BBiG). Aus 22
Gründen der Rechtssicherheit und Rechtsklarheit ist die Schriftform des
Einspruchs nebst Begründung sinnvoll, aber nicht explizit gesetzlich vorgeschrieben. Die Begründung muss ergeben, welche rechtlichen Bedenken gegen den Beschluss bestehen. Die Begründung ist aufgrund der gesetzlichen Formulierung (»ist zu begründen«) an sich Wirksamkeitsvoraussetzung für einen zulässigen Einspruch,[20] da jedoch die Schriftform für die Begrün-

---

16 Vgl. *Lakies/Malottke* BBiG § 79 Rn. 32.
17 Vgl. *Lakies/Malottke* BBiG § 79 Rn. 33.
18 Vgl. *Lakies/Malottke* BBiG § 79 Rn. 37.
19 Vgl. *Lakies/Malottke* BBiG § 79 Rn. 37.
20 Vgl. *Leinemann/Taubert* BBiG § 79 Rn. 42.

dung nicht vorgeschrieben ist, ist unklar, wie das letztlich überprüft werden sollte.

23 Der Einspruch hat **aufschiebende Wirkung** (§ 79 Abs. 4 Satz 3 BBiG), das heißt der Beschluss des Berufsbildungsausschusses bleibt zunächst ohne Rechtswirkungen und darf nicht vollzogen werden. Auf den Einspruch hat der Berufsbildungsausschuss seinen **Beschluss zu überprüfen** und erneut zu beschließen (§ 79 Abs. 4 Satz 4 BBiG). Trotz des missverständlichen Wortlauts der Norm steht es dem Ausschuss auch frei, auf eine erneute Beschlussfassung zu verzichten, so dass (wegen des Einspruchs) ein wirksamer Beschluss zu der einschlägigen Frage nicht vorliegt. Hält der Ausschuss den Einspruch für unbegründet, kann er denselben Beschluss erneut fassen. Der Ausschuss kann auch einen neuen, gegenüber dem ersten Beschluss, geänderten Beschluss fassen, gegen den erneut (weil es sich um einen neuen Beschluss handelt) der Einspruch gegeben ist.

24 Falls der Ausschuss den Beschluss unverändert neu fasst, hat sich damit der Einspruch erledigt. Geht die zur Vertretung der zuständigen Stelle berechtigte Person nach wie vor von einem Verstoß gegen Gesetzes- oder Satzungsrecht aus, ist sie berechtigt, die Verkündung des Beschlusses zu verweigern und kann im Rahmen allgemeinen Aufsichtsrechts die Rechtsaufsicht zur Überprüfung auffordern,[21] in der Regel die zuständige Landesbehörde.

### 4. Beschlüsse mit Wirkungen auf Haushaltsmittel

25 Beschlüsse des Berufsbildungsausschusses stehen generell unter Haushaltsvorbehalt. Ist eine Mittelüberschreitung im laufenden oder im folgenden Haushalten durch Beschlüsse zu befürchten, muss die Zustimmung der für den Haushaltsplan zuständigen Organe eingeholt werden. Die Frage, ob die bereitzustellenden Mittel die Ausgaben des laufenden Haushalts wesentlich übersteigen würden, lässt sich nur in Bezug auf den jeweiligen Haushalt beurteilen.[22]

26 Die Regelung zeigt die **fehlende Haushaltskompetenz** des Berufsbildungsausschusses.[23] Der Berufsbildungsausschuss kann Beschlüsse fassen, wie die Haushaltsmittel zu verteilen sind. Das Haushaltsvolumen zu beschließen bleibt dem zuständigen Organ der zuständigen Stelle vorbehalten. Lediglich unwesentliche Überschreitungen des Haushalts für das Folgejahr bedürfen nicht der Zustimmung des zuständigen Organs. Welche Überschreitung noch unwesentlich und welche Überschreitung des Budgets schon wesentlich ist, definiert das Gesetz nicht. Es handelt sich um einen unbestimmten Rechtsbegriff, der in vollem Umfang der Überprüfung durch das Verwal-

---

21 Vgl. *Leinemann/Taubert* § 79 Rn. 46.
22 Vgl. *Herkert/Töltl* BBiG § 79 Rn. 36.
23 Vgl. *Lakies/Malottke* BBiG § 79 Rn. 46.

tungsgericht unterliegt. Ein Ermessensspielraum des Organs der zuständigen Stelle, das für den Beschluss des Haushaltes zuständig ist, besteht nicht.[24] Eine wesentliche Steigerung dürfte jedenfalls dann ausscheiden, wenn der gesamte Haushalt höher ist als der vorherige. Wird diese Gesamt-Steigerungsrate nicht überschritten, ist das Übersteigen im Bereich der Berufsbildung nicht wesentlich.

### 5. Eingeschränktes Stimmrecht der Lehrkräfte

§ 79 Abs. 6 BBiG bestimmt abweichend von § 77 Abs. 1 BBiG, dass Lehrkräfte in bestimmten Angelegenheiten ein Stimmrecht im Berufsbildungsausschuss haben, nämlich bei Beschlüssen zu Angelegenheiten der Berufsausbildungsvorbereitung und Berufsausbildung, »soweit« sich die Beschlüsse »unmittelbar« auf die »Organisation der schulischen Berufsbildung« auswirken. Ein Stimmrecht besteht generell **nicht** bei Beschlüssen zu Angelegenheit der beruflichen Fortbildung und Umschulung und auch nicht bei Beschlüssen, die die betriebliche Ausbildung betreffen. Da § 79 Abs. 6 BBiG keine weiteren Konkretisierungen enthält, sind Rechtsanwendungsprobleme in der Praxis zu befürchten. Ein Stimmrecht der Lehrkräfte ist z. B. gegeben bei Verwaltungsgrundsätzen für die Verkürzung der Ausbildungsdauer, die **unmittelbare** Auswirkungen auf die Organisation der Berufsschule haben oder wenn Rechtsvorschriften erlassen werden sollen, die ein konzertiertes Vorgehen von Schule und Betrieb voraussetzen.[25] Der Beschlussgegenstand muss gezielt auf die Organisation der schulischen Berufsbildung einwirken und darf nicht nur Reflexwirkungen haben.[26] Dies ist bei Fragen der Schulorganisation der Fall, z. B. saisonale Beschulungsformen, Fachklassenbildung.

27

## § 80 Geschäftsordnung

**Der Berufsbildungsausschuss gibt sich eine Geschäftsordnung. Sie kann die Bildung von Unterausschüssen vorsehen und bestimmen, dass ihnen nicht nur Mitglieder des Ausschusses angehören. Für die Unterausschüsse gelten § 77 Abs. 2 bis 6 und § 78 entsprechend.**

| Inhaltsübersicht | Rn |
|---|---|
| 1. Übersicht | 1 |
| 2. Bildung von Unterausschüssen | 2–4 |

---

24 Vgl. *Lakies/Malottke* BBiG § 79 Rn. 46; a. A.: *Leinemann/Taubert* BBiG § 79 Rn. 50.
25 So explizit die BT-Drs. 15/4752, S. 37.
26 Vgl. *Herkert/Töltl* BBiG § 79 Rn. 40.

## 1. Übersicht

1 Die Berufsbildungsausschüsse müssen sich eine Geschäftsordnung geben, die die internen Angelegenheiten ihrer Arbeitsweise und das einzuhaltende Verfahren (Einladungsmodalitäten, Anzahl der Sitzungen, alternierender Vorsitz usw.) regeln. Die Geschäftsordnung wird vom Ausschuss selbst beschlossen und bedarf nicht der Zustimmung eines Organs der zuständigen Stelle bzw. einer Behörde, ebenso nicht der Veröffentlichung. Eine einmal beschlossene Geschäftsordnung ist gültig bis zum Beschluss einer neuen Geschäftsordnung. Für das **Handwerk** gilt die entsprechende Regelung des § 44b HwO.

## 2. Bildung von Unterausschüssen

2 Die Geschäftsordnung kann die Bildung von Unterausschüssen vorsehen und bestimmen, dass ihnen nicht nur Mitglieder des Berufsbildungsausschusses angehören. Die Zahl der Unterausschussmitglieder ist gesetzlich nicht vorgegeben, jedoch sind § 77 Abs. 2 bis 6 BBiG und § 78 BBiG zu beachten. Ob Unterausschüsse eingerichtet werden, liegt im Ermessen des Berufsbildungsausschusses (»kann – vorsehen«).

3 Unterausschüsse dürfen nur im Rahmen des ihnen durch den Berufsbildungsausschuss zugewiesenen Aufgabenbereichs tätig werden. Unterausschüsse können meinungsbildende Beschlüsse fassen mit empfehlendem Charakter für den Berufsbildungsausschuss.[1]

4 Es liegen zwischen den Spitzenverbänden der Gewerkschaften und des Handwerks bzw. des DIHK abgestimmte **Mustergeschäftsordnungen** vor (*www.wir-gestalten-berufsbildung.de*).

# Abschnitt 4
# Zuständige Behörden

## § 81   Zuständige Behörden

(1) Im Bereich des Bundes ist die oberste Bundesbehörde oder die von ihr bestimmte Behörde die zuständige Behörde im Sinne des § 30 Absatz 6, der §§ 32, 33, 40 Absatz 6 und der §§ 47, 54 Absatz 3 und des § 77 Absatz 2 und 3.

(2) Ist eine oberste Bundesbehörde oder eine oberste Landesbehörde zuständige Stelle im Sinne dieses Gesetzes, so bedarf es im Fall des § 40 Ab-

---

1 Vgl. *Leinemann/Taubert* BBiG § 80 Rn. 8.

# Errichtung, Geschäftsordnung, Abstimmung § 82

satz 6, des § 47 Absatz 1 und des § 77 Absatz 3 keiner Genehmigung und im Fall des § 54 keiner Bestätigung.

Aus verfassungs- und verwaltungsmäßigen Gründen tritt in den in § 81 Abs. 1 BBiG aufgeführten Teilen des BBiG im Bereich des Bundes die oberste Bundesbehörde oder die von ihr bestimmte Behörde an die Stelle der nach Landesrecht zuständigen Behörde bzw. an die Stelle der obersten Landesbehörde. Eine Behörde kann nicht gleichzeitig handeln und ihr eigenes Verhalten danach genehmigen.[1] Deshalb bedarf es in den in § 81 Abs. 2 BBiG genannten Fällen keiner Genehmigung der obersten Landesbehörde, wenn die oberste Bundesbehörde oder eine oberste Landesbehörde zuständige Stelle ist.

1

## Kapitel 2
## Landesausschüsse für Berufsbildung

### § 82 Errichtung, Geschäftsordnung, Abstimmung

(1) Bei der Landesregierung wird ein Landesausschuss für Berufsbildung errichtet. Er setzt sich zusammen aus einer gleichen Zahl von Beauftragten der Arbeitgeber, der Arbeitnehmer und der obersten Landesbehörden. Die Hälfte der Beauftragten der obersten Landesbehörden muss in Fragen des Schulwesens sachverständig sein.

(2) Die Mitglieder des Landesausschusses werden längstens für vier Jahre von der Landesregierung berufen, die Beauftragten der Arbeitgeber auf Vorschlag der auf Landesebene bestehenden Zusammenschlüsse der Kammern, der Arbeitgeberverbände und der Unternehmerverbände, die Beauftragten der Arbeitnehmer auf Vorschlag der auf Landesebene bestehenden Gewerkschaften und selbständigen Vereinigungen von Arbeitnehmern mit sozial- oder berufspolitischer Zwecksetzung. Die Tätigkeit im Landesausschuss ist ehrenamtlich. Für bare Auslagen und für Zeitversäumnis ist, soweit eine Entschädigung nicht von anderer Seite gewährt wird, eine angemessene Entschädigung zu zahlen, deren Höhe von der Landesregierung oder der von ihr bestimmten obersten Landesbehörde festgesetzt wird. Die Mitglieder können nach Anhören der an ihrer Berufung Beteiligten aus wichtigem Grund abberufen werden. Der Ausschuss wählt ein Mitglied, das den Vorsitz führt, und ein weiteres Mitglied, das den Vorsitz stellvertretend übernimmt. Der Vorsitz und seine Stellvertretung sollen nicht derselben Mitgliedergruppe angehören.

---

1 Vgl. *Leinemann/Taubert* BBiG § 81 Rn. 3.

(3) Die Mitglieder haben Stellvertreter oder Stellvertreterinnen. Die Absätze 1 und 2 gelten für die Stellvertreter und Stellvertreterinnen entsprechend.
(4) Der Landesausschuss gibt sich eine Geschäftsordnung, die der Genehmigung der Landesregierung oder der von ihr bestimmten obersten Landesbehörde bedarf. Sie kann die Bildung von Unterausschüssen vorsehen und bestimmen, dass ihnen nicht nur Mitglieder des Landesausschusses angehören. Absatz 2 Satz 2 gilt für die Unterausschüsse hinsichtlich der Entschädigung entsprechend. An den Sitzungen des Landesausschusses und der Unterausschüsse können Vertreter der beteiligten obersten Landesbehörden, der Gemeinden und Gemeindeverbände sowie der Agentur für Arbeit teilnehmen.
(5) Der Landesausschuss ist beschlussfähig, wenn mehr als die Hälfte seiner Mitglieder anwesend ist. Er beschließt mit der Mehrheit der abgegebenen Stimmen.

**Inhaltsübersicht** Rn
1. Überblick . . . . . . . . . . . . . . . . . . . . . . . . . . . . . . . 1
2. Errichtung und Besetzung der Landesausschüsse. . . . . . . . . . . . . 2, 3
3. Berufung der Mitglieder. . . . . . . . . . . . . . . . . . . . . . . . 4
4. Ehrenamtliche Tätigkeit und Entschädigung . . . . . . . . . . . . . . 5
5. Abberufung von Mitgliedern . . . . . . . . . . . . . . . . . . . . . 6
6. Vorsitzender und stellvertretender Vorsitzender . . . . . . . . . . . 7
7. Stellvertretende Ausschussmitglieder . . . . . . . . . . . . . . . . . 8
8. Geschäftsordnung, Unterausschüsse . . . . . . . . . . . . . . . . . 9–11
9. Beschlussfähigkeit und Beschlussfassung . . . . . . . . . . . . . . . 12, 13

### 1. Überblick

**1** Die Vorschrift regelt die Errichtung, Besetzung, Abstimmung und die interne Geschäftsführung der Landesausschüsse für Berufsbildung, die bei den Landesregierungen zu errichten sind. Diese haben eine **beratende Funktion** (§ 83 BBiG). Die praktische Bedeutung dieser Ausschüsse ist im Vergleich zu den Berufsbildungsausschüssen der zuständigen Stellen (§§ 77 bis 80 BBiG) begrenzt, zum einen wegen der begrenzten Zuständigkeit der Länder für die berufliche Bildung und zum anderen wegen der bloß beratenden Funktion.

### 2. Errichtung und Besetzung der Landesausschüsse

**2** Die Errichtung eines Landesausschusses für Berufsbildung ist für jedes Bundesland **zwingend vorgeschrieben** (»wird – errichtet«, § 82 Abs. 1 Satz 1 BBiG). Sie werden bei den Landesregierungen errichtet. Welches Ministerium diese Aufgabe übernimmt, ist bundesgesetzlich nicht vorgeschrieben und wird den Landesregierungen überlassen. Zumeist werden die Aus-

# Errichtung, Geschäftsordnung, Abstimmung § 82

schüsse bei den Arbeits- und Sozialministerien bzw. -senatoren angesiedelt. Die Zuordnung des Landesausschusses zu einem bestimmten Ministerium bedeutet nicht, dass nicht andere Ministerien fachlich und personell mit einbezogen werden können. Insbesondere die Einbeziehung des Schulwesens ist, wenn der Ausschuss nicht ohnedies, was denkbar wäre, dort ressortiert, zum Zwecke der Koordinierung mit der schulischen Ausbildung sinnvoll.

Die Vorschrift trifft keine Aussage über die **Zahl der Ausschussmitglieder**. 3
Den Ländern soll die Möglichkeit gegeben werden, eine ihren Bedürfnissen entsprechende Größe festzulegen. Bundesrechtlich zwingend vorgeschrieben ist die **Drittelparität** zwischen den Beauftragten der Arbeitgeber, der Arbeitnehmer und der obersten Landesbehörden (§ 82 Abs. 1 Satz 2 BBiG). Die Hälfte der Beauftragten der obersten Landesbehörden muss in Fragen des Schulwesens sachverständig sein (§ 82 Abs. 1 Satz 3 BBiG). In der Praxis sind es (wegen der Drittelparität) 18 oder 27 Mitglieder. Denkbar ist aber auch eine andere Gesamtzahl der Ausschussmitglieder, die durch drei teilbar ist. Die Bundesländer können autonom hierüber entscheiden.

## 3. Berufung der Mitglieder

Die Mitglieder des Landessauschusses (auch die Beauftragten der Arbeit- 4
nehmer und der Arbeitgeber) werden von der Landesregierung **für die Dauer von »längstens« vier Jahren berufen**. Eine kürzere Berufungszeit ist möglich (vgl. § 77 Rn. 9).

Gesetzlich vorgeschrieben ist, dass die Beauftragten der Arbeitgeber »**auf Vorschlag**« der auf Landesebene bestehenden Zusammenschlüsse der Kammern, der Arbeitgeberverbände und der Unternehmerverbände zu erfolgen hat; die Beauftragten der Arbeitnehmer hat »auf Vorschlag« der auf Landesebene bestehenden Gewerkschaften und selbständigen Vereinigungen von Arbeitnehmern mit sozial- oder berufspolitischer Zwecksetzung zu erfolgen. Der Begriff »selbständige Vereinigung von Arbeitnehmern mit sozial- und berufspolitischer Zwecksetzung« umfasst nur Vereinigungen, die sich freiwillig zusammengeschlossen haben und nicht kraft Gesetzes errichtet werden.[1]

Die jeweilige Landesregierung ist grundsätzlich an die Vorschläge und die Reihenfolge der Vorschläge gebunden. Gehen mehr Vorschläge ein, als Mitglieder benötigt werden, so entscheidet die Landesregierung nach pflichtgemäßem Ermessen; sie hat dabei aber die Gewerkschaften/Vereinigungen bzw. Verbände anteilmäßig nach ihrer Stärke (Mitgliederzahl) zu berücksichtigen. Eine Gewerkschaft oder ein Verband kann bei nicht ausreichender Berücksichtigung der Vorschläge den Verwaltungsrechtsweg beschreiten.

---

1 BVerwG 26.10.1973 – VII C 20/72, AP BBiG § 54 Nr. 1.

## § 82 Errichtung, Geschäftsordnung, Abstimmung

### 4. Ehrenamtliche Tätigkeit und Entschädigung

5 Die Tätigkeit im Landesausschuss für Berufsbildung ist **ehrenamtlich** (§ 82 Abs. 2 Satz 2 BBiG). Die Regelung entspricht § 40 Abs. 4 BBiG für Mitglieder in Prüfungsausschüssen und § 77 Abs. 3 Satz 1 BBiG für Mitglieder der Berufsbildungsausschüsse der zuständigen Stellen.

Für bare Auslagen und für Zeitversäumnis ist, soweit eine Entschädigung nicht von anderer Seite gewährt wird, eine **angemessene Entschädigung** zu zahlen, deren Höhe von der Landesregierung oder der von ihr bestimmten obersten Landesbehörde festgesetzt wird (§ 82 Abs. 2 Satz 3 BBiG).

Soweit von anderer Seite Entschädigung gewährt wird (etwa durch Lohn- oder Gehaltsfortzahlung), kommt eine Entschädigung durch die Landesregierung nicht in Betracht. Ein Mitglied des Landesausschusses, das in einem Arbeitsverhältnis steht, ist im notwendigen Umfang für die Ausschusstätigkeit von seinem Arbeitgeber grundsätzlich **unter Fortzahlung der Bezüge freizustellen** (§ 616 Abs. 1 BGB). Der Freistellungsanspruch kann einzelvertraglich nicht ausgeschlossen werden, da die Tätigkeit im öffentlichen Interesse liegt und somit eine Pflichtenkollision begründet, so dass die Nichtleistung von Arbeit grundsätzlich unverschuldet ist (§ 323 BGB).

Die **Pflicht zur Freistellung** gilt nicht nur für die Dauer der Sitzungen, sondern auch für die Wegezeiten und die notwendige Zeit der Vorbereitung solcher Sitzungen. Die Freistellungsverpflichtung gilt auch für alle sonstigen Aufgaben und Termine, die sich aus der Wahrnehmung der Mitgliedschaft in dem Ausschuss ergeben, also zum Beispiel für Betriebsbesichtigungen, öffentliche Veranstaltungen, Pressekonferenzen und allen sonstigen Veranstaltungen der Landesausschüsse. Das Gleiche gilt, wenn ein Vertreter des Landesausschusses Aufträge für den Ausschuss wahrnimmt. Das gilt insbesondere für den Vorsitzenden oder den stellvertretenden Vorsitzenden.

Soweit eine Entschädigung nicht von anderer Seite gewährt wird, schreibt das Gesetz ausdrücklich **eine angemessene Entschädigung** für bare Auslagen und für Zeitversäumnis vor. Die Formulierung »bare Auslagen« umfasst sämtliche Kosten, die im Zusammenhang mit der Ausführung der Aufgabe entstehen. Für die Entschädigung durch die Landesregierung muss der Grundsatz einer vollen Erstattung gelten.

### 5. Abberufung von Mitgliedern

6 Die Mitglieder können nach Anhörung der an ihrer Berufung Beteiligten **aus wichtigem Grund abberufen** werden (§ 82 Abs. 2 Satz 4 BBiG). Die Regelung entspricht § 40 Abs. 3 Satz 5 BBiG für die Abberufung der Mitglieder des Prüfungsausschusses und § 77 Abs. 4 BBiG für die Abberufung der Mitglieder der Berufsbildungsausschüsse der zuständigen Stellen. Fraglich ist, wann ein »wichtiger Grund« zur Abberufung vorliegt. Negativ lässt sich

## Errichtung, Geschäftsordnung, Abstimmung § 82

das dahin abgrenzen, dass jedenfalls der Verlust der Zugehörigkeit zur vorschlagsberechtigten Gewerkschaft bzw. Arbeitnehmervereinigung *kein* wichtiger Grund ist, soweit die Arbeitnehmereigenschaft erhalten bleibt.

Der »wichtige Grund« muss in der **Person des Ausschussmitglieds** liegen und zu einer Unzumutbarkeit der weiteren Arbeit im Ausschuss führen. Als wichtige Gründe für eine Abberufung kommen in Betracht die mangelnde persönliche Eignung, schwerwiegende Pflichtverletzungen in Ausübung des Ehrenamts, regelmäßiges oder sehr häufiges Versäumen der Ausschusssitzungen oder langfristige Verhinderung in der Ausübung der Mitgliedschaft, etwa aufgrund einer lang anhaltenden Krankheit. Eine Erkrankung kann aber erst dann als wichtiger Grund angesehen werden, wenn feststeht, dass der Betreffende seine Tätigkeit im Ausschuss auf unabsehbare Zeit nicht mehr ausüben kann, ansonsten handelt es sich jeweils um einen Verhinderungsfall.

Die **Initiative zur Abberufung** kann von der Landesregierung, von der vorschlagenden Organisation oder auch von anderen Ausschussmitgliedern ausgehen. **Zuständig** für die Abberufung ist die Landesregierung, die die Berufung vorgenommen hat.

Vor einer Abberufung müssen die an der Berufung Beteiligten angehört werden. Die an der Berufung Beteiligten sind die Stelle, der Verband oder die Gewerkschaft, die das Ausschussmitglied vorgeschlagen haben, und das Ausschussmitglied selbst. Die **Anhörung** verlangt mehr als die bloße Mitteilung des Sachverhalts. Erforderlich ist eine ausführliche Begründung, weshalb die Abberufung erfolgen soll. Die Landesregierung ist zudem verpflichtet, die Stellungnahme des Verbands/der Gewerkschaft entgegenzunehmen und sich mit ihr auseinanderzusetzen. Das heißt, falls die Landesregierung sich nicht der Auffassung der an der Berufung Beteiligten anschließt, muss sie dies ausführlich begründen. Da die Abberufung ein **Verwaltungsakt** ist, sind die Rechtsschutzmöglichkeiten des Verwaltungsstreitverfahrens gegeben (Widerspruch, Klage). Die Abberufung ist rechtsfehlerhaft, wenn ein wichtiger Grund nicht vorliegt oder die Anhörung unterblieben ist.

### 6. Vorsitzender und stellvertretender Vorsitzender

Der Ausschuss wählt ein Mitglied, das den Vorsitz führt, und ein weiteres Mitglied, das den Vorsitz stellvertretend übernimmt (§ 82 Abs. 2 Satz 5 BBiG). Der Vorsitz und seine Stellvertretung sollen nicht derselben Mitgliedergruppe angehören (§ 82 Abs. 2 Satz 6 BBiG). Die Vorschrift entspricht § 77 Abs. 6 BBiG sowie § 41 Abs. 1 BBiG. In der Praxis gibt es häufig einen rotierenden Vorsitz (Wechsel Arbeitgeber, Arbeitnehmer, Vertreter der obersten Landesbehörden). Im Übrigen sind der Vorsitzende und dessen Stellvertreter den anderen Ausschussmitgliedern gleichgestellt. Diese haben nicht etwa ein doppeltes Stimmrecht oder ähnliches.

7

Über die **Dauer der Wahl** schweigt das Gesetz. Daraus folgt, dass die Wahlzeit spätestens mit dem Ende der Berufungszeit des Vorsitzenden bzw. seines Stellvertreters endet. In der Praxis hat sich die Verfahrensweise ergeben, in einem Zeitraum von zwei Jahren den Vorsitz und die Stellvertretung zwischen den Gruppen zu wechseln. Nähere Regelungen kann der Landesausschuss in der Geschäftsordnung festlegen.

### 7. Stellvertretende Ausschussmitglieder

8 Die Mitglieder im Landesauschuss für Berufsbildung haben Stellvertreterinnen und Stellvertreter (§ 82 Abs. 3 BBiG). Die Vorschriften gemäß § 82 Abs. 1 und Abs. 2 BBiG gelten entsprechend. Für die Stellvertreter gelten also die für die regulären Mitglieder geltenden Regelungen entsprechend, soweit sie tätig werden. Es gilt keine persönliche Stellvertretung, sondern eine **Stellvertretung innerhalb der Gruppe**.[2]

### 8. Geschäftsordnung, Unterausschüsse

9 Der Landesausschuss hat sich eine Geschäftsordnung zu geben. Der Ausschuss bestimmt selbst, welche Inhalte in der Geschäftsordnung geregelt werden (**Geschäftsordnungsautonomie**). Allerdings bedarf die Geschäftsordnung der Genehmigung der Landesregierung oder der von ihr bestimmten obersten Landesbehörde. In der Geschäftsordnung werden die internen Angelegenheiten der Arbeitsweise des Landesausschusses und das einzuhaltende Verfahren geregelt (Einladungsmodalitäten, Zahl der Sitzungen, ggf. alternierender Vorsitz usw.). Eine einmal beschlossene Geschäftsordnung ist gültig bis zum Beschluss einer neuen Geschäftsordnung.

10 Die Geschäftsordnung kann die **Bildung von Unterausschüssen** vorsehen (§ 82 Abs. 4 Satz 2 BBiG). Ob und ggf. welche Unterausschüsse eingerichtet werden, liegt im Ermessen des Landesausschusses (»kann ... vorsehen«). In der Geschäftsordnung kann geregelt werden, dass den Unterausschüssen auch Nichtmitglieder des Landesausschusses angehören können. Enthält die Geschäftsordnung keine Regelung dürfen auch den Unterausschüssen, so denn errichtet, nur Mitglieder des Landesausschusses angehören. Die Entschädigungsregelung aus § 82 Abs. 2 Satz 3 BBiG gilt entsprechend für alle Mitglieder im Unterausschuss (§ 82 Abs. 4 Satz 3 BBiG).

11 An den Sitzungen des Landesausschusses und der Unterausschüsse können auch kraft Gesetzes (ohne dass es einer Regelung in der Geschäftsordnung bedarf) Vertreter der beteiligten obersten Landesbehörden teilnehmen (§ 82 Abs. 4 Satz 4 BBiG). Darüber hinaus können auch Vertreter der Gemeinden

---

2 Vgl. *Lakies/Malottke* BBiG § 82 Rn. 18 m. w. N.

# Aufgaben § 83

und Gemeindeverbände sowie der Agentur für Arbeit an den Sitzungen des Landesausschusses für Berufsbildung teilnehmen. Damit diese von der Teilnahmeoption Gebrauch machen können, ist es erforderlich, dass diese jeweils unter Mitteilung der Tagesordnung zu den Sitzungen des Landesausschusses eingeladen werden.

## 9. Beschlussfähigkeit und Beschlussfassung

Der Landesausschuss ist **beschlussfähig**, wenn mehr als die Hälfte seiner Mitglieder anwesend ist (§ 82 Abs. 5 Satz 1 BBiG). Die Regelung in § 82 Abs. 5 entspricht den Vorgaben für den Berufsbildungsausschuss der zuständigen Stelle in § 78 Abs. 1 BBiG. Bei Verhinderung einer oder mehrerer Ausschussmitglieder nehmen die Stellvertreter an der Sitzung und Abstimmung teil. Sie müssen rechtzeitig geladen werden und über den Gegenstand der Abstimmung informiert sein. Abstimmungen können auch stattfinden, wenn das Verhältnis der stimmberechtigten Mitglieder unausgewogen ist, wenn also zum Beispiel von einer Gruppe alle stimmberechtigten Mitglieder anwesend sind und von der anderen stimmberechtigten Gruppe nur ein Mitglied. Rechtlich ist nur entscheidend, dass die Beschlussfähigkeit gegeben ist. 12

Für die **Beschlussfassung** gilt § 82 Abs. 5 Satz 2 BBiG, der § 78 Abs. 1 Satz 2 BBiG entspricht. Der Landesauschuss beschließt mit der Mehrheit der abgegebenen Stimmen. Endet eine Abstimmung mit Stimmengleichheit, gilt ein Antrag als abgelehnt. Die Stimme des Vorsitzenden gibt (anders als gemäß § 41 Abs. 2 Satz 3 BBiG) nicht den Ausschlag. »Abgegebene Stimmen« sind nur Ja- und Nein-Stimmen. Enthaltungen gelten nicht als »abgegebene Stimmen« und sind deshalb bei der Feststellung der Mehrheit nicht mitzuzählen, weil diese Mitglieder weder für noch gegen den zur Abstimmung gestellten Antrag stimmen. 13

## § 83 Aufgaben

(1) **Der Landesausschuss hat die Landesregierung in den Fragen der Berufsbildung zu beraten, die sich für das Land ergeben. Er hat im Rahmen seiner Aufgaben auf eine stetige Entwicklung der Qualität der beruflichen Bildung hinzuwirken.**

(2) **Er hat insbesondere im Interesse einer einheitlichen Berufsbildung auf eine Zusammenarbeit zwischen der schulischen Berufsbildung und der Berufsbildung nach diesem Gesetz sowie auf eine Berücksichtigung der Berufsbildung bei der Neuordnung und Weiterentwicklung des Schulwesens hinzuwirken. Der Landesausschuss kann zur Stärkung der regionalen Ausbildungs- und Beschäftigungssituation Empfehlungen zur**

## § 83 Aufgaben

inhaltlichen und organisatorischen Abstimmung und zur Verbesserung der Ausbildungsangebote aussprechen.

1 Die Vorschrift beschreibt die Aufgaben der Landesauschüsse für Berufsbildung. Diese haben in Fragen der Berufsbildung in Bezug auf die Landesregierungen eine **Beratungsfunktion** (§ 83 Abs. 1 Satz 1 BBiG). Wie die Berufsbildungsausschüsse sollen auch die Landesausschüsse im Rahmen ihrer Aufgaben auf die **Qualitätsentwicklung** der beruflichen Bildung hinwirken (§ 83 Abs. 1 Satz 2 BBiG; vgl. § 79 Rn. 8).

Abs. 2 regelt besonders bedeutsame **Tätigkeitsfelder der Landesausschüsse**, wobei diese Aufgabenbeschreibung nicht abschließend ist (»**insbesondere**«). Der Landesausschuss hat insbesondere im Interesse einer einheitlichen Berufsbildung auf eine **Zusammenarbeit zwischen der schulischen Berufsbildung und der Berufsbildung** nach dem BBiG sowie auf eine **Berücksichtigung der Berufsbildung bei der Neuordnung und Weiterentwicklung des Schulwesens hinzuwirken** (§ 83 Abs. 2 Satz 1 BBiG). Der Landesausschuss kann zur Stärkung der regionalen Ausbildungs- und Beschäftigungssituation **Empfehlungen** zur inhaltlichen und organisatorischen Abstimmung und zur Verbesserung der Ausbildungsangebote aussprechen (§ 83 Abs. 2 Satz 2 BBiG).

Daneben gibt es **andernorts gesondert geregelte Kompetenzen der Landesausschüsse**. Zu diesen zählen die Anhörungsrechte bei Rechtsverordnungen der Länder zur Anrechnung beruflicher Vorbildung auf die Ausbildungsdauer (vgl. § 7 Rn. 3). Darüber hinaus dürfen die Landesregierungen von ihrer Rechtsverordnungsermächtigung im Zusammenhang mit schulischen Ausbildungsgängen gemäß § 43 Abs. 2 BBiG nur im »Benehmen« mit dem Landesausschuss für Berufsbildung Gebrauch machen (vgl. § 43 Rn. 9).

# Teil 4
# Berufsbildungsforschung, Planung und Statistik

## § 84 Ziele der Berufsbildungsforschung

Die Berufsbildungsforschung soll
1. Grundlagen der Berufsbildung klären,
2. inländische, europäische und internationale Entwicklungen in der Berufsbildung beobachten,
3. Anforderungen an Inhalte und Ziele der Berufsbildung ermitteln,
4. Weiterentwicklungen der Berufsbildung in Hinblick auf gewandelte wirtschaftliche, gesellschaftliche und technische Erfordernisse vorbereiten,
5. Instrumente und Verfahren der Vermittlung von Berufsbildung sowie den Wissens- und Technologietransfer fördern.

## § 85 Ziele der Berufsbildungsplanung

(1) Durch die Berufsbildungsplanung sind Grundlagen für eine abgestimmte und den technischen, wirtschaftlichen und gesellschaftlichen Anforderungen entsprechende Entwicklung der beruflichen Bildung zu schaffen.

(2) Die Berufsbildungsplanung hat insbesondere dazu beizutragen, dass die Ausbildungsstätten nach Art, Zahl, Größe und Standort ein qualitativ und quantitativ ausreichendes Angebot an beruflichen Ausbildungsplätzen gewährleisten und dass sie unter Berücksichtigung der voraussehbaren Nachfrage und des langfristig zu erwartenden Bedarfs an Ausbildungsplätzen möglichst günstig genutzt werden.

## § 86 Berufsbildungsbericht

(1) Das Bundesministerium für Bildung und Forschung hat Entwicklungen in der beruflichen Bildung ständig zu beobachten und darüber bis zum 15. Mai jeden Jahres der Bundesregierung einen Bericht (Berufsbildungsbericht) vorzulegen. In dem Bericht sind Stand und voraussichtliche Weiterentwicklungen der Berufsbildung darzustellen. Erscheint die Sicherung eines regional und sektoral ausgewogenen Angebots an Ausbildungsplätzen als gefährdet, sollen in den Bericht Vorschläge für die Behebung aufgenommen werden.

(2) Der Bericht soll angeben
1. für das vergangene Kalenderjahr
   a) auf der Grundlage von Angaben der zuständigen Stellen die in das Verzeichnis der Berufsausbildungsverhältnisse nach diesem Gesetz oder der Handwerksordnung eingetragenen Berufsausbildungsverträge, die vor dem 1. Oktober des vergangenen Jahres in den vorangegangenen zwölf Monaten abgeschlossen worden sind und am 30. September des vergangenen Jahres noch bestehen, sowie
   b) die Zahl der am 30. September des vergangenen Jahres nicht besetzten, der Bundesagentur für Arbeit zur Vermittlung angebotenen Ausbildungsplätze und die Zahl der zu diesem Zeitpunkt bei der Bundesagentur für Arbeit gemeldeten Ausbildungsplätze suchenden Personen;
2. für das laufende Kalenderjahr
   a) die bis zum 30. September des laufenden Jahres zu erwartende Zahl der Ausbildungsplätze suchenden Personen,
   b) eine Einschätzung des bis zum 30. September des laufenden Jahres zu erwartenden Angebots an Ausbildungsplätzen.

### § 87 Zweck und Durchführung der Berufsbildungsstatistik

(1) Für Zwecke der Planung und Ordnung der Berufsbildung wird eine Bundesstatistik durchgeführt.
(2) Das Bundesinstitut für Berufsbildung und die Bundesagentur für Arbeit unterstützen das Statistische Bundesamt bei der technischen und methodischen Vorbereitung der Statistik.
(3) Das Erhebungs- und Aufbereitungsprogramm ist im Benehmen mit dem Bundesinstitut für Berufsbildung so zu gestalten, dass die erhobenen Daten für Zwecke der Planung und Ordnung der Berufsbildung im Rahmen der jeweiligen Zuständigkeiten Verwendung finden können.

### § 88 Erhebungen

(1) Die jährliche Bundesstatistik erfasst
1. für jeden Berufsausbildungsvertrag:
   a) Geschlecht, Geburtsjahr, Staatsangehörigkeit der Auszubildenden,
   b) Amtlicher Gemeindeschlüssel des Wohnortes der Auszubildenden bei Vertragsabschluss,
   c) allgemeinbildender Schulabschluss, vorausgegangene Teilnahme an berufsvorbereitender Qualifizierung oder beruflicher Grund-

# Erhebungen § 88

bildung, vorherige Berufsausbildung sowie vorheriges Studium der Auszubildenden,
d) Ausbildungsberuf einschließlich Fachrichtung,
e) Amtlicher Gemeindeschlüssel und geografische Gitterzelle der Ausbildungsstätte, Wirtschaftszweig, Zugehörigkeit zum öffentlichen Dienst,
f) Verkürzung der Ausbildungsdauer, Teilzeitberufsausbildung, Dauer der Probezeit,
g) die bei Vertragsabschluss vereinbarte Vergütung für jedes Ausbildungsjahr,
h) Tag, Monat und Jahr des vertraglich vereinbarten Beginns und Endes der aktuellen Ausbildung, Tag, Monat und Jahr einer vorzeitigen Auflösung des Berufsausbildungsverhältnisses,
i) Anschlussvertrag bei Anrechnung einer zuvor absolvierten dualen Berufsausbildung nach diesem Gesetz oder nach der Handwerksordnung mit Angabe des Ausbildungsberufs,
j) Art der Förderung bei überwiegend öffentlich, insbesondere auf Grund des Dritten Buches Sozialgesetzbuch geförderten Berufsausbildungsverhältnissen,
k) Tag, Monat und Jahr der Abschlussprüfung, Art der Zulassung zur Prüfung, Tag, Monat und Jahr der Wiederholungsprüfungen, Prüfungserfolg,
l) ausbildungsintegrierendes duales Studium,
2. für jede Prüfungsteilnahme in der beruflichen Bildung mit Ausnahme der durch Nummer 1 erfassten Ausbildungsverträge: Geschlecht, Geburtsjahr und Vorbildung der Teilnehmenden, Berufsrichtung, Wiederholungsprüfung, Art der Prüfung, Prüfungserfolg,
3. für jeden Ausbilder und jede Ausbilderin: Geschlecht, Geburtsjahr, Art der fachlichen Eignung.

Der Berichtszeitraum für die Erhebungen ist das Kalenderjahr. Die Angaben werden mit dem Datenstand zum 31. Dezember des Berichtszeitraums erhoben.

(2) Hilfsmerkmale sind Name und Anschrift der Auskunftspflichtigen, die laufenden Nummern der Datensätze zu den Auszubildenden, den Prüfungsteilnehmenden und den Ausbildern und Ausbilderinnen sowie die Betriebsnummer der Ausbildungsstätte nach § 18i Absatz 1 oder § 18k Absatz 1 des Vierten Buches Sozialgesetzbuch. Die Hilfsmerkmale sind zum frühestmöglichen Zeitpunkt, spätestens jedoch nach Abschluss der wiederkehrenden Erhebung, zu löschen. Die Merkmale nach Absatz 1 Satz 1 Nummer 1 Buchstabe e Wirtschaftszweig, Amtlicher Gemeindeschlüssel und geografische Gitterzelle dürfen mittels des Hilfsmerkmals Betriebsnummer der Ausbildungsstätte nach § 18i Absatz 1 oder § 18k Absatz 1 des Vierten Buches Sozialgesetzbuch aus den Daten des Statistik-

registers nach § 13 Absatz 1 des Bundesstatistikgesetzes ermittelt werden und mit den Daten nach Absatz 1 Satz 1 und nach Absatz 2 Satz 1 zusammengeführt werden.

(3) Auskunftspflichtig sind die zuständigen Stellen.

(4) Zu Zwecken der Erstellung der Berufsbildungsberichterstattung sowie zur Durchführung der Berufsbildungsforschung nach § 84 werden die nach Absatz 1 Satz 1 Nummer 1 bis 3 erhobenen Daten als Einzelangaben vom Statistischen Bundesamt und von den statistischen Ämtern der Länder verarbeitet und an das Bundesinstitut für Berufsbildung übermittelt. Hierzu wird beim Bundesinstitut für Berufsbildung eine Organisationseinheit eingerichtet, die räumlich, organisatorisch und personell von den anderen Aufgabenbereichen des Bundesinstituts für Berufsbildung zu trennen ist. Die in der Organisationseinheit tätigen Personen müssen Amtsträger oder für den öffentlichen Dienst besonders Verpflichtete sein. Sie dürfen aus ihrer Tätigkeit gewonnene Erkenntnisse nur zur Erstellung des Berufsbildungsberichts sowie zur Durchführung der Berufsbildungsforschung verwenden. Die nach Satz 1 übermittelten Daten dürfen nicht mit anderen personenbezogenen Daten zusammengeführt werden. Das Nähere zur Ausführung der Sätze 2 und 3 regelt das Bundesministerium für Bildung und Forschung durch Erlass.

# Teil 5
# Bundesinstitut für Berufsbildung

### § 89 Bundesinstitut für Berufsbildung

Das Bundesinstitut für Berufsbildung ist eine bundesunmittelbare rechtsfähige Anstalt des öffentlichen Rechts. Es hat seinen Sitz in Bonn.

### § 90 Aufgaben

(1) Das Bundesinstitut für Berufsbildung führt seine Aufgaben im Rahmen der Bildungspolitik der Bundesregierung durch.
(2) Das Bundesinstitut für Berufsbildung hat die Aufgabe, durch wissenschaftliche Forschung zur Berufsbildungsforschung beizutragen. Die Forschung wird auf der Grundlage eines jährlichen Forschungsprogramms durchgeführt; das Forschungsprogramm bedarf der Genehmigung des Bundesministeriums für Bildung und Forschung. Weitere Forschungsaufgaben können dem Bundesinstitut für Berufsbildung von obersten Bundesbehörden im Einvernehmen mit dem Bundesministerium für Bildung und Forschung übertragen werden. Die wesentlichen Ergebnisse der Forschungsarbeit des Bundesinstituts für Berufsbildung sind zu veröffentlichen.
(3) Das Bundesinstitut für Berufsbildung hat die sonstigen Aufgaben:
1. nach Weisung des zuständigen Bundesministeriums
    a) an der Vorbereitung von Ausbildungsordnungen und sonstigen Rechtsverordnungen, die nach diesem Gesetz oder nach dem zweiten Teil der Handwerksordnung zu erlassen sind, mitzuwirken,
    b) an der Vorbereitung des Berufsbildungsberichts mitzuwirken,
    c) an der Durchführung der Berufsbildungsstatistik nach Maßgabe des § 87 mitzuwirken,
    d) Modellversuche einschließlich wissenschaftlicher Begleituntersuchungen zu fördern,
    e) an der internationalen Zusammenarbeit in der beruflichen Bildung mitzuwirken,
    f) weitere Verwaltungsaufgaben des Bundes zur Förderung der Berufsbildung zu übernehmen;
2. nach allgemeinen Verwaltungsvorschriften des zuständigen Bundesministeriums die Förderung überbetrieblicher Berufsbildungsstätten durchzuführen und die Planung, Errichtung und Weiterentwicklung dieser Einrichtungen zu unterstützen;

3. das Verzeichnis der anerkannten Ausbildungsberufe zu führen und zu veröffentlichen;
4. die im Fernunterrichtsschutzgesetz beschriebenen Aufgaben nach den vom Hauptausschuss erlassenen und vom zuständigen Bundesministerium genehmigten Richtlinien wahrzunehmen und durch Förderung von Entwicklungsvorhaben zur Verbesserung und Ausbau des berufsbildenden Fernunterrichts beizutragen.

(3a) Das Bundesinstitut für Berufsbildung nimmt die Aufgaben nach § 53 Absatz 5 Satz 1 und § 54 des Pflegeberufegesetzes wahr.

(4) Das Bundesinstitut für Berufsbildung kann mit Zustimmung des Bundesministeriums für Bildung und Forschung mit Stellen außerhalb der Bundesverwaltung Verträge zur Übernahme weiterer Aufgaben schließen.

### § 91 Organe

Die Organe des Bundesinstituts für Berufsbildung sind:
1. der Hauptausschuss,
2. der Präsident oder die Präsidentin.

### § 92 Hauptausschuss

(1) Der Hauptausschuss hat neben den ihm durch sonstige Vorschriften dieses Gesetzes zugewiesenen Aufgaben folgende weitere Aufgaben:
1. er beschließt über die Angelegenheiten des Bundesinstituts für Berufsbildung, soweit sie nicht dem Präsidenten oder der Präsidentin übertragen sind;
2. er berät die Bundesregierung in grundsätzlichen Fragen der Berufsbildung und kann eine Stellungnahme zu dem Entwurf des Berufsbildungsberichts abgeben;
3. er beschließt das jährliche Forschungsprogramm;
4. er kann Empfehlungen zur einheitlichen Anwendung dieses Gesetzes geben;
5. er kann zu den vom Bundesinstitut vorbereiteten Entwürfen der Verordnungen gemäß § 4 Abs. 1 unter Berücksichtigung der entsprechenden Entwürfe der schulischen Rahmenlehrpläne Stellung nehmen;
6. er beschließt über die in § 90 Abs. 3 Nr. 3 und 4 sowie § 97 Abs. 4 genannten Angelegenheiten des Bundesinstituts für Berufsbildung.

(2) Der Präsident oder die Präsidentin unterrichtet den Hauptausschuss unverzüglich über erteilte Weisungen zur Durchführung von Aufgaben nach § 90 Abs. 3 Nr. 1 und erlassene Verwaltungsvorschriften nach § 90 Abs. 3 Nr. 2.

## Hauptausschuss § 92

(3) Dem Hauptausschuss gehören je acht Beauftragte der Arbeitgeber, der Arbeitnehmer und der Länder sowie fünf Beauftragte des Bundes an. Die Beauftragten des Bundes führen acht Stimmen, die nur einheitlich abgegeben werden können; bei der Beratung der Bundesregierung in grundsätzlichen Fragen der Berufsbildung, bei der Stellungnahme zum Entwurf des Berufsbildungsberichts und im Rahmen von Anhörungen nach diesem Gesetz haben sie kein Stimmrecht. An den Sitzungen des Hauptausschusses können je ein Beauftragter oder eine Beauftragte der Bundesagentur für Arbeit, der auf Bundesebene bestehenden kommunalen Spitzenverbände sowie des wissenschaftlichen Beirats mit beratender Stimme teilnehmen.

(4) Die Beauftragten der Arbeitgeber werden auf Vorschlag der auf Bundesebene bestehenden Zusammenschlüsse der Kammern, Arbeitgeberverbände und Unternehmensverbände, die Beauftragten der Arbeitnehmer auf Vorschlag der auf Bundesebene bestehenden Gewerkschaften, die Beauftragten des Bundes auf Vorschlag der Bundesregierung und die Beauftragten der Länder auf Vorschlag des Bundesrates vom Bundesministerium für Bildung und Forschung längstens für vier Jahre berufen.

(5) Der Hauptausschuss wählt auf die Dauer eines Jahres ein Mitglied, das den Vorsitz führt, und ein weiteres Mitglied, das den Vorsitz stellvertretend übernimmt. Der oder die Vorsitzende wird der Reihe nach von den Beauftragten der Arbeitgeber, der Arbeitnehmer, der Länder und des Bundes vorgeschlagen.

(6) Die Tätigkeit im Hauptausschuss ist ehrenamtlich. Für bare Auslagen und Verdienstausfälle ist, soweit eine Entschädigung nicht von anderer Seite gewährt wird, eine angemessene Entschädigung zu zahlen, deren Höhe vom Bundesinstitut für Berufsbildung mit Genehmigung des Bundesministeriums für Bildung und Forschung festgesetzt wird. Die Genehmigung ergeht im Einvernehmen mit dem Bundesministerium der Finanzen.

(7) Die Mitglieder können nach Anhören der an ihrer Berufung Beteiligten aus wichtigem Grund abberufen werden.

(8) Die Beauftragten haben Stellvertreter oder Stellvertreterinnen. Die Absätze 4, 6 und 7 gelten entsprechend.

(9) Der Hauptausschuss kann nach näherer Regelung der Satzung Unterausschüsse einsetzen, denen auch andere als Mitglieder des Hauptausschusses angehören können. Den Unterausschüssen sollen Beauftragte der Arbeitgeber, der Arbeitnehmer, der Länder und des Bundes angehören. Die Absätze 4 bis 7 gelten für die Unterausschüsse entsprechend.

(10) Bei der Wahrnehmung seiner Aufgaben unterliegt der Hauptausschuss keinen Weisungen.

### § 93 Präsident oder Präsidentin

(1) Der Präsident oder die Präsidentin vertritt das Bundesinstitut für Berufsbildung gerichtlich und außergerichtlich. Er oder sie verwaltet das Bundesinstitut und führt dessen Aufgaben durch. Soweit er oder sie nicht Weisungen und allgemeine Verwaltungsvorschriften des zuständigen Bundesministeriums zu beachten hat (§ 90 Abs. 3 Nr. 1 und 2), führt er oder sie die Aufgaben nach Richtlinien des Hauptausschusses durch.

(2) Der Präsident oder die Präsidentin wird auf Vorschlag der Bundesregierung, der Ständige Vertreter oder die Ständige Vertreterin des Präsidenten oder der Präsidentin auf Vorschlag des Bundesministeriums für Bildung und Forschung im Benehmen mit dem Präsidenten oder der Präsidentin unter Berufung in das Beamtenverhältnis von dem Bundespräsidenten oder der Bundespräsidentin ernannt.

### § 94 Wissenschaftlicher Beirat

(1) Der wissenschaftliche Beirat berät die Organe des Bundesinstituts für Berufsbildung durch Stellungnahmen und Empfehlungen
1. zum Forschungsprogramm des Bundesinstituts für Berufsbildung,
2. zur Zusammenarbeit des Instituts mit Hochschulen und anderen Forschungseinrichtungen und
3. zu den jährlichen Berichten über die wissenschaftlichen Ergebnisse des Bundesinstituts für Berufsbildung.

(2) Zur Wahrnehmung seiner Aufgaben werden dem Beirat von dem Präsidenten oder der Präsidentin des Bundesinstituts für Berufsbildung die erforderlichen Auskünfte erteilt. Auf Wunsch werden ihm einmal jährlich im Rahmen von Kolloquien die wissenschaftlichen Arbeiten des Bundesinstituts für Berufsbildung erläutert.

(3) Dem Beirat gehören bis zu elf anerkannte Fachleute auf dem Gebiet der Berufsbildungsforschung aus dem In- und Ausland an, die nicht Angehörige des Bundesinstituts für Berufsbildung sind. Sie werden von dem Präsidenten oder der Präsidentin des Bundesinstituts für Berufsbildung im Einvernehmen mit dem Bundesministerium für Bildung und Forschung auf vier Jahre bestellt. Einmalige Wiederberufung in Folge ist möglich. An den Sitzungen des wissenschaftlichen Beirats können vier Mitglieder des Hauptausschusses, und zwar je ein Beauftragter oder eine Beauftragte der Arbeitgeber, der Arbeitnehmer, der Länder und des Bundes ohne Stimmrecht teilnehmen.

(4) Der wissenschaftliche Beirat kann sich eine Geschäftsordnung geben.

(5) § 92 Abs. 6 gilt entsprechend.

## § 95 Ausschuss für Fragen behinderter Menschen

(1) Zur Beratung des Bundesinstituts für Berufsbildung bei seinen Aufgaben auf dem Gebiet der beruflichen Bildung behinderter Menschen wird ein ständiger Unterausschuss des Hauptausschusses errichtet. Der Ausschuss hat darauf hinzuwirken, dass die besonderen Belange der behinderten Menschen in der beruflichen Bildung berücksichtigt werden und die berufliche Bildung behinderter Menschen mit den übrigen Leistungen zur Teilhabe am Arbeitsleben koordiniert wird. Das Bundesinstitut für Berufsbildung trifft Entscheidungen über die Durchführung von Forschungsvorhaben, die die berufliche Bildung behinderter Menschen betreffen, unter Berücksichtigung von Vorschlägen des Ausschusses.

(2) Der Ausschuss besteht aus 17 Mitgliedern, die von dem Präsidenten oder der Präsidentin längstens für vier Jahre berufen werden. Eine Wiederberufung ist zulässig. Die Mitglieder des Ausschusses werden auf Vorschlag des Beirats für die Teilhabe behinderter Menschen (§ 86 des Neunten Buches Sozialgesetzbuch) berufen, und zwar

- ein Mitglied, das die Arbeitnehmer vertritt,
- ein Mitglied, das die Arbeitgeber vertritt,
- drei Mitglieder, die Organisationen behinderter Menschen vertreten,
- ein Mitglied, das die Bundesagentur für Arbeit vertritt,
- ein Mitglied, das die gesetzliche Rentenversicherung vertritt,
- ein Mitglied, das die gesetzliche Unfallversicherung vertritt,
- ein Mitglied, das die Freie Wohlfahrtspflege vertritt,
- zwei Mitglieder, die Einrichtungen der beruflichen Rehabilitation vertreten,
- sechs weitere für die berufliche Bildung behinderter Menschen sachkundige Personen, die in Bildungsstätten oder ambulanten Diensten für behinderte Menschen tätig sind.

(3) Der Ausschuss kann behinderte Menschen, die beruflich ausgebildet, fortgebildet oder umgeschult werden, zu den Beratungen hinzuziehen.

## § 96 Finanzierung des Bundesinstituts für Berufsbildung

(1) Die Ausgaben für die Errichtung und Verwaltung des Bundesinstituts für Berufsbildung werden durch Zuschüsse des Bundes gedeckt. Die Höhe der Zuschüsse des Bundes regelt das Haushaltsgesetz.

(2) Die Ausgaben zur Durchführung von Aufträgen nach § 90 Abs. 2 Satz 3 und von Aufgaben nach § 90 Abs. 3 Nr. 1 Buchstabe f werden durch das beauftragende Bundesministerium gedeckt. Die Ausgaben zur Durchführung von Verträgen nach § 90 Abs. 4 sind durch den Vertragspartner zu decken.

### § 97 Haushalt

(1) Der Haushaltsplan wird von dem Präsidenten oder der Präsidentin aufgestellt. Der Hauptausschuss stellt den Haushaltsplan fest.

(2) Der Haushaltsplan bedarf der Genehmigung des Bundesministeriums für Bildung und Forschung. Die Genehmigung erstreckt sich auch auf die Zweckmäßigkeit der Ansätze.

(3) Der Haushaltsplan soll rechtzeitig vor Einreichung der Voranschläge zum Bundeshaushalt, spätestens zum 15. Oktober des vorhergehenden Jahres, dem Bundesministerium für Bildung und Forschung vorgelegt werden.

(4) Über- und außerplanmäßige Ausgaben können vom Hauptausschuss auf Vorschlag des Präsidenten oder der Präsidentin bewilligt werden. Die Bewilligung bedarf der Einwilligung des Bundesministeriums für Bildung und Forschung und des Bundesministeriums der Finanzen. Die Sätze 1 und 2 gelten entsprechend für Maßnahmen, durch die für das Bundesinstitut für Berufsbildung Verpflichtungen entstehen können, für die Ausgaben im Haushaltsplan nicht veranschlagt sind.

(5) Nach Ende des Haushaltsjahres wird die Rechnung von dem Präsidenten oder der Präsidentin aufgestellt. Die Entlastung obliegt dem Hauptausschuss. Sie bedarf nicht der Genehmigung nach § 109 Abs. 3 der Bundeshaushaltsordnung.

### § 98 Satzung

(1) Durch die Satzung des Bundesinstituts für Berufsbildung sind
1. die Art und Weise der Aufgabenerfüllung (§ 90 Abs. 2 und 3) sowie
2. die Organisation

näher zu regeln.

(2) Der Hauptausschuss beschließt mit einer Mehrheit von vier Fünfteln der Stimmen seiner Mitglieder die Satzung. Sie bedarf der Genehmigung des Bundesministeriums für Bildung und Forschung und ist im Bundesanzeiger bekannt zu geben.

(3) Absatz 2 gilt für Satzungsänderungen entsprechend.

### § 99 Personal

(1) Die Aufgaben des Bundesinstituts für Berufsbildung werden von Beamten, Beamtinnen und Dienstkräften, die als Angestellte, Arbeiter und Arbeiterinnen beschäftigt sind, wahrgenommen. Es ist Dienstherr im Sinne des § 2 des Bundesbeamtengesetzes. Die Beamten und Beamtinnen sind Bundesbeamte und Bundesbeamtinnen.

## Aufsicht über das Bundesinstitut für Berufsbildung §100

(2) Das Bundesministerium für Bildung und Forschung ernennt und entlässt die Beamten und Beamtinnen des Bundesinstituts, soweit das Recht zur Ernennung und Entlassung der Beamten und Beamtinnen, deren Amt in der Bundesbesoldungsordnung B aufgeführt ist, nicht von dem Bundespräsidenten oder der Bundespräsidentin ausgeübt wird. Das zuständige Bundesministerium kann seine Befugnisse auf den Präsidenten oder die Präsidentin übertragen.

(3) Oberste Dienstbehörde für die Beamten und Beamtinnen des Bundesinstituts ist das Bundesministerium für Bildung und Forschung. Es kann seine Befugnisse auf den Präsidenten oder die Präsidentin übertragen. § 144 Abs. 1 des Bundesbeamtengesetzes und § 83 Abs. 1 des Bundesdisziplinargesetzes bleiben unberührt.

(4) Auf die Angestellten, Arbeiter und Arbeiterinnen des Bundesinstituts sind die für Arbeitnehmer und Arbeitnehmerinnen des Bundes geltenden Tarifverträge und sonstigen Bestimmungen anzuwenden. Ausnahmen bedürfen der vorherigen Zustimmung des Bundesministeriums für Bildung und Forschung; die Zustimmung ergeht im Einvernehmen mit dem Bundesministerium des Innern, für Bau und Heimat und dem Bundesministerium der Finanzen.

### § 100 Aufsicht über das Bundesinstitut für Berufsbildung

Das Bundesinstitut für Berufsbildung unterliegt, soweit in diesem Gesetz nicht weitergehende Aufsichtsbefugnisse vorgesehen sind, der Rechtsaufsicht des Bundesministeriums für Bildung und Forschung.

# Teil 6
# Bußgeldvorschriften

### § 101 Bußgeldvorschriften

(1) Ordnungswidrig handelt, wer
1. entgegen § 11 Abs. 1 Satz 1, auch in Verbindung mit Abs. 4, den wesentlichen Inhalt des Vertrages oder eine wesentliche Änderung nicht, nicht richtig, nicht vollständig, nicht in der vorgeschriebenen Weise oder nicht rechtzeitig niederlegt,
2. entgegen § 11 Abs. 3, auch in Verbindung mit Abs. 4, eine Ausfertigung der Niederschrift nicht oder nicht rechtzeitig aushändigt,
3. entgegen § 14 Absatz 3 Auszubildenden eine Verrichtung überträgt, die dem Ausbildungszweck nicht dient,
4. entgegen § 15 Absatz 1 Satz 1 oder 2 Auszubildende beschäftigt oder nicht freistellt,
5. entgegen § 18 Absatz 3 Satz 1, auch in Verbindung mit Satz 2, eine dort genannte Vergütung nicht, nicht richtig, nicht vollständig oder nicht rechtzeitig zahlt,
6. entgegen § 28 Abs. 1 oder 2 Auszubildende einstellt oder ausbildet,
7. einer vollziehbaren Anordnung nach § 33 Abs. 1 oder 2 zuwiderhandelt,
8. entgegen § 36 Abs. 1 Satz 1 oder 2, jeweils auch in Verbindung mit Satz 3, die Eintragung in das dort genannte Verzeichnis nicht oder nicht rechtzeitig beantragt oder eine Ausfertigung der Vertragsniederschrift nicht beifügt,
9. entgegen § 53b Absatz 4 Satz 3, § 53c Absatz 4 Satz 3, § 53d Absatz 4 Satz 3 und § 54 Absatz 4 eine Abschlussbezeichnung führt oder
10. entgegen § 76 Abs. 2 eine Auskunft nicht, nicht richtig, nicht vollständig oder nicht rechtzeitig erteilt, eine Unterlage nicht, nicht richtig, nicht vollständig oder nicht rechtzeitig vorlegt oder eine Besichtigung nicht oder nicht rechtzeitig gestattet.

(2) Die Ordnungswidrigkeit kann in den Fällen des Absatzes 1 Nr. 3 bis 7 mit einer Geldbuße bis zu fünftausend Euro, in den übrigen Fällen mit einer Geldbuße bis zu tausend Euro geahndet werden.

# Teil 7
# Übergangs- und Schlussvorschriften

### § 102 Gleichstellung von Abschlusszeugnissen im Rahmen der deutschen Einheit

Prüfungszeugnisse nach der Systematik der Ausbildungsberufe und der Systematik der Facharbeiterberufe und Prüfungszeugnisse nach § 37 Abs. 2 stehen einander gleich.

### § 103 Fortgeltung bestehender Regelungen

(1) Die vor dem 1. September 1969 anerkannten Lehrberufe und Anlernberufe oder vergleichbar geregelten Ausbildungsberufe gelten als Ausbildungsberufe im Sinne des § 4. Die Berufsbilder, die Berufsbildungspläne, die Prüfungsanforderungen und die Prüfungsordnungen für diese Berufe sind bis zum Erlass von Ausbildungsordnungen nach § 4 und der Prüfungsordnungen nach § 47 anzuwenden.
(2) Die vor dem 1. September 1969 erteilten Prüfungszeugnisse in Berufen, die nach Absatz 1 als anerkannte Ausbildungsberufe gelten, stehen Prüfungszeugnissen nach § 37 Abs. 2 gleich.
(3) Auf Ausbildungsverträge, die vor dem 30. September 2017 abgeschlossen wurden oder bis zu diesem Zeitpunkt abgeschlossen werden, sind § 5 Absatz 2 Satz 1, § 11 Absatz 1 Satz 2, § 13 Satz 2, die §§ 14, 43 Absatz 1 Nummer 2, § 79 Absatz 2 Nummer 1 sowie § 101 Absatz 1 Nummer 3 in ihrer bis zum 5. April 2017 geltenden Fassung weiter anzuwenden.

### § 104 Übertragung von Zuständigkeiten

Die Landesregierungen werden ermächtigt, durch Rechtsverordnung die nach diesem Gesetz den nach Landesrecht zuständigen Behörden übertragenen Zuständigkeiten nach den §§ 27, 30, 32, 33 und 70 auf zuständige Stellen zu übertragen.

### § 105 Evaluation

Die Regelungen zur Mindestvergütung, zu Prüferdelegationen und die Regelung des § 5 Absatz 2 Satz 1 Nummer 2a werden vom Bundesinstitut für Berufsbildung fünf Jahre nach dem Inkrafttreten des Gesetzes zur Modernisierung und Stärkung der beruflichen Bildung wissenschaftlich evaluiert.

### § 106 Übergangsregelung

(1) Auf Berufsausbildungsverträge, die bis zum Ablauf des 31. Dezember 2019 abgeschlossen werden, ist § 17 in der bis dahin geltenden Fassung anzuwenden.

(2) Für Berufsausbildungsverträge mit Ausbildungsbeginn ab dem 1. Januar 2020 gelten § 34 Absatz 2 Nummer 7 und § 88 Absatz 1 Satz 1 Nummer 1 Buchstabe g in der ab 1. Januar 2020 geltenden Fassung. Im Übrigen sind für Berufsausbildungsverträge mit Ausbildungsbeginn bis zum Ablauf des 31. Dezember 2020 §§ 34, 35 Absatz 3 Satz 1 und § 88 in der am 31. Dezember 2019 geltenden Fassung weiterhin anzuwenden.

(3) Sofern für einen anerkannten Fortbildungsabschluss eine Fortbildungsordnung auf Grund des § 53 in der bis zum Ablauf des 31. Dezember 2019 geltenden Fassung erlassen worden ist, ist diese Fortbildungsordnung bis zum erstmaligen Erlass einer Fortbildungsordnung nach § 53 in der ab dem 1. Januar 2020 geltenden Fassung weiterhin anzuwenden. Sofern eine Fortbildungsprüfungsregelung nach § 54 in der bis zum Ablauf des 31. Dezember 2019 geltenden Fassung erlassen worden ist, ist diese Fortbildungsprüfungsregelung bis zum erstmaligen Erlass einer Fortbildungsprüfungsregelung nach § 54 in der ab dem 1. Januar 2020 geltenden Fassung weiterhin anzuwenden.

# Stichwortverzeichnis

*Die* **halbfett** *gedruckten Zahlen verweisen auf die jeweiligen Paragrafen des BBiG, die mager gedruckten Zahlen auf die jeweiligen Randnummern.*

## A
Abberufung, Ausbilder **33** 1ff.
- Mitbestimmungsrecht, Betriebsrat **10** 48

Abfindung **22** 69; **23** 28

Abkürzung der Ausbildungsdauer **8** 3ff.

Abmahnung **22** 27ff.

Abrechnung **18** 9

Abschlussprüfung **21** 24ff.; **37** 1ff.
- Bewertung **37** 5ff.
- Gerichtliche Kontrolle **37** 10ff.
- gestreckte **5** 9; **44** 1ff.
- Zulassung **37** 4ff.; **43** 1ff.; **44** 1; **45** 1ff.; **46** 1ff.

Abstimmung, Prüfungsausschuss **41** 1ff.

AEVO **30** 2

AGB-Kontrolle **10** 27; **12** 16

Allgemeine Geschäftsbedingungen (AGB) **10** 27; **12** 16

Alkoholabhängigkeit
- Entgeltfortzahlung **19** 16

Allgemeinverbindlicher Tarifvertrag **10** 30; **17** 18

Altenpflege **3** 7
- Ausbildungsvergütung **17** 2

Andere Vertragsverhältnisse **26** 1ff.

Ändern, Verzeichnis der Ausbildungsverträge **35** 1ff.

Anerkennung von Ausbildungsberufen **4** 1ff.

Anerkennungsgesetz **50a**

Angemessene Vergütung **17** 6ff.

Anhörung, Betriebsrat **10** 53; **22** 19, 60

Anlernling **26** 6; **10** 2

Anlernvertrag **10** 2

Anpassungsfortbildung **1** 14

Anpassungsfortbildungsordnung **53e**

Anrechnung anderer Ausbildung **5** 13

Anrechnung beruflicher Vorbildung **7** 1ff.

Anrechnung, Freistellungszeiten auf Ausbildungszeit **15** 21ff.
- Vergütungsfortzahlung **19** 2

Antrag, Verzeichnis der Ausbildungsverträge **36** 1ff.

Anwendungsbereich (BBiG) **3** 1ff.

Arbeitsgericht **10** 68ff.
- Zuständigkeit **10** 72ff.

Arbeitskampf **10** 4

Arbeitskleidung **14** 5, 24

Arbeitslosenversicherung **10** 33; **17** 3

Arbeitsrecht **10** 25ff.

Arbeitsunfähigkeit
- Kündigung **22** 49
- Vergütungsfortzahlung **19** 7ff.

Arbeitsunfähigkeitsbescheinigung **19** 9

Arbeitsunfall
- Entgeltfortzahlung **19** 12
- Haftung **13** 30 ff.

443

## Stichwortverzeichnis

Arbeitsverhältnis 12 5 ff.; 24 2 ff.; 26 2 ff.
Arbeitszeit 11 15 ff.
Arbeitszeitbetrug, Kündigungsgrund 22 37
Assistierte Ausbildung 10 2; 26 13; 68 10
Aufenthaltserlaubnis 10 8
Aufhebungsvertrag 21 8 f.
Aufklärungspflichten, Ausbildender 10 24
Auflösungsschaden 23 24 ff.
Auflösungsvertrag, siehe Aufhebungsvertrag
Aufstiegsfortbildung 1 14
Ausbildende 10 5 ff.
– Aufklärungspflichten 10 24
– Bewerberauswahl 10 16 ff.
– Eignung 28 1 ff.
– Fragerecht 10 16 ff.
– Freistellungspflichten 15 1 ff.
– Pflichten 14 1 ff.
– Zeugniserteilung 16 1 ff.
Ausbilder 10 5; 14 3; 28 1 ff.; 30 1 ff.
– Ausbilder-Eignungsverordnung 30 2 ff.
– Mitbestimmungsrecht, Betriebsrat 10 48
Ausbildung, Ausland 2 3 ff.
Ausbildungsberater 76 1
Ausbildungsberechtigung 28 1 ff.
Ausbildungsberuf 5 1
– Anerkennung 4 1 ff.
Ausbildungsberufsbild 5 4
Ausbildungsdauer 5 3; 11 12
– Anrechnung beruflicher Vorbildung 7 1 ff.
– Verkürzung 8 3 ff.
– Verlängerung 8 14 ff.; 21 24 ff.
Ausbildungskosten 12 21 ff.
Ausbildungsleiter 14 3
Ausbildungsmittel 14 4 ff.

Ausbildungsnachweis 11 36; 13 22; 14 13 ff.; 43 4
Ausbildungsordnung 4 7 f.; 5 1 ff.
Ausbildungspflicht 14 2 ff.
Ausbildungsplan 14 2
Ausbildungsrahmenplan 5 5; 11 11
Ausbildungsstandskontrolle 14 2
Ausbildungsstätte
– Eignung 27 1 ff.
– Mängel 33 1 ff.
– Überwachung 32 1 ff.
Ausbildungsverbund 10 6; 14 1 ff.
Ausbildungsvergütung, siehe Vergütung
Ausbildungsvertrag, siehe Ausbildungsverhältnis
Ausbildungsverhältnis
– Beendigung 21 1 ff.
– Begründung 10 5 ff.
– Form 10 15; 11 2 ff.
– Kündigung 22 1 ff.
– Merkmale 10 2 ff.
– Minderjährige 10 10 ff.
– Mindestvergütung 17 43 ff.; 18 10
– Probezeit 11 19; 20 1 ff.
– Rechtsstreitigkeiten 10 54 ff.
– Vergütung 17 1 ff.
– Vertragspartner 10 5 ff.
– Weiterarbeit 24 1 ff.
– Zustandekommen 10 9 ff.
Ausbildungsvertrag, siehe Ausbildungsverhältnis
Ausbildungszeit
– Kürzung 8 3 ff.
– tägliche 11 15 ff.
– Verlängerung 8 17 ff.
Ausbildungszeugnis 16 1 ff.
Außerbetriebliche Ausbildung 10 37 ff.; 11 10; 51 3; 65 4, 79
– Mindestvergütung 17 49 f.
Außerbetriebliche Berufsbildung 2 1

## Stichwortverzeichnis

Ausland, Teilausbildung 2 3 ff.
Ausländer 10 8
Ausländische Berufsqualifikation 50a
Ausländische Vorqualifikation 31a; 55
Auslandsausbildung 2 3ff.
Ausschließlichkeitsgrundsatz 4 4
Ausschlussfristen 10 65; 11 37; 17 7
Aussperrung 10 4
Auszubildende 10 5ff.
– Haftung 13 23ff.
– Pflichten 13 1ff.
Auszubildende, Pflichten 13 1ff.

### B

Bachelor Professional 53 4ff.; 53a; 53c 1ff.
Beamte 3 4
Beendigung des Berufsausbildungsverhältnisses
– Ablauf der Ausbildungsdauer 21 11ff.
– Aufhebungsvertrag 21 8f.
– Bestehen Abschlussprüfung 21 18ff.
– Kündigung 22 1ff.
– Nichtbestehen Abschlussprüfung 21 25ff.
– Schadenersatz bei vorzeitiger Beendigung 23 1ff.
– Tod 21 5ff.
Beitragspflicht, Sozialversicherung 17 9
Befristeter Arbeitsvertrag 12 15; 24 2
Begründung, Ausbildungsverhältnis 10 5ff.
Behinderte 10 22; 22 20, 61
– anerkannte Ausbildungsberufe 65 1ff.
– Ausbildungsregelungen 66 1ff.
– Berufsausbildung 64 1ff.

– Fortbildung 67
– Kündigung 22 20, 61
– Umschulung 67
Beitragspflicht (Sozialversicherung) 17 9
Beleidigung, Kündigungsgrund 22 43
Berichterstatterprinzip 42 3
Berichtsheft, siehe Ausbildungsnachweis
Berufliche Fortbildung, siehe Fortbildung
Berufliche Umschulung, siehe Umschulung
Berufsausbildung 1 7ff.
Berufsausbildung, außerbetriebliche
– Mindestvergütung 17 49f.
Berufsausbildung, überbetriebliche 5 15; 11 14
Berufsausbildungsverhältnis, siehe Ausbildungsverhältnis
Berufsausbildungsvorbereitung 1 6f.
– Anbieter 68 8
– Anforderungen 68 5f.
– Berufsausbildungsvorbereitungs-Bescheinigungsverordnung 69 7
– betriebliche 68 9f.
– Qualifizierungsbausteine 69 1f.
– Personenkreis 68 4
– Überwachung 70 1ff.
– Zertifizierung 69 3ff.
Berufsbildung 1 4ff.
– Anwendungsbereich 3 1ff.
– Handwerk 3 9ff.
– Lernorte 2 1ff.
Berufsbildung behinderter Menschen
– anerkannte Ausbildungsberufe 65 1ff.
– Ausbildungsregelungen 66 1ff.

445

# Stichwortverzeichnis

- Berufsausbildung **64** 1 ff.
- Fortbildung **67**
- Umschulung **67**

Berufsbildungsausschuss
- Abstimmung **78** 4
- Aufgaben **79** 1 ff.
- Berufung der Mitglieder **77** 8 ff.
- Beschlussfähigkeit **78** 2 f.
- Besetzung **77** 6 f.
- Erlass von Rechtsvorschriften **79** 14 ff.
- Errichtung **77** 1 ff.
- Geschäftsordnung **80** 1 ff.

Berufsbildungsbericht **86**
Berufsbildungsforschung **84**
Berufsbildungsplanung **85**
Berufsbildungsrecht
- Gesetzgebungskompetenz **1** 2

Berufsbildungsstatistik **87; 88**
Berufsfreiheit **12** 2 ff.
Berufsqualifikation, ausländische **50a**
Berufsqualifikationsfeststellungsgesetz **50a**
Berufsschule **14** 10 ff.; **15** 5 ff.; **22** 40
- Freistellung **15** 7 ff.

Berufsspezialist, geprüfter **53** 4 ff.; **53a; 53b** 1 ff.
Berufung, Prüfungsausschuss **40** 1 ff.
Beschlussfähigkeit, Prüfungsausschuss **41** 1 ff.
Beschlussfassung, Prüfungsausschuss **42** 1 ff.
Besetzung, Prüfungsausschuss **40** 1 ff.
Bestellung, Ausbilder **10** 48
Betriebliche Einstiegsqualifizierung **26** 11
Betriebliche Übung **17** 81
Betriebsbedingte Kündigung **22** 50
Betriebsinhaberwechsel, siehe Betriebsübergang

Betriebsgeheimnis **13** 18 ff.
Betriebsrat **10** 34 ff.
- Berufsbildung **10** 40 ff.
- Einstellung **10** 49 ff.
- Kündigung **10** 49 ff.
- Kündigungsschutz **22** 19 f., 60 f.
- Versetzung **10** 49 ff.

Betriebsstilllegung **22** 50
Betriebsübergang **10** 28; **20** 21 f.
Betriebsvereinbarung **10** 32; **11** 28 ff.
Bewerberauswahl **10** 16 ff.
Bewertung, Abschlussprüfung **42** 1 ff.
Bezugnahme auf Tarifvertrag **10** 29 ff.
BiBB, siehe Bundesinstitut für Berufsbildung
Bildungsurlaub **15** 20
Bleibeverpflichtung **12** 8
Blockunterricht **15** 6
Bundesinstitut für Berufsbildung
- Aufgaben **90**
- Aufsicht **100**
- Auskunftspflicht **101**
- Finanzierung **96**
- Hauptausschuss **92**
- Haushalt **97**
- Organe **91**
- Personal **99**
- Präsident **93**
- Satzung **98**
- wissenschaftlicher Beirat **94**

Bußgeldvorschriften **101**

## C

Caritas
- Ausbildungsvergütung **17** 23

Charakterliche Förderung **14** 16 ff.

## D

Datenerhebung, Internet **10** 23 ff.
Datenschutz, Internet **10** 23 ff.

## Stichwortverzeichnis

Dauer der Ausbildung 5 3; 11 12
- Verlängerung 8 17ff.; 21 24ff.
- Verkürzung 8 3ff.

Dauer der Probezeit 11 19; 20 5ff.

Deutscher Qualifikationsrahmen 53 6ff.

Diakonisches Werk
- Ausbildungsvergütung 17 23

Dienstvereinbarung 10 32; 11 28ff.

DQR 53 6ff.

Drei-Wochen-Frist, siehe Klagefrist

Duale Berufsausbildung 1 12

Duldung 10 8

### E

Eigenmächtiger Urlaubsantritt, Kündigungsgrund 22 37

Eignung
- Ausbilder 28 1ff.; 30 1ff.
- Ausbildende 28 1ff.
- Ausbildungsstätte 27 1ff.
- fachliche 30 1
- persönliche 29
- Überwachung 32 1ff.; 33 1ff.

Einkommenssteuerpflicht 17 9

Einrichten, Verzeichnis der Ausbildungsverträge 34 1ff.

Einstellungsberechtigung 28 1ff.

Einstiegsqualifizierung, betriebliche 26 11

Eintragung, Verzeichnis der Ausbildungsverträge 35 1ff.

Eltern 10 7, 11ff.; 22 2ff.

Elternzeit 8 22; 15 26; 21 38; 22 60; 46 5

Entgeltfortzahlung 19 1ff.

Entschädigung, Berufsausbildung 12 17ff.

EQR 53 6ff.

Erholungsurlaub, siehe Urlaub

Erprobung neuer Ausbildungsberufe 6 1f.

Erziehungspflicht 14 16ff.

Erziehungsurlaub, siehe Elternzeit

Europäischer Qualifikationsrahmen 53 6ff.

Europaklausel 31

Experimentierklausel 6 1

Externenzulassung 45 4

### F

Facebook 10 23; 22 43

Fachkräfte 27 6ff.

Fachliche Eignung 30 1

Fachliteratur 14 4

Fahrlässigkeit 13 27ff.

Fax, siehe Telefax

Fehlen, Kündigungsgrund 22 35

Feiertag
- Entgeltfortzahlung 19 21

Fernbleiben, Kündigungsgrund 22 35

Förderung, charakterliche 14 16ff.

Form, siehe Schriftform

Forschung 84

Fortbildung 1 14
- Berücksichtigung ausländischer Vorqualifikationen 55
- Fortbildungsordnung 53 1ff.
- Fortbildungsprüfungen 56 1ff.
- Fortbildungsprüfungsregelungen 54 1ff.
- Gleichstellung, Prüfungszeugnisse 57

Fortsetzungserkrankung 19 10

Fortzahlung der Vergütung 19 1ff.

Fragerecht der Ausbildenden 10 16ff.

Freistellung 15 1ff.
- Anrechnung auf betriebliche Ausbildungszeit 15 21ff.
- Ausbildungsmaßnahmen 15 18f.
- Berufsschule 15 7ff.
- Prüfungen 15 15
- Vergütungsfortzahlung 19 2

## Stichwortverzeichnis

Freiwilligkeitsvorbehalt 17 88
Führen, Verzeichnis der Ausbildungsverträge 34 1 ff.
Führungszeugnis 10 22

### G
Geldbuße 101
Generation Praktikum 26 7
Geprüfter Berufsspezialist 53 4 ff.; 53a; 53b 1 ff.
Gesamtzusage 17 80
Geschäftsbedingungen, allgemeine (AGB) 10 27; 12 16
Geschäftsgeheimnis 13 18 ff.
Geschäftsordnung, Berufsbildungsausschuss 80
Gesetzgebungskompetenz 1 2
Gestreckte Abschlussprüfung 5 9; 44 1 ff.
Gesundheitsberufe 3 7
– Ausbildungsvergütung 17 2
Gewerkschaft 10 21
Gleichstellung, Prüfungszeugnisse 50 1 ff.; 57; 63
Gleichwertigkeit 50a
Gleitzeit 11 18
Google 10 23
Gratifikationen 17 40 ff.

### H
Haftung, siehe auch Schadenersatz
– Ausbildender 14 24
– Auszubildender 13 23 ff.
Handwerk 3 9 ff.; 4 1; 5 1; 10 1; 11 1; 12 1; 13 1; 14 1; 15 1; 16 1; 17 1; 19 1; 20 1; 21 1; 22 1; 23 1; 24 1; 27 1; 28 1; 37 1; 38 2; 39 1; 40 1; 41 1; 42 1; 43 1; 44 1; 45 1; 46 1; 47 1; 48 1; 49 1; 50 1; 53 5; 54 1; 55; 56 2; 57; 58 4; 59 1; 60; 61; 62 1; 63; 64 1; 66 1; 67; 71 2; 76 1; 77 5; 78 1; 79 3; 80 1
Handy 22 37

Hauptausschuss, BiBB 92
Haushalt 97

### I
Inhaberwechsel, siehe Betriebsübergang
Insolvenz 10 25
– Kündigung 22 50
– Zeugnis 16 4
Insolvenzgeld 10 25; 17 8
Interessenvertretung 51 1 ff.; 52
Internet 10 23; 22 37, 43
In-Vitro-Fertilisation
– Entgeltfortzahlung 19 19

### J
Jugend- und Auszubildendenvertretung 10 34; 51 1
Jugendliche, siehe Minderjährige

### K
Kammer, siehe zuständige Stelle
Kirche, zuständige Stelle 75
– Ausbildungsvergütung 17 23
Klagefrist 22 63 ff.
Kollegialprinzip 39 4; 42 2
Kompetenzbegriff 5 4 f.
Kopftuch 13 10; 22 44
Krankenpflege 3 7
– Ausbildungsvergütung 17 2
Krankenversicherung 10 33; 17 3
Krankheit 10 22; 19 7; 22 49
Kündigung 11 27; 21 10; 22 1 ff.
– Anhörung, Betriebsrat 10 53
– Minderjährige 22 2 ff.
– Probezeit 20 23; 22 10 ff.
– Rechtsschutz 10 54 ff.; 22 62 ff.
– vor Ausbildungsbeginn 22 7 ff.
Kündigungsschutzklage 22 63 ff.
Kündigungsvoraussetzungen 11 27
Künstliche Befruchtung
– Entgeltfortzahlung 19 19

## Stichwortverzeichnis

Kürzung der Ausbildungsdauer **8** 3 ff.
Kurzarbeit **10** 3

### L

Landesausschuss für Berufsbildung
- Abstimmung **82** 12
- Aufgaben **83**
- Berufung der Mitglieder **82** 4
- Beschlussfähigkeit **82** 12
- Besetzung **82** 2 f.
- Errichtung **82** 2 f.
- Geschäftsordnung **82** 9 ff.

Lernorte der Berufsbildung **2** 1 ff.
Lernortkooperation **2** 2
Lernpflicht **13** 2 ff.
LinkedIn **10** 23
Lohnsteuer **17** 9
Löschung, Verzeichnis der Berufsausbildungsverhältnisse **35** 1 ff.
Lüge, bei Einstellung **10** 18

### M

Mängel bei der Eignung **32** 2 ff.
Mangelhafte Leistungen, Kündigungsgrund **22** 39
Manipulation, Zeitkontrolle **22** 37
Master Professional **53** 4 ff.; **53a**; **53d** 1 ff.
Mehrarbeit **11** 17
- Ausbildungsvergütung **17** 69 ff.
- Kündigung **22** 46

Meister **53** 5 ff.; **53c** 1
Merkmale, Berufsausbildungsverhältnis **10** 2 ff.
Minderjährige **10** 8, 10 ff.; **11** 15; **22** 2 ff.
Mindestausbildungsvergütung **17** 43 ff.
Mindestinhalt (Vertragsniederschrift) **11** 1 ff.
Mindestlohn **10** 25; **17** 1
- Praktikant **26** 15 ff.

Mindestvergütung **17** 43 ff.
- Geldbuße **17** 46 f; **18** 10
- Tariföffnungsklausel **17** 58 f.

Mitbestimmungsrechte, siehe Betriebsrat
Mitteilungspflichten, Verzeichnis der Ausbildungsverträge **36** 1 ff.
Mutterschutz **8** 18; **22** 19, 60

### N

Nachtarbeit, Zuschläge **17** 76
Netzwerke, soziale **10** 23; **22** 43
Nichtbestehen der Abschlussprüfung **21** 25 ff.
Nichtige Vereinbarungen **12** 1 ff.
- Berufsfreiheit **12** 2 ff.
- Entschädigung **12** 17 ff.
- Schadenersatzansprüche **12** 30
- Vertragsstrafen **12** 27 ff.

Niederschrift (Mindestinhalt) **11** 2 ff.
NPD **10** 21, **22** 45

### O

Öffentlicher Dienst, zuständige Stelle **73**
Ordnung, Ausbildungsstätte **13** 16
Ordnungswidrigkeiten **101**

### P

Pauschale bei Verzug **18** 8
Personal **99**
Personalfragebogen **10** 17
Persönliche Eignung **29**
Personenbedingte Kündigung **22** 49
Pfleger **10** 11
Pflegeversicherung **10** 33; **17** 3
Pflichten des Ausbildenden **14** 2 ff.
Pflichten des Auszubildenden **13** 2 ff.
Planung **85**

## Stichwortverzeichnis

Polizeiliches Führungszeugnis 10 22
Praktikant 26 7
– Mindestlohn 26 15 ff.
Präsident 93
Privatnutzung, Internet 22 37
Probezeit 11 19; 20 2 ff.
– Dauer 20 5 ff.
– Inhaberwechsel 20 21 f.
– Kündigung 20 23; 22 10 ff.
– Unterbrechung 20 17 ff.
Prüferdelegationen 39 5; 42 3
Prüfung, siehe Prüfungswesen
Prüfungsanforderungen 5 6
Prüfungsausschuss 39 1 ff.; 40 1 ff.; 41 1 ff.; 42 1 ff.
Prüfungsgegenstand 38 1 ff.
Prüfungsordnung 47 1 ff.
Prüfungsstück 14 9
Prüfungswesen
– Abschlussprüfung 37 1 ff.
– Gleichstellung, Prüfungszeugnisse 50 1 ff.
– Prüferdelegationen 39 5; 42 3
– Prüfungsausschuss 39 1 ff.; 40 1 ff.; 41 1 ff.; 42 1 ff.
– Prüfungsgegenstand 38 1 ff.
– Prüfungsordnung 47 1 ff.
– Zulassung zur Abschlussprüfung 43 1 ff.; 44 1 ff.; 45 1 ff.
– Zusatzqualifikationen 49 1 ff.
– Zwischenprüfungen 48 1 ff.
Prüfungszeugnis 37 7
– Gleichstellung 50 1 ff.

### Q
Qualifizierungsbausteine 69 1 ff.
Qualifizierte Schriftform 22 51 ff., 73

### R
Rassistisches Verhalten 22 45
Rauchverbot 13 11; 14 19

Recht zur Lüge 10 18
Rechtsradikale Gesinnung 10 21, 22 45
Rechtsschutz, Kündigung 22 62 ff.
Rechtsstreitigkeiten 10 54 ff.
Religionsgemeinschaft, zuständige Stelle 75
Rentenversicherung 10 33; 17 3
Rückzahlungsvereinbarung 12 18

### S
Sachleistungen 17 64 ff.
Satzung 98
Schadensersatz, siehe auch Haftung 12 30; 23 1 ff.
Schlägerei
– Entgeltfortzahlung 19 14
Schlichtungsausschuss 10 54 ff.
– Kündigung 22 63
– Spruch 10 64 ff.
– Verfahren 10 60 ff.
– Vergleich 10 60
– Zusammensetzung 10 56
– Zuständigkeit 10 57 ff.
– Zwangsvollstreckung 10 63
Schlichtungsverfahren, siehe Schlichtungsausschuss
Schriftform 11 2 ff.
– Kündigung 22 16 ff., 51 ff., 73
– Zeugnis 16 6
Schriftformklausel 17 84
Schriftlicher Ausbildungsnachweis 11 36; 13 22; 14 13 ff.; 43 4
Schutzkleidung 14 24
Schutzpflichten 14 16 ff.
Schwangerschaft 10 20; 22 19, 60; 24 4
Schweigepflicht 13 18 ff.
Schwerbehinderte, siehe Behinderte
Selbstbeurlaubung, Kündigungsgrund 22 37
Selbstmordversuch
– Entgeltfortzahlung 19 15

## Stichwortverzeichnis

Sexuelle Belästigung 14 18; 22 42
Sicherheitsschuhe 14 24
Smartphone 22 37
Soldaten 45 8
Sonderzahlungen 17 75ff.
Sorgerecht 10 11ff.
Sorgfaltspflicht 13 17
Soziale Netzwerke 10 23; 22 43
Sozialversicherung 10 33; 17 9
Sportunfall
– Entgeltfortzahlung 19 17
Stalking, Kündigungsgrund 22 47
Statistik 87, 88
Steuer 17 9
Stillschweigen 13 18ff.
Straftaten 10 22; 22 42
Strafverfahren 10 22
Straftaten, Kündigungsgrund 22 42
Strafvollzug 10 77
Streik 10 4
Stufenausbildung 5 8; 21 17
Suchtkrankheit
– Entgeltfortzahlung 19 16

## T

Tägliche Ausbildungszeit 11 15ff.
Tariföffnungsklausel 17 58f.
Tarifvertrag 10 29ff.; 11 28ff.; 17 16ff.
Tätlichkeiten, Kündigungsgrund 22 43
Teilausbildung, Ausland 2 3ff.
Teilzeitberufsausbildung 7a 1ff.; 11 16
– Kürzung der Ausbildungsvergütung 17 60
Telefax 11 8
Textform 11 8
Tod 21 5ff.
Trainee 26 4

## U

Überbetriebliche Berufsausbildung 5 15; 11 14
Übernahme in Arbeitsverhältnis 24 1ff.
Übernahmeklausel 12 8ff.
Überstunden, siehe Mehrarbeit
Überwachungspflicht 27 12; 32 1ff.; 76 1ff.
Übung, betriebliche 17 81
Umschulung 1 15; 10 75
– anerkannter Ausbildungsberuf 60
– Berücksichtigung ausländischer Vorqualifikationen 61
– Umschulungsordnung 58 4ff.
– Umschulungsprüfungen 62 1ff.
– Umschulungsprüfungsregelungen 59 1ff.
– Gleichstellung, Prüfungszeugnisse 63
Unabdingbarkeit 25 1ff.
Unfallversicherung 10 33; 13 30 ff.
Untersagung, Einstellen und Ausbilden 33 1ff.
Unwirksame Vereinbarungen 12 1ff.
– Berufsfreiheit 12 2ff.
– Entschädigung 12 17ff.
– Schadenersatzansprüche 12 30
– Vertragsstrafen 12 27ff.
Urlaub 11 22ff.
– Entgeltfortzahlung 19 20
Urlaubsantritt, eigenmächtiger 22 37
Urlaubsgeld 17 75ff.

## V

Verbundausbildung 10 6
Verdachtskündigung 22 48
Vereinbarungen, nichtige 12 1ff.
Verfallfristen, siehe Ausschlussfristen

## Stichwortverzeichnis

Verfassungstreue **10** 21, **22** 45
Vergütung
- Angemessene Vergütung **17** 6 ff.
- Anspruch **17** 1 ff.
- Ausbildungsvertrag **11** 20 ff.
- Bemessung **18** 1 ff.
- Fälligkeit **18** 1 ff.
- Fortzahlung **19** 1 ff.
- Geldbuße **17** 46 f; **18** 10
- Gratifikationen **17** 75 ff.
- Mindestvergütung **17** 43 ff.; **18** 10
- Teilzeitberufsausbildung **17** 60 ff.
- Sachleistungen **17** 64 ff.
- Sonderzahlungen **17** 75 ff.
- Zuschläge **17** 75 ff.
Vergütungsanspruch, siehe Vergütung
Vergütungsfortzahlung **19** 1 ff.
Verhalten des Auszubildenden **13** 1 ff.
Verhaltensbedingte Kündigung **22** 27 ff.
Verhältnismäßigkeitsgrundsatz, Kündigung **22** 27 ff.
Verjährung **17** 7
Verkehrsunfall
- Entgeltfortzahlung **19** 18
Verkürzung der Ausbildungsdauer **8** 3 ff.
Verlängerung der Ausbildungsdauer **8** 14 ff.; **21** 24 ff.
Verordnungsermächtigung **52** 1
Verschwiegenheitspflicht **13** 18 ff.
Versetzung **13** 13
- Mitbestimmungsrecht, Betriebsrat **10** 52
Vertrag, siehe Ausbildungsverhältnis
Vertragsbedingungen, vorformulierte **10** 27; **12** 16
Vertragsniederschrift **11** 1 ff.

Vertragspartner, Ausbildungsvertrag **10** 5 ff.
Vertragsstrafe **12** 16, **27** ff.
Vertragsverhältnisse, andere **26** 1 ff.
Verzeichnis der Berufsausbildungsverhältnisse
- Antrag **36** 1 ff.
- einrichten, führen **34**
- eintragen, ändern, löschen **35** 1 ff.
Verzugspauschale **18** 8
Verzugszinsen **18** 8
Volontär **26** 9
Vorformulierte Vertragsbedingungen **10** 27; **12** 16
Vormund **10** 11
Vorqualifikation, ausländische **31a**; **55**
Vorsitz, Prüfungsausschuss **41** 1 ff.
Vorstrafen **10** 22
Vorzeitige Beendigung, Schadensersatz **23** 1 ff.

## W

Wegezeit **15** 7, 13
Weihnachtsgeld **17** 75 ff.
Weisungsrecht **13** 6 ff.
Weiterarbeit **24** 1 ff.
Weiterarbeitsklausel **12** 8 ff.
Weiterbildung, siehe Fortbildung, Umschulung
Werkstück **14** 8
Wissenschaftlicher Beirat **94**
Wettbewerbsverbot **13** 20
Wiederholungsprüfung **21** 35 ff.; **37** 9
Willkürkontrolle **24** 3

## X
Xing **10** 23

## Y
Yahoo **10** 23

## Stichwortverzeichnis

**Z**
Zertifizierung **69** 3 ff.
Zeugnis **16** 1 ff.
Zinsen **18** 8
Zulassung, Abschlussprüfung **37** 4 ff.; **43** 1 ff.; **44** 1; **45** 1 ff.; **46** 1 ff.
Zusammensetzung, Prüfungsausschuss **40** 1 ff.
Zuschläge **17** 75 ff.
Zusatzqualifikationen **5** 14; **49** 1 ff.

Zusatzurlaub, Schwerbehinderter **11** 26
Zuspätkommen, Kündigungsgrund **22** 35
Zuständige Behörden **81**
Zuständige Stellen **9** 2 f.; **71** 1 ff.
Zwei-Wochen-Frist (Kündigung) **22** 57 ff., 72
Zwischenprüfungen **48** 1 ff.

# Kompetenz verbindet

Splanemann

## Die Jugend- und Auszubildendenvertretung

Tipps und Arbeitshilfen für die Praxis –
Zusammenarbeit mit Betriebsrat und Personalrat
4., überarbeitete und aktualisierte Auflage
2019. 204 Seiten, kartoniert mit Online-Quiz
€ 19,90
ISBN 978-3-7663-6734-1

Dieser Ratgeber enthält das wichtigste Handwerkszeug für die tägliche Arbeit der Jugend- und Auszubildendenvertretung (JAV). Er klärt die rechtlichen Fragen und erläutert wichtige Gesetze, Vorschriften und Regelungen, welche die JAV kennen muss. Viele Beispiele, Hinweise und Tipps für die Praxis erleichtern die Zusammenarbeit mit dem Betriebs- oder Personalrat und dem Arbeitgeber.

Der Ratgeber vermittelt aber auch die nötige soziale Kompetenz für die erfolgreiche Arbeit im Gremium. Das hilft besonders neuen Mitgliedern, klassische Anfängerfehler zu vermeiden und einen guten Draht zum Betriebs- oder Personalrat aufzubauen.
Mit Online-Quiz: Testen und vertiefen Sie Ihr Wissen.

**Bund-Verlag**

# Kompetenz verbindet

Kittner

## Arbeits- und Sozialordnung

Gesetze/Verordnungen • Einleitungen
• Checklisten/Übersichten • Rechtsprechung
45., aktualisierte Auflage
2020. 2.012 Seiten, kartoniert
inklusive Online-Ausgabe
€ 34,90
ISBN 978-3-7663-6951-2

Gesetze plus Erläuterungen – das ist die Erfolgsformel der jährlich neu aufgelegten »Arbeits- und Sozialordnung«. Die solide Grundlage bilden über 100 für die Praxis relevante Gesetzestexte im Wortlaut oder in wichtigen Teilen – natürlich auf dem neuesten Stand.

Die Ausgabe 2020 ist weiter optimiert durch eine allgemeine Einführung in die Arbeits- und Sozialordnung sowie 80 Checklisten und Übersichten zur praxisgerechten Anwendung und raschen Orientierung über komplexe Gesetzesinhalte.

Mit der Ausgabe 2020 sind alle Inhalte auch online zugänglich: alle Gesetze und die Rechtsprechung im Volltext.

Bund-Verlag